LAUTER LYRIK

Der Kleine Conrady

Eine Sammlung deutscher Gedichte

LAUTER LYRIK

Der Kleine Conrady

Eine Sammlung deutscher Gedichte

Herausgegeben von

Karl Otto Conrady

Artemis & Winkler

Bibliografische Information der Deutschen Nationalbibliothek

Die Deutsche Nationalbibliothek verzeichnet diese Publikation in der Deutschen Nationalbibliografie; detaillierte bibliografische Daten sind im Internet über http://dnb.d-nb.de abrufbar.

Printed in Germany
ISBN 978-3-538-04003-8
www.patmos.de

INHALT

VORWORT

Dieser Band trägt den Haupttitel *Lauter Lyrik* und bezieht sich damit direkt auf das umfangreiche Hörbuch gleichen Namens, das zudem mit der Kurzformel *Der Hör-Conrady* gekennzeichnet ist. Alle Gedichte, die dort von erstrangigen Sprecherinnen und Sprechern vorgetragen sind, finden sich im vorliegenden Buch, und zwar in gleicher Reihenfolge wie auf den Tonträgern.

Die Bezeichnung *Der Kleine Conrady* wählte der Verlag, um diese Gedichtsammlung knapp und markant von jener anderen zu unterscheiden, die – als *Das große deutsche Gedichtbuch* seit 1977 bekannt – in ihrer dritten Fassung 2000 *Der Neue Conrady* betitelt wurde und nun, im Jahr 2008, nochmals erweitert, *Der Große Conrady* benannt ist. Jener lexikondicke Band enthält mehr als doppelt so viele Gedichte wie das vorliegende broschierte Buch, das sich mit immerhin fast 1100 Gedichten vorstellt. Immer meint das Wort »deutsch« übrigens nichts anderes als »deutschsprachig«, unabhängig von der Staatsbürgerschaft der Autorinnen und Autoren.

Allein um der bequemen Kurzinformation willen stimmte ich dem gewünschten Titelspiel bei der Benennung der Ton- und Buchpublikationen zu, ohne dass damit schon irgendwelche Bedeutung markiert sein könnte. So findet sich jetzt ein Trio zusammen, dessen Einzelteile eng miteinander verbunden sind. *Der Hör-Conrady, Der Kleine Conrady, Der Große Conrady.* Dabei stellt die kleine Ausgabe, wie bereits erwähnt, die vollständige Partitur des Hörbuchs dar, und alle Gedichte dieser ›kleinen‹ Sammlung sind im ›großen‹ Buch enthalten; umgekehrt: sie sind jenem entnommen.

Kurz sei darüber berichtet, wie es zum Hörbuch und damit auch zu dieser zugehörigen Textausgabe kam. Als der Verlag und der *Südwestrundfunk* mit *Radio Bremen,* beide Anstalten zusammen mit der *ARD,* den Plan zu verwirklichen begannen, ein bislang so nie vorhandenes großes Hörbuch mit deutschen Gedichten vom Mittelalter bis zur Gegenwart zu schaffen und das auf der Grundlage des *Neuen Conrady* von 2000, fiel mir die Aufgabe zu, aus jenem Folianten zunächst rund 1100 Gedichte auszuwählen, weil allenfalls die Hälfte des Bestands in einem gut überschaubaren Hörbuch untergebracht werden kann. Ich brauche nicht auszubreiten, mit welchen Skrupeln solche Kürzungseingriffe verbunden sind. Hinzugefügt werden sollten aber einige Exempel aus der Lyrik, die nach 2000 entstanden ist. So ergab sich eine Sammlung von insgesamt 1081 Gedichten, von denen 26 erst nach 2000 publiziert wurden. Sie alle sind nun rezitiert im Hörbuch zu hören und in diesem zugehörigen *Kleinen Conrady* gedruckt.

Bei der Hinzunahme einiger Texte aus den Jahren nach 2000 galt auch hier die Regel, die bei der Auswahl für den neuen *Großen Conrady* wirksam war: Nur solche Gedichtbände aus der Zeit der Jahre 2000 bis 2007 wurden berücksichtigt, auf die der Herausgeber neu aufmerksam wurde und deren Autoren noch nicht im *Neuen Conrady* von 2000 vertreten sind. Dabei spielte das Geburtsdatum eine untergeordnete Rolle, wiewohl es dann – wie im gesamten Band – im Großen und Ganzen die

Reihenfolge bis zur diesmal jüngsten Lyrikerin aus dem Jahr 1982 reguliert. Das Quellenverzeichnis gibt im Einzelnen Auskunft. Die Sequenz mit den erst nach 2000 publizierten Gedichten beginnt auf Seite 757 (mit Lutz Seiler).

Was im Vorwort zur großen Ausgabe von 2000 ausführlich begründet und erläutert ist, bleibt auch für die beiden anderen Publikationen, das Hörbuch und diese Broschüre, gültig: Die Sammlungen sollen in historischer Reihenfolge Beispiele der vielfältigen Gestaltungen aus der Geschichte der deutschen Lyrik von den Anfängen bis zur Gegenwart bieten. Dabei verzichte ich bewusst darauf, mich bei der Auswahl von einem angeblichen *Wesen* der Lyrik leiten zu lassen. Denn die Versuche, ein solches Wesen auszukundschaften und festzuschreiben, haben immer dazu geführt, dass die gewonnenen Beschriftungen nicht auf alle Gebilde passen, die die Autoren/innen selbst sehr wohl dem zuordnen, was mit dem Begriff Lyrik benannt ist. Hier nur ein paar verknappte Bemerkungen dazu.

In der langen Geschichte der Lyrik sind ganz unterschiedliche Gebilde entstanden: neben dem stimmungsgesättigten Ausdruck einer individuellen Erfahrung die Kundgabe eines entschiedenen Wir-Gefühls in bestimmten gesellschaftlich-politischen Zusammenhängen; neben dem empfindsam Subjektiven das intellektuelle Wagnis des Denkens im Gedicht (was oft abschätzig als ›Gedankenlyrik‹ etikettiert wurde); neben dem musikalisch Schwingenden und dem die Grenzen zwischen fühlendem Subjekt und Objekt Verwischenden das experimentierende Auskundschaften des Materials Sprache und Schrift; neben strengen äußeren Formen das (wirklich oder scheinbar) lässige Schreiben in zwanglos zu Versen abgeteilten Zeilen – und Anderes mehr. Angesichts dieses unbestreitbaren Sachverhalts plädiere ich, um jeglicher Voreingenommenheit zu wehren, für die allerschlichteste Bestimmung dessen, was als Lyrik zu registrieren ist, also für eine Minimaldefinition, sozusagen eine Registrierungskennzeichnung, die von Wesens- und Wertbehauptungen frei ist und auch zukünftigen Erprobungen im Feld der Lyrik jegliche Freiheit lässt:

Zur Lyrik gehören alle Gedichte, und Gedichte sind sprachliche Äußerungen in einer speziellen Schreibweise. Sie unterscheiden sich durch die besondere Anordnung der Schriftzeichen von anderen Schreibweisen, und zwar durch die Abteilung in Verse, wofür bei der ›Visuellen Poesie‹ die Bildgestaltung mit den Mitteln des (nicht immer nur) sprachlichen Materials und der Schrift eintritt. Der Reim ist für die Lyrik kein entscheidendes Merkmal.

Mehr braucht an allgemeinen Bestimmungen nicht deklariert zu werden. Autorin und Autor selbst entscheiden durch ihre Wahl der Anordnung des Textes, ob sie ihn als ›Gedicht‹, als ›Lyrik‹ betrachten und betrachtet haben wollen. Erst in genauer Einzelbetrachtung lässt sich zeigen und kann beurteilt werden, ob und wie im Zusammenhang von ›Thema‹ und ›Textorganisation‹ das jeweilige Gedicht welche Bedeutung gewinnt, welche Intention es leitet, an wen es sich richtet, was seine spezielle Schreibweise besagt und gemäß welcher Kriterien es als gelungen oder misslungen einzuschätzen ist.

Wie im Vorwort zum großen Band näher ausgeführt, ist beim Gebrauch des Wortes ›lyrisch‹ Vorsicht geboten. Pointiert gesagt: Lyrik muss nicht lyrisch sein, – wenn man unter dieser Bezeichnung Stimmungshaftes, Gemütvolles, subjektiven Ausdruck von Ergriffenheit versteht und sich den Dichter als einsamen Sprecher vorstellt, der sich an kein Publikum wendet. Mit solcherart ›Lyrischem‹ darf Lyrik als

Oberbegriff für alle Arten von Gedichten nicht gleichgesetzt werden. Wohl kann es an bestimmten Gedichten Goethes (keineswegs allen), an manchen der Romantik und ähnlichen Versen abgelesen werden, ist aber in weiten Bereichen der europäischen Lyrik nicht anzutreffen.

Bei der Absicht, in einem notwendigerweise beschränkten Umfang Beispiele der Spielarten deutscher Lyrik zu präsentieren, konnte es nicht darum gehen, eine Sammlung vermeintlich zeitlos gültiger Meisterwerke zu etablieren. Die Maßstäbe dafür sind die Zeiten hindurch ohnehin nicht einheitlich. Zwar hoffe ich, auch viel ›Meisterliches‹ zusammengetragen zu haben, besonders aber lag mir an Gedichten als beachtenswerten Zeugnissen an ihrem geschichtlichen Ort. Bei der Auswahl aus dem gewaltigen Vorrat des Vorhandenen aus neun Jahrhunderten, die unvermeidlich auch von Unwägbarkeiten und Ungerechtigkeiten gezeichnet ist, achtete ich darauf, dass die Texte der bisweilen geradezu konträren ›Spielarten‹ ein ihnen gemäßes Niveau bewahren, für das freilich ein allseits und zeitübergreifend anerkanntes Eichmaß nicht zur Verfügung steht. Immer sind Absicht und Möglichkeiten des Dichters in seiner literarischen und allgemeingeschichtlichen Situation zu berücksichtigen. Kein ernst zu nehmender Lyriker kann jedoch vorhaben wollen, mit geliehener Sprache von früher, mit kolportierter Gefühligkeit und abgegriffenen Bildern der eigenen Zeit und seines Stands in ihr habhaft zu werden.

In der deutschen Lyrik besteht kein Mangel an Lobgedichten auf Krieg und ›Heldentod‹, herrscherliche Macht und nationale Sendung. Sie mögen uns heute, nach den Erfahrungen unserer Geschichte, in mancher Tonart befremden und verstören. Aber Verse einschlägigen Zuschnitts sind aus der Lyrikgeschichte nicht einfach zu streichen. So finden sich einige Beispiele auch in dieser Sammlung mit dem verführerisch-irritierenden Ruf *Lauter Lyrik.* Verse aus der Zeit der ›Befreiungskriege‹ des frühen 19. Jahrhunderts beispielsweise gehörten lange zum festen Bestand deutscher Lyrik. Auch Geibels anmaßende Zeilen von *Deutschlands Beruf* sind hier nachzulesen und *Deutschlands Fahnenlied* von Richard Dehmel aus dem Jahr 1914, aus der Zeit der Kriegsbegeisterung zu Beginn des Ersten Weltkriegs, ebenfalls der hochpathetische Hymnus auf die deutsche Sprache vom ›großdeutschen‹ österreichischen Sänger Josef Weinheber, der 1945 dann den Freitod wählte. In die große Ausgabe habe ich sogar Exempel der NS-Lyrik aufgenommen und natürlich das rein dokumentarische Motiv der Veröffentlichung gebührend betont. Es wäre ja töricht zu meinen, nun würden sie zu neuer Aneignung angeboten. Für Rezitationen in einem Hörbuch und also für diese ›Partiturausgabe‹ konnten sie allerdings nicht in Frage kommen.

In allen Bänden habe ich auf Epochenbezeichnungen verzichtet. Barock, Aufklärung, Sturm und Drang, Klassik, Romantik usw.: solche Begriffe helfen vielleicht zu einer ersten oberflächlichen Verständigung, ohne jedoch von vornherein etwas für das Verständnis der Gedichte erbringen zu können. Und immer wieder frappiert die Gleichzeitigkeit des Verschiedenen. Mitten in der Zeit der sog. Weimarer Klassik 1794 bis 1805 mit der Kooperation von Goethe und Schiller erscheint von 1798 bis 1800 das *Athenäum*, die Programmzeitschrift der Frühromantik, und als Goethe seine späten Gedichte schreibt, seind Heines frühe Verse schon gedruckt.

Doch ohne Orientierungshilfen soll der Leser nicht gelassen werden. So finden sich mehrfach Zusätze in eckigen Klammern unter den Gedichten [...]. Sie enthalten sowohl einzelne Daten als auch (seltener) kurze Erläuterungen, die vielleicht den Zugang zu den Texten erleichtern. Zusätze in runden Klammern (...) jedoch basieren stets auf Angaben, die die Autoren selbst in ihren Editionen angebracht haben.

Die Jahreszahlen können dem Leser wenigstens Anhaltspunkte für die zeitliche Zuordnung des einzelnen Gedichts und derer in seiner Umgebung bieten. Sie nennen das Jahr des ersten oder für die Rezeption wichtigen Drucks. Mitunter bot es sich auch an, auf die Spanne zwischen Entstehung und Druck aufmerksam zu machen. Dabei habe ich als Abkürzungszeichen gebraucht: **E** = Entstehungszeit, **D** = Jahr des Drucks. Wo es sich wegen besonderer Formulierungen anbot, eine handschriftliche Fassung zu drucken, die in der jeweils verzeichneten Werkausgabe zu finden ist, steht die Sigle **H** (= Handschrift).

Alle Daten sind nur als orientierende Hinweise zu verstehen. Eine Ausgabe wie diese kann und will mit Historisch-Kritischen Ausgaben nicht konkurrieren, die detaillierte Einzelauskünfte über die Entstehung (falls sie bekannt ist) und die Druckgeschichte der Gedichte geben. Hier indes sind Daten besonders dort angebracht, wo die Texte aus Werkausgaben stammen, die ihrerseits frühere Einzelpublikationen der Lyrica der Autoren aufgenommen haben. Das trifft vornehmlich für ältere Gedichte zu. Ansonsten hilft ein Blick ins umfangreiche Verzeichnis »Die Autoren und ihre Gedichte«, um die Erscheinungsjahre der einzelnen Lyrikbände zu erfahren, aus denen die Verse stammen. So mögen die Benutzer der Anthologie dadurch angeregt werden, sich mit dem Werk der Genannten eingehender zu beschäftigen.

In der ausführlichen Liste »Die Autoren und ihre Gedichte« zu Anfang des Buchs ist bei der Angabe der Quellen zu beachten, dass zwischen »**Aus**« und »**Nach**« unterschieden wird. Bei den mit »**Aus**« gekennzeichneten Vorlagen sind die Gedichte wort- und zeichengetreu (mit Ausnahme offenkundiger Fehler) samt allen Eigentümlichkeiten aus der angegebenen Quelle übernommen wurden. Die Signatur »**Nach**« weist dagegen darauf hin, dass der Herausgeber wegen der Modernisierung der Schreibweise korrigierend eingegriffen hat, wenn auch nur so behutsam wie nötig. Überschriften in eckigen Klammern stammen nicht von den Dichtern, sondern von Editoren, sind aber für das Verständnis des jeweiligen Gedichts wichtig.

Zur Rechtschreibung sei angemerkt: Um der leichteren Lesbarkeit willen ist in gängigen Anthologien die Schreibweise der Texte aus älterer Zeit meistens modernisiert, also dem Stand der anerkannten Rechtschreibung angepasst worden. Nun sind bei uns kürzlich neue Regeln gültig geworden. Doch hat eine beträchtliche Zahl lebender Autoren bestimmt, dass an ihren früheren Texten alter Schreibweise nichts geändert werden dürfe und sie sich auch weiterhin an die ›alte‹ Duden-Schreibung halten würden. So ergäbe sich nun die Situation, dass alte (lizenzfreie) Werke gemäß der neuen Rechtschreibung gedruckt werden könnten und bei den neueren Texten jeweils dem Wunsch der ›Urheber‹ zu entsprechen wäre. In dieser Lage haben sich Verlag und Herausgeber dafür entschieden, die ›alten‹ Gedichte auf dem Stand der bisherigen Duden-Schreibung zu belassen, um die gewohnte Einheitlichkeit zu bewahren. Allerdings folge ich selbst der neuen Rechtschreibung.

Die Modernisierung der Schreibung alter Gedichte aus früheren Jahrhunderten folgt keiner starren Regel. Das gilt auch für die Zeichensetzung und für die Weglassung der einstmals oft im Übermaß gesetzten Auslassungszeichen ('). Das Verständnis der Wörter war maßgebend. Der ursprüngliche Lautstand wurde nach Möglichkeit beibehalten. Damit der Leser wenigstens einen Eindruck von früheren Druckgepflogenheiten erhält, wurde bei einigen Gedichten die ursprüngliche Orthografie bewahrt, für deren Eigenarten oft gar nicht die Autoren, sondern die Drucker verantwortlich waren. Die alte Frakturschrift ist jedoch nicht rekonstruiert worden.

Auf ›Visuelle Poesie‹ musste im Hörbuch und in dieser zugehörigen Broschur verzichtet werden, weil Bildliches nicht rezitiert werden kann, sondern auf die Anschauung angewiesen ist.

Im Januar 2008

Karl Otto Conrady

DIE AUTOREN UND IHRE GEDICHTE

Unbekannte Verfasser

Aus: Deutsche Lyrik des frühen und hohen Mittelalters, hg. v. Ingrid Kasten, übers. v. Margherita Kuhn, Frankfurt/Main: Deutscher Klassiker Verlag 1995. [© der Übersetzung: Deutscher Klassiker Verlag GmbH Frankfurt am Main]

Der von Kürenberg

Gedichte auf etwa 1150/1160 datiert

Aus: Deutsche Lyrik des Mittelalters, ausgew. u. übers. v. M. Wehrli, Zürich: Manesse 1955; kritisch durchgesehen von Max Wehrli 1977. [© 1955 by Manesse Verlag, Zürich, in der Verlagsgruppe Random House GmbH, München]

Dietmar von Aist

Gedichte auf etwa 1150/1180 datiert

Aus: Deutsche Lyrik des Mittelalters, ausgew. u. übers. v. M. Wehrli, Zürich: Manesse 1955; kritisch durchgesehen von Max Wehrli 1977. [© 1955 by Manesse Verlag, Zürich, in der Verlagsgruppe Random House GmbH, München]

Friedrich von Hausen

* um 1150
† 1190 auf dem 3. Kreuzzug b. Philomelium (heute Akschehier/Anatolien)

Aus: Deutsche Lyrik des Mittelalters, ausgew. u. übers. v. M. Wehrli, Zürich: Manesse 1955; kritisch durchgesehen von Max Wehrli 1977. [© 1955 by Manesse Verlag, Zürich, in der Verlagsgruppe Random House GmbH, München]

Heinrich von Morungen

† 1222 (?) in Leipzig (?)

Aus: Deutsche Lyrik des Mittelalters, ausgew. u. übers. v. M. Wehrli, Zürich: Manesse 1955; kritisch durchgesehen von Max Wehrli 1977. [© 1955 by Manesse Verlag, Zürich, in der Verlagsgruppe Random House GmbH, München]

Wolfram von Eschenbach

* in Ober- (heute Wolframs-)Eschenbach b. Ansbach (?)
† um 1220

Aus: Deutsche Lyrik des Mittelalters, ausgew. u. übers. v. M. Wehrli, Zürich: Manesse 1955; kritisch durchgesehen von Max Wehrli 1977. [© 1955 by Manesse Verlag, Zürich, in der Verlagsgruppe Random House GmbH, München]

Walther von der Vogelweide

* um 1170 in Österreich (?)
† um 1230 in Würzburg (?)

Aus: Gedichte, ausgew. u. übers. v. P. Wapnewski, 140.–141. Tsd., Frankfurt/Main: Fischer Taschenbuch Verlag 1998.

Oswald von Wolkenstein

* 1376/1378 in Tirol
† 1445 in Meran

Aus: Lieder, hg., übers. u. erl. v. B. Wachinger, Stuttgart: Reclam 1985. [© der Übersetzung: Verlag Philipp Reclam jun., Ditzingen]

QUIRINUS KUHLMANN

* 1651 in Breslau
† 1689 in Moskau

119 Der XLI. Liebeskuß

Nach: Gedichte des Barock, hg. v. U. Maché u. V. Meid, Stuttgart: Reclam 1980.

CHRISTIAN HOFFMANN VON HOFFMANNSWALDAU

* 1617 in Breslau
† 1679 in Breslau

120 Auf den Mund
120 Albanie, gebrauche deiner Zeit
121 Beschreibung vollkommener Schönheit
122 Vergänglichkeit der Schönheit

Nach: Deutsche Übersetzungen und Gedichte, Breslau: Fellgibel 1679 (Nachdruck 1984). – Herrn von Hoffmannswaldau und andrer Deutschen auserlesener und bißher ungedruckter Gedichte erster theil. Nach einem Druck von 1697 hg. v. A. G. de Capua u. E. A. Philippson, Tübingen: Niemeyer 1961; anderer Theil, Tübingen 1965.

SUSANNA ELISABETH ZEIDLER

um 1686

122 Beglaubigung der Jungfer Poeterey

Aus: Deutsche Dichterinnen vom 16. Jahrhundert bis zur Gegenwart, hg. v. G. Brinker-Gabler, Frankfurt/Main: Fischer Taschenbuch 1978.

HANS ASSMANN VON ABSCHATZ

* 1646 in Breslau
† 1699 in Liegnitz

123 Wie ist die deutsche Welt

Nach: Poetische Übersetzungen und Gedichte, Leipzig: Christian Bauch 1704 (Nachdruck 1970).

JOHANN CHRISTIAN GÜNTHER

* 1695 in Striegau/Schlesien
† 1723 in Jena

124 Als er sie seiner beständigen Treue versicherte
124 An Leonoren
125 Als er der Phillis einen Ring

Aus: Werke in einem Band, hg. v. H. Dahlke, 5. Aufl., Berlin: Aufbau 1977.

UNBEKANNTE VERFASSER

(Aus der Neukirchschen Sammlung)

126 Komm, braune Nacht
127 Scherzlied

Nach: Herrn von Hoffmannswaldau und andrer Deutschen auserlesener und bißher ungedruckter Gedichte [= Neukirchsche Sammlung] erster theil. Nach einem Druck von 1697 hg. v. A. G. de Capua u. E. A. Philippson, Tübingen: Niemeyer 1961. – Gedichte des Barock.

BARTHOLD HEINRICH BROCKES

* 1680 in Hamburg
† 1747 in Hamburg

127 Die Welt ist allezeit schön
128 Kirschblüte bei der Nacht

Nach: Irdisches Vergnügen in Gott, 2. Teil, 2. Aufl., hg. v. J. G. Hamann, Hamburg: Kißner 1730. – Auszug der vornehmsten Gedichte aus dem Irdischen Vergnügen in Gott, Hamburg: Herold 1738 (Nachdruck 1965).

ALBRECHT VON HALLER

* 1708 in Bern
† 1777 in Bern

129 Morgengedanken

Nach: Gedichte, hg. v. H. Maync, Leipzig: Haessel 1923.

SIDONIA HEDWIG ZÄUNEMANN

* 1714 in Erfurt
† 1740 bei Arnstadt

130 [Jungfern-Glück]

Aus: Deutsche Dichterinnen vom 16. Jahrhundert bis zur Gegenwart, hg. v. G. Brinker-Gabler, Frankfurt/Main: Fischer Taschenbuch 1978.

FRIEDRICH VON HAGEDORN

* 1708 in Hamburg
† 1754 in Hamburg

131 Anakreon

Aus: Werke, hg. v. U. Roedl, 6. Aufl., Stuttgart: Cotta 1965.

FRIEDRICH WILHELM GOTTER

* 1746 in Gotha
† 1797 in Gotha

Nach: Göttinger Musenalmanach auf das Jahr 1770, hg. v. C. Redlich, Stuttgart: Göschen 1894.

LEOPOLD FRIEDRICH GÜNTHER VON GOECKINGK

* 1748 in Grüningen b. Halberstadt
† 1828 in Deutsch-Wartenberg/Schlesien

Aus: Deutsche Dichtung im 18. Jahrhundert, hg. v. A. Elschenbroich, München: Carl Hanser o. J.

LUDWIG CHRISTOPH HEINRICH HÖLTY

* 1748 in Mariensee b. Hannover
† 1776 in Hannover

Nach: Sämtliche Werke, hg. v. W. Michael, Weimar: Gesellschaft der Bibliophilen 1914.

FRIEDRICH LEOPOLD ZU STOLBERG

* 1750 in Bramstedt/Holstein
† 1819 in Sondermühlen b. Osnabrück

Nach: Der Göttinger Dichterbund, hg. v. A. Sauer, Berlin: W. Spemann o. J. (Kürschners Deutsche National-Literatur, Bd. 50, 2).

JOHANN HEINRICH VOSS

* 1751 in Sommersdorf b. Waren/Mecklenburg
† 1826 in Heidelberg

Nach: Sämtliche poetische Werke, Leipzig: Immanuel Müller 1850.

CHRISTIAN FRIEDRICH DANIEL SCHUBART

* 1739 in Obersontheim/Württemberg
† 1791 in Stuttgart

Nach: Sämtliche Gedichte, Frankfurt/Main: Hermann 1825.

JOHANN GOTTFRIED HERDER

* 1744 in Mohrungen/Ostpreußen
† 1803 in Weimar

Nach: Sämtliche Werke, hg. v. B. Suphan, Bd. 29: Poetische Werke, hg. v. C. Redlich, Bd. 5, Berlin: Weidmann 1889.

GOTTFRIED AUGUST BÜRGER

* 1747 in Molmerswende/Harz
† 1794 in Göttingen

Aus: Sämtliche Werke, hg. v. G. u. H. Häntzschel, München: Carl Hanser 1987.

JOHANN WOLFGANG GOETHE

* 1749 in Frankfurt/Main
† 1832 in Weimar

Aus: Werke, Bd. 1: Gedichte und Epen, hg. v. E. Trunz (Hamburger Ausgabe), 11. Aufl., München: Beck 1978 (1–9). – Nach: Gedenkausgabe der Werke, Briefe und Gespräche, hg. v. E. Beutler, Zürich: Artemis 1950 ff.

FRIEDRICH SCHILLER

* 1759 in Marbach/Neckar
† 1805 in Weimar

Aus: Sämtliche Werke, hg. v. G. Fricke u. H. G. Göpfert, 3. Aufl., München: Carl Hanser 1962.

HEINRICH VON KLEIST

* 1777 in Frankfurt/Oder
† 1811 am Wannsee b. Potsdam

Aus: Sämtliche Werke und Briefe, hg. v. H. Sembdner, München: Carl Hanser 1961.

FRIEDRICH HÖLDERLIN

* 1770 in Lauffen/Neckar
† 1843 in Tübingen

Aus: Sämtliche Gedichte, hg. v. D. Lüders, Bad Homburg v. d. H.: Athenäum 1970.

NOVALIS (FRIEDRICH VON HARDENBERG)

* 1772 in Oberwiederstedt a. Harz
† 1801 in Weißenfels

Nach: Schriften, Bd. 1: Das dichterische Werk, hg. v. P. Kluckhohn u. R. Samuel, Stuttgart: Kohlhammer 1960.

Rainer Maria Rilke

* 1875 in Prag
† 1926 in Val-Mont b. Montreux/Schweiz

344 Werkleute sind wir
345 Herbsttag
345 Abend
345 Der Panther
346 Das Karussell
347 Römische Fontäne
Aus: *Sonette an Orpheus. Erster Teil*
347 Rühmen, das ists!
348 Nur wer die Leier schon hob
Aus: *Sonette an Orpheus. Zweiter Teil*
348 Stiller Freund der vielen Fernen

Aus: Sämtliche Werke, hg. v. E. Zinn, Bd. 1, Frankfurt/Main: Insel 1955.

Rudolf Borchardt

* 1877 in Königsberg
† 1945 in Trins am Brenner

349 Vor allen Göttern (Aus: *Autumnus*)

Aus: Gesammelte Werke in 14 Einzelbänden. Gedichte, hg. v. M. L. Borchardt u. H. Steiner, Stuttgart: Klett-Cotta 1957. [R. B., Gesammelte Werke. In 14 Einzelbänden. Gedichte. Textkritisch revidierte Neuedition der Ausgabe von 1957. Hrsg. v. Gerhard Schuster und Lars Korten. © Klett-Cotta, Stuttgart 2003]

Alfred Mombert

* 1872 in Karlsruhe
† 1942 in Winterthur/Schweiz

349 Gott ist vom Schöpferstuhl gefallen
350 Wegen des Schattens
350 Ich warf mich auf die Meer-Klippen

Nach: Der himmlische Zecher, Ausgewählte Gedichte, Frankfurt/Main: Insel 1951. [© Insel Verlag Leipzig 1922]

Karl Wolfskehl

* 1869 in Darmstadt
† 1948 in Auckland/Neuseeland

351 Welt-Ende
351 Ewiger Auszug

Aus: Gesammelte Werke, Bd. 1: Dichtungen, Dramatische Dichtungen, Hamburg: Claassen 1960. [© Deutsche Schillergesellschaft, Marbach]

Theodor Däubler

* 1876 in Triest
† 1934 in St. Blasien/Schwarzwald

352 Landschaft

Aus: Dichtungen und Schriften, hg. v. F. Kemp, München: Kösel 1956.

Else Lasker-Schüler

* 1869 in Elberfeld
† 1945 in Jerusalem

352 Weltende
353 Ein alter Tibetteppich
353 Jakob
354 Gebet
354 Mein blaues Klavier
354 Ein Liebeslied
355 An Apollon

Aus: Werke und Briefe, Bd. I, 1: Gedichte, Frankfurt/Main: Jüdischer Verlag 1996. [E. L.-Sch., Gesammelte Werke in drei Bänden. © Suhrkamp Verlag Frankfurt am Main 1996]

Paul Boldt

* 1885 in Christfelde/Weichsel
† 1921 in Freiburg/Breisgau

356 Berliner Abend

Aus: Junge Pferde! Junge Pferde! Das Gesamtwerk, hg. v. W. Minaty, Olten: Walter 1979.

Jakob van Hoddis (Hans Davidsohn)

* 1887 in Berlin
† 1942 (nach Deportation aus einer jüd. Heilanstalt verschollen)

356 Weltende
357 Morgentraum

Aus: Dichtungen und Briefe, hg. v. R. Nörtemann, Zürich/Hamburg: Arche 1987. [© Erbengemeinschaft Jakob van Hoddis]

Hugo Ball

* 1886 in Pirmasens
† 1927 in Sant'Abbondio/Tessin

375 Wolken (aus: *Sechs Laut- und Klanggedichte*)
376 Das ist die Zeit

Aus: Gesammelte Gedichte, hg. v. A. Schütt-Hennings, Zürich 1963.

Kurt Schwitters

* 1887 in Hannover
† 1948 in Ambleside/Westmoreland (England)

376 An Anna Blume (1)
377 Kleines Gedicht für große Stotterer (2)

Aus: Kurt Schwitters Almanach, hg. v. M. Erlhoff, Hannover: Postskriptum 1982 (1). – Das literarische Werk, Bd. 1: Lyrik, hg. v. F. Lach, Köln: DUMONT Schauberg 1973 (2). [K. S., Das gesamte literarische Werk, Köln: DUMONT 1973. © 1973 DUMONT Buchverlag Köln. © für Hörbuch Gustav Kiepenheuer Bühnenvertrieb Berlin.]

Richard Huelsenbeck

* 1892 in Frankenau/Hessen
† 1974 in Minusio/Schweiz

378 Schieber-Politik
378 Dada-Schalmei

Aus: DADA total. Manifeste, Aktionen, Texte, Bilder, hg. v. K. Riha u. J. Schäfer, Stuttgart: Reclam 1994. [© Herbert Kapfer, Huelsenbeck-Nachlaß, München]

Hans Arp

* 1887 in Straßburg
† 1966 in Basel

379 Opus Null (1)
380 Sekundenzeiger (2)
380 Die grosse Firgelei (3)

Aus: Gesammelte Gedichte, Bd. 1: Gedichte 1903–1939, hg. v. M. Arp-Hagenbach u. P. Schifferli, Wiesbaden: Limes 1963 (1, 2). – Bd. 3: Gedichte 1957–1966, hg. v. A. Bleikasten, Wiesbaden: Limes 1984 (3). [© 1–3: by Limes Verlag in der F. A. Herbig Verlagsbuchhandlung GmbH, München]

Erich Mühsam

* 1878 in Berlin
† 1934 im Konzentrationslager Oranienburg

381 Der Revoluzzer

Aus: Gesamtausgabe, hg. v. G. Emig, Bd. 1: Gedichte, Berlin: Verlag europäische ideen 1983.

Paul Zech

* 1881 in Briesen b. Thorn
† 1946 in Buenos Aires

381 Fabrikstraße tags

Aus: Das schwarze Revier, München: Musarion 1922. [© Rechtsnachfolge]

Alfons Petzold

* 1882 in Wien
† 1923 in Kitzbühel/Österreich

382 Der Arbeitslose

Aus: Deutsche Arbeiterdichtung 1910–1933, hg. v. G. Heintz, Stuttgart: Reclam 1974.

Gerrit Engelke

* 1890 in Hannover
† 1918 in einem englischen Lazarett in Frankreich

383 Lied des Kohlenhäuers

Aus: Das Gesamtwerk, hg. v. H. Blome, München: List 1960.

Joachim Ringelnatz (Hans Bötticher)

* 1883 in Wurzen b. Leipzig
† 1934 in Berlin

385 Die Schnupftabaksdose
385 Logik
386 Turner-Marsch
386 Im Park
387 Überall
387 Gedichte in Bi-Sprache
387 Ich habe dich so lieb

Aus: Das Gesamtwerk in sieben Bänden, hg. v. W. Pape, Bd. 1 (Gedichte 1), Bd. 2 (Gedichte 2), Berlin: Henssel 1984, 1985.

Kurt Tucholsky

* 1890 in Berlin
† 1935 in Hindås b. Göteborg/Schweden

Aus: Gesammelte Werke, hg. v. M. Gerold-Tucholsky u. F. J. Raddatz, Reinbek: Rowohlt 1960.

Klabund (Alfred Henschke)

* 1890 in Crossen/Oder
† 1928 in Davos/Schweiz

Aus: Gesammelte Gedichte, Wien: Phaidon 1930.

Erich Kästner

* 1899 in Dresden
† 1974 in München

Aus: Gesammelte Schriften für Erwachsene, Bd. 1: Gedichte, München: Droemer Knaur 1969. [© Atrium Verlag, Zürich und Thomas Kästner]

Mascha Kaléko

* 1907 in Schidlow/Polen
† 1975 in Zürich

Aus: Das lyrische Stenogrammheft, Reinbek: Rowohlt 1956 (1–2) [M. K., Das lyrische Stenogrammheft. Kleines Lesebuch für Große. © 1956 by Rowohlt Verlag GmbH, Hamburg]. – Lyrik des Exils, hg. v. W. Emmerich u. S. Heil, Stuttgart: Reclam 1985 (3) [M. K., Verse für Zeitgenossen, erschienen im Rowohlt Verlag, Reinbek. © 1975 Gisela Zoch-Westphal].

Rudolf G. Binding

* 1867 in Basel
† 1938 in Starnberg/Oberbayern

Aus: Die Gedichte, Potsdam: Rütten & Loening 1941. [R. G. B.: Das große Rudolf G. Binding Buch. © by C. Bertelsmann Verlag, München, in der Verlagsgruppe Bertelsmann GmbH]

Karl Bröger

* 1886 in Nürnberg
† 1944 in Nürnberg

Aus: Sturz und Erhebung, Jena: Eugen Diederichs 1943. [© Kreuzlingen/München: Heinrich Hugendubel Verlag]

Heinrich Lersch

* 1889 in München-Gladbach
† 1936 in Remagen/Rhein

Aus: Gedichte, Düsseldorf: Eugen Diederichs 1965.

Rudolf Alexander Schröder

* 1878 in Bremen
† 1962 in Bad Wiessee/Tegernsee

Aus: Gesammelte Werke, Bd. 1: Die Gedichte, Frankfurt/Main: Suhrkamp 1952. [© Suhrkamp Verlag Frankfurt am Main 1952]

Hans Carossa

* 1878 in Bad Tölz/Bayern
† 1956 in Rittsteig b. Passau

Aus: Ges. Werke, Bd. 1, Frankfurt/M.: Insel 1962. [© Eva Kampmann-Carossa]

RICARDA HUCH
* 1864 in Braunschweig
† 1947 in Schönberg/Taunus

405 Uralter Worte kundig
405 Frieden (Aus: *Aus dem 30jährigen Kriege*)

Aus: Gesammelte Werke, hg. v. W. Emrich, Köln: Kiepenheuer und Witsch 1971. [© Alexander Böhm]

LULU VON STRAUSS UND TORNEY
* 1873 in Bückeburg
† 1956 in Jena

406 Einst

Aus: Reif steht die Saat, Jena: Eugen Diederichs 1926. [© Antje Diederichs]

BÖRRIES VON MÜNCHHAUSEN
* 1874 in Hildesheim
† 1945 in Windischleuba b. Altenburg/Thüringen

407 Bauernaufstand
408 Jenseits

Aus: Das Balladenbuch, Stuttgart: Deutsche Verlags-Anstalt 1950. [© 1950 Deutsche Verlags-Anstalt GmbH, Stuttgart]

INA SEIDEL
* 1885 in Halle/Saale
† 1974 in Ebenhausen b. München

409 Trost
409 Die Zuflucht

Aus: Gedichte, Stuttgart: Deutsche Verlags-Anstalt 1955. [© Deutsche Verlags-Anstalt, München, in der Verlagsgruppe Random House GmbH]

GERTRUD VON LE FORT
* 1876 in Minden
† 1971 in Oberstdorf/Bayern

410 Ich bin in das Gesetz deines Glaubens (1) (aus: *Hymnen an die Kirche*)
411 Die Heimatlosen (2)

Aus: Hymnen an die Kirche, München: Franz Ehrenwirth 1948 (1). [© 1988 Verlagsgruppe Lübbe GmbH & Co. KG, Bergisch Gladbach]. – Gedichte, Frankfurt/Main: Insel 1950 (2). [© Deutsches Literaturarchiv, Marbach]

KONRAD WEISS
* 1880 in Rauenbretzingen/Württemberg
† 1940 in München

412 Eines Morgens Schnee
413 Die eine Rose

Aus: Gedichte, 2 Bde., München: Kösel 1948/49. [© Rechtsnachfolge]

KARL KRAUS
* 1874 in Jičin/Böhmen
† 1936 in Wien

413 Nächtliche Stunde

Aus: Worte in Versen, hg. v. H. Fischer, München: Kösel 1959.

HERMANN HESSE
* 1877 in Calw/Württemberg
† 1962 in Montagnola/Schweiz

414 Im Nebel
414 Stufen
415 In Sand geschrieben

Aus: Gesammelte Dichtungen, Bd. 5, Frankfurt/Main: Suhrkamp 1952. [H. H. Sämtliche Werke, Band 10: Die Gedichte. © Suhrkamp Verlag Frankfurt am Main 2002]

OSKAR LOERKE
* 1884 in Jungen/Weichsel
† 1941 in Berlin

416 Pansmusik
417 Die Laubwolke
418 Leitspruch

Aus: Die Gedichte, hg. v. P. Suhrkamp, neu durchgesehen v. R. Tgahrt, Frankfurt/Main: Suhrkamp 1983. [© Suhrkamp Verlag Frankfurt am Main 1983]

WILHELM LEHMANN
* 1882 in Puerto Cabello/Venezuela
† 1968 in Eckernförde/Schleswig-Holstein

418 Oberon (aus: *Der Sommeraufenthalt*)

1981 Claassen Verlag in der Ullstein Buchverlage GmbH, Berlin]

Josef Weinheber

* 1892 in Wien
† 1945 in Kirchstetten/Niederösterreich

441 Das reine Gedicht
442 Im Grase
442 Hymnus auf die deutsche Sprache

Aus: Sämtliche Werke, hg. v. J. Nadler u. H. Weinheber, Bd. 2; Bd. 4, Salzburg: Otto Müller 1954. [© Otto Müller Verlag, Salzburg, 1954]

Albrecht Haushofer

* 1903 in München
† 1945 hingerichtet in Berlin

443 Schuld

Aus: Moabiter Sonette, Berlin: Blanvalet 1946. [© Ebenhausen: Langewiesche-Brandt 2000]

Reinhold Schneider

* 1903 in Baden-Baden
† 1958 in Freiburg/Breisgau

444 Allein den Betern

Aus: Gesammelte Werke in zehn Bänden, hg. v. E. M. Landau, Bd. 5: Lyrik, hg. v. C. Perels, Frankfurt/Main: Insel 1981. [© Insel Verlag Frankfurt am Main und Leipzig 1981]

Werner Bergengruen

* 1892 in Riga
† 1964 in Baden-Baden

444 Wer will die Reinen (1) (aus: *Dies irae*)
445 Die heile Welt (2)
445 Leben eines Mannes (3)

Aus: Dies irae, 2. Aufl., München: Desch 1947 (1) [© Luise Hackelsberger]. – Die heile Welt, Zürich: Die Arche 1950 (2). – Figur und Schatten, Zürich: Die Arche 1958 (3). [2, 3: W. B., Meines Vaters Haus. Gesammelte Gedichte. Hg. von N. Luise Hackelsberger. © 1992, 2005 by Arche Literatur Verlag AG, Zürich-Hamburg]

Gertrud Kolmar (Gertrud Chodziesner)

* 1894 in Berlin
† 1943 verschleppt und verschollen

446 Die Jüdin (1)
447 Die Müde (2)
448 Verwandlungen (3)

Aus: Gertrud Chodziesner, Die Frau und die Tiere, Berlin: Jüdischer Buchverlag 1938 (1, 2). – Das lyrische Werk, Heidelberg: Lambert Schneider 1955 (3). [© 1–3: Suhrkamp Verlag, Frankfurt am Main]

Carl Zuckmayer

* 1896 in Nackenheim/Rheinhessen
† 1977 in Visp/Wallis (Schweiz)

449 Elegie von Abschied und Wiederkehr

Aus: Gedichte, Frankfurt/Main: S. Fischer 1977. [© S. Fischer Verlag GmbH, Frankfurt am Main 1977]

Theodor Kramer

* 1897 in Niederhollabrunn/Niederösterreich
† 1958 in Wien

450 Die Orgel aus Staub
451 Requiem für einen Faschisten

Aus: Gesammelte Gedichte 1, hg. v. E. Chvojka, Wien: Europa Verlag 1984. [Th. K., Gesammelte Gedichte in drei Bänden. Hg. v. Erwin Chvojka. Band 1. © Paul Zsolnay Verlag Wien 1997 und 2005]

Friedrich Schnack

* 1888 in Rieneck/Unterfranken
† 1977 in München

451 Vogelwolke

Aus: Die Lebensjahre. Gesammelte Gedichte, München: Kösel 1951. [© Sebastian Schnack]

Georg von der Vring

* 1889 in Brake/Weser
† 1968 in München

452 Passionsblume
452 Die letzte Rose
453 Sieh den Mond

Aus: Die Gedichte. Gesamtausgabe der veröffentl. Gedichte u. eine Auswahl aus dem Nachlaß, hg. v. Christiane Peter u. Kristian Wachinger, Ebenhausen: Langewiesche-Brandt 1989.

Georg Britting

* 1891 in Regensburg
† 1964 in München

453 Unruhiger Tag (1)
453 Raubritter (2)
454 Was hat, Achill . . . (3)

Aus: Gedichte 1930 bis 1940, hg. v. W. Schmitz, München: List 1993 (1, 2). – Gedichte 1940 bis 1964, hg. v. I. Schuldt-Britting, München: List 1996 (3). [© 1–3: Georg-Britting-Stiftung 2008]

Peter Gan (Richard Moering)

* 1894 in Hamburg
† 1974 in Hamburg

455 Auf eine Oktoberrose
455 Die Toten
456 Mythische Landschaft

Aus: Gesammelte Werke in 3 Bdn., hg. v. F. Kemp, Göttingen: Wallstein 1997. [© Gesina Möring]

Albin Zollinger

* 1895 in Zürich
† 1941 in Zürich

456 Die Wühlmäuse

Aus: Gesammelte Werke, Bd. 4: Gedichte, Zürich: Atlantis 1962. [© Rechtsnachfolge]

Elisabeth Langgässer

* 1899 in Alzey
† 1950 in Rheinzabern

457 Frühling 1946
457 Gleichzeitig

Aus: Gedichte, Hamburg 1959. [© Gesammelte Werke; Bd. III: Gedichte. © 1959 Claasen Verlag in der Ullstein Buchverlage GmbH, Berlin]

Nelly Sachs

* 1891 in Berlin
† 1970 in Stockholm

Ihr Zuschauenden 458
458 Chor der Geretteten

Aus: Fahrt ins Staublose, Frankfurt/Main: Suhrkamp 1961. [© Suhrkamp Verlag Frankfurt am Main 1988]

Berthold Viertel

* 1885 in Wien
† 1953 in Wien

459 Auswanderer

Aus: Dichtungen und Dokumente, München: Kösel 1956. [© Rechtsnachfolge]

Martha Saalfeld

* 1898 in Landau/Pfalz
† 1976 in Bad Bergzabern

460 Schwarz ist die Heide

Aus: Werkausgabe in Einzelbänden, hg. v. B. Roland, Bd. 1: Die Gedichte, Blieskastel: Gollenstein 1998. [© Berthold Roland]

Paula Ludwig

* 1900 in Altenstadt/Vorarlberg
† 1974 in Darmstadt

460 Mit der Ackerwinde

Aus: Gedichte. Gesamtausgabe, hg. v. Kristian Wachinger u. Christiane Peter, Ebenhausen b. München: Langewiesche-Brandt 1986.

Ruth Schaumann

* 1899 in Hamburg
† 1975 in München

461 Leerer Abend

Aus: Die Sternnacht, München: Kösel 1959. [© Andreas Fuchs]

Oda Schaefer

* 1900 in Berlin
† 1988 in München

462 Veränderung

Aus: Wiederkehr. Ausgewählte Gedichte, hg. v. W. Fritzsche, München: Piper 1985. [© Rechtsnachfolge]

Emil Barth

* 1900 in Haan/Rhld.
† 1958 in Düsseldorf

462 Sternbild
463 Schwarze Muse

Aus: Gesammelte Werke in 2 Bdn., hg. v. F. N. Mennemeier, Wiesbaden: Limes 1960. [E. B., Tigermuschel. Gedichte. © Aachen: Rimbaud 1989]

Friedrich Bischoff

* 1896 in Neumarkt/Schlesien
† 1976 in Großweier (Achern)/Baden

464 Schlesisches Rondell

Aus: Sei uns Erde wohlgesinnt, München: Ehrenwirth 1955. [© Rechtsnachfolge]

Manfred Hausmann

* 1898 in Kassel
† 1986 in Bremen

465 Liebe

Aus: Jahre des Lebens, Neukirchen-Vluyn: Neukirchener Verlag 1974. [© Neukirchen-Vluyn: Neukirchener Verlagsgesellschaft mbH]

Friedrich Georg Jünger

* 1898 in Hannover
† 1977 in Überlingen/Bodensee

465 Fischer in Moselkern (1)
465 Aprikose erinnert (2)

Aus: Sämtliche Gedichte, Frankfurt/Main: Vittorio Klostermann 1974. [1: Iris im Wind. © 1952 Vittorio Klostermann GmbH, Frankfurt/Main). – 2: Es pocht an der Tür. © 1968 Vittorio Klostermann GmbH, Frankfurt/Main].

Hermann Kesten

* 1900 in Podwoloczyska b. Tarnopol/Galizien
† 1996 in Riehen b. Basel

466 Ein Jahr New York

Aus: Ich bin der ich bin, München: Piper 1974. [© Hermann Kesten Erben]

Rudolf Hagelstange

* 1912 in Nordhausen/Harz
† 1984 in Hanau

467 Denn was geschieht, ist maßlos (1) (aus: *Venezianisches Credo)*

468 Memento (2)

Aus: Venezianisches Credo, 51.–55. Tsd., München: List 1975 (1). – Lied der Jahre. Gesammelte Gedichte 1931–1961, Frankfurt/Main: Insel 1961 (2). [© 1, 2: Regine Stolzke]

Jesse Thoor

* 1905 in Berlin
† 1952 in Lienz/Österreich

468 Rede von der Anschauung

Aus: Das Werk. Sonette. Lieder. Erzählungen, hg. v. M. Hamburger, Frankfurt/Main: Europäische Verlagsanstalt 1965. [© Hamburg: Europäische Verlagsanstalt GmbH & Co. KG]

Jakob Haringer

* 1898 in Dresden
† 1948 in Zürich

469 Sommerlied

Aus: Lieder eines Lumpen, Zürich: Werner Classen 1962. [© Rechtsnachfolge]

Albert Ehrismann

* 1908 in Zürich
† 1998 in Zürich

469 Schiffern und Kapitänen

Aus: Schiffern und Kapitänen, Zürich: Oprecht 1931. [© Rechtsnachfolge]

Albrecht Goes

* 1908 in Langenbeutingen/Württemberg
† 2000 in Stuttgart

470 Die Schritte
470 Motette

Aus: Leicht und schwer. Siebzig Jahre im Gedicht, Frankfurt/Main: Fischer Taschenbuch Verlag 1998. [© Fischer Taschenbuch Verlag in der S. Fischer Verlag GmbH, Frankfurt am Main 1998]

Hans Sahl
* 1902 in Dresden
† 1993 in Tübingen

471 Wiedersehen mit Berlin
471 Requiem

Aus: Wir sind die Letzten, Heidelberg: Lambert Schneider 1986. [© Rechtsnachfolge]

Peter Paul Althaus
* 1892 in Münster/Westf.
† 1965 in München

472 In der Traumstadt ist ein Lächeln

Aus: In der Traumstadt, hg. v. H. Althaus, Essen: Winter 1991. [Peter Paul Althaus läßt grüßen. Die Traumstadtgedichte von PPA. © Bielefeld: Pendragon 2003]

Peter Huchel
* 1903 in Berlin-Lichterfelde
† 1981 in Staufen/Baden

473 Die Hirtenstrophe (1)
474 An taube Ohren der Geschlechter (2)
475 Der Garten des Theophrast (3)
475 Psalm (4)
476 Unter der blanken Hacke (5)

Aus: Gesammelte Werke, hg. v. A. Vieregg, Bd. 1: Die Gedichte, Frankfurt/Main: Suhrkamp 1984. [© 1: Roger Melis. – 2–4: P. H., Chausseen Chausseen. Gedichte. © S. Fischer Verlag GmbH, Frankfurt am Main 1963. – 5: P. H., Gesammelte Werke in zwei Bänden. © Suhrkamp Verlag, Frankfurt/Main 1984]

Günter Eich
* 1907 in Lebus/Oder
† 1972 in Salzburg

476 Aurora
476 Latrine
477 Inventur
477 Fußnote zu Rom
477 Optik

Aus: Gesammelte Werke, Bd. 1: Die Gedichte, hg. v. H. Ohde, Frankfurt/Main: Suhrkamp 1973. [G. E., Gesammelte Werke in vier Bänden. Band 1: Die Gedichte. Die Maulwürfe. © Suhrkamp Verlag Frankfurt am Main 1991]

Marie Luise Kaschnitz
* 1901 in Karlsruhe
† 1974 in Rom

478 Auferstehung (1)
478 Nicht gesagt (2)
478 Jeder (3)

Aus: Gesammelte Werke, hg. v. C. Büttrich u. N. Miller, Bd. 5: Die Gedichte, Frankfurt/Main: Insel 1985. [1, 2: M. L. K., Überallnie. © 1965 Claassen Verlag in der Ullstein Buchverlage GmbH. – 3: © Insel Verlag, Frankfurt am Main 1985]

Wolfgang Weyrauch
* 1904 in Königsberg/Ostpreußen
† 1980 in Darmstadt

480 Oh, when the Saints go marching in
481 Lidice und Oradour

Aus: Gesang um nicht zu sterben, Hamburg: Rowohlt 1956. [© Margot Weyrauch]

Erich Arendt
* 1903 in Neuruppin
† 1984 in Berlin (Ost)

481 Der Albatros
483 Orphische Bucht

Aus: Das zweifingrige Lachen. Ausgewählte Gedichte 1921–1980, hg. v. G. Laschen, Düsseldorf: 1981. [E. A., Trug doch die Nacht den Albatros. Gedichte. © Aachen: Rimbaud Verlag 1995]

Georg Maurer
* 1907 in Reghin/Rumänien
† 1971 in Potsdam

483 Der Mensch

Aus: Variationen, Halle/Saale: Mitteldeutscher Verlag 1965. [© Rechtsnachfolge]

Stephan Hermlin (Rudolf Leder)
* 1915 in Chemnitz
† 1997 in Berlin

484 Ballade von unserer Zeit
486 Sonett

486 Die Vögel und der Test

Aus: Gesammelte Gedichte, München: Carl Hanser 1979. [© Carl Hanser Verlag, München – Wien]

Ernst Meister

* 1911 in Hagen/Westf.
† 1979 in Hagen/Westf.

487 Fermate (1)
488 Ich sage Ankunft (2)
488 Sage vom Ganzen (3)

Aus: Ausgewählte Gedichte 1932–1976, Darmstadt: Luchterhand 1977. [1: E. M., Fermate. © Aachen, Rimbaud Verlag 1986. – 2: E. M., Die Formel und die Stätte. © Aachen, Rimbaud Verlag 1987. – 3: E. M., Sage vom Ganzen den Satz © Aachen: Rimbaud Verlag 1996]

Fritz Grasshoff

* 1913 in Quedlinburg
† 1997 in Kanada

489 Halunkenlied

Aus: Neue große Halunkenpostille, München: Nymphenburger 1981. [© Roswitha Grasshoff]

Karl Krolow

* 1915 in Hannover
† 1999 in Darmstadt

489 Verlassene Küste (1)
490 Robinson (2)
490 Neues Wesen (3)
491 Die Worte sind nicht schamlos (4)
491 Von einem Land und von andern (5)

Aus: Gesammelte Gedichte, Frankfurt/Main: Suhrkamp 1965 (1–2). – Alltägliche Gedichte, Frankfurt/Main: Suhrkamp 1968 (3). – Schönen Dank und vorüber, Frankfurt/Main: Suhrkamp 1984 (4). – Ich höre mich sagen, Frankfurt/Main: Suhrkamp 1992 (5). [1–5: K. K., Gesammelte Gedichte. Vier Bände. © Suhrkamp Verlag Frankfurt am Main 1997]

Peter Jokostra

* 1912 in Dresden
† 2007 in Berlin

492 Ich treibe südwärts

Aus: Magische Straße, Neuwied: Luchterhand 1960. [© Rechtsnachfolge]

Christine Lavant (Christine Habernig)

* 1915 in Groß Edling b. St. Stefan im Lavanttal/Kärnten
† 1973 in Wolfsberg/Kärnten

492 Es riecht nach Weltenuntergang (1)
493 Ich bin sehr reich (2)

Aus: Die Bettlerschale, Salzburg: Otto Müller 1956 (1) [© Otto Müller Verlag, Salzburg, 1956]. – Hälfte des Herzens, Darmstadt: Bläschke 1967 (2). [C. L.: Kunst wie meine ist nur verstümmeltes Leben. © Otto Müller Verlag, Salzburg 1978]

Christine Busta (Christine Dimt)

* 1915 in Wien
† 1987 in Wien

493 Das Hündlein (1)
494 Aus einem Sommertagebuch (2)

Aus: Der Regenbaum, Wien: Herder 1951 (1) [© Otto Müller Verlag, Salzburg 1995]. – Wenn du das Wappen der Liebe malst, Salzburg: Otto Müller 1981 (2). [© Otto Müller Verlag, Salzburg, 1981]

Hilde Domin

* 1909 in Köln
† 2006 in Heidelberg

495 Nur eine Rose als Stütze (1)
495 Mit leichtem Gepäck (2)
496 Abel steh auf (3)

Aus: Nur eine Rose als Stütze, Frankfurt/Main: S. Fischer 1959 (1). – Rückkehr der Schiffe, Frankfurt/Main: S. Fischer 1962 (2). – Ich will dich, 3. Aufl., München: Piper 1970 (3) [1–3: H. D., Gesammelte Gedichte. © S. Fischer Verlag GmbH, Frankfurt am Main 1987]

Margot Scharpenberg

* 1924 in Köln

497 Wenn die Bettler zählen (1)
497 Prognose (2)

Aus: Spiegelschriften, München: Piper 1961

(1) [© Margot Scharpenberg]. – Gegengaben und Widerworte, Duisburg: Gilles & Francke 1995 (2).

Johannes Bobrowski

* 1917 in Tilsit
† 1965 in Berlin (Ost)

498 Holunderblüte
498 Dorfmusik
499 Hölderlin in Tübingen
499 Immer zu benennen
500 Schattenland

Aus: Gesammelte Werke in sechs Bänden. Hg. v. Eberhard Haufe, Bd. 1: Die Gedichte; Bd. 2: Gedichte aus dem Nachlaß, Berlin: Union Verlag 1987. [© 1998 Deutsche Verlags-Anstalt, München, in der Verlagsgruppe Random House GmbH, Stuttgart]

Rainer Brambach

* 1917 in Basel
† 1983 in Basel

500 Niemand wird kommen
501 Das blaue Band

Aus: Heiterkeit im Garten. Das gesamte Werk, hg. v. F. Geerk, Zürich: Diogenes 1989. [© 1989 Diogenes Verlag AG Zürich]

Willy Bartock

* 1915 in Duisburg
† 1995 in Duisburg

501 Die Wermutpensionäre

Aus: Nacht, die mich nicht schlafen läßt. Gedichte und Prosa, hg. v. W. Köpping, Oberhausen: Asso 1987.

Josef Büscher

* 1918 in Sterkrade b. Oberhausen
† 1983 in Gelsenkirchen

502 Angstlied

Aus: Gedichte, Recklinghausen: Georg Bitter 1965. [© Rechtsnachfolge]

Michael Guttenbrunner

* 1919 in Althofen/Kärnten
† 2004 in Wien

503 Die Bodenständlinge

Aus: Opferholz, Salzburg: Otto Müller 1954. [M. G., Opferholz. © Aachen: Rimbaud Verlag 2008].

Paul Celan (Paul Anczel)

* 1920 in Czernowitz/Bukowina
† 1970 in Paris

505 Corona (1)
505 Todesfuge (2)
506 Sprich auch du (3)
507 Sprachgitter (4)
507 Tübingen, Jänner (5)
508 Fadensonnen (6)
508 Ein Blatt, baumlos (7)

Aus: Gesammelte Werke in fünf Bänden, hg. v. B. Allemann u. S. Reichert, Frankfurt/Main: Suhrkamp 1983 (1–7). [1, 2: P. C., Mohn und Gedächtnis. © 1952 Deutsche Verlags-Anstalt GmbH, Stuttgart; 3: P. C., Von Schwelle zu Schwelle, 1955 Deutsche Verlags-Anstalt GmbH, Stuttgart; © 1–3: Deutsche Verlags-Anstalt, München, in der Verlagsgruppe Random House GmbH. 4: P. C., Sprachgitter. © S. Fischer Verlag GmbH, Frankfurt/Main 1959; 5: P. C., Die Niemandsrose. © S. Fischer Verlag GmbH, Frankfurt/Main 1963; 6, 7: P. C., Gesammelte Werke. © Suhrkamp Verlag, Frankfurt/Main 1986]

Rose Ausländer

* 1901 in Czernowitz/Bukowina
† 1988 in Düsseldorf

508 Ein Tag im Exil (1)
508 Wann ziehn wir ein (2)
500 Noch bist du da (3)

Aus: Hügel aus Äther unwiderruflich. Gedichte und Prosa 1966–1975, hg. v. H. Braun, Frankfurt/Main: S. Fischer 1984 (1, 2). – Ich höre das Herz des Oleanders. Gedichte 1977–1979, hg. v. H. Braun, Frankfurt/Main: S. Fischer 1984 (3). [© 1–3: Fischer Verlag GmbH, Frankfurt am Main 1984]

Unica Zürn

* 1916 in Berlin
† 1970 in Paris

509 Ich weiß nicht, wie man die Liebe macht

Aus: Gesamtausgabe, hg. v. G. Bose u. E.

Brinkmann, Bd. 1: Anagramme, Berlin: Brinkmann & Bose 1988.

Silja Walter

* 1919 in Rickenbach b. Olten/Schweiz

509 Tänzerin

Aus: Gedichte, Zürich: Arche 1950. [S. W., Die Fähre legt sich hin am Strand. Ein Lesebuch. Hg. v. Klara Obermüller. © 1985, 2005 by Arche Verlag AG, Zürich – Hamburg]

Ilse Aichinger

* 1921 in Wien

510 Gebirgsrand (1)
510 Die trüben Stunden nutzend (2)
511 Briefwechsel (3)

Aus: Wo ich wohne, Frankfurt/Main: S. Fischer 1963 (1) [© 1: S. Fischer Verlag GmbH, Frankfurt am Main 1963]. – verschenkter Rat. Frankfurt/Main: S. Fischer 1978 (2, 3). [© 2, 3: S. Fischer Verlag GmbH, Frankfurt am Main 1978]

Erika Burkart

* 1922 in Aarau/Schweiz

511 Die Wahrheit (1)
512 Die Gnaden des Alltags (2)

Aus: Die Transparenz der Scherben, Zürich: Benziger 1973 (1). – Schweigeminute, Zürich: Artemis 1988 (2). [© 1, 2: Erika Burkart]

Hanns Cibulka

* 1920 in Jägerndorf/Tschechoslowakei
† 2004 in Gotha

512 Wir Worte (1)
513 Ohne Titel (2)

Aus: Lichtschwalben, Halle/Saale: mdv 1973 (1) – Die sanfte Revolution, hg. v. St. Heym u. W. Heiduczek, Leipzig: Gustav Kiepenheuer 1990 (2). [© 1, 2: Rechtsnachfolge Hanns Cibulka]

Günther Deicke

* 1922 in Hildburghausen/Thüringen
† 2006 in Marienbad (Tschechien)

513 Tübingen, Oktober

Aus: Ortsbestimmung. Ausgewählte Gedichte, Berlin: Verlag der Nation 1972. [© Husum, Verlag der Nation]

Walter Höllerer

* 1922 in Sulzbach-Rosenberg
† 2003 in Berlin

515 Der lag besonders mühelos
516 O sieh den roten Mohn

Aus: Gedichte 1942–1982, Frankfurt/Main: Suhrkamp 1982. [© Suhrkamp Verlag Frankfurt am Main 1982]

Kay Hoff

* 1924 in Neustadt/Holstein

517 Notiz 8/72
517 Altersheim

Aus: Zeit-Gewinn. Gesammelte Gedichte 1953–1989, Düsseldorf: Eremiten-Presse 1989.

Wolfgang Bächler

* 1925 in Augsburg
† 2007 in München

517 Die Erde bebt noch (1)
518 Nachtleben (2)

Aus: Ausbrechen. Gedichte aus 30 Jahren, Frankfurt/Main: S. Fischer 1976 (1). – Lichtwechsel. Esslingen/München: Bechtle 1955 (2) [© Rechtsnachfolge]. – Nachtleben, Frankfurt/Main: S. Fischer 1982 (2). [© S. Fischer Verlag GmbH, Frankfurt am Main 1982]

Heinz Piontek

* 1925 in Kreuzburg/Schlesien
† 2003 in Rotthalmünster/Passau

519 Herbst – vom Bodensee aus (1)
519 An die Schüler Heisenbergs (2)
519 Etwas ausrichten (3)

Aus: Werke, Bd. 1: Die Gedichte, München: Schneekluth 1982 (1, 2) [© Schneekluth Verlag GmbH, München]. – Neue Umlaufbahn, Würzburg: Bergstadtverlag 1998 (3). [© Bergstadtverlag, Wilhelm Gottlieb Korn GmbH, Freiburg]

Ingeborg Bachmann

* 1926 in Klagenfurt/Österreich
† 1973 in Rom

520 Die große Fracht
520 Die gestundete Zeit
521 Alle Tage
521 Nebelland

Aus: Werke, hg. v. C. Koschel, I. v. Weidenbaum, C. Münster, Bd. 1: Gedichte. Hörspiele. Libretti. Übersetzungen, München: Piper 1978. [© Piper Verlag GmbH, München 1978]

Hertha Kräftner

* 1928 in Wien
† 1951 in Wien

522 Abends
522 Dorfabend

Aus: Das blaue Licht, hg. v. O. Breicha u. A. Okopenko, Darmstadt: Luchterhand 1981. [© Rechtsnachfolge]

Dagmar Nick

* 1926 in Breslau

523 Nachtwache (1)
523 Geh über Nacht (2)

Aus: In den Ellipsen des Mondes, Hamburg: Ellermann 1959 (1). – Zeugnis und Zeichen, München: Delp 1969 (2). [© 1, 2: Aachen: Rimbaud Verlag]

Christa Reinig

* 1926 in Berlin

524 Verwandlung
524 Die Ballade vom blutigen Bomme

Aus: Sämtliche Gedichte, Düsseldorf: Eremiten-Presse 1984.

Elisabeth Borchers

* 1926 in Homberg/Niederrhein

525 eia wasser regnet schlaf (1)
526 Was alles braucht's zum Paradies (2)

Aus: Gedichte, Frankfurt/Main: Suhrkamp 1976 (1). – Wer lebt, Frankfurt/Main: Suhrkamp 1986 (2). [1, 2: E. B., Gedichte. Ausgewählt von Jürgen Becker. © Suhrkamp Verlag Frankfurt am 1976, 1986]

Margarete Hannsmann

* 1921 in Heidenheim a. d. Brenz/Württemberg
† 2007 in Stuttgart

527 Griechische Gastarbeiter (1)
528 Brot und Wein 1983 (2)

Aus: Fernsehabsage, Düsseldorf: Claassen 1974 (1) [© Rechtsnachfolge]. – Drachmentage, Düsseldorf: Eremiten-Presse 1986 (2).

Olly Komenda-Soentgerath

* 1923 in Prag
† 2003 in Köln

528 Gegenwart

Aus: Das schläft mir nachts unter den Lidern, St. Michel: Bläschke 1981. [© Rechtsnachfolge]

H. C. (Hans Carl) Artmann

* 1921 in Wien
† 2000 in Wien

529 soldaten ach soldaten ja (1)
529 mit einem jahr ein kind (2)
530 seht, die flinke fledermaus (3)
530 wär ich ein kesselflicker (4)

Aus: ein lilienweißer brief aus lincolnshire, Frankfurt/Main: Suhrkamp 1969 (1–3). [© 1–3: Rosa Artmann] – Aus meiner Botanisiertrommel, Salzburg: Residenz 1975 (4). [© 4: Residenz Verlag im Niederösterreichischen Pressehaus Druck- und Verlagsgesellschaft m. b. H., St. Pölten]

Helmut Heissenbüttel

* 1921 in Rüstringen b. Wilhelmshaven
† 1996 in Glückstadt

530 einfache Sätze (1)
531 das Sagbare sagen (2)
531 Oktober mit Eduard Mörike (3)

Aus: Textbuch 1, Olten: Walter 1960 (1, 2) [H. H., Textbücher 1–6. © Klett-Cotta, Stuttgart 1980]. Textbuch 8. 1981–1985, Stuttgart: Klett-Cotta 1985 (3). [H. H., Ödipuskomplex made in Germany. Gelegenheitsgedichte Totentage Landschaften 1965–1980. © Klett-Cotta, Stuttgart 1981]

EUGEN GOMRINGER
* 1925 in Cachuela Esperanza/Bolivien

532 schweigen schweigen schweigen
532 worte sind schatten
532 rund

Aus: vom rand nach innen. die konstellationen 1951–1995, Wien: Edition Splitter 1995.

KARL RIHA
* 1935 in Krummau/Moldau

533 programm-sonett II
533 so zier so starr . . .
533 gomringers schweigen

Aus: Was ist mit mir heute los?, Gießen: Anabas 1994. [© Anabas-Verlag, Frankfurt/Main 2000]

ERNST JANDL
* 1925 in Wien
† 2000 in Wien

534 sommerlied (1)
534 ottos mops (2)
534 lichtung (3)
534 wien: heldenplatz (4)
535 vater komm erzähl vom krieg (5)
535 wettrennen (6)
536 leises gedicht (7)

Aus: poetische werke in 10 bänden, hg. v. K. Siblewski, Bd. 2: laut und luise (3, 4); Bd. 4: der künstliche baum (2, 6); Bd. 5: dingfest (1, 5); Bd. 10: peter und die kuh (7), München: Luchterhand 1997. [© 1–7: 1997 by Luchterhand Literaturverlag, München in der Verlagsgruppe Random House GmbH]

FRIEDERIKE MAYRÖCKER
* 1924 in Wien

536 Ode an einen Ort (1)
537 falsche Bewegung (2)
537 was brauchst du (3)

Aus: Ausgewählte Gedichte 1944–1978, Frankfurt/Main: Suhrkamp 1979 (1). – Gute Nacht, guten Morgen. Gedichte 1978–1981, Frankfurt/Main: Suhrkamp 1982 (2). – Das besessene Alter. Gedichte 1986–1991, Frankfurt/Main: Suhrkamp 1992 (3). [1–3: F. M., Gesammelte Gedichte. 1939–2003. © Suhrkamp Verlag Frankfurt am Main 2004]

GERHARD RÜHM
* 1930 in Wien

537 sonett (1)
537 hasen-ode (2)
538 wegwerfgesellschaft (3)

Aus: Gesammelte Gedichte und visuelle Texte, Reinbek: Rowohlt 1970 (1). – Geschlechterdings, Reinbek: Rowohlt 1990 (2, 3). [© 1: Gerhard Rühm; 2, 3: 1990 by Rowohlt Verlag GmbH, Reinbek bei Hamburg]

FRANZ MON
(FRANZ LÖFFELHOLZ)
* 1926 in Frankfurt/Main

538 in den schwanz gebissen (1)
538 man muß was tun (2)
538 fallen (3)

Aus: Gesammelte Texte 2: Poetische Texte 1951–1970, Berlin: Janus press 1995 (1, 2). – Gesammelte Texte 4: Poetische Texte 1971–1982, Berlin: Janus press 1997 (3).

GÜNTER GRASS
* 1927 in Danzig

539 Die Vorzüge der Windhühner
539 Kinderlied
540 Mannomann

Aus: Werkausgabe, hg. v. V. Neuhaus u. D. Hermes, Bd. 1: Gedichte und Kurzprosa, Göttingen: Steidl 1997. [© Steidl-Druckerei und Verlag GmbH & Co. OHG, Göttingen]

KURT MARTI
* 1921 in Bern

541 als sie mit zwanzig (1)
541 wie gemsen wie fische (2)

Aus: Werkauswahl in 5 Bänden, Bd. 5: Namenszug mit Mond. Gedichte, hg. v. K. Marti u. Elsbeth Pulver, Zürich: Nagel & Kimche 1996. [1: K. M., Der Traum, geboren zu sein. Ausgewählte Gedichte. © 2003 Nagel & Kimche im Carl Hanser Verlag, München. – 2: Meergedichte Alpengedichte. Berlin: Fietkau 1975. © Wolfgang Fietkau Verlag, Berlin]

Erich Fried

* 1921 in Wien
† 1988 in Baden-Baden

542 Beim Nachdenken über Vorbilder
542 Lyrischer Winter
543 Nacht in London
543 Herrschaftsfreiheit

Aus: Gesammelte Werke. Gedichte Bd. 1–3, hg. v. V. Kaukoreit u. K. Wagenbach, Berlin: Klaus Wagenbach 1993.

Ludwig Greve

* 1924 in Berlin
† 1991 ertrunken vor Amrum/Nordsee

544 Mein Vater
545 Marbach, am Bahndamm

Aus: Sie lacht und andere Gedichte, Frankfurt/Main: S. Fischer 1991. [© Rechtsnachfolge]

Walter Neumann

* 1926 in Riga/Lettland

546 Im vergessensten Winkel Europas (1)
546 Das Gras in den Steppen (2)

Aus: Grenzen, Dortmund: Wulff 1972 (1) [W. N., In den Gedächtnisfächern. Frühe Gedichte 1961–1977. © Allitera Verlag, München]. – Der Flug der Möwen, Eisingen: Heiderhoff 1996 (2). [© Berlin, Verlag Roswitha Heiderhoff]

Christian Saalberg

* 1926 in Hirschberg/Riesengebirge
† 2006 in Kronshagen b. Kiel

547 Dafür wurden wir geschaffen

Aus: Vom Leben besiegt, Regensburg: Roderer 1997. [© Viola Rusche, www.christian-saalberg.de]

Carl Guesmer

* 1929 in Kirch Grambow (Wedendorf)/Mecklenburg

548 Die Grenze ist nur noch spürbar (1) (aus: *Bilder aus Mecklenburg 1991*)
548 Rückblick (2)

Aus: Im abgetragenen Sommer, Kulmbach: Baumann 1991 (1). – Baumkronen mit Septemberspuren, Kulmbach: Baumann 1999 (2). [© 1, 2: Carl Guesmer]

Hans Magnus Enzensberger

* 1929 in Kaufbeuren

549 Gedicht für die Gedichte nicht lesen (1)
550 Ins Lesebuch für die Oberstufe (2)
550 Bildzeitung (3)
551 Altes Medium (4)
551 Leichter als Luft (5)

Aus: Die Gedichte, Frankfurt/Main: Suhrkamp 1983 (1–3) [H. M. E., Gedichte 1950–2000 © Suhrkamp Verlag Frankfurt am Main 2001]. – Kiosk. Neue Gedichte, Frankfurt/Main: Suhrkamp 1995 (4). – Leichter als Luft. Moralische Gedichte, Frankfurt/Main: Suhrkamp 1999 (5). [© 4, 5: Suhrkamp Verlag Frankfurt am Main 1995, 1999]

Peter Rühmkorf

* 1929 in Dortmund

552 Grimm- und Grützlied (1)
552 Auf eine Weise des Joseph Freiherrn von Eichendorff (2)
553 Hochseil (4)
553 Auf was nur einmal ist (4)
554 Diese vorüberrauschende blaue… (5)

Aus: Kunststücke, Reinbek: Rowohlt 1962 (1, 2). – Walther von der Vogelweide, Klopstock und ich, Reinbek: Rowohlt 1975 (3). – Haltbar bis Ende 1999, Reinbek: Rowohlt 1979 (4). – Einmalig wie wir alle, Reinbek: Rowohlt 1989 (5). [1–3, 5: P. R., Gedichte – Werke 1. © 2000 by Rowohlt Verlag GmbH, Reinbek bei Hamburg. – 4: P. R., aus: Auf was nur einmal ist. 4: © Peter Rühmkorf]

Horst Bienek

* 1930 in Gleiwitz
† 1990 in München

555 Was dich verwandelt
555 Die Zeit danach

Aus: Gleiwitzer Kindheit. Gedichte aus zwanzig Jahren, München: Carl Hanser 1976. [© Carl Hanser Verlag, München – Wien]

Hugo Ernst Käufer

* 1927 in Witten/Ruhr

557 Ausgewogen
557 Altern

Aus: Ohne Erinnerung hat die Zeit kein Gesicht. Gedichte aus zwanzig Jahren, Wuppertal: Marino Verlag, Peter Hammer Verlag 1997. [© Hugo Ernst Käufer]

Kurt Küther

* 1929 in Stettin

558 Artisten

Aus: Ein Direktor geht vorbei, Wuppertal: Peter Hammer Verlag 1974. [© Kurt Küther]

Josef Reding

* 1929 in Castrop-Rauxel

558 krippenrede eines karriere-vaters

Aus: Asphaltgebete, Würzburg: Echter 1999. [© Josef Reding]

Günter Bruno Fuchs

* 1928 in Berlin
† 1977 in Berlin (West)

559 Der Irre ist gestorben

Aus: Pennergesang, München: Carl Hanser 1965. [© 1–4: Carl Hanser Verlag, München – Wien]

Oskar Pastior

* 1927 in Hermannstadt/Rumänien
† 2006 in Frankfurt/Main

560 Heißer Abend im alten Tulcea (1)
560 Ballade vom defekten Kabel (2)
561 Abendlied (3)
561 weiß das lauwant noch (4)

Aus: Jalousien aufgemacht. Ein Lesebuch, hg. v. K. Ramm, München: Carl Hanser 1987 (1, 2). – Wechselbalg. Gedichte 1977–1980, Spenge: Ramm 1980 (3). – Kopfnuß Januskopf. Gedichte in Palindromen, München: Carl Hanser 1990 (4). [© 1, 2, 4: Carl Hanser Verlag, München – Wien. © 3: Oskar Pastior Stiftung]

Johannes Poethen

* 1928 in Wickrath/Niederrhein
† 2001 in Stuttgart

562 Ich bin nur in wörtern (1)
562 an meinen sohn willibald (2)

Aus: Gedichte 1946–1971, Hamburg: Claassen 1973 (1) [© Rechtsnachfolge]. – ach erde du alte. Gedichte 1976–1980, Stuttgart: Klett-Cotta 1981 (2) [© Klett-Cotta, Stuttgart 1981]

Gerhard Neumann

* 1928 in Rostock
† 2002 in Hamburg

562 Die Bucht (1)
563 Johannisfest (2)

Aus: Mögliches Gelände. Sämtliche Gedichte, Aachen: Rimbaud 1991 (1). – Unter Ziegelbränden, Aachen: Rimbaud 1997 (2). [© 1, 2: Aachen: Rimbaud Verlag]

Walter Helmut Fritz

* 1929 in Karlsruhe

563 Also fragen wir beständig (1)
564 Atlantis (2)

Aus: Schwierige Überfahrt, Hamburg: Hoffmann und Campe 1976 (1). – Immer einfacher immer schwieriger, Hamburg: Hoffmann und Campe 1987 (2).

Edwin Wolfram Dahl

* 1928 in Solingen

565 Beethoven zum Beispiel

Aus: Zum Atmen bleibt noch Zeit, München: Schneekluth 1984. [© Edwin Wolfram Dahl]

Karl Alfred Wolken

* 1929 auf Wangerooge/Nordsee

565 Wir lachen wohl

Aus: Deutsche Lyrik. Gedichte seit 1945, hg. v. H. Bingel, Stuttgart: Deutsche Verlags-Anstalt 1961. [© Karl Alfred Wolken]

(2). [© 1, 2: Aufbau Verlagsgruppe GmbH Berlin]

Rainer Kirsch

* 1934 in Döbeln/Sachsen

579 Schwimmen bei Pizunda (1)
579 Im Ton Mandelstams (2)

Aus: Ausflug machen, Rostock: Hinstorff 1980 (1). – Kunst in Mark Brandenburg, Rostock: Hinstorff 1988 (2). [1, 2: R. K., Werke Bd. 1 Gedichte & Lieder. Aus: Werke. © 2004 Berlin: Eulenspiegel Verlag]

Wulf Kirsten

* 1934 in Klipphausen b. Meißen

580 väterlicherseits, mütterlicherseits (1)
582 Erdlebenbilder (2)

Aus: die erde bei Meißen, Leipzig: Reclam 1986 (1) [W. K., aus: erdlebenbilder. Gedichte aus 50 Jahren 1954–2004. © 2004 by Ammann Verlag & Co., Zürich. Alle Rechte vorbehalten.]. – Wettersturz. Gedichte 1993–1998, Zürich: Ammann 1999 (2) [© 1999 by Ammann Verlag & Co., Zürich. Alle Rechte vorbehalten]

Karl Mickel

* 1935 in Dresden
† 2000 in Berlin

583 Die Friedensfeier

Aus: Vita nova mea [Mein neues Leben], Berlin und Weimar: Aufbau 1966. [© Aufbau Verlagsgruppe GmbH, Berlin]

Heinz Czechowski

* 1935 in Dresden

585 Was mich betrifft (1)
585 In Deutschland (1986) (2)

Aus: An Freund und Feind, München: Carl Hanser 1983 (1) [© Heinz Czechowski]. – Ich und die Folgen, Reinbek: Rowohlt 1987 (2) [© Grupello Verlag, Düsseldorf]

Reiner Kunze

* 1933 in Oelsnitz/Erzgebirge

586 Düsseldorfer impromptu (1)
587 Kurzer lehrgang (2)
587 die mauer (3)
587 mit dieser fahne schon (4)

Aus: Die wunderbaren Jahre. Lyrik, Prosa, Dokumente, hg. v. K. Corino, Frankfurt/Main: S. Fischer 1977 (1, 2) [© S. Fischer Verlag GmbH, Frankfurt am Main 1977]. – ein tag auf dieser erde, Frankfurt/Main: S. Fischer 1998 (3, 4) [© S.Fischer Verlag GmbH, Frankfurt am Main 1998]

Franz Josef Degenhardt

* 1931 in Schwelm

588 Deutscher Sonntag
590 Die alten Lieder

Aus: Spiel nicht mit den Schmuddelkindern, Hamburg: Hoffmann und Campe 1966. [© Aufbau-Verlag GmbH, Berlin 1995] [© Franz Josef Degenhardt]

Dieter Süverkrüp

* 1934 in Düsseldorf

591 Wünsche des Publikums an den Sänger

Aus: Die widerborstigen Gesänge des Dieter Süverkrüp, Dortmund: Pläne Verlag 1967. [© Dieter Süverkrüp]

Hanns Dieter Hüsch

* 1925 in Moers/Niederrhein
† 2005 in Windeck-Werfen

592 Ich sing für die Verrückten

Aus: Den möcht' ich seh'n…, Köln: Satire Verlag 1978. [© Erben Hanns Dieter Hüsch]

Wolf Biermann

* 1936 in Hamburg

593 Ermutigung
594 Ballade vom preußischen Ikarus
595 Und als wir ans Ufer kamen
596 Meleken an der Elbe

Aus: Alle Lieder, Köln: Kiepenheuer & Witsch 1991.

Konstantin Wecker

* 1947 in München

596 Sage nein!

Aus: Sage nein! Politische Lieder 1977–1992, Köln: Kiepenheuer & Witsch 1993. [© Fanfare Musikverlag, Global Musik GmbH & Co. KG, München]

Paul Wühr

* 1927 in München

598 Hinter den blauen Bergen (1)
598 Wie/sehr ich staune (2)

Aus: Grüß Gott. Rede. Gedichte, München: Carl Hanser 1990 (1). – Salve Res Publica Poetica, München: Carl Hanser 1997 (2). [© 1, 2: Carl Hanser Verlag, München – Wien]

Rudolf Langer

* 1923 in Neiße/Schlesien
† 2007 in Ingolstadt

599 Seestück zum Schluß

Aus: Das Narrenschiff schwankt. Gedichte 1978–1986, München: Rudolf Langer 1986. [© Rechtsnachfolge]

Richard Anders

* 1928 in Ortelsburg/Ostpreußen

600 Damals

Aus: Die Pendeluhren haben Ausgangssperre. Ausgewählte und neue Gedichte, Berlin: Galrev 1990.

Horst Bingel

* 1933 in Korbach/Hessen

600 Feinsliebchen

Aus: Lied für Zement, Frankfurt/Main: Suhrkamp 1975. [© Horst Bingel]

Günter Herburger

* 1932 in Isny/Allgäu

601 Ehegedicht
602 Vergnügen

Aus: Ziele, Reinbek: Rowohlt 1977 [© Günter Herburger]

Harald Hartung

* 1932 in Herne/Westfalen

603 Möglicher Sommer (1)
604 In der Nähe der Glienicker Brücke (2)

Aus: Traum im Deutschen Museum. Gedichte 1965–1985, München: Piper 1986 (1). [© Harald Hartung] – Jahre mit Windrad, Göttingen: Steidl 1996 (2). [© Steidl-Druckerei und Verlag GmbH & Co. OHG, Göttingen]

Jürgen Becker

* 1932 in Köln

605 Gedicht, sehr früh (1)
605 Das Fenster am Ende des Korridors (2)
606 Wiedersehen nach längerer Zeit (3)
606 ... Beerdigungen im Sommer (4)
607 Reiseland (5)

Aus: Das Ende der Landschaftsmalerei, Frankfurt/Main: Suhrkamp 1974 (1). – Erzähl mir nichts vom Krieg, Frankfurt/Main: Suhrkamp 1977 (2, 3). – Das englische Fenster, Frankfurt/Main: Suhrkamp 1990 (4). – Journal der Wiederholungen, Frankfurt/Main: Suhrkamp 1999 (5). [© 1–5: Suhrkamp Verlag Frankfurt am Main 1974, 1977, 1990, 1999]

Alfred Kolleritsch

* 1931 in Brunnsee/Steiermark

607 »Ewige Erzählung«

Aus: Absturz ins Glück, Salzburg: Residenz 1983. [© Literaturverlag Droschl GmbH, Graz]

Manfred Peter Hein

* 1931 in Darkehmen/Ostpreußen

608 Jenseits nördlich

Aus: Über die dunkle Fläche. Gedichte 1986–1993, Zürich: Ammann 1994. [© 1994 by Ammann Verlag & Co., Zürich. Alle Rechte vorbehalten]

Richard Exner

* 1929 in Niedersachswerfen/Harz

609 Heimat

Aus: Gedichte 1953–1991, Stuttgart: Radius 1994. [© 1994 by Radius-Verlag, Olgastraße 114, 70180 Stuttgart]

Werner Dürrson (Werner Dürr)

* 1932 in Schwenningen/Neckar

610 Losigkeit 1, 2 & 3

Aus: Gedichte in drei Bänden, hg. v. V. Demuth, Bühl-Moos: Elster 1992. [© Werner Dürrson]

(Hans) Arnfrid Astel

* 1933 in München

610 Hölderlin (1)
610 Drunter und drüber (2)
610 Kunstvorbehalt (3)

Aus: Notstand, Wuppertal: Peter Hammer 1968 (1) [© Hans Arnfrid Astel, www.zikaden.de]. – Die Amsel fliegt auf, Heidelberg: Das Wunderhorn 1982 (2) [© Heidelberg, Verlag Das Wunderhorn GmbH]. – Wohin der Hase läuft, Leipzig: Forum o. J. [1992] (3) © Hans Arnfrid Astel, www.zikaden.de]

Volker von Törne

* 1934 in Quedlinburg
† 1980 in Münster/Westf.

611 Auf dem Boden des Grundgesetzes

Aus: Im Lande Vogelfrei. Gesammelte Gedichte, Berlin: Klaus Wagenbach 1981.

Yaak Karsunke

* 1934 in Berlin

612 schorf 1 bis 3 (1)
612 anekdote aus dem letzten preußischen kriege
612 woran man kommunisten erkennt
613 tod & verklärung
613 ziemlich frei. nach Brecht (2)

Aus: auf die gefahr hin, Berlin: Rotbuch 1982 (1) [Y. K., da zwischen/auf die Gefahr hin. Gedichte, Lyrikediton 2003. © BUCH & media, München]. – gespräch mit dem stein, Berlin: Rotbuch 1992 (2) [© 1992 Rotbuch Verlag GmbH, Berlin]

Peter-Paul Zahl

* 1944 in Freiburg/Breisgau

614 februarsonne

Aus: Alle Türen offen, Berlin: Rotbuch 1977. [© 1977 Rotbuch Verlag, Berlin]

Christoph Meckel

* 1935 in Berlin

615 Lied zur Pauke (1)
615 Rede vom Gedicht (2)

Aus: Wildnisse, Frankfurt/Main: S. Fischer 1962 (1) [© S. Fischer Verlag GmbH, Frankfurt am Main 1962]. – Wen es angeht, Düsseldorf: Eremiten-Presse 1974 (2).

Rolf Dieter Brinkmann

* 1940 in Vechta/Oldenburg
† 1975 in London

616 Selbstbildnis im Supermarkt (1)
616 Einen jener klassischen (2)
617 Oh, friedlicher Mittag (3)

Aus: Standphotos. Gedichte 1962–1970, Reinbek: Rowohlt 1980 (1). – Westwärts 1 & 2, Reinbek: Rowohlt Taschenbuch Verlag 1975 (2, 3). [© 1: 1980 by Rowohlt Verlag GmbH, Reinbek bei Hamburg; © 2, 3: R. D. B, Westwärts 1 & 2. Gedichte. Mit Fotos und Anmerkungen des Autors. Erweiterte Neuausgabe. © 2005 by Rowohlt Verlag GmbH, Reinbek bei Hamburg]

Dieter Hoffmann

* 1934 in Dresden

618 Gottfried August Bürger

Aus: Sub Rosa. Historische Porträts, Darmstadt: Bläschke 1976. [© Dieter Hoffmann]

Johannes Kühn

* 1934 in Bergweiler/Saar

618 Die Dorfmusik (1)
619 Neujahr (2)
619 Geselligkeit (3)

Aus: Ich Winkelgast, München: Carl Hanser 1989 (1, 2). – Wasser genügt nicht. Gasthausgedichte, München: Carl Hanser 1997 (3). [© 1–3: Carl Hanser Verlag, München – Wien]

Richard Leising

* 1934 in Chemnitz
† 1997 in Berlin

620 Auch ich

Aus: Die Rotzfahne. Gedichte und kleine Prosa, hg. v. Kristof Wachinger, Ebenhausen: Langewiesche-Brandt 1998.

Bruno Hillebrand

* 1935 in Düren/Rheinland

621 Reisefieber

Aus: Von der Krümmung des Raumes, Frankfurt/Main: S. Fischer 1992. [© S. Fischer Verlag GmbH, Frankfurt am Main 1992]

Nicolas Born

* 1937 in Duisburg
† 1979 in Hamburg

621 Vaterhaus
622 Horror, Dienstag

Aus: Gedichte 1967–1978, Reinbek: Rowohlt 1978. [N. B., Gedichte, hg. von Katharina Born. © Wallstein Verlag, Göttingen 2004]

Helga M. Novak

* 1935 in Berlin

622 Lernjahre sind keine Herrnjahre (1)
623 bin beschadet (2)

Aus: Grünheide, Grünheide. Gedichte 1955–1980, Darmstadt: Luchterhand 1983 (1) [H. M. N., solange noch Liebesbriefe eintreffen. Gesammelte Gedichte, hg. von Rita Jorek, mit einem Nachwort von Eva Demski. © Schöffling & Co., Frankfurt am Main 1999, 2008]. – Silvatica, Frankfurt/Main: Schöffling & Co. Verlagsbuchhandlung 1997 (2) [© Schöffling & Co., Frankfurt am Main 1997]

Sarah Kirsch

* 1935 in Limlingerode/Harz

623 Dann werden wir kein Feuer brauchen (1)
624 Der Droste würde ich gern Wasser reichen (2)
624 Erdrauch (3)
625 Eremitage (4)

Aus: Gedichte, Ebenhausen: Langewiesche-Brandt 1969 (1). – Zaubersprüche, Berlin: Aufbau 1973 (2). – Erdreich, Stuttgart: Deutsche Verlags-Anstalt 1982 (3). – Schneewärme, Stuttgart: Deutsche Verlags-Anstalt 1989 (4). [1–4: S. K., Sämtliche Gedichte © 2005 Deutsche Verlags-Anstalt, München, in der Verlagsgruppe Random House GmbH]

Elke Erb

* 1938 in Scherbach/Eifel

626 Widerspiegelung (1)
626 Über den Winter (2)

Aus: Der Faden der Geduld, Berlin: Aufbau 1978 [© Elke Erb]. – Unschuld, du Licht meiner Augen, Göttingen: Steidl 1994 (2) [© Steidl-Druckerei und Verlag GmbH & Co. OHG, Göttingen]

Gabriele Wohmann

* 1932 in Darmstadt

627 Manchmal glaube ich nicht

Aus: Grund zur Aufregung, Darmstadt: Luchterhand 1978. [© Gabriele Wohmann]

Annemarie Zornack

* 1932 in Aschersleben a. Harz

628 lauter augenblicke

Aus: stolperherz. ausgewählte gedichte, Düsseldorf: Eremiten-Presse 1988. [A. Z., dich meine ich. Gedichte 1961–2004. Göttingen: Wallstein 2004. © Annemarie Zornack]

Fritz Deppert

* 1932 in Darmstadt

628 Reale Utopie

Aus: Zeitkonzert, Bludenz: Freipresse 1995. [© Fritz Deppert]

Rolf Haufs

* 1935 in Düsseldorf

629 Häuserverlassen (1)
629 Das Land hat sich gemacht (2)

Aus: Größer werdende Entfernung. Gedichte 1962–1979, Reinbek: Rowohlt 1979 (1). – Augustfeuer, München: Carl Hanser 1996 (2). [© 1, 2: Carl Hanser Verlag, München – Wien]

Albert von Schirnding

* 1935 in Regensburg

630 Ästhetik des Vorscheins (1)
630 An meinen Beobachter (2)

Aus: Bedenkzeit, Ebenhausen: Langewiesche-Brandt 1977 (1). – Mit anderen Augen. Gesammelte Gedichte, Ebenhausen: Langewiesche-Brandt 1986 (2).

Dieter Mucke

* 1936 in Leipzig

630 Wendepunkt

Aus: Panik im Olymp, Halle: Stekovics 1995. [© Dieter Mucke]

Peter Horst Neumann

* 1936 in Neisse/Oberschlesien

631 Ich lese Traueranzeigen

Aus: Pfingsten in Babylon, Salzburg: Residenz 1996. [© Peter Horst Neumann]

Peter Hamm

* 1937 in München

631 Nachruf auf einen Unbekannten (1)
632 Speisewagen (2)

Aus: Der Balken, München: Carl Hanser 1981 (1). – Die verschwindende Welt, München: Carl Hanser 1984 (2). [© 1, 2: Carl Hanser Verlag, München – Wien]

Klaus M. Rarisch

* 1936 in Berlin

633 Mauerlos

Aus: Bilanz. Neue Sonette, Hamburg: Robert Wohlleben 1995.

Ludwig Harig

* 1927 in Sulzbach/Saar

633 Das schreibende Subjekt

Aus: Hundert Gedichte. Alexandrinische Sonette, Terzinen, Couplets und andere Verse in strenger Form, München: Carl Hanser 1988. [© Carl Hanser Verlag, München – Wien]

Ror Wolf

* 1932 in Saalfeld/Thüringen

634 mein famili
635 Aus dem Norden

Aus: Aussichten auf neue Erlebnisse. Moritaten, Balladen & andere Gedichte, Frankfurt/Main: Frankfurter Verlagsanstalt 1996 [© Schöffling & Co., Frankfurt am Main]

Robert Gernhardt

* 1937 in Reval/Estland
† 2006 in Frankfurt/Main

636 Roma aeterna (1)
636 Materialien zu einer Kritik der bekanntesten Gedichtform italienischen Ursprungs (2)
637 Nachdem er durch Metzingen gegangen war (3)
637 Knastbrüder (4)

Aus: Körper in Cafés, Zürich: Haffmans 1987 (1, 3) [© Alle Rechte vorbehalten. S. Fischer Verlag GmbH, Frankfurt am Main]. – Wörtersee, Frankfurt/Main: Zweitausendeins 1981 (2) [© Robert Gernhardt, durch Agentur Schlück. Alle Rechte vorbehalten]. – Lichte Gedichte, Zürich: Haffmans 1997 (4) [Alle Rechte vorbehalten. S. Fischer Verlag GmbH, Frankfurt am Main]

F. W. Bernstein (Fritz Weigle)

* 1938 in Göppingen

637 Sonett-Sonett

Aus: Lockruf der Liebe, Zürich: Haffmans 1988. [F. W. B., Die Gedichte. © Verlag Antje Kunstmann GmbH, München 2003]

Kurt Bartsch

* 1937 in Berlin

638 Sozialistischer Biedermeier (1)
638 Adolf Hitler ganz allein (2)

Aus: zugluft, Berlin: Aufbau 1968 (1). – Weihnacht ist und Wotan reitet, Berlin: Rotbuch 1985 (2). [© 1, 2: Kurt Bartsch]

Hannelies Taschau

* 1937 in Hamburg

639 Klarträumer

Aus: Klarträumer, Lüneburg: zu Klampen 1998. [© Springe: zu Klampen Verlag]

Jiří Gruša

* 1938 in Pardubice/Tschechoslowakei

640 Manchmal schaut Wasser

Aus: Wandersteine. Gedichte, Stuttgart: Deutsche Verlags-Anstalt 1994. [© 1994 Deutsche Verlags-Anstalt, München, in der Verlagsgruppe Random House GmbH]

Bernd Jentzsch

* 1940 in Plauen (Vogtland)

640 Sommer (1)
641 Selbstporträt im Wasser (2)

Aus: Quartiermachen, München: Carl Hanser 1978 (1). – Flöze. Schriften und Archive 1954–1992, Leipzig: Connewitzer Verlagsbuchhandlung 1993 (2). [© 1, 2: Bernd Jentzsch]

Beat Brechbühl

* 1939 in Oppligen/Schweiz

641 Wie tropfende Mutterkühe

Aus: Temperatursturz, Bern: Edition Erpf 1984 [© Beat Brechbühl]

Arno Reinfrank

* 1934 in Mannheim
† 2001 in London

642 Winterquartier des Krill

Aus: Die Weltbühne, 28. 5. 1991. [© Rechtsnachfolge]

Ludwig Verbeek

* 1938 in Köln

643 Frühling 1990

Aus: Das Blaue vom Himmel, Unkel/Rhein: Horlemann 1992. [© Ludwig Verbeek]

Michael Buselmeier

* 1938 in Berlin

643 Schriesheim im Mai 1914

Aus: Ode an die Sportler und andere Gedichte, Heidelberg: Das Wunderhorn 1998. [© Heidelberg, Verlag Das Wunderhorn GmbH]

Peter M. Stephan

* 1939 in Beuthen/Oberschlesien

644 Flüchtlinge Fremde

Aus: Mitlesebuch 3, Berlin: Aphaia 1995, 2. Aufl. 1999. [© Peter M. Stephan]

Adel Karasholi

* 1936 in Damaskus/Syrien

645 Im Gepäck
645 Du fragst warum ich dich Minze nenne

Aus: Wenn Damaskus nicht wäre, München: A 1 Verlag 1992.

Christoph Derschau

* 1938 in Potsdam
† 1995 in Hamburg

646 Apfelwein süß gespritzt

Aus: So hin und wieder die eigene Haut ritzen ... Ausgewählte Gedichte, Augsburg: Maro 1999.

Rainer Malkowski

* 1939 in Berlin
† 2003 in Brannenburg am Inn

647 Schöne seltene Weide (1)
647 Eine Stunde oder zwei (2)

Aus: Was für ein Morgen, Frankfurt/Main: Suhrkamp 1975 (1). – Vom Rätsel ein Stück, Frankfurt/Main: Suhrkamp 1980 (2). [© Suhrkamp Verlag Frankfurt am Main 1975, 1980].

Hans Dieter Schäfer

* 1939 in Berlin

648 Kaufhaus-Interieur

Aus: Dem Leben ganz nah, München: Carl Hanser 1982. [© Carl Hanser Verlag, München – Wien]

Gregor Laschen

* 1941 in Ückermünde/Pommern

648 Großer Zufall mit Lisa (1)
649 Vor dem Judenfriedhof in Lodz, 1989 (2)

Aus: Die andere Geschichte der Wolken,

München: Carl Hanser 1983 (1) [© Carl Hanser Verlag, München – Wien]. – Jammerbugt-Notate, Heidelberg: Wunderhorn 1995 (2) [© Heidelberg, Verlag Das Wunderhorn GmbH]

Wolfgang Bittner

* 1941 in Gleiwitz

650 Kollektivschuld

Aus: Nachkriegsgedichte, Bornheim-Merten: Lamuv 1980. [© Wolfgang Bittner]

Volker Braun

* 1939 in Dresden

651 Im Ilmtal (1)
652 Das Lehen (2)
653 Das Eigentum (3)
653 Der Totenhügel (4)

Aus: Gegen die symmetrische Welt, Halle/Saale: Mitteldeutscher Verlag 1974 (1). – Langsam knirschender Morgen, Halle/Saale: Mitteldeutscher Verlag 1987 (2). – Lustgarten. Preußen. Ausgewählte Gedichte, Frankfurt/Main: Suhrkamp 1996 (3). – Tumulus, Frankfurt/Main: Suhrkamp 1999 (4). [© 1–4 Suhrkamp Verlag Frankfurt am Main 1974, 1987, 1996, 1999]

Heiner Müller

* 1929 in Eppendorf b. Chemnitz
† 1995 in Berlin

654 Klage des Geschichtsschreibers

Aus: Werke 1: Die Gedichte, hg. v. F. Hörnigk, Frankfurt/Main: Suhrkamp 1998. [© Suhrkamp Verlag Frankfurt am Main 1998]

Peter Gosse

* 1938 in Leipzig

655 Wunschzettel

Aus: Phantomschmelz, Halle/Saale: Mitteldeutscher Verlag 1998. [© Peter Gosse]

Harald Gerlach

* 1940 in Bunzlau/Schlesien
† 2001 in Leimen

656 Utopia (1)
657 Orte (2)

Aus: Einschlüsse. Aufbrüche, Rudolstadt: burgart-presse 1991 (1). – nirgends und zu keiner Stunde, Berlin: Aufbau 1998 (2) [© Aufbau Verlagsgruppe GmbH, Berlin]

Wolfgang Bauer

* 1941 in Graz
† 2005 in Graz

658 New York

Aus: Werke. Bd. 5: Gedichte, hg. v. G. Melzer, Graz: Droschl 1992. [© Literaturverlag Droschl GmbH, Graz]

Wolfgang Hilbig

* 1941 in Meuselwitz/Thüringen
† 2007 in Berlin

658 vorgegebenes lied

Aus: die versprengung, Frankfurt/Main: S. Fischer 1986. [© S. Fischer Verlag GmbH, Frankfurt am Main 1986]

Johannes Schenk

* 1941 in Berlin
† 2006 in Berlin

659 Garderobenständer und Sterne

Aus: Segeltuch. 349 Gedichte, Berlin: Druckerei Gerike 1999. [© Akademie der Künste, Berlin]

Guntram Vesper

* 1941 in Frohburg b. Leipzig

659 Landmeer
660 Das fremde Kind

Aus: Die Inseln im Landmeer, Pfaffenweiler: Pfaffenweiler Presse 1982.

Uwe Grüning

* 1942 in Pabianice b. Łódź/Polen

660 Ein Spruch des Fünfundzwanzigjährigen

Aus: Innehaltend an einem Morgen, Berlin: Union 1988. [© Uwe Grüning]

Arnold Leifert

* 1940 in Soest/Westf.

661 Herbst

Aus: Damit der Stein wächst, Unkel/Rh.: Horlemann 1994.

Dieter Leisegang

* 1942 in Wiesbaden
† 1973 in Offenbach/Main

662 Elegie

Aus: Lauter letzte Worte, hg. v. K. Corino, Frankfurt/Main: Suhrkamp 1980. [D. L., Lauter letzte Worte. Gedichte und Miniaturen. Hg. v. Karl Corino. © Suhrkamp Verlag Frankfurt am Main 1980]

Karin Kiwus

* 1942 in Berlin

662 Selberlebensverjährung

Aus: Das Chinesische Examen, Frankfurt/Main: Suhrkamp 1992. [© Suhrkamp Verlag Frankfurt am Main 1992]

Felix Philipp Ingold

* 1942 in Basel

664 Wetterkarte

Aus: Echtzeit, München: Carl Hanser 1989. [© Carl Hanser Verlag, München – Wien]

Uwe Dick

* 1942 in Schongau/Lech

664 Der Überläufer

Aus: Das Echo des Fundament Schritts. Dichtungen 1968–1980, München: Wilhelm Heyne 1981. [© Residenz Verlag im Niederösterreichischen Pressehaus Druck- und Verlagsgesellschaft m. b. H., St. Pölten]

Friedrich Christian Delius

* 1943 in Rom

665 Das Schweigen von Köln (1)
666 Selbstporträt mit Luftbrücke (2)

Aus: Ein Bankier auf der Flucht, Berlin: Rotbuch 1976 (1). – Selbstporträt mit Luftbrücke. Ausgewählte Gedichte 1962–1992, Reinbek: Rowohlt 1993 (2). [© 1, 2: Friedrich Christian Delius]

Doris Runge

* 1943 in Carlow/Mecklenburg

668 einladung zum tee

Aus: kommt zeit, Stuttgart: Deutsche Verlags-Anstalt 1988. [© 1988 Deutsche Verlags-Anstalt, München, in der Verlagsgruppe Random House GmbH]

Mathias Schreiber

* 1943 in Berlin

668 Tradition

Aus: Gänseblume auf der Nord-Süd-Fahrt, Köln: artemedia 1982. [© Mathias Schreiber]

Roman Ritter

* 1943 in Stuttgart

669 Einen Fremden im Postamt umarmen

Aus: Einen Fremden im Postamt umarmen, München: Raith 1975. [© Roman Ritter]

Jörg Fauser

* 1944 in Bad Schwalbach
† 1987 in München

670 Liebesgedicht
670 Berlin, Paris, New York

Aus: Gedichte (= Gesamtausgabe Bd. 5), hg. v. C. Weissner, Hamburg: Rogner & Bernhard 1990. [J. F., aus: Trotzki, Goethe und das Glück. Gesammelte Gedichte und Songtexte, Jörg-Fauser-Edition Band 4, hg. von Alexander Wewerka. © Alexander Verlag Berlin, 2005]

Jürgen Theobaldy

* 1944 in Straßburg

671 Schnee im Büro (1)
672 Unter der Krempe hervor (2)

Aus: Zweiter Klasse, Berlin: Rotbuch 1976 (1). [© Jürgen Theobaldy] – Der Nachtbildsammler, Köln: Palmenpresse 1992 (2). [© Leverkusen: Palmenpresse]

Michael Krüger

* 1943 in Wittgendorf b. Zeitz

673 Auf den ersten Blick
673 Wettervorhersage

Aus: Wettervorhersage, Salzburg: Residenz 1998. [© 1998 Residenz Verlag im Niederösterreichischen Pressehaus Druck- und Verlagsgesellschaft m. b. H., St. Pölten]

Jürgen Rennert

* 1943 in Berlin-Neukölln

674 Mein Land ist mir zerfallen

Aus: neue deutsche literatur 38, 1990, H. 4). [© Jürgen Rennert]

Hugo Dittberner

* 1944 in Gieboldehausen b. Göttingen

674 Fast schämt man sich

Aus: Wasser Elegien, Hannover: Postskriptum 1997. [© Springe: zu Klampen Verlag]

Robert Schindel

* 1944 in Bad Hall b. Linz/Österreich

675 Nullsucht 2 (1)
675 Vineta 1 (2)

Aus: Geier sind pünktliche Tiere, Frankfurt/Main: Suhrkamp 1987 (1). – Ein Feuerchen im Hintennach. Gedichte 1986–1991, Frankfurt/Main: Suhrkamp 1991 (2). [© 1, 2: Suhrkamp Verlag Frankfurt am Main 1987, 1992]

Ralf Thenior

* 1945 in Bad Kudowa/Schlesien

676 Einfache Dinge
676 Gran Canaria

Aus: Traurige Hurras, München: Autoren-Edition 1977. [© Ralf Thenior]

Reinhard Priessnitz

* 1945 in Wien
† 1985 in Wien

677 in stanzen

Aus: vierundvierzig gedichte, Graz/Wien: Literaturverlag Droschl 1978. [© Literaturverlag Droschl GmbH, Graz]

Thomas Brasch

* 1945 in Westow/Yorkshire (England)
† 2001 in Berlin

678 Zum Beispiel Galilei

Aus: Der schöne 27. September, Frankfurt/Main: Suhrkamp 1980. [© Suhrkamp Verlag Frankfurt am Main 1980]

Ulla Hahn

* 1945 in Brachthausen/Sauerland

678 Winterlied (1)
679 Ars poetica (2)
679 Älterwerden (3)

Aus: Herz über Kopf, Stuttgart: Deutsche Verlags-Anstalt 1981 (1, 2) [© 1981 Deutsche Verlags-Anstalt, München, in der Verlagsgruppe Random House GmbH]. – Epikurs Garten, Stuttgart: Deutsche Verlags-Anstalt 1995 (3) [U. H., Unerhörte Nähe © 1988 Deutsche Verlags-Anstalt GmbH, München, in der Verlagsgruppe Random House GmbH]

Ludwig Fels

* 1946 in Treuchtlingen

680 Wenn dunkelblau der Abend
680 Fluchtweg

Aus: Der Anfang der Vergangenheit, München: Piper 1984. [© Ludwig Fels]

Walter Gröner

* 1950 in Heubach/Württemberg

681 Café am Mehringdamm

Aus: Fabrikler, Leser und Poet, München: Piper 1989. [© Walter Gröner]

Richard Pietrass

* 1946 in Lichtenstein/Sachsen

681 An den Vater (1)
682 Stiegenlied (2)

Aus: Notausgang, Berlin und Weimar: Aufbau 1980 (1). – Freiheitsmuseum, Berlin und Weimar: Aufbau 1982 (2). [© 1, 2: Aufbau Verlagsgruppe GmbH, Berlin]

Günter Ullmann

* 1946 in Greiz/Vogtland

682 Alles spricht (1)
682 Nehmt uns nicht die Hoffnung (2)

Aus: Herzwurzel. Gedichte aus drei Jahrzehnten, Dresden: Hellerau 1994 (1).

[© Hellerau Verlag Dresden GmbH] – Lichtzeichen. Gedichte aus drei Jahrzehnten, hg. v. S. Heinrichs, Berlin: Oberbaum 1996 (2). [© Günter Ullmann]

Jochen Kelter

* 1946 in Köln

683 Heimat (1)

683 Kinderlied (2)

Aus: Verteidigung der Wörter. Gedichte 1986-89, Bern: Zytglogge 1992 (1). – meinetwegen wolgabreit. Gedichte 1989-93, Bern: Zytglogge 1994 (2). [© 1, 2: Jochen Kelter]

Peter Maiwald

* 1946 in Grötzingen/Kreis Nördlingen

683 Die Frau des Arbeitslosen (1)

684 Besuch (2)

Aus: Balladen von Samstag auf Sonntag. Gedichte, Stuttgart: Deutsche Verlags-Anstalt 1984 (1). – Guter Dinge. Gedichte, Stuttgart: Deutsche Verlags-Anstalt 1987 (2). [© 1, 2: 1984, 1987 Deutsche Verlags-Anstalt, München, in der Verlagsgruppe Random House GmbH]

Johann P. Tammen

* 1944 in Hohenkirchen/Friesland

684 An manchen Tagen

Aus: Kopf hoch kalte Wut, Fischerhude: Atelier im Bauernhaus 1979. [© Johann P. Tammen]

Joachim Sartorius

* 1946 in Fürth b. Nürnberg

685 Am Arno bei Arezzo (1)

686 Neigen hin zu (2)

Aus: Sage ich zu wem, Köln: Kiepenheuer & Witsch 1988 (1). – Der Tisch wird kalt, Köln: Kiepenheuer & Witsch 1992 (2). [© 1, 2: 1988, 1992 by Verlag Kiepenheuer & Witsch, Köln]

Gino Chiellino

* 1946 in Carlopoli/Italien

686 mit dem Ruf der Kraniche

Aus: Sich die Fremde nehmen. Gedichte 1986–1991, Kiel: Neuer Malik Verlag 1992. [© Gino Chiellino]

Said

* 1947 in Teheran/Iran

687 Als der Tyrann starb

Aus: Dann schreie ich, bis Stille ist, Tübingen: Heliopolis 1990.

Peter Salomon

* 1947 in Berlin (West)

687 Nächtliches Bild aus einem abgelegenen Hafenwinkel

Aus: Wind kriegen, Eggingen: Edition Isele 1988.

Ursula Krechel

* 1947 in Trier

688 Die Taschenfrauen (1)

688 Todestag (2)

Aus: Nach Mainz!, Darmstadt: Luchterhand 1977 (1). Vom Feuer lernen, Darmstadt: Luchterhand 1985 (2). [© 1, 2: Ursula Krechel]

Diana Kempff

* 1945 in Thurnau/Oberfranken
† 2005 in Berlin

689 Sommers wärmten wir uns (1)

689 In diesen von Rot besetzten Feldern (2)

Aus: Herzzeit, Salzburg: Residenz 1983 (1). – Das blaue Tor, Salzburg: Residenz 1989 (2). [© 1, 2: Rechtsnachfolge]

Friederike Roth

* 1948 in Sindelfingen

690 Herbstlied (1)

690 Wir beide (2)

Aus: Tollkirschenhochzeit, Darmstadt: Luchterhand 1978 (1) [© Friederike Roth]. – Schattige Gärten, Frankfurt/Main: Suhrkamp 1987 (2) [© Suhrkamp Verlag Frankfurt am Main 1987]

Brigitte Struzyk

* 1946 in Steinbach-Hallenberg/Thüringen

691 Weltliches über die Nacht

Aus: Der wild gewordene Tag, Berlin und Weimar: Aufbau 1989. [© Aufbau Verlagsgruppe GmbH, Berlin]

Anne Duden

* 1942 in Oldenburg i. O.

691 Gallgesang (1)
693 Kammerherz (2)

Aus: Wimpertier, Köln: Kiepenheuer & Witsch 1995 (1). – Hingegend, Lüneburg: zu Klampen 1999 (2). [© Springe: zu Klampen Verlag]

Axel Kutsch

* 1945 in Bad Salzungen/Thüringen

694 Deutschland – ein Winterbild (1)
694 Feier des Wortes (2)

Aus: Zerbissenes Lied, Weilerswist: Landpresse 1994 (1). – Wortbruch, Weilerswist: Landpresse 1999 (2). [© 1, 2: Axel Kutsch]

Hans Georg Bulla

* 1949 in Dülmen/Westf.

695 Gedicht für meinen Vater (1)
695 Leben erzählen (2)

Aus: Der Schwimmer, Frankfurt/Main: Suhrkamp 1982 (1). [© Suhrkamp Verlag Frankfurt am Main 1982] – Verlorene Gegenden, Pfaffenweiler: Pfaffenweiler Presse 1990 (2).

Thomas Rosenlöcher

* 1947 in Dresden

696 Die Verlängerung

Aus: Ich sitze in Sachsen und schau in den Schnee. 77 Gedichte, Frankfurt/Main: Suhrkamp 1998. [© Suhrkamp Verlag Frankfurt am Main 1998]

Wilhelm Bartsch

* 1950 Eberswalde/Mark Brandenburg

697 Drittes Nachtstück

Aus: Übungen im Joch, Berlin und Weimar: Aufbau 1986. [© Aufbau Verlagsgruppe GmbH, Berlin]

Frank-Wolf Matthies

* 1951 in Berlin (Ost)

698 Mitläuferlied (1)
698 FWM. (2)

Aus: Morgen, Reinbek: Rowohlt 1979 (1). – Poet's Corner 10, Berlin: Unabhängige Verlagsbuchhandlung Ackerstraße 1992 (2). [© 1, 2: Frank-Wolf Matthies]

Uli Becker

* 1953 in Hagen/Westf.

699 Die im Schatten (1)
699 Happy Hour (2)

Aus: Daß ich nicht lache, Reinbek: Rowohlt 1982 (1). – Das Wetter von morgen, Zürich: Haffmans 1988 (2). [© 1: 1982 by Rowohlt Verlag GmbH, Reinbek – © 2: Uli Becker]

Gerhard Falkner

* 1951 in Nürnberg

700 mich tragen unterwegs die Stimmen

Aus: X-te Person Einzahl, Frankfurt/Main: Suhrkamp 1996. [© Suhrkamp Verlag Frankfurt am Main 1996]

Ulrich Schacht

* 1951 in Hoheneck/Sachsen

701 Versuch über das Paradies (1)
701 Land, nach dem gefragt wird (2)

Aus: Scherbenspur, Zürich: Ammann 1983 (1). [© 1983 by Amman Verlag & Co., Zürich. Alle Rechte vorbehalten] – Lanzen im Eis, Stuttgart: Deutsche Verlags-Anstalt 1990 (2). [© 1990 Deutsche Verlags-Anstalt, München, in der Verlagsgruppe Random House GmbH]

Michael Wüstefeld

* 1951 in Dresden

702 Such die Sprache meines Landes

Aus: Heimsuchung, Berlin: Aufbau 1987. [© Michael Wüstefeld]

Róža Domašcyna

* 1951 in Zerna/Oberlausitz

702 Delany

Aus: Zaungucker, Berlin: Janus press 1991.

Matthias Buth

* 1951 in Wuppertal-Elberfeld

703 Intercity (1)
703 Zwischenbilanz (2)

Aus: Kopfüber nach Deutz, Krefeld: van Acken 1989 (1). – Die Stille nach dem Axthieb, Eisingen: Heiderhoff 1997 (2). [© 2: Berlin, Verlag Roswitha Heiderhoff]

Jochen Arlt (auch: Achim von Langwege)

* 1948 in Dinklage/Oldenburg

704 Cap Horn

Aus: Auf dem Lande, Gelsenkirchen: edition xylos 1999. [© Jochen Arlt]

Gerald Zschorsch

* 1951 in Elsterberg b. Plauen/Vogtland

704 Ver, werden (1)
705 Selbst (2)

Aus: Sturmtruppen. Gedichte, Stuttgart: Klett-Cotta 1987 (1). – Spitznasen. Gedichte, Stuttgart: Klett-Cotta 1990 (2).

Jan Faktor

* 1951 in Prag

705 wir brauchen eine neue lyrik (aus: *wir brauchen eine neue lyrik*)

Aus: Die Leute trinken zuviel, kommen gleich mit Flaschen an oder melden sich gar nicht oder Georgs Abschiede und Atempausen nach dem verhinderten Werdegang zum Arrogator eines Literaturstoßtrupps, Berlin: Janus press 1995.

Lutz Rathenow

* 1952 in Jena

706 Buckow, am See (1)
707 Ein Märchen (2)
707 Deutschland im ICE (3)

Aus: Zangengeburt, München: Piper 1982 (1, 2). – Der Wettlauf mit dem Licht, Weilerswist: Landpresse 1999 (3). [© 1–3: Lutz Rathenow]

Rolf Bossert

* 1952 in Reschitza/Rumänien
† 1986 in Frankfurt/Main

708 Lied

Aus: Auf der Milchstraße wieder kein Licht, Berlin: Rotbuch 1986. [© 1986 Rotbuch Verlag, Berlin]

Franz Hodjak

* 1944 in Hermannstadt/Rumänien

708 lied (1)
709 Rumänischer Sonntag (2)

Aus: Siebenbürgische Sprechübung, Frankfurt/Main: Suhrkamp 1990 (1). – Landverlust, Frankfurt/Main: Suhrkamp 1993 (2). [© 1, 2: Suhrkamp Verlag Frankfurt am Main 1990, 1993]

Dieter Schlesak

* 1934 in Schäßburg/Siebenbürgen (Rumänien)

709 Transsilvanisches Bruchstück

Aus: Landsehn, Berlin: Galrev 1997.

Werner Söllner

* 1951 in Horia/Rumänien

711 Siebenbürgisches Dorf

Aus: Der Schlaf des Trommlers, Zürich: Ammann 1992. [© 1992 by Ammann Verlag & Co., Zürich. Alle Rechte vorbehalten]

Richard Wagner

* 1952 in Lowrin/Kreis Temesch (Rumänien)

711 Bandoneon. Ein Tango

Aus: Rostregen, Darmstadt: Luchterhand 1986. [© Richard Wagner]

Klaus Hensel

* 1954 in Kronstadt/Rumänien

712 Kronstädter Herbst

Aus: Oktober Lichtspiel, Frankfurt/Main: Frankfurter Verlagsanstalt 1989. [© Klaus Hensel]

FRANZ JOSEF CZERNIN

* 1952 in Wien

712 firmament

Aus: natur-gedichte, München: Carl Hanser 1996. [© Carl Hanser Verlag, München – Wien]

CHRISTOPH WILHELM AIGNER

* 1954 in Wels/Oberösterreich

713 Nach dem Winter (1)
713 Einsicht (2)

Aus: Landsolo, Salzburg: Otto Müller 1993 (1). – Drei Sätze, Salzburg: Otto Müller o. J. [1995] (2). [© 1, 2: Christoph Wilhelm Aigner]

HANS-ULRICH TREICHEL

* 1952 in Versmold/Westf.

714 Am Brandenburger Tor (1)
714 Morgenandacht (2)

Aus: Seit Tagen kein Wunder, Frankfurt/Main: Suhrkamp 1990 (1). – Der einzige Gast, Frankfurt/Main: Suhrkamp 1994 (2). [© 1, 2: Suhrkamp Verlag Frankfurt am Main 1990, 1994]

SASCHA ANDERSON

* 1953 in Weimar

714 Von I. nach J.

Aus: Herbstzerreissen, Berlin: Galrev 1997.

STEFAN DÖRING

* 1954 in Oranienburg

715 wortfege

Aus: heutmorgestern, Berlin und Weimar: Aufbau 1989. [© Aufbau Verlagsgruppe GmbH, Berlin]

THOMAS BÖHME

* 1955 in Leipzig

715 heisses holz

Aus: Heimkehr der Schwimmer, Berlin: Galrev 1996.

BERT PAPENFUSS (AUCH: PAPENFUSS-GOREK)

* 1956 in Stavenhagen/Mecklenburg

716 die lichtscheuen scheiche

Aus: Led Saudaus, Berlin: Janus press 1991.

KURT DRAWERT

* 1956 in Henningsdorf b. Potsdam

719 Im Klartext (1)
718 So gehen die Unsterblichkeiten (2)

Aus: Privateigentum, Frankfurt/Main: Suhrkamp 1989 (1). – Wo es war, Frankfurt/Main: Suhrkamp 1996 (2). [© 1, 2: Suhrkamp Verlag Frankfurt am Main 1989, 1996]

RAINER SCHEDLINSKI

* 1956 in Magdeburg

719 es beginnt fast immer

Aus: Die Männer der Frauen, Berlin: Galrev 1991.

STEFFEN MENSCHING

* 1958 in Berlin (Ost)

720 Letzte Naht am Ende des Mantels der Geschichte

Aus: Berliner Elegien, Leipzig: Faber & Faber 1995. [© Steffen Mensching]

LUISE SCHMIDT

* 1955 in Köln

721 Jetzt: am Ufer
722 Nach dem Kreischen kommt der Knall

Aus: Die Finsternis die freie Existenz, Köln: Kiepenheuer & Witsch 1988. [© 1988 by Kiepenheuer & Witsch, Köln]

EVELYN SCHLAG

* 1952 in Waidhofen/Ybbs (Österreich)

722 Wirklichkeit

Aus: Der Schnabelberg, Frankfurt/Main: S. Fischer 1992. [© Evelyn Schlag]

UWE KOLBE

* 1957 in Berlin (Ost)

723 Hineingeboren (1)
723 Zitat vom Gott der Stadt (2)
724 Wir leben (3)

Aus: Hineingeboren. Gedichte 1975–1979, Berlin: Aufbau 1980 (1). [© Suhrkamp Verlag Frankfurt Main 1982]. – Bornholm II, Berlin: Aufbau 1986 (2). [© Suhrkamp Verlag Frankfurt am Main 1987] – Vineta Frankfurt/Main: Suhrkamp 1998 (3). [© Suhrkamp Verlag Frankfurt am Main 1998]

Brigitte Oleschinski

* 1955 in Köln

725 Wie Spülwasser rinnt

Aus: Mental Heat Control, Reinbek: Rowohlt 1990. [© 1990 by Rowohlt Verlag GmbH, Reinbek bei Hamburg]

Matthias Politycki

* 1955 in Karlsruhe

725 Ein gewisser Eichendorff (1)
726 Tankwart, das Lied vom Volltanken singend (2)

Aus: Im Schatten der Schrift hier, München: Weismann 1988 (1). – Jenseits von Wurst und Käse, München: Luchterhand 1995 (2). [© 1, 2: 1988, 1995 by Matthias Politycki]

Peter Waterhouse

* 1956 in Berlin (West)

726 Die Erweiterung der Geschichte

Aus: passim: Reinbek, Rowohlt 1986. [© Peter Waterhouse]

Thomas Kling

* 1957 in Bingen/Rhein
† 2005 in Dormagen

727 Busladungen (1)
728 Geschrebertes Idyll (2)
729 Leipzig im Schummer (3)

Aus: geschmacksverstärker. gedichte 1985-1988, Frankfurt/Main: Suhrkamp 1989 (1, 2). – brennstabm, Frankfurt/Main: Suhrkamp 1991 (3). [© 1–3: Suhrkamp Verlag Frankfurt am Main 1989, 1991]

Ulrich Johannes Beil

* 1957 in München

730 Abstraktion

Aus: Aufgelassene Archive, Köln: DuMont 1998 [© 1998 DuMont Buchverlag GmbH & Co. KG, Köln]

Hansjörg Schertenleib

* 1957 in Zürich

731 Totentanz (1)
731 Protokoll (2)

Aus: Der stumme Gast, Köln: Kiepenheuer & Witsch 1989 (1). – November. Rost, Köln: Kiepenheuer & Witsch 1997 (2). [© 1, 2: 1989, 1997 by Verlag Kiepenheuer & Witsch, Köln]

Jürgen Nendza

* 1957 in Essen

732 Zum Beispiel

Aus: Glaszeit, Andernach: Atelier Verlag 1992.

Barbara Maria Kloos

* 1958 in Darmstadt

732 Femme atlantique

Aus: Die Tage waren wie Ballons, München: Schneekluth 1991. [© Schneekluth Verlag GmbH, München]

Holger Teschke

* 1958 in Bergen auf Rügen

733 Rondeau für Birgit

Aus: Bäume am Hochufer. Gedichte 1975-1984, Berlin und Weimar: Aufbau 1985. [© Aufbau Verlagsgruppe GmbH, Berlin]

Barbara Köhler

* 1959 in Karl-Marx-Stadt (Chemnitz)

734 Endstelle

Aus: Deutsches Roulette. Gedichte 1984-1989, Frankfurt/Main: Suhrkamp 1991. [© Suhrkamp Verlag Frankfurt am Main 1991]

Dieter M. Gräf

* 1960 in Ludwigshafen/Rhein

735 Kippendes Jahr

Aus: Treibender Kopf, Frankfurt/Main: Suhrkamp 1997. [© Suhrkamp Verlag Frankfurt am Main 1997]

JEAN-FÉLIX BELINGA BELINGA

* 1956 in Ndele/Kamerun

736 An der Kreuzung der Zeit

Aus: Gesang der Trommel, Bad Honnef: Horlemann 1998. [© Unke/Rh., Verlag Beate Horlemann]

ZAFER ŞENOCAK

* 1961 in Ankara/Türkei

736 einst suchte ich eine staatenlose Stadt

Aus: Fernwehanstalten, Berlin: Babel 1994. [© München: Babel Verlag]

ZEHRA ÇIRAK

* 1961 in Istanbul

737 Istanbul

Aus: Vogel auf dem Rücken eines Elefanten, Köln: Kiepenheuer & Witsch 1991. [© 1991 by Verlag Kiepenheuer & Witsch, Köln]

JOSÉ F. A. OLIVER

* 1961 in Hausach/Kinzigtal (Schwarzwald)

737 neunter november (1)
738 ich weilte durch die stadt (2)

Aus: Gastling, Berlin: Das Arabische Buch 1993 (1). [© Verlag Hans Schiler, Berlin] – Vater unser in Lima, Tübingen: Heliopolis 1991 (2).

JAN KONEFFKE

* 1960 in Darmstadt

738 Gelbes Dienstrad

Aus: Gelbes Dienstrad wie es hoch durch die Luft schoß, Frankfurt: Frankfurter Verlagsanstalt 1989. [© Jan Koneffke]

KERSTIN HENSEL

* 1961 in Karl-Marx-Stadt (Chemnitz)

739 Hochmoorsommernachtstraumreise (1)
739 Der neue Ton (2)

Aus: Stilleben mit Zukunft, Halle/Saale: Mitteldeutscher Verlag 1988 (1). – Freistoss, Leipzig: Connewitzer Verlagsbuchhandlung 1995 (2). [© 1, 2: Kerstin Hensel]

ANTON G. LEITNER

* 1961 in München

740 Der Tod reißt
740 Kleine Welt Runde mit F.

Aus: Bild Schirm schneit, roter Stich. Einhundert ausgewählte Gedichte aus den Jahren 1980 bis 1997, Weilerswist: Landpresse 1997. [© lichtung verlag GmbH, Viechtach]

DURS GRÜNBEIN

* 1962 in Dresden

741 O Heimat, zynischer Euphon (1)
741 Alba (2)
742 Kosmopolit (3)

Aus: Schädelbasislektion, Frankfurt/Main: Suhrkamp 1991 (1). – Falten und Fallen, Frankfurt/Main: Suhrkamp 1994 (2). – Nach den Satiren, Frankfurt/Main: Suhrkamp 1999 (3). [© 1-3: Suhrkamp Verlag Frankfurt am Main 1991, 1994, 1999]

NORBERT HUMMELT

* 1962 in Neuss/Rhein

743 strandschrift (1)
743 bukolisches sonett (2)

Aus: singtrieb, Weil am Rhein: Urs Engeler 1997 (1). [© Basel, Weil am Rhein: Urs Engeler, Editor GmbH] – Knackige Codes, Berlin: Galrev 1993 (2).

LUDWIG STEINHERR

* 1962 in München

744 Abstammung (1)
744 Man kann nicht (2)

Aus: Vor der Erfindung des Paradieses, Eisingen: Heiderhoff 1993 (1). – Musikstunde bei Vermeer, Eisingen: Heiderhoff 1998 (2). [© 1, 2: Berlin, Verlag Roswitha Heiderhoff]

ANDREAS ALTMANN

* 1963 in Hainichen

744 gast haus wald es ruh

Aus: die dörfer am ufer das meer, Chemnitz: Chemnitzer Verlag 1996.

MARCEL BEYER

* 1965 in Tailfingen/Württemberg

745 Hilflos getönt

746 Jihad Klänge der Heimat

Aus: Falsches Futter, Frankfurt/Main: Suhrkamp 1997. [© Suhrkamp Verlag Frankfurt am Main 1997]

KAREN DUVE

* 1961 in Hamburg

747 Sonntag

Aus: Poetry! Slam! Texte der Pop-Fraktion, hg. v. A. Neumeister/M. Hartges, Reinbek: Rowohlt Taschenbuch Verlag 1996. [© Karen Duve]

ENNO STAHL

* 1962 in Duisburg-Rheinhausen

748 Wassermusikken: Rhein=Fahrt/ Lied

748 Wassermusikken: Ohrgasmisch+ (ver)lustig

Aus: Das Gedicht 7, 1999, hg. v. A. G. Leitner, Weßling: Anton G. Leitner 1999. [© Enno Stahl]

CAROLINE HARTGE

* 1966 in Hannover

749 ich bin das selbige haus

Aus: SOCIAL BEAT SLAM!*poetry*, hg. v. M. u. J. Schönauer; Bd. 2: Slammin' BRD. Schluckt die sprechende Pille, Asperg: KILLROY *media* 1999. [© Caroline Hartge]

FRANZOBEL (FRANZ STEPHAN GRIEBEL)

* 1967 in Vöcklabruck/Oberösterreich

750 Finlale

750 Laufen (aus: *Turngedichte)*

Aus: Poetry! Slam! Texte der Pop-Fraktion, hg. v. A. Neumeister/M. Hartges, Reinbek: Rowohlt Taschenbuch Verlag 1996. [© Franzobel]

STEFFEN JACOBS

* 1968 in Düsseldorf

750 Leipziger Impression 1991 (1)

751 Festtagsgedicht (2)

751 Gutleutviertel, Ffm (3)

Aus: Der Alltag des Abenteurers, Frankfurt/Main: S. Fischer 1996 (1) – Geschulte Monade, Frankfurt/Main: S. Fischer 1997 (2, 3). [© 1–3: Steffen Jacobs]

TANJA DÜCKERS

* 1968 in Berlin (West)

751 Networks

Aus: SOCIAL BEAT SLAM!*poetry*, hg. v. M. u. J. Schönauer; Bd. 2: Slammin' BRD. Schluckt die sprechende Pille, Asperg: KILLROY *media* 1999. [© Tanja Dückers]

BASTIAN BÖTTCHER

* 1974 in Bremen

752 Kleine Einladung

Aus: SOCIAL BEAT SLAM!*poetry*, hg. v. M. u. J. Schönauer; Bd. 2: Slammin' BRD. Schluckt die sprechende Pille, Asperg: KILLROY *media* 1999. [© Bastian Böttcher]

BJÖRN KUHLIGK

* 1975 in Berlin (West)

753 Oskar

Aus: SOCIAL BEAT SLAM!*poetry*, hg. v. M. u. J. Schönauer; Bd. 2: Slammin' BRD. Schluckt die sprechende Pille, Asperg: KILLROY *media* 1999. [© Björn Kuhligk]

RAOUL SCHROTT

* 1964 auf See zwischen Europa und Südamerika

754 hotel gran caruso

Aus: Hotels, Innsbruck: Haymon 1995. [© Innsbruck: haymonverlag Ges. m. b. H.]

Dirk von Petersdorff

* 1966 in Kiel

755 Die Zukunft beginnt (1)
755 Lübeck 1942 (2)

Aus: Zeitlösung, Frankfurt/Main: S. Fischer 1995 (1). – Bekenntnisse und Postkarten, Frankfurt/Main: S. Fischer 1999 (2). [© S. Fischer Verlag GmbH, Frankfurt am Main 1995, 1999]

Albert Ostermaier

* 1967 in München

755 die zeche (1)
756 zwischenstop (2)
756 kanon (3)

Aus: Herz Vers Sagen, Frankfurt/Main: Suhrkamp 1995 (1). – Heartcore, Frankfurt/Main: Suhrkamp 1999 (2, 3). [© 1–3: Suhrkamp Verlag, Frankfurt am Main 1995, 1999]

Lutz Seiler

* 1963 in Gera

757 mein jahrgang, dreiundsechzig (1)
758 gegen den, der es ausspricht (2)

Aus: pech & blende, Frankfurt/Main: Suhrkamp 2000 (1). – vierzig kilometer nacht, Frankfurt/Main: Suhrkamp 2003 (2). [© 1, 2: Suhrkamp Verlag Frankfurt am Main 2001, 2003]

Ulrike Draesner

* 1962 in München

758 jemand gab mir feuer (1)
759 formation fontanelle (2)

Aus: Ulrike Draesner, für die nacht geheuerte Zellen. Gedichte, München: Luchterhand Literaturverlag 2001 (1). – kugelblitz. Gedichte, München: Luchterhand Literaturverlag 2005 (2) [© 1, 2: 2001, 2005 by Luchterhand Literaturverlag, München in der Verlagsgruppe Random House GmbH]

Ulf Stolterfoht

* 1963 in Stuttgart

761 häufig höre ich sätze

Aus: fachsprachen X-XVIII, Basel/Weil am Rhein und Wien: Urs Engeler, Editor GmbH & Co. KG 2002.

Oswald Egger

* 1963 in Lana/Südtirol

761 Ein stiller, heller Abend (1)
762 Ich schuf drei Welten (2)

Aus: Tag und Nacht sind zwei Jahre. Kalendergedichte, Warmbronn: Verlag Ulrich Keicher 2006 (1) [© Oswald Egger]. – nihilum album, Frankfurt/Main: Suhrkamp 2007 (2). [© Suhrkamp Verlag Frankfurt am Main 2007]

Christian Lehnert

* 1969 in Dresden

763 (Zwinger) (aus: *Postkarten aus Dresden)*

Aus: Der Augen Aufgang, Frankfurt/Main: Suhrkamp 2000. [© Suhrkamp Verlag Frankfurt am Main 2000]

Alex Dreppec

* 1968 in Jugenheim

763 Großstadt-Gesang

Aus: Die Doppelmoral des Devoten Despoten, Düsseldorf: Eremiten-Presse 2003.

Helmut Krausser

* 1964 in Esslingen

764 pensione privata sirmione
765 dreizehn weiße schafe

Aus: Strom. Neunundneunzig neue Gedichte ('99-'03), Reinbek: Rowohlt Verlag 2003. [© 2003 by Rowohlt Verlag GmbH, Reinbek bei Hamburg]

Armin Senser

* 1964 in Biel/Schweiz

765 Adventslied

Aus: Jahrhundert der Ruhe, München: Carl Hanser 2003. [© Carl Hanser Verlag. München – Wien]

Mirko Bonné

* 1965 in Tegernsee

DIE GEDICHTE

UNBEKANNTE VERFASSER

Übersetzung

Du bist mîn, ich bin dîn,
des solt du gewis sîn.
du bist beslozzen
in mînem herzen,
verlorn ist daz sluzzelîn –
du muost ouch immer dar inne sîn.

[12. Jahrhundert]

Du bist mein, ich bin dein,
dessen sollst du sicher sein.
Du bist verschlossen
in meinem Herzen,
verloren ist der Schlüssel fein –
du mußt für immer drinnen sein.

Übersetzung

Tougen minne diu ist guot
si kan geben hôhen muot.
der sol man sich vlîzen.
swer mit triwen der niht pfliget,
deme sol man daz wîzen.

Heimliche Liebe ist herrlich,
sie erhebt freudig das Herz.
Um die soll man sich bemühen.
Wer sie nicht beständig pflegt,
den soll man dafür tadeln.

Übersetzung

Floret silva nobilis
floribus et foliis.
ubi est antiquus
meus amicus?
hinc equitavit.
eia! quis me amabit?

Floret silva undique,
nâch mîme gesellen ist mir wé!

Gruonet der walt allenthalben.
wâ ist mîn geselle alse lange?
der ist geriten hinnen.
owî, wer sol mich minnen?

Der Wald schmückt sich reich
mit Blüten und mit Blättern.
Wo ist mein
Freund von einst?
Er ist weggeritten.
Ach, wer wird mich lieben?

Der Wald schmückt sich überall,
nach meinem Liebsten ist mir weh!

Es grünt der Wald allüberall.
Wo bleibt mein Liebster so lange?
Er ist fortgeritten.
O weh, wer wird mich lieben?

[Margherita Kuhn]

DER VON KÜRENBERG

2. Hälfte des 12. Jahrhunderts

›Ich zôch mir einen valken mêre danne ein jâr.
dô ich in gezamete als ich in wolte hân
und ich im sîn gevidere mit golde wol bewant,
er huop sich ûf vil hôhe und floug in anderiu lant.

Sît sach ich den valken schône fliegen:
er fuorte an sînem fuoze sîdîne riemen,
und was im sîn gevidere alrôt guldîn.
got sende si zesamene die gerne geliep wellen sîn!‹

Übersetzung

›Ich zog mir einen Falken länger als ein Jahr.
Als ich ihn gezähmt, wie ich ihn haben wollte,
und sein Gefieder mit Gold geschmückt hatte,
hob er sich hoch auf und flog davon.

Seither sah ich den Falken schön fliegen:
er führte an seinem Fuß seidene Fesseln
und sein Gefieder war ganz rotgolden.
Gott sende sie zusammen, die einander gerne liebhaben wollen.‹

DIETMAR VON AIST

† vor 1171

Ûf der linden obene dâ sanc ein kleinez vogellîn.
vor dem walde wart ez lût: dô huop sich aber daz herze mîn
an eine stat da'z ê dâ was. ich sach die rôsebluomen stân:
die manent mich der gedanke vil die ich hin zeiner frouwen hân.

›Ez dunket mich wol tûsent jâr, daz ich an liebes arme lac.
sunder âne mîne schulde fremedet er mich manegen tac.
sît ich bluomen niht entsach noch hôrte kleiner vogele sanc,
sît was mir mîn fröide kurz und ouch der jâmer alze lanc.‹

Übersetzung

Oben auf der Linde, da sang ein feines Vögelchen.
Vor dem Walde ward es laut: da hob sich wieder mein Herz
an eine Stelle, wo es einst schon war. Ich sah die Rosenblüten stehn:
die erinnern mich der Gedanken, die ich zu einer Frau hin habe.

›Es scheinen mir wohl tausend Jahr, daß ich am Arm des Liebsten lag.
Ohne alle meine Schuld entzieht er sich mir schon manchen Tag.
Seit ich Blumen nicht mehr sah, noch hörte feiner Vögel Gesang,
Seit da war mir meine Freude kurz, dafür mein Jammer allzu lang.‹

FRIEDRICH VON HAUSEN

um 1150–1190

Mîn herze und mîn lîp diu wellent scheiden,
diu mit ein ander varnt nu mange zît.
der lîp wil gerne vehten an die heiden:
sô hât iedoch daz herze erwelt ein wîp
vor al der werlt. daz müet mich iemer sît,
daz si ein ander niene volgent beide.
mir habent diu ougen vil getân ze leide.
got eine müeze scheiden noch den strît.

Ich wânde ledic sîn von solher swære,
dô ich daz kriuze in gotes êre nam.
ez wære ouch reht deiz herze alsô dâ wære,
wan daz sîn stætekeit im sîn verban.
ich solte sîn ze rehte ein lebendic man,
ob ez den tumben willen sîn verbære.
nu sihe ich wol daz im ist gar unmære
wie ez mir an dem ende süle ergân.

Sît ich dich, herze, niht wol mac erwenden,
dun wellest mich vil trûreclîchen lân,
sô bite ich got daz er dich ruoche senden
an eine stat dâ man dich wohl enpfâ.
owê wie sol ez armen dir ergân!
wie torstest eine an solhe nôt ernenden?
wer sol dir dîne sorge helfen enden
mit solhen triuwen als ich hân getân?

Übersetzung

Mein Herz und mein Leib wollen sich trennen,
die miteinander lange Zeit gezogen sind.
Der Leib will gerne gegen die Heiden kämpfen:
dagegen hat das Herz eine Frau vorgezogen
vor der ganzen Welt. Es plagt mich seither,
daß sie nicht einig sind.
Mir haben meine Augen viel zuleid getan!
Gott allein mag den Streit noch schlichten!

Ich glaubte frei zu sein von solchem Kummer,
da ich das Kreuz zu Gottes Ehre nahm.
Es wäre auch richtig, daß das Herz dabei wäre,
nur daß ihm seine Treue das verbietet.
Ich würde recht ein lebendiger Mann sein,
wenn es seinen törichten Willen unterließe.
Nun seh ich wohl, daß ihm ganz gleichgültig ist,
wie es mir schließlich ergehen soll.

Da ich dich, Herz, nicht davon abbringen kann,
mich sehr schmerzlich zu verlassen,
so bitte ich Gott, er wolle dich senden
an einen Ort, da man dich wohl empfängt.
O weh, wie soll es dir, du Armes, gehen!
Wie durftest du allein dich zu solcher Gefahr erkühnen?
Wer soll dir helfen, deine Sorgen zu beenden,
mit solcher Treue, wie ich getan habe?

HEINRICH VON MORUNGEN

† 1222

	Übersetzung
Owê, sol aber mir iemer mê	O weh, soll mir denn nie mehr
geliuhten dur die naht	leuchten durch die Nacht
noch wîzer danne ein snê	noch weißer als Schnee
ir lîp vil wol geslaht?	ihr schöngestalter Leib?
der trouc diu ougen mîn:	Der trog meine Augen:
ich wânde, ez solde sîn	ich wähnte, es sei
des liehten mânen schîn,	des lichten Mondes Schein –
dô taget ez.	da ward es Tag.

›Owê, sol aber er iemer mê
den morgen hie betagen?
als uns diu naht engê,
daz wir niht durfen klagen:
»owê, nu ist es tac«,
als er mit klage pflac
do'r jungest bî mir lac.
dô taget ez.‹

›O weh, wird er denn nie mehr
hier bis zum Morgen weilen?
So mög die Nacht vergehn,
daß wir nicht klagen müssen:
»O weh, nun ist es Tag«,
wie er es klagend tat,
als er jüngst bei mir lag.
Da ward es Tag.‹

Owê, si kuste âne zal
in deme slâfe mich.
dô vielen hin ze tal
ir trêne nider sich,
iedoch getrôste ich sî,
daz si ir weinen lî
und mich al ummevî.
dô taget ez.

O weh, sie küßte ungezählt
im Schlafe mich.
Da fielen niederwärts
die Tränen ihr dahin,
doch tröstete ich sie,
daß sie ihr Weinen ließ
und mich ganz umfing.
Da ward es Tag.

›Owê, daz er sô dicke sich
bî mir ersêen hât!
als er endahte mich,
sô wolte er sunder wât
mîn arme schouwen blôz.
ez was ein wunder grôz
daz in des nie verdrôz.
dô taget ez.‹

›O weh, daß er so oft
in meinen Anblick sich verlor!
Wie er die Decke mir nahm,
da wollte er ohne Kleid
meine Arme sehn entblößt.
Es war ein Wunder groß,
daß er's nicht müde ward.
Da ward es Tag.‹

WOLFRAM VON ESCHENBACH

um 1170 – um 1220

›Sîne clâwen durch die wolken sint geslagen,
er stîget ûf mit grôzer craft,
ich sihe in grâwen tægelîch, als er wil tagen,
den tac, der im geselleschaft
erwenden wil, dem werden man,
den ich mit sorgen în verliez.
ich bringe in hinnen, ob ich kan:
sîn manegiu tugent mich daz leisten hiez.‹

›Wahtær, du singest daz mir manege vröude nimt
unde mêret mîne clage.
mære du bringest, der mich leider niht gezimt,
iemer morgens gegen dem tage.
diu solt du mir verswîgen gar.
daz biut ich den triuwen dîn:
des lône ich dir als ich getar.
alsô belîbet hie der selle mîn.‹

›Er muoz et hinnen balde und âne sûmen sich:
nu gib im urloup, süezez wîp.
lâze in minnen hernâch sô verholne dich,
daz er behalte êr und den lîp.
er gab sich mîner triuwe alsô,
daz ich in bræhte ouch wider dan.
ez ist nu tac: naht was ez dô
mit druc an brust dîn kus mirn an gewan.‹

›Swaz dir gevalle, wahtær, sinc und lâ den hie,
der minne brâht und minne enpfienc.
von dînem schalle ist er und ich erschrocken ie:
sô ninder morgenstern ûf gienc
ûf in, der her nâch minne ist komen,
noch ninder lûhte tages lieht,
du hâst in dicke mir benomen
von blanken armen, und ûz herzen nieht.‹

Von den blicken, die der tac tet durch diu glas,
und dô der wahtær warnen sanc,
si muose erschricken durch den der dâ bî ir was.
ir brüstelîn an brust si twanc.
der rîter ellens niht vergaz
(des wold in wenden wahtærs dôn):
urloup nâhe und nâher baz
mit kusse und anders gab in minne lôn.

Übersetzung

›Seine Klauen haben durch die Wolken geschlagen,
er steigt auf mit großer Kraft,
ich seh ihn grauen, taggleich, wie er tagen will,
den Tag, der die Gemeinschaft ihm
entziehen will, dem edlen Mann,
den ich hereingelassen mit Gefahr.
Ich bring ihn weg von hier, wenn ich es kann:
Sein hoher Wert hieß mich das tun.‹

›Wächter, du singst, was mir manche Freude nimmt
und meine Klage mehrt.
Kunde bringst du, die mir leider nicht willkommen,
immer morgens vor dem Tag.
Die sollst du mir durchaus verschweigen,
Das gebiete ich deiner Treue:
ich lohne es dir, wie ich es kann.
Und so bleibt hier mein Freund.‹

›Er muß von hinnen, bald und ohne Säumen:
Gib ihm nun Urlaub, süße Frau.
Laß ihn dich lieben hernach so verhohlen,
daß er die Ehre und das Leben bewahre.
Er hat auf meine Treue sich verlassen,
daß ich ihn auch zurückgeleite.
Es ist nun Tag: Nacht war es, als
du ihn von mir empfingst und küssend ihn umarmtest.‹

›Sing, Wächter, was du willst, und laß ihn hier,
der Liebe brachte und Liebe empfing.
Von deinem Schall sind er und ich stets erschrocken:
Wenn nirgends noch der Morgenstern aufging
über ihm, der hier zur Liebe kam,
und nirgends leuchtete des Tages Licht,
hast du ihn oft genommen mir
aus blanken Armen – aus dem Herzen nicht.‹

Von den Blitzen, die der Tag durch die Scheiben warf,
und da der Wächter warnend sang,
mußte sie erschrecken für den, der bei ihr war.
Die Brüste preßte sie an seine Brust,
der Ritter vergaß nicht Manneskraft
(dran wollte hindern ihn des Wächters Lied):
der Abschied, nah und immer näher,
gab ihnen mit Kuß und anders den Lohn der Liebe. [Max Wehrli]

WALTHER VON DER VOGELWEIDE

um 1170 – um 1230

Ir sult sprechen willekomen:
der iu mære bringet, daz bin ich.
Allez daz ir habt vernomen,
daz ist gar ein wint: nû frâget mich.
Ich wil aber miete:
wirt mîn lôn iht guot,
ich gesage iu lîhte daz iu sanfte tuot.
seht waz man mir êren biete.

Ich wil tiuschen frouwen sagen
solhiu mære daz si deste baz
Al der werlte suln behagen:
âne grôze miete tuon ich daz.
Waz wold ich ze lône?
si sint mir ze hêr.
sô bin ich gefüege und bite si nihtes mêr
wan daz si mich grüezen schône.

Ich hân lande vil gesehen
unde nam der besten gerne war:
Übel müeze mir geschehen,
kunde ich ie mîn herze bringen dar
Daz im wol gevallen
wolde fremeder site.
nû waz hulfe mich, ob ich unrehte strite?
tiuschiu zuht gât vor in allen.

Von der Elbe unz an den Rîn
und her wider unz an Ungerlant
Mugen wol die besten sîn,
die ich in der werlte hân erkant.
Kan ich rehte schouwen
guot gelâz unt lîp,
sem mir got, sô swüere ich wol daz hie diu wîp
bezzer sint danne ander frouwen.

Tiusche man sint wol gezogen,
rehte als engel sint diu wîp getân.
Swer si schildet, derst betrogen:
ich enkan sîn anders niht verstân.
Tugent und reine minne,

swer die suochen wil,
der sol komen in unser lant: da ist wünne vil!
lange müeze ich leben dar inne!

Der ich vil gedienet hân
und iemer mêre gerne dienen wil,
Diust von mir vil unerlân.
iedoch sô tuot si leides mir sô vil.
Si kan mir versêren
herze und den muot.
nû vergebez ir got dazs an mir missetuot.
her nâch mac si sichs bekêren.

Übersetzung

Ihr sollt mir ein Willkommen sagen:
denn der Euch Neues bringt, das bin ich!
Alles was Ihr bisher gehört
ist ein Nichts: jetzt aber fragt mich!
Freilich verlange ich Botenlohn.
Fällt er einigermaßen reichlich aus,
werd ich Euch wohl verkünden was Euch Freude macht.
Seht zu was Ihr mir Ansehnliches zu bieten habt.

Ich will deutschen edlen Frauen
solches Loblied singen,
daß sie umso strahlender vor aller Welt dastehen werden.
Und natürlich will ich nicht groß belohnt werden.
Was denn könnte ich mir wünschen?
Sie stehen ja so hoch über mir.
So bin ich brav, und bitte sie um nicht mehr
als daß sie mir freundlich entgegenkommen.

Ich habe viele Länder bereist
und mich immer bemüht, die Besten kennenzulernen.
Alles Böse soll mich treffen,
könnte ich je mein Herz dazu bewegen,
daß ihm ausländische Sitte und Art
wohlgefielen.
Was nützte es mir, für falsche Behauptungen zu streiten?
Deutsche Lebensart und Bildung übertrifft sie alle.

Von der Elbe bis zum Rhein
und wieder hierher bis an Ungarns Grenze,

da leben gewiß die Besten
die ich je fand in der Welt.
Versteh ich mich recht auf die Beurteilung
von gutem Benehmen und Schönheit –
bei Gott, ich möchte wohl schwören daß hier die Frauen
besser sind als anderwärts.

Deutsche Männer sind wohlgebildet,
und recht wie die Engel sehen die Frauen aus.
Wer sie schmäht, der ist nicht bei Verstand –
anders kann ich ihn nicht verstehen.
Wer Reinheit des Wesens und der Liebe
finden will,
der möge in unser Land kommen: da ist alle Herrlichkeit!
Möchte ich ewig darin leben!

Sie, deren Dienst ich mich ganz hingegeben habe
und der ich mit Freuden immer dienen will,
sie gebe ich durchaus nicht frei.
Indessen, sie fügt mir nur Schmerz zu.
Denn sie weiß mir zu verletzen
Herz und Sinn.
Vergebe es ihr Gott, was sie an mir sündigt.
In Zukunft kann sie ja darin anderen Sinnes werden.

Muget ir schouwen waz dem meien
wunders ist beschert?
Seht an pfaffen, seht an leien,
wie daz allez vert.
Grôz ist sîn gewalt:
ine weiz obe er zouber künne:
swar er vert in sîner wünne,
dân ist niemen alt.

Uns wil schiere wol gelingen.
wir suln sîn gemeit,
Tanzen lachen unde singen,
âne dörperheit.
Wê wer wære unfrô?
sît die vogele alsô schône
singent in ir besten dône –
tuon wir ouch alsô!

Wol dir, meie, wie dû scheidest
allez âne haz!
Wie dû walt und ouwe kleidest,
und die heide baz!
Diu hât varwe mê.
›du bist kurzer, ich bin langer‹,
alsô strîtents ûf dem anger,
bluomen unde klê.

Rôter munt, wie dû dich swachest!
lâ dîn lachen sîn.
Scham dich daz dû mich an lachest
nâch dem schaden mîn!
Ist daz wol getân?
owê sô verlorner stunde,
sol von minneclîchem munde
solch unminne ergân!

Daz mich, frouwe, an fröiden irret,
daz ist iuwer lîp.
An iu einer ez mir wirret,
ungenædic wîp!
Wâ nemt ir den muot?
ir sît doch genâden rîche:
tuot ir mir ungnædeclîche,
sô sît ir niht guot.

Scheidet, frouwe, mich von sorgen,
liebet mir die zît!
oder ich muoz an fröiden borgen,
daz ir sælic sît!
Muget ir umbe sehen?
sich fröit al diu welt gemeine:
möhte mir von iu ein kleine
fröidelîn geschehen!

Übersetzung

Seht nur, was dem Mai
an Herrlichkeiten beschert worden ist!
Seht alle Welt an,
wie es ihr ergeht!
Groß ist seine Gewalt:
mir scheint, er versteht zu zaubern;
denn wohin er fährt in seiner Pracht,
wird alles wieder jung.

Auch mit uns wird alles gut werden,
wir werden fröhlich sein,
werden tanzen, lachen, singen –
freilich fern aller bäurischen Grobheit.
Wer wollte jetzt nicht fröhlich sein?
Da doch alle Vögel so schön
ihre lieblichsten Melodien singen –
laßt es uns ihnen gleichtun!

Gelobt seist du, Mai, wie du richterlich
alles in Frieden schlichtest.
Wie du Wald und Aue mit Kleidern ausstattest,
und schöner noch die Heide:
denn sie ist die bunteste.
»Du bist kleiner, ich bin größer!« –
so streiten sie auf der Wiese,
der Klee und die Blumen.

Roter Mund, wie du dich entstellst!
Laß dein spöttisches Lachen!
Schäm dich daß du mich auslachst
schadenfroh.
Gehört sich das etwa?
Ach vertan ist die Zeit,
in der ein lieblicher Mund
Lieblosigkeit ausdrückt!

Denn was, Herrin, mich am Frohsein hindert,
das seid doch Ihr allein!
Ihr allein macht mich unglücklich,
die Ihr grausam seid.
Woher kommt Euch solche Laune?
Ihr seid doch sonst so großmütig.
Wenn Ihr an mir kleinlich handelt,
handelt Ihr nicht recht.

Erlöst, Herrin, mich von meinem Kummer,
macht, daß auch für mich der Frühling blüht!
Sonst müßte ich mich anderwärts nach Beglückung umsehen . . .
Dann: Gehabt Euch wohl!
Aber seht Euch doch einmal um:
alle Welt ist voller Glück!
Könnte mir von Euch nicht ein kleines
Glückchen geschenkt werden?

Uns hât der winter geschât über al:
heide unde walt sint beide nû val,
dâ manic stimme vil suoze inne hal.
sæhe ich die megde an der strâze den bal
werfen: sô kæme uns der vogele schal.

Möhte ich verslâfen des winters zît!
wache ich die wîle, sô hân ich sîn nît,
daz sîn gewalt ist sô breit und sô wît.
weiz got er lât ouch dem meien den strît!
sô lise ich bluomen dâ rîfe nû lît.

Übersetzung

Uns hat der Winter über alles Schaden zugefügt.
Heide und Wald sind fahl,
die einst so süß widerhallten von tausend Vogelstimmen.
Säh ich erst wieder die Mädchen auf der Straße den Ball
werfen, dann käme uns der Vogelsang zurück.

Könnte ich doch den Winter verschlafen!
Verwache ich ihn indessen, so hasse ich ihn,
weil seine Herrschaft sich weit und breit erstreckt.
Aber weiß Gott, eines Tages wird er doch dem Mai das Feld räumen.
Dann pflück ich Blumen dort, wo jetzt der Reif liegt.

›Under der linden
an der heide,
dâ unser zweier bette was,
Dâ mugt ir vinden
schône beide
gebrochen bluomen unde gras.
Vor dem walde in einem tal,
tandaradei,
schône sanc diu nahtegal.

Ich kam gegangen
zuo der ouwe:
dô was mîn friedel komen ê.
Dâ wart ich enpfangen,
hêre frouwe,
daz ich bin sælic iemer mê.
Kuste er mich? wol tûsentstunt:
tandaradei,
seht wie rôt mir ist der munt.

Dô het er gemachet
alsô rîche
von bluomen eine bettestat.
Des wirt noch gelachet
inneclîche,
kumt iemen an daz selbe pfat.
Bî den rôsen er wol mac,
tandaradei,
merken wâ mirz houbet lac.

Daz er bî mir læge,
wessez iemen
(nu enwelle got!), sô schamt ich mich.
Wes er mit mir pflæge,
niemer niemen
bevinde daz wan er und ich –
Und ein kleinez vogellîn,
tandaradei,
daz mac wol getriuwe sin.‹

Übersetzung

»Unter der Linde
auf der Heide,
wo unser beider Lager war,
da kann man sehn
liebevoll gebrochen
Blumen und Gras.
Vor dem Wald in einem Tal
tandaradei
sang schön die Nachtigall.

Ich kam gegangen
zu der Wiese,
da war mein Liebster schon vor mir gekommen.
Da wurde ich empfangen
– Heilige Jungfrau! –
daß es mich immer glücklich machen wird.
Ob er mich küßte? Wohl tausendmal,
tandaradei,
seht wie rot mein Mund ist.

Da hatte er bereitet
in aller Pracht
von Blumen ein Lager.
Daran wird sich freuen
von Herzen,
wer daran vorübergeht.
An den Rosen kann er noch
– tandaradei –
sehen wo mein Kopf lag.

Daß er bei mir lag,
wüßte es jemand
(da sei Gott vor!), so schämte ich mich.
Was er tat mit mir,
niemals soll jemand
das erfahren als er und als ich –
und die liebe Nachtigall,
tandaradei;
die wird gewiß verschwiegen sein.«

Aller werdekeit ein füegerinne,
daz sît ir zewâre, frouwe Mâze:
er sælic man, der iuwer lêre hât!
Der endarf sich iuwer niender inne
weder ze hove schamen noch an der strâze:
dur daz sô suoche ich, frouwe, iuwern rât,
Daz ir mich ebene werben lêret.
wirbe ich nidere, wirbe ich hôhe, ich bin versêret.
ich was vil nâch ze nidere tôt,
nû bin ich aber ze hôhe siech:
unmâze enlât mich âne nôt.

Nideriu minne heizet diu sô swachet
daz der muot nâch kranker liebe ringet:
diu minne tuot unlobelîche wê.
Hôhiu minne heizet diu da machet
daz der muot nâch hôher wirde ûf swinget:
diu winket mir nû, daz ich mit ir gê.
Mich wundert wes diu mâze beitet.

kumet diu herzeliebe, ich bin jedoch verleitet.
mîn ougen hânt ein wîp ersehen,
swie minneclich ir rede sî,
mir mac wol schade von ir geschehen.

Übersetzung

Ordner aller Werte –
das wahrlich seid Ihr, frouwe Mâze:
glücklich, wer in Eure Schule ging!
Mit Eurer Lehre braucht man sich nirgend
zu schämen, bei Hofe nicht noch auf der Straße:
und darum such ich, Herrin, Euern Rat und Eure Hilfe,
daß Ihr mich lehrt, gemäß um Liebe zu werben.
Werbe ich nieder, werb ich hoch – es macht mir Schaden.
Niedere Minne hat mich fast umgebracht,
jetzt macht mich Hohe Minne krank:
Maßlosigkeit quält mich immerfort.

Niedere Minne heißt, die so erniedrigt,
daß der Sinn um nichts ringt als gemeine Lust:
der Schmerz aus solcher Minne bringt nur Verachtung ein.
Hohe Minne heißt, die da macht,
daß der Sinn sich aufschwingt zu den höchsten Werten.
Sie winkt mir jetzt, daß ich ihr folgen solle:
doch möcht ich wissen, worauf Frau Mâze noch wartet.
Kommt die Herzensneigung, dann bin ich doch wieder verführt.
Meine Augen haben eine Frau erblickt:
wie lieblich ihre Worte auch seien,
sie mag mir sehr wohl zum Unglück werden.

Ich saz ûf eime steine
und dahte bein mit beine.
dar ûf satzt ich den ellenbogen.
ich hete in mîne hant gesmogen
daz kinne und ein mîn wange.
dâ dâhte ich mir vil ange,
wie man zer welte solte leben.
deheinen rât kond ich gegeben,
wie man driu dinc erwurbe,
der keinez niht verdurbe.

Übersetzung

Ich saß auf einem Stein,
und schlug ein Bein über das andere.
Darauf stützte ich den Ellenbogen.
Ich hatte in meine Hand geschmiegt
das Kinn und meine eine Wange.
So erwog ich in aller Eindringlichkeit,
wie man auf dieser Welt zu leben habe.
Keinen Rat wußte ich zu geben
wie man drei Dinge erwerben könne
ohne daß eines von ihnen verlorenginge.

diu zwei sint êre und varnde guot,
daz dicke ein ander schaden tuot:
daz dritte ist gotes hulde,
der zweier übergulde.
diu wolte ich gerne in einen schrîn:
jâ leider desn mac niht gesîn,
daz guot und weltlich êre
und gotes hulde mêre
zesamene in ein herze komen.
stîg unde wege sint in benomen:
untriuwe ist in der sâze,
gewalt vert ûf der strâze,
fride unde reht sint sêre wunt.
diu driu enhabent geleites niht, diu zwei enwerden ê gesunt.

Zwei von ihnen sind Ehre und Besitz,
die einander oft Abbruch tun;
das dritte ist die Gnade Gottes,
weit höher geltend als die beiden andern.
Die wünschte ich in *ein* Gefäß zu tun.
Aber zu unserm Leid kann das nicht sein,
daß Besitz und Ehre in der Welt
und dazu Gottes Gnade
zusammen in ein Herz kommen.
Weg und Steg ist ihnen verbaut,
Verrat lauert im Hinterhalt,
Gewalttat zieht auf der Straße,
Friede und Recht sind todwund:
bevor diese beiden nicht gesunden, haben die Drei keine Sicherheit.

[Peter Wapnewski]

OSWALD VON WOLKENSTEIN

1376/1378–1445

Zergangen ist meins herzen we,
seit das nu fliessen wil der sne
ab Seuser alben und auss Flack,
hort ich den Mosmair sagen.
Erwachet sind der erden tünst,
des meren sich die wasserrünst
von Kastellrut in den Eisack,
das wil mir wol behagen.
Ich hör die voglin gross und klain
in meinem wald umb Hauenstain
die musik prechen in der kel,
durch scharffe nötlin schellen,
auff von dem ut hoch in das la
und hrab zu tal schon auff das fa
durch manig süesse stimm so hel;
des freut euch, guet gesellen!
Was get die red den Plätscher an?
mein singen mag ich nicht gelan,
wem das missvall, der lass mich gan,
und sei mir heur als vert!
Ob mir die vaigen sein gevar,
noch tröst ich mich der frummen zwar,
wie wol das heuer an dem jar
valsch pöse münz hat wert.

Verswunden was meins herzen qual,
do ich die ersten nachtigal
hort lieplich singen nach dem pflueg
dort enhalb in der Matzen.
Da sach ich vier stund zwai und zwai
geweten schon nach ainem rai,
die kunden nach des Mutzen fueg
wol durch die erden kratzen.
Wer sich den winder hat gesmuckt
und von der pösen welt verdruckt,
der freu sich gen der grüenen zeit,
die uns der mai wil pringen.
Ir armen tier, nu raumpt eur hol,
get, suecht eur waid, gehabt euch wol!
perg, au und tal ist rauch und weit,
des mag euch wol gelingen.
[Repeticio ut supra]

[Wiederholung wie oben]

Wolauff, ir frummen, und seit gail!
wer eren pfligt, der wünscht uns hail.
kain schand niemand glosieren mag,
wie scharff man si betrachtet.
Es ist ain alt gesprochen wort,
recht tuen, das sei ain grosser hort,
wann es kumpt alles an den tag;
oft ainer des nicht achtet.
Her Cristan in der obern pfarr
zwar der ist sicher nicht ain narr,
wer in wil teuschen auff dem stück,
der muess gar frue erwachen.
Er peit ain weil und doch nicht lang,
darnach so firmt er aim ain wang,
das im vergen sein valsche tück,
des er nicht mag gelachen.
[Repeticio ut supra]

Übersetzung

Vergangen ist meine Trübsal,
denn nun beginnt der Schnee herabzufließen
von der Seiser Alm und von Flack,
wie mir der Mosmaier gesagt hat.
Erwacht sind die Dämpfe der Erde,
davon schwellen die Rinnsale
von Kastelruth in den Eisack hinunter;
das macht mich sehr vergnügt.
Ich höre alle die großen und kleinen Vögel
in meinem Wald um Hauenstein,
wie sie aus vollen Kehlen die Melodien verzieren
und genau nach Noten singen,
vom c hinauf zum a,
dann wieder schön zum f herunter,
mit vielen süßen, hellen Stimmen.
Freut euch daran, Gesellen!
Was geht die Sache den Plätscher an?
Mein Singen will ich doch nicht lassen.
Wem es nicht gefällt, der lasse mich in Ruhe,
er kann mir auch dieses Jahr gestohlen bleiben.
Wenn die Schlechten mich nicht leiden können,
so hoffe ich doch auf die Anständigen,
wenn auch in diesem Jahre
schlechte, falsche Münzen hoch geschätzt werden.

Dahin war alle Niedergeschlagenheit,
als ich die erste Nachtigall
lieblich hinter dem Pflug her singen hörte
dort drüben in der Matze.
Da sah ich viermal zwei und zwei
hübsch verbunden zu einem Reigen;
die konnten zum kunstreichen Spiel des Mutzenbauern
schön über die Erde schleifen.
Wer sich den Winter über geduckt
und von der schlechten Welt zurückgezogen hat,
der freue sich auf die grüne Zeit,
die der Mai uns bringt.
Ihr armen Tiere, verlaßt eure Höhlen,
geht, sucht eure Weide, seid wohlgemut!
Berg, Au und Tal sind offen und belaubt,
da wird es euch gut gehen.
[Refrain]

Auf, ihr Rechtschaffenen, seid fröhlich!
Wer Ehre kennt, hält es mit uns.
Schändlichkeiten aber kann keiner zurechtputzen,
mag er noch so an ihnen drehen und deuteln.
Man sagt seit eh und je:
recht tun ist ein großer Schatz,
denn alles kommt an den Tag.
Manch einer bedenkt das nicht.
Der Herr Christ von der oberen Pfarrei
ist gewiß kein Narr.
Wer ihn in diesem Handel täuschen will,
der darf nicht schläfrig sein.
Er wartet eine Weile, doch nicht lang,
dann gibt er einem den Firmungsstreich,
daß ihm seine tückischen Ränke vergehn
und er nichts mehr zu lachen hat.
[Refrain]

[Burghart Wachinger]

UNBEKANNTE VERFASSER

All mein gedencken, die ich hab, die sind pei dir,
du auserwelter, ainiger trost, pleib stet pei mir.
Du, du, du solt an mich gedencken!
het ich aller wunsch gewalt, –
von dir wolt ich nit wencken.

Du auserwelter, einiger trost, gedenck daran:
leib und gut, das sollt du ganz zu eigen han.
Dein, dein, dein will ich stet beleiben!
du gibst mir frewd und hohen mut
und kannst mir laid vertreiben.

Dein allein und niemants mer – das wiß für war!
tetst du desgleichen in trewen an mir, so wer ich fro.
Du, du, du solt von mir nit setzen!
bist mein trost vor ungemach
und kannst mich laids ergetzen.

Die allerliebst und minniglich, die ist so zart,
ire gleich in allem reich, so findt man hart.
Pei, pei, pei ir ist kain verlangen!
do ich nu von ir schaiden solt,
da het sie mich umbfangen.

Die werde rein, die ward ser wain, do das geschach.
›du pist mein, und ich pin dein!‹ sie traurig sprach.
Wann, wann, wann ich sol von dir weichen:
ich nie erkannt, noch immer mer
erkenn ich dein geleichen.

[Lochamer Liederbuch, 1450/1455]

Übersetzung

Alle meine Gedanken, die ich habe, die sind bei dir,
du auserwählter, einziger Trost, bleib stets bei mir.
Du, du, du sollst an mich denken!
Hätte ich (auch) Macht über alle Wünsche,
so wollte ich von dir nie weichen.

Du auserwählter, einziger Trost, denke daran:
Mein Leben und Gut sollst du ganz zu eigen haben.
Dein, dein, dein will ich stets bleiben,
Du gibst mir Freude und Hochstimmung
und kannst mir das Leid vertreiben.

Dein allein und niemandes sonst – das wisse gewiß!
Wärst du mir ebenso treu, so wäre ich glücklich.
Du, du, du sollst von mir nicht weggehen!
Du bist meine Hilfe im Unglück
und kannst mich im Leid trösten.

Die Allerliebste und Liebreizende, sie ist so schön,
ihresgleichen findet man in keinem anderen Land.
Bei, bei, bei ihr endet die Sehnsucht.
Als ich jetzt von ihr scheiden mußte,
da hat sie mich umarmt.

Die Teure und Edle weinte sehr, als das geschah.
»Du bist mein, und ich bin dein!« sagte sie traurig.
Aber, aber, aber ich muß von dir gehen:
Ich fand nie und ich werde nie jemanden finden,
der dir gleich ist.

Elselein, liebstes Elselein,
wie gern wer ich bei dir!
so sein zwei tiefe wasser
wol zwischen dir und mir.

Das bringt mir grossen schmerzen,
herzallerliebster gsell.
red ich von ganzem herzen,
habs für gros ungefell.

Hoff, zeit werd es wol enden,
hoff, glück werd kummen drein,
sich in alls guts verwenden,
herzliebstes Elselein.

[Glogauer Liederbuch, um 1480]

Übersetzung

Elslein, liebstes Elslein,
wie gerne wäre ich bei dir!
Aber es sind zwei tiefe Wasser
genau zwischen dir und mir.

Das bringt mir großen Kummer,
meine herzallerliebste Freundin.
Ich sage es aus ganzem Herzen,
daß ich es für ein großes Unglück halte.

Ich hoffe, die Zeit wird es beenden,
ich hoffe, das Glück wird herkommen
und alles sich zum Guten wenden,
herzallerliebstes Elslein.

HANS FOLZ

um 1440–1513

O Got, wie rein und zart
Ist meister gsang in seiner art.
Wol dem der des ye wirdig wart,
Das er gesanges pflegen sol!
Ir werden singer frut,
Und habt mein grobheit hie fur gut,
Mein hercz nicht anders zu euch mut,
Dan mocht ich euch gefallen wol
Mit mein gesang, doch wil ich mich lon stroffen,
Unnd zwor mich dunckt, ich hab zu lang geschloffen.
Kunstelosens woffen
Fur ich noch in den hendenn mein.

Dor umb, ir schuler auch,
Nempt auff yn gut mich armen gauch,
Wie wol mein kerren nicht endauch,
Ye doch gefelt mir wol die kunst.
Ach das es Got neur wolt
Das ich die czeit gelebenn solt
Das auch mit lernung wurd erfolt
Mein hercz in hiczelicher prunst.
Dor umb wolt ich meins krausen hors enperen
Unnd wolt mir lan ein narren platten scheren.
Der mich die art wolt leren,
Des diner wolt ich ymer sein.

Ye doch ob einer wer
Der sich bedeucht an kunsten schwer,
Der mocht sich an mich seczen her,
Ob mir sein stroff zu lernung docht:
Ich mein den pesten hie,
Hat man im vor geschneuczet nye,
Worer gesungen hot und wie,
Von mir er hie wol losen mocht.
Dor umb wurff ich die wurst wol an den pachen.
Geschweigt er mich der poßheit, muß ich lachen.
Ich hoff es werd sich machen.
Wer an mich wol, des acht ich clein!

Übersetzung

Ach Gott, wie rein und zart
ist der Meistersang in seiner Beschaffenheit.
Wohl dem, der dessen würdig wurde,
daß er den Sang pflegen darf!
Ihr edlen und klugen Sänger,
wenn ihr meine Kunstlosigkeit hier nicht ablehnt,
weil mein Herz sich nicht anders euch zuwenden kann,
dann könnte ich euch durchaus gefallen
mit meinem Gesang; doch will ich mich tadeln lassen,
wenn ich – wie es mir wahrlich vorkommt – zu lange geschlafen habe.
Die Waffen eines Kunstlosen
führe ich bis jetzt noch in meinen Händen.

Darum, auch ihr Schüler,
nehmt mich armen Dummkopf gnädig auf:
zwar taugt mein Plärren noch nichts,
aber doch gefällt mir die Kunst sehr.
Ach, wenn Gott nur zuließe,
daß ich so lange leben dürfte,
daß sich mein Herz in seiner brennenden Begeisterung
mit Belehrung erfüllen würde.
Gerne wollte ich dafür auf mein krauses Haar verzichten
und mir eine Narrenglatze scheren lassen.
Der mich die wahre Kunst lehren würde,
dessen Diener wollte ich immer sein.

Wenn aber einer da wäre,
der sich in der Kunst gewichtig vorkommt,
der könnte sich zu mir hersetzen,
falls mir sein Tadel zum Lernen taugen würde:
Ich meine den Besten hier:
Wenn man ihm früher nie darauf gehustet hat,
wo und wie er gesungen hat,
so könnte er es gut von mir hier erfahren.
Auf diese Weise würde ich mit der Wurst nach dem Schinken werfen.
Hört er sich meine Bosheit schweigend an, dann muß ich lachen.
Ich hoffe, es wird so geschehen.
Wer gegen mich (auftreten) will, auf den achte ich wenig!

[Ulrich Müller/Gerlinde Weiss]

ULRICH VON HUTTEN

1488–1523

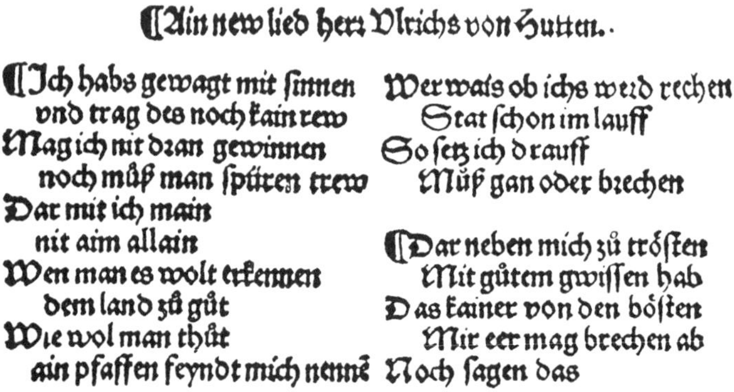

Ain new lied herr Vlrichs von Hutten.

Ich habs gewagt mit sinnen
vnd trag des noch kain rew
Mag ich nit dran gewinnen
noch müß man spüren trew
Dar mit ich main
nit aim allain
Wen man es wolt erkennen
dem land zů gůt
Wie wol man thůt
ain pfaffen feyndt mich nennē

Wer wais ob ichs werd rechen
Stat schon im lauff
So setz ich drauff
Müß gan oder brechen

Dar neben mich zů trösten
Mit gůtem gwissen hab
Das kainer von den bösten
Mir eer mag brechen ab
Noch sagen das

[Aus einem Einblattdruck von 1521]

Ein neu Lied Herr Ulrichs von Hutten

1

Ich hab's gewagt mit Sinnen
 Und trag des noch kein Reu.
Mag ich nit dran gewinnen,
 Noch muß man spüren Treu.
Darmit ich mein
 Nit eim allein,
Wenn man es wollt erkennen,
 Dem Land zugut,
Wiewohl man tut
 Ein Pfaffenfeind mich nennen.

2

Da laß ich jeden liegen
 Und rede, was er will.
Hätt Wahrheit ich geschwiegen,
 Mir wären hulder viel.
Nun hab ich's gsagt.
 Bin drum verjagt.
Das klag ich allen Frummen.
 Wiewohl noch ich
Nit weiter fleich,
 Vielleicht werd wiederkummen.

3

Um Gnad will ich nit bitten,
 Dieweil ich bin ohn Schuld.
Ich hätt das Recht gelitten;
 So hindert Ungeduld,
Daß man mich nit
 Nach altem Sitt
Zu Ghör hat kummen lassen.
 Vielleicht will's Gott,
Und zwingt sie Not,
 Zu handlen diesermaßen.

4

Nun ist oft diesergleichen
 Geschehen auch hievor,
Daß einer von den Reichen
 Ein gutes Spiel verlor.
Oft großer Flamm
 Von Fünklin kam.
Wer weiß, ob ich's werd rächen!
 Staht schon im Lauf!
So setz ich drauf:
 Muß gahen oder brechen!

5

Darneben mich zu trösten
 Mit gutem Gwissen hab,
Daß keiner von den Bösten
 Mir Ehr mag brechen ab
Noch sagen, daß
 Uff einig Maß
Ich anders sei gegangen
 Dann Ehren nach.
Hab diese Sach
 In Gutem angefangen.

6

Will nun ihr selbs nit raten
 Dies frumme Nation.
Ihrs Schadens sich ergatten,
 Als ich vermahnet han,
So ist mir leid.
 Hiemit ich scheid,
Will mengen baß die Karten.
 Bin unverzagt,
Ich hab's gewagt
 Und will des Ends erwarten.

7

Ob dann mir nach tut denken
 Der Kurtisanen List,
Ein Herz laßt sich nit kränken,
 Das rechter Meinung ist!
Ich weiß, noch viel
 Wölln auch ins Spiel,
Und sollten s' drüber sterben:
 Auf, Landsknecht gut
Und Reuters Mut!
 Laßt Hutten nit verderben!

[1521]

[*Sinnen:* Bewußtsein, Absicht. – *noch:* dennoch. – *mein:* meine, treffen will. – *eim:* einen. – *liegen:* lügen. – *fleich:* fliehe. – *Ungeduld:* Unduldsamkeit. – *staht:* steht (die Sache). – *uff einig Maß:* ein einziges Mal. – *ihr:* sich. – *ergatten:* erholen. – *baß:* besser. – *nachdenken:* nachstellen. – *Kurtisanen:* Höflinge.]

MARTIN LUTHER

1483–1546

Aus tiefer Not schrei ich zu dir,
Herr Gott, erhör mein Rufen.
Dein gnädig Ohren kehr zu mir
Und meiner Bitt sie offen.
Denn so du willst das sehen an,
Was Sünd und Unrecht ist getan,
Wer kann, Herr, vor dir bleiben?

Bei dir gilt nichts denn Gnad und Gonst,
Die Sünden zu vergeben.
Es ist doch unser Tun umsonst
Auch in dem besten Leben.
Vor dir niemand sich rühmen kann.
Des muß dich fürchten jedermann
Und deiner Gnaden leben.

Darum auf Gott will hoffen ich,
Auf mein Verdienst nicht bauen.
Auf ihn mein Herz soll lassen sich
Und seiner Güte trauen,
Die mir zusagt sein wertes Wort.
Das ist mein Trost und treuer Hort,
Des will ich allzeit harren.

Und ob es währt bis in die Nacht
Und wieder an den Morgen,
Doch soll mein Herz an Gottes Macht
Verzweifeln nicht noch sorgen.
So tu Israel rechter Art,
Der aus dem Geist erzeuget ward
Und seines Gotts erharre.

Ob bei uns ist der Sünden viel,
Bei Gott ist viel mehr Gnaden.
Sein Hand zu helfen hat kein Ziel,
Wie groß auch sei der Schaden.
Er ist allein der gute Hirt,
Der Israel erlösen wird
Aus seinen Sünden allen.

[Umdichtung des 130. Psalms. – *offen:* öffne. – *Gonst:* Gunst. – *Des muß:* deshalb muß. – *lassen sich:* sich verlassen.]

Nu bitten wir den Heiligen Geist
Um den rechten Glauben allermeist,
Daß er uns behute an unserm Ende,
Wenn wir heimfahrn aus diesem Elende.
Kyrioleis.

Du wertes Licht, gib uns deinen Schein,
Lern uns Jesum Christ kennen allein,
Daß wir an ihm bleiben, dem treuen Heiland,
Der uns bracht hat zum rechten Vaterland.
Kyrioleis.

Du suße Lieb, schenk uns deine Gunst,
Laß uns empfinden der Liebe Brunst,
Daß wir uns von Herzen einander lieben
Und im Friede auf einem Sinn bleiben.
Kyrioleis.

Du hochster Troster in aller Not,
Hilf, daß wir nicht furchten Schand noch Tod,
Daß in uns die Sinnen nicht verzagen,
Wenn der Feind wird das Leben verklagen.
Kyrioleis.

[*verklagen:* uns auf Verlust des Lebens.]

Ein feste Burg ist unser Gott,
Ein gute Wehr und Waffen.
Er hilft uns frei aus aller Not,
Die uns jetzt hat betroffen.
Der alt böse Feind,
Mit Ernst er's jetzt meint.
Groß Macht und viel List
Sein grausam Rüstung ist.
Auf Erd ist nicht seinsgleichen.

Mit unsrer Macht ist nichts getan,
Wir sind gar bald verloren.
Es streit't für uns der rechte Mann,
Den Gott hat selbst erkoren.
Fragst du, wer der ist?
Er heißt Jesus Christ,
Der Herr Zebaoth,
Und ist kein ander Gott.
Das Feld muß er behalten.

Und wenn die Welt voll Teufel wär
Und wollt uns gar verschlingen,
So fürchten wir uns nicht so sehr,
Es soll uns doch gelingen.
Der Fürst dieser Welt,
Wie sau'r er sich stellt,
Tut er uns doch nicht.
Das macht, er ist gericht't.
Ein Wörtlein kann ihn fällen.

Das Wort sie sollen lassen stahn
Und kein' Dank dazu haben.
Er ist bei uns wohl auf dem Plan
Mit seinem Geist und Gaben.
Nehmen sie den Leib,
Gut, Ehr, Kind und Weib,
Laß fahren dahin.
Sie haben's kein Gewinn.
Das Reich muß uns doch bleiben.

[1529]

[*kein' Dank dazu haben:* ob sie wollen oder nicht (lt. A. Götze, Frühneuhdt. Glossar, Berlin 1966).]

NICOLAUS HERMANN

um 1480–1561

Hinunter ist der Sonnen Schein,
Die finstre Nacht bricht stark herein.
Leucht uns, Herr Christ, du wahres Licht,
Laß uns im Finstern tappen nicht.

Dir sei Dank, daß du uns den Tag
Für Schaden, Fahr und mancher Plag
Durch deine Engel hast behüt't
Aus Gnad und väterlicher Güt.

Womit wir han erzürnet dich,
Dasselb verzeih uns gnädiglich
Und rechn' es unser Seel nit zu,
Laß uns schlafen mit Fried und Ruh.

Durch dein' Engel die Wach bestell,
Daß uns der böse Feind nit fäll.
Für Schrecken, G'spenst und Feuers Not
Behüt uns heint, o lieber Gott.

[*heint:* heute nacht, heute]

VOLKSLIEDER

Es ist ein Schnee gefallen,
Und es ist doch nit Zeit,
Man wirft mich mit den Ballen,
Der Weg ist mir verschneit.

Mein Haus hat keinen Giebel,
Es ist mir worden alt,
Zerbrochen sind die Riegel,
Mein Stüblein ist mir kalt.

Ach Lieb, laß dich erbarmen,
Daß ich so elend bin,
Und schleuß mich in dein Arme,
So fährt der Winter dahin.

[H: 1467]

Ich hort ein Sichellin rauschen,
Wohl rauschen durch das Korn,
Ich hort ein feine Magd klagen,
Sie hätt' ihr Lieb verlorn.

»La rauschen, Lieb, la rauschen!
Ich acht nit, wie es geh:
Ich hab mir ein Buhlen erworben
In Veiel und grünem Klee.«

»Hast du ein Buhlen erworben
In Veiel und grünem Klee:
So steh ich hie alleine,
Tut meinem Herzen weh!«

[um 1535]

[*Magd:* Mädchen. – *La:* laß. – *Veiel:* Veilchen.]

Drei Laub auf einer Linden
Blühen also wohl, ja wohl;
Sie tät viel tausend Sprünge,
Ihr Herz war freudenvoll,
Ich günns dem Maidlein wohl.

Das Maidlein, das ich meine,
Das ist so hübsch und fein, ja fein;
Wenn ich dasselb anblicke,
Sich freut das Herze mein,
Des eigen will ich sein.

Innsbruck, ich muß dich lassen,
Ich fahr dahin mein Straßen,
In fremde Land dahin.
Mein Freud ist mir genommen,
Die ich nit weiß bekommen,
Wo ich im Elend bin.

Groß Leid muß ich ertragen,
Das ich allein tu klagen
Dem liebsten Buhlen mein.
Ach Lieb, nun laß mich Armen
Im Herzen dein erwarmen,
Daß ich muß dannen sein!

Mein Trost ob allen Weiben,
Dein tu ich ewig bleiben,
Stet, treu, der Ehren frumm.
Nun muß dich Gott bewahren,
In aller Tugend sparen,
Bis daß ich wiederkumm.

[1539]

[*Elend:* Fremde. – *der Ehren frumm:* ehrenhaft. – *muß:* möge. – *sparen:* erhalten.]

Dort nieden in jenem Holze
Leit sich ein Mühlen stolz,
Sie mahlet uns alle Morgen
Das Silber und rote Gold.

Dort nieden in jenem Grunde
Schwemmt sich ein Hirschlein fein;
Was führt es in seinem Munde?
Von Gold ein Ringelein.

Hätt ich des Goldes ein Stücke
Zu einem Ringelein,
Meinem Buhlen wollt ich's schicken
Zu einem Goldfingerlein.

Was schickt sie mir denn wieder?
Von Perlen ein Kränzelein:
»Sieh da, du feiner Ritter,
Darbei gedenk du mein!«

[1582]

[*leit:* liegt.]

Es ist ein Schnitter, der heißt Tod,
Hat G'walt vom großen Gott;
Heut wetzt er das Messer,
Es geht schon viel besser,
Bald wird er drein schneiden,
Wir müssen's nur leiden.
Hüt dich, schöns Blümelein!

Was heut noch grün und frisch da steht,
Wird morgen weggemäht.
Die edel Narzissel,
Die englische Schlüssel,
Die schön Hyazinthen,
Die türkischen Winden:
Hüt dich, schöns Blümelein!

Viel hunderttausend ungezählt,
Was nur unter die Sichel fällt:
Rot Rosen, weiß Lilien,
Beid' wird er austilgen,
Und ihr Kaiserkronen,
Man wird euch nicht verschonen:
Hüt dich, schöns Blümelein!

Das himmlische Ehrenpreis,
Die Tulpen gelb und weiß,
Die silbernen Glocken,
Die goldenen Flocken,
Senkt alles zur Erden,
Was wird daraus werden?
Hüt dich, schöns Blümelein!

Ihr hübsch Lavendel und Rosmarine,
Ihr vielfarbige Röselein,
Ihr stolze Schwertlilien,
Ihr krause Basilien,
Ihr zarte Violen,
Man wird euch bald holen:
Hüt dich, schöns Blümelein!

Trutz, Tod! Komm her, ich fürcht dich nit!
Trutz, eil daher in einem Schnitt!
Wann Sichel mich letzet,
So werd ich versetzet
In den himmlischen Garten,
Darauf will ich warten.
Freu dich, schöns Blümelein!

[D: Fliegendes Blatt 1638]

[*letzet:* verletzt.]

HANS SACHS

1494–1576

Der Baldanderst

In dem Rosenton Hans Sachsen

1

Im Traum sah ich ein Wünderbilde,
Das daucht mich erschrocklich und wilde;
Wann es verwandelt sein Gestalt:
Itz war es jüng, bald würd es alt,
Itz war es schön, bald würd es scheußlich,
Itz holdselig, bald würd es gräuslich.
Itz sah es zornig, darnach güetig;
Itz ward es ernsthaft, bald sänftmüetig,
Itz lacht's, zuhand es Zäher goß,
Itz ward es klein, bald ward es groß,
Itz war es glatt, bald ward es bartet:
All Augenblick sich anderst artet.
Ich faßt' ein Herz und das beschwüer,
Zuhand das Bild antworten wüer:
»Wiß von mir, ich bin der Baldanderst.«
Ich sprach: »Sag mir, wo du umbanderst.«
Er sprach: »Ich geh durch alle Ständ,
Geistlich und weltlich Regiment:
In allen Provinzen und Ländern
Tu ich alle Ding bald verändern.

2

Den Fried veränder ich in Streite,
Fruchtbare Jahr in teure Zeite,
Stoß die Gwalting von Leut und Land,
Die Ehrlichen in Spott und Schand,
Die Glueckseling in Ungelüecke,
Die Sänftmuting in Zornes Tüecke,
Die Küehnen in Fluecht und Verzagüng,
Die Milden in karge Versagüng,
Die Reichen in Armüet, Hartsel,
Die Rüehsamen in unnüetz Quäl,
Die Gwinnhaften in bärling Schaden,
Die Angnehmen in Ungenaden.

Die Herzlieben kehr ich in Neid,
Die Fröhlichen in Herzenleid;
Die Kurzweiling mach ich verdrossen,
Die Freien in Gfängnüs verschlossen.
Die Jungen verkehr ich in Alt,
Die Schönen in ganz Ungestalt,
Die Gsünden in Krankheit und Note,
Die Lebendigen in den Tode.

3

Also bin ich der Welt Durchreiser,
Verschon weder Künig noch Kaiser,
Ich mach bald anderst alle Ding:
Was je menschliches Herz anfing,
Das tu ich alsbald anderst machen.«
Indem da tät ich auferwachen
Und gedacht mir: Es ist je wahre,
Auf Erd all Ding gar wandelbare!
Wer nür auf sich hat selber acht,
Wie oft sich nür in Tag und Nacht
Verkehr sein Sinn, Gemüet und Herze
Von Freuden, Wünn in Angst und Schmerze.
Unbständig sind all Ding geleich.
Was der Mensch hat auf Erdereich,
Als Reichtüm, Gwalt, Günst, Künst und Ehre,
Glueck, Gsündheit, Stärk und dergleich mehre,
Nemmt ab und zu all Augenblick.
Darüm, o Mensch, darein dich schick.
Tu auf das Zeitlich nit vertrauen,
Sünder nür auf das Ewig schauen!

Anno salutis 1550, am 19. Tag Mai

[*Zäher:* Zähren, Tränen. – *bartet:* bärtig. – *umbanderst:* herumwanderst. – *Hartsel:* Härte, Mühsal. – *bärling:* offenkundigen.]

JAKOB REGNART

um 1540–1599

Venus, du und dein Kind

Venus, du und dein Kind,
Seid alle beide blind
Und pflegt auch zu verblenden,
Wer sich zu euch tut wenden,
Wie ich wohl hab erfahren
In meinen jungen Jahren.

Amor, du Kindlein bloß,
Wem dein vergiftes Gschoß,
Das Herz einmal berühret,
Der wird alsbald verführet,
Wie ich wohl hab erfahren
In meinen jungen Jahren.

Für nur ein Freud allein
Gibst du viel tausend Pein,
Für nur ein freundlichs Scherzen
Gibst du viel tausend Schmerzen,
Wie ich wohl hab erfahren
In meinen jungen Jahren.

Drum rat ich jedermann,
Von Lieb bald abzustahn,
Dann nichts ist zu erjagen
In Lieb dann Weh und Klagen,
Das hab ich als erfahren
In meinen jungen Jahren.

[1576]

PHILIPP NICOLAI

1556–1608

Ein geistlich Braut-Lied

von der Stimm zu Mitternacht und von den klugen Jungfrauen, die ihrem himmlischen Bräutigam begegnen, Matth. 25.

Wachet auf, ruft uns die Stimme
Der Wächter sehr hoch auf der Zinnen,
Wach auf, du Stadt Jerusalem!
Mitternacht heißt diese Stunde,
Sie rufen uns mit hellem Munde,
Wo seid ihr klugen Jungfrauen?
Wohlauf, der Bräutigam kommt,
Steht auf, die Lampen nimmt,
Halleluja!
Macht euch bereit zu der Hochzeit!
Ihr müsset ihm entgegengehn.

Zion hört die Wächter singen,
Das Herz tut ihr von Freuden springen,
Sie wachet und steht eilend auf:
Ihr Freund kommt vom Himmel prächtig,
Von Gnaden stark, von Wahrheit mächtig,
Ihr Licht wird hell, ihr Stern geht auf.
Nun komm, du werte Kron,
Herr Jesu, Gottes Sohn,
Hosianna!
Wir folgen all zum Freudensaal
Und halten mit das Abendmahl.

Gloria sei dir gesungen
Mit Menschen- und englischen Zungen,
Mit Harfen und mit Zimbeln schon!
Von zwölf Perlen sind die Pforten
An deiner Stadt, wir sind Konsorten
Der Engeln hoch um deinen Thron.
Kein Aug hat je gespürt,
Kein Ohr hat mehr gehört
Solche Freude.
Des sind wir froh, io, io!
Ewig in dulci jubilo.

[1599]

[*englischen Zungen:* Engelszungen. – *in dulci jubilo:* in süßem Jubel.]

JOHANN HERMANN SCHEIN

1586–1630

O Sternen Äugelein!
O Seiden Härelein!
O Rosen Wängelein!
Korallen Lippelein!
O Perlen Zähnelein!
O Honig Züngelein!
O Perlemutter Öhrelein!
O Elfenbeinen Hälselein!
O Pomeranzen Brüstelein!
Bisher an euch ist alles fein:
Abr o du steinern Herzelein!
Wie daß du tötst das Leben mein?

O grüne Wälderlein!
O Myrten Sträuchelein!
O kühle Brünnelein!
Kristallen Bächelein!
O grüne Wieselein!
O schöne Blümelein!
O Felsen, Kluft, o Berg und Tal,
O Echo, treuer Widerschall!
O Pan, o Schäfr und Schäferin!
Seht doch, wie ich so elend bin!
Der grimmig Tod mich greifet an,
Ach helfet, wer da helfen kann!

O wahre Lieb und Treu!
O falsche Heuchelei!
O Hoffnung, Sicherheit!
O Furcht, Schwermütigkeit!
O süße Lust und Freud!
O Angst und Herzeleid!
O Musik, edler Freuden Schall!
O Seufzen, Heulen, Herzensknall!
O Leben lieb, o bitter Tod!
Ach wechselt um, es ist die Not!
Wie könnet ihr doch alle sehn
Ein liebend Herz zu Trümmern gehn?

[1628]

GEORG RODOLF WECKHERLIN

1584–1653

Die Lieb ist Leben und Tod

Das Leben, so ich führ, ist wie der wahre Tod,
Ja über den Tod selbst ist mein trostloses Leben:
Es endet ja der Tod des Menschen Pein und Leben,
Mein Leben aber kann nicht enden dieser Tod.

Bald kann ein Anblick mich verletzen auf den Tod,
Ein andrer Anblick bald kann mich wiedrumb beleben,
Daß ich von Blicken muß dann sterben und dann leben,
Und bin in einer Stund bald lebendig, bald tot.

Ach, Lieb! verleih mir doch nunmehr ein anders Leben,
Wann ich ja leben soll, oder den andern Tod,
Denn weder diesen Tod lieb ich noch dieses Leben.

Verzeih mir, Lieb, ich bin dein lebendig und tot,
Und ist der Tod mit dir ein köstlich-süßes Leben,
Und Leben von dir fern ist ein ganz bittrer Tod.

An das Teutschland

Zerbrich das schwere Joch, darunder du gebunden,
O Teutschland, wach doch auf, faß wieder einen Mut,
Gebrauch dein altes Herz und widersteh der Wut,
Die dich und die Freiheit durch dich selbst überwunden.

Straf nun die Tyrannei, die dich schier gar geschunden,
Und lösch doch endlich aus die (dich verzehrend) Glut,
Nicht mit dein eignem Schweiß, sondern dem bösen Blut,
Fließend aus deiner Feind und falschen Brüdern Wunden.

Verlassend dich auf Gott, folg denen Fürsten nach,
Die sein gerechte Hand will, so du wilt, bewahren
Zu der Getreuen Trost, zu der Treulosen Rach:

So laß nun alle Furcht und nicht die Zeit hinfahren,
Und Gott wird aller Welt, daß nichts dann Schand und Schmach
Des Feinds Meineid und Stolz gezeuget, offenbaren.

[1641]

FRIEDRICH SPEE VON LANGENFELD

1591–1635

Ein kurzer poetisch Christgesang vom Ochs und Eselein bei der Krippen

Der Wind auf leeren Straßen
Streckt aus die Flügel sein,
Streicht hin gar scharf ohn Maßen
Zur Bethlems Krippen ein;
Er brummlet hin und wider,
Der fliegend Winterbot,
Greift an die Gleich und Glieder
Dem frisch vermenschten Gott.

Ach, ach, laß ab von Brausen,
Laß ab, du schnöder Wind,
Laß ab von kaltem Sausen
Und schon dem schönen Kind!
Vielmehr du deine Schwingen
Zerschlag im wilden Meer,
Allda dich satt magst ringen,
Kehr nur nit wieder her!

Mit dir nun muß ich kosen,
Mit dir, o Joseph mein,
Das Futter misch mit Rosen
Dem Ochs und Eselein,
Mach deinen frommen Tieren
So lieblichs Mischgemüs,
Bald, bald, ohn Zeitverlieren
Mach ihn' den Atem süß!

Drauf blaset her, ihr beiden,
Mit süßem Rosenwind,
Ochs, Esel, wohl bescheiden,
Und warmet 's nacket Kind.
Ach, blaset her und hauchet,
Ahà, ahà, ahà.
Fort, fort, euch weidlich brauchet,
Ahà, ahà, ahà.

[1634]

[*Gleich:* Gelenk. – *bescheiden:* erprobt, erfahren.]

MARTIN OPITZ

1597–1639

Ich empfinde fast ein Grauen,
Daß ich, Plato, für und für
Bin gesessen über dir;
Es ist Zeit, hinauszuschauen
Und sich bei den frischen Quellen
In dem Grünen zu ergehn,
Wo die schönen Blumen stehn
Und die Fischer Netze stellen.

Worzu dienet das Studieren
Als zu lauter Ungemach?
Unterdessen lauft die Bach
Unsers Lebens, das wir führen,
Ehe wir es inne werden,
Auf ihr letztes Ende hin.
Dann kömmt ohne Geist und Sinn
Dieses alles in die Erden.

Holla, Junger, geh und frage,
Wo der beste Trunk mag sein,
Nimm den Krug und fülle Wein!
Alles Trauren, Leid und Klage,
Wie wir Menschen täglich haben,
Eh uns Klotho fortgerafft,
Will ich in den süßen Saft,
Den die Traube gibt, vergraben.

Kaufe gleichfalls auch Melonen
Und vergiß des Zuckers nicht;
Schaue nur, daß nichts gebricht!
Jener mag der Heller schonen,
Der bei seinem Gold und Schätzen
Tolle sich zu kränken pflegt
Und nicht satt zu Bette legt:
Ich will, weil ich kann, mich letzen.

Bitte meine gute Brüder
Auf die Musik und ein Glas:
Kein Ding schickt sich, dünkt mich, baß
Als ein Trunk und gute Lieder.
Laß ich schon nicht viel zu erben,
Ei, so hab ich edlen Wein,
Will mit andern lustig sein,
Wann ich gleich allein muß sterben.

[1624]

[*gebricht:* fehlt, mangelt. – *weil:* während, solange. – *letzen:* erquicken. – *baß:* besser.]

Jetzund kömmt die Nacht herbei,
Vieh und Menschen werden frei,
Die gewünschte Ruh geht an,
Meine Sorge kömmt heran.

Schöne glänzt der Mondenschein
Und die gülden Sternelein;
Froh ist alles weit und breit,
Ich nur bin in Traurigkeit.

Zweene mangeln uberall
An der schönen Sternen Zahl;
Diese Sternen, die ich mein',
Ist der Liebsten Augenschein.

Nach dem Monden frag ich nicht,
Tunkel ist der Sternen Licht,
Weil sich von mir weggewend't
Asteris, mein Firmament.

Wann sich aber neigt zu mir
Dieser meiner Sonnen Zier,
Acht ich es das Beste sein,
Daß kein Stern noch Monde schein.

Lied, im Ton: Ma belle je vous prie

Ach Liebste, laß uns eilen, Wir haben Zeit:
Es schadet das Verweilen Uns beiderseit.
Der schönen Schönheit Gaben Fliehn Fuß für Fuß,
Daß alles, was wir haben, Verschwinden muß.
Der Wangen Zier verbleichet, Das Haar wird greis,
Der Äuglein Feuer weichet, Die Flamm wird Eis.
Das Mündlein von Korallen Wird ungestalt.
Die Händ als Schnee verfallen, Und du wirst alt.
Drumb laß uns jetzt genießen Der Jugend Frucht,
Eh dann wir folgen müssen Der Jahre Flucht.
Wo du dich selber liebest, So liebe mich,
Gib mir, daß, wann du gibest, Verlier auch ich.

[*Ma belle . . .:* Meine Schöne, ich bitte dich. – *Wir haben Zeit:* geeigneten Zeitpunkt, Augenblick, Gelegenheit.]

SIMON DACH

1605–1659

Horto recreamur amoeno

Der habe Lust zu Würfeln und zu Karten,
Der zu dem Tanz und der zum kühlen Wein.
Ich liebe nichts, als was in diesem Garten
Mein Drangsalstrost und Krankheitsarzt kann sein.
Ihr grünen Bäume,
Du Blumenzier,
Ihr Haus der Reime,
Ihr zwinget mir
Dies Lied hierfür.

Mir mangelt nur mein Spiel, die süße Geige,
Die würdig ist, daß sie mit Macht erschall'
Hie, wo das Laub und die begrünten Zweige
Am Graben mich umschatten überall,
Hie, wo von weiten
Die Gegend lacht,
Wo an der Seiten
Der Wiesen Pracht
Mich fröhlich macht.

Was mir gebricht an Geld und großen Schätzen,
Muß mein Gemüt und dessen güldne Ruh
Durch freies Tun und Fröhlichkeit ersetzen,
Die schleußt vor mir das Haus der Sorgen zu.
Ich will es geben
Um keine Welt,
Daß sich mein Leben
Oft ohne Geld
So freudig hält.

Gesetzt, daß ich den Erdenkreis besäße
Und hätte nichts mit guter Lust gemein,
Wann ich der Zeit in Angst und Furcht genösse,
Was würd es mir doch für ein Vorteil sein?
Weg mit dem allen,
Was Unmut bringt!
Mir soll gefallen,
Was lacht und singt
Und Freud erzwingt.

Ihr alten Bäum und ihr noch junge Pflanzen,
Ringsum verwahrt vor aller Winde Stoß,
Wo um und um sich Freud und Ruh verschanzen,
Senkt alle Lust herab in meinen Schoß.
Ihr sollt imgleichen
Durch dies mein Lied
Auch nicht verbleichen,
Solang man Blüt
Auf Erden sieht.

[Überschrift: Im lieblichen Garten erholen wir uns.]

Perstet amicitiae semper venerabile faedus!

Der Mensch hat nichts so eigen,
So wohl steht ihm nichts an,
Als daß er Treu erzeigen
Und Freundschaft halten kann;
Wann er mit seinesgleichen
Soll treten in ein Band,
Verspricht sich, nicht zu weichen,
Mit Herzen, Mund und Hand.

Die Red ist uns gegeben,
Damit wir nicht allein
Vor uns nur sollen leben
Und fern von Leuten sein;
Wir sollen uns befragen
Und sehn auf guten Rat,
Das Leid einander klagen,
So uns betreten hat.

Was kann die Freude machen,
Die Einsamkeit verhehlt?
Das gibt ein duppelt Lachen
Was Freunden wird erzählt;
Der kann sein Leid vergessen,
Der es von Herzen sagt,
Der muß sich selbst auffressen,
Der in geheim sich nagt.

Gott stehet mir vor allen,
Die meine Seele liebt:
Dann soll mir auch gefallen,
Der mir sich herzlich gibt;
Mit diesen Bundsgesellen
Verlach ich Pein und Not,
Geh auf dem Grund der Hellen
Und breche durch den Tod.

Ich hab, ich habe Herzen
So treue, wie gebührt,
Die Heuchelei und Scherzen
Nie wissentlich berührt!
Ich bin auch ihnen wieder
Von Grund der Seelen hold,
Ich lieb euch mehr, ihr Brüder,
Als aller Erden Gold!

[1640]

[Überschrift: Bestehen soll der Freundschaft immer ehrenwerter Bund. – *verhehlt:* verbirgt. – *Hellen:* Hölle. – *gebührt:* es sich ziemt.]

UNBEKANNTER VERFASSER (SIMON DACH?)

Anke van Tharaw öß, de my geföllt,
Se öß mihn Lewen, mihn Goet on mihn Gölt.

Anke van Tharaw heft wedder eer Hart
Op my geröchtet ön Löw' on ön Schmart.

Anke van Tharaw mihn Rihkdom, mihn Goet,
Du mihne Seele, mihn Fleesch on mihn Bloet.

Quöm' alle Wedder glihk ön ons tho schlahn,
Wy syn gesönnt by een anger tho stahn.

Kranckheit, Verfälgung, Bedröfnös on Pihn,
Sal vnsrer Löve Vernöttinge syn.

Recht as een Palmen-Bohm äver söck stöcht,
Je mehr en Hagel on Regen anföcht.

So wardt de Löw' ön onß mächtich on groht,
Dörch Kryhtz, dörch Lyden, dörch allerley Noht.

Wördest du glihk een mahl van my getrennt,
Leewdest dar, wor öm dee Sönne kuhmt kennt;

Eck wöll dy fälgen dörch Wöler, dörch Mär,
Dörch Yhß, dörch Ihsen, dörch fihndlöcket Hähr.

Anke van Tharaw, mihn Licht, mihne Sönn,
Mihn Leven schluht öck ön dihnet henönn.

Wat öck geböde, wart van dy gedahn,
Wat öck verböde, dat lätstu my stahn.

Wat heft de Löve däch ver een Bestand,
Wor nich een Hart öß, een Mund, eene Hand?

Wor öm söck hartaget, kabbelt on schleyht,
On glihk den Hungen on Katten begeyht.

Anke van Tharaw dat war wy nich dohn,
Du böst mihn Dühfken myn Schahpken mihn Hohn.

Wat öck begehre, begehrest du ohck,
Eck laht den Rack dy, du lätst my de Brohk.

Dit öß dat, Anke, du söteste Ruh'
Een Lihf on Seele wart vht öck on Du.

Dit mahckt dat Lewen tom Hämmlischen Rihk,
Dörch Zancken wart et der Hellen gelihk.

Übersetzung von Johann Gottfried Herder

Annchen von Tharau ist, die mir gefällt;
Sie ist mein Leben, mein Gut und mein Geld.

Annchen von Tharau hat wieder ihr Herz
Auf mich gerichtet in Lieb' und in Schmerz.

Annchen von Tharau, mein Reichthum, mein Gut,
Du meine Seele, mein Fleisch und mein Blut!

Käm' alles Wetter gleich auf uns zu schlahn,
Wir sind gesinnet bei einander zu stahn.

Krankheit, Verfolgung, Betrübniß und Pein
Soll unsrer Liebe Verknotigung seyn.

Recht als ein Palmenbaum über sich steigt,
Je mehr ihn Hagel und Regen anficht;

So wird die Lieb' in uns mächtig und groß
Durch Kreuz, durch Leiden, durch allerlei Noth.

Würdest du gleich einmal von mir getrennt,
Lebtest, da wo man die Sonne kaum kennt;

Ich will dir folgen durch Wälder, durch Meer,
Durch Eis, durch Eisen, durch feindliches Heer.

Annchen von Tharau, mein Licht, meine Sonn,
Mein Leben schließ' ich um deines herum.

Was ich gebiete, wird von dir gethan,
Was ich verbiete, das läst du mir stahn.

Was hat die Liebe doch für ein Bestand,
Wo nicht Ein Herz ist, Ein Mund, Eine Hand?

Wo man sich peiniget, zanket und schlägt,
Und gleich den Hunden und Kazen beträgt?

Annchen von Tharau, das woll'n wir nicht thun;
Du bist mein Täubchen, mein Schäfchen, mein Huhn.

Was ich begehre, ist lieb dir und gut;
Ich laß den Rock dir, du läßt mir den Hut!

Dies ist uns Annchen die süsseste Ruh.
Ein Leib und Seele wird aus Ich und Du.

Dies macht das Leben zum himmlischen Reich,
Durch Zanken wird es der Hölle gleich.

PAUL FLEMING

1609–1640

Wie er wolle geküsset sein

Nirgends hin als auf den Mund:
Da sinkt's in des Herzens Grund;
Nicht zu frei, nicht zu gezwungen,
Nicht mit gar zu fauler Zungen.

Nicht zuwenig, nicht zuviel:
Beides wird sonst Kinderspiel;
Nicht zu laut und nicht zu leise:
Bei dem Maß ist rechte Weise.

Nicht zu nahe, nicht zu weit:
Dies macht Kummer, jenes Leid;
Nicht zu trocken, nicht zu feuchte,
Wie Adonis Venus reichte.

Nicht zu harte, nicht zu weich,
Bald zugleich, bald nicht zugleich,
Nicht zu langsam, nicht zu schnelle,
Nicht ohn Unterscheid der Stelle.

Halb gebissen, halb gehaucht,
Halb die Lippen eingetaucht,
Nicht ohn Unterscheid der Zeiten,
Mehr alleine denn bei Leuten.

Küsse nun ein jedermann,
Wie er weiß, will, soll und kann!
Ich nur und die Liebste wissen,
Wie wir uns recht sollen küssen.

Gedanken über die Zeit

Ihr lebet in der Zeit und kennt doch keine Zeit;
So wißt ihr Menschen nicht, von und in was ihr seid.
Dies wißt ihr, daß ihr seid in einer Zeit geboren
Und daß ihr werdet auch in einer Zeit verloren.
Was aber war die Zeit, die euch in sich gebracht?
Und was wird diese sein, die euch zu nichts mehr macht?
Die Zeit ist was und nichts, der Mensch in gleichem Falle,
Doch was dasselbe was und nichts sei, zweifeln alle.
Die Zeit, die stirbt in sich und zeugt sich auch aus sich.
Dies kömmt aus mir und dir, von dem du bist und ich.
Der Mensch ist in der Zeit; sie ist in ihm ingleichen,
Doch aber muß der Mensch, wenn sie noch bleibet, weichen.
Die Zeit ist, was ihr seid, und ihr seid, was die Zeit,
Nur daß ihr wen'ger noch, als was die Zeit ist, seid.
Ach daß doch jene Zeit, die ohne Zeit ist, käme
Und uns aus dieser Zeit in ihre Zeiten nähme
Und aus uns selbsten uns, daß wir gleich könnten sein,
Wie der itzt jener Zeit, die keine Zeit, geht ein!

An sich

Sei dennoch unverzagt, gib dennoch unverloren,
Weich keinem Glücke nicht, steh höher als der Neid,
Vergnüge dich an dir und acht es für kein Leid,
Hat sich gleich wider dich Glück, Ort und Zeit verschworen.

Was dich betrübt und labt, halt alles für erkoren,
Nimm dein Verhängnis an, laß alles unbereut.
Tu, was getan muß sein, und eh man dir's gebeut.
Was du noch hoffen kannst, das wird noch stets geboren.

Was klagt, was lobt man doch? Sein Unglück und sein Glücke
Ist ihm ein jeder selbst. Schau alle Sachen an:
Dies alles ist in dir. Laß deinen eitlen Wahn,

Und eh du förder gehst, so geh in dich zurücke.
Wer sein selbst Meister ist und sich beherrschen kann,
Dem ist die weite Welt und alles untertan.

[1641]

[*Glück:* im Sinne von Fortuna.]

[Herrn Pauli Flemingi Grabschrift, so er ihm selbst gemacht in Hamburg, den 28. Tag des Märzen 1640 auf seinem Todbette, drei Tage vor seinem seligen Absterben]

Ich war an Kunst und Gut und Stande groß und reich,
Des Glückes lieber Sohn, von Eltern guter Ehren,
Frei, meine, konnte mich aus meinen Mitteln nähren,
Mein Schall floh überweit, kein Landsmann sang mir gleich.

Von Reisen hochgepreist, für keiner Mühe bleich,
Jung, wachsam, unbesorgt. Man wird mich nennen hören,
Bis daß die letzte Glut dies alles wird verstören.
Dies, deutsche Klarien, dies Ganze dank ich euch.

Verzeiht mir, bin ich's wert, Gott, Vater, Liebste, Freunde,
Ich sag euch gute Nacht und trete willig ab.
Sonst alles ist getan bis an das schwarze Grab.

Was frei dem Tode steht, das tu er seinem Feinde.
Was bin ich viel besorgt, den Odem aufzugeben?
An mir ist minder nichts, das lebet, als mein Leben.

[1641]

[*Grabschrift:* Fleming starb am 2. 4. 1640. – *ihm:* in älterer Sprache oft = sich. – *Odem:* Atem.]

FRIEDRICH VON LOGAU

1604–1655

Heutige Weltkunst

Anders sein und anders scheinen;
Anders reden, anders meinen;
Alles loben, alles tragen,
Allen heucheln, stets behagen,
Allem Winde Segel geben,
Bös' und Guten dienstbar leben;
Alles Tun und alles Dichten
Bloß auf eignen Nutzen richten:
Wer sich dessen will befleißen,
Kann politisch heuer heißen.

Des Krieges Buchstaben

Kummer, der das Mark verzehret,
Raub, der Hab und Gut verheeret,
Jammer, der den Sinn verkehret,
Elend, das den Leib beschweret,
Grausamkeit, die Unrecht führet,
Sind die Frucht, die Krieg gewähret.

Abgedankte Soldaten

Würmer im Gewissen,
Kleider wohl zerrissen,
Wohlbenarbte Leiber,
Wohlgebrauchte Weiber,
Ungewisse Kinder,
Weder Pferd noch Rinder,
Nimmer Brot im Sacke,
Nimmer Geld im Packe,
Haben mitgenommen,
Die vom Kriege kommen:
Wer dann hat die Beute?
Eitel fremde Leute.

DANIEL CZEPKO VON REIGERSFELD

1605–1660

Angst und Hohn der Liebe Lohn

Nimm die Rose von den Dörnern,
Zeige dann den Frühling an;
Nimm die Ähren mit den Körnern,
Sage, was der Sommer kann.
Nimm der Trauben süßen Preis,
Sprich darauf, der Herbst wird kommen,
Nimm das Schmelzglas von dem Eis,
Auch der Winter wird genommen.
Nimm der Liebe Qual und Pein,
Liebe wird nicht Liebe sein.

[Abschrift aus verlorenem Original: frühes 18. Jhdt.; D: 1924]

Spiele wohl! Das Leben ein Schauspiel

Was ist dein Lebenslauf und Tun, o Mensch? Ein Spiel.
Den Inhalt sage mir? Kinds, Weibs und Tods Beschwerde.
Was ist es vor ein Platz, darauf wir spieln? Die Erde.
Wer schlägt und singt dazu? Die Wollust ohne Ziel.

Wer heißt auf das Gerüst uns treten? Selbst die Zeit.
Wer zeigt die Schauer mir? Mensch, das sind bloß die Weisen.
Was ist vor Stellung hier? Stehn, schlafen, wachen, reisen.
Wer teilt Gesichter aus? Allein die Eitelkeit.

Wer macht den Schauplatz auf? Der wunderbare Gott.
Was vor ein Vorhang deckt's? Das ewige Versehen.
Wie wird es abgeteilt? Durch Leben, Sterben, Flehen.
Wer führt uns ab, wer zeucht uns Kleider aus? Der Tod.

Wo wird der Schluß erwart't des Spieles? In der Gruft.
Wer spielt am besten mit? Der wohl sein Amt kann führen.
Ist das Spiel vor sich gut? Das Ende muß es zieren.
Wenn ist es aus? O Mensch, wenn dir dein Jesus ruft.

[Abschrift: frühes 18. Jhdt.; D: 1930]

[*vor:* für. – *zeucht:* zieht.]

SIBYLLA SCHWARZ

1621–1638

MEin Alles ist dahin / mein Trost in Lust und Leiden /
mein ander Ich ist fort / mein Leben / meine Zier /
mein liebstes auff der Welt ist wegk / ist schon vohn hier.
(die Lieb' ist bitter zwahr / viel bittrer ist das Scheiden)
Ich kan nicht vohn dir seyn / ich kan dich gantz nicht meiden /
O liebste Dorile! Ich bin nicht mehr bey mir /
Ich bin nicht der ich bin /nuhn ich nicht bin bey dir.
Ihr Stunden lauft doch fort / wolt ihr mich auch noch neiden?
Ey Phoebus halte doch die schnelle Hengste nicht!
fort / fort / ihr Tage fort / komb bald du Monden Licht!
Ein Tag ist mir ein Jahr / in dem ich nicht kan sehen
mein ander Sonnenlicht! fort / fort / du faule Zeit /
spann doch die Segel auff / und bring mein Lieb noch heut /
und wan sie hier dan ist / so magstu langsam gehen.

ANDREAS GRYPHIUS

1616–1664

Abend.

DEr schnelle Tag ist hin / die Nacht schwingt ihre Fahn /
Vnd führt die Sternen auff. Der Menschen müde Scharen
Verlassen Feld und Werck / wo Thir und Vögel waren
Traurt itzt die Einsamkeit. Wie ist die Zeit verthan!
Der Port naht mehr und mehr sich zu der Glider Kahn.
Gleich wie diß Licht verfil / so wird in wenig Jahren
Ich / du / und was man hat / und was man siht / hinfahren.
Diß Leben kömmt mir vor als eine Renne-Bahn.
Laß höchster Gott / mich doch nicht auff dem Lauffplatz gleiten /
Laß mich nicht Ach / nicht Pracht / nicht Lust nicht Angst verleiten!
Dein ewig-heller Glantz sey vor und neben mir /
Laß / wenn der müde Leib entschläfft / die Seele wachen
Und wenn der letzte Tag wird mit mir Abend machen /
So reiß mich aus dem Thal der Finsternüß zu dir.

Tränen des Vaterlandes, anno 1636

Wir sind doch nunmehr ganz, ja mehr denn ganz verheeret!
Der frechen Völker Schar, die rasende Posaun,
Das vom Blut fette Schwert, die donnernde Kartaun
Hat aller Schweiß und Fleiß und Vorrat aufgezehret.

Die Türme stehn in Glut, die Kirch ist umgekehret,
Das Rathaus liegt im Graus, die Starken sind zerhaun,
Die Jungfraun sind geschänd't, und wo wir hin nur schaun,
Ist Feuer, Pest und Tod, der Herz und Geist durchfähret.

Hier durch die Schanz und Stadt rinnt allzeit frisches Blut.
Dreimal sind schon sechs Jahr, als unser Ströme Flut,
Von Leichen fast verstopft, sich langsam fort gedrungen.

Doch schweig ich noch von dem, was ärger als der Tod,
Was grimmer denn die Pest und Glut und Hungersnot,
Daß auch der Seelenschatz so vielen abgezwungen.

[Fassung hier nach D: 1663]

Menschliches Elende

Was sind wir Menschen doch! Ein Wohnhaus grimmer Schmerzen,
Ein Ball des falschen Glücks, ein Irrlicht dieser Zeit,
Ein Schauplatz herber Angst, besetzt mit scharfem Leid,
Ein bald verschmelzter Schnee und abgebrannte Kerzen.

Dies Leben fleucht davon wie ein Geschwätz und Scherzen.
Die vor uns abgelegt des schwachen Leibes Kleid
Und in das Totenbuch der großen Sterblichkeit
Längst eingeschrieben sind, sind uns aus Sinn und Herzen.

Gleich wie ein eitel Traum leicht aus der Acht hinfällt
Und wie ein Strom verscheußt, den keine Macht aufhält,
So muß auch unser Nam, Lob, Ehr und Ruhm verschwinden.

Was itzund Atem holt, muß mit der Luft entfliehn,
Was nach uns kommen wird, wird uns ins Grab nachziehn.
Was sag ich? Wir vergehn wie Rauch von starken Winden.

[*Acht:* Aufmerksamkeit.]

Tränen in schwerer Krankheit

anno 1640

Mir ist, ich weiß nicht wie; ich seufze für und für.
Ich weine Tag und Nacht, ich sitz in tausend Schmerzen
Und tausend fürcht ich noch; die Kraft in meinem Herzen
Verschwindt, der Geist verschmacht', die Hände sinken mir.

Die Wangen werden bleich, der muntern Augen Zier
Vergeht gleich als der Schein der schon verbrannten Kerzen.
Die Seele wird bestürmt gleichwie die See im Märzen.
Was ist dies Leben doch, was sind wir, ich und ihr?

Was bilden wir uns ein? Was wünschen wir zu haben?
Itzt sind wir hoch und groß und morgen schon vergraben;
Itzt Blumen, morgen Kot; wir sind ein Wind, ein Schaum,

Ein Nebel und ein Bach, ein Reif, ein Tau, ein Schatten;
Itzt was und morgen nichts, und was sind unsre Taten
Als ein mit herber Angst durchaus vermischter Traum!

JOHANN KLAJ

1616–1656

[Teutschland betet]

Gott, du bester Kriegzerbrecher
Mache Fried, Fried, es ist Zeit,
Mein Reich wird ja stündlich schwächer
Durch den Länderfresserstreit.
Ach, ich bin des Krieges müde,
Friedenmacher, mache Friede!

Ihr, ihr hohen Potentaten,
Haupt und Glieder, groß und klein,
Helfet doch zum Friede raten,
Lasset doch die Titel sein.
Lasset alles ungerochen,
Was man hat bisher verbrochen.

Ich bitt euch um Gottes willen,
Stecket doch die Degen ein,
Daß sich Meer und Länder stillen,
Daß die Straßen werden rein,
Daß man kann zu Wasser handeln,
Sicher auf die Messen wandeln.

Seit man Kriegen hat getrieben,
Land und Stand geblasen an,
Sind nur auf der Walstatt blieben
Hundert tausend tausend Mann.
Was für Mord hat man erfahren
In den dreimal zehen Jahren?

Wieviel Tausend sind verloren
Hier zu Wasser, dar zu Land,
Wieviel Tausend sind erfroren,
Wieviel Tausend sind verbrannt,
Wieviel Tausend sind geblieben,
Die der Hunger aufgerieben?

Was ist sonst im Feld gestorben
Von der Peste, von der Ruhr,
Wieviel Tausend sind verdorben
Ohne Labsal, ohne Kur,
Wieviel haben auf der Straßen
Müssen Leib und Leben lassen?

Waisen, Witwen, Jammerlechzen
Ohne Vater, ohne Mann,
Witwen wie die Tauben ächzen,
Waisen, Fremden untertan,
Essen Tränenbrot mit Wimmern
Und sich fast zu Tode kümmern.

[1650]

[*Teutschland:* Die Durchführung der vielen Bestimmungen des ›Westf. Friedens‹ von 1648 zog sich über Jahre hin; neuer Kongreß 1650 in Nürnberg. – *Titel:* hier ›verbriefte Ansprüche‹. – *ungerochen:* ungerächt.]

PHILIPP VON ZESEN

1619–1689

An seine lieb- und holdselige Adelmund

Gegen-hüpfendes Lied

Wie ist es, hat Liebe mein Leben besessen?
Wie? Oder befind't Sie sich leiblich in mir?
O liebliches Leben, wem soll ich's zumessen,
Daß meine Gebeine so zittern für Ihr?
Ich gehe verirret, verwirret und trübe
Und stehe vertiefet in lieblicher Liebe.

Die ächzenden Lüfte, die seufzenden Winde,
Die lechzende Zunge, der Augen Gewirr,
Das Beben der Glieder macht, daß ich verschwinde,
Daß ich mich in meinen Gedanken verirr?
Ach! Schöne, Sie schone der schwächlichen Seelen,
Wann Sie das gebrechliche Herze will quälen.

Ihr übliches Lieblen, o liebliches Leben,
Der lieblenden Äugelein fröhlicher Blitz
Macht, daß ich verzücket herumher muß schweben,
Ja, daß ich verliere Gedanken und Witz.
Das liebliche Singen der zitternden Zungen
Hat mir das Herze durchdrungen, bezwungen.

Sie lieb ich, Sie lob ich, Ihr leb ich zuliebe,
Sie ehr ich, Sie hör ich, Ihr kehr ich mich zu.
Sie machet es, daß ich im Lieben mich übe,
Daß ich verscherze die herzliche Ruh.
Sie schreib ich, mich treib ich, Ihr bleib ich ergeben,
Sie denk ich, mich kränk ich, Ihr schenk ich mein Leben.

KASPAR STIELER

1632–1707

Ein jeder, was ihm gefället

Wer will, kann ein gekröntes Buch
Von schwarzen Kriegeszeilen schreiben;
Ich will auf Venus Angesuch
Ihr süßes Liebeshandwerk treiben;
Ich brenne. Wer nicht brennen kann,
Fang ein berühmter Wesen an.

Ich sehe vor mir Blut und Staub
Und tausend Mann gewaffnet liegen,
Ich sehe, wie auf Sieg und Raub
So viel vergöldte Fahnen fliegen;
Doch brenn ich. Wer nicht brennen kann,
Fang ein berühmter Wesen an.

Ich höre der Trompeten Schall,
Der Pauken Lärm, den Klang der Waffen,
Der schreckenden Kartaunen Knall,
Der Büchsen und Musketen Paffen
Und brenne. Wer nicht brennen kann,
Fang ein berühmter Wesen an.

Ich hätte die Gelegenheit
Ein neues Ilium zu melden;
Es gibt mir Anlaß mancher Streit
So vieler ritterlicher Helden;
Doch brenn ich. Wer nicht brennen kann,
Fang ein berühmter Wesen an.

Ich spür auch hier Ulyssens Witz,
Mich reizen Hektors tapfre Taten;
Was hilfts? Mich läßt die Liebeshitz
Auf andre Künste nicht geraten.
Ich brenne. Wer nicht brennen kann,
Fang ein berühmter Wesen an.

Was mein beflammtes Herze hegt,
Zieht meinen Geist von seiner Erden;
Hätt Amors Glut mich nicht erregt,
Wie würd ich je beschrieen werden?
Nun brenn ich. Wer nicht brennen kann,
Fang ein berühmter Wesen an.

Was mir die Venus predigt ein
Samt ihrem lieblichen Empusen,
Mag meines Namens Lorbeer sein;
Sonst brauch ich keiner andern Musen.
Ich brenne. Wer nicht brennen kann,
Fang ein berühmter Wesen an.

Was frag ich nach der Alten Neid,
Was nach dem stumpfen Tadlerbesen!
Es ist genug, wenn nach der Zeit
Mich liebe Jungfern werden lesen.
Ich brenne. Wer nicht brennen kann,
Fang ein berühmter Wesen an.

Ich weiß, wenn ich verweset bin,
Wird mich das junge Volk betrauern
Und sagen: Ach, daß der ist hin,
Den Venus ewig hieße dauern!
Wer aber nimmer brennen kann,
Wird keine Venus fangen an.

[1660]

[*beschrieen:* berühmt.]

ANGELUS SILESIUS (JOHANNES SCHEFFLER)

1624–1677

Aus: *Geistreiche Sinn- und Schlußreime*

[Cherubinischer Wandersmann]

Du mußt, was Gott ist, sein

Soll ich mein letztes End und ersten Anfang finden,
So muß ich mich in Gott und Gott in mir ergründen
Und werden das, was er: ich muß ein Schein im Schein,
Ich muß ein Wort im Wort, ein Gott in Gotte sein.

Gott ergreift man nicht

Gott ist ein lauter Nichts, ihn rührt kein Nun noch Hier:
Je mehr du nach ihm greifst, je mehr entwird er dir.

Zufall und Wesen

Mensch, werde wesentlich; denn wann die Welt vergeht,
So fällt der Zufall weg, das Wesen, das besteht.

Man weiß nicht, was man ist

Ich weiß nicht, was ich bin; ich bin nicht, was ich weiß;
Ein Ding und nit ein Ding, ein Stüpfchen und ein Kreis.

[*Stüpfchen:* Pünktchen.]

Die Unruh kommt von dir

Nichts ist, das dich bewegt, du selber bist das Rad,
Das aus sich selbsten lauft und keine Ruhe hat.

Ohne Warum

Die Ros ist ohn Warum; sie blühet, weil sie blühet,
Sie acht' nicht ihrer selbst, fragt nicht, ob man sie siehet.

Die Zeit, die ist nicht schnell

Man sagt, die Zeit ist schnell. Wer hat sie sehen fliegen?
Sie bleibt ja unverrückt im Weltbegriffe liegen.

[1657]

CATHARINA REGINA VON GREIFFENBERG

1633–1694

Auf die fruchtbringende Herbstzeit

Freuderfüller, Früchtebringer, vielbeglückter Jahreskoch,
Grünung-, Blüh- und Zeitungziel, werkbeseeltes Lustverlangen!
Lange Hoffnung ist in dir in die Taterweisung gangen.
Ohne dich wird nur beschauet, aber nichts genossen noch.

Du Vollkommenheit der Zeiten, mache bald vollkommen doch,
Was von Blüh- und Wachstumskraft halbes Leben schon empfangen!
Deine Wirkung kann allein mit der Werkvollziehung prangen.
Werter Zeitenschatz, ach, bringe jenes Blühen auch so hoch,

Schütt aus deinem reichen Horn hochverhoffte Freudenfrüchte!
Lieblich süßer Mundergetzer, lab auch unsern Geist zugleich!
So erhebt mit jenen er deiner Früchte Ruhmgerüchte.

Zeitig' die verlangten Zeiten in dem Oberherrschungsreich,
Laß die Anlaßkerne schwarz, Schickungsäpfel saftig werden,
Daß man Gottes Gnadenfrücht froh genießt und ißt auf Erden!

[*Zeitungziel:* Zeitung = Zeitigung, Reifung.]

JOACHIM NEANDER

1650–1680

Der Lobende

Lobe den Herren, den mächtigen König der Ehren,
Meine geliebete Seele, das ist mein Begehren,
Kommet zu Hauf,
Psalter und Harfe, wacht auf,
Lasset die Musicam hören.

Lobe den Herren, der alles so herrlich regieret,
Der dich auf Adelers Fittichen sicher geführet,
Der dich erhält,
Wie es dir selber gefällt,
Hast du nicht dieses verspüret?

Lobe den Herren, der künstlich und fein dich bereitet,
Der dir Gesundheit verliehen, dich freundlich geleitet,
In wieviel Not
Hat nicht der gnädige Gott
Über dir Flügel gebreitet.

Lobe den Herren, der deinen Stand sichtbar gesegnet,
Der aus dem Himmel mit Strömen der Liebe geregnet,
Denke daran,
Was der Allmächtige kann,
Der dir mit Liebe begegnet.

Lobe den Herren, was in mir ist, lobe den Namen,
Alles was Odem hat, lobe mit Abrahams Samen,
Er ist dein Licht,
Seele, vergiß es ja nicht,
Lobende, schließe mit Amen.

PAUL GERHARDT

1607–1676

An das Angesicht des Herrn Jesu

O Haupt voll Blut und Wunden,
Voll Schmerz und voller Hohn!
O Haupt, zum Spott gebunden
Mit einer Dornenkron!
O Haupt, sonst schön gezieret
Mit höchster Ehr und Zier,
Itzt aber höchst schimpfieret,
Gegrüßet seist du mir!

Du edles Angesichte,
Dafür sonst schrickt und scheut
Das große Weltgewichte,
Wie bist du so bespeit?
Wie bist du so erbleichet?
Wer hat dein Augenlicht,
Dem sonst kein Licht nicht gleichet,
So schändlich zugericht't?

Die Farbe deiner Wangen,
Der roten Lippen Pracht
Ist hin und ganz vergangen;
Des blassen Todes Macht
Hat alles hingenommen,
Hat alles hingerafft,
Und daher bist du kommen
Von deines Leibes Kraft.

Nun, was du, Herr, erduldet,
Ist alles meine Last;
Ich hab es selbst verschuldet,
Was du getragen hast.
Schau her, hier steh ich Armer,
Der Zorn verdienet hat,
Gib mir, o mein Erbarmer,
Den Anblick deiner Gnad!

Erkenne mich, mein Hüter,
Mein Hirte, nimm mich an;
Von dir, Quell aller Güter,
Ist mir viel Gut's getan:
Dein Mund hat mich gelabet
Mit Milch und süßer Kost,
Dein Geist hat mich begabet
Mit mancher Himmelslust.

Ich will hier bei dir stehen,
Verachte mich doch nicht!
Von dir will ich nicht gehen,
Wann dir dein Herze bricht.
Wann dein Haupt wird erblassen
Im letzten Todesstoß,
Alsdann will ich dich fassen
In meinen Arm und Schoß.

Es dient zu meinen Freuden
Und kömmt mir herzlich wohl,
Wann ich in deinem Leiden,
Mein Heil, mich finden soll!
Ach, möcht ich, o mein Leben,
An deinem Kreuze hier
Mein Leben von mir geben,
Wie wohl geschähe mir!

Ich danke dir von Herzen,
O Jesu, liebster Freund,
Für deines Todes Schmerzen,
Da du's so gut gemeint.
Ach gib, daß ich mich halte
Zu dir und deiner Treu
Und, wann ich nun erkalte,
In dir mein Ende sei.

Wann ich einmal soll scheiden,
So scheide nicht von mir!
Wann ich den Tod soll leiden,
So tritt du dann herfür!
Wann mir am allerbängsten
Wird um das Herze sein,
So reiß mich aus den Ängsten
Kraft deiner Angst und Pein.

Erscheine mir zum Schilde,
Zum Trost in meinem Tod,
Und laß mich sehn dein Bilde
In deiner Kreuzesnot!
Da will ich nach dir blicken,
Da will ich glaubensvoll
Dich fest an mein Herz drücken.
Wer so stirbt, der stirbt wohl.

[1667]

Abendlied

Nun ruhen alle Wälder,
Vieh, Menschen, Städt' und Felder,
Es schläft die ganze Welt.
Ihr aber, meine Sinnen,
Auf, auf, ihr sollt beginnen,
Was eurem Schöpfer wohlgefällt.

Wo bist du, Sonne, blieben?
Die Nacht hat dich vertrieben,
Die Nacht, des Tages Feind.
Fahr hin, ein andre Sonne,
Mein Jesus, meine Wonne,
Gar hell in meinem Herzen scheint.

Der Tag ist nun vergangen,
Die güldnen Sternlein prangen
Am blauen Himmelssaal.
So, so werd ich auch stehen,
Wann mich wird heißen gehen
Mein Gott aus diesem Jammertal.

Der Leib, der eilt zur Ruhe,
Legt ab das Kleid und Schuhe,
Das Bild der Sterblichkeit.
Die zieh ich aus, dagegen
Wird Christus mir anlegen
Den Rock der Ehr und Herrlichkeit.

Das Haupt, die Füß und Hände
Sind froh, daß nun zum Ende
Die Arbeit kommen sei.
Herz, freu dich: Du sollst werden
Vom Elend dieser Erden
Und von der Sünden Arbeit frei.

Nun geht, ihr matten Glieder,
Geht, geht und legt euch nieder,
Der Betten ihr begehrt.
Es kommen Stund und Zeiten,
Da man euch wird bereiten
Zur Ruh ein Bettlein in der Erd.

Mein Augen stehn verdrossen,
Im Hui sind sie verschlossen,
Wo bleibt denn Leib und Seel?
Nimm sie zu deinen Gnaden,
Sei gut vor allen Schaden,
Du Aug und Wächter Israel!

Breit aus die Flügel beide,
O Jesu, meine Freude,
Und nimm dein Küchlein ein!
Will Satan mich verschlingen,
So laß die Englein singen:
Dies Kind soll unverletzet sein.

Auch euch, ihr meine Lieben,
Soll heute nicht betrüben
Kein Unfall noch Gefahr.
Gott laß euch ruhig schlafen,
Stell euch die güldnen Waffen
Ums Bett und seiner Helden Schar.

HANS JAKOB CHRISTOFFEL VON GRIMMELSHAUSEN

1621/22–1676

Du sehr-verachter Bauren-Stand,
Bist doch der beste in dem Land,
Kein Mann dich gnugsam preisen kann,
Wann er dich nur recht siehet an.

Wie stünd es jetzund um die Welt,
Hätt Adam nicht gebaut das Feld,
Mit Hacken nährt sich anfangs der,
Von dem die Fürsten kommen her.

Es ist fast alles unter dir,
Ja, was die Erd nur bringt herfür,
Wovon ernähret wird das Land,
Geht dir anfänglich durch die Hand.

Der Kaiser, den uns Gott gegeben,
Uns zu beschützen, muß doch leben
Von deiner Hand, auch der Soldat,
Der dir doch zufügt manchen Schad.

Fleisch zu der Speis zeugst auf allein,
Von dir wird auch gebaut der Wein,
Dein Pflug der Erden tut so not,
Daß sie uns gibt genugsam Brot.

Die Erde wär ganz wild durchaus,
Wann du auf ihr nicht hieltest haus,
Ganz traurig auf der Welt es stünd,
Wenn man kein' Bauersmann mehr fünd.

Drum bist du billig hoch zu ehrn,
Weil du uns alle tust ernährn;
Die Natur liebt dich selber auch,
Gott segnet deinen Bauren-Brauch.

Vom bitterbösen Podagram
Hört man nicht, daß an Bauren kam,
Das doch den Adel bringt in Not
Und manchen Reichen gar in Tod.

Der Hoffart bist du sehr befreit,
Absonderlich zu dieser Zeit,
Und daß sie auch nicht sei dein Herr,
So gibt dir Gott des Kreuzes mehr.

Ja, der Soldaten böser Brauch
Dient gleichwohl dir zum Besten auch,
Daß Hochmut dich nicht nehme ein,
Sagt er: Dein Hab und Gut ist mein.

[1669]

QUIRINUS KUHLMANN

1651–1689

Der XLI. Liebeskuß
Der Wechsel menschlicher Sachen

Auf Nacht, Dunst, Schlacht, Frost, Wind, See, Hitz, Süd, Ost, West, Nord, Sonn, Feur und Plagen
Folgt Tag, Glanz, Blut, Schnee, Still, Land, Blitz, Wärm, Hitz, Lust, Kält, Licht, Brand und Not.
Auf Leid, Pein, Schmach, Angst, Krieg, Ach, Kreuz, Streit, Hohn, Schmerz, Qual, Tück, Schimpf als Spott
Will Freud, Zier, Ehr, Trost, Sieg, Rat, Nutz, Fried, Lohn, Scherz, Ruh, Glück, Glimpf stets tagen.

Der Mond, Glunst, Rauch, Gems, Fisch, Gold, Perl, Baum, Flamm, Storch, Frosch, Lamm, Ochs und Magen
Liebt Schein, Stroh, Dampf, Berg, Flut, Glut, Schaum, Frucht, Asch, Dach, Teich, Feld, Wies und Brot.
Der Schütz, Mensch, Fleiß, Müh, Kunst, Spiel, Schiff, Mund, Prinz, Rach, Sorg, Geiz, Treu und Gott
Sucht's Ziel, Schlaf, Preis, Lob, Gunst, Zank, Port, Kuß, Thron, Mord, Sarg, Geld, Hold, Danksagen.

Was gut, stark, schwer, recht, lang, groß, weiß, eins, ja, Luft, Feur, hoch, weit genennt,
Pflegt bös, schwach, leicht, krumm, breit, klein, schwarz, drei, nein, Erd, Flut, tief, nah zu meiden.
Auch Mut, lieb, klug, Witz, Geist, Seel, Freund, Lust, Zier, Ruhm, Fried, Scherz, Lob muß scheiden,
Wo Furcht, Haß, Trug, Wein, Fleisch, Leib, Feind, Weh, Schmach, Angst, Streit, Schmerz, Hohn schon rennt.
Alles wechselt, alles liebet, alles scheinet was zu hassen:
Wer nur diesem nach wird denken, muß die Menschen-Weisheit fassen.

[1671]

[*Glimpf:* Ehre, Ansehen. – *Glunst:* noch glühende Asche]

CHRISTIAN HOFFMANN VON HOFFMANNSWALDAU

1617–1679

Auf den Mund

Mund! der die Seelen kann durch Lust zusammen hetzen,
Mund! der viel süßer ist als starker Himmelswein,
Mund! der du Alikant des Lebens schenkest ein,
Mund! den ich vorziehn muß der Inden reichen Schätzen,
Mund! dessen Balsam uns kann stärken und verletzen,
Mund! der vergnügter blüht als aller Rosen Schein,
Mund! welchem kein Rubin kann gleich und ähnlich sein,
Mund! den die Gratien mit ihren Quellen netzen;
Mund! ach Korallenmund, mein einziges Ergetzen!
Mund! laß mich einen Kuß auf deinen Purpur setzen.

[1695]

Albanie, gebrauche deiner Zeit
Und laß den Liebeslüsten freien Zügel.
Wenn uns der Schnee der Jahre hat beschneit,
So schmeckt kein Kuß, der Liebe wahres Siegel.
Im grünen Mai grünt nur der bunte Klee,
Albanie.

Albanie, der schönen Augen Licht,
Der Leib und was auf den beliebten Wangen,
Ist nicht vor dich, vor uns nur zugericht.
Die Äpfel, so auf deinen Brüsten prangen,
Sind unsre Lust und süße Anmutssee,
Albanie.

Albanie, was quälen wir uns viel
Und züchtigen die Nieren und die Lenden?
Nur frisch gewagt das angenehme Spiel,
Jedwedes Glied ist ja gemacht zum Wenden,
Und wendet doch die Sonn sich in die Höh.
Albanie.

Albanie, soll denn dein warmer Schoß
So öd und wüst und unbebauet liegen?
Im Paradies, da ging man nackt und bloß
Und durfte frei die Liebesäcker pflügen.
Welch Menschensatz macht uns dies neue Weh?
Albanie.

Albanie, wer kann die Süßigkeit
Der zwei vermischten Geister recht entdecken?
Wenn Lieb und Lust ein Essen uns bereit,
Das wiederholt am besten pflegt zu schmecken,
Wünscht nicht dein Herz, daß es dabei vergeh?
Albanie.

Albanie, weil noch der Wollusttau
Die Glieder netzt und das Geblüte springet,
So laß doch zu, daß auf der Venusau
Ein brünstger Geist dir knieend Opfer bringet,
Daß er vor dir in voller Andacht steh.
Albanie.

[*vor:* für. – *doch:* sogar.]

Beschreibung vollkommener Schönheit

Ein Haar, so kühnlich Trotz der Berenike spricht,
Ein Mund, der Rosen führt und Perlen in sich heget,
Ein Zünglein, so ein Gift vor tausend Herzen träget,
Zwo Brüste, wo Rubin durch Alabaster bricht,

Ein Hals, der Schwanenschnee weit, weit zurücke sticht,
Zwei Wangen, wo die Pracht der Flora sich beweget,
Ein Blick, der Blitze führt und Männer niederleget,
Zwei Armen, deren Kraft oft Leuen hingericht,

Ein Herz, aus welchem nichts als mein Verderben quillet,
Ein Wort, so himmlisch ist und mich verdammen kann,
Zwei Hände, derer Grimm mich in den Bann getan

Und durch ein süßes Gift die Seele selbst umhüllet,
Ein Zierat, wie es scheint, im Paradies gemacht,
Hat mich um meinen Witz und meine Freiheit bracht.

Vergänglichkeit der Schönheit

Es wird der bleiche Tod mit seiner kalten Hand
Dir endlich mit der Zeit um deine Brüste streichen,
Der liebliche Korall der Lippen wird verbleichen,
Der Schultern warmer Schnee wird werden kalter Sand;

Der Augen süßer Blitz, die Kräfte deiner Hand,
Für welchen solches fällt, die werden zeitlich weichen.
Das Haar, das itzund kann des Goldes Glanz erreichen,
Tilgt endlich Tag und Jahr als ein gemeines Band.

Der wohlgesetzte Fuß, die lieblichen Gebärden,
Die werden teils zu Staub, teils nichts und nichtig werden,
Denn opfert keiner mehr der Gottheit deiner Pracht.

Dies und noch mehr als dies muß endlich untergehen.
Dein Herze kann allein zu aller Zeit bestehen,
Dieweil es die Natur aus Diamant gemacht.

SUSANNA ELISABETH ZEIDLER

um 1686

Beglaubigung der Jungfer Poeterey

Rhapsodius glaubt nicht das Jungfern Verse machen:
Wie solte man nu nicht der falschen Meynung lachen?
Wie / wenn man sagte / das hochzeitliche Gedicht /
Das Rhapsodus gemacht / ist seine Arbeit nicht.

Ist dieses müglich / so kan jenes auch geschehen.
Hat denn Herr Rhapsodus dergleichen nie gesehen?
Ihr Musen Söhne denckt / ihr seyd es gar allein /
Bey denen Phoebus zeucht mit seinen Künsten ein.

O nein / ihr irret euch: Die Pallas pflegt desgleichen
Kunst / Weißheit und Verstand uns Nimphen darzureichen.
Sind wir gleich nicht an Kunst und Gaben gar zu reich /
Noch euch / ihr Phoebus Volck in allen Stücken gleich.

(Denn dieses ist gewiß / das läßt man wol passiren /
Das euch die freye Kunst vortrefflich kan bezieren /
Dazu euch euer Fürst Apollo Anlaß giebt /
Wenn ihr von Jugend auf Parnassus Hügel liebt.)

So werdet ihr doch diß nicht gäntzlich leugnen können /
Das Gott und die Natur uns ebenmäßig gönnen
Was euch gegeben ist / und das uns offtmahls nicht
Das Tichten / sondern nur die Zeit dazu gebricht.

Es fehlt uns nicht an Witz / und andern guten Gaben /
Nur das man nicht dazu Gelegenheit kan haben.
Wenn man uns so wie euch / die Künste gösse ein /
So wolten wir euch auch hierinnen gleicher seyn.

[1686]

[*Rhapsodius:* einst ein wandernder Sänger, ein Rhapsode.]

HANS ASSMANN VON ABSCHATZ

1646–1699

Wie ist die deutsche Welt in Neuigkeit ersoffen!
Man deckt und kleidet sich, man schreibet, singt und spricht,
Man reiset, schläft und ißt, man reitet, tanzt und ficht
Nach neu erwählter Art. Wer Glück und Gunst will hoffen,
Muß sich in allem Tun der Neuigkeit bequemen,
Sonst wird ihn Überwitz mit Hohn und Spott beschämen.

Es bleibet nicht darbei: Man ändert auch die Sitten,
Der Kittel alter Treu und deutscher Redlichkeit
Ist unsrer Modewelt ein viel zu schlechtes Kleid,
Die junge Neuigkeit will überall gebieten.
Was Wunder, wenn nun auch in manchem deutschen Lande
Der neue vor will gehn dem alten Adelstande!

Das Alter wird veracht, das doch so viel' begehren:
Doch will ich lieber alt- als junggeboren sein.
Mit Aufgeld tauschet man die alten Münzen ein;
Der Firnewein gilt mehr, als der noch soll verjähren.
Man sieht die Aloe nach hundert Jahren blühen,
Der jungen Tulpe Pracht in kurzer Zeit entfliehen.

JOHANN CHRISTIAN GÜNTHER

1695–1723

Als er sie seiner beständigen Treue versicherte

Weine nicht, mein Kind, ich bleibe
Dir bis in den Tod getreu.
Glaube, was ich denk und schreibe,
Ist und heißt stets einerlei,
Weil die Redlichkeit zum Lieben
Mir Gesetze vorgeschrieben.

Gott und Himmel können zeugen,
Daß ich dir beständig bin;
Eher wird die Wahrheit schweigen
Als mein falsch und leichter Sinn
Das geknüpfte Band zerreißen
Und des Meineids schuldig heißen.

Laß die Wetter unterdessen
Über unsrer Unschuld stehn.
Mußt du bittre Mandeln essen
Und vorjetzt auf Dornen gehn,
So bedenke, das Vergnügen
Wird uns einst zusammenfügen.

Warte mit Geduld der Freude
Und der ungemeinen Lust,
Welche du mit diesem Leide
Dir zuvor verdienen mußt!
Endlich werden deine Tränen
Dir den Weg zur Wollust bähnen.

Jetzo geb ich deinem Kusse
Eine kurze gute Nacht
Und gehorche diesem Schlusse,
Welchen das Verhängnüs macht;
Doch ich will in wenig Tagen
Dir die Ankunft wieder sagen.

Lebe wohl! Die Zunge stammlet,
Und der Augen nasses Heer,
Das die Wehmut schon versammlet,
Macht so Hand als Feder schwer
Und verbietet meinem Willen,
Diesen Bogen anzufüllen.

[E: zwischen 1714/1716; D: 1725]

An Leonoren

Gedenk an mich und meine Liebe,
Du mit Gewalt entrißnes Kind,
Und glaube, daß die reinen Triebe
Dir jetzt und allzeit dienstbar sind
Und daß ich ewig auf der Erde
Sonst nichts als dich verehren werde.

Gedenk an mich in allem Leiden
Und tröste dich mit meiner Treu!
Die Luft mag jetzt empfindlich schneiden,
Die Wetter gehn doch all vorbei,
Und nach dem ungeheuren Knallen
Wird auch ein fruchtbar Regen fallen.

Gedenk an mich in deinem Glücke,
Und wenn es dir nach Wunsche geht,
So setze nie den Freund zurücke,
Der bloß um dich in Sorgen steht!
Auch mir kann bei dem besten Leben
Nichts mehr als du Entzückung geben.

Gedenk an mich in deinem Sterben;
Der Himmel halte dies noch auf,
Doch sollen wir uns nicht erwerben
Und zürnt der Sterne böser Lauf,
So soll mir auch das Sterbeküssen
Die Hinfahrt durch dein Bild versüßen.

Gedenk an mich und meine Tränen,
Die dir so oft das Herz gerührt
Und die dich durch mein kräftig Sehnen
Zum ersten auf die Bahn geführt,
Wo Kuß und Liebe treuer Herzen
Des Lebens Ungemach verschmerzen.

Gedenk auch endlich an die Stunde,
Die mir das Herz vor Wehmut brach,
Als ich wie du mit schwachem Munde
Die letzten Abschiedsworte sprach;
Gedenk an mich und meine Plagen!
Mehr will und kann ich jetzt nicht sagen.

Als er der Phillis einen Ring mit einem Totenkopfe überreichte

Erschrick nicht vor dem Liebeszeichen,
Es träget unser künftig Bild,
Vor dem nur die allein erbleichen,
Bei welchen die Vernunft nichts gilt.
Wie schickt sich aber Eis und Flammen?
Wie reimt sich Lieb und Tod zusammen?
Es schickt und reimt sich gar zu schön,
Denn beide sind von gleicher Stärke
Und spielen ihre Wunderwerke
Mit allen, die auf Erden gehn.

Ich gebe dir dies Pfand zur Lehre:
Das Gold bedeutet feste Treu,
Der Ring, daß uns die Zeit verehre,
Die Täubchen, wie vergnügt man sei;
Der Kopf erinnert dich des Lebens,
Im Grab ist aller Wunsch vergebens,
Drum lieb und lebe, weil man kann,
Wer weiß, wie bald wir wandern müssen!
Das Leben steckt im treuen Küssen,
Ach, fang den Augenblick noch an!

[E: zwischen 1720/1723; D: 1735]

UNBEKANNTE VERFASSER

(Aus der Neukirchschen Sammlung)

Komm, braune Nacht, umhülle mich mit Schatten
Und decke den mit deiner Schwärze zu,
Der ungestört sich will mit Sonnen gatten
Und im Bezirk der Engel suchet Ruh,
Ja, hilf mein Ach! eh du noch wirst entschwinden,
Mit linder Hand von meiner Seele binden.

Wie? Hör ich nicht, willkommen, mein Verlangen!
Schon im Gemach mit leiser Stimme gehn?
Fühl ich mich nicht mit Lilien umfangen
Und meinen Fuß auf diesen Grenzen stehn,
Wo mir Celinde wird aus Tränen lachen,
Aus Flammen Eis, dem Bette Himmel machen?

So tilge nun, o Heldin! meine Schmerzen,
Wirf mit dem Flor die leichte Zagheit hin,
Laß meine Hand mit deinem Reichtum scherzen
Und mich entzückt das schöne Tal beziehn,
Da sich im Tau die stummen Lüste kühlen
Und Tag und Nacht mit ihren Farben spielen.

Dein heißer Mund beseele mich mit Küssen,
Hilf, wenn ich soll an dieser Brust versehrn,
Durch linden Biß der flüchtigen Narzissen
Mir ausgestreckt die stille Freude mehrn,
Und möchtest du ja deinen Kranz verlieren,
Solln Perlen doch die schönen Haare zieren.

Mein Wort erstirbt, die Seele will entweichen,
Ach laß sie doch in enge Himmel ein!
Laß Schiff und Mast in deinen Hafen schleichen
Und deine Hand selbst meinen Leitstern sein!
Du sollst alsbald die eingeladne Gaben
Nebst voller Fracht statt der Belohnung haben.

Scherzlied

Als die Venus neulich saße
In dem Bade nackt und bloß
Und Cupido auf dem Schoß
Von dem Liebeszucker aße,
Zeigte sie dem kleinen Knaben
Alles, was die Frauen haben.

Marmorhügel sah er liegen,
Von Begierden aufgebaut;
Sprach zur Mutter überlaut:
Wann werd ich dergleichen kriegen,
Daß mich auch die Schäferinnen
Und die Damen liebgewinnen?

Venus lacht' aus vollem Munde
Über ihren kleinen Sohn;
Denn sie sah und merkte schon,
Daß er was davon verstunde.
Sprach: du hast wohl andre Sachen,
Die verliebter können machen.

Unterdessen ließ sie spielen
Seine Hand auf ihrer Brust,
Denn sie merkte, daß er Lust
Hatte, weiter nachzufühlen,
Bis ihr endlich dieser Kleine
Kam an ihre zarte Beine.

Als er sich an sie geschmieget,
Sprach er: Liebes Mütterlein,
Wer hat an das dicke Bein
Euch die Wunde zugefüget?
Müßt ihr Weiber denn auf Erden
Alle so verwundet werden?

Venus konnte nichts mehr sagen
Als: du kleiner Bösewicht,
Packe dich, du sollst noch nicht
Nach dergleichen Sachen fragen.
Wunden, die von Liebespfeilen
Kommen, die sind nicht zu heilen.

BARTHOLD HEINRICH BROCKES

1680–1747

Die Welt ist allezeit schön

Im Frühling prangt die schöne Welt
In einem fast smaragdnen Schein.

Im Sommer glänzt das reife Feld
Und scheint dem Golde gleich zu sein.

Im Herbste sieht man, als Opalen,
Der Bäume bunte Blätter strahlen.

Im Winter schmückt ein Schein, wie Diamant
Und reines Silber, Flut und Land.

Ja kurz, wenn wir die Welt aufmerksam sehn,
Ist sie zu allen Zeiten schön.

[*als Opalen:* wie Halbedelsteine.]

Kirschblüte bei der Nacht

Ich sahe mit betrachtendem Gemüte
Jüngst einen Kirschbaum, welcher blühte,
In kühler Nacht beim Mondenschein;
Ich glaubt, es könne nichts von größrer Weiße sein.

Es schien, ob wär ein Schnee gefallen.
Ein jeder, auch der kleinste Ast
Trug gleichsam eine rechte Last
Von zierlich-weißen runden Ballen.
Es ist kein Schwan so weiß, da nämlich jedes Blatt,
Indem daselbst des Mondes sanftes Licht
Selbst durch die zarten Blätter bricht,
Sogar den Schatten weiß und sonder Schwärze hat.
Unmöglich, dacht ich, kann auf Erden
Was Weißers angetroffen werden.

Indem ich nun bald hin, bald her
Im Schatten dieses Baumes gehe,
Sah ich von ungefähr
Durch alle Blumen in die Höhe
Und ward noch einen weißern Schein,
Der tausendmal so weiß, der tausendmal so klar,
Fast halb darob erstaunt, gewahr.
Der Blüte Schnee schien schwarz zu sein
Bei diesem weißen Glanz. Es fiel mir ins Gesicht
Von einem hellen Stern ein weißes Licht,
Das mir recht in die Seele strahlte.

Wie sehr ich mich im Irdischen ergetze,
Dacht ich, hat Er dennoch weit größre Schätze.
Die größte Schönheit dieser Erden
Kann mit der himmlischen doch nicht verglichen werden.

ALBRECHT VON HALLER

1708–1777

Morgengedanken

Den 25. März 1725

Der Mond verbirget sich, der Nebel grauer Schleier
Deckt Luft und Erde nicht mehr zu;
Der Sterne Glanz erblaßt, der Sonne reges Feuer
Stört alle Wesen aus der Ruh.

Der Himmel färbet sich mit Purpur und Saphiren,
Die frühe Morgenröte lacht,
Und vor der Rosen Glanz, die ihre Stirne zieren,
Entflieht das bleiche Heer der Nacht.

Durchs rote Morgentor der heitern Sternenbühne
Naht das verklärte Licht der Welt;
Die falben Wolken glühn von blitzendem Rubine,
Und brennend Gold bedeckt das Feld.

Die Rosen öffnen sich und spiegeln an der Sonne
Des kühlen Morgens Perlentau;
Der Lilien Ambradampf belebt zu unsrer Wonne
Der zarten Blätter Atlasgrau.

Der wache Feldmann eilt mit Singen in die Felder
Und treibt vergnügt den schweren Pflug;
Der Vögel rege Schar erfüllet Luft und Wälder
Mit ihrer Stimm und frühem Flug.

O Schöpfer! Was ich seh, sind deiner Allmacht Werke!
Du bist die Seele der Natur;
Der Sterne Lauf und Licht, der Sonne Glanz und Stärke
Sind deiner Hand Geschöpf und Spur.

Du steckst die Fackel an, die in dem Mond uns leuchtet,
Du gibst den Winden Flügel zu;
Du leihst der Nacht den Tau, womit sie uns befeuchtet,
Du teilst der Sterne Lauf und Ruh.

Du hast der Berge Stoff aus Ton und Staub gedrehet,
Der Schachten Erz aus Sand geschmelzt;
Du hast das Firmament an seinen Ort erhöhet,
Der Wolken Kleid darum gewälzt.

Den Fisch, der Ströme bläst und mit dem Schwanze stürmet,
Hast du mit Adern ausgehöhlt;
Du hast den Elefant aus Erden aufgetürmet
Und seinen Knochenberg beseelt.

Des weiten Himmelsraums saphirene Gewölber,
Gegründet auf den leeren Ort,
Der Gottheit große Stadt, begrenzt nur durch sich selber,
Hob aus dem Nichts dein einzig Wort.

Doch, dreimal großer Gott! es sind erschaffne Seelen
Für deine Taten viel zu klein;
Sie sind unendlich groß, und wer sie will erzählen,
Muß, gleich wie du, ohn Ende sein!

O Unbegreiflicher! Ich bleib in meinen Schranken;
Du, Sonne, blendst mein schwaches Licht;
Und wem der Himmel selbst sein Wesen hat zu danken,
Braucht eines Wurmes Lobspruch nicht.

[1732]

SIDONIA HEDWIG ZÄUNEMANN
1714–1740

[Jungfern-Glück]

Niemand schwatze mir vom Lieben und von Hochzeitsmachen vor,
Cypripors Gesang und Liedern weyh ich weder Mund noch Ohr.
Ich erwehl zu meiner Lust eine Cutt- und Nonnen-Mütze,
Da ich mich in Einsamkeit wieder manches lästern schütze.
Ich will lieber Sauer-Kraut und die ungeschmeltzten Rüben
In dem Kloster vor das Fleisch in dem Ehstands–Hause lieben.
Mein Vergnügen sey das Chor, wo ich sing und beten tuhe,
Denn dasselbe wirkt und schafft mir die wahre Seelen-Ruhe.
Will mir den gefaßten Schluß weder Mann noch Jüngling glauben,
Immerhin, es wird die Zeit euch doch diesen Zweifel rauben.
Geht nur hin, und sucht mit Fleiß Amors Pfeile, Amors Waffen,
Und geberdet euch darbey als wie die verliebten Affen!
Dorten stund in einem Carmen auf den Herrn von Obernütz:
Kriegt das schöne Jungfern–Röckgen einen Flecken, Ritz und Schlitz,
So muß auch der Jungfern Glück und die edle Freyheit weichen,

Und dargegen sucht die Angst sich gar eilend einzuschleichen.
Dieser Vers hat recht gesagt, Jungfern können kühnlich lachen;
Dahingegen manches Weib sich muß Angst und Sorge machen.
Kriegt die Noth durch Gegen-Mittel eine Lindrung und ein Loch,
Ey, so währt es doch nicht lange, und man schauet immer noch
Eben so viel Bitterkeit als in Erfurt Mannes Krausen,
Leid und Trübsal, Gram und Pein will die armen Weiber zausen.
Kriegt ein Weib von ihrem Mann manchen Tag ein Dutzend Mäulgen,
Ey! so sagt, was folgt darauf? Über gar ein kleines Weilgen
Brennt des Mannes Zorn wie Feuer, und er schwöret beym Parnaß:
Frau! ich werde dich noch prügeln, oder stecke dich ins Faß.
Dieser Weiber Noth und Pein will ich mich bey Zeit entschlagen,
Denn so darf kein Herzens-Wurm jemahls meine Seele nagen.
Drum so sag ich noch einmahl; Gute Nacht, du Scherz und Küssen,
Ich will deine Eitelkeit bis in meine Gruft vermissen.

[1738]

[*Cypripor:* Cupido, Amor, der röm. Liebesgott. – *Mäulgen:* Küsse.]

FRIEDRICH VON HAGEDORN

1708–1754

Anakreon

In Tejos und in Samos
Und in der Stadt Minervens
Sang ich von Wein und Liebe,
Von Rosen und vom Frühling,
Von Freundschaft und von Tänzen;
Doch höhnt ich nicht die Götter,
Auch nicht der Götter Diener,
Auch nicht der Götter Tempel;
Wie hieß ich sonst der Weise?

Ihr Dichter voller Jugend,
Wollt ihr bei froher Muße
Anakreontisch singen,
So singt von milden Reben,
Von rosenreichen Hecken,
Vom Frühling und von Tänzen,
Von Freundschaft und von Liebe;
Doch höhnet nicht die Gottheit,
Auch nicht der Gottheit Diener,
Auch nicht der Gottheit Tempel.
Verdienet, selbst im Scherzen,
Den Namen echter Weisen.

An die Freude

Freude, Göttin edler Herzen!
  Höre mich.
Laß die Lieder, die hier schallen,
Dich vergrößern, dir gefallen;
Was hier tönet, tönt durch dich.

Muntre Schwester süßer Liebe!
  Himmelskind!
Kraft der Seelen! Halbes Leben!
Ach, was kann das Glück uns geben,
Wenn man dich nicht auch gewinnt?

Stumme Hüter toter Schätze
  Sind nur reich.
Dem, der keinen Schatz bewachet,
Sinnreich scherzt und singt und lachet,
Ist kein karger König gleich.

Gib den Kennern, die dich ehren,
  Neuen Mut,
Neuen Scherz den regen Zungen,
Neue Fertigkeit den Jungen
Und den Alten neues Blut.

Du erheiterst, holde Freude,
  Die Vernunft!
Flieh auf ewig die Gesichter
Aller finstern Splitterrichter
Und die ganze Heuchlerzunft!

[*hier:* bezieht sich auf die *Sammlung Neuer Oden und Lieder* (Hamburg 1744), die dieses Gedicht eröffnet.]

Die Alster

Befördrer vieler Lustbarkeiten
Du angenehmer Alsterfluß!
Du mehrest Hamburgs Seltenheiten
Und ihren fröhlichen Genuß.
Dir schallen zur Ehre,
Du spielende Flut,
Die singenden Chöre,
Der jauchzende Mut.

Der Elbe Schiffahrt macht uns reicher;
Die Alster lehrt gesellig sein!
Durch jene füllen sich die Speicher;
Auf dieser schmeckt der fremde Wein.
In treibenden Nachen
Schifft Eintracht und Lust,
Und Freiheit und Lachen
Erleichtern die Brust.

Das Ufer ziert ein Gang von Linden
In dem wir holde Schönen sehn,
Die dort, wann Tag und Hitze schwinden,
Entzückend auf und nieder gehn.
Kaum haben vorzeiten
Die Nymphen der Jagd
Dianen zur Seiten
So reizend gelacht.

O siehst du jemals ohn Ergetzen,
Hammonia, des Walles Pracht,
Wann ihn die blauen Wellen netzen
Und jeder Frühling schöner macht?
Wann jenes Gestade,
Das Flora geschmückt,
So manche Najade
Gefällig erblickt?

Ertönt, ihr scherzenden Gesänge,
Aus unserm Lustschiff um den Strand!
Den steifen Ernst, das Wortgepränge
Verweist die Alster auf das Land.
Du leeres Gewäsche,
Dem Menschenwitz fehlt!
O fahr in die Frösche,
Nur uns nicht gequält!

Hier lärmt in Nächten voll Vergnügen
Der Pauken Schlag, des Waldhorns Schall;
Hier wirkt bei Wein und süßen Zügen
Die rege Freiheit überall.
Nichts lebet gebunden,
Was Freundschaft hier paart.
O glückliche Stunden!
O liebliche Fahrt!

[*Hammonia:* Schutzpatronin Hamburgs.]

JOHANN WILHELM LUDWIG GLEIM

1719–1803

Der Trinker

Seht den jungen Bacchus an!
Seht doch, wie er trinken kann!
Seht, die Augen, die Gebärden
Sollen unsre Muster werden,
Wenn die Gläser voll von Wein
Aug und Herz und Geist erfreun.

Treue Brüder, laßt euch raten!
Tut doch, was die Alten taten,
Gebt Verdiensten ihren Lohn,
Krönet diesen Bacchussohn,
Daß die Tugend auf der Erde
Lieblicher erkennet werde!

Der noch keinen Trunk vermieden,
Der sich selbst dazu beschieden,
Den kein voller Römer schreckt,
Dem der Wein am besten schmeckt,
Brüder, der verdient zum Lohne
Seiner Tugend eine Krone!

Brüder, seht den Bruder an,
Wie der Bruder trinken kann!
Ihn von allen Bacchussöhnen
Müssen wir zum König krönen!
Brüder, König muß er sein,
Seht, er schenkt schon wieder ein!

Das Pferd. Der Esel

Einst trug auf seinem schmalen Rücken
Ein Esel eine schwere Last,
Die fähig war, ihn tot zu drücken.
Ein ledig Pferd ging neben ihm.

»Du hast
Auf deinem Rücken nichts«, sprach das geplagte Tier,
»Hilf, liebes Pferdchen, hilf! Ich bitte dich, hilf mir!« –
»Was helfen!« sagt der grobe Gaul,
»Du bist der rechte Gast, du bist ein wenig faul;
Trag zu! – –«

»Ich sterbe, liebes Pferd –
Die Last erdrückt mich, rette mich!
Die Hälfte wär ein Spiel für dich!«

»Ich kann nicht!« sprach das Pferd.
Kurz, unter dem zu schweren Sack
Erlag der Esel. Sack und Pack
Schmiß man sogleich dem Rappen auf,
Des Esels Haut noch oben drauf.

An den Mond

Dein stilles Silberlicht
Erquickt mir mein Gesicht.
O Mond, Gedankenfreund, ich sehe dich von weiten
Und winke dich zu mir
Und bin nicht weit von dir
Und denk an schönre Zeiten.

Wer einst, du lieber Mond,
In diesem Hüttchen wohnt
Und sieht dein Silberlicht, dem magst du keine Falten
Auf seiner Stirne sehn,
Magst still vorübergehn
Und ihn für glücklich halten.

Daß ich's nicht bin, sag ich
Nur dir und tröste mich, –
O Mond, Gedankenfreund, – daß stille Nächte kommen!
Dir nur vertrau ich's, dir:
Schon manche Nacht hat mir
Des Tages Gram genommen!

[1794]

JOHANN PETER UZ

1720–1796

Der Schäfer

Arkadien, sei mir gegrüßt!
Du Land beglückter Hirten,
Wo unter unentweihten Myrten
Ein zärtlich Herz allein noch rühmlich ist!

Ich will mit sanftem Hirtenstab
Hier meine Schafe weiden.
Hier, Liebe! schenke mir die Freuden,
Die mir die Stadt, die stolze Stadt nicht gab.

Wie schäfermäßig, wie getreu
Will ich Climenen lieben,
Bis meinen ehrfurchtvollen Trieben
Ihr Mund erlaubt, daß ich ihr Schäfer sei.

Welch süßem Traume geb ich Raum,
Der mich zum Schäfer machet!
Die traurige Vernunft erwachet:
Das Herz träumt fort und liebet seinen Traum.

CHRISTIAN FÜRCHTEGOTT GELLERT

1715–1769

Preis des Schöpfers

Wenn ich, o Schöpfer, deine Macht,
Die Weisheit deiner Wege,
Die Liebe, die für alle wacht,
Anbetend überlege,
So weiß ich, von Bewundrung voll,
Nicht, wie ich dich erheben soll,
Mein Gott, mein Herr und Vater!

Mein Auge sieht, wohin es blickt,
Die Wunder deiner Werke.
Der Himmel, prächtig ausgeschmückt,
Preist dich, du Gott der Stärke!
Wer hat die Sonn an ihm erhöht?
Wer kleidet sie mit Majestät?
Wer ruft dem Heer der Sterne?

Wer mißt dem Winde seinen Lauf?
Wer heißt die Himmel regnen?
Wer schließt den Schoß der Erden auf,
Mit Vorrat uns zu segnen?
O Gott der Macht und Herrlichkeit!
Gott, deine Güte reicht so weit,
So weit die Wolken reichen!

Dich predigt Sonnenschein und Sturm,
Dich preist der Sand am Meere.
Bringt, ruft auch der geringste Wurm,
Bringt meinem Schöpfer Ehre!
Mich, ruft der Baum in seiner Pracht,
Mich, ruft die Saat, hat Gott gemacht;
Bringt unserm Schöpfer Ehre!

Der Mensch, ein Leib, den deine Hand
So wunderbar bereitet;
Der Mensch, ein Geist, den sein Verstand,
Dich zu erkennen, leitet;
Der Mensch, der Schöpfung Ruhm und Preis,
Ist sich ein täglicher Beweis
Von deiner Güt und Größe.

Erheb ihn ewig, o mein Geist.
Erhebe seinen Namen!
Gott, unser Vater, sei gepreist,
Und alle Welt sag Amen!
Und alle Welt fürcht ihren Herrn
Und hoff auf ihn und dien ihm gern!
Wer wollte Gott nicht dienen?

[1757]

Das Kutschpferd

Ein Kutschpferd sah den Gaul den Pflug im Acker ziehn
Und wieherte mit Stolz auf ihn.
»Wenn«, sprach es und fing an, die Schenkel schön zu heben,
»Wenn kannst du dir ein solches Ansehn geben?
Und wenn bewundert dich die Welt?«
»Schweig«, rief der Gaul, »und laß mich ruhig pflügen;
Denn baute nicht mein Fleiß das Feld:
Wo würdest du den Haber kriegen,
Der deiner Schenkel Stolz erhält?«

Die ihr die Niedern so verachtet,
Vornehme Müßiggänger, wißt,
Daß selbst der Stolz, mit dem ihr sie betrachtet,
Daß euer Vorzug selbst, aus dem ihr sie verachtet,
Auf ihren Fleiß gegründet ist.
Ist der, der sich und euch durch seine Händ' ernährt,
Nichts Bessers als Verachtung wert?
Gesetzt, du hättest bessre Sitten:
So ist der Vorzug doch nicht dein.
Denn stammtest du aus ihren Hütten:
So hättest du auch ihre Sitten.
Und was du bist, und mehr, das würden sie auch sein,
Wenn sie wie du erzogen wären.
Dich kann die Welt sehr leicht, ihn aber nicht entbehren.

[1748]

Der Blinde und der Lahme

Von ungefähr muß einen Blinden
Ein Lahmer auf der Straße finden,
Und jener hofft schon freudenvoll,
Daß ihn der andre leiten soll.

Dir, spricht der Lahme, beizustehen?
Ich armer Mann kann selbst nicht gehen;
Doch scheint's, daß du zu einer Last
Noch sehr gesunde Schultern hast.

Entschließe dich, mich fortzutragen,
So will ich dir die Stege sagen:
So wird dein starker Fuß mein Bein,
Mein helles Auge deines sein.

Der Lahme hängt, mit seinen Krücken,
Sich auf des Blinden breiten Rücken.
Vereint wirkt also dieses Paar,
Was einzeln keinem möglich war.

Du hast das nicht, was andre haben,
Und andern mangeln deine Gaben;
Aus dieser Unvollkommenheit
Entspringet die Geselligkeit.

Wenn jenem nicht die Gabe fehlte,
Die die Natur für mich erwählte,
So würd er nur für sich allein
Und nicht für mich bekümmert sein.

Beschwer die Götter nicht mit Klagen!
Der Vorteil, den sie dir versagen
Und jenem schenken, wird gemein:
Wir dürfen nur gesellig sein.

[1746]

EWALD VON KLEIST

1715–1759

Das Landleben

An Herrn Ramler

O rus, quando ego te aspiciam? quandoque licebit,
Nunc veterum libris, nunc somno et inertibus horis,
Ducere sollicitae jucunda oblivia vitae?
Horat.

O Freund! wie selig ist der Mann zu preisen,
Dem kein Getümmel, dem kein schwirrend Eisen;
Kein Schiff, das Beute, Mast und Bahn verlieret,
Den Schlaf entführet!

Der nicht die Ruhe darf in Berge senken,
Der fern vom Purpur, fern von Wechselbänken,
In eignen Schatten, durch den West gekühlet,
Sein Leben fühlet.

Er lacht der Schlösser von Geschütz bewachet,
Verhöhnt den Kummer, der an Höfen lachet,
Verhöhnt des Geizes in verschloßnen Mauren
Törichtes Trauren.

So bald Aurora, wenn der Himmel grauet,
Dem Meer entsteigend, lieblich abwärts schauet,
Flieht er sein Lager ohn verzärtelt Schmücken
Mit gleichen Blicken.

Er lobt den Schöpfer, hört ihm Lerchen singen,
Die durch die Lüfte sich dem Aug entschwingen,
Hört ihm vom Zephyr lispelnd auf den Höhen
Ein Loblied wehen.

Er schaut auf Rosen, Tau wie Demant blitzen.
Schaut über Wolken von der Berge Spitzen,
Wie schön die Ebne, die sich blau verlieret,
Flora gezieret.

Bald zeigt sich fliehend auf des Meeres Rücken
Ein Schiff von weitem den nachfliehnden Blicken,
Das sie erst lange gleichsam an sich bindet,
Und dann verschwindet.

Bald sieht er abwärts, voller Glanz und Prangen,
Noch einen Himmel in den Fluten hangen,
Noch eine Sonne Amphitritens Grenzen
Grundaus durchglänzen.

Er geht in Wälder, wo an Schilf und Sträuchen
Im krummen Ufer Silberbäche schleichen,
Wo Blüten duften, wo der Nachtigallen
Lustlieder schallen.

Jetzt pfropft er Bäume, leitet Wassergräben,
Schaut Bienen schwärmen, führt an Wänden Reben,
Jetzt tränkt er Pflanzen, zieht von Rosenstöcken
Schattende Hecken.

Eilt dann zur Hütten (da kein Laster thronet,
Die Ruh und Wollust unsichtbar bewohnet)
Weil seine Doris, die nur Liebreiz schminket,
Ihm freundlich winket.

Kein Knecht der Krankheit mischt für ihn Gerichte,
Unschuld und Freude würzt ihm Milch und Früchte,
Kein bang Gewissen zeigt ihm Schwert und Strafe
Im süßen Schlafe.

Freund! laß uns Golddurst, Stolz und Schlösser hassen,
Und Kleinigkeiten Fürsten überlassen.
Mein Lange ruft uns, komm zum Sitz der Freuden,
In seine Weiden.

[*Ramler:* Karl Wilhelm Ramler. – Motto: O Land, wann werde ich dich sehen? Und wann wird es mir beschieden sein, bald aus Büchern der Alten, bald im Schlummer und in Stunden der Muße angenehmes Vergessen unruhigen Lebens zu genießen? Horaz – *Lange:* Samuel Gotthold Lange (1711–1781), verfasste Oden und eine Übersetzung des Horaz.]

ANNA LOUISA KARSCH

1722–1791

An den Domherrn von Rochow,

als er gesagt hatte,
die Liebe müsse sie gelehret haben,
so schöne Verse zu machen

Kenner von dem sapphischen Gesange!
Unter Deinem weißen Überhange
Klopft ein Herze, voller Glut in Dir!
Von der Liebe ward es unterrichtet,
Dieses Herze, aber ganz erdichtet
Nennst Du sie die Lehrerin von mir!

Meine Jugend ward gedrückt von Sorgen,
Seufzend sang an manchem Sommermorgen
Meine Einfalt ihr gestammelt Lied;
Nicht dem Jüngling töneten Gesänge,
Nein, dem Gott, der auf der Menschen Menge
Wie auf Ameishaufen niedersieht!

Ohne Regung, die ich oft beschreibe,
Ohne Zärtlichkeit ward ich zum Weibe,
Ward zur Mutter! wie im wilden Krieg,
Unverliebt ein Mädchen werden müßte,
Die ein Krieger halb gezwungen küßte,
Der die Mauer einer Stadt erstieg.

Sing ich Lieder für der Liebe Kenner:
Dann denk ich den zärtlichsten der Männer,
Den ich immer wünschte, nie erhielt;
Keine Gattin küßte je getreuer,
Als ich in der Sappho sanftem Feuer
Lippen küßte, die ich nie gefühlt!

Was wir heftig lange wünschen müssen,
Und was wir nicht zu erhalten wissen,
Drückt sich tiefer unserm Herzen ein;
Rebensaft verschwendet der Gesunde,
Und erquickend schmeckt des Kranken Munde
Auch im Traum der ungetrunkne Wein.

[1763]

Lob der schwarzen Kirschen

Des Weinstocks Saftgewächse ward
Von tausend Dichtern laut erhoben;
Warum will denn nach Sängerart
Kein Mensch die Kirsche loben?

O die karfunkelfarbne Frucht
In reifer Schönheit ward vor diesen
Unfehlbar von der Frau versucht,
Die Milton hat gepriesen.

Kein Apfel reizet so den Gaum
Und löschet so des Durstes Flammen;
Er mag gleich vom Chineser-Baum
In echter Abkunft stammen.

Der ausgekochte Kirschensaft
Gibt aller Sommersuppen beste,
Verleiht der Leber neue Kraft
Und kühlt der Adern Äste;

Und wem das schreckliche Verbot
Des Arztes jeden Wein geraubet,
Der misch ihn mit der Kirsche rot
Dann ist er ihm erlaubet;

Und wäre seine Lunge wund
Und seine ganze Brust durchgraben:
So darf sich doch sein matter Mund
Mit diesem Tranke laben.

Wenn ich den goldnen Rheinstrandwein
Und silbernen Champagner meide,
Dann, Freunde, mischt mir Kirschblut drein
Zur Aug- und Zungenweide:

Dann werd ich eben so verführt
Als Eva, die den Baum betrachtet,
So schön gewachsen und geziert,
Und nach der Frucht geschmachtet.

Ich trink und rufe dreimal Hoch!
Ihr Dichter singt im Ernst und Scherze
Zu oft die Rose, singet doch
Einmal der Kirschen Schwärze!

[1792]

[*Frau ... / Die Milton hat gepriesen:* Eva in John Miltons *Paradise Lost* (1667–1674). – *Chineser-Baum:* Orangenbaum.]

MAGNUS GOTTFRIED LICHTWER

1719–1783

Der Mohr und der Weiße

Ein Mohr und Weißer zankten sich,
Der Weiße sprach zu dem Bengalen:
Wär ich wie du, ich ließe mich
Zeit meines Lebens niemals malen.

Besieh dein Pechgesichte nur,
Und sage mir, du schwarzes Wesen,
Ob dich die spielende Natur
Nicht uns zum Scheusal auserlesen?

Gut, sprach der Mohr, hat denn ihr Fleiß
Sich deiner besser angenommen?
Unausgebratner Naseweis,
Du bist noch ziemlich unvollkommen.

Die Welt, in der wir Menschen sind,
Gleicht einem ungeheuren Baume,
Darauf bist du, mein liebes Kind,
Die noch nicht reif gewordne Pflaume.

Sie zankten sich noch lange Zeit;
Und weil sich keiner geben wollte,
Beschlossen sie, daß ihren Streit
Ein kluger Richter schlichten sollte.

Als nun der Weiße Recht behielt,
Da sprach das schwarze Kind der Mohren:
Du siegst; ich habe hier verspielt,
In Tunis hättest du verloren.

*

So manches Land, so mancher Wahn,
Es kömmt bei allen Nationen
Der Vorzug auf den Ort mit an,
Schön ist, was da gilt, wo wir wohnen.

[1748]

KARL WILHELM RAMLER

1725–1798

An den Frieden

Wo bist du hingeflohn, geliebter Friede?
Gen Himmel, in dein mütterliches Land?
Hast du dich, ihrer Ungerechtigkeiten müde,
Ganz von der Erde weggewandt?

Wohnst du nicht noch auf einer von den Fluren
Des Ozeans, in Klippen tief versteckt,
Wohin kein Wuchrer, keine Missetäter fuhren,
Die kein Eroberer entdeckt?

Nicht, wo, mit Wüsten rings umher bewehret,
Der Wilde sich in deinem Himmel dünkt?
Sich ruhig von den Früchten seines Palmbaums nähret?
Vom Safte seines Palmbaums trinkt?

O! wo du wohnst, laß endlich dich erbitten:
Komm wieder, wo dein süßer Feldgesang
Von herdevollen Hügeln und aus Weinbeerhütten
Und unter Kornaltären klang.

Sieh diese Schäfersitze, deine Freude,
Wie Städte lang, wie Rosengärten schön,
Nun sparsam, nun wie Bäumchen auf verbrannter Heide,
Wie Gras auf öden Mauern stehn.

Die Winzerinnen halten nicht mehr Tänze;
Die jüngst verlobte Garbenbinderin
Trägt ohne Saitenspiel und Lieder ihre Kränze
Zum Dankaltare weinend hin.

Denn ach! der Krieg verwüstet Saat und Reben
Und Korn und Most, vertilget Frucht und Stamm,
Erwürgt die frommen Mütter, die die Milch uns geben,
Erwürgt das kleine fromme Lamm.

Mit unsern Rossen fährt er Donnerwagen,
Mit unsern Sicheln mäht er Menschen ab;
Den Vater hat er jüngst, er hat den Mann erschlagen,
Nun fodert er den Knaben ab.

Erbarme dich des langen Jammers! Rette
Von deinem Volk den armen Überrest!
Bind an der Hölle Tor mit siebenfacher Kette
Auf ewig den Verderber fest.

[1760]

[*Kornaltäre:* Ramler erläutert selbst: »So werden die im Felde aufgehäuften Garben genannt.«]

GOTTHOLD EPHRAIM LESSING

1729–1781

Die Sinngedichte an den Leser

Wer wird nicht einen *Klopstock* loben?
Doch wird ihn jeder lesen? – Nein.
Wir wollen weniger erhoben,
und fleißiger gelesen sein.

[1771]

Ich

Die Ehre hat mich nie gesucht;
Sie hätte mich auch nie gefunden.
Wählt man, in zugezählten Stunden,
Ein prächtig Feierkleid zur Flucht?

Auch Schätze hab ich nie begehrt.
Was hilft es sie auf kurzen Wegen
Für Diebe mehr als sich zu hegen,
Wo man das wenigste verzehrt?

Wie lange währts, so bin ich hin,
Und einer Nachwelt untern Füßen?
Was braucht sie wen sie tritt zu wissen?
Weiß ich nur wer ich bin.

[E: 1752; D: 1804]

FRIEDRICH GOTTLIEB KLOPSTOCK

1724–1803

Der Zürchersee

Schön ist, Mutter Natur, deiner Erfindung Pracht
Auf die Fluren verstreut, schöner ein froh Gesicht,
  Das den großen Gedanken
    Deiner Schöpfung noch *einmal* denkt.

Von des schimmernden Sees Traubengestaden her,
Oder, flohest du schon wieder zum Himmel auf,
  Komm in rötendem Strahle
    Auf dem Flügel der Abendluft,

Komm, und lehre mein Lied jugendlich heiter sein,
Süße Freude, wie du! gleich dem beseelteren
Schnellen Jauchzen des Jünglings,
Sanft, der fühlenden Fanny gleich.

Schon lag hinter uns weit Uto, an dessen Fuß
Zürch in ruhigem Tal freie Bewohner nährt;
Schon war manches Gebirge
Voll von Reben vorbeigeflohn.

Jetzt entwölkte sich fern silberner Alpen Höh,
Und der Jünglinge Herz schlug schon empfindender,
Schon verriet es beredter
Sich der schönen Begleiterin.

»Hallers Doris«, die sang, selber des Liedes wert,
Hirzels Daphne, den Kleist innig wie Gleimen liebt;
Und wir Jünglinge sangen
Und empfanden wie Hagedorn.

Jetzo nahm uns die Au in die beschattenden
Kühlen Arme des Walds, welcher die Insel krönt;
Da, da kamest du, Freude!
Volles Maßes auf uns herab!

Göttin Freude, du selbst! dich, wir empfanden dich!
Ja, du warest es selbst, Schwester der Menschlichkeit,
Deiner Unschuld Gespielin,
Die sich über uns ganz ergoß!

Süß ist, fröhlicher Lenz, deiner Begeistrung Hauch,
Wenn die Flur dich gebiert, wenn sich dein Odem sanft
In der Jünglinge Herzen,
Und die Herzen der Mädchen gießt.

Ach du machst das Gefühl siegend, es steigt durch dich
Jede blühende Brust schöner, und bebender,
Lauter redet der Liebe
Nun entzauberter Mund durch dich!

Lieblich winket der Wein, wenn er Empfindungen,
Beßre sanftere Lust, wenn er Gedanken winkt,
Im sokratischen Becher
Von der tauenden Ros' umkränzt;

Wenn er dringt bis ins Herz, und zu Entschließungen,
Die der Säufer verkennt, jeden Gedanken weckt,
  Wenn er lehret verachten,
    Was nicht würdig des Weisen ist.

Reizvoll klinget des Ruhms lockender Silberton
In das schlagende Herz, und die Unsterblichkeit
  Ist ein großer Gedanke,
    Ist des Schweißes der Edlen wert!

Durch der Lieder Gewalt, bei der Urenkelin
Sohn und Tochter noch sein; mit der Entzückung Ton
  Oft beim Namen genennet,
    Oft gerufen vom Grabe her,

Dann ihr sanfteres Herz bilden, und, Liebe, dich,
Fromme Tugend, dich auch gießen ins sanfte Herz,
  Ist, beim Himmel! nicht wenig!
    Ist des Schweißes der Edlen wert!

Aber süßer ist noch, schöner und reizender,
In dem Arme des Freunds wissen ein Freund zu sein!
  So das Leben genießen,
    Nicht unwürdig der Ewigkeit!

Treuer Zärtlichkeit voll, in den Umschattungen,
In den Lüften des Walds, und mit gesenktem Blick
  Auf die silberne Welle,
    Tat ich schweigend den frommen Wunsch:

Wäret ihr auch bei uns, die ihr mich ferne liebt,
In des Vaterlands Schoß einsam von mir verstreut,
  Die in seligen Stunden
    Meine suchende Seele fand;

O so bauten wir hier Hütten der Freundschaft uns!
Ewig wohnten wir hier, ewig! Der Schattenwald
  Wandelt' uns sich in Tempe,
    Jenes Tal in Elysium!

[1750]

[*Fanny:* Klopstocks Jugendgeliebte. – *Uto:* der Ütliberg. – *Hallers Doris:* A. v. Haller schrieb 1730 das an seine Braut Marianne Wyss gerichtete Liebeslied »Doris«. – *Hirzels Daphne:* anakreontischer Name für die Frau des Zürcher Arztes Hans Kaspar Hirzel (1725–1803), der die Fahrt arrangiert hat. – *Kleist:* Ewald von Kleist (1715–1759), Dichter und preußischer Offizier. – *Gleim:* Johann Wilhelm Ludwig Gleim. – *Hagedorn:* Friedrich von Hagedorn. – *Au:* Insel im Zürcher See. – *sokratischen Becher:* Sokrates empfiehlt in Xenophons »Gastmahl« den kleineren Becher, der heiter stimmt, nicht trunken macht.]

Das Rosenband

Im Frühlingsschatten fand ich sie;
Da band ich sie mit Rosenbändern:
Sie fühlt' es nicht, und schlummerte.

Ich sah sie an; mein Leben hing
Mit diesem Blick an ihrem Leben:
Ich fühlt' es wohl, und wußt' es nicht.

Doch lispelt' ich ihr sprachlos zu,
Und rauschte mit den Rosenbändern:
Da wachte sie vom Schlummer auf.

Sie sah mich an; ihr Leben hing
Mit diesem Blick an meinem Leben,
Und um uns ward's Elysium.

[E: 1753; D: 1762]

Die frühen Gräber

Willkommen, o silberner Mond,
Schöner, stiller Gefährt der Nacht!
Du entfliehst? Eile nicht, bleib, Gedankenfreund!
Sehet, er bleibt, das Gewölk wallte nur hin.

Des Maies Erwachen ist nur
Schöner noch, wie die Sommernacht,
Wenn ihm Tau, hell wie Licht, aus der Locke träuft,
Und zu dem Hügel herauf rötlich er kömmt.

Ihr Edleren, ach es bewächst
Eure Male schon ernstes Moos!
O wie war glücklich ich, als ich noch mit euch
Sahe sich röten den Tag, schimmern die Nacht.

[1771]

Die Sommernacht

Wenn der Schimmer von dem Monde nun herab
In die Wälder sich ergießt, und Gerüche
Mit den Düften von der Linde
In den Kühlungen wehn;

So umschatten mich Gedanken an das Grab
Der Geliebten, und ich seh in dem Walde
Nur es dämmern, und es weht mir
Von der Blüte nicht her.

Ich genoß einst, o ihr Toten, es mit euch!
Wie umwehten uns der Duft und die Kühlung,
wie verschönt warst von dem Monde,
Du o schöne Natur!

[*Der Geliebten:* Genitiv Plural; aller Toten, die ihm lieb waren.]

Das Wiedersehn

Der Weltraum fernt mich weit von dir,
So fernt mich nicht die Zeit.
Wer überlebt das siebzigste
Schon hat, ist nah bei dir.

Lang sah ich, Meta, schon dein Grab,
Und seine Linde wehn;
Die Linde wehet einst auch mir,
Streut ihre Blum' auch mir,

Nicht mir! Das ist mein Schatten nur,
Worauf die Blüte sinkt;
So wie es nur dein Schatten war,
Worauf sie oft schon sank.

Dann kenn' ich auch die höhre Welt,
In der du lange warst;
Dann sehn wir froh die Linde wehn,
Die unsre Gräber kühlt.

Dann ... Aber ach ich weiß ja nicht,
Was du schon lange weißt;
Nur daß es, hell von Ahndungen,
Mir um die Seele schwebt!

Mit wonnevollen Hoffnungen
Die Abendröte kommt:
Mit frohem, tiefen Vorgefühl,
Die Sonnen auferstehn!

[1798]

[*Meta:* Klopstocks erste Ehefrau Margarethe, geb. Moller, † 1758.]

GOTTLIEB KONRAD PFEFFEL

1736–1809

Jost

Von seinem milden Landesvater
Durch Fronen abgezehrt, lag Jost
Auf faulem Moos. Ein frommer Pater
Gab in dem letzten Kampf ihm Trost:
Bald, sprach er, wird euch Gott entbinden
Vom Joch, das euch so hart gedrückt;
Die Ruhe, die euch nie beglückt,
Freund, werdet ihr im Himmel finden.
Ach, Herr! rief Jost so dumpf und hohl
Wie aus dem Grab, wer kann das wissen?
Wir armen Bauren werden wohl
Im Himmel fronweis donnern müssen.

(1785)

MATTHIAS CLAUDIUS

1740–1815

Täglich zu singen

Ich danke Gott und freue mich
Wie's Kind zur Weihnachtsgabe,
Daß ich bin, bin! Und daß ich dich,
Schön menschlich Antlitz! habe;

Daß ich die Sonne, Berg und Meer
Und Laub und Gras kann sehen
Und Abends unterm Sternenheer
Und lieben Monde gehen;

Und daß mir denn zu Mute ist,
Als wenn wir Kinder kamen
Und sahen, was der heil'ge Christ
Bescheret hatte, Amen!

Ich danke Gott mit Saitenspiel,
Daß ich kein König worden;
Ich wär' geschmeichelt worden viel
Und wär' vielleicht verdorben.

Auch bet' ich ihn von Herzen an,
Daß ich auf dieser Erde
Nicht bin ein großer reicher Mann
Und auch wohl keiner werde.

Denn Ehr' und Reichtum treibt und bläht,
Hat mancherlei Gefahren,
Und vielen hat's das Herz verdreht,
Die weiland wacker waren.

Und all das Geld und all das Gut
Gewährt zwar viele Sachen;
Gesundheit, Schlaf und guten Mut
Kann's aber doch nicht machen.

Und die sind doch, bei Ja und Nein!
Ein rechter Lohn und Segen!
Drum will ich mich nicht groß kastei'n
Des vielen Geldes wegen.

Gott gebe mir nur jeden Tag,
So viel ich darf zum Leben.
Er gibt's dem Sperling auf dem Dach;
Wie sollt' er's mir nicht geben!

[1778]

Der Schwarze in der Zuckerplantage

Weit von meinem Vaterlande
Muß ich hier verschmachten und vergehn,
Ohne Trost, in Müh' und Schande;
Ohhh die weißen Männer!! klug und schön!
Und ich hab' den Männern ohn' Erbarmen
Nichts getan.
Du im Himmel! hilf mir armen
Schwarzen Mann!

[1773]

Abendlied

Der Mond ist aufgegangen,
Die goldnen Sternlein prangen
Am Himmel hell und klar;
Der Wald steht schwarz und schweiget,
Und aus den Wiesen steiget
Der weiße Nebel wunderbar.

Wie ist die Welt so stille,
Und in der Dämmrung Hülle
So traulich und so hold!
Als eine stille Kammer,
Wo ihr des Tages Jammer
Verschlafen und vergessen sollt.

Seht ihr den Mond dort stehen? –
Er ist nur halb zu sehen,
Und ist doch rund und schön!
So sind wohl manche Sachen,
Die wir getrost belachen,
Weil unsre Augen sie nicht sehn.

Wir stolze Menschenkinder
Sind eitel arme Sünder
Und wissen gar nicht viel;
Wir spinnen Luftgespinste
Und suchen viele Künste
Und kommen weiter von dem Ziel.

Gott, laß uns dein Heil schauen,
Auf nichts Vergänglichs trauen,
Nicht Eitelkeit uns freun!
Laß uns einfältig werden
Und vor dir hier auf Erden
Wie Kinder fromm und fröhlich sein!

*

Wollst endlich sonder Grämen
Aus dieser Welt uns nehmen
Durch einen sanften Tod!
Und, wenn du uns genommen,
Laß uns in Himmel kommen,
Du unser Herr und unser Gott!

So legt euch denn, ihr Brüder,
In Gottes Namen nieder;
Kalt ist der Abendhauch.
Verschon uns, Gott! mit Strafen,
Und laß uns ruhig schlafen!
Und unsern kranken Nachbar auch!

[1779]

[Herder hat das *Abendlied* 1779 als ›Volkslied‹ in den 2. Teil seiner *Stimmen der Völker in Liedern* aufgenommen.]

Kriegslied

's ist Krieg! 's ist Krieg! O Gottes Engel wehre,
Und rede Du darein!
's ist leider Krieg – und ich begehre
Nicht schuld daran zu sein!

Was sollt' ich machen, wenn im Schlaf mit Grämen
Und blutig, bleich und blaß,
Die Geister der Erschlagnen zu mir kämen,
Und vor mir weinten, was?

Wenn wackre Männer, die sich Ehre suchten,
Verstümmelt und halb tot
Im Staub sich vor mir wälzten und mir fluchten
In ihrer Todesnot?

Wenn tausend tausend Väter, Mütter, Bräute,
So glücklich vor dem Krieg,
Nun alle elend, alle arme Leute,
Wehklagten über mich?

Wenn Hunger, böse Seuch' und ihre Nöten
Freund, Freund und Feind ins Grab
Versammleten, und mir zu Ehren krähten
Von einer Leich' herab?

Was hülf' mir Kron' und Land und Gold und Ehre?
Die könnten mich nicht freun!
's ist leider Krieg – und ich begehre
Nicht schuld daran zu sein!

[1779]

Der Mensch

Empfangen und genähret
Vom Weibe wunderbar
Kömmt er und sieht und höret
Und nimmt des Trugs nicht wahr;
Gelüstet und begehret,
Und bringt sein Tränlein dar;
Verachtet und verehret,
Hat Freude und Gefahr;
Glaubt, zweifelt, wähnt und lehret,
Hält nichts und alles wahr;
Erbauet und zerstöret;
Und quält sich immerdar;
Schläft, wachet, wächst und zehret;
Trägt braun und graues Haar etc.
Und alles dieses währet,
Wenn's hoch kommt, achtzig Jahr.
Denn legt er sich zu seinen Vätern nieder,
Und er kömmt nimmer wieder.

Der Tod

Ach, es ist so dunkel in des Todes Kammer,
Tönt so traurig, wenn er sich bewegt
Und nun aufhebt seinen schweren Hammer
Und die Stunde schlägt.

Die Liebe

Die Liebe hemmet nichts; sie kennt nicht Tür noch Riegel
Und dringt durch alles sich;
Sie ist ohn' Anbeginn, schlug ewig ihre Flügel,
Und schlägt sie ewiglich.

[1798]

FRIEDRICH WILHELM GOTTER

1746–1797

Lied bei einer Wiege

Schlaf immerhin die erste Zeit des Lebens!
Dir gab die gütige Natur
Den Hang zur Ruhe nicht vergebens,
Drum schlafe, Kleiner, schlafe nur!

Noch atmest du, frei von des Lebens Sorgen,
Vom Joche des Gewissens frei,
Noch ist dir Abend, Nacht und Morgen
Und jedes Schicksal einerlei.

Noch wohnt auf deinem Rosenmund das Lachen,
Noch winkt dir alles Freude zu;
Doch schrecklich wirst du einst erwachen
Aus dieser unschuldvollen Ruh.

Dann fühlest du der Qualen Mutter, Liebe;
Sie fesselt dich durch falsche Lust,
Doch mit ihr stürmen tausend Triebe,
Gleich Meereswogen, durch die Brust.

Dann zählest du die Tage nach den Tränen,
Dann lockest du die spröde Ruh
Umsonst durch Saitenspiel und Sehnen,
Bringst schlaflos öde Nächte zu.

O güldne Zeit, da mit geheimen Bissen
Kein Gram den stillen Busen nagt
Und Überlegung und Gewissen
Vor keinem Richter uns verklagt!

Auch ich war klein; zu meiner Plage
Erwuchs ich Armer zu geschwind;
Betrübt denk ich zurück und klage:
Ach Himmel, wär ich noch ein Kind!

[1766]

LEOPOLD FRIEDRICH GÜNTHER VON GOECKINGK

1748–1828

Erkannte Wohltat

Ich danke Gott, daß ich zu Fuß muß gehen,
Nicht fahren und nicht reiten kann!
Der Gemse Klippen und des Adlers Höhen
Klimmt keines Fürsten Roß hinan.

Ich aber höre auf des Brockens Spitze
Von meinem Fuß hinab ins Land
Die Donner rollen, und die Blitze
Greif ich am Saum mit meiner Hand.

Mir ist, als müßt ich mich an diese hangen,
Als sollten sie mich nach sich ziehn;
Denn jeder Erdenwunsch ist mir vergangen,
Und klein, was sonst so groß mir schien.

Wie magst du dieses nur einmal verstehen,
Wie vollends fühlen, reicher Mann?
Drum dank ich Gott, daß ich zu Fuß muß gehen,
Nicht fahren und nicht reiten kann.

Als der erste Schnee fiel

Gleich einem König, der in seine Staaten
Zurück als Sieger kehrt, empfängt ein Jubel dich!
Der Knabe balgt um deine Flocken sich,
Wie bei der Krönung um Dukaten.

Selbst mir, obschon ein Mädchen und der Rute
Lang nicht mehr untertan, bist du ein lieber Gast;
Denn siehst du nicht, seit du die Erde hast
So weich belegt, wie ich mich spute?

Zu fahren, ohne Segel, ohne Räder,
Auf einer Muschel hin durch deinen weißen Flor,
So sanft und doch so leicht, so schnell, wie vor
Dem Westwind eine Flaumenfeder.

Aus allen Fenstern und aus allen Türen
Sieht mir der bleiche Neid aus hohlen Augen nach;
Selbst die Matrone wird ein leises Ach!
Und einen Wunsch um mich verlieren.

Denn der, um den wir Mädchen oft uns stritten,
Wird hinter mir, so schlank wie eine Tanne, stehn,
Und sonst auf nichts mit seinen Augen sehn,
Als auf das Mädchen in dem Schlitten.

[1778]

LUDWIG CHRISTOPH HEINRICH HÖLTY

1748–1776

Die Mainacht

Wenn der silberne Mond durch die Gesträuche blickt
Und sein schlummerndes Licht über den Rasen geußt
  Und die Nachtigall flötet,
    Wandl' ich traurig von Busch zu Busch.

Selig preis ich dich dann, flötende Nachtigall,
Weil dein Weibchen mit dir wohnet in einem Nest,
  Ihrem singenden Gatten
    Tausend trauliche Küsse gibt.

Überschattet von Laub, girret ein Taubenpaar
Sein Entzücken mir vor; aber ich wende mich,
Suche dunkle Gesträuche,
Und die einsame Träne rinnt.

Wann, o lächelndes Bild, welches wie Morgenrot
Durch die Seele mir strahlt, find ich auf Erden dich?
Und die einsame Träne
Bebt mir heißer die Wang herab.

[1775]

Der alte Landmann an seinen Sohn

Üb immer Treu und Redlichkeit
Bis an dein kühles Grab
Und weiche keinen Finger breit
Von Gottes Wegen ab;
Dann wirst du wie auf grünen Aun,
Durchs Pilgerleben gehn,
Dann kannst du sonder Furcht und Graun
Dem Tod ins Auge sehn.

Dann wird die Sichel und der Pflug
In deiner Hand so leicht,
Dann singest du beim Wasserkrug,
Als wär dir Wein gereicht.
Dem Bösewicht wird alles schwer,
Er tue, was er tu.
Der Teufel treibt ihn hin und her
Und läßt ihm keine Ruh.

Der schöne Frühling lacht ihm nicht,
Ihm lacht kein Ährenfeld;
Er ist auf Lug und Trug erpicht
Und wünscht sich nichts als Geld.
Der Wind im Hain, das Laub am Baum
Saust ihm Entsetzen zu;
Er findet nach des Lebens Traum
Im Grabe keine Ruh.

Dann muß er in der Geisterstund
Aus seinem Grabe gehn
Und oft als schwarzer Kettenhund
Vor seiner Haustür stehn.
Die Spinnerinnen, die, das Rad
Im Arm, nach Hause gehn,
Erzittern wie ein Espenblatt,
Wenn sie ihn liegen sehn.

Und jede Spinnestube spricht
Von diesem Abenteu'r
Und wünscht den toten Bösewicht
Ins tiefste Höllenfeu'r.
Der alte Kunz war bis ans Grab
Ein rechter Höllenbrand;
Er pflügte seinem Nachbar ab
Und stahl ihm vieles Land.

Nun pflügt er als ein Feuermann
Auf seines Nachbars Flur
Und mißt das Feld hinab, hinan
Mit einer glühnden Schnur;
Er brennet wie ein Schober Stroh
Dem glühnden Pfluge nach
Und pflügt und brennet lichterloh
Bis an den hellen Tag.

Der Amtmann, der im Weine floß,
Der Bauern schlug halbkrumm,
Trabt nun auf einem glühnden Roß
In jenem Wald herum.
Der Pfarrer, der aufs Tanzen schalt
Und Filz und Wuchrer war,
Steht nun als schwarze Spukgestalt
Am nächtlichen Altar.

Üb immer Treu und Redlichkeit
Bis an dein kühles Grab,
Und weiche keinen Finger breit
Von Gottes Wegen ab;
Dann suchen Enkel deine Gruft
Und weinen Tränen drauf,
Und Sommerblumen, voll von Duft,
Blühn aus den Tränen auf.

[1779]

Ihr Freunde, hänget, wann ich gestorben bin,
Die kleine Harfe hinter dem Altar auf,
Wo an der Wand die Totenkränze
Manches verstorbenen Mädchens schimmern.

Der Küster zeigt dann freundlich dem Reisenden
Die kleine Harfe, rauscht mit dem roten Band,
Das, in der Harfe festgeschlungen,
Unter den goldenen Saiten flattert.

[E: 1775; D: 1783]

FRIEDRICH LEOPOLD ZU STOLBERG

1750–1819

Lied auf dem Wasser zu singen, für meine Agnes

Mitten im Schimmer der spiegelnden Wellen
Gleitet wie Schwäne der wankende Kahn;
Ach, auf der Freude sanftschimmernden Wellen
Gleitet die Seele dahin wie der Kahn;
Denn von dem Himmel herab auf die Wellen
Tanzet das Abendrot rund um den Kahn.

Über den Wipfeln des westlichen Haines
Winket uns freundlich der rötliche Schein;
Unter den Zweigen des östlichen Haines
Säuselt der Kalmus im rötlichen Schein;

Freude des Himmels und Ruhe des Haines
Atmet die Seel im errötenden Schein.

Ach, es entschwindet mit tauigem Flügel
Mir auf den wiegenden Wellen die Zeit.
Morgen entschwinde mit schimmerndem Flügel
Wieder wie gestern und heute die Zeit,
Bis ich auf höherem strahlenden Flügel
Selber entschwinde der wechselnden Zeit.

[1783]

[*Agnes:* Agnes Henriette Eleonore von Witzleben, die Stolberg am 11. 6. 1782 heiratete.]

JOHANN HEINRICH VOSS

1751–1826

Der Herbstgang

Die Bäume stehn der Frucht entladen,
Und gelbes Laub verweht ins Tal;
Das Stoppelfeld in Schimmerfaden
Erglänzt am niedern Mittagsstrahl.
Es kreist der Vögel Schwarm und ziehet;
Das Vieh verlangt zum Stall und fliehet
Die magern Aun, vom Reife fahl.

O, geh am sanften Scheidetage
Des Jahrs zu guter Letzt hinaus
Und nenn ihn Sommertag und trage
Den letzten, schwer gefundnen Strauß.
Bald steigt Gewölk und schwarz dahinter
Der Sturm und sein Genoß, der Winter,
Und hüllt in Flocken Feld und Haus.

Ein weiser Mann, ihr Lieben, haschet
Die Freuden im Vorüberfliehn,
Empfängt, was kommt, unüberraschet,
Und pflückt die Blumen, weil sie blühn.
Und sind die Blumen auch verschwunden,
So steht am Winterherd umwunden
Sein Festpokal mit Immergrün.

Noch trocken führt durch Tal und Hügel
Der längst vertraute Sommerpfad.
Nur rötlich hängt am Wasserspiegel
Der Baum, den grün ihr neulich saht.
Doch grünt der Kamp von Winterkorne;
Doch grünt beim Rot der Hagedorne
Und Spillbeern unsre Lagerstatt!

So still an warmer Sonne liegend,
Sehn wir das bunte Feld hinan
Und dort auf schwarzer Brache pflügend
Mit Lustgepfeif den Ackermann;
Die Krähn in frischer Furche schwärmen
Dem Pfluge nach und schrein und lärmen,
Und dampfend zieht das Gaulgespann.

Natur, wie schön in jedem Kleide!
Auch noch im Sterbekleid wie schön!
Sie mischt in Wehmut sanfte Freude
Und lächelt tränend noch im Gehn.
Du, welkes Laub, das niederschauert,
Du, Blümchen, lispelst: Nicht getrauert!
Wir werden schöner auferstehn!

CHRISTIAN FRIEDRICH DANIEL SCHUBART

1739–1791

Die Fürstengruft

Da liegen sie, die stolzen Fürstentrümmer,
Ehmals die Götzen ihrer Welt!
Da liegen sie, vom fürchterlichen Schimmer
Des blassen Tags erhellt!

Die alten Särge leuchten in der dunkeln
Verwesungsgruft wie faules Holz.
Wie matt die großen Silberschilde funkeln,
Der Fürsten letzter Stolz!

Entsetzen packt den Wandrer hier am Haare,
Geußt Schauer über seine Haut,

Wo Eitelkeit, gelehnt an eine Bahre,
Aus hohlen Augen schaut.

Wie fürchterlich ist hier des Nachhalls Stimme!
Ein Zehentritt stört seine Ruh.
Kein Wetter Gottes spricht mit lauterm Grimme:
O Mensch, wie klein bist du!

Denn ach! hier liegt der edle Fürst, der gute!
Zum Völkersegen einst gesandt
Wie der, den Gott zur Nationenrute
Im Zorn zusammenband.

An ihren Urnen weinen Marmorgeister;
Doch kalte Tränen nur von Stein,
Und lachend grub – vielleicht ein welscher Meister
Sie einst dem Marmor ein.

Da liegen Schädel mit verloschnen Blicken,
Die ehmals hoch herabgedroht,
Der Menschheit Schrecken! – Denn an ihrem Nicken
Hing Leben oder Tod.

Nun ist die Hand herabgefault zum Knochen,
Die oft mit kaltem Federzug
Den Weisen, der am Thron zu laut gesprochen,
In harte Fesseln schlug.

Zum Totenbein ist nun die Brust geworden,
Einst eingehüllt in Goldgewand,
Daran ein Stern und ein entweihter Orden
Wie zween Kometen stand.

Vertrocknet und verschrumpft sind die Kanäle,
Drin geiles Blut wie Feuer floß,
Das schäumend Gift der Unschuld in die Seele
Wie in den Körper goß.

Sprecht, Höflinge, mit Ehrfurcht auf der Lippe
Nun Schmeichelein ins taube Ohr!
Beräuchert das durchlauchtige Gerippe
Mit Weihrauch wie zuvor!

Er steht nicht auf, euch Beifall zuzulächeln,
Und wiehert keine Zoten mehr,
Damit geschminkte Zofen ihn befächeln,
Schamlos und geil wie er.

Sie liegen nun, den eisern Schlaf zu schlafen,
Die Menschengeißeln, unbetraurt,
Im Felsengrab, verächtlicher als Sklaven,
In Kerker eingemaurt.

Sie, die im ehrnen Busen niemals fühlten
Die Schrecken der Religion,
Und gottgeschaffne, bessre Menschen hielten
Für Vieh, bestimmt zur Fron;

Die das Gewissen, jenen mächtgen Kläger,
Der alle Schulden niederschreibt,
Durch Trommelschlag, durch welsche Trillerschläger
Und Jagdlärm übertäubt;

Die Hunde nur und Pferd und fremde Dirnen
Mit Gnade lohnten und Genie
Und Weisheit darben ließen; denn das Zürnen
Der Geister schreckte sie:

Die liegen nun in dieser Schauergrotte
Mit Staub und Würmern zugedeckt,
So stumm! so ruhmlos! noch von keinem Gotte
Ins Leben aufgeweckt.

Weckt sie nur nicht mit eurem bangen Ächzen,
Ihr Scharen, die sie arm gemacht,
Verscheucht die Raben, daß von ihrem Krächzen
Kein Wütrich hier erwacht!

Hier klatsche nicht des armen Landmanns Peitsche,
Die nachts das Wild vom Acker scheucht!
An diesem Gitter weile nicht der Deutsche,
Der siech vorüberkeucht!

Hier heule nicht der bleiche Waisenknabe,
Dem ein Tyrann den Vater nahm;
Nie fluche hier der Krüppel an dem Stabe,
Von fremdem Solde lahm!

Damit die Quäler nicht zu früh erwachen,
Seid menschlicher, erweckt sie nicht.
Ha! früh genug wird über ihnen krachen
Der Donner am Gericht,

Wo Todesengel nach Tyrannen greifen,
Wenn sie im Grimm der Richter weckt,
Und ihre Greul zu einem Berge häufen,
Der flammend sie bedeckt.

Ihr aber, bessre Fürsten, schlummert süße
Im Nachtgewölbe dieser Gruft!
Schon wandelt euer Geist im Paradiese,
Gehüllt in Blütenduft.

Jauchzt nur entgegen jenem großen Tage,
Der aller Fürsten Taten wiegt;
Wie Sternenklang tönt euch des Richters Waage,
Drauf eure Tugend liegt.

Ach, unterm Lispel eurer frohen Brüder –
Ihr habt sie satt und froh gemacht,
Wird eure volle Schale sinken nieder,
Wenn ihr zum Lohn erwacht.

Wie wird's euch sein, wenn ihr vom Sonnenthrone
Des Richters Stimme wandeln hört:
»Ihr Brüder, nehmt auf ewig hin die Krone,
Ihr seid zu herrschen wert.«

[E: 1779/1780; D: 1785]

Der Bettelsoldat

Mit jammervollem Blicke,
Von tausend Sorgen schwer,
Hink ich an meiner Krücke
In weiter Welt umher.

Gott weiß, hab viel gelitten,
Ich hab so manchen Kampf
In mancher Schlacht gestritten,
Gehüllt in Pulverdampf.

Sah manchen Kameraden
An meiner Seite tot,
Und mußt' im Blute waten,
Wenn es mein Herr gebot.

Mir drohten oft Geschütze
Den fürchterlichsten Tod,
Oft trank ich aus der Pfütze,
Oft aß ich schimmlicht Brot.

Ich stand in Sturm und Regen
In grauser Mitternacht,
Bei Blitz und Donnerschlägen
Oft einsam auf der Wacht.

Und nun nach mancher Schonung,
Noch fern von meinem Grab,
Empfang ich die Belohnung
Mit diesem Bettelstab.

Bedeckt mit dreizehn Wunden,
An meiner Krück gelehnt,
Hab ich in manchen Stunden
Mich nach dem Tod gesehnt.

Ich bettle vor den Türen,
Ich armer lahmer Mann!
Doch ach! wen kann ich rühren?
Wer nimmt sich meiner an?

War einst ein braver Krieger,
Sang manch Soldatenlied
Im Reihen froher Sieger;
Nun bin ich Invalid.

Ihr Söhne, bei der Krücke,
An der mein Leib sich beugt,
Bei diesem Tränenblicke,
Der sich zum Grabe neigt,

Beschwör ich euch – ihr Söhne!
O flieht der Trommel Ton
Und Kriegstrommetentöne!
Sonst kriegt ihr meinen Lohn.

[1784]

JOHANN GOTTFRIED HERDER

1744–1803

Das Flüchtigste

Tadle nicht der Nachtigallen
Bald verhallend-süßes Lied;
Sieh, wie unter allen, allen
Lebensfreuden, die entfallen,
Stets zuerst die schönste flieht.

Sieh, wie dort im Tanz der Horen
Lenz und Morgen schnell entweicht,
Wie die Rose, mit Auroren
Jetzt im Silbertau geboren,
Jetzt Auroren gleich erbleicht.

Höre, wie im Chor der Triebe
Bald der zarte Ton verklingt.
Sanftes Mitleid, Wahn der Liebe,
Ach, daß er uns ewig bliebe!
Aber ach, sein Zauber sinkt.

Und die Frische dieser Wangen,
Deines Herzens rege Glut
Und die ahnenden Verlangen,
Die am Wink der Hoffnung hangen:
Ach, ein fliehend, fliehend Gut!

Selbst die Blüte deines Strebens,
Aller Musen schönste Gunst,
Jede höchste Kunst des Lebens,
Freund, du fesselst sie vergebens;
Sie entschlüpft, die Zauberkunst.

Aus dem Meer der Götterfreuden
Ward ein Tropfen uns geschenkt,
Ward gemischt mit manchem Leiden,
Leerer Ahnung, falschen Freuden,
Ward im Nebelmeer ertränkt;

Aber auch im Nebelmeere
Ist der Tropfe Seligkeit;
Einen Augenblick ihn trinken,
Rein ihn trinken und versinken
Ist Genuß der Ewigkeit.

[1787]

GOTTFRIED AUGUST BÜRGER

1747–1794

Der Bauer

An seinen Durchlauchtigen Tyrannen

Wer bist du, Fürst, daß ohne Scheu
Zerrollen mich dein Wagenrad,
Zerschlagen darf dein Roß?

Wer bist du, Fürst, daß in mein Fleisch
Dein Freund, dein Jagdhund, ungebläut
Darf Klau' und Rachen hau'n?

Wer bist du, daß, durch Saat und Forst,
Das Hurra deiner Jagd mich treibt,
Entatmet, wie das Wild? –

Die Saat, so deine Jagd zertritt,
Was Roß, und Hund, und Du verschlingst,
Das Brot, du Fürst, ist mein.

Du Fürst hast nicht, bei Egg' und Pflug,
Hast nicht den Erntetag durchschwitzt.
Mein, mein ist Fleiß und Brot! –

Ha! du wärst Obrigkeit von Gott?
Gott spendet Segen aus; du raubst!
Du nicht von Gott, Tyrann!

[1776]

Lenore

Lenore fuhr um's Morgenrot
Empor aus schweren Träumen:
»Bist untreu, Wilhelm, oder tot?
Wie lange willst du säumen?« –
Er war mit König Friedrichs Macht
Gezogen in die Prager Schlacht,
Und hatte nicht geschrieben:
Ob er gesund geblieben.

Der König und die Kaiserin,
Des langen Haders müde,
Erweichten ihren harten Sinn,
Und machten endlich Friede;
Und jedes Heer, mit Sing und Sang,
Mit Paukenschlag und Kling und Klang,
Geschmückt mit grünen Reisern,
Zog heim zu seinen Häusern.

Und überall all überall,
Auf Wegen und auf Stegen,
Zog Alt und Jung dem Jubelschall
Der Kommenden entgegen.
Gottlob! rief Kind und Gattin laut,
Willkommen! manche frohe Braut.
Ach! aber für Lenoren
War Gruß und Kuß verloren.

Sie frug den Zug wohl auf und ab,
Und frug nach allen Namen;
Doch keiner war, der Kundschaft gab,
Von allen, so da kamen.
Als nun das Heer vorüber war,
Zerraufte sie ihr Rabenhaar,
Und warf sich hin zur Erde,
Mit wütiger Geberde.

Die Mutter lief wohl hin zu ihr: –
»Ach, daß sich Gott erbarme!
Du trautes Kind, was ist mit dir?« –
Und schloß sie in die Arme. –
»O Mutter, Mutter! hin ist hin!
Nun fahre Welt und alles hin!
Bei Gott ist kein Erbarmen.
O weh, o weh mir Armen!« –

»Hilf Gott, hilf! Sieh uns gnädig an!
Kind, bet' ein Vaterunser!
Was Gott tut, das ist wohlgetan.
Gott, Gott erbarmt sich Unser!« –
»O Mutter, Mutter! Eitler Wahn!
Gott hat an mir nicht wohlgetan!
Was half, was half mein Beten?
Nun ist's nicht mehr vonnöten.« –

»Hilf Gott, hilf! wer den Vater kennt,
Der weiß, er hilft den Kindern.
Das hochgelobte Sakrament
Wird deinen Jammer lindern.« –
»O Mutter, Mutter! was mich brennt,
Das lindert mir kein Sakrament!
Kein Sakrament mag Leben
Den Toten wiedergeben.« –

»Hör, Kind! wie, wenn der falsche Mann,
Im fernen Ungerlande,
Sich seines Glaubens abgetan,
Zum neuen Ehebande?
Laß fahren, Kind, sein Herz dahin!
Er hat es nimmermehr Gewinn!
Wann Seel' und Leib sich trennen,
Wird ihn sein Meineid brennen.« –

»O Mutter, Mutter! Hin ist hin!
Verloren ist verloren!
Der Tod, der Tod ist mein Gewinn!
O wär' ich nie geboren!
Lisch aus, mein Licht, auf ewig aus!
Stirb hin, stirb hin in Nacht und Graus!
Bei Gott ist kein Erbarmen.
O weh, o weh mir Armen!« –

»Hilf Gott, hilf! Geh nicht ins Gericht
Mit deinem armen Kinde!
Sie weiß nicht, was die Zunge spricht.
Behalt ihr nicht die Sünde!
Ach, Kind, vergiß dein irdisch Leid,
Und denk an Gott und Seligkeit!
So wird doch deiner Seelen
Der Bräutigam nicht fehlen.« –

»O Mutter! Was ist Seligkeit?
O Mutter! Was ist Hölle?
Bei ihm, bei ihm ist Seligkeit,
Und ohne Wilhelm Hölle! –
Lisch aus, mein Licht, auf ewig aus!
Stirb hin, stirb hin in Nacht und Graus!
Ohn' ihn mag ich auf Erden,
Mag dort nicht selig werden.« – – –

So wütete Verzweifelung
Ihr in Gehirn und Adern.
Sie fuhr mit Gottes Vorsehung
Vermessen fort zu hadern;
Zerschlug den Busen, und zerrang
Die Hand, bis Sonnenuntergang,
Bis auf am Himmelsbogen
Die goldnen Sterne zogen.

Und außen, horch! ging's trap trap trap.
Als wie von Rosseshufen;
Und klirrend stieg ein Reiter ab,
An des Geländers Stufen;
Und horch! und horch! den Pfortenring
Ganz lose, leise klinglingling!
Dann kamen durch die Pforte
Vernehmlich diese Worte:

»Holla, holla! Tu auf mein Kind!
Schläfst, Liebchen, oder wachst du?
Wie bist noch gegen mich gesinnt?
Und weinest oder lachst du?« –
»Ach, Wilhelm, du? – – So spät bei Nacht? – –
Geweinet hab' ich und gewacht;
Ach, großes Leid erlitten!
Wo kommst du hergeritten?« –

»Wir satteln nur um Mitternacht.
Weit ritt ich her von Böhmen.
Ich habe spät mich aufgemacht,
Und will dich mit mir nehmen.« –
»Ach, Wilhelm, erst herein geschwind!
Den Hagedorn durchsaust der Wind,
Herein, in meinen Armen,
Herzliebster, zu erwarmen!« –

»Laß sausen durch den Hagedorn,
Laß sausen, Kind, laß sausen!
Der Rappe scharrt; es klirrt der Sporn.
Ich darf allhier nicht hausen.
Komm, schürze, spring' und schwinge dich,
Auf meinen Rappen hinter mich!
Muß heut noch hundert Meilen
Mit dir in's Brautbett' eilen.« –

»Ach! wolltest hundert Meilen noch
Mich heut in's Brautbett' tragen?
Und horch! es brummt die Glocke noch,
Die elf schon angeschlagen.« – –
»Sieh hin, sieh her! der Mond scheint hell.
Wir und die Toten reiten schnell.
Ich bringe dich, zur Wette,
Noch heut ins Hochzeitsbette.« –

»Sag an, wo ist dein Kämmerlein?
Wo? Wie dein Hochzeitsbettchen?« –
»Weit, weit von hier! – – Still, kühl und klein! – –
Sechs Bretter und zwei Brettchen!« –
»Hat's Raum für mich?« – »Für dich und mich!
Komm, schürze, spring' und schwinge dich!
Die Hochzeitsgäste hoffen;
Die Kammer steht uns offen.« –

Schön Liebchen schürzte, sprang und schwang
Sich auf das Roß behende;
Wohl um den trauten Reiter schlang
Sie ihre Lilienhände;
Und hurre, hurre, hop hop hop!
Ging's fort in sausendem Galopp,
Daß Roß und Reiter schnoben,
Und Kies und Funken stoben.

Zur rechten und zur linken Hand,
Vorbei vor ihren Blicken,
Wie flogen Anger, Heid' und Land!
Wie donnerten die Brücken! –
»Graut Liebchen auch? – – Der Mond scheint hell!
Hurrah! Die Toten reiten schnell!
Graut Liebchen auch vor Toten?« –
»Ach nein! – – Doch laß die Toten!« –

Was klang dort für Gesang und Klang?
Was flatterten die Raben? –
Horch Glockenklang! horch Totensang:
»Laßt uns den Leib begraben.«
Und näher zog ein Leichenzug,
Der Sarg und Totenbahre trug.
Das Lied war zu vergleichen
Dem Unkenruf in Teichen.

»Nach Mitternacht begrabt den Leib,
Mit Klang und Sang und Klage!
Jetzt führ' ich heim mein junges Weib.
Mit mir zum Brautgelage!

Komm, Küster, hier! Komm mit dem Chor,
Und gurgle mir das Brautlied vor!
Komm, Pfaff', und sprich den Segen,
Eh wir zu Bett' uns legen!« –

Still Klang und Sang. – – Die Bahre schwand. – –
Gehorsam seinem Rufen,
Kam's, hurre hurre! nachgerannt,
Hart hinter's Rappen Hufen.
Und immer weiter, hop hop hop!
Ging's fort in sausendem Galopp,
Daß Roß und Reiter schnoben,
Und Kies und Funken stoben.

Wie flogen rechts, wie flogen links,
Gebirge, Bäum' und Hecken!
Wie flogen links, und rechts, und links
Die Dörfer, Städt' und Flecken! –
»Graut Liebchen auch? – – Der Mond scheint hell!
Hurrah! Die Toten reiten schnell!
Graut Liebchen auch vor Toten?« –
»Ach! Laß sie ruhn, die Toten.« –

Sieh da! sieh da! Am Hochgericht
Tanzt' um des Rades Spindel
Halb sichtbarlich bei Mondenlicht,
Ein lustiges Gesindel. –
»Sasa! Gesindel, hier! Komm hier!
Gesindel, komm und folge mir!
Tanz' uns den Hochzeitreigen,
Wann wir zu Bette steigen!« –

Und das Gesindel husch husch husch!
Kam hinten nachgeprasselt,
Wie Wirbelwind am Haselbusch
Durch dürre Blätter rasselt.
Und weiter, weiter, hop hop hop!
Ging's fort in sausendem Galopp,
Daß Roß und Reiter schnoben,
Und Kies und Funken stoben.

Wie flog, was rund der Mond beschien,
Wie flog es in die Ferne!
Wie flogen oben über hin
Der Himmel und die Sterne! –
»Graut Liebchen auch? – – Der Mond scheint hell!
Hurrah! die Toten reiten schnell!
Graut Liebchen auch vor Toten?« –
»O weh! Laß ruhn die Toten!« – – –

»Rapp'! Rapp'! Mich dünkt der Hahn schon ruft – –
Bald wird der Sand verrinnen – –
Rapp'! Rapp'! Ich wittre Morgenluft – –
Rapp'! Tummle dich von hinnen! –
Vollbracht, vollbracht ist unser Lauf!
Das Hochzeitsbette tut sich auf!
Die Toten reiten schnelle!
Wir sind, wir sind zur Stelle.« – – –

Rasch auf ein eisern Gittertor
Ging's mit verhängtem Zügel.
Mit schwanker Gert' ein Schlag davor
Zersprengte Schloß und Riegel.
Die Flügel flogen klirrend auf,
Und über Gräber ging der Lauf.
Es blinkten Leichensteine
Rund um im Mondenscheine.

Ha sieh! Ha sieh! im Augenblick,
Huhu! ein gräßlich Wunder!
Des Reiters Koller, Stück für Stück,
Fiel ab, wie mürber Zunder.
Zum Schädel, ohne Zopf und Schopf,
Zum nackten Schädel ward sein Kopf;
Sein Körper zum Geripppe,
Mit Stundenglas und Hippe.

Hoch bäumte sich, wild schnob der Rapp,
Und sprühte Feuerfunken;
Und hui! war's unter ihr hinab
Verschwunden und versunken.
Geheul! Geheul aus hoher Luft,
Gewinsel kam aus tiefer Gruft.
Lenores Herz, mit Beben,
Rang zwischen Tod und Leben.

Nun tanzten wohl bei Mondenglanz,
Rund um herum im Kreise,
Die Geister einen Kettentanz,
Und heulten diese Weise:
»Geduld! Geduld! Wenn's Herz auch bricht!
Mit Gott im Himmel hadre nicht!
Des Leibes bist du ledig;
Gott sei der Seele gnädig!«

[1774; hier nach D: 1789]

[*Prag:* Schlacht bei P. am 6. 5. 1757 während des Siebenjähr. Kriegs; Friedrich II. von Preußen besiegte die Österreicher. – *Kaiserin:* Maria Theresia. – *Friede:* von Hubertusburg, 15. 2. 1763.]

Mittel gegen den Hochmut der Großen

Viel Klagen hör' ich oft erheben
Vom Hochmut, den der Große übt.
Der Großen Hochmut wird sich geben,
Wenn unsre Kriecherei sich gibt.

Trost

Wann dich die Lästerzunge sticht,
So laß dir dies zum Troste sagen:
Die schlechtsten Früchte sind es nicht,
Woran die Wespen nagen.

[1789]

JOHANN WOLFGANG GOETHE

1749–1832

Es schlug mein Herz. Geschwind, zu Pferde!
Und fort, wild wie ein Held zur Schlacht.
Der Abend wiegte schon die Erde,
Und an den Bergen hing die Nacht.
Schon stund im Nebelkleid die Eiche
Wie ein getürmter Riese da,
Wo Finsternis aus dem Gesträuche
Mit hundert schwarzen Augen sah.

Der Mond von einem Wolkenhügel
Sah schläfrig aus dem Duft hervor,
Die Winde schwangen leise Flügel,
Umsausten schauerlich mein Ohr.
Die Nacht schuf tausend Ungeheuer,
Doch tausendfacher war mein Mut,
Mein Geist war ein verzehrend Feuer,
Mein ganzes Herz zerfloß in Glut.

Ich sah dich, und die milde Freude
Floß aus dem süßen Blick auf mich.
Ganz war mein Herz an deiner Seite,
Und jeder Atemzug für dich.
Ein rosenfarbes Frühlingswetter
Lag auf dem lieblichen Gesicht
Und Zärtlichkeit für mich, ihr Götter,
Ich hofft' es, ich verdient' es nicht.

Der Abschied, wie bedrängt, wie trübe!
Aus deinen Blicken sprach dein Herz.
In deinen Küssen welche Liebe,
O welche Wonne, welcher Schmerz!
Du gingst, ich stund und sah zur Erden
Und sah dir nach mit nassem Blick.
Und doch, welch Glück, geliebt zu werden,
Und lieben, Götter, welch ein Glück!

[E: 1771; D: 1775; hier Vers 1–10 nach einer Abschrift aus dem Nachlaß Friederike Brions, dann nach D 1775. D 1789: Titel »Willkomm und Abschied«; D 1810: Titel »Willkommen und Abschied«.]

Maifest

Wie herrlich leuchtet
Mir die Natur!
Wie glänzt die Sonne!
Wie lacht die Flur!

Es dringen Blüten
Aus jedem Zweig
Und tausend Stimmen
Aus dem Gesträuch

Und Freud und Wonne
Aus jeder Brust.
O Erd', o Sonne,
O Glück, o Lust,

O Lieb', o Liebe,
So golden schön
Wie Morgenwolken
Auf jenen Höhn,

Du segnest herrlich
Das frische Feld,
Im Blütendampfe
Die volle Welt!

O Mädchen, Mädchen,
Wie lieb' ich dich!
Wie blinkt dein Auge,
Wie liebst du mich!

So liebt die Lerche
Gesang und Luft,
Und Morgenblumen
Den Himmelsduft,

Wie ich dich liebe
Mit warmen Blut,
Die du mir Jugend
Und Freud' und Mut

Zu neuen Liedern
Und Tänzen gibst.
Sei ewig glücklich,
Wie du mich liebst!

[E: 1771; D: 1775; D 1789: Titel »Mailied«.]

Prometheus

Bedecke deinen Himmel, Zeus,
Mit Wolkendunst!
Und übe, Knaben gleich,
Der Diesteln köpft,
An Eichen dich und
Bergeshöhn!
Mußt mir meine Erde
Doch lassen stehn,
Und meine Hütte,
Die du nicht gebaut,
Und meinen Herd,
Um dessen Glut
Du mich beneidest.

Ich kenne nichts Ärmer's
Unter der Sonn' als euch Götter.
Ihr nähret kümmerlich
Von Opfersteuern
Und Gebetshauch
Eure Majestät
Und darbtet, wären
Nicht Kinder und Bettler
Hoffnungsvolle Toren.

Da ich ein Kind war,
Nicht wußt', wo aus, wo ein,
Kehrte mein verirrtes Aug'
Zur Sonne, als wenn drüber wär'
Ein Ohr, zu hören meine Klage,
Ein Herz wie meins,
Sich des Bedrängten zu erbarmen.

Wer half mir wider
Der Titanen Übermut?
Wer rettete vom Tode mich,
Von Sklaverei?
Hast du's nicht alles selbst vollendet,
Heilig glühend Herz?
Und glühtest, jung und gut,
Betrogen, Rettungsdank
Dem Schlafenden dadroben?

Ich dich ehren? Wofür?
Hast du die Schmerzen gelindert
Je des Beladenen?
Hast du die Tränen gestillet
Je des Geängsteten?
Hat nicht mich zum Manne
geschmiedet
Die allmächtige Zeit
Und das ewige Schicksal,
Meine Herrn und deine?

Wähntest du etwa,
Ich sollte das Leben hassen,
In Wüsten fliehn,
Weil nicht alle Knabenmorgen-
Blütenträume reiften?

Hier sitz' ich, forme Menschen
Nach meinem Bilde,
Ein Geschlecht, das mir gleich sei,
Zu leiden, weinen,
Genießen und zu freuen sich,
Und dein nicht zu achten,
Wie ich.

[H: 1777 (diese Fassung); D: 1785]

Ganymed

Wie im Morgenrot
Du rings mich anglühst,
Frühling, Geliebter!
Mit tausendfacher Liebeswonne
Sich an mein Herz drängt
Deiner ewigen Wärme
Heilig Gefühl,
Unendliche Schöne!

Daß ich dich fassen möcht'
In diesen Arm!

Ach, an deinem Busen
Lieg' ich, schmachte,
Und deine Blumen, dein Gras
Drängen sich an mein Herz.
Du kühlst den brennenden
Durst meines Busens,
Lieblicher Morgenwind,
Ruft drein die Nachtigall
Liebend nach mir aus dem Nebeltal.

Ich komme! Ich komme!
Wohin? Ach, wohin?

Hinauf, hinauf strebt's,
Es schweben die Wolken
Abwärts, die Wolken
Neigen sich der sehnenden Liebe,
Mir, mir!
In eurem Schoße
Aufwärts,
Umfangend umfangen!
Aufwärts
An deinem Busen,
Alliebender Vater!

[H: 1777 (diese Fassung); D: 1789]

Auf dem See

Und frische Nahrung, neues Blut
Saug' ich aus freier Welt;
Wie ist Natur so hold und gut,
Die mich am Busen hält!
Die Welle wieget unsern Kahn
Im Rudertakt hinauf,
Und Berge, wolkig himmelan,
Begegnen unserm Lauf.

Aug', mein Aug', was sinkst du nieder?
Goldne Träume, kommt ihr wieder?
Weg, du Traum, so gold du bist:
Hier auch Lieb' und Leben ist.

Auf der Welle blinken
Tausend schwebende Sterne,
Weiche Nebel trinken
Rings die türmende Ferne;
Morgenwind umflügelt
Die beschattete Bucht,
Und im See bespiegelt
Sich die reifende Frucht.

[E: 1775; H: im Schweizer Reisetagebuch mit Überschrift »15. Junius 1775, aufm Zürchersee«; D: 1789 (diese Fassung)]

Wandrers Nachtlied [I]

Der du von dem Himmel bist,
Alles Leid und Schmerzen stillest,
Den, der doppelt elend ist,
Doppelt mit Erquickung füllest,
Ach, ich bin des Treibens müde,
Was soll all der Schmerz und Lust?
Süßer Friede,
Komm, ach komm in meine Brust!

[E: 1776; D: 1780]

[Wandrers Nachtlied (II)]

Über allen Gipfeln
Ist Ruh,
In allen Wipfeln
Spürest du
Kaum einen Hauch;
Die Vögelein schweigen im Walde.
Warte nur, balde
Ruhest du auch.

[E: 1780; D: 1815]

An den Mond

Füllest wieder Busch und Tal
Still mit Nebelglanz,
Lösest endlich auch einmal
Meine Seele ganz;

Breitest über mein Gefild
Lindernd deinen Blick,
Wie des Freundes Auge mild
Über mein Geschick.

Jeden Nachklang fühlt mein Herz
Froh- und trüber Zeit,
Wandle zwischen Freud' und Schmerz
In der Einsamkeit.

Fließe, fließe, lieber Fluß!
Nimmer werd' ich froh,
So verrauschte Scherz und Kuß,
Und die Treue so.

Ich besaß es doch einmal,
Was so köstlich ist!
Daß man doch zu seiner Qual
Nimmer es vergißt!

Rausche, Fluß, das Tal entlang,
Ohne Rast und Ruh,
Rausche, flüstre meinem Sang
Melodien zu,

Wenn du in der Winternacht
Wütend überschwillst
Oder um die Frühlingspracht
Junger Knospen quillst.

Selig, wer sich vor der Welt
Ohne Haß verschließt,
Einen Freund am Busen hält
Und mit dem genießt,

Was, von Menschen nicht gewußt
Oder nicht bedacht,
Durch das Labyrinth der Brust
Wandelt in der Nacht.

[H: zwischen 1776 u. 1778;
D: 1789 (diese Fassung)]

Erlkönig

Wer reitet so spät durch Nacht und Wind?
Es ist der Vater mit seinem Kind;
Er hat den Knaben wohl in dem Arm,
Er faßt ihn sicher, er hält ihn warm. –

Mein Sohn, was birgst du so bang dein Gesicht? –
Siehst, Vater, du den Erlkönig nicht?
Den Erlenkönig mit Kron' und Schweif? –
Mein Sohn, es ist ein Nebelstreif. –

»Du liebes Kind, komm, geh mit mir!
Gar schöne Spiele spiel' ich mit dir;
Manch' bunte Blumen sind an dem Strand;
Meine Mutter hat manch' gülden Gewand.«

Mein Vater, mein Vater, und hörest du nicht,
Was Erlenkönig mir leise verspricht? –
Sei ruhig, bleibe ruhig, mein Kind!
In dürren Blättern säuselt der Wind. –

»Willst, feiner Knabe du mit mir gehn?
Meine Töchter sollen dich warten schön;
Meine Töchter führen den nächtlichen Reihn
Und wiegen und tanzen und singen dich ein.«

Mein Vater, mein Vater, und siehst du nicht dort
Erlkönigs Töchter am düstern Ort? –
Mein Sohn, mein Sohn, ich seh' es genau;
Es scheinen die alten Weiden so grau. –

»Ich liebe dich, mich reizt deine schöne Gestalt;
Und bist du nicht willig, so brauch' ich Gewalt.« –
Mein Vater, mein Vater, jetzt faßt er mich an!
Erlkönig hat mir ein Leids getan! –

Dem Vater grauset's, er reitet geschwind,
Er hält in Armen das ächzende Kind,
Erreicht den Hof mit Mühe und Not;
In seinen Armen das Kind war tot.

[1782]

Grenzen der Menschheit

Wenn der uralte
Heilige Vater
Mit gelassener Hand
Aus rollenden Wolken
Segnende Blitze
Über die Erde sät,
Küß ich den letzten
Saum seines Kleides,
Kindliche Schauer
Treu in der Brust.

Denn mit Göttern
Soll sich nicht messen
Irgendein Mensch.
Hebt er sich aufwärts
Und berührt
Mit dem Scheitel die Sterne,
Nirgends haften dann
Die unsichern Sohlen,
Und mit ihm spielen
Wolken und Winde.

Steht er mit festen,
Markigen Knochen
Auf der wohlgegründeten
Dauernden Erde,
Reicht er nicht auf,
Nur mit der Eiche
Oder der Rebe
Sich zu vergleichen.

Was unterscheidet
Götter von Menschen?
Daß viele Wellen
Vor jenen wandeln,
Ein ewiger Strom:
Uns hebt die Welle,
Verschlingt die Welle,
Und wir versinken.

Ein kleiner Ring
Begrenzt unser Leben,
Und viele Geschlechter
Reihen sich dauernd
An ihres Daseins
Unendliche Kette.

[E: um 1781; D: 1789]

Das Göttliche

Edel sei der Mensch,
Hilfreich und gut!
Denn das allein
Unterscheidet ihn
Von allen Wesen,
Die wir kennen.

Heil den unbekannten
Höhern Wesen,
Die wir ahnen!
Ihnen gleiche der Mensch;
Sein Beispiel lehr uns
Jene glauben.

Denn unfühlend
Ist die Natur:
Es leuchtet die Sonne
Über Bös' und Gute,
Und dem Verbrecher
Glänzen wie dem Besten
Der Mond und die Sterne.

Wind und Ströme,
Donner und Hagel
Rauschen ihren Weg
Und ergreifen
Vorüber eilend
Einen um den andern.

Auch so das Glück
Tappt unter die Menge,
Faßt bald des Knaben
Lockige Unschuld,
Bald auch den kahlen
Schuldigen Scheitel.

Nach ewigen, ehrnen
Großen Gesetzen
Müssen wir alle
Unseres Daseins
Kreise vollenden.

Nur allein der Mensch
Vermag das Unmögliche:
Er unterscheidet,
Wählet und richtet;
Er kann dem Augenblick
Dauer verleihen.

Er allein darf
Den Guten lohnen,
Den Bösen strafen,
Heilen und retten,
Alles Irrende, Schweifende
Nützlich verbinden.

Und wir verehren
Die Unsterblichen,
Als wären sie Menschen,
Täten im Großen,
Was der Beste im Kleinen
Tut oder möchte.

Der edle Mensch
Sei hilfreich und gut!
Unermüdet schaff er
Das Nützliche, Rechte,
Sei uns ein Vorbild
Jener geahneten Wesen!

[E: 1783; D: 1785]

Harfenspieler

Wer sich der Einsamkeit ergibt,
Ach! der ist bald allein;
Ein jeder lebt, ein jeder liebt
Und läßt ihn seiner Pein.

Ja! laßt mich meiner Qual!
Und kann ich nur einmal
Recht einsam sein,
Dann bin ich nicht allein.

Es schleicht ein Liebender lauschend sacht,
Ob seine Freundin allein?
So überschleicht bei Tag und Nacht
Mich Einsamen die Pein,
Mich Einsamen die Qual.
Ach, werd ich erst einmal
Einsam im Grabe sein,
Da läßt sie mich allein!

Aus: *Wilhelm Meisters Lehrjahre*

Mignon

Kennst du das Land, wo die Zitronen blühn,
Im dunkeln Laub die Gold-Orangen glühn,
Ein sanfter Wind vom blauen Himmel weht,
Die Myrte still und hoch der Lorbeer steht,
Kennst du es wohl?
Dahin! Dahin
Möcht ich mit dir, o mein Geliebter, ziehn.

Kennst du das Haus? Auf Säulen ruht sein Dach,
Es glänzt der Saal, es schimmert das Gemach,
Und Marmorbilder stehn und sehn mich an:
Was hat man dir, du armes Kind, getan?
Kennst du es wohl?
Dahin! Dahin
Möcht ich mit dir, o mein Beschützer, ziehn.

Aus: *Wilhelm Meisters Lehrjahre*

Kennst du den Berg und seinen Wolkensteg?
Das Maultier sucht im Nebel seinen Weg,
In Höhlen wohnt der Drachen alte Brut,
Es stürzt der Fels und über ihn die Flut;
Kennst du ihn wohl?
Dahin! Dahin
Geht unser Weg! o Vater, laß uns ziehn!

Aus: *Wilhelm Meisters Lehrjahre*

Nur wer die Sehnsucht kennt,
Weiß, was ich leide!
Allein und abgetrennt
Von aller Freude,
Seh ich ans Firmament
Nach jener Seite.

Ach! der mich liebt und kennt,
Ist in der Weite.
Es schwindelt mir, es brennt
Mein Eingeweide.
Nur wer die Sehnsucht kennt,
Weiß, was ich leide!

V

Froh empfind ich mich nun auf klassischem Boden begeistert;
Vor- und Mitwelt spricht lauter und reizender mir.
Hier befolg ich den Rat, durchblättre die Werke der Alten
Mit geschäftiger Hand, täglich mit neuem Genuß.
Aber die Nächte hindurch hält Amor mich anders beschäftigt;
Werd ich auch halb nur gelehrt, bin ich doch doppelt beglückt.
Und belehr ich mich nicht, indem ich des lieblichen Busens
Formen spähe, die Hand leite die Hüften hinab?
Dann versteh ich den Marmor erst recht; ich denk und vergleiche,
Sehe mit fühlendem Aug, fühle mit sehender Hand.
Raubt die Liebste denn gleich mir einige Stunden des Tages,
Gibt sie Stunden der Nacht mir zur Entschädigung hin.
Wird doch nicht immer geküßt, es wird vernünftig gesprochen;
Überfällt sie der Schlaf, lieg ich und denke mir viel.
Oftmals hab ich auch schon in ihren Armen gedichtet
Und des Hexameters Maß leise mit fingernder Hand
Ihr auf den Rücken gezählt. Sie atmet in lieblichem Schlummer,
Und es durchglühet ihr Hauch mir bis ins Tiefste die Brust.
Amor schüret die Lamp indes und denket der Zeiten,
Da er den nämlichen Dienst seinen Triumvirn getan.

Aus: *Römische Elegien*

[E: 1788–1790; D: 1795]

[*Triumvirn:* hier die drei römischen Liebeslyriker Catull, Tibull und Properz.]

Der Zauberlehrling

Hat der alte Hexenmeister
Sich doch einmal wegbegeben!
Und nun sollen seine Geister
Auch nach meinem Willen leben.
Seine Wort' und Werke
Merkt ich und den Brauch,
Und mit Geistesstärke
Tu ich Wunder auch.

Walle! walle
Manche Strecke,
Daß, zum Zwecke,
Wasser fließe
Und mit reichem, vollem Schwalle
Zu dem Bade sich ergieße.

Und nun komm, du alter Besen!
Nimm die schlechten Lumpenhüllen;
Bist schon lange Knecht gewesen:
Nun erfülle meinen Willen!
Auf zwei Beinen stehe,
Oben sei ein Kopf,
Eile nun und gehe
Mit dem Wassertopf!

Walle! walle
Manche Strecke,
Daß, zum Zwecke,
Wasser fließe
Und mit reichem, vollem Schwalle
Zu dem Bade sich ergieße.

Seht, er läuft zum Ufer nieder,
Wahrlich! ist schon an dem Flusse,
Und mit Blitzesschnelle wieder
Ist er hier mit raschem Gusse.
Schon zum zweiten Male!
Wie das Becken schwillt!
Wie sich jede Schale
Voll mit Wasser füllt!

Stehe! Stehe!
Denn wir haben
Deiner Gaben
Vollgemessen! –
Ach, ich merk es! Wehe! wehe!
Hab ich doch das Wort vergessen!

Ach, das Wort, worauf am Ende
Er das wird, was er gewesen.
Ach, er läuft und bringt behende!
Wärst du doch der alte Besen!
Immer neue Güsse
Bringt er schnell herein,
Ach! und hundert Flüsse
Stürzen auf mich ein.

Nein, nicht länger
Kann ichs lassen;
Will ihn fassen.
Das ist Tücke!
Ach! nun wird mir immer bänger!
Welche Miene! welche Blicke!

O, du Ausgeburt der Hölle!
Soll das ganze Haus ersaufen?
Seh ich über jede Schwelle
Doch schon Wasserströme laufen.
Ein verruchter Besen,
Der nicht hören will!
Stock, der du gewesen,
Steh doch wieder still!

Willsts am Ende
Gar nicht lassen?
Will dich fassen,
Will dich halten
Und das alte Holz behende
Mit dem scharfen Beile spalten.

Seht, da kommt er schleppend wieder!
Wie ich mich nur auf dich werfe,
Gleich, o Kobold, liegst du nieder;
Krachend trifft die glatte Schärfe.
Wahrlich! brav getroffen!
Seht, er ist entzwei!
Und nun kann ich hoffen,
Und ich atme frei!

Wehe! wehe!
Beide Teile
Stehn in Eile
Schon als Knechte
Völlig fertig in die Höhe!
Helft mir, ach! ihr hohen Mächte!

Und sie laufen! Naß und nässer
Wird's im Saal und auf den Stufen.
Welch entsetzliches Gewässer!
Herr und Meister! hör mich rufen! –
Ach, da kommt der Meister!
Herr, die Not ist groß!
Die ich rief, die Geister
Werd ich nun nicht los.

»In die Ecke,
Besen! Besen!
Seids gewesen.
Denn als Geister
Ruft euch nur, zu diesem Zwecke,
Erst hervor der alte Meister.«

Der Gott und die Bajadere

Indische Legende

Mahadöh, der Herr der Erde,
Kommt herab zum sechsten Mal,
Daß er unsersgleichen werde,
Mit zu fühlen Freud und Qual.
Er bequemt sich, hier zu wohnen,
Läßt sich alles selbst geschehn.
Soll er strafen oder schonen,
Muß er Menschen menschlich sehn.
Und hat er die Stadt sich als Wandrer betrachtet,
Die Großen belauert, auf Kleine geachtet,
Verläßt er sie abends, um weiter zu gehn.

Als er nun hinausgegangen,
Wo die letzten Häuser sind,
Sieht er, mit gemalten Wangen,
Ein verlornes schönes Kind.
Grüß dich, Jungfrau! – Dank der Ehre!
Wart, ich komme gleich hinaus –
Und wer bist du? – Bajadere,
Und dies ist der Liebe Haus.
Sie rührt sich, die Zimbeln zum Tanze zu schlagen,
Sie weiß sich so lieblich im Kreise zu tragen,
Sie neigt sich und biegt sich und reicht ihm den Strauß.

Schmeichelnd zieht sie ihn zur Schwelle,
Lebhaft ihn ins Haus hinein.
Schöner Fremdling, lampenhelle
Soll sogleich die Hütte sein.
Bist du müd, ich will dich laben,

Lindern deiner Füße Schmerz.
Was du willst, das sollst du haben,
Ruhe, Freuden oder Scherz.
Sie lindert geschäftig geheuchelte Leiden.
Der Göttliche lächelt; er siehet mit Freuden
Durch tiefes Verderben ein menschliches Herz.

Und er fordert Sklavendienste;
Immer heitrer wird sie nur,
Und des Mädchens frühe Künste
Werden nach und nach Natur.
Und so stellet auf die Blüte
Bald und bald die Frucht sich ein;
Ist Gehorsam im Gemüte,
Wird nicht fern die Liebe sein.
Aber, sie schärfer und schärfer zu prüfen,
Wählet der Kenner der Höhen und Tiefen
Lust und Entsetzen und grimmige Pein.

Und er küßt die bunten Wangen,
Und sie fühlt der Liebe Qual,
Und das Mädchen steht gefangen,
Und sie weint zum erstenmal;
Sinkt zu seinen Füßen nieder,
Nicht um Wollust noch Gewinst,
Ach! und die gelenken Glieder,
Sie versagen allen Dienst.
Und so zu des Lagers vergnüglicher Feier
Bereiten den dunklen behaglichen Schleier
Die nächtlichen Stunden, das schöne Gespinst.

Spät entschlummert unter Scherzen,
Früh erwacht nach kurzer Rast,
Findet sie an ihrem Herzen
Tot den vielgeliebten Gast.
Schreiend stürzt sie auf ihn nieder,
Aber nicht erweckt sie ihn;
Und man trägt die starren Glieder
Bald zur Flammengrube hin.
Sie höret die Priester, die Totengesänge,
Sie raset und rennet und teilet die Menge.
Wer bist du? Was drängt zu der Grube dich hin?

Bei der Bahre stürzt sie nieder,
Ihr Geschrei durchdringt die Luft:
Meinen Gatten will ich wieder!

Und ich such ihn in der Gruft.
Soll zu Asche mir zerfallen
Dieser Glieder Götterpracht?
Mein! er war es, mein vor allen!
Ach, nur Eine süße Nacht!
Es singen die Priester: Wir tragen die Alten,
Nach langem Ermatten und spätem Erkalten,
Wir tragen die Jugend, noch eh sie's gedacht.

Höre deiner Priester Lehre:
Dieser war dein Gatte nicht.
Lebst du doch als Bajadere,
Und so hast du keine Pflicht.
Nur dem Körper folgt der Schatten
In das stille Totenreich;
Nur die Gattin folgt dem Gatten:
Das ist Pflicht und Ruhm zugleich.
Ertöne, Drommete, zu heiliger Klage!
O nehmet, ihr Götter! die Zierde der Tage,
O nehmet den Jüngling in Flammen zu euch!

So das Chor, das ohn Erbarmen
Mehret ihres Herzens Not;
Und mit ausgestreckten Armen
Springt sie in den heißen Tod.
Doch der Götter-Jüngling hebet
Aus der Flamme sich empor,
Und in seinen Armen schwebet
Die Geliebte mit hervor.
Es freut sich die Gottheit der reuigen Sünder;
Unsterbliche heben verlorene Kinder
Mit feurigen Armen zum Himmel empor.

[1798]

[*Mahadöh:* Beiname Sivas, eines der drei höchsten indischen Götter.]

Nachtgesang

O gib, vom weichen Pfühle,
Träumend, ein halb Gehör!
Bei meinem Saitenspiele
Schlafe! Was willst du mehr?

Bei meinem Saitenspiele
Segnet der Sterne Heer
Die ewigen Gefühle;
Schlafe! Was willst du mehr?

Die ewigen Gefühle
Heben mich, hoch und hehr,
Aus irdischem Gewühle;
Schlafe! Was willst du mehr?

Vom irdischen Gewühle
Trennst du mich nur zu sehr,
Bannst mich in diese Kühle;
Schlafe! Was willst du mehr?

Bannst mich in diese Kühle,
Gibst nur im Traum Gehör.
Ach, auf dem weichen Pfühle
Schlafe! Was willst du mehr?

[1804]

Prooemion

Im Namen dessen, der Sich selbst erschuf!
Von Ewigkeit in schaffendem Beruf;
In Seinem Namen, der den Glauben schafft,
Vertrauen, Liebe, Tätigkeit und Kraft;
In Jenes Namen, der, so oft genannt,
Dem Wesen nach blieb immer unbekannt:

So weit das Ohr, so weit das Auge reicht,
Du findest nur Bekanntes, das Ihm gleicht,
Und deines Geistes höchster Feuerflug
Hat schon am Gleichnis, hat am Bild genug;
Es zieht dich an, es reißt dich heiter fort,
Und wo du wandelst, schmückt sich Weg und Ort;
Du zählst nicht mehr, berechnest keine Zeit,
Und jeder Schritt ist Unermeßlichkeit.

[1817]

[*Prooemion:* Vorwort (Einleitungsgedicht zum 1. Heft von Goethes Zeitschrift »Zur Naturwissenschaft überhaupt«).]

Was wär ein Gott, der nur von außen stieße,
Im Kreis das All am Finger laufen ließe!
Ihm ziemt's, die Welt im Innern zu bewegen,
Natur in Sich, Sich in Natur zu hegen,
So daß, was in Ihm lebt und webt und ist,
Nie Seine Kraft, nie Seinen Geist vermißt.

Im Innern ist ein Universum auch;
Daher der Völker löblicher Gebrauch,
Daß jeglicher das Beste, was er kennt,
Er Gott, ja seinen Gott benennt,
Ihm Himmel und Erden übergibt,
Ihn fürchtet und womöglich liebt.

[1815]

Aus: *West-östlicher Divan*

Selige Sehnsucht

Sagt es niemand, nur den Weisen,
Weil die Menge gleich verhöhnet,
Das Lebendge will ich preisen,
Das nach Flammentod sich sehnet.

In der Liebesnächte Kühlung,
Die dich zeugte, wo du zeugtest,
Überfällt dich fremde Fühlung,
Wenn die stille Kerze leuchtet.

Nicht mehr bleibest du umfangen
In der Finsternis Beschattung,
Und dich reißet neu Verlangen
Auf zu höherer Begattung.

Keine Ferne macht dich schwierig,
Kommst geflogen und gebannt,
Und zuletzt, des Lichts begierig,
Bist du, Schmetterling, verbrannt.

Und so lang du das nicht hast,
Dieses: Stirb und werde!
Bist du nur ein trüber Gast
Auf der dunklen Erde.

[E: 1814; D: 1817]

Gingo biloba

Dieses Baums Blatt, der von Osten
Meinem Garten anvertraut,
Gibt geheimen Sinn zu kosten,
Wie's den Wissenden erbaut.

Ist es Ein lebendig Wesen,
Das sich in sich selbst getrennt?
Sind es zwei, die sich erlesen,
Daß man sie als Eines kennt?

Solche Frage zu erwidern,
Fand ich wohl den rechten Sinn:
Fühlst du nicht an meinen Liedern,
Daß ich Eins und doppelt bin?

[E: 1815; D: 1819]

Urworte. Orphisch

ΔΑΙΜΩΝ, Dämon

Wie an dem Tag, der dich der Welt verliehen,
Die Sonne stand zum Gruße der Planeten,
Bist alsobald und fort und fort gediehen
Nach dem Gesetz, wonach du angetreten.
So mußt du sein, dir kannst du nicht entfliehen,
So sagten schon Sibyllen, so Propheten;
Und keine Zeit und keine Macht zerstückelt
Geprägte Form, die lebend sich entwickelt.

ΤΥΧΗ, Das Zufällige

Die strenge Grenze doch umgeht gefällig
Ein Wandelndes, das mit und um uns wandelt;
Nicht einsam bleibst du, bildest dich gesellig,
Und handelst wohl so, wie ein andrer handelt:
Im Leben ists bald hin-, bald widerfällig,
Es ist ein Tand und wird so durchgetandelt.
Schon hat sich still der Jahre Kreis geründet,
Die Lampe harrt der Flamme, die entzündet.

ΕΡΩΣ, Liebe

Die bleibt nicht aus! – Er stürzt vom Himmel nieder,
Wohin er sich aus alter Öde schwang,
Er schwebt heran auf luftigem Gefieder
Um Stirn und Brust den Frühlingstag entlang,
Scheint jetzt zu fliehn, vom Fliehen kehrt er wieder:
Da wird ein Wohl im Weh, so süß und bang.
Gar manches Herz verschwebt im Allgemeinen,
Doch widmet sich das edelste dem Einen.

ΑΝΑΓΚΗ, Nötigung

Da ists denn wieder, wie die Sterne wollten:
Bedingung und Gesetz; und aller Wille
Ist nur ein Wollen, weil wir eben sollten,
Und vor dem Willen schweigt die Willkür stille;
Das Liebste wird vom Herzen weggescholten,
Dem harten Muß bequemt sich Will und Grille.
So sind wir scheinfrei denn nach manchen Jahren
Nur enger dran, als wir am Anfang waren.

ΕΛΠΙΣ, *Hoffnung*

Doch solcher Grenze, solcher ehrnen Mauer
Höchst widerwärtge Pforte wird entriegelt,
Sie stehe nur mit alter Felsendauer!
Ein Wesen regt sich leicht und ungezügelt:
Aus Wolkendecke, Nebel, Regenschauer
Erhebt sie uns, mit ihr, durch sie beflügelt,
Ihr kennt sie wohl, sie schwärmt durch alle Zonen;
Ein Flügelschlag – und hinter uns Äonen!

[1820]

Eins und Alles

Im Grenzenlosen sich zu finden,
Wird gern der einzelne verschwinden,
Da löst sich aller Überdruß;
Statt heißem Wünschen, wildem Wollen,
Statt lästgem Fordern, strengem Sollen,
Sich aufzugeben ist Genuß.

Weltseele, komm, uns zu durchdringen!
Dann mit dem Weltgeist selbst zu ringen,
Wird unsrer Kräfte Hochberuf.
Teilnehmend führen gute Geister,
Gelinde leitend höchste Meister
Zu dem, der alles schafft und schuf.

Und umzuschaffen das Geschaffne,
Damit sichs nicht zum Starren waffne,
Wirkt ewiges, lebendiges Tun.
Und was nicht war, nun will es werden
Zu reinen Sonnen, farbigen Erden;
In keinem Falle darf es ruhn.

Es soll sich regen, schaffend handeln,
Erst sich gestalten, dann verwandeln;
Nur scheinbar steht's Momente still.
Das Ewige regt sich fort in allen:
Denn alles muß in Nichts zerfallen,
Wenn es im Sein beharren will.

[1823]

Vermächtnis

Kein Wesen kann zu nichts zerfallen!
Das Ewge regt sich fort in allen,
Am Sein erhalte dich beglückt!
Das Sein ist ewig: denn Gesetze
Bewahren die lebendgen Schätze,
Aus welchen sich das All geschmückt.

Das Wahre war schon längst gefunden,
Hat edle Geisterschaft verbunden;
Das alte Wahre, faß es an!
Verdank es, Erdensohn, dem Weisen,
Der ihr, die Sonne zu umkreisen,
Und dem Geschwister wies die Bahn.

Sofort nun wende dich nach innen:
Das Zentrum findest du da drinnen,
Woran kein Edler zweifeln mag.
Wirst keine Regel da vermissen:
Denn das selbständige Gewissen
Ist Sonne deinem Sittentag.

Den Sinnen hast du dann zu trauen,
Kein Falsches lassen sie dich schauen,
Wenn dein Verstand dich wach erhält.
Mit frischem Blick bemerke freudig
Und wandle, sicher wie geschmeidig,
Durch Auen reichbegabter Welt.

Genieße mäßig Füll und Segen;
Vernunft sei überall zugegen,
Wo Leben sich des Lebens freut.
Dann ist Vergangenheit beständig,
Das Künftige voraus lebendig,
Der Augenblick ist Ewigkeit.

Und war es endlich dir gelungen,
Und bist du vom Gefühl durchdrungen:
Was fruchtbar ist, allein ist wahr, –
Du prüfst das allgemeine Walten,
Es wird nach seiner Weise schalten,
Geselle dich zur kleinsten Schar.

Und wie von alters her im stillen
Ein Liebewerk nach eignem Willen
Der Philosoph, der Dichter schuf,
So wirst du schönste Gunst erzielen:
Denn edlen Seelen vorzufühlen
Ist wünschenswertester Beruf.

[1829]

Trilogie der Leidenschaft

An Werther

Noch einmal wagst du, vielbeweinter Schatten,
Hervor dich an das Tageslicht,
Begegnest mir auf neu beblümten Matten,
Und meinen Anblick scheust du nicht.
Es ist, als ob du lebtest in der Frühe,
Wo uns der Tau auf Einem Feld erquickt
Und nach des Tages unwillkommner Mühe
Der Scheidesonne letzter Strahl entzückt;
Zum Bleiben ich, zum Scheiden du erkoren,
Gingst du voran – und hast nicht viel verloren.

Des Menschen Leben scheint ein herrlich Los:
Der Tag wie lieblich, so die Nacht wie groß!
Und wir, gepflanzt in Paradieses Wonne,
Genießen kaum der hocherlauchten Sonne,
Da kämpft sogleich verworrene Bestrebung
Bald mit uns selbst und bald mit der Umgebung;
Keins wird vom andern wünschenswert ergänzt,
Von außen düstert's, wenn es innen glänzt,
Ein glänzend Äußres deckt ein trüber Blick,
Da steht es nah – und man verkennt das Glück.

Nun glauben wir's zu kennen! Mit Gewalt
Ergreift uns Liebreiz weiblicher Gestalt:
Der Jüngling, froh wie in der Kindheit Flor,
Im Frühling tritt als Frühling selbst hervor,
Entzückt, erstaunt, wer dies ihm angetan?
Er schaut umher, die Welt gehört ihm an.
Ins Weite zieht ihn unbefangne Hast,
Nichts engt ihn ein, nicht Mauer, nicht Palast;
Wie Vögelschar an Wäldergipfeln streift,
So schwebt auch er, der um die Liebste schweift,
Er sucht vom Äther, den er gern verläßt,
Den treuen Blick, und dieser hält ihn fest.

Doch erst zu früh und dann zu spät gewarnt,
Fühlt er den Flug gehemmt, fühlt sich umgarnt.
Das Wiedersehn ist froh, das Scheiden schwer,
Das Wieder-Wiedersehn beglückt noch mehr,
Und Jahre sind im Augenblick ersetzt;
Doch tückisch harrt das Lebewohl zuletzt.

Du lächelst, Freund, gefühlvoll, wie sich ziemt:
Ein gräßlich Scheiden machte dich berühmt;
Wir feierten dein kläglich Mißgeschick,
Du ließest uns zu Wohl und Weh zurück.
Dann zog uns wieder ungewisse Bahn
Der Leidenschaften labyrinthisch an;
Und wir, verschlungen wiederholter Not,
Dem Scheiden endlich – Scheiden ist der Tod!
Wie klingt es rührend, wenn der Dichter singt,
Den Tod zu meiden, den das Scheiden bringt!
Verstrickt in solche Qualen, halbverschuldet,
Geb ihm ein Gott zu sagen, was er duldet.

[E: März 1824]

[*Werther:* Goethes Roman »Die Leiden des jungen Werthers« war 1774 erschienen. Der Leipziger Verlag Weygand, der die Erstausgabe verlegt hatte, plante für 1824 eine Sonderausgabe zum 50jährigen Jubiläum und bat Goethe um ein Vorwort; daher seine neue Beschäftigung mit dem »Werther«.]

Elegie

Und wenn der Mensch in seiner Qual verstummt,
Gab mir ein Gott zu sagen, was ich leide.

Was soll ich nun vom Wiedersehen hoffen,
Von dieses Tages noch geschloßner Blüte?
Das Paradies, die Hölle steht dir offen;
Wie wankelsinnig regt sich's im Gemüte! –
Kein Zweifeln mehr! Sie tritt ans Himmelstor,
Zu ihren Armen hebt sie dich empor.

So warst du denn im Paradies empfangen,
Als wärst du wert des ewig schönen Lebens;
Dir blieb kein Wunsch, kein Hoffen, kein Verlangen,
Hier war das Ziel des innigsten Bestrebens,
Und in dem Anschaun dieses einzig Schönen
Versiegte gleich der Quell sehnsüchtiger Tränen.

Wie regte nicht der Tag die raschen Flügel,
Schien die Minuten vor sich her zu treiben!
Der Abendkuß, ein treu verbindlich Siegel:
So wird es auch der nächsten Sonne bleiben.
Die Stunden glichen sich in zartem Wandern
Wie Schwestern zwar, doch keine ganz den andern.

Der Kuß, der letzte, grausam süß, zerschneidend
Ein herrliches Geflecht verschlungner Minnen.
Nun eilt, nun stockt der Fuß, die Schwelle meidend,
Als trieb' ein Cherub flammend ihn von hinnen;
Das Auge starrt auf düstrem Pfad verdrossen,
Es blickt zurück, die Pforte steht verschlossen.

Und nun verschlossen in sich selbst, als hätte
Dies Herz sich nie geöffnet, selige Stunden
Mit jedem Stern des Himmels um die Wette
An ihrer Seite leuchtend nicht empfunden;
Und Mißmut, Reue, Vorwurf, Sorgenschwere
Belasten's nun in schwüler Atmosphäre.

Ist denn die Welt nicht übrig? Felsenwände,
Sind sie nicht mehr gekrönt von heiligen Schatten?
Die Ernte, reift sie nicht? Ein grün Gelände,
Zieht sich's nicht hin am Fluß durch Busch und Matten?
Und wölbt sich nicht das überweltlich Große,
Gestaltenreiche, bald Gestaltenlose?

Wie leicht und zierlich, klar und zart gewoben
Schwebt, seraphgleich, aus ernster Wolken Chor,
Als glich' es ihr, am blauen Äther droben
Ein schlank Gebild aus lichtem Duft empor!
So sahst du sie in frohem Tanze walten,
Die lieblichste der lieblichsten Gestalten.

Doch nur Momente darfst dich unterwinden,
Ein Luftgebild statt ihrer festzuhalten;
Ins Herz zurück! dort wirst du's besser finden,
Dort regt sie sich in wechselnden Gestalten:
Zu vielen bildet Eine sich hinüber,
So tausendfach und immer, immer lieber.

Wie zum Empfang sie an den Pforten weilte
Und mich von dannauf stufenweis beglückte,
Selbst nach dem letzten Kuß mich noch ereilte,
Den letztesten mir auf die Lippen drückte:
So klar beweglich bleibt das Bild der Lieben
Mit Flammenschrift ins treue Herz geschrieben,

Ins Herz, das fest, wie zinnenhohe Mauer,
Sich ihr bewahrt und sie in sich bewahret,
Für sie sich freut an seiner eignen Dauer,
Nur weiß von sich, wenn sie sich offenbaret,
Sich freier fühlt in so geliebten Schranken
Und nur noch schlägt, für alles ihr zu danken.

War Fähigkeit zu lieben, war Bedürfen
Von Gegenliebe weggelöscht, verschwunden,
Ist Hoffnungslust zu freudigen Entwürfen,
Entschlüssen, rascher Tat sogleich gefunden!
Wenn Liebe je den Liebenden begeistet,
Ward es an mir aufs lieblichste geleistet;

Und zwar durch sie! – Wie lag ein innres Bangen
Auf Geist und Körper, unwillkommner Schwere:
Von Schauerbildern rings der Blick umfangen
Im wüsten Raum beklommner Herzensleere;
Nun dämmert Hoffnung von bekannter Schwelle,
Sie selbst erscheint in milder Sonnenhelle.

Dem Frieden Gottes, welcher euch hienieden
Mehr als Vernunft beseliget – wir lesen's –,
Vergleich ich wohl der Liebe heitern Frieden
In Gegenwart des allgeliebten Wesens;

Da ruht das Herz, und nichts vermag zu stören
Den tiefsten Sinn, den Sinn: ihr zu gehören.

In unsers Busens Reine wogt ein Streben,
Sich einem Höhern, Reinern, Unbekannten
Aus Dankbarkeit freiwillig hinzugeben,
Enträtselnd sich den ewig Ungenannten;
Wir heißen's: fromm sein! – Solcher seligen Höhe
Fühl ich mich teilhaft, wenn ich vor ihr stehe.

Vor ihrem Blick, wie vor der Sonne Walten,
Vor ihrem Atem, wie vor Frühlingslüften,
Zerschmilzt, so längst sich eisig starr gehalten,
Der Selbstsinn tief in winterlichen Grüften;
Kein Eigennutz, kein Eigenwille dauert,
Vor ihrem Kommen sind sie weggeschauert.

Es ist, als wenn sie sagte: »Stund um Stunde
Wird uns das Leben freundlich dargeboten.
Das Gestrige ließ uns geringe Kunde,
Das Morgende – zu wissen ist's verboten;
Und wenn ich je mich vor dem Abend scheute,
Die Sonne sank und sah noch, was mich freute.

Drum tu wie ich und schaue, froh verständig,
Dem Augenblick ins Auge! Kein Verschieben!
Begegn' ihm schnell, wohlwollend wie lebendig,
Im Handeln sei's, zur Freude, sei's dem Lieben.
Nur wo du bist, sei alles, immer kindlich,
So bist du alles, bist unüberwindlich.«

Du hast gut reden, dacht ich: zum Geleite
Gab dir ein Gott die Gunst des Augenblickes,
Und jeder fühlt an deiner holden Seite
Sich augenblicks den Günstling des Geschickes;
Mich schreckt der Wink, von dir mich zu entfernen –
Was hilft es mir, so hohe Weisheit lernen!

Nun bin ich fern! Der jetzigen Minute,
Was ziemt denn der? Ich wüßt es nicht zu sagen;
Sie bietet mir zum Schönen manches Gute,
Das lastet nur, ich muß mich ihm entschlagen.
Mich treibt umher ein unbezwinglich Sehnen,
Da bleibt kein Rat als grenzenlose Tränen.

So quellt denn fort und fließet unaufhaltsam!
Doch nie geläng's, die innre Glut zu dämpfen!
Schon rast's und reißt in meiner Brust gewaltsam,
Wo Tod und Leben grausend sich bekämpfen.
Wohl Kräuter gäb's, des Körpers Qual zu stillen;
Allein dem Geist fehlt's am Entschluß und Willen,

Fehlt's am Begriff: wie sollt' er sie vermissen?
Er wiederholt ihr Bild zu tausendmalen.
Das zaudert bald, bald wird es weggerissen,
Undeutlich jetzt und jetzt im reinsten Strahlen;
Wie könnte dies geringstem Troste frommen,
Die Ebb und Flut, das Gehen wie das Kommen?

Verlaßt mich hier, getreue Weggenossen!
Laßt mich allein am Fels, in Moor und Moos;
Nur immer zu! Euch ist die Welt erschlossen,
Die Erde weit, der Himmel hehr und groß;
Betrachtet, forscht, die Einzelheiten sammelt,
Naturgeheimnis werde nachgestammelt.

Mir ist das All, ich bin mir selbst verloren,
Der ich noch erst den Göttern Liebling war;
Sie prüften mich, verliehen mir Pandoren,
So reich an Gütern, reicher an Gefahr;
Sie drängten mich zum gabeseligen Munde,
Sie trennen mich – und richten mich zugrunde.

[E: September 1823]

[Motto: aus Goethes Drama »Torquato Tasso«, Vers 3432 f.; dort heißt es jedoch: »wie ich leide«.]

Aussöhnung

Die Leidenschaft bringt Leiden! – Wer beschwichtigt,
Beklommnes Herz, dich, das zu viel verloren?
Wo sind die Stunden, überschnell verflüchtigt?
Vergebens war das Schönste dir erkoren!
Trüb ist der Geist, verworren das Beginnen;
Die hehre Welt, wie schwindet sie den Sinnen!

Da schwebt hervor Musik mit Engelsschwingen,
Verflicht zu Millionen Tön um Töne,
Des Menschen Wesen durch und durch zu dringen,

Zu überfüllen ihn mit ewger Schöne:
Das Auge netzt sich, fühlt im höhern Sehnen
Den Götterwert der Töne wie der Tränen.

Und so das Herz erleichtert merkt behende,
Daß es noch lebt und schlägt und möchte schlagen,
Zum reinsten Dank der überreichen Spende
Sich selbst erwidernd willig darzutragen.
Da fühlte sich – o daß es ewig bliebe! –
Das Doppelglück der Töne wie der Liebe.

[E: August 1823; D der Trilogie: 1827]

[Bei Betrachtung von Schillers Schädel]

Im ernsten Beinhaus war's, wo ich beschaute,
Wie Schädel Schädeln angeordnet paßten;
Die alte Zeit gedacht ich, die ergraute.
Sie stehn in Reih geklemmt, die sonst sich haßten,
Und derbe Knochen, die sich tödlich schlugen,
Sie liegen kreuzweis, zahm allhier zu rasten.
Entrenkte Schulterblätter! was sie trugen,
Fragt niemand mehr, und zierlich tätge Glieder,
Die Hand, der Fuß, zerstreut aus Lebensfugen.
Ihr Müden also lagt vergebens nieder,
Nicht Ruh im Grabe ließ man euch, vertrieben
Seid ihr herauf zum lichten Tage wieder,
Und niemand kann die dürre Schale lieben,
Welch herrlich edlen Kern sie auch bewahrte.
Doch mir Adepten war die Schrift geschrieben,
Die heilgen Sinn nicht jedem offenbarte,
Als ich inmitten solcher starren Menge
Unschätzbar herrlich ein Gebild gewahrte,
Daß in des Raumes Moderkält und Enge
Ich frei und wärmefühlend mich erquickte,
Als ob ein Lebensquell dem Tod entspränge.
Wie mich geheimnisvoll die Form entzückte!
Die gottgedachte Spur, die sich erhalten!
Ein Blick, der mich an jenes Meer entrückte,
Das flutend strömt gesteigerte Gestalten.
Geheim Gefäß! Orakelsprüche spendend,
Wie bin ich wert, dich in der Hand zu halten,
Dich höchsten Schatz aus Moder fromm entwendend
Und in die freie Luft, zu freiem Sinnen,

Zum Sonnenlicht andächtig hin mich wendend.
Was kann der Mensch im Leben mehr gewinnen,
Als daß sich Gott-Natur ihm offenbare?
Wie sie das Feste läßt zu Geist verrinnen,
Wie sie das Geisterzeugte fest bewahre.

[E: 1826; D: 1829]

Dem aufgehenden Vollmonde

Dornburg, 25. August 1828

Willst du mich sogleich verlassen?
Warst im Augenblick so nah!
Dich umfinstern Wolkenmassen,
Und nun bist du gar nicht da.

Doch du fühlst, wie ich betrübt bin,
Blickt dein Rand herauf als Stern!
Zeugest mir, daß ich geliebt bin,
Sei das Liebchen noch so fern.

So hinan denn! hell und heller,
Reiner Bahn, in voller Pracht!
Schlägt mein Herz auch schmerzlich schneller,
Überselig ist die Nacht.

[D: 1833]

Dornburg, September 1828

Früh, wenn Tal, Gebirg und Garten
Nebelschleiern sich enthüllen
Und dem sehnlichsten Erwarten
Blumenkelche bunt sich füllen,

Wenn der Äther, Wolken tragend,
Mit dem klaren Tage streitet,
Und ein Ostwind, sie verjagend,
Blaue Sonnenbahn bereitet,

Dankst du dann, am Blick dich weidend,
Reiner Brust der Großen, Holden,
Wird die Sonne, rötlich scheidend,
Rings den Horizont vergolden.

[D: 1833]

FRIEDRICH SCHILLER

1759–1805

An die Freude

Freude, schöner Götterfunken,
  Tochter aus Elysium,
Wir betreten feuertrunken
  Himmlische, dein Heiligtum.
Deine Zauber binden wieder,
  Was der Mode Schwert geteilt;
Bettler werden Fürstenbrüder,
  Wo dein sanfter Flügel weilt.

Chor
  Seid umschlungen, Millionen!
    Diesen Kuß der ganzen Welt!
    Brüder – überm Sternenzelt
  Muß ein lieber Vater wohnen.

Wem der große Wurf gelungen,
  Eines Freundes Freund zu sein;
Wer ein holdes Weib errungen,
  Mische seinen Jubel ein!
Ja – wer auch nur *eine* Seele
  Sein nennt auf dem Erdenrund!
Und wers nie gekonnt, der stehle
  Weinend sich aus diesem Bund!

Chor
  Was den großen Ring bewohnet,
    Huldige der Sympathie!
    Zu den Sternen leitet sie
  Wo der *Unbekannte* thronet.

Freude trinken alle Wesen
  An den Brüsten der Natur,
Alle Guten, alle Bösen
  Folgen ihrer Rosenspur.
Küsse gab sie *uns* und *Reben*,
  Einen Freund, geprüft im Tod.
Wollust ward dem Wurm gegeben,
  Und der Cherub steht vor Gott.

Chor
  Ihr stürzt nieder, Millionen?
    Ahndest du den Schöpfer, Welt?
    Such ihn überm Sternenzelt,
  Über Sternen muß er wohnen.

Freude heißt die starke Feder
  In der ewigen Natur.
Freude, Freude treibt die Räder
  In der großen Weltenuhr.
Blumen lockt sie aus den Keimen,
  Sonnen aus dem Firmament,
Sphären rollt sie in den Räumen,
  Die des Sehers Rohr nicht kennt.

Chor
  Froh, wie seine Sonnen fliegen,
    Durch des Himmels prächtgen Plan,
    Laufet, Brüder, eure Bahn,
  Freudig wie ein Held zum Siegen.

Aus der Wahrheit Feuerspiegel
  Lächelt *sie* den Forscher an.
Zu der Tugend steilem Hügel
  Leitet *sie* des Dulders Bahn.
Auf des Glaubens Sonnenberge
  Sieht man *ihre* Fahnen wehn,
Durch den Riß gesprengter Särge
  Sie im Chor der Engel stehn.

Chor
  Duldet mutig, Millionen!
    Duldet für die beßre Welt!
    Droben überm Sternenzelt
  Wird ein großer Gott belohnen.

Göttern kann man nicht vergelten,
  Schön ists, ihnen gleich zu sein.
Gram und Armut soll sich melden,
  Mit den Frohen sich erfreun.
Groll und Rache sei vergessen,
  Unserm Todfeind sei verziehn,
Keine Träne soll ihn pressen,
  Keine Reue nage ihn.

CHOR
  Unser Schuldbuch sei vernichtet!
    Ausgesöhnt die ganze Welt!
    Brüder – überm Sternenzelt
  Richtet Gott, wie wir gerichtet.

Freude sprudelt in Pokalen,
  In der Traube goldnem Blut
Trinken Sanftmut Kannibalen,
  Die Verzweiflung Heldenmut – –
Brüder, fliegt von euren Sitzen,
  Wenn der volle Römer kreist,
Laßt den Schaum zum Himmel sprützen:
  Dieses Glas dem guten Geist.

CHOR
  Den der Sterne Wirbel loben,
    Den des Seraphs Hymne preist,
    Dieses Glas dem guten Geist
  Überm Sternenzelt dort oben!

Festen Mut in schwerem Leiden,
  Hülfe, wo die Unschuld weint,
Ewigkeit geschwornen Eiden,
  Wahrheit gegen Freund und Feind,
Männerstolz vor Königsthronen –
  Brüder, gält es Gut und Blut, –
Dem Verdienste seine Kronen,
  Untergang der Lügenbrut!

CHOR
  Schließt den heilgen Zirkel dichter,
    Schwört bei diesem goldnen Wein:
    Dem Gelübde treu zu sein,
  Schwört es bei dem Sternenrichter!

Rettung von Tyrannenketten,
  Großmut auch dem Bösewicht,
Hoffnung auf den Sterbebetten,
  Gnade auf dem Hochgericht!
Auch die Toten sollen leben!
  Brüder trinkt und stimmet ein,
Allen Sündern soll vergeben,
  Und die Hölle nicht mehr sein.

CHOR
  Eine heitre Abschiedsstunde!
    Süßen Schlaf im Leichentuch!
    Brüder – einen sanften Spruch
  Aus des Totenrichters Munde!

[1786]

Das Ideal und das Leben

Ewigklar und spiegelrein und eben
Fließt das zephirleichte Leben
Im Olymp den Seligen dahin.
Monde wechseln und Geschlechter fliehen,
Ihrer Götterjugend Rosen blühen
Wandellos im ewigen Ruin.
Zwischen Sinnenglück und Seelenfrieden
Bleibt dem Menschen nur die bange Wahl;
Auf der Stirn des hohen Uraniden
Leuchtet ihr vermählter Strahl.

Wollt ihr schon auf Erden Göttern gleichen,
Frei sein in des Todes Reichen,
Brechet nicht von seines Gartens Frucht.
An dem Scheine mag der Blick sich weiden,
Des Genusses wandelbare Freuden
Rächet schleunig der Begierde Flucht.
Selbst der Styx, der neunfach sie umwindet,
Wehrt die Rückkehr Ceres' Tochter nicht,
Nach dem Apfel greift sie, und es bindet
Ewig sie des Orkus Pflicht.

Nur der Körper eignet jenen Mächten,
Die das dunkle Schicksal flechten,
Aber frei von jeder Zeitgewalt,
Die Gespielin seliger Naturen
Wandelt oben in des Lichtes Fluren
Göttlich unter Göttern, die *Gestalt.*
Wollt ihr hoch auf ihren Flügeln schweben,
Werft die Angst des Irdischen von euch,
Fliehet aus dem engen, dumpfen Leben
In des Ideales Reich!

Jugendlich, von allen Erdenmalen
Frei, in der Vollendung Strahlen
Schwebet hier der Menschheit Götterbild,
Wie des Lebens schweigende Phantome
Glänzend wandeln an dem stygschen Strome,
Wie sie stand im himmlischen Gefild,
Ehe noch zum traurgen Sarkophage
Die Unsterbliche herunterstieg.
Wenn im Leben noch des Kampfes Waage
Schwankt, erscheinet hier der Sieg.

Nicht vom Kampf die Glieder zu entstricken,
Den Erschöpften zu erquicken,
Wehet hier des Sieges duftger Kranz.
Mächtig, selbst wenn eure Sehnen ruhten,
Reißt das Leben euch in seine Fluten,
Euch die Zeit in ihren Wirbeltanz.
Aber sinkt des Mutes kühner Flügel
Bei der Schranken peinlichem Gefühl,
Dann erblicket von der Schönheit Hügel
Freudig das erflogne Ziel.

Wenn es gilt, zu herrschen und zu schirmen,
Kämpfer gegen Kämpfer stürmen

Auf des Glückes, auf des Ruhmes Bahn,
Da mag Kühnheit sich an Kraft zerschlagen,
Und mit krachendem Getös die Wagen
Sich vermengen auf bestäubtem Plan.
Mut allein kann hier den Dank erringen,
Der am Ziel des Hippodromes winkt,
Nur der Starke wird das Schicksal zwingen,
Wenn der Schwächling untersinkt.

Aber der, von Klippen eingeschlossen,
Wild und schäumend sich ergossen,
Sanft und eben rinnt des Lebens Fluß
Durch der Schönheit stille Schattenlande,
Und auf seiner Wellen Silberrande
Malt Aurora sich und Hesperus.
Aufgelöst in zarter Wechselliebe,
In der Anmut freiem Bund vereint,
Ruhen hier die ausgesöhnten Triebe,
Und verschwunden ist der Feind.

Wenn, das Tote bildend zu beseelen,
Mit dem Stoff sich zu vermählen,
Tatenvoll der Genius entbrennt,
Da, da spanne sich des Fleißes Nerve,
Und beharrlich ringend unterwerfe
Der Gedanke sich das Element.
Nur dem Ernst, den keine Mühe bleichet,
Rauscht der Wahrheit tief versteckter Born,
Nur des Meißels schwerem Schlag erweichet
Sich des Marmors sprödes Korn.

Aber dringt bis in der Schönheit Sphäre,
Und im Staube bleibt die Schwere
Mit dem Stoff, den sie beherrscht, zurück.
Nicht der Masse qualvoll abgerungen,
Schlank und leicht, wie aus dem Nichts gesprungen,
Steht das Bild vor dem entzückten Blick.
Alle Zweifel, alle Kämpfe schweigen
In des Sieges hoher Sicherheit,
Ausgestoßen hat es jeden Zeugen
Menschlicher Bedürftigkeit.

Wenn ihr in der Menschheit traurger Blöße
Steht vor des Gesetzes Größe,
Wenn dem Heiligen die Schuld sich naht,
Da erblasse vor der Wahrheit Strahle

Eure Tugend, vor dem Ideale
Fliehe mutlos die beschämte Tat.
Kein Erschaffner hat dies Ziel erflogen,
Über diesen grauenvollen Schlund
Trägt kein Nachen, keiner Brücke Bogen,
Und kein Anker findet Grund.

Aber flüchtet aus der Sinne Schranken
In die Freiheit der Gedanken,
Und die Furchterscheinung ist entflohn,
Und der ewge Abgrund wird sich füllen;
Nehmt die Gottheit auf in euren Willen,
Und sie steigt von ihrem Weltenthron.
Des Gesetzes strenge Fessel bindet
Nur den Sklavensinn, der es verschmäht,
Mit des Menschen Widerstand verschwindet
Auch des Gottes Majestät.

Wenn der Menschheit Leiden euch umfangen,
Wenn Laokoon der Schlangen
Sich erwehrt mit namenlosem Schmerz,
Da empöre sich der Mensch! Es schlage
An des Himmels Wölbung seine Klage
Und zerreiße euer fühlend Herz!
Der Natur furchtbare Stimme siege,
Und der Freude Wange werde bleich,
Und der heilgen Sympathie erliege
Das Unsterbliche in euch!

Aber in den heitern Regionen,
Wo die reinen Formen wohnen,
Rauscht des Jammers trüber Sturm nicht mehr.
Hier darf Schmerz die Seele nicht durchschneiden,
Keine Träne fließt hier mehr dem Leiden,
Nur des Geistes tapfrer Gegenwehr.
Lieblich, wie der Iris Farbenfeuer
Auf der Donnerwolke duftgem Tau,
Schimmert durch der Wehmut düstern Schleier
Hier der Ruhe heitres Blau.

Tief erniedrigt zu des Feigen Knechte,
Ging in ewigem Gefechte
Einst Alcid des Lebens schwere Bahn,
Rang mit Hydern und umarmt' den Leuen,
Stürzte sich, die Freunde zu befreien,
Lebend in des Totenschiffers Kahn.

Alle Plagen, alle Erdenlasten
Wälzt der unversöhnten Göttin List
Auf die willgen Schultern des Verhaßten,
Bis sein Lauf geendigt ist –

Bis der Gott, des Irdischen entkleidet,
Flammend sich vom Menschen scheidet
Und des Äthers leichte Lüfte trinkt.
Froh des neuen, ungewohnten Schwebens,
Fließt er aufwärts, und des Erdenlebens
Schweres Traumbild sinkt und sinkt und sinkt.
Des Olympus Harmonien empfangen
Den Verklärten in Kronions Saal,
Und die Göttin mit den Rosenwangen
Reicht ihm lächelnd den Pokal.

[1795]

[*die Göttin mit den Rosenwangen:* Hebe, Göttin der Jugendschönheit, Tochter des Zeus.]

Das Mädchen aus der Fremde

In einem Tal bei armen Hirten
Erschien mit jedem jungen Jahr,
Sobald die ersten Lerchen schwirrten,
Ein Mädchen, schön und wunderbar.

Sie war nicht in dem Tal geboren,
Man wußte nicht, woher sie kam,
Und schnell war ihre Spur verloren,
Sobald das Mädchen Abschied nahm.

Beseligend war ihre Nähe,
Und alle Herzen wurden weit,
Doch eine Würde, eine Höhe
Entfernte die Vertraulichkeit.

Sie brachte Blumen mit und Früchte,
Gereift auf einer andern Flur,
In einem andern Sonnenlichte,
In einer glücklichern Natur.

Und teilte jedem eine Gabe,
Dem Früchte, jenem Blumen aus,
Der Jüngling und der Greis am Stabe,
Ein jeder ging beschenkt nach Haus.

Willkommen waren alle Gäste,
Doch nahte sich ein liebend Paar,
Dem reichte sie der Gaben beste,
Der Blumen allerschönste dar.

Die Kraniche des Ibykus

Zum Kampf der Wagen und Gesänge,
Der auf Korinthus' Landesenge
Der Griechen Stämme froh vereint,
Zog Ibykus, der Götterfreund.
Ihm schenkte des Gesanges Gabe,
Der Lieder süßen Mund Apoll,
So wandert' er, an leichtem Stabe,
Aus Rhegium, des Gottes voll.

Schon winkt auf hohem Bergesrücken
Akrokorinth des Wandrers Blicken,
Und in Poseidons Fichtenhain
Tritt er mit frommem Schauder ein.
Nichts regt sich um ihn her, nur Schwärme
Von Kranichen begleiten ihn,
Die fernhin nach des Südens Wärme
In graulichtem Geschwader ziehn.

»Seid mir gegrüßt, befreundte Scharen!
Die mir zur See Begleiter waren,
Zum guten Zeichen nehm ich euch,
Mein Los, es ist dem euren gleich.
Von fernher kommen wir gezogen
Und flehen um ein wirtlich Dach.
Sei uns der Gastliche gewogen,
Der von dem Fremdling wehrt die Schmach!«

Und munter fördert er die Schritte
Und sieht sich in des Waldes Mitte,
Da sperren, auf gedrangem Steg,
Zwei Mörder plötzlich seinen Weg.
Zum Kampfe muß er sich bereiten,
Doch bald ermattet sinkt die Hand,
Sie hat der Leier zarte Saiten,
Doch nie des Bogens Kraft gespannt.

Er ruft die Menschen an, die Götter,
Sein Flehen dringt zu keinem Retter,
Wie weit er auch die Stimme schickt,
Nichts Lebendes wird hier erblickt.
»So muß ich hier verlassen sterben,
Auf fremdem Boden, unbeweint,
Durch böser Buben Hand verderben,
Wo auch kein Rächer mir erscheint!«

Und schwer getroffen sinkt er nieder,
Da rauscht der Kraniche Gefieder,
Er hört, schon kann er nicht mehr sehn,
Die nahen Stimmen furchtbar krähn.
»Von euch, ihr Kraniche dort oben!
Wenn keine andre Stimme spricht,
Sei meines Mordes Klag erhoben!«
Er ruft es, und sein Auge bricht.

Der nackte Leichnam wird gefunden,
Und bald, obgleich entstellt von Wunden,
Erkennt der Gastfreund in Korinth
Die Züge, die ihm teuer sind.
»Und muß ich so dich wiederfinden,
Und hoffte mit der Fichte Kranz
Des Sängers Schläfe zu umwinden,
Bestrahlt von seines Ruhmes Glanz!«

Und jammernd hörens alle Gäste,
Versammelt bei Poseidons Feste,
Ganz Griechenland ergreift der Schmerz,
Verloren hat ihn jedes Herz.
Und stürmend drängt sich zum Prytanen
Das Volk, es fodert seine Wut,
Zu rächen des Erschlagnen Manen,
Zu sühnen mit des Mörders Blut.

Doch wo die Spur, die aus der Menge,
Der Völker flutendem Gedränge,
Gelocket von der Spiele Pracht,
Den schwarzen Täter kenntlich macht?
Sinds Räuber, die ihn feig erschlagen?
Tats neidisch ein verborgner Feind?
Nur Helios vermags zu sagen,
Der alles Irdische bescheint.

Er geht vielleicht mit frechem Schritte
Jetzt eben durch der Griechen Mitte,
Und während ihn die Rache sucht,
Genießt er seines Frevels Frucht.
Auf ihres eignen Tempels Schwelle
Trotzt er vielleicht den Göttern, mengt
Sich dreist in jene Menschenwelle,
Die dort sich zum Theater drängt.

Denn Bank an Bank gedränget sitzen,
Es brechen fast der Bühne Stützen,
Herbeigeströmt von fern und nah,
Der Griechen Völker wartend da,
Dumpfbrausend wie des Meeres Wogen;
Von Menschen wimmelnd, wächst der Bau
In weiter stets geschweiftem Bogen
Hinauf bis in des Himmels Blau.

Wer zählt die Völker, nennt die Namen,
Die gastlich hier zusammenkamen?

Von Theseus' Stadt, von Aulis' Strand,
Von Phokis, vom Spartanerland,
Von Asiens entlegner Küste,
Von allen Inseln kamen sie
Und horchen von dem Schaugerüste
Des *Chores* grauser Melodie,

Der streng und ernst, nach alter Sitte,
Mit langsam abgemeßnem Schritte,
Hervortritt aus dem Hintergrund,
Umwandelnd des Theaters Rund.
So schreiten keine irdschen Weiber,
Die zeugete kein sterblich Haus!
Es steigt das Riesenmaß der Leiber
Hoch über menschliches hinaus.

Ein schwarzer Mantel schlägt die Lenden,
Sie schwingen in entfleischten Händen
Der Fackel düsterrote Glut,
In ihren Wangen fließt kein Blut.
Und wo die Haare lieblich flattern,
Um Menschenstirnen freundlich wehn,
Da sieht man Schlangen hier und Nattern
Die giftgeschwollnen Bäuche blähn.

Und schauerlich gedreht im Kreise
Beginnen sie des Hymnus Weise,
Der durch das Herz zerreißend dringt,
Die Bande um den Frevler schlingt.
Besinnungraubend, herzbetörend
Schallt der Erinnyen Gesang,
Er schallt, des Hörers Mark verzehrend,
Und duldet nicht der Leier Klang:

»Wohl dem, der frei von Schuld und Fehle
Bewahrt die kindlich reine Seele!
Ihm dürfen wir nicht rächend nahn,
Er wandelt frei des Lebens Bahn.
Doch wehe, wehe, wer verstohlen
Des Mordes schwere Tat vollbracht,
Wir heften uns an seine Sohlen,
Das furchtbare Geschlecht der Nacht!

Und glaubt er fliehend zu entspringen,
Geflügelt sind wir da, die Schlingen
Ihm werfend um den flüchtgen Fuß,

Daß er zu Boden fallen muß.
So jagen wir ihn, ohn Ermatten,
Versöhnen kann uns keine Reu,
Ihn fort und fort bis zu den Schatten,
Und geben ihn auch dort nicht frei.«

So singend, tanzen sie den Reigen,
Und Stille wie des Todes Schweigen
Liegt überm ganzen Hause schwer,
Als ob die Gottheit nahe wär.
Und feierlich, nach alter Sitte
Umwandelnd des Theaters Rund
Mit langsam abgemeßnem Schritte,
Verschwinden sie im Hintergrund.

Und zwischen Trug und Wahrheit schwebet
Noch zweifelnd jede Brust und bebet
Und huldiget der furchtbarn Macht,
Die richtend im Verborgnen wacht,
Die unerforschlich, unergründet
Des Schicksals dunkeln Knäuel flicht,
Dem tiefen Herzen sich verkündet,
Doch fliehet vor dem Sonnenlicht.

Da hört man auf den höchsten Stufen
Auf einmal eine Stimme rufen:
»Sieh da! Sieh da, Timotheus,
Die Kraniche des Ibykus!« –
Und finster plötzlich wird der Himmel,
Und über dem Theater hin
Sieht man in schwärzlichtem Gewimmel
Ein Kranichheer vorüberziehn.

»Des Ibykus!« – Der teure Name
Rührt jede Brust mit neuem Grame,
Und, wie im Meere Well auf Well,
So läufts von Mund zu Munde schnell:
»Des Ibykus, den wir beweinen,
Den eine Mörderhand erschlug!
Was ists mit dem? Was kann er meinen?
Was ists mit diesem Kranichzug?« –

Und lauter immer wird die Frage,
Und ahnend fliegts mit Blitzesschlage
Durch alle Herzen. »Gebet acht!
Das ist der Eumeniden Macht!

Der fromme Dichter wird gerochen,
Der Mörder bietet selbst sich dar!
Ergreift ihn, der das Wort gesprochen,
Und ihn, an dens gerichtet war.«

Doch dem war kaum das Wort entfahren,
Möcht ers im Busen gern bewahren;
Umsonst, der schreckenbleiche Mund
Macht schnell die Schuldbewußten kund.
Man reißt und schleppt sie vor den Richter,
Die Szene wird zum Tribunal,
Und es gestehn die Bösewichter,
Getroffen von der Rache Strahl.

[1798]

[*Ibykus:* Chorlyriker aus Rhegium in Unteritalien (Reggio Calabria), um 530 v. Chr. – *der Gastliche:* Zeus Xenios, der Hüter des Gastrechts. – *Theseus' Stadt:* Athen.]

Die Bürgschaft

Zu Dionys, dem Tyrannen, schlich
Damon, den Dolch im Gewande;
Ihn schlugen die Häscher in Bande.
»Was wolltest du mit dem Dolche, sprich!«
Entgegnet ihm finster der Wüterich.
»Die Stadt vom Tyrannen befreien!«
»Das sollst du am Kreuze bereuen.«

»Ich bin«, spricht jener, »zu sterben bereit
Und bitte nicht um mein Leben,
Doch willst du Gnade mir geben,
Ich flehe dich um drei Tage Zeit,
Bis ich die Schwester dem Gatten gefreit,
Ich lasse den Freund dir als Bürgen,
Ihn magst du, entrinn ich, erwürgen.«

Da lächelt der König mit arger List
Und spricht nach kurzem Bedenken:
»Drei Tage will ich dir schenken.
Doch wisse! Wenn sie verstrichen, die Frist,
Eh du zurück mir gegeben bist,
So muß er statt deiner erblassen,
Doch dir ist die Strafe erlassen.«

Und er kommt zum Freunde: »Der König gebeut,
Daß ich am Kreuz mit dem Leben
Bezahle das frevelnde Streben,
Doch will er mir gönnen drei Tage Zeit,
Bis ich die Schwester dem Gatten gefreit,
So bleib du dem König zum Pfande,
Bis ich komme, zu lösen die Bande.«

Und schweigend umarmt ihn der treue Freund
Und liefert sich aus dem Tyrannen,
Der andere ziehet von dannen.
Und ehe das dritte Morgenrot scheint,
Hat er schnell mit dem Gatten die Schwester vereint,
Eilt heim mit sorgender Seele,
Damit er die Frist nicht verfehle.

Da gießt unendlicher Regen herab,
Von den Bergen stürzen die Quellen,
Und die Bäche, die Ströme schwellen.
Und er kommt ans Ufer mit wanderndem Stab,
Da reißet die Brücke der Strudel hinab,
Und donnernd sprengen die Wogen
Des Gewölbes krachenden Bogen.

Und trostlos irrt er an Ufers Rand,
Wie weit er auch spähet und blicket
Und die Stimme, die rufende, schicket,
Da stößet kein Nachen vom sichern Strand,
Der ihn setze an das gewünschte Land,
Kein Schiffer lenket die Fähre,
Und der wilde Strom wird zum Meere.

Da sinkt er ans Ufer und weint und fleht,
Die Hände zum Zeus erhoben:
»O hemme des Stromes Toben!
Es eilen die Stunden, im Mittag steht
Die Sonne, und wenn sie niedergeht
Und ich kann die Stadt nicht erreichen,
So muß der Freund mir erbleichen.«

Doch wachsend erneut sich des Stromes Wut,
Und Welle auf Welle zerrinnet,
Und Stunde an Stunde entrinnet.
Da treibt ihn die Angst, da faßt er sich Mut
Und wirft sich hinein in die brausende Flut
Und teilt mit gewaltigen Armen
Den Strom, und ein Gott hat Erbarmen.

Und gewinnt das Ufer und eilet fort
Und danket dem rettenden Gotte,
Da stürzet die raubende Rotte
Hervor aus des Waldes nächtlichem Ort,
Den Pfad ihm sperrend, und schnaubet Mord
Und hemmet des Wanderers Eile
Mit drohend geschwungener Keule.

»Was wollt ihr?« ruft er, für Schrecken bleich,
»Ich habe nichts als mein Leben,
Das muß ich dem Könige geben!«
Und entreißt die Keule dem nächsten gleich:
»Um des Freundes willen erbarmet euch!«
Und drei mit gewaltigen Streichen
Erlegt er, die andern entweichen.

Und die Sonne versendet glühenden Brand,
Und von der unendlichen Mühe
Ermattet sinken die Kniee.
»O hast du mich gnädig aus Räubershand,
Aus dem Strom mich gerettet ans heilige Land,
Und soll hier verschmachtend verderben,
Und der Freund mir, der liebende, sterben!«

Und horch! da sprudelt es silberhell,
Ganz nahe, wie rieselndes Rauschen,
Und stille hält er zu lauschen,
Und sieh, aus dem Felsen, geschwätzig, schnell,
Springt murmelnd hervor ein lebendiger Quell,
Und freudig bückt er sich nieder
Und erfrischet die brennenden Glieder.

Und die Sonne blickt durch der Zweige Grün
Und malt auf den glänzenden Matten
Der Bäume gigantische Schatten;
Und zwei Wanderer sieht er die Straße ziehn,
Will eilenden Laufes vorüberfliehn,
Da hört er die Worte sie sagen:
»Jetzt wird er ans Kreuz geschlagen.«

Und die Angst beflügelt den eilenden Fuß,
Ihn jagen der Sorge Qualen,
Da schimmern in Abendrots Strahlen
Von ferne die Zinnen von Syrakus,
Und entgegen kommt ihm Philostratus,
Des Hauses redlicher Hüter,
Der erkennet entsetzt den Gebieter:

»Zurück! du rettest den Freund nicht mehr,
So rette das eigene Leben!
Den Tod erleidet er eben.
Von Stunde zu Stunde gewartet' er
Mit hoffender Seele der Wiederkehr,
Ihm konnte den mutigen Glauben
Der Hohn des Tyrannen nicht rauben.«

»Und ist es zu spät, und kann ich ihm nicht
Ein Retter willkommen erscheinen,
So soll mich der Tod ihm vereinen.
Des rühme der blutge Tyrann sich nicht,
Daß der Freund dem Freunde gebrochen die Pflicht,
Er schlachte der Opfer zweie
Und glaube an Liebe und Treue.«

Und die Sonne geht unter, da steht er am Tor
Und sieht das Kreuz schon erhöhet,
Das die Menge gaffend umstehet,
An dem Seile schon zieht man den Freund empor,
Da zertrennt er gewaltig den dichten Chor:
»Mich, Henker!« ruft er, »erwürget!
Da bin ich, für den er gebürget!«

Und Erstaunen ergreifet das Volk umher,
In den Armen liegen sich beide
Und weinen für Schmerzen und Freude.
Da sieht man kein Auge tränenleer,
Und zum Könige bringt man die Wundermär,
Der fühlt ein menschliches Rühren,
Läßt schnell vor den Thron sie führen.

Und blicket sie lange verwundert an.
Drauf spricht er: »Es ist euch gelungen,
Ihr habt das Herz mir bezwungen,
Und die Treue, sie ist doch kein leerer Wahn,
So nehmet auch mich zum Genossen an,
Ich sei, gewährt mir die Bitte,
In eurem Bunde der Dritte.«

[1799]

Die Worte des Glaubens

Drei Worte nenn ich euch, inhaltschwer,
Sie gehen von Munde zu Munde,
Doch stammen sie nicht von außen her,
Das Herz nur gibt davon Kunde.
Dem Menschen ist aller Wert geraubt,
Wenn er nicht mehr an die drei Worte glaubt.

Der Mensch ist frei geschaffen, ist frei,
Und würd er in Ketten geboren,
Laßt euch nicht irren des Pöbels Geschrei,
Nicht den Mißbrauch rasender Toren.
Vor dem Sklaven, wenn er die Kette bricht,
Vor dem freien Menschen erzittert nicht.

Und die Tugend, sie ist kein leerer Schall,
Der Mensch kann sie üben im Leben,
Und sollt er auch straucheln überall,
Er kann nach der göttlichen streben,
Und was kein Verstand der Verständigen sieht,
Das übet in Einfalt ein kindlich Gemüt.

Und ein Gott ist, ein heiliger Wille lebt,
Wie auch der menschliche wanke,
Hoch über der Zeit und dem Raume webt
Lebendig der höchste Gedanke,
Und ob alles in ewigem Wechsel kreist,
Es beharret im Wechsel ein ruhiger Geist.

Die drei Worte bewahret euch, inhaltschwer,
Sie pflanzet von Munde zu Munde,
Und stammen sie gleich nicht von außen her,
Euer Innres gibt davon Kunde,
Dem Menschen ist nimmer sein Wert geraubt,
Solang er noch an die drei Worte glaubt.

[1798]

Die Worte des Wahns

Drei Worte hört man, bedeutungsschwer,
  Im Munde der Guten und Besten;
Sie schallen vergeblich, ihr Klang ist leer,
  Sie können nicht helfen und trösten.
Verscherzt ist dem Menschen des Lebens Frucht,
Solang er die Schatten zu haschen sucht.

Solang er glaubt an die Goldene Zeit,
  Wo das Rechte, das Gute wird siegen, –
Das Rechte, das Gute führt ewig Streit,
  Nie wird der Feind ihm erliegen,
Und erstickst du ihn nicht in den Lüften frei,
Stets wächst ihm die Kraft auf der Erde neu.

Solang er glaubt, daß das buhlende Glück
  Sich dem Edeln vereinigen werde –
Dem Schlechten folgt es mit Liebesblick,
  Nicht dem Guten gehöret die Erde.
Er ist ein Fremdling, er wandert aus
Und suchet ein unvergänglich Haus.

Solang er glaubt, daß dem irdschen Verstand
  Die Wahrheit je wird erscheinen,
Ihren Schleier hebt keine sterbliche Hand,
  Wir können nur raten und meinen.
Du kerkerst den Geist in ein tönend Wort,
Doch der freie wandelt im Sturme fort.

Drum, edle Seele, entreiß dich dem Wahn
  Und den himmlischen Glauben bewahre!
Was kein Ohr vernahm, was die Augen nicht sahn,
  Es ist dennoch das Schöne, das Wahre!
Es ist nicht draußen, da sucht es der Tor,
Es ist *in* dir, du bringst es ewig hervor.

[1800]

Nänie

Auch das Schöne muß sterben! Das Menschen und Götter bezwinget,
Nicht die eherne Brust rührt es des stygischen Zeus.
Einmal nur erweichte die Liebe den Schattenbeherrscher,
Und an der Schwelle noch, streng, rief er zurück sein Geschenk.
Nicht stillt Aphrodite dem schönen Knaben die Wunde,
Die in den zierlichen Leib grausam der Eber geritzt.
Nicht errettet den göttlichen Held die unsterbliche Mutter,
Wann er, am skäischen Tor fallend, sein Schicksal erfüllt.
Aber sie steigt aus dem Meer mit allen Töchtern des Nereus,
Und die Klage hebt an um den verherrlichten Sohn.
Siehe! Da weinen die Götter, es weinen die Göttinnen alle,
Daß das Schöne vergeht, daß das Vollkommene stirbt.
Auch ein Klaglied zu sein im Mund der Geliebten, ist herrlich,
Denn das Gemeine geht klanglos zum Orkus hinab.

[1800]

[*Einmal nur:* der Mythos von Orpheus und Eurydike. – *dem schönen Knaben:* Adonis. – *den göttlichen Held:* Achill. – *die unsterbliche Mutter:* Thetis, Tochter des Meergotts Nereus.]

HEINRICH VON KLEIST

1777–1811

Der höhere Frieden

Wenn sich auf des Krieges Donnerwagen,
Menschen waffnen, auf der Zwietracht Ruf,
Menschen, die im Busen Herzen tragen,
Herzen, die der Gott der Liebe schuf:

Denk ich, können sie doch mir nichts rauben,
Nicht den Frieden, der sich selbst bewährt,
Nicht die Unschuld, nicht an Gott den Glauben,
Der dem Hasse, wie dem Schrecken, wehrt.

Nicht des Ahorns dunkelm Schatten wehren,
Daß er mich, im Weizenfeld, erquickt,
Und das Lied der Nachtigall nicht stören,
Die den stillen Busen mir entzückt.

[E: 1792/93; D: 1808]

Katharina von Frankreich

(als der schwarze Prinz um sie warb)

Man sollte ihm Maine und Anjou
Übergeben.
Was weiß ich, was er alles
Mocht erstreben.
Und jetzt begehrt er nichts mehr,
Als die eine –
Ihr Menschen, eine Brust her,
Daß ich weine!

[1808]

[In Wirklichkeit lebte der *schwarze Prinz* Edward von Wales im 14. Jahrhundert († 1376), und Heinrich V. († 1422) heiratete 1420 die französische Prinzessin *Katharina*, Tochter Karls VI. Vgl. Shakespeare, »Heinrich V.«]

FRIEDRICH HÖLDERLIN

1770–1843

Die Eichbäume

Aus den Gärten komm' ich zu euch, ihr Söhne des Berges!
Aus den Gärten, da lebt die Natur geduldig und häuslich,
Pflegend und wieder gepflegt mit dem fleißigen Menschen zusammen.
Aber ihr, ihr Herrlichen! steht, wie ein Volk von Titanen
In der zahmeren Welt und gehört nur euch und dem Himmel,
Der euch nährt' und erzog, und der Erde, die euch geboren.
Keiner von euch ist noch in die Schule der Menschen gegangen,
Und ihr drängt euch fröhlich und frei, aus der kräftigen Wurzel,
Unter einander herauf und ergreift, wie der Adler die Beute,
Mit gewaltigem Arme den Raum, und gegen die Wolken
Ist euch heiter und groß die sonnige Krone gerichtet.
Eine Welt ist jeder von euch, wie die Sterne des Himmels
Lebt ihr, jeder ein Gott, in freiem Bunde zusammen.
Könnt' ich die Knechtschaft nur erdulden, ich neidete nimmer
Diesen Wald und schmiegte mich gern ans gesellige Leben.
Fesselte nur nicht mehr ans gesellige Leben das Herz mich,
Das von Liebe nicht läßt, wie gern würd' ich unter euch wohnen!

Abbitte

Heilig Wesen! gestört hab' ich die goldene
Götterruhe dir oft, und der geheimeren,
Tiefern Schmerzen des Lebens
Hast du manche gelernt von mir.

O vergiß es, vergib! gleich dem Gewölke dort
Vor dem friedlichen Mond, geh' ich dahin, und du
Ruhst und glänzest in deiner
Schöne wieder, du süßes Licht!

[Hyperions Schicksalslied]

Ihr wandelt droben im Licht
Auf weichem Boden, selige Genien!
Glänzende Götterlüfte
Rühren euch leicht,
Wie die Finger der Künstlerin
Heilige Saiten.

Schicksallos, wie der schlafende
Säugling, atmen die Himmlischen;
Keusch bewahrt
In bescheidener Knospe,
Blühet ewig
Ihnen der Geist,
Und die seligen Augen
Blicken in stiller
Ewiger Klarheit.

Doch uns ist gegeben,
Auf keiner Stätte zu ruhn,
Es schwinden, es fallen
Die leidenden Menschen
Blindlings von einer
Stunde zur andern,
Wie Wasser von Klippe
Zu Klippe geworfen,
Jahr lang ins Ungewisse hinab.

[1799]

[*Hyperion:* Hölderlins Roman »Hyperion oder Der Eremit in Griechenland« erschien 1797/1799; Gedicht ohne Überschrift dort im 2. Band.]

An die Parzen

Nur Einen Sommer gönnt, ihr Gewaltigen!
Und einen Herbst zu reifem Gesange mir,
Daß williger mein Herz, vom süßen
Spiele gesättiget, dann mir sterbe.

Die Seele, der im Leben ihr göttlich Recht
Nicht ward, sie ruht auch drunten im Orkus nicht;
Doch ist mir einst das Heil'ge, das am
Herzen mir liegt, das Gedicht gelungen,

Willkommen dann, o Stille der Schattenwelt!
Zufrieden bin ich, wenn auch mein Saitenspiel
Mich nicht hinab geleitet; Einmal
Lebt ich, wie Götter, und mehr bedarfs nicht.

[1799]

Lebenslauf

Größers wolltest auch du, aber die Liebe zwingt
All uns nieder, das Leid beuget gewaltiger,
Doch es kehret umsonst nicht
Unser Bogen, woher er kommt.

Aufwärts oder hinab! herrschet in heil'ger Nacht,
Wo die stumme Natur werdende Tage sinnt,
Herrscht im schiefesten Orkus
Nicht ein Grades, ein Recht noch auch?

Dies erfuhr ich. Denn nie, sterblichen Meistern gleich,
Habt ihr Himmlischen, ihr Alleserhaltenden,
Daß ich wüßte, mit Vorsicht
Mich des ebenen Pfads geführt.

Alles prüfe der Mensch, sagen die Himmlischen,
Daß er, kräftig genährt, danken für Alles lern',
Und verstehe die Freiheit,
Aufzubrechen, wohin er will.

[E: 1800; D: 1826]

An die Deutschen

Spottet ja nicht des Kinds, wenn es mit Peitsch' und Sporn
Auf dem Rosse von Holz mutig und groß sich dünkt,
Denn, ihr Deutschen, auch ihr seid
Tatenarm und gedankenvoll.

Oder kömmt, wie der Strahl aus dem Gewölke kömmt,
Aus Gedanken die Tat? Leben die Bücher bald?
O ihr Lieben, so nimmt mich,
Daß ich büße die Lästerung.

Rings um ruhet die Stadt; still wird die erleuchtete Gasse,
Und, mit Fackeln geschmückt, rauschen die Wagen hinweg.
Satt gehn heim von Freuden des Tags zu ruhen die Menschen,
Und Gewinn und Verlust wäget ein sinniges Haupt
Wohlzufrieden zu Haus; leer steht von Trauben und Blumen,
Und von Werken der Hand ruht der geschäftige Markt.
Aber das Saitenspiel tönt fern aus Gärten; vielleicht, daß
Dort ein Liebendes spielt oder ein einsamer Mann
Ferner Freunde gedenkt und der Jugendzeit; und die Brunnen
Immerquillend und frisch rauschen an duftendem Beet.
Still in dämmriger Luft ertönen geläutete Glocken,
Und der Stunden gedenk rufet ein Wächter die Zahl.
Jetzt auch kommet ein Wehn und regt die Gipfel des Hains auf,
Sieh! und das Schattenbild unserer Erde, der Mond
Kommet geheim nun auch; die Schwärmerische, die Nacht kommt,
Voll mit Sternen und wohl wenig bekümmert um uns,
Glänzt die Erstaunende dort, die Fremdlingin unter den Menschen
Über Gebirgeshöhn traurig und prächtig herauf.

[E: 1800/1801; 1. Teil der Elegie »Brot und Wein«;
D: 1807 unter dem Titel »Die Nacht«]

Gesang des Deutschen

O heilig Herz der Völker, o Vaterland!
Allduldend, gleich der schweigenden Mutter Erd',
Und allverkannt, wenn schon aus deiner
Tiefe die Fremden ihr Bestes haben!

Sie ernten den Gedanken, den Geist von dir,
Sie pflücken gern die Traube, doch höhnen sie
Dich, ungestalte Rebe! daß du
Schwankend den Boden und wild umirrest.

Du Land des hohen ernsteren Genius!
Du Land der Liebe! bin ich der Deine schon,
Oft zürnt' ich weinend, daß du immer
Blöde die eigene Seele leugnest.

Doch magst du manches Schöne nicht bergen mir;
Oft stand ich überschauend das holde Grün,
Den weiten Garten hoch in deinen
Lüften auf hellem Gebirg' und sah dich.

An deinen Strömen ging ich und dachte dich,
Indes die Töne schüchtern die Nachtigall
Auf schwanker Weide sang, und still auf
Dämmerndem Grunde die Welle weilte.

Und an den Ufern sah ich die Städte blühn,
Die Edlen, wo der Fleiß in der Werkstatt schweigt,
Die Wissenschaft, wo deine Sonne
Milde dem Künstler zum Ernste leuchtet.

Kennst du Minervas Kinder? sie wählten sich
Den Ölbaum früh zum Lieblinge; kennst du sie?
Noch lebt, noch waltet der Athener
Seele, die sinnende, still bei Menschen,

Wenn Platons frommer Garten auch schon nicht mehr
Am alten Strome grünt und der dürftge Mann
Die Heldenasche pflügt, und scheu der
Vogel der Nacht auf der Säule trauert.

O heilger Wald! o Attika! traf Er doch
Mit seinem furchtbarn Strahle dich auch, so bald,
Und eilten sie, die dich belebt, die
Flammen entbunden zum Aether über?

Doch, wie der Frühling, wandelt der Genius
Von Land zu Land. Und wir? ist denn Einer auch
Von unsern Jünglingen, der nicht ein
Ahnden, ein Rätsel der Brust, verschwiege?

Den deutschen Frauen danket! sie haben uns
Der Götterbilder freundlichen Geist bewahrt,
Und täglich sühnt der holde klare
Friede das böse Gewirre wieder.

Wo sind jetzt Dichter, denen der Gott es gab,
Wie unsern Alten, freudig und fromm zu sein,
Wo Weise, wie die unsre sind? die
Kalten und Kühnen, die Unbestechbarn!

Nun! sei gegrüßt in deinem Adel, mein Vaterland,
Mit neuem Namen, reifeste Frucht der Zeit!
Du letzte und du erste aller
Musen, Urania, sei gegrüßt mir!

Noch säumst und schweigst du, sinnest ein freudig Werk,
Das von dir zeuge, sinnest ein neu Gebild,
Das einzig, wie du selber, das aus
Liebe geboren und gut, wie du, sei –

Wo ist dein Delos, wo dein Olympia,
Daß wir uns alle finden am höchsten Fest? –
Doch wie errät der Sohn, was du den
Deinen, Unsterbliche, längst bereitest?

[*Minervas Kinder:* die Athener. – *Mit neuem Namen:* wohl »Hesperien« (»Abendland«).]

Hälfte des Lebens

Mit gelben Birnen hänget
Und voll mit wilden Rosen
Das Land in den See,
Ihr holden Schwäne,
Und trunken von Küssen
Tunkt ihr das Haupt
Ins heilignüchterne Wasser.

Weh mir, wo nehm' ich, wenn
Es Winter ist, die Blumen, und wo
Den Sonnenschein,
Und Schatten der Erde?
Die Mauern stehn
Sprachlos und kalt, im Winde
Klirren die Fahnen.

[1805]

[*Fahnen:* Wetterfahnen.]

Andenken

Der Nordost wehet,
Der liebste unter den Winden
Mir, weil er feurigen Geist
Und gute Fahrt verheißet den Schiffern.
Geh aber nun und grüße
Die schöne Garonne,
Und die Gärten von Bourdeaux
Dort, wo am scharfen Ufer
Hingehet der Steg und in den Strom
Tief fällt der Bach, darüber aber
Hinschauet ein edel Paar
Von Eichen und Silberpappeln;

Noch denket das mir wohl und wie
Die breiten Gipfel neiget
Der Ulmwald, über die Mühl',
Im Hofe aber wächset ein Feigenbaum.
An Feiertagen gehn
Die braunen Frauen daselbst
Auf seidnen Boden,
Zur Märzenzeit,
Wenn gleich ist Nacht und Tag,
Und über langsamen Stegen,
Von goldenen Träumen schwer,
Einwiegende Lüfte ziehen.

Es reiche aber,
Des dunkeln Lichtes voll,
Mir einer den duftenden Becher,
Damit ich ruhen möge; denn süß
Wär' unter Schatten der Schlummer.
Nicht ist es gut,
Seellos von sterblichen
Gedanken zu sein. Doch gut
Ist ein Gespräch und zu sagen
Des Herzens Meinung, zu hören viel
Von Tagen der Lieb',
Und Taten, welche geschehen.

Wo aber sind die Freunde? Bellarmin
Mit dem Gefährten? Mancher
Trägt Scheue, an die Quelle zu gehn;
Es beginnet nämlich der Reichtum
Im Meere. Sie,
Wie Maler, bringen zusammen
Das Schöne der Erd' und verschmähn
Den geflügelten Krieg nicht, und
Zu wohnen einsam, jahrlang, unter
Dem entlaubten Mast, wo nicht die
Nacht durchglänzen
Die Feiertage der Stadt,
Und Saitenspiel und eingeborener
Tanz nicht.

Nun aber sind zu Indiern
Die Männer gegangen,
Dort an der luftigen Spitz'
An Traubenbergen, wo herab
Die Dordogne kommt,
Und zusammen mit der prächt'gen
Garonne meerbreit
Ausgehet der Strom. Es nehmet aber
Und gibt Gedächtnis die See,
Und die Lieb' auch heftet fleißig die
Augen,
Was bleibet aber, stiften die Dichter.

[1808]

[*Noch denket...*: Noch erinnere ich mich wohl. – *an der luftigen Spitz'*: wahrscheinlich die schmale Landspitze am Zusammenfluß der Garonne und Dordogne.]

NOVALIS (FRIEDRICH VON HARDENBERG)

1772–1801

Wenn nicht mehr Zahlen und Figuren
Sind Schlüssel aller Kreaturen,
Wenn die, so singen oder küssen,
Mehr als die Tiefgelehrten wissen,
Wenn sich die Welt ins freie Leben
Und in die Welt wird zurückbegeben,
Wenn dann sich wieder Licht und Schatten
Zu echter Klarheit werden gatten
Und man in Märchen und Gedichten
Erkennt die wahren Weltgeschichten,
Dann fliegt von Einem geheimen Wort
Das ganze verkehrte Wesen fort.

[Das Lied der Toten]

Lobt doch unsre stillen Feste,
Unsre Gärten, unsre Zimmer,
Das bequeme Hausgeräte,
Unser Hab und Gut!
Täglich kommen neue Gäste,
Diese früh, die andern späte,
Auf den weiten Herden immer
Lodert frische Lebensglut.

Tausend zierliche Gefäße,
Einst betaut mit tausend Tränen,
Goldne Ringe, Sporen, Schwerter,
Sind in unserm Schatz:
Viel Kleinodien und Juwelen
Wissen wir in dunkeln Höhlen,
Keiner kann den Reichtum zählen,
Zählt' er auch ohn Unterlaß.

Kinder der Vergangenheiten,
Helden aus den grauen Zeiten,
Der Gestirne Riesengeister,
Wunderlich gesellt,
Holde Frauen, ernste Meister,
Kinder und verlebte Greise
Sitzen hier in *einem* Kreise,
Wohnen in der alten Welt.

Keiner wird sich je beschweren,
Keiner wünschen fortzugehen,
Wer an unsern vollen Tischen
Einmal fröhlich saß.
Klagen sind nicht mehr zu hören,
Keine Wunden mehr zu sehen,
Keine Tränen abzuwischen;
Ewig läuft das Stundenglas.

Tiefgerührt von heilger Güte
Und versenkt in selges Schauen
Steht der Himmel im Gemüte,
Wolkenloses Blau;
Lange fliegende Gewande
Tragen uns durch Frühlingsauen,
Und es weht in diesem Lande
Nie ein Lüftchen kalt und rauh.

Süßer Reiz der Mitternächte,
Stiller Kreis geheimer Mächte,
Wollust rätselhafter Spiele,
Wir nur kennen euch.
Wir nur sind am hohen Ziele,
Bald in Strom uns zu ergießen,
Dann in Tropfen zu zerfließen
Und zu nippen auch zugleich.

Uns ward erst die Liebe, Leben;
Innig wie die Elemente
Mischen wir des Daseins Fluten,
Brausend Herz mit Herz.
Lüstern scheiden sich die Fluten,
Denn der Kampf der Elemente
Ist der Liebe höchstes Leben
Und des Herzens eignes Herz.

Leiser Wünsche süßes Plaudern
Hören wir allein und schauen
Immerdar in selge Augen,
Schmecken nichts als Mund und Kuß.
Alles, was wir nur berühren,
Wird zu heißen Balsamfrüchten,
Wird zu weichen zarten Brüsten,
Opfern kühner Lust.

Immer wächst und blüht Verlangen,
Am Geliebten festzuhangen,
Ihn im Innern zu empfangen,
Eins mit ihm zu sein,
Seinem Durste nicht zu wehren,
Sich im Wechsel zu verzehren,
Voneinander sich zu nähren,
Voneinander nur allein.

So in Lieb und hoher Wollust
Sind wir immerdar versunken,
Seit der wilde trübe Funken
Jener Welt erlosch,
Seit der Hügel sich geschlossen
Und der Scheiterhaufen sprühte
Und dem schauernden Gemüte
Nun das Erdgesicht zerfloß.

Zauber der Erinnerungen,
Heilger Wehmut süße Schauer
Haben innig uns durchklungen,
Kühlen unsre Glut.
Wunden gibt's, die ewig schmerzen,
Eine göttlich tiefe Trauer
Wohnt in unser aller Herzen,
Löst uns auf in *eine* Flut.

Und in dieser Flut ergießen
Wir uns auf geheime Weise
In den Ozean des Lebens,
Tief in Gott hinein;
Und aus seinem Herzen fließen
Wir zurück zu unserm Kreise,
Und der Geist des höchsten Strebens
Taucht in unsre Wirbel ein.

Schüttelt eure goldnen Ketten
Mit Smaragden und Rubinen
Und die blanken saubern Spangen,
Blitz und Klang zugleich.
Aus des feuchten Abgrunds Betten,
Aus den Gräbern und Ruinen,
Himmelsrosen auf den Wangen,
Schwebt in's bunte Fabelreich.

Könnten doch die Menschen wissen,
Unsre künftigen Genossen,
Daß bei allen ihren Freuden
Wir geschäftig sind:
Jauchzend würden sie verscheiden,
Gern das bleiche Dasein missen, –
O! die Zeit ist bald verflossen,
Kommt, Geliebte, doch geschwind!

Helft uns nur den Erdgeist binden,
Lernt den Sinn des Todes fassen
Und das Wort des Lebens finden;
Einmal kehrt euch um.
Deine Macht muß bald verschwinden,
Dein erborgtes Licht verblassen,
Werden dich in kurzem binden,
Erdgeist, deine Zeit ist um.

[1802]

LUDWIG TIECK
1773–1853

Wunder der Liebe

Glosse

Mondbeglänzte Zaubernacht,
Die den Sinn gefangen hält,
Wundervolle Märchenwelt,
Steig auf in der alten Pracht!

Liebe läßt sich suchen, finden,
Niemals lernen oder lehren,
Wer da will die Flamm entzünden,
Ohne selbst sich zu verzehren,
Muß sich reinigen der Sünden.
Alles schläft, weil er noch wacht,
Wann der Stern der Liebe lacht,
Goldne Augen auf ihn blicken,
Schaut er trunken von Entzücken
Mondbeglänzte Zaubernacht.

Aber nie darf er erschrecken,
Wenn sich Wolken dunkel jagen,
Finsternis die Sterne decken,
Kaum der Mond es noch will wagen,
Einen Schimmer zu erwecken.
Ewig steht der Liebe Zelt,
Von dem eignen Licht erhellt,
Aber Mut nur kann zerbrechen,
Was die Furcht will ewig schwächen,
Die den Sinn gefangen hält.

Keiner Liebe hat gefunden,
Dem ein trüber Ernst beschieden,
Flüchtig sind die goldnen Stunden,
Welche immer den vermieden,
Den die bleiche Sorg umwunden:
Wer die Schlange an sich hält,
Dem ist Schatten vorgestellt,
Alles, was die Dichter sangen,
Nennt der Arme, eingefangen,
Wundervolle Märchenwelt.

Herz, im Glauben auferblühend,
Fühlt alsbald die goldnen Scheine,
Die es lieblich in sich ziehend
Macht zu eigen sich und seine,
In der schönsten Flamme glühend.
Ist das Opfer angefacht,
Wird's dem Himmel dargebracht;
Hat dich Liebe angenommen,
Auf dem Altar hell entglommen,
Steig auf in der alten Pracht.

[1804]

[*Glosse:* jeweils eine Zeile des kurzen Themagedichts schließt eine Strophe des langen Gedichts ab.]

Glosse

Liebe denkt in süßen Tönen,
Denn Gedanken stehn zu fern,
Nur in Tönen mag sie gern
Alles, was sie will, verschönen.

Wenn im tiefen Schmerz verloren
Alle Geister in mir klagen
Und gerührt die Freunde fragen:
»Welch ein Leid ist dir geboren?«
Kann ich keine Antwort sagen,
Ob sich Freuden wollen finden,
Leiden in mein Herz gewöhnen,
Geister, die sich liebend binden,
Kann kein Wort niemals verkünden,
Liebe denkt in süßen Tönen.

Warum hat Gesangessüße
Immer sich von mir geschieden?
Zornig hat sie mich vermieden,
Wie ich auch die Holde grüße.
So geschieht es, daß ich büße,
Schweigen ist mir vorgeschrieben,
Und ich sagte doch so gern,
Was dem Herzen sei sein Lieben,
Aber stumm bin ich geblieben,
Denn Gedanken stehn zu fern.

Ach, wo kann ich doch ein Zeichen,
Meiner Liebe ewges Leben
Mir nur selber kundzugeben,
Wie ein Lebenswort erreichen?
Wenn dann alles will entweichen,
Muß ich oft in Trauer wähnen,
Liebe sei dem Herzen fern.
Dann weckt sie das tiefste Sehnen,
Sprechen mag sie nur in Tränen,
Nur in Tönen mag sie gern.

Will die Liebe in mir weinen,
Bringt sie Jammer, bringt sie Wonne,
Will sie Nacht sein oder Sonne,
Sollen Glückessterne scheinen?
Tausend Wunder sich vereinen:
Ihr Gedanken schweiget stille,
Denn die Liebe will mich krönen,
Und was sich an mir erfülle,
Weiß ich das, es wird ihr Wille
Alles, was sie will, verschönen.

[1816]

CLEMENS BRENTANO

1778–1842

Sprich aus der Ferne
Heimliche Welt,
Die sich so gerne
Zu mir gesellt.

Wenn das Abendrot niedergesunken,
Keine freudige Farbe mehr spricht,
Und die Kränze stilleuchtender Funken
Die Nacht um die schattigte Stirne flicht:

Wehet der Sterne
Heiliger Sinn
Leis durch die Ferne
Bis zu mir hin.

Wenn des Mondes still lindernde Tränen
Lösen der Nächte verborgenes Weh;
Dann wehet Friede. In goldenen Kähnen
Schiffen die Geister im himmlischen See.

Glänzender Lieder
Klingender Lauf
Ringelt sich nieder,
Wallet hinauf.

Wenn der Mitternacht heiliges Grauen
Bang durch die dunklen Wälder hinschleicht,
Und die Büsche gar wundersam schauen,
Alles sich finster tiefsinnig bezeugt:

Wandelt im Dunkeln
Freundliches Spiel,
Still Lichter funkeln
Schimmerndes Ziel.

Alles ist freundlich wohlwollend verbunden,
Bietet sich tröstend und traurend die Hand,
Sind durch die Nächte die Lichter gewunden,
Alles ist ewig im Innern verwandt.

Sprich aus der Ferne
Heimliche Welt,
Die sich so gerne
Zu mir gesellt.

[1801]

Zu Bacharach am Rheine
Wohnt eine Zauberin,
Sie war so schön und feine
Und riß viel Herzen hin.

Und brachte viel zu schanden
Der Männer rings umher,
Aus ihren Liebesbanden
War keine Rettung mehr.

Der Bischof ließ sie laden
Vor geistliche Gewalt –
Und mußte sie begnaden,
So schön war ihr' Gestalt.

Er sprach zu ihr gerühret:
»Du arme Lore Lay!
Wer hat dich denn verführet
Zu böser Zauberei?«

»Herr Bischof laßt mich sterben,
Ich bin des Lebens müd,
Weil jeder muß verderben,
Der meine Augen sieht.

Die Augen sind zwei Flammen,
Mein Arm ein Zauberstab –
O legt mich in die Flammen!
O brechet mir den Stab!«

»Ich kann dich nicht verdammen,
Bis du mir erst bekennt,
Warum in diesen Flammen
Mein eigen Herz schon brennt.

Den Stab kann ich nicht brechen,
Du schöne Lore Lay!
Ich müßte dann zerbrechen
Mein eigen Herz entzwei.«

»Herr Bischof mit mir Armen
Treibt nicht so bösen Spott,
Und bittet um Erbarmen,
Für mich den lieben Gott.

Ich darf nicht länger leben,
Ich liebe keinen mehr –
Den Tod sollt Ihr mir geben,
Drum kam ich zu Euch her. –

Mein Schatz hat mich betrogen,
Hat sich von mir gewandt,
Ist fort von hier gezogen,
Fort in ein fremdes Land.

Die Augen sanft und wilde,
Die Wangen rot und weiß,
Die Worte still und milde
Das ist mein Zauberkreis.

Ich selbst muß drin verderben,
Das Herz tut mir so weh,
Vor Schmerzen möcht' ich sterben,
Wenn ich mein Bildnis seh'.

Drum laßt mein Recht mich finden,
Mich sterben, wie ein Christ,
Denn alles muß verschwinden,
Weil er nicht bei mir ist.«

Drei Ritter läßt er holen:
»Bringt sie ins Kloster hin,
Geh Lore! – Gott befohlen
Sei dein berückter Sinn.

Du sollst ein Nönnchen werden,
Ein Nönnchen schwarz und weiß,
Bereite dich auf Erden
Zu deines Todes Reis'.«

Zum Kloster sie nun ritten,
Die Ritter alle drei,
Und traurig in der Mitten
Die schöne Lore Lay.

»O Ritter laßt mich gehen,
Auf diesen Felsen groß,
Ich will noch einmal sehen
Nach meines Lieben Schloß.

Ich will noch einmal sehen
Wohl in den tiefen Rhein,
Und dann ins Kloster gehen
Und Gottes Jungfrau sein.«

Der Felsen ist so jähe,
So steil ist seine Wand,
Doch klimmt sie in die Höhe,
Bis daß sie oben stand.

Es binden die drei Ritter
Die Rosse unten an,
Und klettern immer weiter,
Zum Felsen auch hinan.

Die Jungfrau sprach: »Da gehet
Ein Schifflein auf dem Rhein,
Der in dem Schifflein stehet,
Der soll mein Liebster sein.

Mein Herz wird mir so munter,
Er muß mein Liebster sein! –«
Da lehnt sie sich hinunter
Und stürzet in den Rhein.

Die Ritter mußten sterben,
Sie konnten nicht hinab,
Sie mußten all verderben,
Ohn' Priester und ohn' Grab.

Wer hat dies Lied gesungen?
Ein Schiffer auf dem Rhein,
Und immer hat's geklungen
Von dem drei Ritterstein:*

Lore Lay
Lore Lay
Lore Lay

Als wären es meiner drei.

* Bei Bacharach steht dieser Felsen, Lore Lay genannt, alle vorbeifahrende Schiffer rufen ihn an, und freuen sich des vielfachen Echos.

[1802]

[Clemens Brentano erfand die Sage von der Loreley.]

Der Spinnerin Nachtlied

Es sang vor langen Jahren
Wohl auch die Nachtigall,
Das war wohl süßer Schall,
Da wir zusammen waren.

Ich sing' und kann nicht weinen,
Und spinne so allein
Den Faden klar und rein
So lang der Mond wird scheinen.

Als wir zusammen waren
Da sang die Nachtigall
Nun mahnet mich ihr Schall
Daß du von mir gefahren.

So oft der Mond mag scheinen,
Denk' ich wohl dein allein,
Mein Herz ist klar und rein,
Gott wolle uns vereinen.

Seit du von mir gefahren,
Singt stets die Nachtigall,
Ich denk' bei ihrem Schall,
Wie wir zusammen waren.

Gott wolle uns vereinen
Hier spinn' ich so allein,
Der Mond scheint klar und rein,
Ich sing' und möchte weinen.

[E: Varianten seit 1802; D: 1818;
hier handschriftl. Fassung D: 1968]

Hörst du wie die Brunnen rauschen,
Hörst du wie die Grille zirpt?
Stille, stille, laß uns lauschen,
Selig, wer in Träumen stirbt.
Selig, wen die Wolken wiegen,
Wem der Mond ein Schlaflied singt,
O wie selig kann der fliegen,
Dem der Traum den Flügel schwingt,
Daß an blauer Himmelsdecke
Sterne er wie Blumen pflückt:
Schlafe, träume, flieg', ich wecke
Bald Dich auf und bin beglückt.

[1827]

[Im *Märchen von dem Myrtenfräulein* ein Schlaflied
des Prinzen für das Myrtenfräulein.]

25. August 1817

Einsam will ich untergehn
Keiner soll mein Leiden wissen,
Wird der Stern, den ich gesehn
Von dem Himmel mir gerissen
Will ich einsam untergehn
Wie ein Pilger in der Wüste.

Einsam will ich untergehn
Wie ein Pilger in der Wüste,
Wenn der Stern, den ich gesehn
Mich zum letzten Male grüßte
Will ich einsam untergehn
Wie ein Bettler auf der Heide.

Einsam will ich untergehn
Wie ein Bettler auf der Heide,
Giebt der Stern, den ich gesehn,
Mir nicht weiter das Geleite
Will ich einsam untergehn
Wie der Tag im Abendgrauen.

Einsam will ich untergehn
Wie der Tag im Abendgrauen,
Will der Stern, den ich gesehn
Nicht mehr auf mich niederschauen,
Will ich einsam untergehn
Wie ein Sklave an der Kette.

Einsam will ich untergehn
Wie der Sklave an der Kette,
Scheint der Stern, den ich gesehn
Nicht mehr auf mein Dornenbette
Will ich einsam untergehn
Wie ein Schwanenlied im Tode.

Einsam will ich untergehn
Wie ein Schwanenlied im Tode,
Ist der Stern, den ich gesehn
Mir nicht mehr ein Friedensbote
Will ich einsam untergehn
Wie ein Schiff in wüsten Meeren.

Einsam will ich untergehn
Wie ein Schiff in wüsten Meeren,
Wird der Stern, den ich gesehn
Jemals weg von mir sich kehren,
Will ich einsam untergehn
Wie der Trost in stummen Schmerzen.

Einsam will ich untergehn
Wie der Trost in stummen Schmerzen,
Soll den Stern, den ich gesehn
Jemals meine Schuld verscherzen,
Will ich einsam untergehn
Wie mein Herz in deinem Herzen.

[1852]

20. Jenner [1835] nach großem Leid

Ich darf wohl von den Sternen singen,
Mich hat die Blume angeblickt,
Und wird mein armes Lied gelingen,
Dann wird vom Stern mir zugenickt.
O Stern und Blume, Geist und Kleid,
Lieb, Leid, und Zeit und Ewigkeit.

Im Garten stand die frühe Waise,
Und senkt den Blick zum Blumenfeld
Die Sonne sank im Purpurgleise,
Die Sterne spannen aus ihr Zelt.
O Stern und Blume, Geist und Kleid,
Lieb, Leid, und Zeit und Ewigkeit.

Mit euch wohl wagt ein Kind zu sprechen,
Ihr kennet mich und bin ich stumm,
Weil mir das kranke Herz will brechen,
Bringt ihr mich nicht mit Fragen um.
O Stern und Blume, Geist und Kleid,
Lieb, Leid, und Zeit und Ewigkeit.

Ihr lieben Blumen still und innig
Ein Tröpfchen Tau, ein Licht, ein Hauch,
Ihr lieben Sterne klar und sinnig
Ein Strahl, ein Blick, ein Blitz, ein Aug'.
O Stern und Blume, Geist und Kleid,
Lieb, Leid, und Zeit und Ewigkeit.

Und wie die Sterne heller blinken
Beugt Schatten sich aufs Blumenfeld
Und auch des Kindes Augen sinken,
Der Traum sie in den Armen hält.
O Stern und Blume, Geist und Kleid,
Lieb, Leid, und Zeit und Ewigkeit.

Ihr Engel steiget auf und nieder
Bringt Sternenlust, bringt Blumenschmerz,
Und küßt die unerschaffnen Lieder
Und legt sie schlafen auf ihr Herz.
O Stern und Blume, Geist und Kleid,
Lieb, Leid, und Zeit und Ewigkeit.

Und wiegt die tauberauschte Rose,
Im Dornenbettchen bald zur Ruh',
Und schließt dem Veilchen in dem Moose,
Die frommen Augen segnend zu.
O Stern und Blume, Geist und Kleid,
Lieb, Leid, und Zeit und Ewigkeit.

Die Blumen all, die farbig prangen,
Sie waren bald nicht mehr zu sehn,
Die Nacht nahm ihre Pracht gefangen
Nur eine Schar blieb betend stehn.
O Stern und Blume, Geist und Kleid,
Lieb, Leid, und Zeit und Ewigkeit.

Sieh dorten um die süße Linde
Steht eine reine Lilienschar,
Der Engel zeigte sie dem Kinde,
Sie leuchteten ganz wunderbar.

O Stern und Blume, Geist und Kleid,
Lieb, Leid, und Zeit und Ewigkeit.

Der Engel sprach: mein Kind, o sehe,
Die Lilie unter Dornen dort,
Das Licht wird Fleisch, horch: »Es geschehe
Der Magd des Herrn nach deinem Wort!«
O Stern und Blume, Geist und Kleid,
Lieb, Leid, und Zeit und Ewigkeit.

Die Lilie spinnt nicht, doch es webet
Aus ihr das Wort sich einen Leib,
Zur Jungfrau ist das Licht geschwebet,
Und Mutter Gottes ward das Weib.
O Stern und Blume, Geist und Kleid,
Lieb, Leid, und Zeit und Ewigkeit.

Und als der Geist sie überschattet
Deckt rings die Nacht das Blumenfeld,
Der Lilie nur das Licht sich gattet
Das auf den Leuchter wird gestellt.
O Stern und Blume, Geist und Kleid,
Lieb, Leid, und Zeit und Ewigkeit.

Die Lilie, die nicht zieht nicht schweifet,
Nicht fallen läßt und wieder sucht
Die sehnend still zum Lichte greifet,
Sie fand das Licht und trug die Frucht.
O Stern und Blume, Geist und Kleid,
Lieb, Leid, und Zeit und Ewigkeit.

So sprach der Engel zu dem Kinde
Und führt es zu der Lilie Licht,
Da kniet es nieder an der Linde
Und fand im Traum die Worte nicht.
O Stern und Blume, Geist und Kleid,
Lieb, Leid, und Zeit und Ewigkeit.

Da sprach zum Kind die reine Lilie,
Die nie vorher gesprochen hat,
Wach auf, wach auf zu mir Emilie,
Sing mit mir das Magnificat.
O Stern und Blume, Geist und Kleid,
Lieb, Leid, und Zeit und Ewigkeit.

Ob sie es sang, ich kann's nicht sagen
Sie hat mich träumend angeblickt,

Es hat ihr Herz bei mir geschlagen,
Es hat ihr Haupt mir zugenickt.
  O Stern und Blume, Geist und Kleid,
Lieb, Leid, und Zeit und Ewigkeit.

Das kalte Wissen war ermattet,
Das milde Fühlen war erwacht,
Die Blumen waren überschattet
Emilie hat mich angelacht.
  O Stern und Blume, Geist und Kleid,
Lieb, Leid, und Zeit und Ewigkeit.

Geh armes Lied und sag der Lieben
Es hat ein Herz zum Tode krank
Mich unter Tränen aufgeschrieben,
Und zagt, ich sei dir nicht zu Dank!
  O Stern und Blume, Geist und Kleid,
Lieb, Leid, und Zeit und Ewigkeit.

[1852]

[*Emilie:* Emilie Linder (1797–1867), aus Basel stammende Münchner Malerin, Brentanos Altersliebe, die er im Oktober 1833 kennengelernt hatte. – *Der Engel sprach:* Luk. 1, 30 ff.; Joh. 1, 4 ff; 1, 14. – *Die Lilie spinnt nicht:* Matth. 6, 28; Luk. 12, 27. – *überschattet:* Luk. 1, 35. – *Magnificat:* Lobgesang Marias; Luk. 1, 46 ff.]

Was reif in diesen Zeilen steht,
Was lächelnd winkt und sinnend fleht,
Das soll kein Kind betrüben,
Die Einfalt hat es ausgesäet,
Die Schwermut hat hindurchgeweht,
Die Sehnsucht hat's getrieben;
Und ist das Feld einst abgemäht,
Die Armut durch die Stoppeln geht,
Sucht Ähren, die geblieben,
Sucht Lieb', die für sie untergeht,
Sucht Lieb', die mit ihr aufersteht,
Sucht Lieb', die sie kann lieben,
Und hat sie einsam und verschmäht
Die Nacht durch dankend im Gebet
Die Körner ausgerieben,
Liest sie, als früh der Hahn gekräht,
Was Lieb' erhielt, was Leid verweht,
Ans Feldkreuz angeschrieben,
O Stern und Blume, Geist und Kleid,
Lieb', Leid und Zeit und Ewigkeit!

[1838]

KAROLINE VON GÜNDERRODE

1780–1806

Der Kaukasus

Mir zu Häupten Wolken wandeln,
Mir zur Seite Luft verwehet,
Wellen mir den Fuß umspielen,
Türmen sich und brausen, sinken. –
Meine Schläfe Jahr' umgauklen,
Sommer, Frühling, Winter kamen,
Frühling mich nicht grün bekleidet,
Sommer hat mich nicht entzündet,
Winter nicht mein Haupt gewandelt.
Hoch mein Gipfel über Wolken,
Eingetaucht im ewgen Äther,
Freuet sich des steten Lebens.

[E: 1806; D: 1899]

Die eine Klage

Wer die tiefste aller Wunden
Hat in Geist und Sinn empfunden,
Bittrer Trennung Schmerz;
Wer geliebt, was er verloren,
Lassen muß, was er erkoren,
Das geliebte Herz,

Der versteht in Lust die Tränen
Und der Liebe ewig Sehnen,
Eins in Zwei zu sein,
Eins im andern sich zu finden,
Daß der Zweiheit Grenzen schwinden
Und des Daseins Pein.

Wer so ganz in Herz und Sinnen
Konnt ein Wesen liebgewinnen,
O! den tröstet's nicht,
Daß für Freuden, die verloren,
Neue werden neu geboren:
Jene sind's doch nicht.

Das geliebte süße Leben,
Dieses Nehmen und dies Geben,
Wort und Sinn und Blick,
Dieses Suchen und dies Finden,
Dieses Denken und Empfinden
Gibt kein Gott zurück.

[E: 1806; D: 1896]

ACHIM VON ARNIM

1781–1831

Mir ist zu licht zum Schlafen

Mir ist zu licht zum Schlafen,
Der Tag bricht in die Nacht,
Die Seele ruht im Hafen,
Ich bin so froh verwacht!

Ich hauchte meine Seele
Im ersten Kusse aus,
Was ist's, daß ich mich quäle,
Ob sie auch fand ein Haus!

Sie hat es wohl gefunden
Auf ihren Lippen schön,
O welche selge Stunden,
Wie ist mir so geschehn!

Was soll ich nun noch sehen,
Ach, alles ist in ihr,
Was fühlen, was erflehen,
Es ward ja alles mir!

Ich habe was zu sinnen,
Ich hab, was mich beglückt;
In allen meinen Sinnen
Bin ich von ihr entzückt.

[1809]

Ritt im Mondschein

Herz zum Herzen ist nicht weit
Unter lichten Sternen,
Und das Aug, von Tau geweiht,
Blickt zu lieben Fernen;
Unterm Hufschlag klingt die Welt,
Und die Himmel schweigen,
Zwischen beiden mir gesellt
Will der Mond sich zeigen.

Zeigt sich heut in roter Glut
An dem Erdenrande,
Gleich als ob mit heißem Blut
Er auf Erden lande,
Doch nun flieht er scheu empor,
Glänzt in reinem Lichte,
Und ich scheue mich auch vor
Seinem Angesichte.

Der Welt Herr

Morgenstund hat Gold im Munde,
Denn da kommt die Börsenzeit
Und mit ihr die süße Kunde,
Die des Kaufmanns Herz erfreut:
Was er abends spekulieret,
Hat den Kurs heut regulieret.

Eilend ziehen die Kuriere
Mit dem kleinen Kursbericht,
Daß er *diese* Welt regiere,
Von der *andern* weiß ich's nicht:
Zitternd sehn ihn Potentaten,
Und es bricht das Herz der Staaten.

[E: nach 1825; D: 1976]

ERNST MORITZ ARNDT

1769–1860

Klage um den kleinen Jakob

Wo ist der kleine Jakob geblieben?
Hatte die Kühe waldein getrieben,
Kam nimmer wieder,
Schwestern und Brüder
Gingen ihn suchen in'n Wald hinaus –
Kleiner Jakob, kleiner Jakob, komm zu Haus!

Wo ist der kleine Jakob gegangen?
Es hat ihn ein Unterirdscher gefangen,
Muß unten wohnen,
Trägt goldne Kronen,
Gläserne Schuh, hat ein gläsern Haus.
Kleiner Jakob, kleiner Jakob, komm zu Haus!

Was macht der kleine Jakob da unten?
Streuet als Diener das Estrich mit bunten
Blumen und schenket
Wein ein und denket:
Wärest du wieder zum Wald hinaus!
Kleiner Jakob, kleiner Jakob, komm zu Haus!

So muß der kleine Jakob dort wohnen,
Helfen ihm nichts seine güldenen Kronen,
Schuhe und Kleider,
Weinet sich leider –
Ach! armer Jakob! – die Äuglein aus.
Kleiner Jakob, kleiner Jakob, komm zu Haus!

[1808]

Des Deutschen Vaterland

Was ist des Deutschen Vaterland?
Ist's Preußenland, ist's Schwabenland?
Ist's, wo am Rhein die Rebe blüht?
Ist's, wo am Belt die Möwe zieht?
O nein! nein! nein!
Sein Vaterland muß größer sein.

Was ist des Deutschen Vaterland?
Ist's Bayerland, ist's Steierland?
Ist's, wo des Marsen Rind sich streckt?
Ist's, wo der Märker Eisen reckt?
O nein! nein! nein!
Sein Vaterland muß größer sein.

Was ist des Deutschen Vaterland?
Ist's Pommerland, Westfalenland?
Ist's, wo der Sand der Dünen weht?
Ist's, wo die Donau brausend geht?
O nein! nein! nein!
Sein Vaterland muß größer sein.

Was ist des Deutschen Vaterland?
So nenne mir das große Land!
Ist's Land der Schweizer? Ist's Tirol?
Das Land und Volk gefiel mir wohl;
Doch nein! nein! nein!
Sein Vaterland muß größer sein.

Was ist des Deutschen Vaterland?
So nenne mir das große Land!
Gewiß, es ist das Österreich,
An Ehren und an Siegen reich?
O nein! nein! nein!
Sein Vaterland muß größer sein.

Was ist des Deutschen Vaterland?
So nenne mir das große Land!
So weit die deutsche Zunge klingt
Und Gott im Himmel Lieder singt,
Das soll es sein!
Das wackrer Deutscher, nenne dein!

Das ist des Deutschen Vaterland!
Wo Eide schwört der Druck der Hand,
Wo Treue hell vom Auge blitzt
Und Liebe warm im Herzen sitzt –
Das soll es sein!
Das, wackrer Deutscher, nenne dein!

Das ist des Deutschen Vaterland!
Wo Zorn vertilgt den wälschen Tand,
Wo jeder Franzmann heißet Feind,
Wo jeder Deutsche heißet Freund –
Das soll es sein!
Das ganze Deutschland soll es sein!

Das ganze Deutschland soll es sein!
O Gott vom Himmel sieh darein
Und gib uns rechten deutschen Mut,
Daß wir es lieben treu und gut.
Das soll es sein!
Das ganze Deutschland soll es sein!

[1813]

THEODOR KÖRNER
1791–1813

Das Lützowsche Freikorps

Was glänzt dort vom Walde im Sonnenschein?
Hör's näher und näher brausen,
Es zieht sich herunter in düstern Reihn,
Und gellende Hörner schmettern drein
Und erfüllen die Seele mit Grausen.
Und wenn ihr die schwarzen Gesellen fragt –
Es ist Lützows wilde verwegene Jagd!

Was streift dort rasch durch den finstern Wald?
Was jaget von Bergen zu Bergen?
Es legt sich in nächtlichen Hinterhalt,
Das Hurra! jauchzet, die Büchse knallt,
Es stürzen die fränkischen Schergen!
Und wenn ihr die schwarzen Jäger fragt –
Es ist Lützows wilde verwegene Jagd!

Wo die Reben glühn, dort brauset der Rhein,
Der Wütrich geborgen sich meinte.
Was nahet aber dort im Gewitterschein
Und stürzt sich mit kräftigem Arme hinein
Und springet ans Ufer der Feinde?
Und wenn ihr die schwarzen Schwimmer fragt –
Es ist Lützows wilde verwegene Jagd!

Was tobet im Tale die laute Schlacht?
Was schlagen die Schwerter zusammen?
Die schwarzen Kämpen, die schlagen die Schlacht,
Und der Funke der Freiheit ist glühend erwacht
Und lodert in blutigen Flammen.
Und wenn ihr die schwarzen Kämpen fragt –
Es ist Lützows wilde verwegene Jagd!

Was scheidet dort röchelnd vom Sonnenlicht,
Unter tausend Feinde gebettet?
Es zuckt der Tod auf dem Angesicht,
Doch das mutige Herz erzittert nicht,
Das Vaterland ist ja gerettet!
Und wenn ihr die schwarzen Gefallnen fragt –
Es ist Lützows wilde verwegene Jagd!

Die wilde Jagd und die deutsche Jagd
Nach Henkersblut und Tyrannen!
Drum, die ihr uns liebt, nicht geweint und geklagt,
Das Land ist ja frei, und der Morgen tagt,
Und wenn wir's auch sterbend gewannen.
Und von Enkeln zu Enkeln sei's nachgesagt:
Das war Lützows wilde verwegene Jagd!!!

[1813]

[*Das Lützowsche Freikorps:* Adolf Freiherr von Lützow, 1781–1834, seit 1795 im preuß. Militärdienst, erhielt im Februar 1813 zu Beginn der Befreiungskriege die Erlaubnis, ein nichtpreuß. Freiwilligenkorps zu bilden, das nach seiner Montur »Schwarze Schar« genannt wurde. Besonders Studenten dienten in ihm, das im Rücken des Gegners operierte, militärisch aber ohne Bedeutung war.]

MAX VON SCHENKENDORF

1783–1817

Freiheit

Freiheit, die ich meine,
Die mein Herz erfüllt,
Komm mit deinem Scheine,
Süßes Engelbild.

Magst du nie dich zeigen
Der bedrängten Welt?
Führest deinen Reigen
Nur am Sternenzelt?

Auch bei grünen Bäumen
In dem lustgen Wald,
Unter Blütenträumen
Ist dein Aufenthalt.

Ach! das ist ein Leben,
Wenn es weht und klingt,
Wenn dein stilles Weben
Wonnig uns durchdringt,

Wenn die Blätter rauschen
Süßen Freundesgruß,
Wenn wir Blicke tauschen,
Liebeswort und Kuß.

Aber immer weiter
Nimmt das Herz den Lauf,
Auf der Himmelsleiter
Steigt die Sehnsucht auf,

Aus den stillen Kreisen
Kommt mein Hirtenkind,
Will der Welt beweisen,
Was es denkt und minnt.

Blüht ihm doch ein Garten,
Reift ihm doch ein Feld
Auch in jener harten
Steinerbauten Welt.

Wo sich Gottes Flamme
In ein Herz gesenkt,
Das am alten Stamme
Treu und liebend hängt,

Wo sich Männer finden,
Die für Ehr und Recht
Mutig sich verbinden,
Weilt ein frei Geschlecht.

Hinter dunklen Wällen,
Hinter ehrnem Tor
Kann das Herz noch schwellen
Zu dem Licht empor,

Für die Kirchenhallen,
Für der Väter Gruft,
Für die Liebsten fallen,
Wenn die Freiheit ruft.

Das ist rechtes Glühen
Frisch und rosenrot,
Heldenwangen blühen
Schöner auf im Tod.

Wollest auf uns lenken
Gottes Lieb und Lust,
Wollest gern dich senken
In die deutsche Brust.

Freiheit, holdes Wesen,
Gläubig, kühn und zart,
Hast ja lang erlesen
Dir die deutsche Art.

[1815]

LUDWIG UHLAND

1787–1862

Die Kapelle

Droben stehet die Kapelle,
Schauet still ins Tal hinab,
Drunten singt bei Wies und Quelle
Froh und hell der Hirtenknab.

Traurig tönt das Glöcklein nieder,
Schauerlich der Leichenchor;
Stille sind die frohen Lieder,
Und der Knabe lauscht empor.

Droben bringt man sie zu Grabe,
Die sich freuten in dem Tal;
Hirtenknabe, Hirtenknabe!
Dir auch singt man dort einmal.

Frühlingsglaube

Die linden Lüfte sind erwacht,
Sie säuseln und weben Tag und Nacht,
Sie schaffen an allen Enden.
O frischer Duft, o neuer Klang!
Nun, armes Herze, sei nicht bang!
Nun muß sich alles, alles wenden.

Die Welt wird schöner mit jedem Tag,
Man weiß nicht, was noch werden mag,
Das Blühen will nicht enden.
Es blüht das fernste, tiefste Tal:
Nun, armes Herz, vergiß der Qual!
Nun muß sich alles, alles wenden.

[1813]

Einkehr

Bei einem Wirte, wundermild,
Da war ich jüngst zu Gaste;
Ein goldner Apfel war sein Schild
An einem langen Aste.

Es war der gute Apfelbaum,
Bei dem ich eingekehret;
Mit süßer Kost und frischem Schaum
Hat er mich wohl genähret.

Es kamen in sein grünes Haus
Viel leichtbeschwingte Gäste;
Sie sprangen frei und hielten Schmaus
Und sangen auf das beste.

Ich fand ein Bett zu süßer Ruh
Auf weichen, grünen Matten;
Der Wirt, er deckte selbst mich zu
Mit seinem kühlen Schatten.

Nun fragt ich nach der Schuldigkeit,
Da schüttelt' er den Wipfel.
Gesegnet sei er allezeit
Von der Wurzel bis zum Gipfel!

Der gute Kamerad

Ich hatt einen Kameraden
Einen bessern findst du nit.
Die Trommel schlug zum Streite,
Er ging an meiner Seite
In gleichem Schritt und Tritt.

Eine Kugel kam geflogen,
Gilt's mir oder gilt es dir?
Ihn hat es weggerissen,
Er liegt mir vor den Füßen,
Als wär's ein Stück von mir.

Will mir die Hand noch reichen,
Derweil ich eben lad.
Kann dir die Hand nicht geben,
Bleib du im ew'gen Leben
Mein guter Kamerad!

[E: 1809; D: 1812]

Auf die Reise

Um Mitternacht, auf pfadlos weitem Meer,
Wann alle Lichter längst im Schiff erloschen,
Wann auch am Himmel nirgends glänzt ein Stern,
Dann glüht ein Lämpchen noch auf dem Verdeck,
Ein Docht, vor Windesungestüm verwahrt,
Und hält dem Steuermann die Nadel hell,
Die ihm untrüglich seine Richtung weist.
Ja! wenn wir's hüten, führt durch jedes Dunkel
Ein Licht uns, stille brennend in der Brust.

[E: 1854; D: 1860]

ADELBERT VON CHAMISSO

1781–1838

Tragische Geschichte

's war einer, dem's zu Herzen ging,
Daß ihm der Zopf so hinten hing,
Er wollt es anders haben.

So denkt er denn: wie fang ich's an?
Ich dreh mich um, so ist's getan –
Der Zopf, der hängt ihm hinten.

Da hat er flink sich umgedreht,
Und wie es stund, es annoch steht –
Der Zopf, der hängt ihm hinten.

Da dreht er schnell sich anders rum,
's wird aber noch nicht besser drum –
Der Zopf, der hängt ihm hinten.

Er dreht sich links, er dreht sich rechts,
Es tut nichts Guts, es tut nichts Schlechts –
Der Zopf, der hängt ihm hinten.

Er dreht sich wie ein Kreisel fort,
Es hilft zu nichts, in einem Wort –
Der Zopf, der hängt ihm hinten.

Und seht, er dreht sich immer noch
Und denkt: es hilft am Ende doch –
Der Zopf, der hängt ihm hinten.

[1826]

Das Schloß Boncourt

Ich träum als Kind mich zurücke,
Und schüttle mein greises Haupt;
Wie sucht ihr mich heim, ihr Bilder,
Die lang ich vergessen geglaubt?

Hoch ragt aus schattgen Gehegen
Ein schimmerndes Schloß hervor,
Ich kenne die Türme, die Zinnen,
Die steinerne Brücke, das Tor.

Es schauen vom Wappenschilde
Die Löwen so traulich mich an,
Ich grüße die alten Bekannten
Und eile den Burghof hinan.

Dort liegt die Sphinx am Brunnen,
Dort grünt der Feigenbaum,
Dort, hinter diesen Fenstern,
Verträumt ich den ersten Traum.

Ich tret in die Burgkapelle
Und suche des Ahnherrn Grab,
Dort ist's, dort hängt vom Pfeiler
Das alte Gewaffen herab.

Noch lesen umflort die Augen
Die Züge der Inschrift nicht,
Wie hell durch die bunten Scheiben
Das Licht darüber auch bricht.

So stehst du, o Schloß meiner Väter,
Mir treu und fest in dem Sinn,
Und bist von der Erde verschwunden,
Der Pflug geht über dich hin.

Sei fruchtbar, o teurer Boden,
Ich segne dich mild und gerührt,
Und segn' ihn zweifach, wer immer
Den Pflug nun über dich führt.

Ich aber will auf mich raffen,
Mein Saitenspiel in der Hand,
Die Weiten der Erde durchschweifen
Und singen von Land zu Land.

[1827]

[*Schloß Boncourt:* Geburtsstätte Chamissos in der Champagne, wurde 1793 versteigert und zum Abbruch freigegeben, als sich kein Käufer fand.]

Der Invalid im Irrenhaus

Leipzig, Leipzig! arger Boden,
Schmach für Unbill schafftest du.
Freiheit! hieß es, vorwärts, vorwärts!
Trankst mein rotes Blut, wozu?

Freiheit! rief ich, vorwärts, vorwärts!
Was ein Tor nicht alles glaubt!
Und von schwerem Säbelstreiche
Ward gespalten mir das Haupt.

Und ich lag, und abwärts wälzte
Unheilschwanger sich die Schlacht,
Über mich und über Leichen
Sank die kalte, finstre Nacht.

Aufgewacht zu grausen Schmerzen,
Brennt die Wunde mehr und mehr;
Und ich liege hier gebunden,
Grimmge Wächter um mich her.

Schrei ich wütend noch nach Freiheit,
Nach dem bluterkauften Glück,
Peitscht der Wächter mit der Peitsche
Mich in schnöde Ruh zurück.

[1827]

[*Leipzig:* 16.–19. 10. 1813 Völkerschlacht bei Leipzig. Niederlage Napoleons. – *Freiheit! ... vorwärts!:* Kampfruf des preußischen Feldmarschalls Blücher während der Befreiungskriege.]

Die Weiber von Winsperg

Der erste Hohenstaufen, der König Konrad, lag
Mit Heeresmacht vor Winsperg seit manchem langen Tag;
Der Welfe war geschlagen, noch wehrte sich das Nest,
Die unverzagten Städter, die hielten es noch fest.

Der Hunger kam, der Hunger! Das ist ein scharfer Dorn;
Nun suchten sie die Gnade, nun fanden sie den Zorn.
»Ihr habt mir hier erschlagen gar manchen Degen wert,
Und öffnet ihr die Tore, so trifft euch doch das Schwert.«

Da sind die Weiber kommen: »Und muß es also sein,
Gewährt uns freien Abzug! Wir sind vom Blute rein.«
Da hat sich vor den Armen des Helden Zorn gekühlt,
Da hat ein sanft Erbarmen im Herzen er gefühlt.

»Die Weiber mögen abziehn, und jede habe frei,
Was sie vermag zu tragen und ihr das Liebste sei!
Laßt ziehn mit ihrer Bürde sie ungehindert fort!
Das ist des Königs Meinung, das ist des Königs Wort.«

Und als der frühe Morgen im Osten kaum gegraut,
Da hat ein seltnes Schauspiel vom Lager man geschaut:
Es öffnet leise, leise sich das bedrängte Tor,
Es schwankt ein Zug von Weibern mit schwerem Schritt hervor.

Tief beugt die Last sie nieder, die auf dem Nacken ruht,
Sie tragen ihre Ehherrn, das ist ihr liebstes Gut.
»Halt an die argen Weiber!« ruft drohend mancher Wicht;
Der Kanzler spricht bedeutsam: »Das war die Meinung nicht.«

Da hat, wie er's vernommen, der fromme Herr gelacht:
»Und war es nicht die Meinung, sie haben's gut gemacht;
Gesprochen ist gesprochen, das Königswort besteht,
Und zwar von keinem Kanzler zerdeutelt und zerdreht.«

So war das Gold der Krone wohl rein und unentweiht.
Die Sage schallt herüber aus halbvergessner Zeit.
Im Jahr elfhundertvierzig, wie ich's verzeichnet fand,
Galt Königswort noch heilig im deutschen Vaterland.

[*Winsperg:* Konrad III. belagerte seit November 1140 die in der Hand der Welfen befindliche Burg Weinsberg bei Heilbronn. Am 21. 12. 1140 besiegte er ein welfisches Entsatzheer; daraufhin ergab sich die Besatzung der Burg. Ihr volkstümlicher Name nach dem Geschehen: »Weibertreu«.]

JOSEPH VON EICHENDORFF

1788–1857

Das zerbrochene Ringlein

In einem kühlen Grunde
Da geht ein Mühlenrad,
Mein' Liebste ist verschwunden,
Die dort gewohnet hat.

Sie hat mir Treu versprochen,
Gab mir ein'n Ring dabei,
Sie hat die Treu gebrochen,
Mein Ringlein sprang entzwei.

Ich möcht als Spielmann reisen
Weit in die Welt hinaus
Und singen meine Weisen
Und gehn von Haus zu Haus.

Ich möcht als Reiter fliegen
Wohl in die blutge Schlacht,
Um stille Feuer liegen
Im Feld bei dunkler Nacht.

Hör ich das Mühlrad gehen:
Ich weiß nicht, was ich will –
Ich möcht am liebsten sterben,
Da wär's auf einmal still!

[1813]

Abschied

O Täler weit, o Höhen,
O schöner, grüner Wald,
Du meiner Lust und Wehen
Andächtger Aufenthalt!
Da draußen, stets betrogen,
Saust die geschäftge Welt,
Schlag noch einmal die Bogen
Um mich, du grünes Zelt!

Wenn es beginnt zu tagen,
Die Erde dampft und blinkt,
Die Vögel lustig schlagen,
Daß dir dein Herz erklingt:
Da mag vergehn, verwehen
Das trübe Erdenleid,
Da sollst du auferstehen
In junger Herrlichkeit!

Da steht im Wald geschrieben,
Ein stilles, ernstes Wort
Vom rechten Tun und Lieben
Und was des Menschen Hort.
Ich habe treu gelesen
Die Worte, schlicht und wahr,
Und durch mein ganzes Wesen
Ward's unaussprechlich klar.

Bald werd ich dich verlassen,
Fremd in der Fremde gehn,
Auf buntbewegten Gassen
Des Lebens Schauspiel sehn;
Und mitten in dem Leben
Wird deines Ernsts Gewalt
Mich Einsamen erheben,
So wird mein Herz nicht alt.

[1815]

Zwielicht

Dämmrung will die Flügel spreiten,
Schaurig rühren sich die Bäume,
Wolken ziehn wie schwere Träume –
Was will dieses Graun bedeuten?

Hast ein Reh du lieb vor andern,
Laß es nicht alleine grasen,
Jäger ziehn im Wald und blasen,
Stimmen hin und wieder wandern.

Hast du einen Freund hienieden,
Trau ihm nicht zu dieser Stunde,
Freundlich wohl mit Aug und Munde,
Sinnt er Krieg im tück'schen Frieden.

Was heut müde gehet unter,
Hebt sich morgen neugeboren.
Manches bleibt in Nacht verloren –
Hüte dich, bleib wach und munter!

Der frohe Wandersmann

Wem Gott will rechte Gunst erweisen,
Den schickt er in die weite Welt;
Dem will er seine Wunder weisen
In Berg und Tal und Strom und Feld.

Die Trägen, die zu Hause liegen,
Erquicket nicht das Morgenrot,
Sie wissen nur von Kinderwiegen,
Von Sorgen, Last und Not um Brot.

Die Bächlein von den Bergen springen,
Die Lerchen schwirren hoch vor Lust,
Was sollt ich nicht mit ihnen singen
Aus voller Kehl und frischer Brust?

Den lieben Gott laß ich nur walten;
Der Bächlein, Lerchen, Wald und Feld
Und Erd und Himmel will erhalten,
Hat auch mein Sach aufs best' bestellt!

Der Abend

Schweigt der Menschen laute Lust:
Rauscht die Erde wie in Träumen
Wunderbar mit allen Bäumen,
Was dem Herzen kaum bewußt,
Alte Zeiten, linde Trauer,
Und es schweifen leise Schauer
Wetterleuchtend durch die Brust.

[1826]

Sehnsucht

Es schienen so golden die Sterne,
Am Fenster ich einsam stand
Und hörte aus weiter Ferne
Ein Posthorn im stillen Land.
Das Herz mir im Leib entbrennte;
Da hab ich mir heimlich gedacht:
Ach, wer da mitreisen könnte
In der prächtigen Sommernacht!

Zwei junge Gesellen gingen
Vorüber am Bergeshang,
Ich hörte im Wandern sie singen
Die stille Gegend entlang:
Von schwindelnden Felsenschlüften,
Wo die Wälder rauschen so sacht,
Von Quellen, die von den Klüften
Sich stürzen in die Waldesnacht.

Sie sangen von Marmorbildern,
Von Gärten, die überm Gestein
In dämmernden Lauben verwildern,
Palästen im Mondenschein,
Wo die Mädchen am Fenster lauschen,
Wann der Lauten Klang erwacht
Und die Brunnen verschlafen rauschen
In der prächtigen Sommernacht. –

[1834]

Wünschelrute

Schläft ein Lied in allen Dingen,
Die da träumen fort und fort,
Und die Welt hebt an zu singen,
Triffst du nur das Zauberwort.

[1838]

Mondnacht

Es war, als hätt der Himmel
Die Erde still geküßt,
Daß sie im Blütenschimmer
Von ihm nun träumen müßt.

Die Luft ging durch die Felder,
Die Ähren wogten sacht,
Es rauschten leis die Wälder,
So sternklar war die Nacht.

Und meine Seele spannte
Weit ihre Flügel aus,
Flog durch die stillen Lande,
Als flöge sie nach Haus.

[1837]

Weihnachten

Markt und Straßen stehn verlassen,
Still erleuchtet jedes Haus,
Sinnend geh ich durch die Gassen,
Alles sieht so festlich aus.

An den Fenstern haben Frauen
Buntes Spielzeug fromm geschmückt,
Tausend Kindlein stehn und schauen,
Sind so wunderstill beglückt.

Und ich wandre aus den Mauern
Bis hinaus ins freie Feld,
Hehres Glänzen, heilges Schauern!
Wie so weit und still die Welt!

Sterne hoch die Kreise schlingen,
Aus des Schnees Einsamkeit
Steigt's wie wunderbares Singen –
O du gnadenreiche Zeit!

Der Einsiedler

Komm, Trost der Welt, du stille Nacht!
Wie steigst du von den Bergen sacht,
Die Lüfte alle schlafen,
Ein Schiffer nur noch, wandermüd,
Singt übers Meer sein Abendlied
Zu Gottes Lob im Hafen.

Die Jahre wie die Wolken gehn
Und lassen mich hier einsam stehn,
Die Welt hat mich vergessen,
Da trat'st du wunderbar zu mir,
Wenn ich beim Waldesrauschen hier
Gedankenvoll gesessen.

O Trost der Welt, du stille Nacht!
Der Tag hat mich so müd gemacht,
Das weite Meer schon dunkelt,
Laß ausruhn mich von Lust und Not,
Bis daß das ewge Morgenrot
Den stillen Wald durchfunkelt.

In Danzig

1842

Dunkle Giebel, hohe Fenster,
Türme tief aus Nebeln sehn,
Bleiche Statuen wie Gespenster
Lautlos an den Türen stehn.

Träumerisch der Mond drauf scheinet,
Dem die Stadt gar wohl gefällt,
Als läg zauberhaft versteinet
Drunten eine Märchenwelt.

Ringsher durch das tiefe Lauschen,
Über alle Häuser weit,
Nur des Meeres fernes Rauschen –
Wunderbare Einsamkeit!

Und der Türmer wie vor Jahren
Singet ein uraltes Lied:
Wolle Gott den Schiffer wahren,
Der bei Nacht vorüberzieht!

FRIEDRICH RÜCKERT

1788–1866

55.

Wann still die Nacht auf dunkeln Pfaden schreitet,
Die unterm Mantel trägt die goldnen Sterne,
Und im Gewölk gleich heimlicher Laterne
Der Mond sein wachsend Silberlicht bereitet,

Denk ich, und meines Auge Träne gleitet,
Zurück in jener Nächte schöne Ferne,
Wo er mit seinem lieberglühten Kerne
Auf meinen Liebesgängen mich geleitet.

Wozu, o Mond, mit deinem Strahlenschimmer
Hat dich ein Gott in Lüften aufgehangen,
Als daß die Lieb in deinem Licht soll wallen?

Die Liebe wallt in deinem Lichte nimmer,
Der Docht in deiner Lamp ist ausgegangen,
Und deine Scherben laß vom Himmel fallen.

Aus: *Amaryllis, ein Sommer auf dem Lande*

Ihr Deutschen, von dem Flutenbett des Rheines,
Bis wo die Elbe sich ins Nordmeer gießet,
Die ihr vordem ein Volk, ein großes, hießet,
Was habt ihr denn, um noch zu heißen eines?

Was habt ihr denn noch großes Allgemeines?
Welch Band, das euch als Volk zusammenschließet?
Seit ihr den Kaiserszepter brechen ließet
Und euer Reich zerspalten, habt ihr keines.

Nur noch ein einziges Band ist euch geblieben,
Das ist die Sprache, die ihr sonst verachtet;
Jetzt müßt ihr sie als euer einziges lieben.

Sie ist noch eu'r, ihr selber seid verpachtet;
Sie haltet fest, wenn alles wird zerrieben,
Daß ihr doch klagen könnt, wie ihr verschmachtet.

Aus: *Geharnischte Sonette*

[1814]

[*Kaiserszepter:* Mit der Niederlegung der deutschen Kaiserkrone durch Kaiser Franz II. 1806 erlosch das Heilige Römische Reich Deutscher Nation.]

Grammatische Deutschheit

Neulich deutschten auf deutsch vier deutsche Deutschlinge deutschend,
  Sich überdeutschend am Deutsch, welcher der deutscheste sei.
Vier deutschnamig benannt: Deutsch, Deutscherig, Deutscherling, Deutschdich:
  Selbst so hatten zu deutsch sie sich die Namen gedeutscht.
Jetzt wettdeutschten sie, deutschend in grammatikalischer Deutschheit,
  Deutscheren Komparativ, deutschesten Superlativ.
»Ich bin deutscher als deutsch.« »Ich deutscherer.« »Deutschester bin ich.«
  »Ich bin der Deutschereste oder der Deutschestere.«
Drauf durch Komparativ und Superlativ fortdeutschend,
  Deutschten sie auf bis zum – Deutschesteresteresten,
Bis sie vor komparativisch- und superlativischer Deutschung
  Den Positiv von deutsch hatten vergessen zuletzt.

[1819]

Aus: *Kindertotenlieder*

1.

Du bist ein Schatten am Tage
Und in der Nacht ein Licht;
Du lebst in meiner Klage
Und stirbst im Herzen nicht.

Wo ich mein Zelt aufschlage,
Da wohnst du bei mir dicht;
Du bist mein Schatten am Tage
Und in der Nacht mein Licht.

Wo ich auch nach dir frage,
Find ich von dir Bericht,
Du lebst in meiner Klage
Und stirbst im Herzen nicht.

Du bist ein Schatten am Tage
Und in der Nacht ein Licht;
Du lebst in meiner Klage
Und stirbst im Herzen nicht.

8.

Unter geht die Sonn am Abend
Und der Mond um Mitternacht,
Doch am Morgen kommt die Sonne
Und zu Nacht der Mond zurück.
Aber ihr, o meiner Tage
Sonne, meiner Nächte Mond,
Kehret mir an keinem Morgen,
Keinem Abend mir zurück.

Schwalbe wandert im September,
Im Oktober Nachtigall,
Doch die Schwalbe kehrt im Märze,
Nachtigall im Mai zurück.
Euch, die Nachtigall und Schwalbe
Dieses Hauses, dieser Flur,
Bringt zum Haus der März nicht wieder
Noch der Mai zur Flur zurück.

Mit dem Frühling starb das Veilchen
Und die Rose vor dem Herbst;
Ros und Veilchen in dem Garten
Bringt des Sommers Hauch zurück.
Sommerhauch, im Frost des Winters
In des Herzens Gartenbeet
Starb mein Veilchen, meine Rose,
Und du bringst sie nie zurück!

[E: 1834; D: 1872]

[Zwei Kinder Rückerts starben 1833 und 1834.]

WILHELM MÜLLER

1794–1827

Aus: *Die Winterreise*

Gute Nacht

Fremd bin ich eingezogen,
Fremd zieh ich wieder aus.
Der Mai war mir gewogen
Mit manchem Blumenstrauß.
Das Mädchen sprach von Liebe,
Die Mutter gar von Eh' –
Nun ist die Welt so trübe,
Der Weg gehüllt in Schnee.

Ich kann zu meiner Reisen
Nicht wählen mit der Zeit:
Muß selbst den Weg mir weisen
In dieser Dunkelheit.
Es zieht ein Mondenschatten
Als mein Gefährte mit,
Und auf den weißen Matten
Such ich des Wildes Tritt.

Was soll ich länger weilen,
Bis man mich trieb' hinaus?
Laß irre Hunde heulen
Vor ihres Herren Haus!
Die Liebe liebt das Wandern, –
Gott hat sie so gemacht –
Von einem zu dem andern –
Fein Liebchen, gute Nacht!

Will dich im Traum nicht stören,
Wär schad um deine Ruh,
Sollst meinen Tritt nicht hören –
Sacht, sacht die Türe zu!
Ich schreibe nur im Gehen
Ans Tor noch gute Nacht,
Damit du mögest sehen,
Ich hab an dich gedacht.

Der Lindenbaum

Am Brunnen vor dem Tore
Da steht ein Lindenbaum:
Ich träumt in seinem Schatten
So manchen süßen Traum.

Ich schnitt in seine Rinde
So manches liebe Wort;
Es zog in Freud und Leide
Zu ihm mich immer fort.

Ich mußt auch heute wandern
Vorbei in tiefer Nacht,
Da hab ich noch im Dunkel
Die Augen zugemacht.

Und seine Zweige rauschten,
Als riefen sie mir zu:
Komm her zu mir, Geselle,
Hier findst du deine Ruh!

Die kalten Winde bliesen
Mir grad ins Angesicht,
Der Hut flog mir vom Kopfe,
Ich wendete mich nicht.

Nun bin ich manche Stunde
Entfernt von jenem Ort,
Und immer hör ich's rauschen:
Du fändest Ruhe dort!

Der Leiermann

Drüben hinterm Dorfe
Steht ein Leiermann,
Und mit starren Fingern
Dreht er was er kann.

Barfuß auf dem Eise
Schwankt er hin und her;
Und sein kleiner Teller
Bleibt ihm immer leer.

Keiner mag ihn hören,
Keiner sieht ihn an;
Und die Hunde brummen
Um den alten Mann.

Und er läßt es gehen
Alles, wie es will,
Dreht, und seine Leier
Steht ihm nimmer still.

Wunderlicher Alter,
Soll ich mit dir gehn?
Willst zu meinen Liedern
Deine Leier drehn?

[1823/1824]

Hellas und die Welt

Ohne die Freiheit, was wärest du, Hellas?
Ohne dich, Hellas, was wäre die Welt?

Kommt, ihr Völker aller Zonen,
Seht die Brüste,
Die euch säugten
Mit der reinen Milch der Weisheit! –
Sollen Barbaren sie zerfleischen?
Seht die Augen,
Die euch erleuchteten
Mit dem himmlischen Strahle der Schönheit! –
Sollen sie Barbaren blenden?

Seht die Flamme,
Die euch wärmte
Durch und durch im tiefen Busen,
Daß ihr fühltet,

Wer ihr seid,
Was ihr wollt,
Was ihr sollt,
Eurer Menschheit hohen Adel,
Eure Freiheit! –
Sollen Barbaren sie ersticken?

Kommt, ihr Völker aller Zonen,
Kommt und helfet frei sie machen,
Die euch alle frei gemacht!

Ohne die Freiheit, was wärest du, Hellas?
Ohne dich, Hellas, was wäre die Welt?

Aus: *Neueste Lieder der Griechen*

[1824]

[*Hellas:* 1821–1829 Freiheitskampf Griechenlands gegen die Türkei; 1829 Griechenland unabhängig.]

Vineta

Aus des Meeres tiefem, tiefem Grunde
Klingen Abendglocken dumpf und matt,
Uns zu geben wunderbare Kunde
Von der schönen alten Wunderstadt.

In der Fluten Schoß hinabgesunken,
Blieben unten ihre Trümmer stehn.
Ihre Zinnen lassen goldne Funken
Widerscheinend auf dem Spiegel sehn.

Und der Schiffer, der den Zauberschimmer
Einmal sah im hellen Abendrot,
Nach derselben Stelle schifft er immer,
Ob auch rings umher die Klippe droht.

Aus des Herzens tiefem, tiefem Grunde
Klingt es mir, wie Glocken, dumpf und matt.
Ach, sie geben wunderbare Kunde
Von der Liebe, die geliebt es hat.

Eine schöne Welt ist da versunken,
Ihre Trümmer blieben unten stehn,
Lassen sich als goldne Himmelsfunken
Oft im Spiegel meiner Träume sehn.

Und dann möcht ich tauchen in die Tiefen,
Mich versenken in den Widerschein,
Und mir ist, als ob mich Engel riefen
In die alte Wunderstadt hinein.

[1826]

AUGUST VON PLATEN

1796–1835

Aus: *Venedig*

V

Venedig liegt nur noch im Land der Träume
Und wirft nur Schatten her aus alten Tagen,
Es liegt der Leu der Republik erschlagen,
Und öde feiern seines Kerkers Räume.

Die ehrnen Hengste, die, durch salz'ge Schäume
Dahergeschleppt, auf jener Kirche ragen,
Nicht mehr dieselben sind sie, ach! sie tragen
Des korsikanschen Überwinders Zäume.

Wo ist das Volk von Königen geblieben,
Das diese Marmorhäuser durfte bauen,
Die nun verfallen und gemach zerstieben!

Nur selten finden auf des Enkels Brauen
Der Ahnen große Züge sich geschrieben,
An Dogengräbern in den Stein gehauen.

XIV

Wenn tiefe Schwermut meine Seele wieget,
Mag's um die Buden am Rialto flittern:
Um nicht den Geist im Tande zu zersplittern,
Such ich die Stille, die den Tag besieget.

Dann blick ich oft, an Brücken angeschmieget,
In öde Wellen, die nur leise zittern,
Wo über Mauern, welche halb verwittern,
Ein wilder Lorbeerbusch die Zweige bieget.

Und wann ich, stehend auf versteinten Pfählen,
Den Blick hinaus ins dunkle Meer verliere,
Dem fürder keine Dogen sich vermählen:

Dann stört mich kaum im schweigenden Reviere,
Herschallend aus entlegenen Kanälen,
Von Zeit zu Zeit ein Ruf der Gondoliere.*

* Die Gondoliere in Venedig bedienen sich, wenn sie um die Ecke biegen, eines herkömmlichen Rufs, um das Aneinanderstoßen zweier Gondeln zu verhindern.

[D: 1825]

[*Leu:* Venedig nannte sich die Republik von San Marco, weil dort angeblich die Gebeine des Evangelisten Markus aufbewahrt sind. Dessen Symbol, der Löwe, war das Staatswappen. – *Die ehrnen Hengste:* die vier antiken Rosse, auf der großen Terrasse der Kirchenfront von San Marco, 1204 nach der Eroberung Konstantinopels als Kriegsbeute nach Venedig gebracht. – *Des korsikanschen Überwinders:* 1797 Besetzung Venedigs durch den Korsen Napoleon; Ende der Republik.]

Tristan

Wer die Schönheit angeschaut mit Augen,
Ist dem Tode schon anheimgegeben,
Wird für keinen Dienst auf Erden taugen,
Und doch wird er vor dem Tode beben,
Wer die Schönheit angeschaut mit Augen!

Ewig währt für ihn der Schmerz der Liebe,
Denn ein Tor nur kann auf Erden hoffen
Zu genügen einem solchen Triebe:
Wen der Pfeil des Schönen je getroffen,
Ewig währt für ihn der Schmerz der Liebe!

Ach, er möchte wie ein Quell versiechen,
Jedem Hauch der Luft ein Gift entsaugen
Und den Tod aus jeder Blume riechen:
Wer die Schönheit angeschaut mit Augen,
Ach, er möchte wie ein Quell versiechen! [1825]

Das Grab im Busento

Nächtlich am Busento lispeln, bei Cosenza, dumpfe Lieder,
Aus den Wassern schallt es Antwort, und in Wirbeln klingt es wider!

Und den Fluß hinauf, hinunter ziehn die Schatten tapfrer Goten,
Die den Alarich beweinen, ihres Volkes besten Toten.

Allzufrüh und fern der Heimat mußten hier sie ihn begraben,
Während noch die Jugendlocken seine Schulter blond umgaben.

Und am Ufer des Busento reihten sie sich um die Wette,
Um die Strömung abzuleiten, gruben sie ein frisches Bette.

In der wogenleeren Höhlung wühlten sie empor die Erde,
Senkten tief hinein den Leichnam, mit der Rüstung, auf dem Pferde.

Deckten dann mit Erde wieder ihn und seine stolze Habe,
Daß die hohen Stromgewächse wüchsen aus dem Heldengrabe.

Abgelenkt zum zweitenmale, ward der Fluß herbeigezogen:
Mächtig in ihr altes Bette schäumten die Busentowogen.

Und es sang ein Chor von Männern: »Schlaf in deinen Heldenehren!
Keines Römers schnöde Habsucht soll dir je dein Grab versehren!«

Sangen's, und die Lobgesänge tönten fort im Gotenheere;
Wälze sie, Busentowelle, wälze sie von Meer zu Meere!

Was habt ihr denn an euerm Rhein und Ister,
Um neben dem Hellenenvolk zu thronen?
Journale, Zeitungsblätter, Rezensionen,
Tabak und Bier und Polizeiminister!

Die nie ihr kanntet jene zwei Geschwister,
Freiheit und Kunst, die dort in schönern Zonen
Auf's Haupt sich setzten der Vollendung Kronen,
Ihr haltet euch für Griechen, ihr Philister?

Gestümpert habt ihr bloß nach vielen Seiten,
Da Griechenland der Schönheit ewgen Schimmer
Auf alles Seiende gewußt zu breiten.

Was ist die Kunst, mit der ihr prahlet immer?
In einem Ozean von Albernheiten
Erscheinen ein'ge geniale Schwimmer!

NIKOLAUS LENAU

1802–1850

Auf dem Teich, dem regungslosen,
Weilt des Mondes holder Glanz,
Flechtend seine bleichen Rosen
In des Schilfes grünen Kranz.

Hirsche wandeln dort am Hügel,
Blicken in die Nacht empor;
Manchmal regt sich das Geflügel
Träumerisch im tiefen Rohr.

Weinend muß mein Blick sich senken;
Durch die tiefste Seele geht
Mir ein süßes Deingedenken
Wie ein stilles Nachtgebet!

Aus: *Schilflieder,* D: 1832

Bitte

Weil auf mir, du dunkles Auge,
Übe deine ganze Macht,
Ernste, milde, träumerische,
Unergründlich süße Nacht!

Nimm mit deinem Zauberdunkel
Diese Welt von hinnen mir,
Daß du über meinem Leben
Einsam schwebest für und für.

[1832]

Der Postillon

Lieblich war die Maiennacht,
Silberwölklein flogen,
Ob der holden Frühlingspracht
Freudig hingezogen.

Schlummernd lagen Wies und Hain,
Jeder Pfad verlassen;
Niemand als der Mondenschein
Wachte auf den Straßen.

Leise nur das Lüftchen sprach,
Und es zog gelinder
Durch das stille Schlafgemach
All der Frühlingskinder.

Heimlich nur das Bächlein schlich,
Denn der Blüten Träume
Dufteten gar wonniglich
Durch die stillen Räume.

Rauher war mein Postillon,
Ließ die Geißel knallen,
Über Berg und Tal davon
Frisch sein Horn erschallen.

Und von flinken Rossen vier
Scholl der Hufe Schlagen,
Die durchs blühende Revier
Trabten mit Behagen.

Wald und Flur im schnellen Zug
Kaum gegrüßt – gemieden;
Und vorbei, wie Traumesflug,
Schwand der Dörfer Frieden.

Mitten in dem Maienglück
Lag ein Kirchhof innen,
Der den raschen Wanderblick
Hielt zu ernstem Sinnen.

Hingelehnt an Bergesrand
War die bleiche Mauer,
Und das Kreuzbild Gottes stand
Hoch, in stummer Trauer.

Schwager ritt auf seiner Bahn
Stiller jetzt und trüber;
Und die Rosse hielt er an,
Sah zum Kreuz hinüber:

»Halten muß hier Roß und Rad,
Mag's euch nicht gefährden:
Drüben liegt mein Kamerad
In der kühlen Erden!

Ein gar herzlieber Gesell!
Herr, 's ist ewig schade!
Keiner blies das Horn so hell
Wie mein Kamerade!

Hier ich immer halten muß,
Dem dort unterm Rasen
Zum getreuen Brudergruß
Sein Leiblied zu blasen!«

Und dem Kirchhof sandt er zu
Frohe Wandersänge,
Daß es in die Grabesruh
Seinem Bruder dränge.

Und des Hornes heller Ton
Klang vom Berge wieder,
Ob der tote Postillon
Stimmt' in seine Lieder. –

Weiter ging's durch Feld und Hag
Mit verhängtem Zügel;
Lang mir noch im Ohre lag
Jener Klang vom Hügel.

[1834]

[*Schwager:* Postillon. – *Ob:* als ob.]

Die drei Zigeuner

Drei Zigeuner fand ich einmal
Liegen an einer Weide,
Als mein Fuhrwerk mit müder Qual
Schlich durch die sandige Heide.

Hielt der eine für sich allein
In den Händen die Fiedel,
Spielte, umglüht vom Abendschein,
Sich ein feuriges Liedel.

Hielt der zweite die Pfeif im Mund,
Blickte nach seinem Rauche,
Froh, als ob er vom Erdenrund
Nichts zum Glücke mehr brauche.

Und der dritte behaglich schlief,
Und sein Zimbal am Baum hing,
Über die Saiten der Windhauch lief,
Über sein Herz ein Traum ging.

An den Kleidern trugen die drei
Löcher und bunte Flicken,
Aber sie boten trotzig frei
Spott den Erdengeschicken.

Dreifach haben sie mir gezeigt,
Wenn das Leben uns nachtet,
Wie man's verraucht, verschläft, vergeigt
Und es dreimal verachtet.

Nach den Zigeunern lang noch schaun
Mußt ich im Weiterfahren,
Nach den Gesichtern dunkelbraun,
Den schwarzlockigen Haaren.

Auf eine holländische Landschaft

Müde schleichen hier die Bäche,
Nicht ein Lüftchen hörst du wallen,
Die entfärbten Blätter fallen
Still zu Grund, vor Altersschwäche.

Krähen, kaum die Schwingen regend,
Streichen langsam; dort am Hügel
Läßt die Windmühl ruhn die Flügel;
Ach, wie schläfrig ist die Gegend!

Lenz und Sommer sind verflogen;
Dort das Hüttlein, ob es trutze,
Blickt nicht aus, die Strohkapuze
Tief ins Aug herabgezogen.

Schlummernd oder träge sinnend,
Ruht der Hirt bei seinen Schafen.
Die Natur, Herbstnebel spinnend,
Scheint am Rocken eingeschlafen.

[1844]

EDUARD MÖRIKE

1804–1875

An einem Wintermorgen, vor Sonnenaufgang

O flaumenleichte Zeit der dunkeln Frühe!
Welch neue Welt bewegest du in mir?
Was ist's, daß ich auf einmal nun in dir
Von sanfter Wollust meines Daseins glühe?

Einem Kristall gleicht meine Seele nun,
Den noch kein falscher Strahl des Lichts getroffen;
Zu fluten scheint mein Geist, er scheint zu ruhn,
Dem Eindruck naher Wunderkräfte offen,
Die aus dem klaren Gürtel blauer Luft
Zuletzt ein Zauberwort vor meine Sinne ruft.

Bei hellen Augen glaub ich doch zu schwanken;
Ich schließe sie, daß nicht der Traum entweiche.
Seh ich hinab in lichte Feenreiche?
Wer hat den bunten Schwarm von Bildern und Gedanken
Zur Pforte meines Herzens hergeladen,
Die glänzend sich in diesem Busen baden,
Goldfarbgen Fischlein gleich im Gartenteiche?

Ich höre bald der Hirtenflöten Klänge,
Wie um die Krippe jener Wundernacht,
Bald weinbekränzter Jugend Lustgesänge;
Wer hat das friedenselige Gedränge
In meine traurigen Wände hergebracht?

Und welch Gefühl entzückter Stärke,
Indem mein Sinn sich frisch zur Ferne lenkt!
Vom ersten Mark des heutgen Tags getränkt,
Fühl ich mir Mut zu jedem frommen Werke.
Die Seele fliegt, so weit der Himmel reicht,
Der Genius jauchzt in mir! Doch sage,
Warum wird jetzt der Blick von Wehmut feucht?
Ist's ein verloren Glück, was mich erweicht?
Ist es ein werdendes, was ich im Herzen trage?
– Hinweg, mein Geist! hier gilt kein Stillestehn:
Es ist ein Augenblick, und alles wird verwehn!

Dort, sieh, am Horizont lüpft sich der Vorhang schon!
Es träumt der Tag, nun sei die Nacht entflohn;
Die Purpurlippe, die geschlossen lag,
Haucht, halbgeöffnet, süße Atemzüge:
Auf einmal blitzt das Aug, und, wie ein Gott, der Tag
Beginnt im Sprung die königlichen Flüge!

[E: 1825; D: 1834]

Gesang zu zweien in der Nacht

Sie:
Wie süß der Nachtwind nun die Wiese streift,
Und klingend jetzt den jungen Hain durchläuft!
Da noch der freche Tag verstummt,
Hört man der Erdenkräfte flüsterndes Gedränge,
Das aufwärts in die zärtlichen Gesänge
Der reingestimmten Lüfte summt.

Er:
Vernehm ich doch die wunderbarsten Stimmen,
Vom lauen Wind wollüstig hingeschleift,
Indes, mit ungewissem Licht gestreift,
Der Himmel selber scheinet hinzuschwimmen.

Sie:
Wie ein Gewebe zuckt die Luft manchmal,
Durchsichtiger und heller aufzuwehen;
Dazwischen hört man weiche Töne gehen
Von sel'gen Feen, die im blauen Saal
Zum Sphärenklang,
Und fleißig mit Gesang,
Silberne Spindeln hin und wider drehen.

Er:
O holde Nacht, du gehst mit leisem Tritt
Auf schwarzem Samt, der nur am Tage grünet,
Und luftig schwirrender Musik bedienet
Sich nun dein Fuß zum leichten Schritt,
Womit du Stund um Stunde missest,
Dich lieblich in dir selbst vergissest –
Du schwärmst, es schwärmt der Schöpfung Seele mit!

In der Frühe

Kein Schlaf noch kühlt das Auge mir,
Dort gehet schon der Tag herfür
An meinem Kammerfenster.
Es wühlet mein verstörter Sinn
Noch zwischen Zweifeln her und hin
Und schaffet Nachtgespenster.
– Ängste, quäle
Dich nicht länger, meine Seele!
Freu dich! schon sind da und dorten
Morgenglocken wach geworden.

Septembermorgen

Im Nebel ruhet noch die Welt,
Noch träumen Wald und Wiesen:
Bald siehst du, wenn der Schleier fällt,
Den blauen Himmel unverstellt,
Herbstkräftig die gedämpfte Welt
In warmem Golde fließen.

[1828]

Um Mitternacht

Gelassen stieg die Nacht ans Land,
Lehnt träumend an der Berge Wand,
Ihr Auge sieht die goldne Waage nun
Der Zeit in gleichen Schalen stille ruhn;
Und kecker rauschen die Quellen hervor,
Sie singen der Mutter, der Nacht, ins Ohr.
Vom Tage,
Vom heute gewesenen Tage.

Das uralt alte Schlummerlied,
Sie achtet's nicht, sie ist es müd;
Ihr klingt des Himmels Bläue süßer noch,
Der flüchtgen Stunden gleichgeschwungnes Joch.
Doch immer behalten die Quellen das Wort,
Es singen die Wasser im Schlafe noch fort
Vom Tage,
Vom heute gewesenen Tage. [1828]

Er ist's

Frühling läßt sein blaues Band
Wieder flattern durch die Lüfte;
Süße, wohlbekannte Düfte
Streifen ahnungsvoll das Land.
Veilchen träumen schon,
Wollen balde kommen.
– Horch, von fern ein leiser Harfenton!
Frühling, ja du bist's!
Dich hab ich vernommen! [E: 1829; D: 1832]

Der Feuerreiter

Sehet ihr am Fensterlein
Dort die rote Mütze wieder?
Nicht geheuer muß es sein,
Denn er geht schon auf und nieder.
Und auf einmal welch Gewühle
Bei der Brücke, nach dem Feld!
Horch! das Feuerglöcklein gellt:
    Hinterm Berg,
    Hinterm Berg
Brennt es in der Mühle!

Schaut! da sprengt er wütend schier
Durch das Tor, der Feuerreiter,
Auf dem rippendürren Tier,
Als auf einer Feuerleiter!
Querfeldein! Durch Qualm und Schwüle
Rennt er schon, und ist am Ort!
Drüben schallt es fort und fort:
    Hinterm Berg,
    Hinterm Berg
Brennt es in der Mühle!

Der so oft den roten Hahn
Meilenweit von fern gerochen,
Mit des heilgen Kreuzes Span
Freventlich die Glut besprochen –
Weh! dir grinst vom Dachgestühle
Dort der Feind im Höllenschein,
Gnade Gott der Seele dein!
    Hinterm Berg,
    Hinterm Berg
Rast er in der Mühle!

Keine Stunde hielt es an,
Bis die Mühle borst in Trümmer;
Doch den kecken Reitersmann
Sah man von der Stunde nimmer.
Volk und Wagen im Gewühle
Kehren heim von all dem Graus;
Auch das Glöcklein klinget aus:
    Hinterm Berg,
    Hinterm Berg
Brennt's! –

Nach der Zeit ein Müller fand
Ein Gerippe samt der Mützen
Aufrecht an der Kellerwand
Auf der beinern Mähre sitzen:
Feuerreiter, wie so kühle
Reitest du in deinem Grab!
Husch! da fällt's in Asche ab.
    Ruhe wohl,
    Ruhe wohl
Drunten in der Mühle!

[1832]

Verborgenheit

Laß, o Welt, o laß mich sein!
Locket nicht mit Liebesgaben,
Laßt dies Herz alleine haben
Seine Wonne, seine Pein!

Was ich traure weiß ich nicht,
Es ist unbekanntes Wehe;
Immerdar durch Tränen sehe
Ich der Sonne liebes Licht.

Oft bin ich mir kaum bewußt,
Und die helle Freude zücket
Durch die Schwere, so mich drücket
Wonniglich in meiner Brust.

Laß, o Welt, o laß mich sein!
Locket nicht mit Liebesgaben,
Laßt dies Herz alleine haben
Seine Wonne, seine Pein!

[1838]

Gesang Weylas

Du bist Orplid, mein Land!
Das ferne leuchtet;
Vom Meere dampfet dein besonnter Strand
Den Nebel, so der Götter Wange feuchtet.

Uralte Wasser steigen
Verjüngt um deine Hüften, Kind!
Vor deiner Gottheit beugen
Sich Könige, die deine Wärter sind.

[*Weyla:* in Mörikes Roman »Maler Nolten« Göttin von Orplid, einer vom Dichter und seinen Freunden erfundenen Wunsch- und Märcheninsel]

Auf eine Lampe

Noch unverrückt, o schöne Lampe, schmückest du,
An leichten Ketten zierlich aufgehangen hier,
Die Decke des nun fast vergeßnen Lustgemachs.
Auf deiner weißen Marmorschale, deren Rand
Der Efeukranz von goldengrünem Erz umflicht,
Schlingt fröhlich eine Kinderschar den Ringelreihn.
Wie reizend alles! lachend, und ein sanfter Geist
Des Ernstes doch ergossen um die ganze Form –
Ein Kunstgebild der echten Art. Wer achtet sein?
Was aber schön ist, selig scheint es in ihm selbst.

[1846]

Die schöne Buche

Ganz verborgen im Wald kenn ich ein Plätzchen, da stehet
Eine Buche, man sieht schöner im Bilde sie nicht.
Rein und glatt, in gediegenem Wuchs erhebt sie sich einzeln,
Keiner der Nachbarn rührt ihr an den seidenen Schmuck.
Rings, so weit sein Gezweig der stattliche Baum ausbreitet,
Grünet der Rasen, das Aug still zu erquicken, umher;
Gleich nach allen Seiten umzirkt er den Stamm in der Mitte;
Kunstlos schuf die Natur selber dies liebliche Rund.
Zartes Gebüsch umkränzet es erst; hochstämmige Bäume,
Folgend in dichtem Gedräng, wehren dem himmlischen Blau.
Neben der dunkleren Fülle des Eichbaums wieget die Birke
Ihr jungfräuliches Haupt schüchtern im goldenen Licht.

Nur wo, verdeckt vom Felsen, der Fußsteig jäh sich hinabschlingt,
  Lässet die Hellung mich ahnen das offene Feld.
– Als ich unlängst einsam, von neuen Gestalten des Sommers
  Ab dem Pfade gelockt, dort im Gebüsch mich verlor,
Führt' ein freundlicher Geist, des Hains auflauschende Gottheit,
  Hier mich zum erstenmal, plötzlich, den Staunenden, ein.
Welch Entzücken! Es war um die hohe Stunde des Mittags,
  Lautlos alles, es schwieg selber der Vogel im Laub.
Und ich zauderte noch, auf den zierlichen Teppich zu treten;
  Festlich empfing er den Fuß, leise beschritt ich ihn nur.
Jetzo, gelehnt an den Stamm (er trägt sein breites Gewölbe
  Nicht zu hoch), ließ ich rundum die Augen ergehn,
Wo den beschatteten Kreis die feurig strahlende Sonne,
  Fast gleich messend umher, säumte mit blendendem Rand.
Aber ich stand und rührte mich nicht; dämonischer Stille,
  Unergründlicher Ruh lauschte mein innerer Sinn.
Eingeschlossen mit dir in diesem sonnigen Zauber-
  Gürtel, o Einsamkeit, fühlt ich und dachte nur dich!

[1847]

Denk es, o Seele!

Ein Tännlein grünet wo,
Wer weiß, im Walde,
Ein Rosenstrauch, wer sagt,
In welchem Garten?
Sie sind erlesen schon,
Denk es, o Seele,
Auf deinem Grab zu wurzeln
Und zu wachsen.

Zwei schwarze Rößlein weiden
Auf der Wiese,
Sie kehren heim zur Stadt
In muntern Sprüngen.
Sie werden schrittweis gehn
Mit deiner Leiche;
Vielleicht, vielleicht noch eh
An ihren Hufen
Das Eisen los wird,
Das ich blitzen sehe!

[1852]

JUSTINUS KERNER

1786–1862

Wanderlied

Wohlauf! noch getrunken
Den funkelnden Wein!
Ade nun, ihr Lieben!
Geschieden muß sein.
Ade nun, ihr Berge,
Du väterlich Haus!
Es treibt in die Ferne
Mich mächtig hinaus.

Die Sonne, sie bleibet
Am Himmel nicht stehn,
Es treibt sie, durch Länder
Und Meere zu gehn.
Die Woge nicht haftet
Am einsamen Strand,
Die Stürme, sie brausen
Mit Macht durch das Land.

Mit eilenden Wolken
Der Vogel dort zieht
Und singt in der Ferne
Ein heimatlich Lied.
So treibt es den Burschen
Durch Wälder und Feld,
Zu gleichen der Mutter,
Der wandernden Welt.

Da grüßen ihn Vögel
Bekannt überm Meer,
Sie flogen von Fluren
Der Heimat hieher;
Da duften die Blumen
Vertraulich um ihn,
Sie treiben vom Lande
Die Lüfte dahin.

Die Vögel, die kennen
Sein väterlich Haus,
Die Blumen einst pflanzt' er
Der Liebe zum Strauß,
Und Liebe, die folgt ihm,
Sie geht ihm zur Hand:
So wird ihm zur Heimat
Das ferneste Land.

[E: 1809; D: 1812]

Der Zopf im Kopfe

Einst hat man das Haar frisiert,
Hat's gepudert und geschmiert,
Daß es stattlich glänze,
Steif die Stirne begrenze.

Nun läßt schlicht man wohl das Haar,
Doch dafür wird wunderbar
Das Gehirn frisieret,
Meisterlich dressieret.

Auf dem Kopfe die Frisur,
Ist sie wohl ganz Unnatur,
Scheint mir doch passabel,
Nicht so miserabel

Als jetzt im Gehirn der Zopf,
Als jetzt die Frisur im Kopf,
Puder und Pomade
Im Gehirn! – Gott Gnade!

[1838]

Im Eisenbahnhofe

Hört ihr den Pfiff, den wilden, grellen,
Es schnaubt, es rüstet sich das Tier,
Das eiserne, zum Zug, zum schnellen,
Her braust's wie ein Gewitter schier.

In seinem Bauche schafft ein Feuer,
Das schwarzen Qualm zum Himmel treibt;
Ein Bild scheint's von dem Ungeheuer,
Von dem die Offenbarung schreibt.

Jetzt welch ein Rennen, welch Getümmel,
Bis sich gefüllt der Wagen Raum!
Drauf »Fertig!« schreit's, und Erd und Himmel
Hinfliegen, ein dämonscher Traum.

Dampfschnaubend Tier! Seit du geboren,
Die Poesie des Reisens flieht;
Zu Roß mit Mantelsack und Sporen
Kein Kaufherr mehr zur Messe zieht.

Kein Handwerksbursche bald die Straße
Mehr wandert froh in Regen, Wind,
Legt müd sich hin und träumt im Grase
Von seiner Heimat schönem Kind.

Kein Postzug nimmt mit lustgem Knallen
Bald durch die Stadt mehr seinen Lauf
Und wecket mit des Posthorns Schallen
Zum Mondenschein den Städter auf.

Auch bald kein trautes Paar die Straße
Gemütlich fährt im Wagen mehr,
Aus dem der Mann steigt und vom Grase
Der Frau holt eine Blume her.

Kein Wandrer bald auf hoher Stelle,
Zu schauen Gottes Welt, mehr weilt,
Bald alles mit des Blitzes Schnelle
An der Natur vorübereilt.

Ich klage: Mensch, mit deinen Künsten
Wie machst du Erd und Himmel kalt!
Wär ich, eh du gespielt mit Dünsten,
Geboren doch im wildsten Wald!

Wo keine Axt mehr schallt, geboren,
Könnt's sein, in Meeres stillem Grund,
Daß nie geworden meinen Ohren
Je was von deinen Wundern kund.

Fahr zu, o Mensch! Treib's auf die Spitze,
Vom Dampfschiff bis zum Schiff der Luft!
Flieg mit dem Aar, flieg mit dem Blitze!
Kommst weiter nicht als bis zur Gruft.

[1851]

[*Offenbarung:* Offenbarung des Johannes, das letzte Buch der Bibel.]

ANNETTE VON DROSTE-HÜLSHOFF

1797–1848

Der Knabe im Moor

O schaurig ist's übers Moor zu gehn,
Wenn es wimmelt vom Heiderauche,
Sich wie Phantome die Dünste drehn
Und die Ranke häkelt am Strauche,
Unter jedem Tritte ein Quellchen springt,
Wenn aus der Spalte es zischt und singt,
O schaurig ist's übers Moor zu gehn,
Wenn das Röhricht knistert im Hauche!

Fest hält die Fibel das zitternde Kind
Und rennt als ob man es jage;
Hohl über die Fläche sauset der Wind –
Was raschelt drüben am Hage?
Das ist der gespenstige Gräberknecht,
Der dem Meister die besten Torfe verzecht;
Hu, hu, es bricht wie ein irres Rind!
Hinducket das Knäblein zage.

Vom Ufer starret Gestumpf hervor,
Unheimlich nicket die Föhre,
Der Knabe rennt, gespannt das Ohr,
Durch Riesenhalme wie Speere;
Und wie es rieselt und knittert darin!

Das ist die unselige Spinnerin,
Das ist die gebannte Spinnlenor',
Die den Haspel dreht im Geröhre!

Voran, voran, nur immer im Lauf,
Voran als woll' es ihn holen;
Vor seinem Fuße brodelt es auf,
Es pfeift ihm unter den Sohlen
Wie eine gespenstige Melodei;
Das ist der Geigemann ungetreu,
Das ist der diebische Fiedler Knauf,
Der den Hochzeitheller gestohlen!

Da birst das Moor, ein Seufzer geht
Hervor aus der klaffenden Höhle;
Weh, weh, da ruft die verdammte Margret:
»Ho, ho, meine arme Seele!«
Der Knabe springt wie ein wundes Reh,
Wär' nicht Schutzengel in seiner Näh',
Seine bleichenden Knöchelchen fände spät
Ein Gräber im Moorgeschwele.

Da mählich gründet der Boden sich,
Und drüben, neben der Weide,
Die Lampe flimmert so heimatlich,
Der Knabe steht an der Scheide.
Tief atmet er auf, zum Moor zurück
Noch immer wirft er den scheuen Blick:
Ja, im Geröhre war's fürchterlich,
O schaurig war's in der Heide!

[1842]

Am Turme

Ich steh auf hohem Balkone am Turm,
Umstrichen vom schreienden Stare,
Und laß gleich einer Mänade den Sturm
Mir wühlen im flatternden Haare;
O wilder Geselle, o toller Fant,
Ich möchte dich kräftig umschlingen,
Und, Sehne an Sehne, zwei Schritte vom Rand
Auf Tod und Leben dann ringen!

Und drunten seh ich am Strand, so frisch
Wie spielende Doggen, die Wellen
Sich tummeln rings mit Geklaff und Gezisch,
Und glänzende Flocken schnellen.
O, springen möcht' ich hinein alsbald,
Recht in die tobende Meute,
Und jagen durch den korallenen Wald
Das Walroß, die lustige Beute!

Und drüben seh ich ein Wimpel wehn
So keck wie eine Standarte,
Seh auf und nieder den Kiel sich drehn
Von meiner luftigen Warte;
O, sitzen möcht' ich im kämpfenden Schiff,
Das Steuerruder ergreifen,
Und zischend über das brandende Riff
Wie eine Seemöwe streifen.

Wär' ich ein Jäger auf freier Flur,
Ein Stück nur von einem Soldaten,
Wär' ich ein Mann doch mindestens nur,
So würde der Himmel mir raten;
Nun muß ich sitzen so fein und klar,
Gleich einem artigen Kinde,
Und darf nur heimlich lösen mein Haar,
Und lassen es flattern im Winde!

[1842]

Das Spiegelbild

Schaust du mich an aus dem Kristall,
Mit deiner Augen Nebelball,
Kometen gleich die im Verbleichen;
Mit Zügen, worin wunderlich
Zwei Seelen wie Spione sich
Umschleichen, ja, dann flüstre ich:
Phantom, du bist nicht meinesgleichen!

Bist nur entschlüpft der Träume Hut,
Zu eisen mir das warme Blut,
Die dunkle Locke mir zu blassen;
Und dennoch, dämmerndes Gesicht,
Drin seltsam spielt ein Doppellicht,
Trätest du vor, ich weiß es nicht,
Würd' ich dich lieben oder hassen?

Zu deiner Stirne Herrscherthron,
Wo die Gedanken leisten Fron
Wie Knechte, würd' ich schüchtern blicken;
Doch von des Auges kaltem Glast,
Voll toten Lichts, gebrochen fast,
Gespenstig, würd', ein scheuer Gast,
Weit, weit ich meinen Schemel rücken.

Und was den Mund umspielt so lind,
So weich und hülflos wie ein Kind,
Das möcht' in treue Hut ich bergen;
Und wieder, wenn er höhnend spielt,
Wie von gespanntem Bogen zielt,
Wenn leis' es durch die Züge wühlt,
Dann möcht' ich fliehen wie vor Schergen.

Es ist gewiß, du bist nicht ich,
Ein fremdes Dasein, dem ich mich
Wie Moses nahe, unbeschuhet,
Voll Kräfte die mir nicht bewußt,
Voll fremden Leides, fremder Lust;
Gnade mir Gott, wenn in der Brust
Mir schlummernd deine Seele ruhet!

Und dennoch fühl' ich, wie verwandt,
Zu deinen Schauern mich gebannt,
Und Liebe muß der Furcht sich einen.
Ja, trätest aus Kristalles Rund,
Phantom, du lebend auf den Grund,
Nur leise zittern würd' ich, und
Mich dünkt – ich würde um dich weinen!

[*Wie Moses:* vgl. 2. Mose 3,5.]

Im Grase

Süße Ruh', süßer Taumel im Gras,
Von des Krautes Arom' umhaucht,
Tiefe Flut, tief, tief trunkne Flut,
Wenn die Wolke am Azure verraucht,
Wenn aufs müde schwimmende Haupt
Süßes Lachen gaukelt herab,
Liebe Stimme säuselt und träuft
Wie die Lindenblüt' auf ein Grab.

Wenn im Busen die Toten dann,
Jede Leiche sich streckt und regt,
Leise, leise den Odem zieht,
Die geschloßne Wimper bewegt,
Tote Lieb', tote Lust, tote Zeit,
All die Schätze, im Schutt verwühlt,
Sich berühren mit schüchternem Klang
Gleich den Glöckchen, vom Winde umspielt.

Stunden, flücht'ger ihr als der Kuß
Eines Strahls auf den trauernden See,
Als des ziehnden Vogels Lied,
Das mir niederperlt aus der Höh',
Als des schillernden Käfers Blitz,
Wenn den Sonnenpfad er durcheilt,
Als der flücht'ge Druck einer Hand,
Die zum letzten Male verweilt.

Dennoch, Himmel, immer mir nur
Dieses eine nur: für das Lied
Jedes freien Vogels im Blau
Eine Seele, die mit ihm zieht,
Nur für jeden kärglichen Strahl
Meinen farbig schillernden Saum,
Jeder warmen Hand meinen Druck
Und für jedes Glück einen Traum.

[1844]

Mondesaufgang

An des Balkones Gitter lehnte ich
Und wartete, du mildes Licht, auf dich.
Hoch über mir, gleich trübem Eiskristalle,
Zerschmolzen schwamm des Firmamentes Halle;
Der See verschimmerte mit leisem Stöhnen,
Zerfloßne Perlen oder Wolkentränen? –
Es rieselte, es dämmerte um mich,
Ich wartete, du mildes Licht, auf dich.

Hoch stand ich, neben mir der Linden Kamm,
Tief unter mir Gezweige, Ast und Stamm;
Im Laube stimmte der Phalänen Reigen,
Die Feuerfliege sah ich glimmend steigen,
Und Blüten taumelten wie halb entschlafen;

Mir war, als treibe hier ein Herz zum Hafen,
Ein Herz, das übervoll von Glück und Leid
Und Bildern seliger Vergangenheit.

Das Dunkel stieg, die Schatten drangen ein –
Wo weilst du, weilst du denn, mein milder Schein! –
Sie drangen ein wie sündige Gedanken,
Des Firmamentes Woge schien zu schwanken,
Verzittert war der Feuerfliege Funken,
Längst die Phaläne an den Grund gesunken,
Nur Bergeshäupter standen hart und nah,
Ein düstrer Richterkreis, im Düster da.

Und Zweige zischelten an meinem Fuß
Wie Warnungsflüstern oder Todesgruß;
Ein Summen stieg im weiten Wassertale
Wie Volksgemurmel vor dem Tribunale;
Mir war, als müsse etwas Rechnung geben,
Als stehe zagend ein verlornes Leben,
Als stehe ein verkümmert Herz allein,
Einsam mit seiner Schuld und seiner Pein.

Da auf die Wellen sank ein Silberflor,
Und langsam stiegst du, frommes Licht, empor;
Der Alpen finstre Stirnen strichst du leise,
Und aus den Richtern wurden sanfte Greise;
Der Wellen Zucken ward ein lächelnd Winken,
An jedem Zweige sah ich Tropfen blinken,
Und jeder Tropfen schien ein Kämmerlein,
Drin flimmerte der Heimatlampe Schein.

O Mond, du bist mir wie ein später Freund,
Der seine Jugend dem Verarmten eint,
Um seine sterbenden Erinnerungen
Des Lebens zarten Widerschein geschlungen,
Bist keine Sonne, die entzückt und blendet,
In Feuerströmen lebt, in Blute endet –
Bist, was dem kranken Sänger sein Gedicht
Ein fremdes, aber o ein mildes Licht.

[1846]

Am letzten Tage des Jahres (Silvester)

Das Jahr geht um,
Der Faden rollt sich sausend ab.
Ein Stündchen noch, das letzte heut,
Und stäubend rieselt in sein Grab
Was einstens war lebend'ge Zeit.
Ich harre stumm.

's ist tiefe Nacht!
Ob wohl ein Auge offen noch?
In diesen Mauern rüttelt dein
Verrinnen, Zeit! Mir schaudert, doch
Es will die letzte Stunde sein
Einsam durchwacht.

Gesehen all,
Was ich begangen und gedacht,
Was mir aus Haupt und Herzen stieg:
Das steht nun eine ernste Wacht
Am Himmelstor. O halber Sieg,
O schwerer Fall!

Wie reißt der Wind
Am Fensterkreuze, ja es will
Auf Sturmesfittigen das Jahr
Zerstäuben, nicht ein Schatten still
Verhauchen unterm Sternenklar.
Du Sündenkind!

War nicht ein hohl
Und heimlich Sausen jeder Tag
In deiner wüsten Brust Verlies,
Wo langsam Stein an Stein zerbrach,
Wenn es den kalten Odem stieß
Vom starren Pol?

Mein Lämpchen will
Verlöschen, und begierig saugt
Der Docht den letzten Tropfen Öl.
Ist so mein Leben auch verraucht,
Eröffnet sich des Grabes Höhl'
Mir schwarz und still?

Wohl in dem Kreis,
Den dieses Jahres Lauf umzieht,
Mein Leben bricht: Ich wußt' es lang!
Und dennoch hat dies Herz geglüht
In eitler Leidenschaften Drang.
Mir brüht der Schweiß

Der tiefsten Angst
Auf Stirn und Hand! – Wie, dämmert feucht
Ein Stern dort durch die Wolken nicht?
Wär' es der Liebe Stern vielleicht,
Dir zürnend mit dem trüben Licht,
Daß du so bangst?

Horch, welch Gesumm?
Und wieder? Sterbemelodie!
Die Glocke regt den ehrnen Mund.
O Herr! ich falle auf das Knie:
Sei gnädig meiner letzten Stund!
Das Jahr ist um! [1851]

Geliebte, wenn mein Geist geschieden,
So weint mir keine Träne nach,
Denn, wo ich weile, dort ist Frieden,
Dort leuchtet mir ein ew'ger Tag!

Wo aller Erdengram verschwunden,
Soll euer Bild mir nicht vergehn,
Und Linderung für eure Wunden,
Für euren Schmerz will ich erflehn.

Weht nächtlich seine Seraphsflügel
Der Friede übers Weltenreich,
So denkt nicht mehr an meinen Hügel,
Denn von den Sternen grüß' ich euch!

[E: wohl 1846; D: 1872]

AUGUST KOPISCH

1799–1853

Der große Krebs im Mohriner See

(Volkssage)

Die Stadt Mohrin hat immer acht,
Kuckt in den See bei Tag und Nacht.
Kein gutes Christenkind erleb's,
Daß los sich reiß der große Krebs!
Er ist im See mit Ketten geschlossen unten an,
Weil er dem ganzen Lande Verderben bringen kann.

Man sagt: Er ist viel Meilen groß
Und wend't sich oft und, kommt er los,
So währt's nicht lang, er kommt ans Land:
Ihm leistet keiner Widerstand.
Und weil das Rückwärtsgehen bei Krebsen alter Brauch,
So muß dann alles mit ihm zurücke gehen auch.

Das wird ein Rückwärtsgehen sein!
Steckt einer was ins Maul hinein,
So kehrt der Bissen, vor dem Kopf,
Zurück zum Teller und zum Topf.
Das Brot wird wieder zu Mehle, das Mehl wird wieder Korn –
Und alles hat beim Gehen den Rücken dann nach vorn.

Der Balken löst sich aus dem Haus
Und rauscht als Baum zum Wald hinaus,
Der Baum kriecht wieder in den Keim,
Der Ziegelstein wird wieder Leim.
Der Ochse wird zum Kalbe, das Kalb geht nach der Kuh,
Die Kuh wird auch zum Kalbe, so geht es immerzu!

Zur Blume kehrt zurück das Wachs,
Das Hemd am Leibe wird zu Flachs,
Der Flachs wird wieder blauer Lein
Und kriecht dann in den Acker ein.
Man sagt, beim Bürgermeister zuerst die Not beginnt,
Der wird vor allen Leuten zuerst ein Päppelkind.

Dann muß der edle Rat daran,
Der wohlgewitzte Schreiber dann;
Die erbgesessne Bürgerschaft

Verliert gemach die Bürgerkraft.
Der Rektor in der Schule wird wie ein Schülerlein,
Kurz eines nach dem andern wird Kind und dumm und klein.

Und alles kehrt im Erdenschoß
Zurück zu Adams Erdenkloß.
Am längsten hält, was Flügel hat,
Doch wird zuletzt auch dieses matt,
Die Henne wird zum Küchlein, das Küchlein kriecht ins Ei,
Das schlägt der große Krebs dann mit seinem Schwanz entzwei.

Zum Glücke kommt's wohl nie so weit!
Noch blüht die Welt in Fröhlichkeit!
Die Obrigkeit hat wacker acht,
Daß sich der Krebs nicht locker macht.
Auch für dies arme Liedchen wär das ein schlechtes Glück:
Es lief vom Mund der Leute ins Tintenfaß zurück.

[1848]

HEINRICH HEINE

1797–1856

Belsatzar

Die Mitternacht zog näher schon;
In stummer Ruh lag Babylon.

Nur oben in des Königs Schloß,
Da flackerts, da lärmt des Königs Troß.

Dort oben in dem Königssaal
Belsatzar hielt sein Königsmahl.

Die Knechte saßen in schimmernden Reihn,
Und leerten die Becher mit funkelndem Wein.

Es klirrten die Becher, es jauchzten die Knecht;
So klang es dem störrigen Könige recht.

Des Königs Wangen leuchten Glut;
Im Wein erwuchs ihm kecker Mut.

Und blindlings reißt der Mut ihn fort;
Und er lästert die Gottheit mit sündigem Wort.

Und er brüstet sich frech, und lästert wild;
Die Knechtenschar ihm Beifall brüllt.

Der König rief mit stolzem Blick;
Der Diener eilt und kehrt zurück.

Er trug viel gülden Gerät auf dem Haupt;
Das war aus dem Tempel Jehovahs geraubt.

Und der König ergriff mit frevler Hand
Einen heiligen Becher, gefüllt bis am Rand.

Und er leert ihn hastig bis auf den Grund,
Und rufet laut mit schäumendem Mund:

Jehovah! dir künd ich auf ewig Hohn –
Ich bin der König von Babylon!

Doch kaum das grause Wort verklang,
Dem König wards heimlich im Busen bang.

Das gellende Lachen verstummte zumal;
Es wurde leichenstill im Saal.

Und sieh! und sieh! an weißer Wand
Da kams hervor wie Menschenhand;

Und schrieb, und schrieb an weißer Wand
Buchstaben von Feuer, und schrieb und schwand.

Der König stieren Blicks da saß
Mit schlotternden Knien und totenblaß.

Die Knechtenschar saß kalt durchgraut,
Und saß gar still, gab keinen Laut.

Die Magier kamen, doch keiner verstand,
Zu deuten die Flammenschrift an der Wand.

Belsatzar ward aber in selbiger Nacht
Von seinen Knechten umgebracht.

[1822]

[Vgl. Altes Testament, Daniel 5, 1 ff.]

Im wunderschönen Monat Mai,
Als alle Knospen sprangen,
Da ist in meinem Herzen
Die Liebe aufgegangen.

Im wunderschönen Monat Mai,
Als alle Vögel sangen,
Da hab ich ihr gestanden
Mein Sehnen und Verlangen.

Auf Flügeln des Gesanges,
Herzliebchen, trag ich dich fort,
Fort nach den Fluren des Ganges,
Dort weiß ich den schönsten Ort.

Dort liegt ein rotblühender Garten
Im stillen Mondenschein;
Die Lotosblumen erwarten
Ihr trautes Schwesterlein

Die Veilchen kichern und kosen,
Und schaun nach den Sternen empor;
Heimlich erzählen die Rosen
Sich duftende Märchen ins Ohr.

Es hüpfen herbei und lauschen
Die frommen, klugen Gazelln;
Und in der Ferne rauschen
Des heiligen Stromes Welln.

Dort wollen wir niedersinken
Unter dem Palmenbaum,
Und Liebe und Ruhe trinken,
Und träumen seligen Traum.

Aus meinen großen Schmerzen
Mach ich die kleinen Lieder;
Die heben ihr klingend Gefieder
Und flattern nach ihrem Herzen.

Sie fanden den Weg zur Trauten,
Doch kommen sie wieder und klagen,
Und klagen, und wollen nicht sagen,
Was sie im Herzen schauten.

[1823]

Ein Jüngling liebt ein Mädchen,
Die hat einen andern erwählt;
Der andre liebt eine andre,
Und hat sich mit dieser vermählt.

Das Mädchen heiratet aus Ärger
Den ersten besten Mann
Der ihr in den Weg gelaufen;
Der Jüngling ist übel dran.

Es ist eine alte Geschichte,
Doch bleibt sie immer neu;
Und wem sie just passieret,
Dem bricht das Herz entzwei.

Sie saßen und tranken am Teetisch,
Und sprachen von Liebe viel.
Die Herren die waren ästhetisch,
Die Damen von zartem Gefühl.

Die Liebe muß sein platonisch,
Der dürre Hofrat sprach.
Die Hofrätin lächelt ironisch,
Und dennoch seufzet sie: Ach!

Der Domherr öffnet den Mund weit:
Die Liebe sei nicht zu roh,
Sie schadet sonst der Gesundheit.
Das Fräulein lispelt: Wie so?

Die Gräfin spricht wehmütig:
Die Liebe ist eine Passion!
Und präsentieret gütig
Die Tasse dem Herrn Baron.

Am Tische war noch ein Plätzchen;
Mein Liebchen, da hast du gefehlt.
Du hättest so hübsch, mein Schätzchen,
Von deiner Liebe erzählt.

[1823]

Ich weiß nicht, was soll es bedeuten,
Daß ich so traurig bin;
Ein Märchen aus alten Zeiten,
Das kommt mir nicht aus dem Sinn.

Die Luft ist kühl und es dunkelt,
Und ruhig fließt der Rhein;
Der Gipfel des Berges funkelt
Im Abendsonnenschein.

Die schönste Jungfrau sitzet
Dort oben wunderbar,
Ihr goldnes Geschmeide blitzet,
Sie kämmt ihr goldenes Haar.

Sie kämmt es mit goldenem Kamme,
Und singt ein Lied dabei;
Das hat eine wundersame,
Gewaltige Melodei.

Den Schiffer im kleinen Schiffe
Ergreift es mit wildem Weh;
Er schaut nicht die Felsenriffe,
Er schaut nur hinauf in die Höh.

Ich glaube, die Wellen verschlingen
Am Ende Schiffer und Kahn;
Und das hat mit ihrem Singen
Die Lore-Lei getan.

[1824]

Mein Herz, mein Herz ist traurig,
Doch lustig leuchtet der Mai;
Ich stehe, gelehnt an der Linde,
Hoch auf der alten Bastei.

Da drunten fließt der blaue
Stadtgraben in stiller Ruh;
Ein Knabe fährt im Kahne,
Und angelt und pfeift dazu.

Jenseits erheben sich freundlich,
In winziger, bunter Gestalt,
Lusthäuser, und Gärten, und Menschen,
Und Ochsen, und Wiesen, und Wald.

Die Mägde bleichen Wäsche,
Und springen im Gras herum:
Das Mühlrad stäubt Diamanten,
Ich höre sein fernes Gesumm.

Am alten grauen Turme
Ein Schilderhäuschen steht;
Ein rotgeröckter Bursche
Dort auf und nieder geht.

Er spielt mit seiner Flinte,
Die funkelt im Sonnenrot,
Er präsentiert und schultert –
Ich wollt, er schösse mich tot.

Leise zieht durch mein Gemüt
Liebliches Geläute.
Klinge, kleines Frühlingslied,
Kling hinaus ins Weite.

Kling hinaus, bis an das Haus,
Wo die Blumen sprießen.
Wenn du eine Rose schaust,
Sag, ich laß sie grüßen.

[1831]

Zur Beruhigung

Wir schlafen ganz, wie Brutus schlief –
Doch jener erwachte und bohrte tief
In Cäsars Brust das kalte Messer!
Die Römer waren Tyrannenfresser.

Wir sind keine Römer, wir rauchen Tabak.
Ein jedes Volk hat seinen Geschmack,
Ein jedes Volk hat seine Größe;
In Schwaben kocht man die besten Klöße.

Wir sind Germanen, gemütlich und brav,
Wir schlafen gesunden Pflanzenschlaf,
Und wenn wir erwachen, pflegt uns zu dürsten,
Doch nicht nach dem Blute unserer Fürsten.

Wir sind so treu wie Eichenholz,
Auch Lindenholz, drauf sind wir stolz;
Im Land der Eichen und der Linden
Wird niemals sich ein Brutus finden.

Und wenn auch ein Brutus unter uns wär,
Den Cäsar fänd er nimmermehr,
Vergeblich würd er den Cäsar suchen;
Wir haben gute Pfefferkuchen.

Wir haben sechsunddreißig Herrn
(Ist nicht zu viel!), und einen Stern
Trägt jeder schützend auf seinem Herzen,
Und er braucht nicht zu fürchten die Iden des Märzen.

Wir nennen sie Väter, und Vaterland
Benennen wir dasjenige Land,
Das erbeigentümlich gehört den Fürsten;
Wir lieben auch Sauerkraut mit Würsten.

Wenn unser Vater spazieren geht,
Ziehn wir den Hut mit Pietät;
Deutschland, die fromme Kinderstube,
Ist keine römische Mördergrube.

[1844]

Nachtgedanken

Denk ich an Deutschland in der Nacht,
Dann bin ich um den Schlaf gebracht,
Ich kann nicht mehr die Augen schließen,
Und meine heißen Tränen fließen.

Die Jahre kommen und vergehn!
Seit ich die Mutter nicht gesehn,
Zwölf Jahre sind schon hingegangen;
Es wächst mein Sehnen und Verlangen.

Mein Sehnen und Verlangen wächst.
Die alte Frau hat mich behext,
Ich denke immer an die alte,
Die alte Frau, die Gott erhalte!

Die alte Frau hat mich so lieb,
Und in den Briefen, die sie schrieb,
Seh ich, wie ihre Hand gezittert,
Wie tief das Mutterherz erschüttert.

Die Mutter liegt mir stets im Sinn.
Zwölf lange Jahre flossen hin,
Zwölf lange Jahre sind verflossen,
Seit ich sie nicht ans Herz geschlossen.

Deutschland hat ewigen Bestand,
Es ist ein kerngesundes Land,
Mit seinen Eichen, seinen Linden,
Werd ich es immer wiederfinden.

Nach Deutschland lechzt ich nicht so sehr,
Wenn nicht die Mutter dorten wär;

Das Vaterland wird nie verderben,
Jedoch die alte Frau kann sterben.

Seit ich das Land verlassen hab,
So viele sanken dort ins Grab,
Die ich geliebt – wenn ich sie zähle,
So will verbluten meine Seele.

Und zählen muß ich – Mit der Zahl
Schwillt immer höher meine Qual,
Mir ist, als wälzten sich die Leichen
Auf meine Brust – Gottlob! sie weichen!

Gottlob! durch meine Fenster bricht
Französisch heitres Tageslicht;
Es kommt mein Weib, schön wie der Morgen,
Und lächelt fort die deutschen Sorgen.

[1844]

[*Zwölf Jahre:* 1831 war Heine nach Paris gezogen.]

Die schlesischen Weber

Im düstern Auge keine Träne,
Sie sitzen am Webstuhl und fletschen die Zähne:
Deutschland, wir weben dein Leichentuch,
Wir weben hinein den dreifachen Fluch –
Wir weben, wir weben!

Ein Fluch dem Gotte, zu dem wir gebeten
In Winterskälte und Hungersnöten;
Wir haben vergebens gehofft und geharrt,
Er hat uns geäfft und gefoppt und genarrt –
Wir weben, wir weben!

Ein Fluch dem König, dem König der Reichen,
Den unser Elend nicht konnte erweichen,
Der den letzten Groschen von uns erpreßt
Und uns wie Hunde erschießen läßt –
Wir weben, wir weben!

Ein Fluch dem falschen Vaterlande,
Wo nur gedeihen Schmach und Schande,
Wo jede Blume früh geknickt,

Wo Fäulnis und Moder den Wurm erquickt –
Wir weben, wir weben!

Das Schiffchen fliegt, der Webstuhl kracht,
Wir weben emsig Tag und Nacht –
Altdeutschland, wir weben dein Leichentuch,
Wir weben hinein den dreifachen Fluch,
Wir weben, wir weben!

[1844; hier D: 1847]

[*Weber:* Aufstand der Weber in Peterswaldau und Langenbielau im Juni 1844.]

Die Wanderratten

Es gibt zwei Sorten Ratten:
Die hungrigen und satten.
Die satten bleiben vergnügt zu Haus,
Die hungrigen aber wandern aus.

Sie wandern viel tausend Meilen,
Ganz ohne Rasten und Weilen,
Gradaus in ihrem grimmigen Lauf,
Nicht Wind noch Wetter hält sie auf.

Sie klimmen wohl über die Höhen,
Sie schwimmen wohl über die Seen;
Gar manche ersäuft oder bricht das Genick,
Die lebenden lassen die toten zurück.

Es haben diese Käuze
Gar fürchterliche Schnäuze;
Sie tragen die Köpfe geschoren egal,
Ganz radikal, ganz rattenkahl.

Die radikale Rotte
Weiß nichts von einem Gotte.
Sie lassen nicht taufen ihre Brut,
Die Weiber sind Gemeindegut.

Der sinnliche Rattenhaufen,
Er will nur fressen und saufen,
Er denkt nicht, während er säuft und frißt,
Daß unsre Seele unsterblich ist.

So eine wilde Ratze,
Die fürchtet nicht Hölle, nicht Katze;
Sie hat kein Gut, sie hat kein Geld
Und wünscht aufs Neue zu teilen die Welt.

Die Wanderratten, o wehe!
Sie sind schon in der Nähe.
Sie rücken heran, ich höre schon
Ihr Pfeifen – die Zahl ist Legion.

O wehe! wir sind verloren,
Sie sind schon vor den Toren!
Der Bürgermeister und Senat,
Sie schütteln die Köpfe, und Keiner weiß Rat.

Die Bürgerschaft greift zu den Waffen,
Die Glocken läuten die Pfaffen.
Gefährdet ist das Palladium
Des sittlichen Staats, das Eigentum.

Nicht Glockengeläute, nicht Pfaffengebete,
Nicht hochwohlweise Senatsdekrete,
Auch nicht Kanonen, viel Hundertpfünder,
Sie helfen euch heute, ihr lieben Kinder!

Heut helfen euch nicht die Wortgespinste
Der abgelebten Redekünste.
Man fängt nicht Ratten mit Syllogismen,
Sie springen über die feinsten Sophismen.

Im hungrigen Magen Eingang finden
Nur Suppenlogik mit Knödelgründen,
Nur Argumente von Rinderbraten,
Begleitet von Göttinger Wurstzitaten.

Ein schweigender Stockfisch, in Butter gesotten,
Behaget den radikalen Rotten
Viel besser als ein Mirabeau
Und alle Redner seit Cicero.

Enfant perdu

Verlorner Posten in dem Freiheitskriege,
Hielt ich seit dreißig Jahren treulich aus.
Ich kämpfte ohne Hoffnung, daß ich siege,
Ich wußte, nie komm ich gesund nach Haus.

Ich wachte Tag und Nacht – Ich konnt nicht schlafen,
Wie in dem Lagerzelt der Freunde Schar –
(Auch hielt das laute Schnarchen dieser Braven
Mich wach, wenn ich ein bißchen schlummrig war).

In jenen Nächten hat Langweil ergriffen
Mich oft, auch Furcht – (nur Narren fürchten nichts) –
Sie zu verscheuchen, hab ich dann gepfiffen
Die frechen Reime eines Spottgedichts.

Ja, wachsam stand ich, das Gewehr im Arme,
Und nahte irgend ein verdächtger Gauch,
So schoß ich gut und jagt ihm eine warme,
Brühwarme Kugel in den schnöden Bauch.

Mitunter freilich mocht es sich ereignen,
Daß solch ein schlechter Gauch gleichfalls sehr gut
Zu schießen wußte – ach, ich kanns nicht leugnen –
Die Wunden klaffen – es verströmt mein Blut.

Ein Posten ist vakant! – Die Wunden klaffen –
Der Eine fällt, die Andern rücken nach –
Doch fall ich unbesiegt, und meine Waffen
Sind nicht gebrochen – Nur mein Herze brach.

[1851]

[*Enfant perdu:* Verlorenes Kind.]

Wo?

Wo wird einst des Wandermüden
Letzte Ruhestätte sein?
Unter Palmen in dem Süden?
Unter Linden an dem Rhein?

Werd ich wo in einer Wüste
Eingescharrt von fremder Hand?
Oder ruh ich an der Küste
Eines Meeres in dem Sand?

Immerhin! Mich wird umgeben
Gotteshimmel, dort wie hier,
Und als Totenlampen schweben
Nachts die Sterne über mir.

FERDINAND FREILIGRATH

1810–1876

Die Auswanderer

Sommer 1832

Ich kann den Blick nicht von euch wenden,
Ich muß euch anschaun immerdar:
Wie reicht ihr mit geschäftgen Händen
Dem Schiffer eure Habe dar!

Ihr Männer, die ihr von dem Nacken
Die Körbe langt, mit Brot beschwert,
Das ihr aus deutschem Korn gebacken,
Geröstet habt auf deutschem Herd;

Und ihr, im Schmuck der langen Zöpfe,
Ihr Schwarzwaldmädchen, braun und schlank,
Wie sorgsam stellt ihr Krüg und Töpfe
Auf der Schaluppe grüne Bank!

Das sind dieselben Töpf und Krüge,
Oft an der Heimat Born gefüllt!
Wenn am Missouri alles schwiege,
Sie malten euch der Heimat Bild:

Des Dorfes steingefaßte Quelle,
Zu der ihr schöpfend euch gebückt,
Des Herdes traute Feuerstelle,
Das Wandgesims, das sie geschmückt.

Bald zieren sie im fernen Westen
Des leichten Bretterhauses Wand;
Bald reicht sie müden braunen Gästen,
Voll frischen Trunkes, eure Hand.

Es trinkt daraus der Tscherokese,
Ermattet, von der Jagd bestaubt;
Nicht mehr von deutscher Rebenlese
Tragt ihr sie heim, mit Grün belaubt.

O sprecht! Warum zogt ihr von dannen?
Das Neckartal hat Wein und Korn;
Der Schwarzwald steht voll finstrer Tannen,
Im Spessart klingt des Älplers Horn.

Wie wird es in den fremden Wäldern
Euch nach der Heimatberge Grün,
Nach Deutschlands gelben Weizenfeldern,
Nach seinen Rebenhügeln ziehn!

Wie wird das Bild der alten Tage
Durch eure Träume glänzend wehn!
Gleich einer stillen, frommen Sage
Wird es euch vor der Seele stehn.

Der Bootsmann winkt! – Zieht hin in Frieden:
Gott schütz euch, Mann und Weib und Greis!
Sei Freude eurer Brust beschieden
Und euren Feldern Reis und Mais!

Von unten auf!

Ein Dampfer kam von Biberich – stolz war die Furche, die er zog!
Er qualmt' und räderte zu Tal, daß rechts und links die Brandung flog!
Von Wimpeln und von Flaggen voll, schoß er hinab keck und erfreut:
Den König, der in Preußen herrscht, nach seiner Rheinburg trug er heut!

Die Sonne schien wie lauter Gold! Auftauchte schimmernd Stadt um Stadt!
Der Rhein war wie ein Spiegel schier, und das Verdeck war blank und glatt!
Die Dielen blitzten frisch gebohnt, und auf den schmalen her und hin
Vergnügten Auges wandelten der König und die Königin!

Nach allen Seiten schaut' umher und winkte das erhabne Paar;
Des Rheingaus Reben grüßten sie und auch dein Nußlaub, Sankt Goar!
Sie sahn zu Rhein, sie sahn zu Berg – wie war das Schifflein doch so nett!
Es ging sich auf den Dielen fast als wie auf Sanssoucis Parkett!

Doch unter all der Nettigkeit und unter all der schwimmenden Pracht,
Da frißt und flammt das Element, das sie von dannen schießen macht;
Da schafft in Ruß und Feuersglut, der dieses Glanzes Seele ist;
Da steht und schürt und ordnet er – der Proletarier–Maschinist!

Da draußen lacht und grünt die Welt, da draußen blitzt und rauscht der Rhein –
Er stiert den lieben langen Tag in seine Flammen nur hinein!
Im wollnen Hemde, halbernackt, vor seiner Esse muß er stehn,
Derweil ein König über ihm einschlürft der Berge freies Wehn!

Jetzt ist der Ofen zugekeilt, und alles geht und alles paßt;
So gönnt er auf Minuten denn sich eine kurze Sklavenrast.
Mit halbem Leibe taucht er auf aus seinem lodernden Versteck;
In seiner Falltür steht er da und überschaut sich das Verdeck.

Das glühnde Eisen in der Hand, Antlitz und Arme rot erhitzt,
Mit der gewölbten haargen Brust auf das Geländer breit gestützt –
So läßt er schweifen seinen Blick, so murrt er leis dem Fürsten zu:
»Wie mahnt dies Boot mich an den Staat! Licht auf den Höhen wandelst *du*!

Tief unten aber, in der Nacht und in der Arbeit dunkelm Schoß,
Tief unten, von der Not gespornt, da schür und schmied *ich* mir mein Los!
Nicht meines nur, auch deines, Herr! Wer hält die Räder dir im Takt,
Wenn nicht mit schwielenharter Faust der Heizer seine Eisen packt?

Du bist viel weniger ein Zeus als ich, o König, ein Titan!
Beherrsch ich nicht, auf dem du gehst, den allzeit kochenden Vulkan?
Es liegt an mir: – *ein* Ruck von mir, *ein* Schlag von mir zu dieser Frist,
Und siehe, das Gebäude stürzt, von welchem du die Spitze bist!

Der Boden birst, aufschlägt die Glut und sprengt dich krachend in die Luft!
Wir aber steigen feuerfest aufwärts ans Licht aus unsrer Gruft!
Wir sind die Kraft! Wir hämmern jung das alte morsche Ding, den Staat,
Die wir von Gottes Zorne sind bis jetzt das Proletariat!

Dann schreit ich jauchzend durch die Welt! Auf meinen Schultern, stark und breit,
Ein neuer Sankt Christophorus, trag ich den Christ der neuen Zeit!
Ich bin der Riese, der nicht wankt! Ich bin's, durch den zum Siegesfest
Über den tosenden Strom der Zeit der Heiland Geist sich tragen läßt!«

So hat in seinen krausen Bart der grollende Zyklop gemurrt;
Dann geht er wieder an sein Werk, nimmt sein Geschirr und stocht und purrt.
Die Hebel knirschen auf und ab, die Flamme strahlt ihm ins Gesicht,
Der Dampf rumort – er aber sagt: »Heut, zornig Element, noch nicht!«

Der bunte Dampfer unterdes legt vor Kapellen zischend an;
Sechsspännig fährt die Majestät den jungen Stolzenfels hinan.
Der Heizer auch blickt auf zur Burg; von seinen Flammen nur behorcht,
Lacht er: »Ei, wie man immer doch für künftige Ruinen sorgt!«

[1846]

[*Biberich:* Biebrich, jetzt Stadtteil von Wiesbaden am Rhein. – *König:* Friedrich Wilhelm IV. (1795–1861), preuß. König 1840–1858. – *Rheinburg:* Friedrich Wilhelm IV. erhielt als Kronprinz 1823 von der Stadt Koblenz die Ruine Stolzenfels (gegenüber der Lahnmündung am westl. Rheinufer) als Geschenk, die ab 1836 in neugotischem Stil ausgebaut wurde.]

Hurra, Germania!

Hurra, du stolzes, schönes Weib,
Hurra, Germania!
Wie kühn mit vorgebeugtem Leib
Am Rheine stehst du da!
Im vollen Brand der Juliglut,
Wie ziehst du risch dein Schwert!
Wie trittst du zornig frohgemut
Zum Schutz vor deinen Herd!
Hurra, hurra, hurra!
Hurra, Germania!

Du dachtest nicht an Kampf und Streit:
In Fried und Freud und Ruh
Auf deinen Feldern, weit und breit,
Die Ernte schnittest du.
Bei Sichelklang im Ährenkranz
Die Garben fuhrst du ein:
Da plötzlich, horch, ein andrer Tanz!
Das Kriegshorn überm Rhein!
Hurra, hurra, hurra!
Hurra, Germania!

Da warfst die Sichel du ins Korn,
Den Ährenkranz dazu;
Da fuhrst du auf in hellem Zorn,
Tief atmend auf im Nu;
Schlugst jauchzend in die Hände dann:
Willst du's, so mag es sein!
Auf, meine Kinder, alle Mann!
Zum Rhein! Zum Rhein! Zum Rhein!
Hurra, hurra, hurra!
Hurra, Germania!

Da rauscht das Haff, da rauscht der Belt,
Da rauscht das deutsche Meer;
Da rückt die Oder dreist ins Feld,
Die Elbe greift zur Wehr.
Neckar und Weser stürmen an,
Sogar die Flut des Mains!
Vergessen ist der alte Span:
Das deutsche Volk ist eins!
Hurra, hurra, hurra!
Hurra, Germania!

Schwaben und Preußen Hand in Hand;
Der Nord, der Süd *ein* Heer!
Was ist des Deutschen Vaterland –
Wir fragen's heut nicht mehr!
Ein Geist, *ein* Arm, *ein* einzger Leib,
Ein Wille sind wir heut!
Hurra, Germania, stolzes Weib!
Hurra, du große Zeit!
Hurra, hurra, hurra!
Hurra, Germania!

Mag kommen nun, was kommen mag:
Fest steht Germania!
Dies ist All-Deutschlands Ehrentag:
Nun weh dir, Gallia!
Weh, daß ein Räuber dir das Schwert
Frech in die Hand gedrückt!
Fluch ihm! Und nun für Heim und Herd
Das deutsche Schwert gezückt!
Hurra, hurra, hurra!
Hurra, Germania!

Für Heim und Herd, für Weib und Kind,
Für jedes teure Gut,
Dem wir bestellt zu Hütern sind
Vor fremdem Frevelmut!
Für deutsches Recht, für deutsches Wort,
Für deutsche Sitt und Art –
Für jeden heilgen deutschen Hort,
Hurra, zur Kriegesfahrt!
Hurra, hurra, hurra!
Hurra, Germania!

Auf, Deutschland, auf, und Gott mit dir!
Ins Feld! Der Würfel klirrt!
Wohl schnürt's die Brust uns, denken wir
Des Bluts, das fließen wird!
Dennoch das Auge kühn empor!
Denn siegen wirst du ja:
Groß, herrlich, frei, wie nie zuvor!
Hurra, Germania!
Hurra, Viktoria!
Hurra, Germania!

(25. 7. 1870)

[Im Juli 1870 war der Deutsch-Französische Krieg ausgebrochen. Frankreich hatte nach der von Bismarck lancierten ‚Emser Depesche' (13. 7. 1870) am 19. 7. 1870 Preußen den Krieg erklärt.]

LOUISE ASTON

1814–1871

Ein heil'ges Fest

O dieser Tag der höchsten Feier,
Der mir das Herz im Busen bricht;
Der höhnend durch der Zukunft Schleier
Mir zeigt des Schmerzes Angesicht!
Ein Schmerz, der nicht in leichtem Beben,
In flüchtigem Vorüberschweben
Die schwarze Trauerfahne trägt –
Nein, der ein ganzes, reiches Leben
Mit schonungsloser Hand zerschlägt!

Nicht ahnt's der Kranz in meinen Locken,
Daß ich dem Tode angetraut;
Nicht ahnen es die Kirchenglocken,
Zu läuten einer Grabesbraut! –
Umsonst mit euern milden Tönen
Wollt ihr dem Leben mich versöhnen;
Mich lockt kein festlich heitrer Klang!
Nur meinen Schmerz kann er verhöhnen;
Nur feiern meinen Untergang!

Verkauft ein ganzes reiches Leben,
Das seines Werts sich kaum bewußt,
Mit Träumen, die das Herz durchbeben
In wilder, ahnungsvoller Lust!
Ein glühend Schwelgen, süßes Bangen,
Ein fiebrisch zitterndes Verlangen,
Das um das Glück gebietrisch fleht,
Bis von dem kalten Tod umfangen
Das Leben und der Traum verweht!

Du Herr der Welt, du Lebenswürger,
O falsches, gleißendes Metall!
Verlockst du selbst des Himmels Bürger,
Den stolzen *Geist*, zum Sündenfall?
Die sich nach ew'gen Himmeln sehnen,
Die kühn sich unvergänglich wähnen,
Verkaufen dir ein ew'ges Sein.
Der Priester segnet Schmerz und Tränen,
Er segnet selbst den Meineid ein!

Erlöscht, ihr Kerzen am Altare!
Erlöscht wie meiner Seele Licht!
Das Brautbett wird zur Totenbahre,
Um die man Grabeskränze flicht.
Es tritt auf allen meinen Wegen
Verzweiflung spottend mir entgegen,
Mit irrem Blick, mit wildem Haar;
Verzweiflung sprach den Hochzeitsegen,
Sprach ihren Fluch am Traualtar!

Fluch diesem Tage höchster Feier,
Der mir das Herz im Busen bricht!
Der höhnend durch der Zukunft Schleier
Mir zeigt des Schmerzes Angesicht!
Ein Schmerz, der nicht in leichtem Beben,
In flüchtigem Vorüberschweben
Die schwarze Trauerfahne trägt –
Nein, der ein ganzes, reiches Leben
Mit schonungsloser Hand zerschlägt!

[1846]

LOUISE OTTO-PETERS

1819–1895

Klöpplerinnen

Seht Ihr sie sitzen am Klöppelkissen,
Die Wangen bleich und die Augen rot!
Sie mühen sich ab für einen Bissen,
Für einen Bissen schwarzes Brot!

Großmutter hat sich die Augen erblindet,
Sie wartet, bis sie der Tod befreit –
Im stillen Gebet sie die Hände windet:
Gott schütz' uns in der schweren Zeit.

Die Kinder regen die kleinen Hände,
Die Klöppel fliegen hinab, hinauf,
Der Müh' und Sorge kein Ende, kein Ende!
Das ist ihr künftiger Lebenslauf.

Die Jungfrauen all, daß Gott sich erbarme,
Sie ahnen nimmer der Jugend Lust –
Das Elend schließt sie in seine Arme,
Der Mangel schmiegt sich an ihre Brust.

Seht Ihr sie sitzen am Klöppelkissen,
Seht Ihr die Spitzen, die sie gewebt:
Ihr Reichen, Großen – hat das Gewissen
Euch nie in der innersten Seele gebebt?

Ihr schwelgt und prasset, wo sie verderben,
Genießt das Leben in Saus und Braus,
Indessen sie vor Hunger sterben,
Gott dankend, daß die Qual nun aus!

Seht Ihr sie sitzen am Klöppelkissen
Und redet noch schön von Gottvertraun?
Ihr habt es aus ihrer Seele gerissen,
Weil sie Euch selber gottlos schaun!

Seht Ihr sie sitzen am Klöppelkissen
Und fühlt kein Erbarmen in solcher Zeit,
Dann werde Euer Sterbekissen
Der Armut Fluch und all ihr Leid!

GEORG HERWEGH

1817–1875

Wiegenlied

Schlafe, was willst du mehr?
Goethe

Deutschland – auf weichem Pfühle
Mach dir den Kopf nicht schwer!
Im irdischen Gewühle
Schlafe, was willst du mehr?

Laß jede Freiheit dir rauben,
Setze dich nicht zur Wehr,
Du behältst ja den christlichen
Glauben:
Schlafe, was willst du mehr?

Und ob man dir alles verböte,
Doch gräme dich nicht zu sehr,
Du hast ja Schiller und Goethe:
Schlafe, was willst du mehr?

Dein König beschützt die Kamele
Und macht sie pensionär,
Dreihundert Taler die Seele:
Schlafe, was willst du mehr?

Es fechten dreihundert *Blätter*
Im Schatten, ein Sparterheer;
Und täglich erfährst du das Wetter:
Schlafe, was willst du mehr?

Kein Kind läuft ohne Höschen
Am Rhein, dem freien, umher.
Mein Deutschland, mein
Dornröschen,
Schlafe, was willst du mehr? –

[1843]

[Motto: Goethe, »Nachtgesang«.]

Bundeslied für den Allgemeinen Deutschen Arbeiterverein

1863

You are many, they are few.
(Eurer sind viele, ihrer sind wenige.)

Bet und arbeit! ruft die Welt,
Bete kurz! denn Zeit ist Geld.
An die Türe pocht die Not –
Bete kurz! denn Zeit ist Brot.

Und du ackerst, und du säst,
Und du nietest, und du nähst,
Und du hämmerst, und du spinnst –
Sag, o Volk, was du gewinnst!

Wirkst am Webstuhl Tag und Nacht,
Schürfst im Erz- und Kohlenschacht,
Füllst des Überflusses Horn,
Füllst es hoch mit Wein und Korn –

Doch wo ist *dein* Mahl bereit?
Doch wo ist *dein* Feierkleid?
Doch wo ist *dein* warmer Herd?
Doch wo ist *dein* scharfes Schwert?

Alles ist dein Werk! o sprich,
Alles, aber nichts für dich!
Und von allem nur allein,
Die du schmiedst, die Kette, dein?

Kette, die den Leib umstrickt,
Die dem Geist die Flügel knickt,
Die am Fuß des Kindes schon
Klirrt – o Volk, das ist dein Lohn.

Was ihr hebt ans Sonnenlicht,
Schätze sind es für den Wicht;
Was ihr webt, es ist der Fluch
Für euch selbst – ins bunte Tuch.

Was ihr baut, kein schützend Dach
Hat's für euch und kein Gemach;
Was ihr kleidet und beschuht,
Tritt auf euch voll Übermut.

Menschenbienen, die Natur,
Gab sie euch den Honig nur?
Seht die Drohnen um euch her!
Habt ihr keinen Stachel mehr?

Mann der Arbeit, aufgewacht!
Und erkenne deine Macht!
Alle Räder stehen still,
Wenn dein starker Arm es will.

Deiner Dränger Schar erblaßt,
Wenn du, müde deiner Last,
In die Ecke lehnst den Pflug,
Wenn du rufst: Es ist genug!

Brecht das Doppeljoch entzwei!
Brecht die Not der Sklaverei!
Brecht die Sklaverei der Not!
Brot ist Freiheit, Freiheit Brot!

[*Allgemeiner Deutscher Arbeiterverein:* am 23. 5. 1863 in Leipzig gegründet; Vorsitzender: Ferdinand Lassalle (1825–1864).]

GEORG WEERTH

1822–1856

*Die hundert Männer von Haswell**

Die hundert Männer von Haswell,
Die starben an einem Tag;
Die starben zu einer Stunde;
Die starben auf einen Schlag.

Und als sie still begraben,
Da kamen wohl hundert Fraun;
Wohl hundert Fraun von Haswell,
Gar kläglich anzuschaun.

Sie kamen mit ihren Kindern,
Sie kamen mit Tochter und Sohn:
»Du reicher Herr von Haswell,
Nun gib uns unsern Lohn!«

Der reiche Herr von Haswell,
Der stand nicht lange an;
Er zahlte wohl den Wochenlohn
Für jeden gestorbnen Mann.

Und als der Lohn bezahlet,
Da schloß er die Kiste zu.
Die eisernen Riegel klangen,
Die Weiber weinten dazu.

* In den Kohlengruben zu Haswell kamen im September v. J. hundert Menschen ums Leben. – Das Verdikt lautete: »Visitation of God«. Man versicherte aber, es sei dies Unglück durch die Nachlässigkeit der Grubenbesitzer entstanden.

[1845]

Das Hungerlied

Verehrter Herr und König,
Weißt du die schlimme Geschicht?
Am Montag aßen wir wenig,
Und am Dienstag aßen wir nicht.

Und am Mittwoch mußten wir darben
Und am Donnerstag litten wir Not;
Und ach, am Freitag starben
Wir fast den Hungertod!

Drum laß am Samstag backen
Das Brot, fein säuberlich –
Sonst werden wir sonntags packen
Und fressen, o König, dich!

AUGUST HEINRICH HOFFMANN (VON FALLERSLEBEN)

1798–1874

Die wilden Gänse

Ihr wilden Gänse habt es gut,
Ihr ziehet frei und wohlgemut
Von einem Strand zum andern Strand
Durchs ganze liebe deutsche Land.

Uns zahmen Menschen geht's nicht so:
Wir reisten gern auch frei und froh
Ununtersucht und unbekannt
Durchs ganze liebe deutsche Land.

Kaum sind wir aber fort von Haus,
So muß auch schon der Paß heraus.
Wir werden niemals sorgenfrei
Vor lauter Maut und Polizei.

O daß doch einer es erdenkt,
Wie man den Luftball sicher lenkt!
Hier hört nicht auf die Hudelei –
Nur in den Lüften sind wir frei.

[1840]

[*Luftball:* Ballon; damals die Montgolfiere, ein Heißluftballon. – *Hudelei:* Lumperei, Schludrigkeit.]

Schlafe! was willst du mehr?

Wo sind noch Würm' und Drachen,
Riesen mit Schwert und Speer?
Was kannst du weiter machen?
Schlafe! was willst du mehr?

Du hast genug gelitten
Qualen in Kampf und Strauß;
Du hast genug gestritten –
Schlafe, mein Volk, schlaf aus!

Wo sind noch Würm' und Drachen,
Riesen mit Schwert und Speer?
Die Volksvertreter wachen:
Schlafe! was willst du mehr?

[1840]

[*Schlafe . . .:* vgl. Goethe, »Nachtgesang«.]

Das Lied der Deutschen

Helgoland 26. August 1841

Deutschland, Deutschland über alles,
Über alles in der Welt,
Wenn es stets zu Schutz und Trutze
Brüderlich zusammenhält,
Von der Maas bis an die Memel,
Von der Etsch bis an den Belt –
Deutschland, Deutschland über alles,
Über alles in der Welt!

Deutsche Frauen, deutsche Treue,
Deutscher Wein und deutscher Sang
Sollen in der Welt behalten
Ihren alten schönen Klang,
Uns zu edler Tat begeistern
Unser ganzes Leben lang –
Deutsche Frauen, deutsche Treue,
Deutscher Wein und deutscher Sang!

Einigkeit und Recht und Freiheit
Für das deutsche Vaterland!
Danach laßt uns alle streben
Brüderlich mit Herz und Hand!
Einigkeit und Recht und Freiheit
Sind des Glückes Unterpfand –
Blüh im Glanze dieses Glückes,
Blühe, deutsches Vaterland!

[1841]

Michel-Enthusiast

Es wächst der Mensch
mit seinen höhern Zwecken.
Schiller

Es reist so mancher Philister
Ins Land Italia,
Auf daß er nachher sich rühme:
Auf Ehr, auch ich war da!

Zwar hat er des Ärgers nicht wenig
Und manchen großen Verdruß,
Und teuer muß er erkaufen
Den hochgepriesnen Genuß.

Doch nur ein deutscher Philister,
Der achtet nicht Hitz und Durst,
Nicht Maut und Paßbeschwernis,
Es ist ihm alles Wurst.

Trotz glühendem Scirocco,
Trotz drückendem Sonnenschein
Spaziert er zu allen Ruinen,
Zu allen Villen hinein.

Er geht in alle Kirchen,
In alle Galerien
Und läßt sich vom Servidore
Wie ein Bär am Seile ziehn.

Noch spät am Abend besteigt er
Ganz müde die steilsten Höhn
Und spricht, vom Schweiße triefend:
Italien ist doch schön!

[1845]

Gründers Mittagslied

Ich bin ein Gründer, froh und frisch,
Schon heute setz ich mich zu Tisch,
Als dürft ich weiter mich nicht quälen,
Als meine Zinsen nur zu zählen.

Gottlob, ich weiß mir selber Rat,
Nichts soll mich kümmern, Stadt noch Staat:
Dem Gründerleben treu ergeben,
Verschaff ich mir ein würdig Leben.

Was gehet *das* Verdienst mich an?
Nur *der* Verdienst ist noch mein Mann:
Ich will mir flechten selbst zum Lohne
Aus Aktien eine Bürgerkrone.

[E: 1872; D: 1891]

[*Gründer:* Als Gründerjahre werden die Jahre von etwa 1871–1873 bezeichnet, in denen, hervorgerufen durch die Milliardenzahlungen der franz. Reparationsleistungen nach dem Deutsch-Französischen Krieg von 1870/1871, ein gewaltiger wirtschaftlicher Aufschwung im Deutschen Reich erfolgte.]

ADOLF GLASSBRENNER

1810–1876

Die Sklavenemanzipation

Lob und Heil, ihr großen Mächte,
Jubelnd euch gesungen sei,
Daß ihr ehrtet Menschenrechte
Und die Sklaven machtet frei!

Und warum sie's nicht schon waren
Lange, das ist einerlei!
Jetzt, nach wengen hundert Jahren,
Sind die schwarzen Sklaven frei.

O wie glücklich ist's auf Erden!
Völker, singt juchhei, juchhei!
Wenn's die weißen nun noch werden,
Dann sind alle Sklaven frei!

Das Märchen vom Reichtum und der Not

's war einmal Bruder und Schwester:
Der Reichtum und die Not;
Er schwelgte in tausend Genüssen,
Sie hatte kaum trocken Brot.

Die Schwester diente beim Bruder
Viel hundert Jahre lang;
Ihn rührt' es nicht, wenn sie weinte,
Noch, wenn sie ihr Leiden besang.

Er fluchte und trat sie mit Füßen;
Er schlug ihr ins sanfte Gesicht;
Sie fiel auf die Erde und flehte:
Hilfst du, o Gott, mir nicht?

Wie wird das Lied wohl enden?
Das ist ein traurig Lied!
Ich will's nicht weiterhören,
Wenn nichts für die Schwester geschieht!

Das ist das Ende vom Liede,
Vom Reichtum und der Not:
An einem schönen Morgen
Schlug sie ihren Bruder tot.

[1844]

FRIEDRICH HEBBEL

1813–1863

Nachtlied

Quellende, schwellende Nacht,
Voll von Lichtern und Sternen;
In den ewigen Fernen,
Sage, was ist da erwacht!

Herz in der Brust wird beengt,
Steigendes, neigendes Leben,
Riesenhaft fühle ichs weben,
Welches das meine verdrängt.

Schlaf, da nahst du dich leis,
Wie dem Kinde die Amme,
Und um die dürftige Flamme
Ziehst du den schützenden Kreis.

[1842]

Requiem

Seele, vergiß sie nicht,
Seele, vergiß nicht die Toten!

Sieh, sie umschweben dich,
Schauernd, verlassen,
Und in den heiligen Gluten,
Die den Armen die Liebe schürt,
Atmen sie auf und erwarmen
Und genießen zum letztenmal
Ihr verglimmendes Leben.

Seele, vergiß sie nicht,
Seele, vergiß nicht die Toten!

Sieh, sie umschweben dich,
Schauernd, verlassen,
Und wenn du dich erkaltend
Ihnen verschließest, erstarren sie
Bis hinein in das Tiefste.
Dann ergreift sie der Sturm der Nacht,
Dem sie, zusammengekrampft in sich,
Trotzten im Schoße der Liebe,
Und er jagt sie mit Ungestüm
Durch die unendliche Wüste hin,
Wo nicht Leben mehr ist, nur Kampf
Losgelassner Kräfte
Um erneuertes Sein!

Seele, vergiß sie nicht,
Seele, vergiß nicht die Toten!

Ich und du

Wir träumten von einander
  Und sind davon erwacht,
Wir leben, um uns zu lieben,
  Und sinken zurück in die Nacht.

Du tratst aus meinem Traume,
  Aus deinem trat ich hervor,
Wir sterben, wenn sich eines
  Im andern ganz verlor.

Auf einer Lilie zittern
  Zwei Tropfen, rein und rund,
Zerfließen in eins und rollen
  Hinab in des Kelches Grund.

Sommerbild

Ich sah des Sommers letzte Rose stehn,
  Sie war, als ob sie bluten könne, rot;
Da sprach ich schauernd im Vorübergehn:
  »So weit im Leben, ist zu nah am Tod!«

Es regte sich kein Hauch am heißen Tag,
  Nur leise strich ein weißer Schmetterling;
Doch, ob auch kaum die Luft sein Flügelschlag
  Bewegte, sie empfand es und verging.

[1848]

Herbstbild

Dies ist ein Herbsttag, wie ich keinen sah!
Die Luft ist still, als atmete man kaum,
Und dennoch fallen raschelnd, fern und nah,
Die schönsten Früchte ab von jedem Baum.

O stört sie nicht, die Feier der Natur!
Dies ist die Lese, die sie selber hält,
Denn heute löst sich von den Zweigen nur,
Was vor dem milden Strahl der Sonne fällt.

[1857]

Aus der Kindheit

»Ja, das Kätzchen hat gestohlen,
Und das Kätzchen wird ertränkt.
Nachbars Peter sollst du holen,
Daß er es im Teich versenkt!«

Nachbars Peter hats vernommen,
Ungerufen kommt er schon;
»Ist die Diebin zu bekommen,
Gebe ich ihr gern den Lohn!«

Mutter, nein, er will sie quälen,
Gestern warf er schon nach ihr,
Bleibt nichts andres mehr zu wählen,
So ertränk ich selbst das Tier.

Sieh, das Kätzchen kommt gesprungen,
Wie es glänzt im Morgenstrahl!
Lustig hüpfts dem kleinen Jungen
Auf den Arm zu seiner Qual.

Mutter, laß das Kätzchen leben,
Jedes Mal, wenns dich bestiehlt,
Sollst du mir kein Frühstück geben,
Sieh nur, wie es artig spielt!

»Nein, der Vater hats geboten,
Hundert Mal ist ihr verziehn!«
Hat sie doch vier weiße Pfoten!
»Einerlei! Ihr Tag erschien!«

»Nachbarin, ich folg ihm leise,
Ob er es auch wirklich tut!«
Peter spricht es hämscher Weise,
Und der Knabe hörts mit Wut.

Unterwegs auf manchem Platze
Bietet er sein Liebchen aus,
Aber keiner will die Katze,
Jeder hat sie längst im Haus.

Ach, da ist er schon am Teiche,
Und sein Blick, sein scheuer, schweift,
Ob ihn Peter noch umschleiche –
Ja, er steht von fern und pfeift.

Nun, wir alle müssen sterben,
Großmama ging dir vorauf,
Und du wirst den Himmel erben,
Kratze nur, sie macht dir auf!

Jetzt, um sie recht tief zu betten,
Wirft er sie mit aller Macht,
Doch zugleich, um sie zu retten,
Springt er nach, als ers vollbracht.

Eilte Peter nicht, der lange,
Gleich im Augenblick herzu,
Fände er, es ist mir bange,
Hier im Teich die ewge Ruh.

In das Haus zurückgetragen,
Hört er auf die Mutter nicht,
Schweigt auf alle ihre Fragen,
Schließt die Augen trotzig-dicht.

Von dem Zucker, den sie brachte,
Nimmt er zwar zerstreut ein Stück,
Doch den Tee, den sie ihm machte,
Weist er ungestüm zurück.

Welch ein Ton! Er dreht sich stutzend,
Und auf einer Fensterbank,
Spinnend und sich emsig putzend,
Sitzt sein Kätzchen blink und blank.

»Lebt sie, Mutter?« Dem Verderben
Warst du näher, Kind, als sie!
»Und sie soll auch nicht mehr sterben?«
Trinke nur, so soll sies nie!

THEODOR STORM
1817–1888

Abseits

Es ist so still; die Heide liegt
Im warmen Mittagssonnenstrahle,
Ein rosenroter Schimmer fliegt
Um ihre alten Gräbermale;
Die Kräuter blühn; der Heideduft
Steigt in die blaue Sommerluft.

Laufkäfer hasten durchs Gesträuch
In ihren goldnen Panzerröckchen.
Die Bienen hängen Zweig um Zweig
Sich an der Edelheide Glöckchen,
Die Vögel schwirren aus dem Kraut –
Die Luft ist voller Lerchenlaut.

Ein halbverfallen, niedrig Haus
Steht einsam hier und sonnbeschienen,
Der Kätner lehnt zur Tür hinaus,
Behaglich blinzelnd nach den Bienen;
Sein Junge auf dem Stein davor
Schnitzt Pfeifen sich aus Kälberrohr.

Kaum zittert durch die Mittagsruh
Ein Schlag der Dorfuhr, der entfernten;
Dem Alten fällt die Wimper zu,
Er träumt von seinen Honigernten.
– Kein Klang der aufgeregten Zeit
Drang noch in diese Einsamkeit.

[1848]

Oktoberlied

Der Nebel steigt, es fällt das Laub;
Schenk ein den Wein, den holden!
Wir wollen uns den grauen Tag
Vergolden, ja vergolden!

Und geht es draußen noch so toll,
Unchristlich oder christlich,
Ist doch die Welt, die schöne Welt,
So gänzlich unverwüstlich!

Und wimmert auch einmal das Herz –
Stoß an und laß es klingen!
Wir wissen's doch, ein rechtes Herz
Ist gar nicht umzubringen.

Der Nebel steigt, es fällt das Laub;
Schenk ein den Wein, den holden!
Wir wollen uns den grauen Tag
Vergolden, ja vergolden!

Wohl ist es Herbst; doch warte nur,
Doch warte nur ein Weilchen!
Der Frühling kommt, der Himmel lacht,
Es steht die Welt in Veilchen.

Die blauen Tage brechen an,
Und ehe sie verfließen,
Wir wollen sie, mein wackrer Freund,
Genießen, ja genießen!

[1852]

Weihnachtslied

Vom Himmel in die tiefsten Klüfte
Ein milder Stern herniederlacht;
Vom Tannenwalde steigen Düfte
Und hauchen durch die Winterlüfte,
Und kerzenhelle wird die Nacht.

Mir ist das Herz so froh erschrocken,
Das ist die liebe Weihnachtszeit!
Ich höre fernher Kirchenglocken
Mich lieblich, heimatlich verlocken
In märchenstille Herrlichkeit.

Ein frommer Zauber hält mich wieder,
Anbetend, staunend muß ich stehn;
Es sinkt auf meine Augenlider
Ein goldner Kindertraum hernieder,
Ich fühl's, ein Wunder ist geschehn.

Die Stadt

Am grauen Strand, am grauen Meer
Und seitab liegt die Stadt;
Der Nebel drückt die Dächer schwer,
Und durch die Stille braust das Meer
Eintönig um die Stadt.

Es rauscht kein Wald, es schlägt im Mai
Kein Vogel ohn Unterlaß;
Die Wandergans mit hartem Schrei
Nur fliegt in Herbstesnacht vorbei,
Am Strande weht das Gras.

Doch hängt mein ganzes Herz an dir,
Du graue Stadt am Meer;
Der Jugend Zauber für und für
Ruht lächelnd doch auf dir, auf dir,
Du graue Stadt am Meer.

Meeresstrand

Ans Haff nun fliegt die Möwe,
Und Dämmrung bricht herein;
Über die feuchten Watten
Spiegelt der Abendschein.

Graues Geflügel huschet
Neben dem Wasser her;
Wie Träume liegen die Inseln
Im Nebel auf dem Meer.

Ich höre des gärenden Schlammes
Geheimnisvollen Ton,
Einsames Vogelrufen –
So war es immer schon.

Noch einmal schauert leise
Und schweiget dann der Wind;
Vernehmlich werden die Stimmen,
Die über der Tiefe sind.

[1856]

Schließe mir die Augen beide

Schließe mir die Augen beide
Mit den lieben Händen zu!
Geht doch alles, was ich leide,
Unter deiner Hand zur Ruh.
Und wie leise sich der Schmerz
Well' um Welle schlafen leget,
Wie der letzte Schlag sich reget,
Füllest du mein ganzes Herz.

In Bulemanns Haus

Es klippt auf den Gassen im Mondenschein;
Das ist die zierliche Kleine,
Die geht auf ihren Pantöffelein
Behend und mutterseelenallein
Durch die Gassen im Mondenscheine.

Sie geht in ein alt, verfallenes Haus;
Im Flur ist die Tafel gedecket,
Da tanzt vor dem Monde die Maus mit der Maus,
Da setzt sich das Kind mit den Mäusen zu Schmaus,
Die Tellerlein werden gelecket.

Und leer sind die Schüsseln; die Mäuslein im Nu
Verrascheln in Mauer und Holze;
Nun läßt es dem Mägdlein auch länger nicht Ruh,
Sie schüttelt ihr Kleidchen, sie schnürt sich die Schuh,
Dann tritt sie einher mit Stolze.

Es leuchtet ein Spiegel aus goldnem Gestell,
Da schaut sie hinein mit Lachen;
Gleich schaut auch heraus ein Mägdelein hell,
Das ist ihr einziger Spielgesell;
Nun woll'n sie sich lustig machen.

Sie nickt voll Huld, ihr gehört ja das Reich;
Da neigt sich das Spiegelkindlein,
Da neigt sich das Kind vor dem Spiegel zugleich,
Da neigen sich beide gar anmutreich,
Da lächeln die rosigen Mündlein.

Und wie sie lächeln, so hebt sich der Fuß,
Es rauschen die seidenen Röcklein,
Die Händchen werfen sich Kuß um Kuß,
Das Kind mit dem Kinde nun tanzen muß,
Es tanzen im Nacken die Löcklein.

Der Mond scheint voller und voller herein,
Auf dem Estrich gaukeln die Flimmer:
Im Takte schweben die Mägdelein,
Bald tauchen sie tief in die Schatten hinein,
Bald stehn sie in bläulichem Schimmer.

Nun sinken die Glieder, nun halten sie an
Und atmen aus Herzens Grunde;
Sie nahen sich schüchtern und beugen sich dann
Und knien voreinander und rühren sich an
Mit dem zarten, unschuldigen Munde.

Doch müde werden die beiden allein
Von all der heimlichen Wonne;
Sehnsüchtig flüstert das Mägdelein:
»Ich mag nicht mehr tanzen im Mondenschein,
Ach, käme doch endlich die Sonne!«

Sie klettert hinunter ein Trepplein schief
Und schleicht hinab in den Garten.
Die Sonne schlief, und die Grille schlief:
»Hier will ich sitzen im Grase tief,
Und der Sonne will ich warten.«

Doch als nun morgens um Busch und Gestein
Verhuschet das Dämmergemunkel,
Da werden dem Kinde die Äugelein klein;
Sie tanzte zu lange beim Mondenschein,
Nun schläft sie bei Sonnengefunkel.

Nun liegt sie bei den Blumen dicht
Auf grünem, blitzendem Rasen:
Und es schauen ihr in das süße Gesicht
Die Nachtigall und das Sonnenlicht
Und die kleinen, neugierigen Hasen.

Über die Heide

Über die Heide hallet mein Schritt;
Dumpf aus der Erde wandert es mit.

Herbst ist gekommen, Frühling ist weit –
Gab es denn einmal selige Zeit?

Brauende Nebel geisten umher;
Schwarz ist das Kraut und der Himmel so leer.

Wär ich hier nur nicht gegangen im Mai!
Leben und Liebe, – wie flog es vorbei!

[1875]

GOTTFRIED KELLER

1819–1890

Wende dich, du kleiner Stern,
Erde! wo ich lebe,
Daß mein Aug, der Sonne fern,
Sternenwärts sich hebe!

Heilig ist die Sternenzeit,
Öffnet alle Grüfte!
Strahlende Unsterblichkeit
Wandelt durch die Lüfte.

Mag die Sonne nun bislang
Andern Zonen scheinen:
Hier fühl ich Zusammenhang
Mit dem All und Einen!

Hohe Lust! im dunkeln Tal,
Selber ungesehen,
Durch den majestät'schen Saal
Atmend mitzugehen!

Schwinge dich, o grünes Rund,
In die Morgenröte!
Scheidend rückwärts singt mein Mund
Jubelnde Gebete!

[1846]

Die Zeit geht nicht, sie stehet still,
Wir ziehen durch sie hin;
Sie ist ein Karawanserei,
Wir sind die Pilger drin.

Ein Etwas, form- und farbenlos,
Das nur Gestalt gewinnt,
Wo ihr drin auf und nieder taucht,
Bis wieder ihr zerrinnt.

Es blitzt ein Tropfen Morgentau
Im Strahl des Sonnenlichts –
Ein Tag kann eine Perle sein
Und hundert Jahre – Nichts!

Es ist ein weißes Pergament
Die Zeit, und jeder schreibt
Mit seinem besten Blut darauf,
Bis ihn der Strom vertreibt.

An dich, du wunderbare Welt,
Du Schönheit ohne End,
Schreib ich 'nen kurzen Liebesbrief
Auf dieses Pergament.

Froh bin ich, daß ich aufgetaucht
In deinem runden Kranz;
Zum Dank trüb ich die Quelle nicht
Und lobe deinen Glanz!

(1849)

[*Karawanserei:* Unterkunft für Karawanen.]

Sommernacht

Es wallt das Korn weit in die Runde
Und wie ein Meer dehnt es sich aus;
Doch liegt auf seinem stillen Grunde
Nicht Seegewürm, noch andrer Graus:
Da träumen Blumen nur von Kränzen
Und trinken der Gestirne Schein.
O goldnes Meer, dein friedlich Glänzen
Saugt meine Seele gierig ein!

In meiner Heimat grünen Talen,
Da herrscht ein alter schöner Brauch;
Wann hell die Sommersterne strahlen,
Der Glühwurm schimmert durch den Strauch:
Dann geht ein Flüstern und ein Winken,
Das sich dem Ährenfelde naht,
Da geht ein nächtlich Silberblinken
Von Sicheln durch die goldne Saat.

Das sind die Bursche, jung und wacker,
Die sammeln sich im Feld zu Hauf
Und suchen den gereiften Acker
Der Witwe oder Waise auf,
Die keines Vaters, keiner Brüder
Und keines Knechtes Hilfe weiß –
Ihr schneiden sie den Segen nieder,
Die reinste Lust ziert ihren Fleiß.

Schon sind die Garben fest gebunden
Und schön in einen Kranz gebracht;
Wie lieblich flohn die stillen Stunden,
Es war ein Spiel in kühler Nacht!
Nun wird geschwärmt und hell gesungen
Im Garbenkreis, bis Morgenduft
Die nimmermüden, braunen Jungen
Zur eignen schweren Arbeit ruft.

Abendlied

Augen, meine lieben Fensterlein,
Gebt mir schon so lange holden Schein,
Lasset freundlich Bild um Bild herein:
Einmal werdet ihr verdunkelt sein!

Fallen einst die müden Lider zu,
Löscht ihr aus, dann hat die Seele Ruh;
Tastend streift sie ab die Wanderschuh,
Legt sich auch in ihre finstre Truh.

Noch zwei Fünklein sieht sie glimmend stehn,
Wie zwei Sternlein innerlich zu sehn,
Bis sie schwanken und dann auch vergehn,
Wie von eines Falters Flügelwehn.

Doch noch wandl ich auf dem Abendfeld,
Nur dem sinkenden Gestirn gesellt;
Trinkt, o Augen, was die Wimper hält,
Von dem goldnen Überfluß der Welt!

[1883]

Aus: *Parteileben*

Wer *über* den Partein sich wähnt mit stolzen Mienen,
Der steht zumeist vielmehr beträchtlich *unter* ihnen.

⁕

Trau keinem, der nie Partei genommen
Und immer im Trüben ist geschwommen!
Doch wird dir jener auch nicht frommen,
Der nie darüber hinaus will kommen.

⁕

Betrachtet eurer Gegner Schwächen
Und lernt, am besten euch zu rächen,
Das eigne Unkraut auszustechen!

[1883]

EMANUEL GEIBEL

1815–1884

Morgenwanderung

Wer recht in Freuden wandern will,
Der geh der Sonn entgegen;
Da ist der Wald so kirchenstill,
Kein Lüftchen mag sich regen;
Noch sind nicht die Lerchen wach,
Nur im hohen Gras der Bach
Singt leise den Morgensegen.

Die ganze Welt ist wie ein Buch,
Darin uns aufgeschrieben
In bunten Zeilen manch ein Spruch,
Wie Gott uns treu geblieben;
Wald und Blumen nah und fern
Und der helle Morgenstern
Sind Zeugen von seinem Lieben.

Da zieht die Andacht wie ein Hauch
Durch alle Sinnen leise,
Da pocht ans Herz die Liebe auch
In ihrer stillen Weise,
Pocht und pocht, bis sich's erschließt,
Und die Lippe überfließt
Vor lautem, jubelndem Preise.

Und plötzlich läßt die Nachtigall
Im Busch ihr Lied erklingen,
In Berg und Tal erwacht der Schall
Und will sich aufwärts schwingen,
Und der Morgenröte Schein
Stimmt in lichter Glut mit ein:
Laßt uns dem Herrn lobsingen.

Die stille Wasserrose
Steigt aus dem blauen See,
Die feuchten Blätter zittern,
Der Kelch ist weiß wie Schnee.

Da gießt der Mond vom Himmel
All seinen goldnen Schein,
Gießt alle seine Strahlen
In ihren Schoß hinein.

Im Wasser um die Blume
Kreiset ein weißer Schwan;
Er singt so süß, so leise
Und schaut die Blume an.

Er singt so süß, so leise
Und will im Singen vergehn –
O Blume, weiße Blume,
Kannst du das Lied verstehn?

[1840]

Deutschlands Beruf

Soll's denn ewig von Gewittern
Am umwölkten Himmel braun?
Soll denn stets der Boden zittern,
Drauf wir unsre Hütten baun?
Oder wollt ihr mit den Waffen
Endlich Rast und Frieden schaffen?

Daß die Welt nicht mehr, in Sorgen
Um ihr leichterschüttert Glück,
Täglich bebe vor dem Morgen,
Gebt ihr ihren Kern zurück!
Macht Europas Herz gesunden,
Und das Heil ist euch gefunden.

Einen Hort geht aufzurichten,
Einen Hort im deutschen Land!
Sucht zum Lenken und zum Schlichten
Eine schwerterprobte Hand,
Die den güldnen Apfel halte
Und des Reichs in Treuen walte.

Sein gefürstet Banner trage
Jeder Stamm, wie er's erkor,
Aber über alle rage
Stolzentfaltet eins empor,
Hoch, im Schmuck der Eichenreiser,
Wall' es vor dem deutschen Kaiser.

Wenn die heilge Krone wieder
Eine hohe Scheitel schmückt,
Aus dem Haupt durch alle Glieder
Stark ein einger Wille zückt,
Wird im Völkerrat vor allen
Deutscher Spruch aufs neu erschallen.

Dann nicht mehr zum Weltgesetze
Wird die Laun' am Seinestrom,
Dann vergeblich seine Netze
Wirft der Fischer aus in Rom,
Länger nicht mit seinen Horden
Schreckt uns der Koloß im Norden.

Macht und Freiheit, Recht und Sitte,
Klarer Geist und scharfer Hieb
Zügeln dann aus starker Mitte
Jeder Selbstsucht wilden Trieb,
Und es mag am deutschen Wesen
Einmal noch die Welt genesen.

[E: 1861; D: 1871]

[*güldner Apfel:* der Reichsapfel, eine Kugel (Weltkugel) mit Kreuz (als Zeichen christl. Weltherrschaft), ist neben Krone und Zepter ein Sinnbild der Königs- oder Kaiserherrschaft; gehört zu den ›Reichskleinodien‹. – *Fischer:* der Papst. –*Koloß im Norden:* Rußland.]

CONRAD FERDINAND MEYER

1825–1898

Der römische Brunnen

Aufsteigt der Strahl und fallend gießt
Er voll der Marmorschale Rund
Die, sich verschleiernd, überfließt
In einer zweiten Schale Grund;
Die zweite gibt, sie wird zu reich,
Der dritten wallend ihre Flut,
Und jede nimmt und gibt zugleich
Und strömt und ruht.

[1869]

Die Füße im Feuer

Wild zuckt der Blitz. In fahlem Lichte steht ein Turm.
Der Donner rollt. Ein Reiter kämpft mit seinem Roß,
Springt ab und pocht ans Tor und lärmt. Sein Mantel saust
Im Wind. Er hält den scheuen Fuchs am Zügel fest.
Ein schmales Gitterfenster schimmert goldenhell
Und knarrend öffnet jetzt das Tor ein Edelmann ...

»Ich bin ein Knecht des Königs, als Kurier geschickt
Nach Nimes. Herbergt mich! Ihr kennt des Königs Rock!«
»Es stürmt. Mein Gast bist du. Dein Kleid, was kümmert's mich?
Tritt ein und wärme dich! Ich sorge für dein Tier!«
Der Reiter tritt in einen dunkeln Ahnensaal,
Von eines weiten Herdes Feuer schwach erhellt,
Und je nach seines Flackerns launenhaftem Licht
Droht hier ein Hugenott im Harnisch, dort ein Weib,
Ein stolzes Edelweib aus braunem Ahnenbild ...
Der Reiter wirft sich in den Sessel vor dem Herd
Und starrt in den lebendgen Brand. Er brütet, gafft ...
Leis sträubt sich ihm das Haar. Er kennt den Herd, den Saal ...
Die Flamme zischt. Zwei Füße zucken in der Glut.

Den Abendtisch bestellt die greise Schaffnerin
Mit Linnen blendend weiß. Das Edelmägdlein hilft.
Ein Knabe trug den Krug mit Wein. Der Kinder Blick
Hangt schreckensstarr am Gast und hangt am Herd entsetzt ...
Die Flamme zischt. Zwei Füße zucken in der Glut.
»Verdammt! Dasselbe Wappen! Dieser selbe Saal!
Drei Jahre sind's ... Auf einer Hugenottenjagd ...
Ein fein, halsstarrig Weib ... ›Wo steckt der Junker? Sprich!‹
Sie schweigt. ›Bekenn!‹ Sie schweigt. ›Gib ihn heraus!‹ Sie schweigt.
Ich werde wild. *Der* Stolz! Ich zerre das Geschöpf ...

Die nackten Füße pack ich ihr und strecke sie
Tief mitten in die Glut ... ›Gib ihn heraus!‹ ... Sie schweigt ...
Sie windet sich ... Sahst du das Wappen nicht am Tor?
Wer hieß dich hier zu Gaste gehen, dummer Narr?
Hat er nur einen Tropfen Bluts, erwürgt er dich.«
Eintritt der Edelmann. »Du träumst! Zu Tische, Gast ...«

Da sitzen sie. Die drei in ihrer schwarzen Tracht
Und er. Doch keins der Kinder spricht das Tischgebet.
Ihn starren sie mit aufgerißnen Augen an –
Den Becher füllt und übergießt er, stürzt den Trunk,
Springt auf: »Herr, gebet jetzt mir meine Lagerstatt!
Müd bin ich wie ein Hund!« Ein Diener leuchtet ihm,

Doch auf der Schwelle wirft er einen Blick zurück
Und sieht den Knaben flüstern in des Vaters Ohr . . .
Dem Diener folgt er taumelnd in das Turmgemach.

Fest riegelt er die Tür. Er prüft Pistol und Schwert.
Gell pfeift der Sturm. Die Diele bebt. Die Decke stöhnt.
Die Treppe kracht . . . Dröhnt hier ein Tritt? . . . Schleicht dort ein Schritt? . . .
Ihn täuscht das Ohr. Vorüberwandelt Mitternacht.
Auf seinen Lidern lastet Blei und schlummernd sinkt
Er auf das Lager. Draußen plätschert Regenflut.

Er träumt. »Gesteh!« Sie schweigt. »Gib ihn heraus!« Sie schweigt.
Er zerrt das Weib. Zwei Füße zucken in der Glut.
Aufsprüht und zischt ein Feuermeer, das ihn verschlingt . . .
»Erwach! Du solltest längst von hinnen sein! Es tagt!«
Durch die Tapetentür in das Gemach gelangt,
Vor seinem Lager steht des Schlosses Herr – ergraut,
Dem gestern dunkelbraun sich noch gekraust das Haar.

Sie reiten durch den Wald. Kein Lüftchen regt sich heut.
Zersplittert liegen Ästetrümmer quer im Pfad.
Die frühsten Vöglein zwitschern, halb im Traume noch.
Friedsel'ge Wolken schwimmen durch die klare Luft,
Als kehrten Engel heim von einer nächtgen Wacht.
Die dunkeln Schollen atmen kräftgen Erdgeruch.
Die Ebne öffnet sich. Im Felde geht ein Pflug.
Der Reiter lauert aus den Augenwinkeln: »Herr,
Ihr seid ein kluger Mann und voll Besonnenheit
Und wißt, daß ich dem größten König eigen bin.
Lebt wohl. Auf Nimmerwiedersehn!« Der andre spricht:
»Du sagst's! Dem größten König eigen! Heute ward
Sein Dienst mir schwer . . . Gemordet hast du teuflisch mir
Mein Weib! Und lebst! . . . Mein ist die Rache, redet Gott.«

[1864]

Säerspruch

Bemeßt den Schritt! Bemeßt den Schwung!
Die Erde bleibt noch lange jung!
Dort fällt ein Korn, das stirbt und ruht.
Die Ruh ist süß. Es hat es gut.
Hier eins, das durch die Scholle bricht.
Es hat es gut. Süß ist das Licht.
Und keines fällt aus dieser Welt
Und jedes fällt, wie's Gott gefällt.

Zwei Segel

Zwei Segel erhellend
Die tiefblaue Bucht!
Zwei Segel sich schwellend
Zu ruhiger Flucht!

Wie eins in den Winden
Sich wölbt und bewegt,
Wird auch das Empfinden
Des andern erregt.

Begehrt eins zu hasten,
Das andre geht schnell,
Verlangt eins zu rasten,
Ruht auch sein Gesell.

[1882]

Nachtgeräusche

Melde mir die Nachtgeräusche, Muse,
Die ans Ohr des Schlummerlosen fluten!
Erst das traute Wachtgebell der Hunde,
Dann der abgezählte Schlag der Stunde,
Dann ein Fischer-Zwiegespräch am Ufer,
Dann? Nichts weiter als der ungewisse
Geisterlaut der ungebrochnen Stille,
Wie das Atmen eines jungen Busens,
Wie das Murmeln eines tiefen Brunnens,
Wie das Schlagen eines dumpfen Ruders,
Dann der ungehörte Tritt des Schlummers.

Auf dem Canal grande

Auf dem Canal grande betten
Tief sich ein die Abendschatten,
Hundert dunkle Gondeln gleiten
Als ein flüsterndes Geheimnis.

Aber zwischen zwei Palästen
Glüht herein die Abendsonne,
Flammend wirft sie einen grellen
Breiten Streifen auf die Gondeln.

In dem purpurroten Lichte
Laute Stimmen, hell Gelächter,
Überredende Gebärden
Und das frevle Spiel der Augen.

Eine kurze kleine Strecke
Treibt das Leben leidenschaftlich
Und erlischt im Schatten drüben
Als ein unverständlich Murmeln.

[1889]

Chor der Toten

Wir Toten, wir Toten sind größere Heere
Als ihr auf der Erde, als ihr auf dem Meere!
Wir pflügten das Feld mit geduldigen Taten,
Ihr schwinget die Sicheln und schneidet die Saaten,
Und was wir vollendet und was wir begonnen,
Das füllt noch dort oben die rauschenden Bronnen,
Und all unser Lieben und Hassen und Hadern,
Das klopft noch dort oben in sterblichen Adern,
Und was wir an gültigen Sätzen gefunden,
Dran bleibt aller irdische Wandel gebunden,
Und unsere Töne, Gebilde, Gedichte
Erkämpfen den Lorbeer im strahlenden Lichte,
Wir suchen noch immer die menschlichen Ziele –
Drum ehret und opfert! Denn unser sind viele!

THEODOR FONTANE

1819–1898

Es kribbelt und wibbelt weiter

Die Flut steigt bis an den Ararat,
Und es hilft keine Rettungsleiter,
Da bringt die Taube Zweig und Blatt –
Und es kribbelt und wibbelt weiter.

Es sicheln und mähen von Ost nach West
Die apokalyptischen Reiter,
Aber ob Hunger, ob Krieg, ob Pest,
Es kribbelt und wibbelt weiter.

Ein Gott wird gekreuzigt auf Golgatha,
Es brennen Millionen Scheiter,
Märtyrer hier und Hexen da,
Doch es kribbelt und wibbelt weiter.

So banne dein Ich in dich zurück
Und ergib dich und sei heiter;
Was liegt an dir und deinem Glück?
Es kribbelt und wibbelt weiter.

[1889]

Ausgang

Immer enger, leise, leise
Ziehen sich die Lebenskreise,
Schwindet hin, was prahlt und prunkt,
Schwindet Hoffen, Hassen, Lieben,
Und ist nichts in Sicht geblieben
Als der letzte dunkle Punkt.

Würd es mir fehlen, würd ichs vermissen?

Heute früh, nach gut durchschlafener Nacht,
Bin ich wieder aufgewacht.
Ich setzte mich an den Frühstückstisch,
Der Kaffee war warm, die Semmel war frisch,
Ich habe die Morgenzeitung gelesen
(Es sind wieder Avancements gewesen).
Ich trat ans Fenster, ich sah hinunter,
Es trabte wieder, es klingelte munter,
Eine Schürze (beim Schlächter) hing über dem Stuhle,
Kleine Mädchen gingen nach der Schule –
Alles war freundlich, alles war nett,
Aber wenn ich weiter geschlafen hätt
Und tät von alledem nichts wissen,
Würd es mir fehlen, würd ichs vermissen?

[*Avancements:* Beförderungen. – *Eine Schürze:* An Schlachttagen stellten die Berliner Schlachter einen mit einer weißen Schürze bedeckten Stuhl vor ihr Geschäft als Zeichen dafür, daß es bei ihnen die ›Schlachtschüssel‹ gab (Erläuterung des Herausgebers der Werke).]

Aber wir lassen es andere machen

Ein Chinese ('s sind schon an zweihundert Jahr)
In Frankreich auf einem Hofball war.
Und die einen frugen ihn: ob er das kenne?
Und die andern frugen ihn: wie man es nenne?
»Wir nennen es tanzen«, sprach er mit Lachen,
»Aber wir lassen es *andere* machen.«

Und dieses Wort, seit langer Frist,
Mir immer in Erinnerung ist.
Ich seh das Rennen, ich seh das Jagen,
Und wenn mich die Menschen umdrängen und fragen,
»Was tust du nicht mit? Warum stehst du beiseit?«
So sag ich: »Alles hat seine Zeit.
Auch die Jagd nach dem Glück. All derlei Sachen,
Ich lasse sie längst durch andere machen.«

Lebenswege

Fünfzig Jahre werden es ehstens sein,
Da trat ich in meinen ersten »Verein«.
Natürlich Dichter. Blutjunge Ware:
Studenten, Leutnants, Refrendare.
Rang gabs nicht, *den* verlieh das »Gedicht«,
Und *ich* war ein kleines Kirchenlicht.

So stand es, als Anno 40 wir schrieben,
Aber ach, wo bist du Sonne geblieben,
Ich bin noch immer, was damals ich war,
Ein Lichtlein auf demselben Altar,
Aus den Leutnants aber und Studenten
Wurden Genräle und Chefpräsidenten.

Und mitunter auf stillem Tiergartenpfade,
Bei »Kön'gin Luise« trifft man sich grade.

»Nun, lieber F., noch immer bei Wege?«
»Gott sei Dank, Exzellenz . . . trotz Nackenschläge . . .«

»Kenn ich, kenn ich. Das Leben ist flau . . .
Grüßen Sie Ihre liebe Frau.«

[1889]

[*Verein:* Fontane wurde 1840 in den ›Platen-Klub‹ und in den ›Lenau-Verein‹ aufgenommen, Berliner literarische Vereinigungen. Von September 1844 an war er Mitglied des ›Tunnel über der Spree‹.]

Die Brück am Tay

(28. Dezember 1879)

When shall we three meet again.
Macbeth

»Wann treffen wir drei wieder zusamm?«
»Um die siebente Stund, am Brückendamm.«
»Am Mittelpfeiler.«
»Ich lösche die Flamm.«
»Ich mit.«
»Ich komme von Norden her.«
»Und ich von Süden.«
»Und ich vom Meer.«
»Hei, das gibt einen Ringelreihn,
Und die Brücke muß in den Grund hinein.«

»Und der Zug, der in die Brücke tritt
Um die siebente Stund?«
»Ei, der muß mit.«

»Muß mit.«
»Tand, Tand,
Ist das Gebilde von Menschenhand!«

Auf der *Norder*seite, das Brückenhaus –
Alle Fenster sehen nach Süden aus,
Und die Brücknersleut ohne Rast und Ruh
Und in Bangen sehen nach Süden zu,
Sehen und warten, ob nicht ein Licht
Übers Wasser hin »Ich komme« spricht,
»Ich komme, trotz Nacht und Sturmesflug,
Ich, der Edinburger Zug.«

Und der Brückner jetzt: »Ich seh einen Schein
Am anderen Ufer. Das muß er sein.
Nun, Mutter, weg mit dem bangen Traum,
Unser Johnie kommt und will seinen Baum,
Und was noch am Baume von Lichtern ist,
Zünd alles an wie zum Heiligen Christ,
Der will heuer *zweimal* mit uns sein –
Und in elf Minuten ist er herein.«

Und es war der Zug. Am *Süder*turm
Keucht er vorbei jetzt gegen den Sturm,
Und Johnie spricht: »Die Brücke noch!
Aber was tut es, wir zwingen es doch.
Ein fester Kessel, ein doppelter Dampf,
Die bleiben Sieger in solchem Kampf.
Und wie's auch rast und ringt und rennt,
Wir kriegen es unter: das Element.

Und unser Stolz ist unsre Brück;
Ich lache, denk ich an früher zurück,
An all den Jammer und all die Not
Mit dem elend alten Schifferboot;
Wie manche liebe Christfestnacht
Hab ich im Fährhaus zugebracht
Und sah unsrer Fenster lichten Schein
Und zählte und konnte nicht drüben sein.«

Auf der Norderseite, das Brückenhaus –
Alle Fenster sehen nach Süden aus,

Und die Brücknersleut ohne Rast und Ruh
Und in Bangen sehen nach Süden zu;
Denn wütender wurde der Winde Spiel,
Und jetzt, als ob Feuer vom Himmel fiel',
Erglüht es in niederschießender Pracht
Überm Wasser unten... Und wieder ist Nacht.

»Wann treffen wir drei wieder zusamm?«
»Um Mitternacht, am Bergeskamm.«
»Auf dem hohen Moor, am Erlenstamm.«
»Ich komme.«
»Ich mit.«
»Ich nenn euch die Zahl.«
»Und ich die Namen.«
»Und ich die Qual.«
»Hei!
Wie Splitter brach das Gebälk entzwei.«

»Tand, Tand,
Ist das Gebilde von Menschenhand.«

[1880]

[*Brück am Tay:* Am 28. 12. 1879 war die Eisenbahnbrücke bei Dundee eingestürzt; größtes Eisenbahnunglück des 19. Jahrhunderts mit etwa 200 Todesopfern.]

Herr von Ribbeck auf Ribbeck im Havelland

Herr von Ribbeck auf Ribbeck im Havelland,
Ein Birnbaum in seinem Garten stand,
Und kam die goldene Herbsteszeit,
Und die Birnen leuchteten weit und breit,
Da stopfte, wenns Mittag vom Turme scholl,
Der von Ribbeck sich beide Taschen voll,
Und kam in Pantinen ein Junge daher,
So rief er: »Junge, wist 'ne Beer?«
Und kam ein Mädel, so rief er: »Lütt Dirn,
Kumm man röwer, ick hebb 'ne Birn.«

So ging es viel Jahre, bis lobesam
Der von Ribbeck auf Ribbeck zu sterben kam.
Er fühlte sein Ende. 's war Herbsteszeit,
Wieder lachten die Birnen weit und breit,
Da sagte von Ribbeck: »Ich scheide nun ab.
Legt mir eine Birne mit ins Grab.«

Und drei Tage drauf, aus dem Doppeldachhaus,
Trugen von Ribbeck sie hinaus,
Alle Bauern und Büdner, mit Feiergesicht,
Sangen »Jesus, meine Zuversicht«,
Und die Kinder klagten, das Herze schwer:
»He is dod nu. Wer giwt uns nu 'ne Beer?«

So klagten die Kinder. Das war nicht recht.
Ach, sie kannten den alten Ribbeck schlecht,
Der *neue* freilich, der knausert und spart,
Hält Park und Birnbaum strenge verwahrt,
Aber der *alte*, vorahnend schon
Und voll Mißtraun gegen den eigenen Sohn,
Der wußte genau, was damals er tat,
Als um eine Birn ins Grab er bat,
Und im dritten Jahr, aus dem stillen Haus
Ein Birnbaumsprößling sproßt heraus.

Und die Jahre gehen wohl auf und ab,
Längst wölbt sich ein Birnbaum über dem Grab,
Und in der goldenen Herbsteszeit
Leuchtets wieder weit und breit.
Und kommt ein Jung übern Kirchhof her,
So flüsterts im Baume: »Wiste 'ne Beer?«
Und kommt ein Mädel, so flüsterts: »Lütt Dirn,
Kumm man röwer, ick gew di 'ne Birn.«

So spendet Segen noch immer die Hand
Des von Ribbeck auf Ribbeck im Havelland.

WILHELM BUSCH

1832–1908

Es sitzt ein Vogel auf dem Leim,
Er flattert sehr und kann nicht heim.
Ein schwarzer Kater schleicht herzu,
Die Krallen scharf, die Augen gluh.
Am Baum hinauf und immer höher
Kommt er dem armen Vogel näher.

Der Vogel denkt: Weil das so ist
Und weil mich doch der Kater frißt,
So will ich keine Zeit verlieren,
Will noch ein wenig quinquilieren
Und lustig pfeifen wie zuvor.
Der Vogel, scheint mir, hat Humor.

[1874]

Wirklich, er war unentbehrlich!
Überall, wo was geschah
Zu dem Wohle der Gemeinde,
Er war tätig, er war da.

Schützenfest, Kasinobälle,
Pferderennen, Preisgericht,
Liedertafel, Spritzenprobe,
Ohne ihn da ging es nicht.

Ohne ihn war nichts zu machen,
Keine Stunde hatt er frei.
Gestern, als sie ihn begruben,
War er richtig auch dabei.

Fink und Frosch

Im Apfelbaume pfeift der Fink
Sein Pinkepink!
Ein Laubfrosch klettert mühsam nach
Bis auf des Baumes Blätterdach
Und bläht sich auf und quakt: »Ja ja!
Herr Nachbar, ick bin och noch da!«

Und wie der Vogel frisch und süß
Sein Frühlingslied erklingen ließ,
Gleich muß der Frosch in rauhen Tönen
Den Schusterbaß dazwischen dröhnen.

»Juchheija heija!« spricht der Fink.
»Fort flieg ich flink!«
Und schwingt sich in die Lüfte hoch.

»Wat!« ruft der Frosch, »dat kann ick och!«
Macht einen ungeschickten Satz,
Fällt auf den harten Gartenplatz,
Ist platt, wie man die Kuchen backt,
Und hat für ewig ausgequakt.

Wenn einer, der mit Mühe kaum
Geklettert ist auf einen Baum,
Schon meint, daß er ein Vogel wär,
So irrt sich der.

[1904]

Pst!

Es gibt ja leider Sachen und Geschichten,
Die reizend und pikant,
Nur werden sie von Tanten und von Nichten
Niemals genannt.

Verehrter Freund, so sei denn nicht vermessen,
Sei zart und schweig auch du.
Bedenk: Man liebt den Käse wohl, indessen
Man deckt ihn zu.

Es stand vor eines Hauses Tor
Ein Esel mit gespitztem Ohr,
Der käute sich sein Bündel Heu
Gedankenvoll und still entzwei. –
Nun kommen da und bleiben stehn
Der naseweisen Buben zween,
Die auch sogleich, indem sie lachen,
Verhaßte Redensarten machen,
Womit man denn bezwecken wollte,
Daß sich der Esel ärgern sollte. –
Doch dieser hocherfahrne Greis
Beschrieb nur einen halben Kreis,
Verhielt sich stumm und zeigte itzt
Die Seite, wo der Wedel sitzt.

DETLEV VON LILIENCRON

1844–1909

Tiefeinsamkeit spannt weit die schönen Flügel,
Weit über stille Felder aus.
Wie ferne Küsten grenzen graue Hügel,
Sie schützen vor dem Menschengraus.

Im Frühling fliegt in mitternächtiger Stunde
Die Wildgans hoch in raschem Flug.
Das alte Gaukelspiel: in weiter Runde
Hör ich Gesang im Wolkenzug.

Verschlafen sinkt der Mond in schwarze Gründe,
Beglänzt noch einmal Schilf und Rohr.
Gelangweilt ob so mancher holden Sünde,
Verläßt er Garten, Wald und Moor.

Aus: *Heidebilder*

Auf einem Bahnhof

Aus einer Riesenstadt verirrt ich mich
Auf einen weit entlegnen kleinen Bahnhof.
Ein Städtchen wird vielleicht von hier erreicht
Von Männern, die vom Morgen an viel Stunden
Am Pult, in Läden und Kanzlei gesessen
Und nun des Abends im Familienkreise
Den Staub abschütteln wollen vom »Geschäft«.

Ein glühend heißer Sommertag schloß ab.
Es war die Zeit der Mitteldämmerung.
Der neue Mond schob wie ein Komma sich
Just zwischen zwei bepackte Güterwagen.
Im Westen lag der stumme Abendhimmel
In ganz verblaßter, milchig gelber Farbe.
An diesem Himmel stand wie ausgeschnitten
Ein Haufen Schornsteintürme vor der Helle.
Aus allen Schloten qualmte dicker Rauch,
Erst grad zur Höh, dann wie gebrochen bald,
Beinah im rechten Winkel, einem Windzug
Nachgebend, der hier Oberhand gewonnen.
In wunderlich geformten Öfen dort,
Die offne Stellen zeigten, lohte ruhig,
Ganz ruhig, ohne jeden Flackerzug,
Ein dunkelblauer starker Flammenmantel.
Und aus der großen Stadt klang dumpf Geräusch,
Ein brodelnd Kochen, das ich einmal schon
Gehört, als vor Paris wir Deutschen lagen,
Indessen drinnen die Kommune sich
Im Höllenlärme blutige Wangen wusch.
Das fiel mir ein in diesem Augenblick.
Und wie auch damals, kam ein Bild von neuem:
Scharf, wie geputztes Messing blank, erglänzte
Hoch über allem Zank der Jupiter.
Und heut wie einst: Der Jupiter stand oben,
Von allen Sternen er allein zu sehn,
Und schaute auf den ewigen Erdenkampf,
Der mir so wüst in dieser Stunde schien.
Und wie bezwungen sprach ich vor mich hin
Mit leiser Lippe: Zwanzigstes Jahrhundert.

Um mich war's leer; ein letzter Zug hielt fertig,
Die letzten Arbeitsmüden zu erwarten.
Ein Bahnbeamter mit knallroter Mütze
Schoß mir vorbei mit Eilgutformularen.

Sonst nichts. Nur oben stand der Jupiter.
Die blauen Flammen lohten geisterhaft,
Und aus der Stadt her drang verworrner Ton.

[1890]

[*vor Paris:* Paris wurde im Deutsch-Französischen Krieg von September 1870 bis zur Kapitulation am 28. 1. 1871 belagert; Friedensschluß von Frankfurt am 10. 5. 1871. – *Kommune:* März – Mai 1871 sozialistisch-kommunistischer Aufstand in Paris, vom Militär niedergeworfen.]

Der Handkuß

Viere lang,
Zum Empfang,
Vorne Jean,
Elegant
Fährt meine süße Lady.

Schilderhaus,
Wache raus.
Schloßportal,
Und im Saal
Steht meine süße Lady.

Hofmarschall,
Pagenwall.
Sehr graziös,
Merveillös
Knixt meine süße Lady.

Königin,
Hoher Sinn.
Ihre Hand,
Interessant,
Küßt meine süße Lady.

Viere lang,
Vom Empfang,
Vorne Jean,
Elegant,
Kommt meine süße Lady.

Nun wie war's
Heut bei Czars?
Ach, ich bin
Noch ganz hin,
Haucht meine süße Lady.

Nach und nach,
Allgemach,
Ihren Mann
Wieder dann
Kennt meine süße Lady.

[*Merveillös:* franz. ›merveilleux‹, wunderbar, ausgezeichnet.]

Die Musik kommt

Klingling, bumbum und tschingdada,
Zieht im Triumph der Perserschah?
Und um die Ecke brausend bricht's
Wie Tubaton des Weltgerichts,
Voran der Schellenträger.

Brumbrum, das große Bombardon,
Der Beckenschlag, das Helikon,
Die Piccolo, der Zinkenist,
Die Türkentrommel, der Flötist,
  Und dann der Herre Hauptmann.

Der Hauptmann naht mit stolzem Sinn,
Die Schuppenketten unterm Kinn;
Die Schärpe schnürt den schlanken Leib,
Beim Zeus! das ist kein Zeitvertreib!
  Und dann die Herren Leutnants.

Zwei Leutnants rosenrot und braun,
Die Fahne schützen sie als Zaun;
Die Fahne kommt, den Hut nimm ab,
Der bleiben treu wir bis ans Grab!
  Und dann die Grenadiere.

Der Grenadier im strammen Tritt,
In Schritt und Tritt und Tritt und Schritt,
Das stampft und dröhnt und klappt und flirrt,
Laternenglas und Fenster klirrt.
  Und dann die kleinen Mädchen.

Die Mädchen alle, Kopf an Kopf,
Das Auge blau und blond der Zopf;
Aus Tür und Tor und Hof und Haus
Schaut Mine, Trine, Stine aus.
  Vorbei ist die Musike.

Klingling, tschingtsching und Paukenkrach,
Noch aus der Ferne tönt es schwach,
Ganz leise bumbumbumbum tsching;
Zog da ein bunter Schmetterling,
  Tschintsching, bum, um die Ecke?

[1890]

Schöne Junitage

Mitternacht, die Gärten lauschen,
Flüsterwort und Liebeskuß,
Bis der letzte Klang verklungen,
Weil nun alles schlafen muß –
  Flußüberwärts singt eine Nachtigall.

Sonnengrüner Rosengarten,
Sonnenweiße Stromesflut,
Sonnenstiller Morgenfriede,
Der auf Baum und Beeten ruht –
  Flußüberwärts singt eine Nachtigall.

Straßentreiben, fern, verworren,
Reicher Mann und Bettelkind,
Myrtenkränze, Leichenzüge,
Tausendfältig Leben rinnt –
  Flußüberwärts singt eine Nachtigall.

Langsam graut der Abend nieder,
Milde wird die harte Welt,
Und das Herz macht seinen Frieden,
Und zum Kinde wird der Held –
  Flußüberwärts singt eine Nachtigall.

Pidder Lüng

»Frii es de Feskfang,
Frii es de Jaght,
Frii es de Strönthgang,
Frii es de Naght,
Frii es de See, de wilde See
En de Hörnemmer Rhee.«

Der Amtmann von Tondern, Henning Pogwisch,
Schlägt mit der Faust auf den Eichentisch:
Heut fahr ich selbst hinüber nach Sylt
Und hol mir mit eigner Hand Zins und Gült.
Und kann ich die Abgaben der Fischer nicht fassen,
Sollen sie Nasen und Ohren lassen,
Und ich höhn ihrem Wort:
  Lewwer duad üs Slaav.

Im Schiff vorn der Ritter, panzerbewehrt,
Stützt sich finster auf sein langes Schwert.
Hinter ihm, von der hohen Geistlichkeit,
Steht Jürgen, der Priester, beflissen, bereit.
Er reibt sich die Hände, er bückt den Nacken.
Der Obrigkeit helf ich, die Frevler packen;
In den Pfuhl das Wort:
  Lewwer duad üs Slaav.

Gen Hörnum hat die Prunkbarke den Schnabel gewetzt,
Ihr folgen die Ewer, kriegsvolkbesetzt.
Und es knirschen die Kiele auf den Sand,
Und der Ritter, der Priester springen ans Land,
Und waffenrasselnd hinter den beiden
Entreißen die Söldner die Klingen den Scheiden.
Nun gilt es, Friesen:
  Lewwer duad üs Slaav!

Die Knechte umzingeln das erste Haus,
Pidder Lüng schaut verwundert zum Fenster heraus.
Der Ritter, der Priester treten allein
Über die ärmliche Schwelle hinein.

Des langen Peters starkzählige Sippe
Sitzt grad an der kargen Mittagskrippe.
Jetzt zeige dich, Pidder:
  Lewwer duad üs Slaav!

Der Ritter verneigt sich mit hämischem Hohn,
Der Priester will anheben seinen Sermon.
Der Ritter nimmt spöttisch den Helm vom Haupt
Und verbeugt sich noch einmal: Ihr erlaubt,
Daß wir euch stören bei euerm Essen,
Bringt hurtig den Zehnten, den ihr vergessen,
Und euer Spruch ist ein Dreck:
  Lewwer duad üs Slaav.

Da reckt sich Pidder, steht wie ein Baum:
Henning Pogwisch, halt deine Reden im Zaum.
Wir waren der Steuern von jeher frei,
Und ob du sie wünschst, ist uns einerlei.
Zieh ab mit deinen Hungergesellen;
Hörst du meine Hunde bellen?
Und das Wort bleibt stehn:
  Lewwer duad üs Slaav!

Bettelpack! fährt ihn der Amtmann an,
Und die Stirnader schwillt dem geschienten Mann:
Du frißt deinen Grünkohl nicht eher auf,
Als bis dein Geld hier liegt zu Hauf.
Der Priester zischelt von Trotzkopf und Bücken
Und verkriecht sich hinter des Eisernen Rücken.
O Wort, geh nicht unter:
  Lewwer duad üs Slaav!

Pidder Lüng starrt wie wirrsinnig den Amtmann an.
Immer heftiger in Wut gerät der Tyrann,
Und er speit in den dampfenden Kohl hinein:
Nun geh an deinen Trog, du Schwein.
Und er will, um die peinliche Stunde zu enden,
Zu seinen Leuten nach draußen sich wenden.
Dumpf dröhnt's von drinnen:
  Lewwer duad üs Slaav!

Einen einzigen Sprung hat Pidder getan,
Er schleppt an den Napf den Amtmann heran
Und taucht ihm den Kopf ein und läßt ihn nicht frei,
Bis der Ritter erstickt ist im glühheißen Brei.
Die Fäuste dann lassend vom furchtbaren Gittern,
Brüllt er, die Türen und Wände zittern,

Das stolzeste Wort:
Lewwer duad üs Slaav!

Der Priester liegt ohnmächtig ihm am Fuß.
Die Häscher stürmen mit höllischem Gruß,
Durchbohren den Fischer und zerren ihn fort;
In den Dünen, im Dorf rasen Messer und Mord.
Pidder Lüng doch, eh sie ganz ihn verderben,
Ruft noch einmal im Leben, im Sterben
Sein Herrenwort:
Lewwer duad üs Slaav!

FRIEDRICH NIETZSCHE

1844–1900

Der Freigeist.

Abschied

»Die Krähen schrei'n
Und ziehen schwirren Flugs zur Stadt:
Bald wird es schnei'n –
Wohl dem, der jetzt noch – Heimat hat!

Nun stehst du starr,
Schaust rückwärts ach! wie lange schon!
Was bist du Narr
Vor Winters in die Welt – entflohn?

Die Welt – ein Thor
Zu tausend Wüsten stumm und kalt!
Wer Das verlor,
Was du verlorst, macht nirgends Halt.

Nun stehst du bleich,
Zur Winter-Wanderschaft verflucht,
Dem Rauche gleich,
Der stets nach kältern Himmeln sucht.

Flieg', Vogel, schnarr'
Dein Lied im Wüsten-Vogel-Ton! –
Versteck', du Narr,
Dein blutend Herz in Eis und Hohn!

Die Krähen schrei'n
Und ziehen schwirren Flugs zur Stadt:
Bald wird es schnei'n,
Weh dem, der keine Heimat hat!«

Antwort.

Daß Gott erbarm'!
Der meint, ich sehnte mich zurück
In's deutsche Warm,
In's dumpfe deutsche Stuben-Glück!

Mein Freund, was hier
Mich hemmt und hält ist dein Verstand,
Mitleid mit dir!
Mitleid mit deutschem Quer-Verstand!

[1884]

An der Brücke stand
jüngst ich in brauner Nacht.
Fernher kam Gesang:
goldener Tropfen quoll's
über die zitternde Fläche weg.
Gondeln, Lichter, Musik –
trunken schwamm's in die Dämmrung
hinaus...

Meine Seele, ein Saitenspiel,
sang sich, unsichtbar berührt,
heimlich ein Gondellied dazu,
zitternd vor bunter Seligkeit.
– Hörte Jemand ihr zu?...

[E: 1888; D: 1894; in diesem von Nietzsche nicht autorisierten Erstdruck mit dem Titel »Venedig«.]

CHRISTIAN WAGNER

1835–1918

Ostersamstag

Wie die Frauen
Zions wohl dereinst beim matten Grauen
Jenes Trauertags beisammen standen,
Nicht mehr Worte, nur noch Tränen
fanden,

So noch heute
Stehen, als in ferne Zeit verstreute
Bleiche Zionstöchter, Anemonen
In des Nordens winterlichen Zonen.

Vom Gewimmel
Dichter Flocken ist er trüb, der Himmel;
Traurig stehen sie, die Köpfchen hängend
Und in Gruppen sich
zusammendrängend.

Also einsam,
Zehn und zwölfe hier so
leidgemeinsam,
Da und dort verstreut auf grauer Öde,
Weiße Tüchlein aufgebunden jede.

Also trauernd,
Innerlich vor Frost zusammenschauernd,
Stehn alljährlich sie als Klagebildnis
In des winterlichen Waldes Wildnis.

[1890]

Spätes Erwachen

So wie ein Mensch nach lärmendem Gelag
Noch spät zu Mitternacht nicht
schlafen mag
Und seine Ruh' erst findet knapp vor Tag,

Und süß erst schläft beim hellen
Morgenschein,
So reichte in die Jugend mir hinein
Versäumter Schlaf von einem vorgen Sein.

O wüßt' ich doch, was mich nicht
schlafen ließ!
Ob mich ein Gott vom Bacchanal
verstieß?
Ob ich betrunken kam vom Paradies? –

PETER HILLE

1854–1904

Seegesicht

Die Küste ruht.
Weites Tritonengetut,
Silberne Wunden der Flut,
Tobende Augen der Wut.

Krähende Pausbacks auf steigenden Rossen,
Plätscherndes Spielen, purpurne Flossen,
Neckisch Bedräuen mit Zacken und Spießen,
Kräftig anfassendes Leiberumschließen.

Und sieh, eine Muschel fleischgelb und zart,
Von Amorinen flüsternd bewahrt.
Hingegossen ruhende Linien,
Grüßende rauschende Palmen und Pinien.
Angeblühte rosige Brüste.
Lächelnde sonnengestreifte Küste.

Fürder kein Dräuen mit Zacken und Spießen,
Müdhinlallendes Leiberumschließen.
Nickende Pausbacks mit schlürfenden Rossen. –
Grünhinflüsternde, finstere Flossen.

Erloschene Wunden der Flut,
Fernes Tritonengetut,
Stierende Augen der Wut,
Die Küste ruht.

[1889]

Waldesstimme

Wie deine grüngoldnen Augen funkeln,
Wald, du moosiger Träumer!
Wie deine Gedanken dunkeln,
Einsiedel, schwer von Leben,
Saftseufzender Tagesversäumer!

Über der Wipfel Hin- und Wiederschweben
Wie's Atem holt und näher braust,
Und weiter zieht –
und stille wird –
und saust.

Über der Wipfel Hin- und Wiederschweben
Hoch droben steht ein ernster Ton,
Dem lauschen tausend Jahre schon,
Und werden tausend Jahre lauschen …
Und immer dieses starke, donnerdunkle Rauschen.

[1904/05]

HEINRICH KÄMPCHEN

1847–1912

Ideal und Prosa

Wer nie im Schacht die Keilhau schwang,
Wer nie, von Pulverdampf umgeben,
Nach Luft und Atem röchelnd rang,
Der kennt dich nicht, du Bergmannsleben.

Man wirft uns in die Gruft hinein,
Wer bürgt, daß nicht zerschmettert färben
Wir unten blutig das Gestein?
Es geht auf Leben oder Sterben.

Und wer den Bergebau besang
Und wer ihn pries in Melodien,
Er wolle nur zwei Monde lang
Mit uns durch seine Grüfte ziehen.

Er habe nur wie wir im Schacht,
Durchleuchtet nie von Tageshelle,
So manche schwere Schicht vollbracht,
Den bleichen Tod als Mitgeselle.

Und meinen Kopf setz' ich zum Pfand,
Ihm sind die Lieder ausgegangen –
Das Schaumgold ›Ideal‹ verschwand
Dort, wo die ›Prosa‹ angefangen.

[1898]

Sklavensold

Heil, heil dem Bergmann an der Ruhr!
Er prunkt jetzt mit der goldnen Uhr,
Es trägt sie auf der Tasche stolz
Der Hauer und der Strossenbolz.

Das Christkind hat sie jüngst beschert
Die Uhr, wohl sechzig Mark an Wert,
Dem, der da fünfundzwanzig Jahr
Geschuftet hat mit Haut und Haar.

Mit Haut und Haar auf einem Schacht,
Auf einem Werk bei Tag und Nacht –
Das ist Beding – und billig nur –
Für eine goldne Weihnachtsuhr.

Ihr seht, es ist kein eitler Wahn,
Die Zechenherren sind human
Und schenken extra eine Uhr
Den Arbeitsschafen für die Schur.

Nicht wahr, ein königlicher Lohn?
Für fünfundzwanzigjähr'ge Fron
Die goldne Sechzigmärkeruhr. –
Heil, heil dem Bergmann an der Ruhr!

[1907]

[*Strossenbolz:* Förderaufseher, der für den Ablauf der Wagenförderung zu sorgen und die »Strosse«, den Wassergraben, zu reinigen hatte; kein Schimpfwort, sondern umgangssprachl. Bezeichnung.]

KARL HENCKELL

1864–1929

Das Lied vom Eisenarbeiter

Es stampft und dröhnt mit dumpfem Ton
Und qualmt und raucht ringsum,
Und Mann an Mann in schwerer Fron
An seinem Platze stumm.
Der Hammer sinkt, die Esse sprüht,
Das Eisen in der Flamme glüht.

Frühmorgens, wenn der Schlemmer träg
Auf weichem Pfühl sich reckt,
Macht sich der Lohnsklav auf den Weg,
Vom Dampfpfiff aufgeschreckt.

Und Tag für Tag um kargen Sold
Rührt er die rauhe Hand,
Er geizt um Ehre nicht, um Gold
Und all den glatten Tand.

Kein süßes Lied berührt sein Ohr,
Durch das die Sorge gellt,
Kein Dichter öffnet ihm das Tor
Zu einer schönern Welt.

Er denkt, der Mensch sei gleich und frei,
Ob auch in Schweiß und Ruß –
Der Hochmut rollt an ihm vorbei,
Der Stolz vergällt den Gruß.

Wohl nagt am Herzen weh und wund
Ihm oft sein bittres Los,
Dann bricht ein Fluch aus trotzigem Mund,
Verschlungen vom Getos:

»Das ist ein grausam Weltgebot,
Fremd sind sich Herr und Knecht.«
Sein Auge blitzt, sein Feuer loht,
»Allmächtiger, sei gerecht!

Und wenn ein Gott im Himmel nicht
Den Schrei der Not versteht,
Dann stürm herein, du Weltgericht,
Wo alles untergeht!«
Der Hammer sinkt, die Esse sprüht,
Das Eisen in der Flamme glüht.

[D: 1884; hier nach D: 1921]

Börsencafé

Das Café braust von Stimmen,
Es summt und saust und schwirrt,
Zigarren rötlich glimmen,
Geschirr und Silber klirrt.

Weißlichter durch den Schleier
Der Tabakwolken sprühn –
Fortunas heiße Freier
Vor wilder Wollust glühn.

Plötzlich die Atmosphäre
Zerschneidet scharf und fahl
Langsam die gelbe Mähre
Des Börsenfürsten Baal.

Vom Bluthund Not begleitet,
Umkrallt vom Vampir Qual,
Gott Mammon golden reitet
Gigantisch durch den Saal.

Des starren Blicks Gewalten,
Sie heischen stummen Zoll,
Der Knechte Hände falten
Sich betend andachtsvoll.

RICHARD DEHMEL

1863–1920

Die stille Stadt

Liegt eine Stadt im Tale,
Ein blasser Tag vergeht;
Es wird nicht lange dauern mehr,
Bis weder Mond noch Sterne,
Nur Nacht am Himmel steht.

Von allen Bergen drücken
Nebel auf die Stadt;
Es dringt kein Dach, nicht Hof noch Haus,
Kein Laut aus ihrem Rauch heraus,
Kaum Türme noch und Brücken.

Doch als den Wandrer graute,
Da ging ein Lichtlein auf im Grund;
Und durch den Rauch und Nebel
Begann ein leiser Lobgesang,
Aus Kindermund.

[1893]

Der Arbeitsmann

Wir haben ein Bett, wir haben ein Kind,
mein Weib!
Wir haben auch Arbeit, und gar zu zweit,
Und haben die Sonne und Regen und Wind.
Und uns fehlt nur eine Kleinigkeit,
Um so frei zu sein, wie die Vögel sind:
Nur Zeit.

Wenn wir sonntags durch die Felder gehn,
mein Kind,
Und über den Ähren weit und breit
Das blaue Schwalbenvolk blitzen sehn,
Oh, dann fehlt uns nicht das bißchen Kleid,
Um so schön zu sein, wie die Vögel sind:
Nur Zeit.

Nur Zeit! Wir wittern Gewitterwind,
wir Volk.
Nur eine kleine Ewigkeit;
Uns fehlt ja nichts, mein Weib, mein Kind,
Als all das, was durch uns gedeiht,
Um so kühn zu sein, wie die Vögel sind.
Nur Zeit!

Erntelied

Es steht ein goldnes Garbenfeld,
Das geht bis an den Rand der Welt.
Mahle, Mühle, mahle!

Es stockt der Wind im weiten Land,
Viel Mühlen stehn am Himmelsrand.
Mahle, Mühle, mahle!

Es kommt ein dunkles Abendrot,
Viel arme Leute schrein nach Brot.
Mahle, Mühle, mahle!

Es hält die Nacht den Sturm im Schoß
Und morgen geht die Arbeit los.
Mahle, Mühle, mahle!

Es fegt der Sturm die Felder rein,
Es wird kein Mensch mehr Hunger schrein.
Mahle, Mühle, mahle!

Deutschlands Fahnenlied

Es zieht eine Fahne vor uns her,
herrliche Fahne.
Es geht ein Glanz von Gewehr zu Gewehr,
Glanz um die Fahne.
Es schwebt ein Adler auf ihr voll Ruh,
der rauschte schon unsern Vätern zu:
hütet die Fahne!

Der Adler, der ist unsre Zuversicht;
fliege, du Fahne!
Er trägt eine Krone von Herrgottslicht;
siege, du Fahne!
Lieb Vaterland, Mutterland, Kinderland,
wir schworen's dem Kaiser in die Hand:
hoch, hoch die Fahne!

Des Kaisers Hand hält den Ehrenschild
blank ob der Fahne.
Seine Kraft ist Deiner Kraft Ebenbild,
Volk um die Fahne.

Ihr Müller, Schmidt, Maier, du ganzes Heer,
jetzt sind wir allzumal Helden wie er,
dank unsrer Fahne!

O hört, sie rauscht: lieber Tod als Schmach,
hütet die Fahne!
Unsre Fraun und Mädchen winken uns nach,
herrliche Fahne!
Sie winken, die Augen voll Adlerglanz,
ihr Herz kämpft mit um den blutigen Kranz:
hoch, hoch die Fahne,
ewig hoch! –

[1914]

[August 1914: Beginn des Ersten Weltkriegs; Kriegserklärungen des Deutschen Reichs an Rußland (1. 8.), an Frankreich (3. 8.); nach deutschem Einmarsch ins neutrale Belgien Kriegseintritt Englands (4. 8.).]

MAX DAUTHENDEY

1867–1918

Alleingelassen bei Erinnerungen

Jetzt sitzt der weiße Schlaf vor allen Wintertüren,
Die Fenster sind gleich blassen Eierschalen,
Dahinter leben Straßen voll Gespenster
Und Stimmen, die uns ferne Menschen malen.

Man kann die Welt nicht sehen und nur spüren.
Wie Blinde ahnt man dunkel das Geschehen,
Alleingelassen bei Erinnerungen,
Die an den Türen wie die Bettler stehen,

Die bei den Ofenflammen warm sich rühren,
Erregt mit nimmersatten Hungerzungen.
Sie können uns an magern Händen führen
Und haben in der Asche noch nicht ausgesungen.

Ich grübe mir gern in die Stille ein Grab

Ich fühle mich tot, als wär ich erfroren,
Als hätt sich die Welt zu sterben verschworen.
Ich grübe mir gern in der Stille ein Grab
Und warte begraben deine Wiederkehr ab.

Vom langen Warten versteinen die Wangen,
Doch lebt auch im Stein noch ein sehnend Verlangen.
Ich weiß nur, daß ich nichts fühlen will;
Vielleicht steht dann endlich das Warten still.

Der Wind, der heult vor den nächtlichen Toren,
Als würde da draußen nur Unglück geboren.
Er klagt wie ein Hund in die Leere hinein,
Und stets drängen Hunger und Sehnsucht herein.

ARNO HOLZ

1863–1929

Ihr Dach stieß fast bis an die Sterne,
vom Hof her stampfte die Fabrik,
es war die richtige Mietskaserne
mit Flur- und Leiermannsmusik!
Im Keller nistete die Ratte,
parterre gabs Branntwein, Grog und Bier,
und bis ins fünfte Stockwerk hatte
das Vorstadtelend sein Quartier.

Dort saß er nachts vor seinem Lichte
– duck nieder, nieder, wilder Hohn! –
und fieberte und schrieb Gedichte,
ein Träumer, ein verlorner Sohn!
Sein Stübchen konnte grade fassen
ein Tischchen und ein schmales Bett;
er war so arm und so verlassen,
wie jener Gott aus Nazareth!

Doch pfiff auch dreist die feile Dirne,
die Welt, ihn aus: Er ist verrückt!
ihm hatte leuchtend auf die Stirne
der Genius seinen Kuß gedrückt.
Und wenn vom holden Wahnsinn trunken
er zitternd Vers an Vers gereiht,
dann schien auf ewig ihm versunken
die Welt und ihre Nüchternheit.

In Fetzen hing ihm seine Bluse,
sein Nachbar lieh ihm trocknes Brot,
er aber stammelte: O Muse!
und wußte nichts von seiner Not.
Er saß nur still vor seinem Lichte,
allnächtlich, wenn der Tag entflohn,
und fieberte und schrieb Gedichte,
ein Träumer, ein verlorner Sohn!

Aus: *Phantasus*

[1886]

Brücke zum Zoo

Im Tiergarten, auf einer Bank,
behaglich,
ein Knie über das andere, bequem-nachlässig zurückgelehnt,
sitze ich
und rauche und
freue mich über die schöne Vormittagssonne!

Vor mir,
glitzernd, der Kanal:
den
Himmel spiegelnd, beide Ufer
leise schaukelnd.

Über die Brücke, langsam Schritt, reitet ein Leutnant.
Unter ihm,
zwischen den dunkelen, schwimmenden, blütenkerzigen Kastanienkronen,
pfropfenzieherartig,
ins
Wasser gedreht,
den
Kragen siegellackrot,
sein
Spiegelbild.

Aus den hohen Uferulmen
schmettern die Finken,
vom nahen
Zoo,
erfreulich ohrenbeleidigend, metallischschrillgrell, markdurchdringlich,
verliebt,
erhebt sich ein Affengekreisch;
ein ganz
wahrhaftiger,
wahrer und wirklicher
Kuckuck,
irgendwo, hinter mir,
siebenmal,
ruft.

[1898]

ISOLDE KURZ

1853–1944

Schlummerflocken

Niedersank der Tag. Aus dunklen Toren
Sternenäugig wird die Nacht geboren.

Ohne Steuer, jetzt vom Land gestoßen,
Schwebt die Seele überm Bodenlosen.

Selig wie erlöste Geister schwanken
In dem Kahn der Nacht die Traumgedanken,

Und ein Albatros im Schiff zu Gaste
Breitet weiße Schwingen überm Maste.

Seh ich Wolkenzüge windgetragen?
Sind's Gebirge, die aus Traumland ragen?

Ferne durch zerrissne Nebel blinken
Seines Wunderports Korallenzinken.

Alle Segel ein, die Winde stocken.
Leise, leise fallen Schlummerflocken.

Nein, nicht vor mir im Staube knien

Nein, nicht vor mir im Staube knien!
Nicht mir im Arm wie Rohr zerbrechen!
Ist erst der Stunde Rausch dahin,
Ich weiß, du wirst es an mir rächen.

Jetzt ist dein Aug' von Tränen naß,
Doch manchmal blinkt's wie Mördereisen.
In deiner Liebe grollt der Haß
Und droht mich künftig zu zerreißen.

Wo ist der Held, der frei vereint
Mit mir auf Lebenshöhen stiege?
Der tröstet, wenn das Herz mir weint,
Und mit mir lächelt, wenn ich siege?

Der nicht Gebieter ist noch Knecht,
Der fühlt wie stille Wunden brennen,
Der schonend nach dem zärtern Recht
Sich neigt in willigem Erkennen?

Wo ist der Held? Es tönt von fern
Wie Gruß von ihm an meine Ohren.
Der Held, der meines Lebens Stern,
Wird erst nach meinem Tod geboren.

RICHARD BEER-HOFMANN

1866–1945

Schlaflied für Mirjam

Schlaf mein Kind – schlaf, es ist spät!
Sieh wie die Sonne zur Ruhe dort geht,
Hinter den Bergen stirbt sie im Rot.
Du – du weißt nichts von Sonne und Tod,
Wendest die Augen vom Licht und zum Schein –
Schlaf, es sind soviel Sonnen noch dein,
Schlaf mein Kind – mein Kind, schlaf ein!

Schlaf mein Kind – der Abendwind weht.
Weiß man, woher er kommt, wohin er geht?

Dunkel, verborgen die Wege hier sind,
Dir, und auch mir, und uns allen, mein Kind!
Blinde – so gehn wir und gehen allein,
Keiner kann Keinem Gefährte hier sein –
Schlaf mein Kind – mein Kind, schlaf ein!

Schlaf mein Kind und horch nicht auf mich!
Sinn hats für mich nur, und Schall ists für dich.
Schall nur, wie Windeswehn, Wassergerinn,
Worte – vielleicht eines Lebens Gewinn!
Was ich gewonnen gräbt mit mir man ein,
Keiner kann Keinem ein Erbe hier sein –
Schlaf mein Kind – mein Kind, schlaf ein!

Schläfst du, Mirjam? – Mirjam, mein Kind,
Ufer nur sind wir, und tief in uns rinnt
Blut von Gewesenen – zu Kommenden rollts,
Blut unsrer Väter, voll Unruh und Stolz.
In uns sind Alle. Wer fühlt sich allein?
Du bist ihr Leben – ihr Leben ist dein – –
Mirjam, mein Leben, mein Kind – schlaf ein!

(1897)

PAUL SCHEERBART

1863–1915

Die andere Welt.

Eine Phantastensure.

Laß die Erde! Laß die Erde!
Laß sie liegen, bis sie fault.
Über schwarzen Wiesentriften
Fliegen große Purpurengel,
Ihre Scharlachlocken leuchten
In dem grünen Himmel
Meiner Welt.

Laß die Erde! Laß die Erde!
Laßt sie schlafen, bis sie fault.
Über weißen Bernsteinkuppeln
Flattern blaue Turteltauben,

Ihre Saphirflügel flimmern
    In dem grünen Himmel
    Meiner Welt.

    Laßt die Erde! Laßt die Erde!
    Laßt sie, laßt sie, bis sie fault.
Über goldnen Schaumgewässern
Spielen zahme Silberfische,
Ihre langen Flossen zittern
    In dem grünen Himmel
    Meiner Welt.

    Haßt die Erde! Haßt die Erde!

[*Sure:* Kapitel des Korans.]

FRANK WEDEKIND

1864–1918

Der Tantenmörder

Ich hab meine Tante geschlachtet,
Meine Tante war alt und schwach;
Ich hatte bei ihr übernachtet
Und grub in den Kisten-Kasten nach.

Da fand ich goldene Haufen,
Fand auch an Papieren gar viel
Und hörte die alte Tante schnaufen
Ohn Mitleid und Zartgefühl.

Was nutzt es, daß sie sich noch härme –
Nacht war es rings um mich her –
Ich stieß ihr den Dolch in die Därme,
Die Tante schnaufte nicht mehr.

Das Geld war schwer zu tragen,
Viel schwerer die Tante noch.
Ich faßte sie bebend am Kragen
Und stieß sie ins tiefe Kellerloch. –

Ich hab meine Tante geschlachtet,
Meine Tante war alt und schwach;
Ihr aber, o Richter, ihr trachtet
Meiner blühenden Jugend-Jugend nach.

[1897]

CHRISTIAN MORGENSTERN

1871–1914

Der Tanz

Ein Vierviertelschwein und eine Auftakteule
trafen sich im Schatten einer Säule,
die im Geiste ihres Schöpfers stand.
Und zum Spiel der Fiedelbogenpflanze
reichten sich die zwei zum Tanze
Fuß und Hand.

Und auf seinen dreien rosa Beinen
hüpfte das Vierviertelschwein graziös,
und die Auftakteul auf ihrem einen
wiegte rhythmisch ihr Gekrös.
Und der Schatten fiel,
und der Pflanze Spiel
klang verwirrend melodiös.

Doch des Schöpfers Hirn war nicht von Eisen,
und die Säule schwand, wie sie gekommen war,
und so mußte denn auch unser Paar
wieder in sein Nichts zurücke reisen.
Einen letzten Strich
tat der Geigerich –
und dann war nichts weiter zu beweisen.

Das ästhetische Wiesel

Ein Wiesel
saß auf einem Kiesel
inmitten Bachgeriesel.

Wißt Ihr
weshalb?

Das Mondkalb
verriet es mir
im Stillen:

Das raffinier-
te Tier
tats um des Reimes willen.

[1905]

Gruselett

Der Flügelflagel gaustert
durchs Wiruwaruwolz,
die rote Fingur plaustert,
und grausig gutzt der Golz.

Die Fingur

Es lacht die Nachtalp-Henne,
es weint die Windhorn-Gans,
es bläst der schwarze Senne
zum Tanz.

Ein Uhu-Tauber turtelt
nach seiner Uhuin.
Ein kleiner Sechs-Elf hurtelt
von Busch zu Busch dahin ...

Und Wiedergänger gehen,
und Raben rufen kolk,
und aus den Teichen sehen
die Fingur und ihr Volk ...

Möwenlied

Die Möwen sehen alle aus,
als ob sie Emma hießen.
Sie tragen einen weißen Flaus
und sind mit Schrot zu schießen.

Ich schieße keine Möwe tot,
ich laß sie lieber leben –
und füttre sie mit Roggenbrot
und rötlichen Zibeben.

O Mensch, du wirst nie nebenbei
der Möwe Flug erreichen.
Wofern du Emma heißest, sei
zufrieden, ihr zu gleichen.

(Zeile 1 und 2: eine Erfahrung, die sich jedem aufdrängt, sobald er eine Möwe daraufhin betrachtet.
Zeile 9 und 10: Man wende hier um Himmels willen nicht das Luftschiff ein. Höchstens den – Engel.)

Palmström

Palmström steht an einem Teiche
und entfaltet groß ein rotes Taschentuch:
Auf dem Tuch ist eine Eiche
dargestellt sowie ein Mensch mit einem Buch.

Palmström wagt nicht, sich hineinzuschneuzen.
Er gehört zu jenen Käuzen,

die oft unvermittelt-nackt
Ehrfurcht vor dem Schönen packt.

Zärtlich faltet er zusammen,
was er eben erst entbreitet.
Und kein Fühlender wird ihn verdammen,
weil er ungeschneuzt entschreitet.

[1908]

Die unmögliche Tatsache

Palmström, etwas schon an Jahren,
wird an einer Straßenbeuge
und von einem Kraftfahrzeuge
überfahren.

»Wie war« (spricht er, sich erhebend
und entschlossen weiterlebend)
»möglich, wie dies Unglück, ja –:
daß es überhaupt geschah?

Ist die Staatskunst anzuklagen
in bezug auf Kraftfahrwagen?
Gab die Polizeivorschrift
hier dem Fahrer freie Trift?

Oder war vielmehr verboten,
hier Lebendige zu Toten
umzuwandeln, – kurz und schlicht:
Durfte hier der Kutscher nicht –?«

Eingehüllt in feuchte Tücher,
prüft er die Gesetzesbücher
und ist alsobald im klaren:
Wagen durften dort nicht fahren!

Und er kommt zu dem Ergebnis:
»Nur ein Traum war das Erlebnis.
Weil«, so schließt er messerscharf,
»nicht sein *kann*, was nicht sein *darf*.«

HUGO VON HOFMANNSTHAL

1874–1929

Was ist die Welt?

Was ist die Welt? Ein ewiges Gedicht,
Daraus der Geist der Gottheit strahlt und glüht,
Daraus der Wein der Weisheit schäumt und sprüht,
Daraus der Laut der Liebe zu uns spricht,
Und jedes Menschen wechselndes Gemüth,
Ein Strahl ist's, der aus dieser Sonne bricht,
Ein Vers, der sich an tausend and're flicht,
Der unbemerkt verhallt, verlischt, verblüht.

Und doch auch eine Welt für sich allein,
Voll süß-geheimer, nie vernomm'ner Töne,
Begabt mit eig'ner, unentweihter Schöne,
Und keines Andern Nachhall, Widerschein.
Und wenn Du gar zu lesen d'rin verstündest,
Ein Buch, das Du im Leben nicht ergründest.

[1890]

Vorfrühling

Es läuft der Frühlingswind
Durch kahle Alleen,
Seltsame Dinge sind
In seinem Wehn.

Er hat sich gewiegt,
Wo Weinen war,
Und hat sich geschmiegt
In zerrüttetes Haar.

Er schüttelte nieder
Akazienblüten
Und kühlte die Glieder,
Die atmend glühten.

Lippen im Lachen
Hat er berührt,
Die weichen und wachen
Fluren durchspürt.

Er glitt durch die Flöte
Als schluchzender Schrei,
An dämmernder Röte
Flog er vorbei.

Er flog mit Schweigen
Durch flüsternde Zimmer
Und löschte im Neigen
Der Ampel Schimmer.

Es läuft der Frühlingswind
Durch kahle Alleen,
Seltsame Dinge sind
In seinem Wehn.

Durch die glatten
Kahlen Alleen
Treibt sein Wehen
Blasse Schatten

Und den Duft,
Den er gebracht,
Von wo er gekommen
Seit gestern nacht.

Wir sind aus solchem Zeug wie das zu Träumen.
Und Träume schlagen so die Augen auf,
Wie kleine Kinder unter Kirschenbäumen,

Aus deren Krone den blassgoldnen Lauf
Der Vollmond anhebt durch die grosse Nacht.
... Nicht anders tauchen unsre Träume auf.

Sind da und leben, wie ein Kind, das lacht,
Nicht minder gross im Auf- und Niederschweben
Als Vollmond, aus Baumkronen aufgewacht.

Das Innerste ist offen ihrem Weben,
Wie Geisterhände im versperrten Raum
Sind sie in uns und haben immer Leben.

Und drei sind eins: ein Mensch, ein Ding, ein Traum.

Aus: *Über Vergänglichkeit*

[1894]

Ballade des äusseren Lebens

Und Kinder wachsen auf mit tiefen Augen,
Die von nichts wissen, wachsen auf und sterben,
Und alle Menschen gehen ihre Wege.

Und süße Früchte werden aus den herben
Und fallen nachts wie tote Vögel nieder
Und liegen wenig Tage und verderben.

Und immer weht der Wind, und immer wieder
Vernehmen wir und reden viele Worte
Und spüren Lust und Müdigkeit der Glieder.

Und Straßen laufen durch das Gras, und Orte
Sind da und dort, voll Fackeln, Bäumen, Teichen,
Und drohende, und totenhaft verdorrte ...

Wozu sind diese aufgebaut und gleichen
Einander nie? und sind unzählig viele?
Was wechselt Lachen, Weinen und Erbleichen?

Was frommt das alles uns und diese Spiele,
Die wir doch groß und ewig einsam sind
Und wandernd nimmer suchen irgend Ziele?

Was frommts, dergleichen viel gesehen haben?
Und dennoch sagt der viel, der »Abend« sagt,
Ein Wort, daraus Tiefsinn und Trauer rinnt

Wie schwerer Honig aus den hohlen Waben.

[1896]

Lebenslied

Den Erben lass verschwenden
An Adler, Lamm und Pfau
Das Salböl aus den Händen
Der todten alten Frau!
Die Todten, die entgleiten,
Die Wipfel in dem Weiten,
Ihm sind sie wie das Schreiten
Der Tänzerinnen werth!

Er geht, wie den kein Walten
Vom Rücken her bedroht.
Er lächelt, wenn die Falten
Des Lebens flüstern: Tod!
Ihm bietet jede Stelle
Geheimnissvoll die Schwelle,
Es gibt sich jeder Welle
Der Heimatlose hin!

Der Schwarm von wilden Bienen
Nimmt seine Seele mit,
Das Singen von Delphinen
Beflügelt seinen Schritt:
Ihn tragen alle Erden
Mit mächtigen Geberden,
Der Flüsse Dunkelwerden
Begrenzt den Hirtentag!

Das Salböl aus den Händen
Der todten alten Frau
Lass lächelnd ihn verschwenden
An Adler, Lamm und Pfau:
Er lächelt der Gefährten, –
Die schwebend unbeschwerten
Abgründe und die Gärten
Des Lebens tragen ihn!

Manche freilich . . .

Manche freilich müssen drunten sterben,
Wo die schweren Ruder der Schiffe streifen,
Andre wohnen bei dem Steuer droben,
Kennen Vogelflug und die Länder der Sterne.

Manche liegen immer mit schweren Gliedern
Bei den Wurzeln des verworrenen Lebens.
Andern sind die Stühle gerichtet
Bei den Sibyllen, den Königinnen,
Und da sitzen sie wie zu Hause,
Leichten Hauptes und leichter Hände.

Doch ein Schatten fällt von jenen Leben
In die anderen Leben hinüber,
Und die leichten sind an die schweren
Wie an Luft und Erde gebunden:

Ganz vergessener Völker Müdigkeiten
Kann ich nicht abtun von meinen Lidern,
Noch weghalten von der erschrockenen Seele
Stummes Niederfallen ferner Sterne.

Viele Geschicke weben neben dem meinen,
Durcheinander spielt sie alle das Dasein,
Und mein Teil ist mehr als dieses Lebens
Schlanke Flamme oder schmale Leier.

Reiselied

Wasser stürzt, uns zu verschlingen,
Rollt der Fels, uns zu erschlagen,
Kommen schon auf starken Schwingen
Vögel her, uns fortzutragen.

Aber unten liegt ein Land,
Früchte spiegelnd ohne Ende
In den alterslosen Seen.

Marmorstirn und Brunnenrand
Steigt aus blumigem Gelände,
Und die leichten Winde wehn.

STEFAN GEORGE

1868–1933

Komm in den totgesagten park und schau:
Der schimmer ferner lächelnder gestade ·
Der reinen wolken unverhofftes blau
Erhellt die weiher und die bunten pfade.

Dort nimm das tiefe gelb · das weiche grau
Von birken und von buchs · der wind ist lau ·
Die späten rosen welkten noch nicht ganz ·
Erlese küsse sie und flicht den kranz ·

Vergiss auch diese lezten astern nicht ·
Den purpur um die ranken wilder reben ·
Und auch was übrig blieb von grünem leben
Verwinde leicht im herbstlichen gesicht.

[1897]

Wir schreiten auf und ab im reichen flitter
Des buchenganges beinah bis zum tore
Und sehen aussen in dem feld vom gitter
Den mandelbaum zum zweitenmal im flore.

Wir suchen nach den schattenfreien bänken
Dort wo uns niemals fremde stimmen scheuchten ·
Im träumen unsre arme sich verschränken ·
Wir laben uns am langen milden leuchten.

Wir fühlen dankbar wie zu leisem brausen
Von wipfeln strahlenspuren auf uns tropfen
Und blicken nur und horchen wenn in pausen
Die reifen früchte an den boden klopfen.

Es lacht in dem steigenden jahr dir
Der duft aus dem garten noch leis.
Flicht in dem flatternden haar dir
Eppich und ehrenpreis.

Die wehende saat ist wie gold noch ·
Vielleicht nicht so hoch mehr und reich ·
Rosen begrüssen dich hold noch ·
Wird auch ihr glanz etwas bleich.

Verschweigen wir was uns verwehrt ist ·
Geloben wir glücklich zu sein ·
Wenn auch nicht mehr uns beschert ist
Als noch ein rundgang zu zwein.

Der hügel wo wir wandeln liegt im schatten ·
Indes der drüben noch im lichte webt ·
Der mond auf seinen zarten grünen matten
Nur erst als kleine weisse wolke schwebt.

Die strassen weithin-deutend werden blasser ·
Den wandrern bietet ein gelispel halt ·
Ist es vom berg ein unsichtbares wasser
Ist es ein vogel der sein schlaflied lallt?

Der dunkelfalter zwei die sich verfrühten
Verfolgen sich von halm zu halm im scherz . .
Der rain bereitet aus gesträuch und blüten
Den duft des abends für gedämpften schmerz.

[1897]

Wenn einst dies geschlecht sich gereinigt von schande
Vom nacken geschleudert die fessel des fröners
Nur spürt im geweide den hunger nach ehre:
Dann wird auf der walstatt voll endloser gräber
Aufzucken der blutschein . . dann jagen auf wolken
Lautdröhnende heere dann braust durchs gefilde
Der schrecklichste schrecken der dritte der stürme:
Der toten zurückkunft!

Wenn je dieses volk sich aus feigem erschlaffen
Sein selber erinnert der kür und der sende:
Wird sich ihm eröffnen die göttliche deutung
Unsagbaren grauens . . dann heben sich hände
Und münder ertönen zum preise der würde

Dann flattert im frühwind mit wahrhaftem zeichen
Der königsstandarte und grüsst sich verneigend
Die Hehren · die Helden!

[1928]

Du schlank und rein wie eine flamme
Du wie der morgen zart und licht
Du blühend reis vom edlen stamme
Du wie ein quell geheim und schlicht

Begleitest mich auf sonnigen matten
Umschauerst mich im abendrauch
Erleuchtest meinen weg im schatten
Du kühler wind du heisser hauch

Du bist mein wunsch und mein gedanke
Ich atme dich mit jeder luft
Ich schlürfe dich mit jedem tranke
Ich küsse dich mit jedem duft

Du blühend reis vom edlen stamme
Du wie ein quell geheim und schlicht
Du schlank und rein wie eine flamme
Du wie der morgen zart und licht.

[1928]

RAINER MARIA RILKE

1875–1926

Werkleute sind wir: Knappen, Jünger, Meister,
und bauen dich, du hohes Mittelschiff.
Und manchmal kommt ein ernster Hergereister,
geht wie ein Glanz durch unsre hundert Geister
und zeigt uns zitternd einen neuen Griff.

Wir steigen in die wiegenden Gerüste,
in unsern Händen hängt der Hammer schwer,
bis eine Stunde uns die Stirnen küßte,
die strahlend und als ob sie Alles wüßte
von dir kommt, wie der Wind vom Meer.

Dann ist ein Hallen von dem vielen Hämmern
und durch die Berge geht es Stoß um Stoß.
Erst wenn es dunkelt lassen wir dich los:
Und deine kommenden Konturen dämmern.

Gott, du bist groß.

Herbsttag

Herr: es ist Zeit. Der Sommer war sehr groß.
Leg deinen Schatten auf die Sonnenuhren,
und auf den Fluren laß die Winde los.

Befiehl den letzten Früchten voll zu sein;
gieb ihnen noch zwei südlichere Tage,
dränge sie zur Vollendung hin und jage
die letzte Süße in den schweren Wein.

Wer jetzt kein Haus hat, baut sich keines mehr.
Wer jetzt allein ist, wird es lange bleiben,
wird wachen, lesen, lange Briefe schreiben
und wird in den Alleen hin und her
unruhig wandern, wenn die Blätter treiben.

[1906]

Abend

Der Abend wechselt langsam die Gewänder,
die ihm ein Rand von alten Bäumen hält;
du schaust: und von dir scheiden sich die Länder,
ein himmelfahrendes und eins, das fällt;

und lassen dich, zu keinem ganz gehörend,
nicht ganz so dunkel wie das Haus, das schweigt,
nicht ganz so sicher Ewiges beschwörend
wie das, was Stern wird jede Nacht und steigt –

und lassen dir (unsäglich zu entwirrn)
dein Leben bang und riesenhaft und reifend,
so daß es, bald begrenzt und bald begreifend,
abwechselnd Stein in dir wird und Gestirn.

Der Panther

Im Jardin des Plantes, Paris

Sein Blick ist vom Vorübergehn der Stäbe
so müd geworden, daß er nichts mehr hält.
Ihm ist, als ob es tausend Stäbe gäbe
und hinter tausend Stäben keine Welt.

Der weiche Gang geschmeidig starker Schritte,
der sich im allerkleinsten Kreise dreht,
ist wie ein Tanz von Kraft um eine Mitte,
in der betäubt ein großer Wille steht.

Nur manchmal schiebt der Vorhang der Pupille
sich lautlos auf –. Dann geht ein Bild hinein,
geht durch der Glieder angespannte Stille –
und hört im Herzen auf zu sein.

[1903]

Das Karussell

Jardin du Luxembourg

Mit einem Dach und seinem Schatten dreht
sich eine kleine Weile der Bestand
von bunten Pferden, alle aus dem Land,
das lange zögert, eh es untergeht.
Zwar manche sind an Wagen angespannt,
doch alle haben Mut in ihren Mienen;
ein böser roter Löwe geht mit ihnen
und dann und wann ein weißer Elefant.

Sogar ein Hirsch ist da, ganz wie im Wald,
nur daß er einen Sattel trägt und drüber
ein kleines blaues Mädchen aufgeschnallt.

Und auf dem Löwen reitet weiß ein Junge
und hält sich mit der kleinen heißen Hand,
dieweil der Löwe Zähne zeigt und Zunge.

Und dann und wann ein weißer Elefant.

Und auf den Pferden kommen sie vorüber,
auch Mädchen, helle, diesem Pferdesprunge
fast schon entwachsen; mitten in dem Schwunge
schauen sie auf, irgendwohin, herüber –

Und dann und wann ein weißer Elefant.

Und das geht hin und eilt sich, daß es endet,
und kreist und dreht sich nur und hat kein Ziel.
Ein Rot, ein Grün, ein Grau vorbeigesendet,
ein kleines kaum begonnenes Profil –.

Und manchesmal ein Lächeln, hergewendet,
ein seliges, das blendet und verschwendet
an dieses atemlose blinde Spiel...

[1907]

[*Jardin du Luxembourg:* Park in Paris, der auch einen Kinderspielplatz hat.]

Römische Fontäne

Borghese

Zwei Becken, eins das andre übersteigend
aus einem alten runden Marmorrand,
und aus dem oberen Wasser leis sich neigend
zum Wasser, welches unten wartend stand,

dem leise redenden entgegenschweigend
und heimlich, gleichsam in der hohlen Hand,
ihm Himmel hinter Grün und Dunkel zeigend
wie einen unbekannten Gegenstand;

sich selber ruhig in der schönen Schale
verbreitend ohne Heimweh, Kreis aus Kreis,
nur manchmal träumerisch und tropfenweis

sich niederlassend an den Moosbehängen
zum letzten Spiegel, der sein Becken leis
von unten lächeln macht mit Übergängen.

[1907]

[*Borghese:* Park der Villa Borghese in Rom.]

Aus: *Sonette an Orpheus*

Erster Teil

VII

Rühmen, das ists! Ein zum Rühmen Bestellter,
ging er hervor wie das Erz aus des Steins
Schweigen. Sein Herz, o vergängliche Kelter
eines den Menschen unendlichen Weins.

Nie versagt ihm die Stimme am Staube,
wenn ihn das göttliche Beispiel ergreift.
Alles wird Weinberg, alles wird Traube,
in seinem fühlenden Süden gereift.

Nicht in den Grüften der Könige Moder
straft ihm die Rühmung lügen, oder
daß von den Göttern ein Schatten fällt.

Er ist einer der bleibenden Boten,
Der noch weit in die Türen der Toten
Schalen mit rühmlichen Früchten hält.

[*Erz:* wohl die aus dem Erz gegossene Glocke.]

IX

Nur wer die Leier schon hob
auch unter Schatten,
darf das unendliche Lob
ahnend erstatten.

Nur wer mit Toten vom Mohn
aß, von dem ihren,
wird nicht den leisesten Ton
wieder verlieren.

Mag auch die Spieglung im Teich
oft uns verschwimmen:
Wisse das Bild.

Erst in dem Doppelbereich
werden die Stimmen
ewig und mild.

Zweiter Teil

XXIX

Stiller Freund der vielen Fernen, fühle,
wie dein Atem noch den Raum vermehrt.
Im Gebälk der finstern Glockenstühle
laß dich läuten. Das, was an dir zehrt,

wird ein Starkes über dieser Nahrung.
Geh in der Verwandlung aus und ein.
Was ist deine leidendste Erfahrung?
Ist dir Trinken bitter, werde Wein.

Sei in dieser Nacht aus Übermaß
Zauberkraft am Kreuzweg deiner Sinne,
ihrer seltsamen Begegnung Sinn.

Und wenn dich das Irdische vergaß,
zu der stillen Erde sag: Ich rinne.
Zu dem raschen Wasser sprich: Ich bin.

[1923]

RUDOLF BORCHARDT

1877–1945

Vor allen Göttern in des Jahres Reihn
So stumm, so staunend lernten wir zu beten –
Nun sind wir in den dritten Kreis getreten,
Das Jahr ist reif, die Blätter wurden Wein,
Und was nicht reifte, schläft in kahlen Beeten
Des alten Sommers unter Schleiern ein –
Sie könnten von den blinden Fäden sein,
Die eben deinem Schritt vorbei verwehten.

Ein neu Gesicht hat sich zu uns gesellt.
Aus finstren Schatten lacht es braun und bunt,
Dies ist Autumnus, der den Apfel hält.
Rot wirbelts um ihn, gelber sinkts zu Grund,
Mit starken Augen bindet er die Welt.
Die Traube schwillt um seinen schweren Mund.

Aus: *Autumnus*

[1913]

ALFRED MOMBERT

1872–1942

Gott ist vom Schöpferstuhl gefallen
hinunter in die Donnerhallen
des Lebens und der Liebe.
Er sitzt beim Fackelschein
und trinkt seinen Wein
zwischen borstigen Gesellen,
die von Weib und Meerflut überschwellen.
Und der Mond rollt über die Wolkenberge
durch die gestirnte Meernacht,
und die großen Werke
sind vollendet und vollbracht.

[1897]

Wegen des Schattens und Duftens dieser Haine.
Wegen der Quelle, die hier fröhlich springt.
Wegen dieser Myrten, dieser Eichen:
Möchte ich leben, möcht ich leben.

Wegen der Herde weidend in diesem Tale.
Wegen der Jungfrau, die hier sitzt und sinnt.
Wegen dieser Wolke weiß im Blauen:
Möchte ich leben, möcht ich leben.

Wegen des Pilgers hier auf diesem Pfade.
Wegen der Fische in diesem klaren See.
Wegen des Zitterlaubes auf diesen Büschen,
und wegen des Abend-Regens, der jetzt säuselt:
Möchte ich leben, möcht ich noch leben.

[1919]

Ich warf mich auf die Meer-Klippen.
In die Schäume der Träume.
Da überrauschten mich die Albatrosse.
Herz brach auf. Und Seele weinte.

Sie deckten kühle Schwingen über mein Haupt.
An den Fieber-Händen rieben Schnäbel.
Freie Meer-Herzen
pochten in meine Innen-Wüste.
Die Albatrosse klangen: sangen:

In einem frühen Leben
war über Meeren hin dein Schweben.
Unser Bruder du auf starken Schwingen,
du mochtest in die wildesten Schäume dringen.
Stürme konnten nie dich zwingen.

Zu deinen Wogen, zu deinen freien Meeren
wirst du, Bruder, einstmals wiederkehren.
Wirst das große Schwebe-Glück vermehren.
Wirst uns deine Schwebe-Seele lehren.

[1925]

KARL WOLFSKEHL

1869–1948

Welt-Ende

I

Als wäre die luft gemahlen glas
Verwestes dürrhaar laub und gras
Als wollten die berge beissen

So rasselts kräht und krazt und zischt
Um kaltgenezte schläfe wischt
Ein geierflügelkreisen.

II

Am lezten tag herunter fallt
Ein tropfen in die urn
Das schrillt wie sprung im urbasalt
Wie tausend spindeln surrn

Klingt wie ein schwert auf bein und stahl,
Gerissner glockenstrang
Wie spätnachts ersten hahns geprahl
Wie jungen eises gang:

Und über fliesst der urnenrand
Urn ist voll blutigen weins
Einbricht die blaue himmelswand
Und nacht und tag sind eins.

[1927]

Ewiger Auszug

Die dunklen Bürden.
Die dunklen Würden.
Wir keuchen unter ihrer Last,
Wir Herde sonder Hürde.
Zur Unrast wird uns Rast um Rast.
Den Andern wüst, uns selbst verhasst –
O dass uns Frieden würde!
Und doch die Krücke leicht der Faust,
Weil Seine Losung uns enthaust.
Und doch ein Glanz um uns gebreitet,
Weil Er vor unsern Wegen schreitet.
Und doch hält aus des Herzens Schrein,
Weils drinnen ruft: *so* muss es sein!
Ihr seid als Pforten aufgetan,
Ihr immer neu Geschürten,
Zum Stamm erstarkt der Splitterspan,
Ihr einst und stets Gekürten,
Durch Wogen und Wust Geführten:
Stern-Augen schaun euch an!

[1934]

THEODOR DÄUBLER

1876–1934

Landschaft

Rote Mühlen stehen an verschneitem Ufer:
Grüne Wellen tragen Eis statt gelben Schaum.
Schwarze Vögel, Unglückskünder, Unheilrufer,
Hocken hoch und schwer in einem hohlen Baum.

O wie viele Tiere im Gezweige nisten:
Meine bösen Stunden aber sind noch mehr.
Sorgenvögel müssen dort ihr Leben fristen:
Späher durch die Silberäste hin und her.

Und ich weiß es nicht, ist so etwas ein Traum?
Denn ich baue ihn empor, den kahlen Baum!
Doch die fremden Vögel kamen ungerufen:
Ich kenne keine Fernen, die sie schufen.

Plötzlich drehen sich die Räder meiner Mühlen:
Bloß für einen Augenblick erbraust der Sturm.
Jetzt muß ich die Vögel in mir selber fühlen:
Weiter schleicht der eisgefleckte Wasserwurm.

[1918]

ELSE LASKER-SCHÜLER

1869–1945

Weltende

Es ist ein Weinen in der Welt,
als ob der liebe Gott gestorben wär,
und der bleierne Schatten, der niederfällt,
lastet grabesschwer.

Komm, wir wollen uns näher verbergen ...
Das Leben liegt in aller Herzen
wie in Särgen.

Du, wir wollen uns tief küssen ...
Es pocht eine Sehnsucht an die Welt,
an der wir sterben müssen.

[1905]

Ein alter Tibetteppich

Deine Seele, die die meine liebet
Ist verwirkt mit ihr im Teppichtibet

Strahl in Strahl, verliebte Farben,
Sterne, die sich himmellang umwarben.

Unsere Füße ruhen auf der Kostbarkeit
Maschentausendabertausendweit.

Süsser Lamasohn auf Moschuspflanzenthron
Wie lange küsst dein Mund den meinen wohl
Und Wang die Wange buntgeknüpfte Zeiten schon.

[1910]

Jakob

Jakob war der Büffel seiner Herde.
Wenn er stampfte mit den Hufen
Sprühte unter ihm die Erde.

Brüllend ließ er die gescheckten Brüder,
Rannte in den Urwald an die Flüsse,
Stillte dort das Blut der Affenbisse.

Durch die müden Schmerzen in den Knöcheln
Sank er vor dem Himmel fiebernd nieder
Und sein Ochsgesicht erschuf das Lächeln.

[1913]

Gebet

Ich suche allerlanden eine Stadt,
Die einen Engel vor der Pforte hat.
Ich trage seinen großen Flügel
Gebrochen schwer am Schulterblatt
Und in der Stirne seinen Stern als Siegel.

Und wandele immer in die Nacht...
Ich habe Liebe in die Welt gebracht,
Daß blau zu blühen jedes Herz vermag,
Und hab ein Leben müde mich gewacht,
In Gott gehüllt den dunklen Atemschlag.

O Gott, schließ um mich deinen Mantel fest.
Ich weiß, ich bin im Kugelglas der Rest,
Und wenn der letzte Mensch die Welt vergießt,
Du mich nicht wieder aus der Allmacht läßt,
Und sich ein neuer Erdball um mich schließt.

[1917]

Mein blaues Klavier

Ich habe zu Hause ein blaues Klavier
Und kenne doch keine Note.

Es steht im Dunkel der Kellertür,
Seitdem die Welt verrohte.

Es spielten Sternenhände vier
– Die Mondfrau sang im Boote –
Nun tanzen die Ratten im Geklirr.

Zerbrochen ist die Klaviatür.....
Ich beweine die blaue Tote.

Ach liebe Engel öffnet mir
– Ich ass vom bitteren Brote –
Mir lebend schon die Himmelstür –
Auch wider dem Verbote.

[E: vor 1936; D: 1943]

Ein Liebeslied

Komm zu mir in der Nacht – wir schlafen engverschlungen.
Müde bin ich sehr, vom Wachen einsam.
Ein fremder Vogel hat in dunkler Frühe schon gesungen,
Als noch mein Traum mit sich und mir gerungen.

Es öffnen Blumen sich vor allen Quellen
Und färben sich mit deiner Augen Immortellen.....

Komm zu mir in der Nacht auf Siebensternenschuhen
Und Liebe eingehüllt spät in mein Zelt.
Es steigen Monde aus verstaubten Himmelstruhen.

Wir wollen wie zwei seltene Tiere liebesruhen
Im hohen Rohre hinter dieser Welt.

[1943]

An Apollon

Es ist am Abend im April.
Der Käfer kriecht ins dichte Moos.
Er hat *»so«* Angst – die Welt *»so«* gross!

Die Wirbelwinde hadern mit dem Leben,
Ich halte meine Hände still ergeben
Auf meinem frommbezwungenen Schoss.

Ein Engel spielte sanft auf blauen Tasten,
Langher verklungene Phantasie.
Und alle Bürde meiner Lasten,
Verklärte und entschwerte sie.

Jäh tut mein sehr verwaistes Herz mir weh –
Blutige Fäden spalten seine Stille.
Zwei Augen blicken wund durch ihre Marmorhülle
In meines pochenden Granates See.

Er legte Brand an meines Herzens Lande –
Nicht mal sein Götterlächeln
Liess er mir zum Pfande.

PAUL BOLDT

1885–1921

Berliner Abend

Spukhaftes Wandeln ohne Existenz!
Der Asphalt dunkelt und das Gas schmeißt sein
Licht auf ihn. Aus Asphalt und Licht wird Elfenbein.
Die Straßen horchen so. Riechen nach Lenz.

Autos, eine Herde von Blitzen, schrein
Und suchen einander in den Straßen.
Lichter wie Fahnen, helle Menschenmassen:
Die Stadtbahnzüge ziehen ein.

Und sehr weit blitzt Berlin. Schon hat der Ost,
Der weiße Wind, in den Zähnen den Frost,
Sein funkelnd Maul über die Stadt gedreht,
Darauf die Nacht, ein stummer Vogel, steht.

(1913)

JAKOB VAN HODDIS

1887–1942

Weltende

Dem Bürger fliegt vom spitzen Kopf der Hut,
In allen Lüften hallt es wie Geschrei.
Dachdecker stürzen ab und gehn entzwei
Und an den Küsten – liest man – steigt die Flut.

Der Sturm ist da, die wilden Meere hupfen
An Land, um dicke Dämme zu zerdrücken.
Die meisten Menschen haben einen Schnupfen.
Die Eisenbahnen fallen von den Brücken.

[1911]

Morgentraum

Und auf den Straßen tönt der Schrei des Riesen
Durch Kinderlärmen und den Sturmgesang
Der Telegrafendrähte. Horch! Er brüllt.
Wie Wagenrasseln tönt sein Ruf zum Kampf.

Zum Kampf mit Ihm, um den die Engel weinen?
Das Opferlamm, des Blut die Welt verhüllt,
Daß alle Sonnen nur verdrossen scheinen?

Und des Planeten Antlitz taucht jetzt auf
Mit schmutzigem Haar, vom Fiebertraum entzahnt,
Und heisrer Atem fauchend übers Meer
Sich Schmerzenswege auf zum Himmel bahnt.

Dann siehst du Menschen wie in Kerkern wohnen,
In Zimmern hockend, jedem Blick bedrängt.
Der Horizont ist mit Geschrei verhängt.
Doch Lachen schallt von goldnen Wolkenthronen.

Und Markt und Straßen, wo die Wagen rasseln,
Der Ruf des Riesen mahnend überquert.
Wie Mittagswut und tausend Flammen prasseln.
Und kalt und blutig naht dir Gottes Schwert.

ERNST STADLER

1883–1914

Vorfrühling

In dieser Märznacht
trat ich spät aus meinem Haus.
Die Straßen waren aufgewühlt von Lenzgeruch
und grünem Saatregen.
Winde schlugen an. Durch die verstörte Häusersenkung
gieng ich weit hinaus
Bis zu dem unbedeckten Wall und spürte:
meinem Herzen schwoll ein neuer Takt entgegen.

In jedem Lufthauch
war ein junges Werden ausgespannt.
Ich lauschte,
wie die starken Wirbel mir im Blute rollten.
Schon dehnte sich bereitet Acker.
In den Horizonten eingebrannt
War schon die Bläue hoher Morgenstunden,
die ins Weite führen sollten.

Die Schleusen knirschten.
Abenteuer brach aus allen Fernen.
Überm Kanal, den junge Ausfahrtwinde wellten,
wuchsen helle Bahnen,
In deren Licht ich trieb.
Schicksal stand wartend in umwehten Sternen.
In meinem Herzen lag ein Stürmen
wie von aufgerollten Fahnen.

Der Spruch

In einem alten Buche
stieß ich auf ein Wort,
Das traf mich wie ein Schlag
und brennt durch meine Tage fort:
Und wenn ich mich an
trübe Lust vergebe,
Schein, Lug und Spiel zu mir
anstatt des Wesens hebe,

Wenn ich gefällig mich
mit raschem Sinn belüge,
Als wäre Dunkles klar, als wenn nicht Leben
tausend wild verschlossne Tore trüge,
Und Worte wiederspreche,
deren Weite nie ich ausgefühlt,
Und Dinge fasse,
deren Sein mich niemals aufgewühlt,
Wenn mich willkommner Traum
mit Sammethänden streicht,
Und Tag und Wirklichkeit
von mir entweicht,
Der Welt entfremdet,
fremd dem tiefsten Ich,
Dann steht das Wort mir auf:
Mensch, werde wesentlich!

[1914]

[*In einem alten Buche:* »Cherubinischer Wandersmann« des Angelus Silesius.]

Fahrt über die Kölner Rheinbrücke bei Nacht

Der Schnellzug tastet sich
und stößt die Dunkelheit entlang.
Kein Stern will vor. Die ganze Welt ist nur ein enger,
nachtumschienter Minengang,
Darein zuweilen Förderstellen
blauen Lichtes jähe Horizonte reißen: Feuerkreis
Von Kugellampen, Dächern, Schloten,
dampfend, strömend .. nur sekundenweis ..
Und wieder alles schwarz.
Als führen wir ins Eingeweid der Nacht zur Schicht.
Nun taumeln Lichter her .. verirrt, trostlos vereinsamt ..
mehr .. und sammeln sich .. und werden dicht.
Gerippe grauer Häuserfronten liegen bloß,
im Zwielicht bleichend, tot –
etwas muß kommen .. o, ich fühl es schwer
Im Hirn. Eine Beklemmung singt im Blut.
Dann dröhnt der Boden plötzlich wie ein Meer:
Wir fliegen, aufgehoben
königlich durch nachtentrissne Luft, hoch übern Strom.
O Biegung der Millionen Lichter, stumme Wacht,
Vor deren blitzender Parade

schwer die Wasser abwärts rollen.
Endloses Spalier, zum Gruß gestellt bei Nacht!
Wie Fackeln stürmend! Freudiges!
Salut von Schiffen über blauer See! Bestirntes Fest!
Wimmelnd, mit hellen Augen hingedrängt!
Bis wo die Stadt
mit letzten Häusern ihren Gast entläßt.
Und dann die langen Einsamkeiten. Nackte Ufer.
Stille. Nacht. Besinnung. Einkehr. Kommunion.
Und Glut und Drang
Zum Letzten, Segnenden. Zum Zeugungsfest.
Zur Wollust. Zum Gebet. Zum Meer.
Zum Untergang.

[1913]

GEORG HEYM

1887–1912

Der Abend

Versunken ist der Tag in Purpurrot,
Der Strom schwimmt weiß in ungeheurer Glätte.
Ein Segel kommt. Es hebt sich aus dem Boot
Am Steuer groß des Schiffers Silhouette.

Auf allen Inseln steigt des Herbstes Wald
Mit roten Häuptern in den Raum, den klaren.
Und aus der Schluchten dunkler Tiefe hallt
Der Waldung Ton, wie Rauschen der Kitharen.

Das Dunkel ist im Osten ausgegossen,
Wie blauer Wein kommt aus gestürzter Urne.
Und ferne steht, vom Mantel schwarz umflossen,
Die hohe Nacht auf schattigem Kothurne.

Ophelia

I

Im Haar ein Nest von jungen Wasserratten,
Und die beringten Hände auf der Flut
Wie Flossen, also treibt sie durch den Schatten
Des großen Urwalds, der im Wasser ruht.

Die letzte Sonne, die im Dunkel irrt,
Versenkt sich tief in ihres Hirnes Schrein.
Warum sie starb? Warum sie so allein
Im Wasser treibt, das Farn und Kraut verwirrt?

Im dichten Röhricht steht der Wind. Er scheucht
Wie eine Hand die Fledermäuse auf.
Mit dunklem Fittich, von dem Wasser feucht
Stehn sie wie Rauch im dunklen Wasserlauf,

Wie Nachtgewölk. Ein langer, weißer Aal
Schlüpft über ihre Brust. Ein Glühwurm scheint
Auf ihrer Stirn. Und eine Weide weint
Das Laub auf sie und ihre stumme Qual.

II

Korn. Saaten. Und des Mittags roter Schweiß.
Der Felder gelbe Winde schlafen still.
Sie kommt, ein Vogel, der entschlafen will.
Der Schwäne Fittich überdacht sie weiß.

Die blauen Lider schatten sanft herab.
Und bei der Sensen blanken Melodien
Träumt sie von eines Kusses Karmoisin
Den ewigen Traum in ihrem ewigen Grab.

Vorbei, vorbei. Wo an das Ufer dröhnt
Der Schall der Städte. Wo durch Dämme zwingt
Der weiße Strom. Der Widerhall erklingt
Mit weitem Echo. Wo herunter tönt

Hall voller Straßen. Glocken und Geläut.
Maschinenkreischen. Kampf. Wo westlich droht
In blinde Scheiben dumpfes Abendrot,
In dem ein Kran mit Riesenarmen dräut,

Mit schwarzer Stirn, ein mächtiger Tyrann,
Ein Moloch, drum die schwarzen Knechte knien.
Last schwerer Brücken, die darüber ziehn
Wie Ketten auf dem Strom, und harter Bann.

Unsichtbar schwimmt sie in der Flut Geleit.
Doch wo sie treibt, jagt weit den Menschenschwarm
Mit großem Fittich auf ein dunkler Harm,
Der schattet über beide Ufer breit.

Vorbei, vorbei. Da sich dem Dunkel weiht
Der westlich hohe Tag des Sommers spät,
Wo in dem Dunkelgrün der Wiesen steht
Des fernen Abends zarte Müdigkeit.

Der Strom trägt weit sie fort, die untertaucht,
Durch manchen Winters trauervollen Port.
Die Zeit hinab. Durch Ewigkeiten fort,
Davon der Horizont wie Feuer raucht.

[*Karmoisin:* Karmesin, Hochrot.]

Der Gott der Stadt

Auf einem Häuserblocke sitzt er breit.
Die Winde lagern schwarz um seine Stirn.
Er schaut voll Wut, wo fern in Einsamkeit
Die letzten Häuser in das Land verirrn.

Vom Abend glänzt der rote Bauch dem Baal,
Die großen Städte knien um ihn her.
Der Kirchenglocken ungeheure Zahl
Wogt auf zu ihm aus schwarzer Türme Meer.

Wie Korybanten-Tanz dröhnt die Musik
Der Millionen durch die Straßen laut.
Der Schlote Rauch, die Wolken der Fabrik
Ziehn auf zu ihm, wie Duft von Weihrauch blaut.

Das Wetter schwelt in seinen Augenbrauen.
Der dunkle Abend wird in Nacht betäubt.
Die Stürme flattern, die wie Geier schauen
Von seinem Haupthaar, das im Zorne sträubt.

Er streckt ins Dunkel seine Fleischerfaust.
Er schüttelt sie. Ein Meer von Feuer jagt
Durch eine Straße. Und der Glutqualm braust
Und frißt sie auf, bis spät der Morgen tagt.

Träumerei in Hellblau

Alle Landschaften haben
Sich mit Blau gefüllt.
Alle Büsche und Bäume des Stromes,
Der weit in den Norden schwillt.

Blaue Länder der Wolken,
Weiße Segel dicht,
Die Gestade des Himmels in Fernen
Zergehen in Wind und Licht.

Wenn die Abende sinken
Und wir schlafen ein,
Gehen die Träume, die schönen,
Mit leichten Füßen herein.

Zymbeln lassen sie klingen
In den Händen licht.
Manche flüstern, und halten
Kerzen vor ihr Gesicht.

[1912]

Der Krieg

Aufgestanden ist er, welcher lange schlief,
Aufgestanden unten aus Gewölben tief.
In der Dämmrung steht er, groß und unerkannt,
Und den Mond zerdrückt er in der schwarzen Hand.

In den Abendlärm der Städte fällt es weit,
Frost und Schatten einer fremden Dunkelheit,
Und der Märkte runder Wirbel stockt zu Eis.
Es wird still. Sie sehn sich um. Und keiner weiß.

In den Gassen faßt es ihre Schulter leicht.
Eine Frage. Keine Antwort. Ein Gesicht erbleicht.
In der Ferne wimmert ein Geläute dünn
Und die Bärte zittern um ihr spitzes Kinn.

Auf den Bergen hebt er schon zu tanzen an
Und er schreit: Ihr Krieger alle, auf und an.
Und es schallet, wenn das schwarze Haupt er schwenkt,
Drum von tausend Schädeln laute Kette hängt.

Einem Turm gleich tritt er aus die letzte Glut,
Wo der Tag flieht, sind die Ströme schon voll Blut.

Zahllos sind die Leichen schon im Schilf gestreckt,
Von des Todes starken Vögeln weiß bedeckt.

Über runder Mauern blauem Flammenschwall
Steht er, über schwarzer Gassen Waffenschall.
Über Toren, wo die Wächter liegen quer,
Über Brücken, die von Bergen Toter schwer.

In die Nacht er jagt das Feuer querfeldein
Einen roten Hund mit wilder Mäuler Schrein.
Aus dem Dunkel springt der Nächte schwarze Welt,
Von Vulkanen furchtbar ist ihr Rand erhellt.

Und mit tausend roten Zipfelmützen weit
Sind die finstren Ebnen flackend überstreut,
Und was unten auf den Straßen wimmelt hin und her,
Fegt er in die Feuerhaufen, daß die Flamme brenne mehr.

Und die Flammen fressen brennend Wald um Wald,
Gelbe Fledermäuse zackig in das Laub gekrallt.
Seine Stange haut er wie ein Köhlerknecht
In die Bäume, daß das Feuer brause recht.

Eine große Stadt versank in gelbem Rauch,
Warf sich lautlos in des Abgrunds Bauch.
Aber riesig über glühnden Trümmern steht
Der in wilde Himmel dreimal seine Fackel dreht,

Über sturmzerfetzter Wolken Widerschein,
In des toten Dunkels kalte Wüstenein,
Daß er mit dem Brande weit die Nacht verdorr,
Pech und Feuer träufet unten auf Gomorrh.

[1912; hier nach H: 1911]

ALFRED LICHTENSTEIN

1889–1914

Die Dämmerung

Ein dicker Junge spielt mit einem Teich.
Der Wind hat sich in einem Baum gefangen.
Der Himmel sieht verbummelt aus und bleich,
Als wäre ihm die Schminke ausgegangen.

Auf lange Krücken schief herabgebückt
Und schwatzend kriechen auf dem Feld zwei Lahme.
Ein blonder Dichter wird vielleicht verrückt.
Ein Pferdchen stolpert über eine Dame.

An einem Fenster klebt ein fetter Mann.
Ein Jüngling will ein weiches Weib besuchen.
Ein grauer Clown zieht sich die Stiefel an.
Ein Kinderwagen schreit und Hunde fluchen.

(5. 3. 1911)

Prophezeiung

Einmal kommt – ich habe Zeichen –
Sterbesturm aus fernem Norden.
Überall stinkt es nach Leichen.
Es beginnt das große Morden.

Finster wird der Himmelsklumpen,
Sturmtod hebt die Klauentatzen:
Nieder stürzen alle Lumpen,
Mimen bersten. Mädchen platzen.

Polternd fallen Pferdeställe.
Keine Fliege kann sich retten.
Schöne homosexuelle
Männer kullern aus den Betten.

Rissig werden Häuserwände.
Fische faulen in dem Flusse.
Alles nimmt sein ekles Ende.
Krächzend kippen Omnibusse.

(30. 1. 1913)

AUGUST STRAMM

1874–1915

Traum

Durch die Büsche winden Sterne
Augen tauchen blaken sinken
Flüstern plätschert
Blüte gehren
Düfte spritzen
Schauer stürzen
Winde schnellen prellen schwellen
Tücher reißen
Falten schrickt in tiefe Nacht.

Schlachtfeld

Schollenmürbe schläfert ein das Eisen
Blute filzen Sickerflecke
Roste krumen
Fleische schleimen
Saugen brünstet um Zerfallen.
Mordesmorde
Blinzen
Kinderblicke.

[1915]

Patrouille

Die Steine feinden
Fenster grinst Verrat
Äste würgen
Berge Sträucher blättern raschlig
Gellen
Tod.

Wache

Das Turmkreuz schrickt ein Stern
Der Gaul schnappt Rauch
Eisen klirrt verschlafen
Nebel streichen
Schauer
Starren Frösteln
Frösteln
Streicheln
Raunen
Du!

[1919]

ERNST BLASS

1890–1939

In einer fremden Stadt

Ich bin in eine fremde Stadt verschlagen.
Die Straßen stehn mit Häusern. Weißer Himmel,
Auf dem im Winde dünne Wolken ziehn.

Im Abend: Rufe, Pfiffe, Bahngebimmel.
In einem Café würden Melodien
Mir heute die Begrüßung doch versagen.

Ein Kellner käme fremd, was ich befehle:
Vielleicht wär wieder Angst in meiner Kehle.

Ich gehe matt, zerschlagen hin auf realen Wegen.
Menschen kommen mir abendlich entgegen.

Pfiffe hör ich, Rufe, wie im Traum.
Ich spüre meine alte Angst noch kaum.

Ich werde schlafen gehn, daß mich nichts wieder quäle.
Ich kenne hier ja keine Menschenseele.

GEORG TRAKL

1887–1914

Verfall

Am Abend, wenn die Glocken Frieden läuten,
Folg ich der Vögel wundervollen Flügen,
Die lang geschart, gleich frommen Pilgerzügen,
Entschwinden in den herbstlich klaren Weiten.

Hinwandelnd durch den dämmervollen Garten
Träum ich nach ihren helleren Geschicken
Und fühl der Stunden Weiser kaum mehr rücken.
So folg ich über Wolken ihren Fahrten.

Da macht ein Hauch mich von Verfall erzittern.
Die Amsel klagt in den entlaubten Zweigen.
Es schwankt der rote Wein an rostigen Gittern,

Indes wie blasser Kinder Todesreigen
Um dunkle Brunnenränder, die verwittern,
Im Wind sich fröstelnd blaue Astern neigen.

[1913]

An den Knaben Elis

Elis, wenn die Amsel im schwarzen Wald ruft,
Dieses ist dein Untergang.
Deine Lippen trinken die Kühle des blauen Felsenquells.

Laß, wenn deine Stirne leise blutet
Uralte Legenden
Und dunkle Deutung des Vogelflugs.

Du aber gehst mit weichen Schritten in die Nacht,
Die voll purpurner Trauben hängt
Und du regst die Arme schöner im Blau.

Ein Dornenbusch tönt,
Wo deine mondenen Augen sind.
O, wie lange bist, Elis, du verstorben.

Dein Leib ist eine Hyazinthe,
In die ein Mönch die wächsernen Finger taucht.
Eine schwarze Höhle ist unser Schweigen,

Daraus bisweilen ein sanftes Tier tritt
Und langsam die schweren Lider senkt.
Auf deine Schläfen tropft schwarzer Tau,

Das letzte Gold verfallener Sterne.

Der Herbst des Einsamen

Der dunkle Herbst kehrt ein voll Frucht und Fülle,
Vergilbter Glanz von schönen Sommertagen.
Ein reines Blau tritt aus verfallener Hülle;
Der Flug der Vögel tönt von alten Sagen.
Gekeltert ist der Wein, die milde Stille
Erfüllt von leiser Antwort dunkler Fragen.

Und hier und dort ein Kreuz auf ödem Hügel;
Im roten Wald verliert sich eine Herde.
Die Wolke wandert übern Weiherspiegel;
Es ruht des Landmanns ruhige Geberde.
Sehr leise rührt des Abends blauer Flügel
Ein Dach von dürrem Stroh, die schwarze Erde.

Bald nisten Sterne in des Müden Brauen;
In kühle Stuben kehrt ein still Bescheiden
Und Engel treten leise aus den blauen
Augen der Liebenden, die sanfter leiden.
Es rauscht das Rohr; anfällt ein knöchern Grauen,
Wenn schwarz der Tau tropft von den kahlen Weiden.

Ein Winterabend

Wenn der Schnee ans Fenster fällt,
Lang die Abendglocke läutet,
Vielen ist der Tisch bereitet
Und das Haus ist wohlbestellt.

Mancher auf der Wanderschaft
Kommt ans Tor auf dunklen Pfaden.
Golden blüht der Baum der Gnaden
Aus der Erde kühlem Saft.

Wanderer tritt still herein;
Schmerz versteinerte die Schwelle.
Da erglänzt in reiner Helle
Auf dem Tische Brot und Wein.

[1915]

De profundis

Es ist ein Stoppelfeld, in das ein schwarzer Regen fällt.
Es ist ein brauner Baum, der einsam dasteht.
Es ist ein Zischelwind, der leere Hütten umkreist.
Wie traurig dieser Abend.

Am Weiler vorbei
Sammelt die sanfte Waise noch spärliche Ähren ein.
Ihre Augen weiden rund und goldig in der Dämmerung
Und ihr Schoß harrt des himmlischen Bräutigams.

Bei der Heimkehr
Fanden die Hirten den süßen Leib
Verwest im Dornenbusch.

Ein Schatten bin ich ferne finsteren Dörfern.
Gottes Schweigen
Trank ich aus dem Brunnen des Hains.

Auf meine Stirne tritt kaltes Metall
Spinnen suchen mein Herz.
Es ist ein Licht, das in meinem Mund erlöscht.

Nachts fand ich mich auf einer Heide,
Starrend von Unrat und Staub der Sterne.
Im Haselgebüsch
Klangen wieder kristallne Engel.

[*De profundis:* Aus der Tiefe.]

Gesang des Abgeschiedenen

An Karl Borromaeus Heinrich

Voll Harmonien ist der Flug der Vögel. Es haben die grünen Wälder
Am Abend sich zu stilleren Hütten versammelt;
Die kristallenen Weiden des Rehs.
Dunkles besänftigt das Plätschern des Bachs, die feuchten Schatten

Und die Blumen des Sommers, die schön im Winde läuten.
Schon dämmert die Stirne dem sinnenden Menschen.

Und es leuchtet ein Lämpchen, das Gute, in seinem Herzen
Und der Frieden des Mahls; denn geheiligt ist Brot und Wein
Von Gottes Händen, und es schaut aus nächtigen Augen
Stille dich der Bruder an, daß er ruhe von dorniger Wanderschaft.
O das Wohnen in der beseelten Bläue der Nacht.

Liebend auch umfängt das Schweigen im Zimmer die Schatten der Alten,
Die purpurnen Martern, Klage eines großen Geschlechts,
Das fromm nun hingeht im einsamen Enkel.

Denn strahlender immer erwacht aus schwarzen Minuten des Wahnsinns
Der Duldende an versteinerter Schwelle
Und es umfängt ihn gewaltig die kühle Bläue und die leuchtende Neige des Herbstes,

Das stille Haus und die Sagen des Waldes,
Maß und Gesetz und die mondenen Pfade der Abgeschiedenen.

[1915]

Grodek

Am Abend tönen die herbstlichen Wälder
Von tödlichen Waffen, die goldnen Ebenen
Und blauen Seen, darüber die Sonne
Düstrer hinrollt; umfängt die Nacht
Sterbende Krieger, die wilde Klage
Ihrer zerbrochenen Münder.
Doch stille sammelt im Weidengrund
Rotes Gewölk, darin ein zürnender Gott wohnt
Das vergoßne Blut sich, mondne Kühle;
Alle Straßen münden in schwarze Verwesung.
Unter goldnem Gezweig der Nacht und Sternen
Es schwankt der Schwester Schatten durch den schweigenden Hain,
Zu grüßen die Geister der Helden, die blutenden Häupter;
Und leise tönen im Rohr die dunkeln Flöten des Herbstes.
O stolzere Trauer! ihr ehernen Altäre
Die heiße Flamme des Geistes nährt heute ein gewaltiger Schmerz,
Die ungebornen Enkel.

[1915]

[*Grodek:* Trakl nahm an der Schlacht zwischen Österreichern und Russen bei Grodek/Rawa-Ruska teil (September 1914).]

WALTER FLEX

1887–1917

Wildgänse rauschen durch die Nacht
Mit schrillem Schrei nach Norden –
Unstäte Fahrt! Habt acht, habt acht!
Die Welt ist voller Morden.

Fahrt durch die nachtdurchwogte Welt,
Graureisige Geschwader!
Fahlhelle zuckt, und Schlachtruf gellt,
Weit wallt und wogt der Hader.

Rausch' zu, fahr' zu, du graues Heer!
Rauscht zu, fahrt zu nach Norden!
Fahrt ihr nach Süden übers Meer –
Was ist aus uns geworden!

Wir sind wie ihr ein graues Heer
Und fahr'n in Kaisers Namen,
Und fahr'n wir ohne Wiederkehr,
Rauscht uns im Herbst ein Amen!

[1916]

FRANZ WERFEL

1890–1945

Veni Creator Spiritus

Komm heiliger Geist du, schöpferisch!
Den Marmor unsrer Form zerbrich!
Daß nicht mehr Mauer krank und hart
Den Brunnen dieser Welt umstarrt,
Daß wir gemeinsam und nach oben
Wie Flammen in einander toben!

Tauch auf aus unsern Flächen wund
Delphin von aller Wesen Grund,
Alt allgemein und heiliger Fisch!

Komm reiner Geist du, schöpferisch,
Nach dem wir ewig uns entfalten,
Kristallgesetz der Weltgestalten!

Wie sind wir alle Fremde doch!
Wie unterm letzten Hemde noch
Die Schattengreise im Spital
Sich hassen bis zum letzten Mal,
Und jeder, eh' er ostwärts mündet,
Allein sein Abendlicht entzündet,

So sind wir eitel eingespannt,
Und hocken bös an unserm Rand,
Und morden uns an jedem Tisch.
Komm heiliger Geist du, schöpferisch
Aus uns empor mit tausend Flügen!
Zerbrich das Eis in unsern Zügen!

Daß tränenhaft und gut und gut
Aufsiede die entzückte Flut,
Daß nicht mehr fern und unerreicht
Ein Wesen um das andre schleicht,
Daß jauchzend wir in Blick, Hand, Mund und Haaren,
Und in uns selbst dein Attribut erfahren!

Daß, wer dem Bruder in die Arme fällt,
Dein tiefes Schlagen süß am Herzen hält,
Daß, wer des armen Hundes Schaun empfängt,
Von deinem weisen Blicke wird beschenkt,
Daß alle wir in Küssens Überflüssen
Nur deine reine heilige Lippe küssen!

[1915]

[*Veni Creator Spiritus:* Komm, Schöpfer Geist!]

Fremde sind wir auf der Erde alle

Tötet euch mit Dämpfen und mit Messern,
Schleudert Schrecken, hohe Heimatworte,
Werft dahin um Erde euer Leben!
Die Geliebte ist euch nicht gegeben.
Alle Lande werden zu Gewässern,
Unterm Fuß zerrinnen euch die Orte.

Mögen Städte aufwärts sich gestalten,
Niniveh, ein Gottestrotz von Steinen!
Ach es ist ein Fluch in unserm Wallen:
Flüchtig muß vor uns das Feste fallen,
Was wir halten, ist nicht mehr zu halten,
Und am Ende bleibt uns nichts als Weinen.

Berge sind und Flächen sind geduldig,
Staunen, wie wir auf- und niederweichen.
Fluß wird alles, wo wir eingezogen.
Wer zum Sein noch Mein sagt, ist betrogen.
Schuldvoll sind wir, und uns selber schuldig,
Unser Teil ist: Schuld, sie zu begleichen!

Mütter leben, daß sie uns entschwinden.
Und das Haus ist, daß es uns zerfalle.
Selige Blicke, daß sie uns entfliehen.
Selbst der Schlag des Herzens ist geliehen,
Fremde sind wir auf der Erde Alle,
Und es stirbt, womit wir uns verbinden.

[1915]

Das Bleibende

Solang noch der Tatrawind leicht
Slovakische Blumen bestreicht,
Solang wirken Mädchen sie ein
In trauliche Buntstickerein.

Solang noch im bayrischen Wald
Die Axt im Morgengraun hallt,
Solang auch der Einsame sitzt,
Der Gott und die Heiligen schnitzt.

Solang auf ligurischer Fahrt
Das Meer seine Fischer gewahrt,
Solang wird am Strande es schaun
Die spitzenklöppelnden Fraun.

Ihr Völker der Erde, mich rührt
Das Bleibende, das ihr vollführt.
Ich selbst, ohne Volk ohne Land,
Stütz nun meine Stirn in die Hand.

[1935]

YVAN GOLL

1891–1950

Kölner Dom

Rheinkohle statt Gold
Die Fische und die nackten Nymphen
Sterben im romantischen Wasser aus
Über die Brücke fahren nur Trauerzüge
In Särgen wird das letzte Gold geschmuggelt
Der Osten exportiert seine Frühsonne
Aurora ist kein Frauenname mehr
Doch paßt er gut für eine Aktiengesellschaft

Wir kamen von Frankreich
Über den Bahnhof hinaus fuhr unser Zug in den Kölner Dom
Die Lokomotive hielt vor dem Allerheiligsten
Und kniete sanft
Zehn Tote kamen direkt ins Paradies
Petrus »English spoken« auf dem Ärmel, bekam ein gutes Trinkgeld

Die glasgemalten Engel telephonierten
Und flogen hinüber zur Cox-Bank
Rosa Dollarschecks einzulösen
Gegen Mittag wurde ein neuer Zug gen Warschau gebildet.

[1924]

[*Aurora:* »Aurora Mühlen GmbH« liegt am rechten Rheinufer Kölns.]

Feuerharfe

Brennender Dornbusch
Anbruch innerster Verwandlung

Feuerharfe
Meiner frühen Schmerzen

Gewicht aus Rauch meines Wunschs
Magre Gluten der Revolten

Rosenbrände meiner Dome
Feuerfester Engel dieser Erde

Aschenrabe
Friß die Reste des Vergessens

Vater aller wilden Flammen
Segne deinen Feuersohn

[E: 1941/49; D: 1951]

HUGO BALL

1886–1927

Wolken

elomen elomen lefitalominal
wolminuscaio
baumbala bunga
acycam glastula feirofIim flinsi

elominuscula pluplubasch
rallalalaio

endremin saxassa flumen flobollala
feilobasch falljada follidi
flumbasch

cerobadadrada
gragluda gligloda glodasch
gluglamen gloglada gleroda glandridi

elomen elomen lefitalominai
wolminuscaio
baumbala bunga
acycam glastala feirofim blisti
elominuscula pluplusch
rallabataio

Aus: *Sechs Laut- und Klanggedichte*

[E: 1916; D: 1928]

Das ist die Zeit

Das ist die Zeit, in der der Behemoth
Die Nase hebt aus den gesalzenen Fluten.
Die Menschen springen von den brennenden Schuten
In grünen Schlamm, den Feuer überloht.

Die Seelen sind verkauft in Trödelbuden
Um weniges Entgelt und ohne Not,
Die Herzen ausgelaugt, die Geister tot.
Gesträubte Engel gehen um mit Ruten.

Sie dringen würgend in die Häuser ein,
Und ihrem Grimme widersteht kein Riegel,
Sie schwirren ums Gesims der Sakristein

Und reißen mit sich Lattenwerk und Ziegel,
Ihr Atem dampft. Ein schwarzer Sonnenschein
Hängt wie Salpeter überm Höllentiegel.

[1929]

KURT SCHWITTERS

1887–1948

An Anna Blume

O, du Geliebte meiner siebenundzwanzig
Sinne, ich liebe dir! – Du deiner dich dir,
ich dir, du mir. – Wir?
Das gehört (beiläufig) nicht hierher.
Wer bist du, ungezähltes Frauenzimmer? Du
bist – bist du? – Die Leute sagen, du
wärest – laß sie sagen, sie sie wissen nicht,
wie der Kirchturm steht.
Du trägst den Hut auf deinen Füßen und
wanderst auf die Hände, auf den Händen
wanderst du.
Hallo deine roten Kleider, in weiße Falten
zersägt. Rot liebe ich Anna Blume, rot liebe
ich dir! – Du deiner dich dir, ich dir, du
mir. – Wir?
Das gehört (beiläufig) in die kalte Glut.
Rote Blume, rote Anna Blume, wie sagen die
Leute?

Preisfrage: 1. Anna Blume hat ein Vogel.
2. Anna Blume ist rot.
3. Welche Farbe hat der Vogel?
Blau ist die Farbe deines gelben Haares.
Rot ist das Girren deines grünen Vogels.
Du schlichtes Mädchen im Alltagskleid, du
liebes grünes Tier, ich liebe dir? – Du
deiner dich dir, ich dir, du mir. – Wir?
Das gehört (beiläufig) in die Glutenkiste.
Anna Blume! Anna, a-n-n-a ich träufle
deinen Namen. Dein Name tropft wie weiches Rindertalg.
Weißt du es Anna, weißt du es schon?
Man kann dich auch von hinten lesen, und
du, du Herrlichste von allen, du bist von hinten wie von vorne: »a-n-n-a«.
Rindertalg träufelt streicheln über meinen
Rücken.
Anna Blume, du tropfes Tier, ich liebe dir!

[Fassung hier nach der Zeitschr. »Der Sturm« 10, 1919/1920 (August 1919).]

Kleines Gedicht für große Stotterer

Ein Fischge, Fisch, ein Fefefefefischgerippe
Lag auf der auf, lag auf der Klippe.
Wie kam es, kam, wie kam, wie kam es
Dahin, dahin, dahin?

Das Meer hat Meer, das Meer, das hat es
Dahin, dahin, dahingespület,
Da llllliegt es, liegt, da llllliegt, llliegt es
Sehr gut, sogar sehr gut!

Da kam ein Fisch, ein Fefefefefisch, ein Fefefefefefe-fefefefefefe-
(schriller Pfiff) feFe feFe feFe feFefischer,
Der frischte, fischte frische Fische.
Der nahm es, nahm, der nahm, der nahm es
Hinweg, der nahm es weg.

Nun llllliegt die, liegt, nun llliegt die Klippe
Ganz o o o ohne Fischge Fischgerippe
Im weiten, weit, im We Weltenmeere
So nackt, so fufu furchtbar nackt.

[E: um 1934]

RICHARD HUELSENBECK

1892–1974

Schieber-Politik

Hindenburg kommt mit
Jebimmel,
Ludendorff is auch schon da,
Und det janze Volksjetümmel
Krächzt een fröhlichet Hurra!

Rev'luzion war mal 'ne Sache.
Sehr gesunken: Wert gering.
Königstreu is was zu machen;
Jott im Himmel save the king.

Handelt's sich um Majestäten
Oder nur 'n jemeinen Mann,
Bei det Geld und bei die Kröten
Fängt erst die Verehrung an.

Darum, Fritze, brüll Dir heiser
Und drück auch die Knie durch
Für den deutschen Heldenkaiser
Und den alten Hindenburch.

(1919)

Dada-Schalmei

Auf der Flöte groß und bieder
Spielt der Dadaiste wieder,
Da am Fluß die Grille zirpt
Und der Mond die Nacht umwirbt,
Tandaradei.

Ach, die Seele ist so trocken
Und der Kopf ist ganz verwirrt,
Oben, wo die Wolken hocken,
Grausiges Gevögel schwirrt,
Tandaradei.

Ja, ich spiele ein Adagio
Für die Braut, die nun schon tot ist,
Nenn es Wehmut, nenn es Quatsch – o
Mensch, du irrst, solang du Brot ißt,
Tandaradei.

In die Geisterwelt entschwebt sie,
Nähernd sich der Morgenröte,
An den großen Gletschern klebt sie
Wie ein Reim vom alten Goethe.
Tandaradei.

Dadaistisch sei dies Liedlein,
Das ich euch zum besten gebe,
Auf zwei Flügeln wie ein Flieglein
Steig es langsam in die Schwebe.
Tandaradei.
Denk an Tzara, denk an Arpen,
An den großen Huelsenbeck!

(1920)

[*Tzara:* Tristan Tzara. – *Arpen:* Hans Arp.]

HANS ARP

1887–1966

Opus Null

1

Ich bin der große Derdiedas
das rigorose Regiment
der Ozonstengel prima Qua
der anonyme Einprozent.

Das P. P. Tit. und auch die Po
Posaune ohne Mund und Loch
das große Herkulesgeschirr
der linke Fuß vom rechten Koch.

Ich bin der lange Lebenslang
der zwölfte Sinn im Eierstock
der insgesamte Augustin
im lichten Zelluloserock.

2

Er zieht aus seinem schwarzen Sarg
um Sarg um Sarg um Sarg hervor.
Er weint mit seinem Vorderteil
und wickelt sich in Trauerflor.

Halb Zauberer halb Dirigent
taktiert er ohne Alpenstock
sein grünes Ziffernblatt am Hut
und fällt von seinem Kutscherbock.

Dabei stößt er den Ghettofisch
von der möblierten Staffelei.
Sein langer Würfelstrumpf zerreißt
zweimal entzwei dreimal entdrei.

3

Er sitzt mit sich in einem Kreis.
Der Kreis sitzt mit dem eignen Leib.
Ein Sack mit einem Kamm der steht
dient ihm als Sofa und als Weib.

Der eigne Leib der eigne Sack.
Der Vonvon und die linke Haut.
Und tick und tack und tipp und topp
der eigne Leib fällt aus der Braut.

Er schwingt als Pfund aus seinem Stein
die eigne Braut im eignen Sack.
Der eigne Leib im eignen Kreis
fällt nackt als Sofa aus dem Frack.

4

Mit seiner Dampfmaschine treibt
er Hut um Hut aus seinem Hut
und stellt sie auf in Ringelreihn
wie man es mit Soldaten tut.

Dann grüßt er sie mit seinem Hut
der dreimal grüßt mit einem du.
Das traute sie vom Kakasie
ersetzt er durch das Kakadu.

Er sieht sie nicht und grüßt sie doch
er sie mit sich und läuft um sich.
Die Hüte inbegriffen sind
und deckt den Deckel ab vom Ich.

[1924]

Sekundenzeiger

daß ich als ich
ein und zwei ist
daß ich als ich
drei und vier ist
daß ich als ich
wieviel zeigt sie
daß ich als ich
tickt und tackt sie
daß ich als ich
fünf und sechs ist
daß ich als ich
sieben acht ist
daß ich als ich
wenn sie steht sie
daß ich als ich
wenn sie geht sie
daß ich als ich
neun und zehn ist
daß ich als ich
elf und zwölf ist.

Die grosse Firgelei

wo ist die firgelzentrale
hat ihnen firgel versichert
daß ich eine wolke werden darf
also
warum bin ich noch keine wolke
•
firgel hat mir wörtlich
folgendes gesagt:
do gdpst pst pst runglidodi
glbsti i i glbsti sp nebst trullal
laladamad finf damad ding
bif
•
erlauben sie mir
sie zu unterbrechen
ich spreche leider nicht firgel
•
die schöne firgelsprache
ist das verweilen das träumen
das sinnen und überspinnen
sind himmlische traumblumenlieder
also unsichtbare wolken
•
von Igel gefirgelt
innig gefirgelt
das wäre zu freundlich
wenn sie mir so ein lied
übersetzen würden
•
also kühner neuling
und erquickungsbedürftiger
knebs zabala dri di dri mn dri
sp sp tatagu
lautet in unserer staubsprache:
fort fort sind sie
die überzermalmer
es lebe die wolke
und ganz besonders
die wolke der engel
der göttlichen blume
•

(1963)

ERICH MÜHSAM

1878–1934

Der Revoluzzer

Der deutschen Sozialdemokratie gewidmet

War einmal ein Revoluzzer,
im Zivilstand Lampenputzer;
ging im Revoluzzerschritt
mit den Revoluzzern mit.

Und er schrie: »Ich revolüzze!«
Und die Revoluzzermütze
schob er auf das linke Ohr,
kam sich höchst gefährlich vor.

Doch die Revoluzzer schritten
mitten in der Straßen Mitten
wo er sonsten unverdrutzt
alle Gaslaternen putzt.

Sie vom Boden zu entfernen,
rupfte man die Gaslaternen
aus dem Straßenpflaster aus,
zwecks des Barrikadenbaus.

Aber unser Revoluzzer
schrie: »Ich bin der Lampenputzer
dieses guten Leuchtelichts.
Bitte, bitte, tut ihm nichts!

Wenn wir ihn' das Licht ausdrehen,
kann kein Bürger nichts mehr sehen.
Laßt die Lampen stehn, ich bitt! –
Denn sonst spiel' ich nicht mehr mit!«

Doch die Revoluzzer lachten,
und die Gaslaternen krachten,
und der Lampenputzer schlich
fort und weinte bitterlich.

Dann ist er zuhaus geblieben
und hat dort ein Buch geschrieben:
nämlich, wie man revoluzzt
und dabei doch Lampen putzt.

[1909]

PAUL ZECH

1881–1946

Fabrikstraße tags

Nichts als Mauern. Ohne Gras und Glas
zieht die Straße den gescheckten Gurt
der Fassaden. Keine Bahnspur surrt.
Immer glänzt das Pflaster wassernaß.

Streift ein Mensch dich, trifft sein Blick dich kalt
bis ins Mark; die harten Schritte haun
Feuer aus dem turmhoch steilen Zaun,
noch sein kurzes Atmen wolkt geballt.

Keine Zuchthauszelle klemmt
in ein Eis das Denken wie dies Gehn
zwischen Mauern, die nur sich besehn.

Trägst du Purpur oder Büßerhemd –:
immer drückt mit riesigem Gewicht
Gottes Bannfluch: *uhrenlose Schicht.*

[1922]

ALFONS PETZOLD

1882–1923

Der Arbeitslose

Staub auf den Schuhen und auf der getretenen Seele,
schleicht er den Weg der stummen Vergrollten dahin,
springt ihm kein fröhliches Wort aus der trockenen Kehle;
Suche nach Arbeit drückt seinen grübelnden Sinn.

Seine Tage sind dunkel, die Sonne verhüllen
graudampfe Nebel. Er hebt nicht die Blicke empor.
Die Klänge der Arbeit, die alle Straßen erfüllen,
brausen um ihn wie ein hohnvoll spottender Chor.

Wie doch die Stunden in quälendem Hoffen sich dehnen,
indes ihn vorwärts peitscht die hungernde Not.
Er klopft an die Türen, dahinter die Hämmer dröhnen,
all seine Sinne schreien nach Arbeit und Brot.

Alles umsonst. Der Taglauf beugt sich dem Ende.
Wiederum nichts. Seine Lippen flüstern es matt.
Er schaut im Haß auf die schwielenbedeckten Hände
und schleicht hinaus auf das lehmige Feld vor der Stadt.

[1912]

GERRIT ENGELKE

1890–1918

Lied des Kohlenhäuers

Wir wracken, wir hacken,
Mit hangendem Nacken,
Im wachsenden Schacht
Bei Tage, bei Nacht –

Wir fallen und fallen auf schwankender Schale
Ins lampendurchwanderte Erde-Gedärm –
Die Andern, sie schweben auf schwankender Schale
Steilauf in das Licht! in das Licht! in den Lärm.
Wir fallen und fallen auf schwankender Schale –

Wir wracken, wir hacken,
Mit hangendem Nacken,
Im wachsenden Schacht
Bei Tage, bei Nacht –

Wir wühlen und wühlen auf wässernder Sohle,
Wir lösen vom Flöze mit rinnendem Schweiß
Und fördern zu Tage die dampfende Kohle.
Uns Häuern im Flöze ist heißer als heiß –
Wir wühlen und wühlen auf wässernder Sohle.

Wir wracken, wir hacken,
Mit hangendem Nacken,
Im wachsenden Schacht
Bei Tage, bei Nacht –

Wir pochen und pochen, wir bohrenden Würmer,
Im häuser- und gleisüberwachsenen Rohr,
Tief unter dem Meere, tief unter dem Türmer, –
Tief unter dem Sommer. Wir pochen im Rohr,
Wir pochen, wir pochen, wir bohrenden Würmer.

Wir wracken, wir hacken,
Mit hangendem Nacken,
Im wachsenden Schacht
Bei Tage, bei Nacht –

Wir speisen sie Alle mit nährender Wärme:
Den pflügenden Lloyd im atlantischen Meer:
Die erdenumkreisenden Eisenzug-Schwärme:
Der Straßenlaternen weitflimmerndes Heer:
Der ragenden Hochöfen glühende Därme:
Wir nähren sie Alle mit Lebensblut-Wärme!

Wir wracken, wir hacken,
Mit hangendem Nacken,
Im wachsenden Schacht
Bei Tage, bei Nacht –

Wir können mit unseren schwieligen Händen
Die Lichter ersticken, die Brände der Welt!
Doch – hocken wir fort in den drückenden Wänden:
Wir klopfen und bohren und klopfen für Geld –
Doch hocken wir fort in den drückenden Wänden:

Wir wracken, wir hacken,
Mit hangendem Nacken,
Im wachsenden Schacht
Bei Tage, bei Nacht –

Wir pochen und pochen durch Wochen und Jahre,
Wir fahren lichtauf – mit » Glück-Auf«! dann hinab –
Wir pochen und pochen von Wochen – zur Bahre –
Und Mancher schürft unten sein eigenes Grab –
Wir pochen, wir pochen durch Wochen und Jahre.

Wir wracken, wir hacken,
Mit hangendem Nacken,
Im wachsenden Schacht
Bei Tage, bei Nacht –

[E: 1912; D: 1921]

JOACHIM RINGELNATZ

1883–1934

Die Schnupftabaksdose

Es war eine Schnupftabaksdose,
Die hatte Friedrich der Große
Sich selbst geschnitzelt aus Nußbaumholz.
Und darauf war sie natürlich stolz.

Da kam ein Holzwurm gekrochen.
Der hatte Nußbaum gerochen.
Die Dose erzählte ihm lang und breit
Von Friedrich dem Großen und seiner Zeit.

Sie nannte den alten Fritz generös.
Da aber wurde der Holzwurm nervös
Und sagte, indem er zu bohren begann:
»Was geht mich Friedrich der Große an!«

[1912]

Logik

Die Nacht war kalt und sternenklar,
Da trieb im Meer bei Norderney
Ein Suahelischnurrbarthaar. –
Die nächste Schiffsuhr wies auf drei.

Mir scheint da mancherlei nicht klar,
Man fragt doch, wenn man Logik hat,
Was sucht ein Suahelihaar
Denn nachts um drei am Kattegatt?

Turner-Marsch

(Melodie: Leise flehen meine Lieder)

Schlagt die Pauken und Trompeten,
Turner in die Bahn!
Turnersprache laßt uns reden.
Vivat Vater Felix Dahn!
Laßt uns im Gleichschritt aufmarschieren,
Ein stolzes Regiment.
Laß die Fanfaren tremulieren!
Faltet die Fahnen ent!

Die harte Brust dem Wetter darzubieten,
Reißt die germanische Lodenjoppe auf!
Kommet zu Hauf!
Wir wollen uns im friedlichen Wettkampf üben.

Braust drei Hepp-hepps und drei Hurras
Um die deutschen Eichenbäume!
Trinkt auf das Wohl der deutschen Frauen ein Glas,
Daß es das ganze Vaterland durchschäume.
Heil! Umschlingt euch mit Herz und Hand,
Ihr Brüder aus Nord-, Süd- und Mitteldeutschland!
Daß einst um eure Urne
Eine gleiche Generation turne.

[1920]

Im Park

Ein ganz kleines Reh stand am ganz kleinen Baum
Still und verklärt wie im Traum.
Das war des Nachts elf Uhr zwei.
Und dann kam ich um vier
Morgens wieder vorbei,
Und da träumte noch immer das Tier.
Nun schlich ich mich leise – ich atmete kaum –
Gegen den Wind an den Baum,
Und gab dem Reh einen ganz kleinen Stips.
Und da war es aus Gips.

[1927]

Überall

Überall ist Wunderland.
Überall ist Leben.
Bei meiner Tante im Strumpfenband.
Wie irgendwo daneben.

Überall ist Dunkelheit.
Kinder werden Väter.
Fünf Minuten später
Stirbt sich was für einige Zeit.
Überall ist Ewigkeit.

Wenn du einen Schneck behauchst,
Schrumpft er ins Gehäuse,
Wenn du ihn in Kognak tauchst,
Sieht er weiße Mäuse.

Gedicht in Bi-Sprache

Ibich habibebi dibich,
Lobittebi, sobi liebib.
Habist aubich dubi mibich
Liebib? Neibin, vebirgibib.

Nabih obidebir febirn,
Gobitt seibi dibir gubit.
Meibin Hebirz habit gebirn
Abin dibir gebirubiht.

Ich habe dich so lieb

Ich habe dich so lieb!
Ich würde dir ohne Bedenken
Eine Kachel aus meinem Ofen
Schenken.

Ich habe dir nichts getan.
Nun ist mir traurig zu Mut.
An den Hängen der Eisenbahn
Leuchtet der Ginster so gut.

Vorbei – verjährt –
Doch nimmer vergessen.
Ich reise.
Alles, was lange währt,
Ist leise.

Die Zeit entstellt
Alle Lebewesen.
Ein Hund bellt.
Er kann nicht lesen.
Er kann nicht schreiben.
Wir können nicht bleiben.

Ich lache.
Die Löcher sind die Hauptsache
An einem Sieb.

Ich habe dich so lieb.

[1928]

KURT TUCHOLSKY

1890–1935

Park Monceau

Hier ist es hübsch. Hier kann ich ruhig träumen.
Hier bin ich Mensch – und nicht nur Zivilist.
Hier darf ich links gehn. Unter grünen Bäumen
sagt keine Tafel, was verboten ist.

Ein dicker Kullerball liegt auf dem Rasen.
Ein Vogel zupft an einem hellen Blatt.
Ein kleiner Junge gräbt sich in der Nasen
Und freut sich, wenn er was gefunden hat.

Es prüfen vier Amerikanerinnen,
ob Cook auch recht hat und hier Bäume stehn.
Paris von außen und Paris von innen:
sie sehen nichts und müssen alles sehn.

Die Kinder lärmen auf den bunten Steinen.
Die Sonne scheint und glitzert auf ein Haus.
Ich sitze still und lasse mich bescheinen
und ruh von meinem Vaterlande aus.

[1924]

[*Park Monceau:* Park in Paris.]

Luftveränderung

Fahre mit der Eisenbahn,
fahre, Junge, fahre!
Auf dem Deck vom Wasserkahn
wehen deine Haare.

Tauch in fremde Städte ein,
lauf in fremden Gassen;
höre fremde Menschen schrein,
trink aus fremden Tassen.

Flieh Betrieb und Telefon,
grab in alten Schmökern,
sieh am Seinekai, mein Sohn,
Weisheit still verhökern.

Lauf in Afrika umher,
reite durch Oasen;
lausche auf ein blaues Meer,
hör den Mistral blasen!

Wie du auch die Welt durchflitzt
ohne Rast und Ruh –:
Hinten auf dem Puffer sitzt
du.

Ideal und Wirklichkeit

In stiller Nacht und monogamen Betten
denkst du dir aus, was dir am Leben fehlt.
Die Nerven knistern. Wenn wir das doch hätten,
was uns, weil es nicht da ist, leise quält.
Du präparierst dir im Gedankengange
das, was du willst – und nachher kriegst dus nie...
Man möchte immer eine große Lange,
und dann bekommt man eine kleine Dicke –
C'est la vie –!

Sie muß sich wie in einem Kugellager
in ihren Hüften biegen, groß und blond.
Ein Pfund zu wenig – und sie wäre mager,
wer je in diesen Haaren sich gesonnt...
Nachher erliegst du dem verfluchten Hange,
der Eile und der Phantasie.
Man möchte immer eine große Lange,
und dann bekommt man eine kleine Dicke –
Ssälawih –!

Man möchte eine helle Pfeife kaufen
und kauft die dunkle – andere sind nicht da.
Man möchte jeden Morgen dauerlaufen
und tut es nicht. Beinah... beinah...
Wir dachten unter kaiserlichem Zwange
an eine Republik... und nun ists die!
Man möchte immer eine große Lange,
und dann bekommt man eine kleine Dicke –
Ssälawih –!

[1929]

Augen in der Groß-Stadt

Wenn du zur Arbeit gehst
am frühen Morgen,
wenn du am Bahnhof stehst
mit deinen Sorgen:
da zeigt die Stadt
dir asphaltglatt
im Menschentrichter
Millionen Gesichter:

Zwei fremde Augen, ein kurzer Blick,
die Braue, Pupillen, die Lider –
Was war das? vielleicht dein Lebensglück...
vorbei, verweht, nie wieder.

Du gehst dein Leben lang
auf tausend Straßen;
du siehst auf deinem Gang,
die dich vergaßen.
Ein Auge winkt,
die Seele klingt;
du hasts gefunden,
nur für Sekunden...
Zwei fremde Augen, ein kurzer Blick,
die Braue, Pupillen, die Lider;
Was war das? kein Mensch dreht die Zeit zurück...
Vorbei, verweht, nie wieder.

Du mußt auf deinem Gang
durch Städte wandern;
siehst einen Pulsschlag lang
den fremden Andern.
Es kann ein Feind sein,
es kann ein Freund sein,
es kann im Kampfe dein
Genosse sein.
Es sieht hinüber
und zieht vorüber...
Zwei fremde Augen, ein kurzer Blick,
die Braue, Pupillen, die Lider.
Was war das?
Von der großen Menschheit ein Stück!
Vorbei, verweht, nie wieder.

Die Mäuler auf!

Heilgebrüll und völksche Heilung,
schnittig, zackig, forsch und päng!
Staffelführer, Sturmabteilung,
Blechkapellen, schnädderädäng!
Judenfresser, Straßenmeute...
Kleine Leute. Kleine Leute.

Arme Luder brülln sich heiser,
tausend Hände fuchteln wild.
Hitler als der selige Kaiser,
wie ein schlechtes Abziehbild.
    Jedes dicken Schlagworts Beute:
    Kleine Leute! Kleine Leute!

Tun sich mit dem teutschen Land dick,
grunzen wie das liebe Vieh.
Allerbilligste Romantik –
hinten zahlt die Industrie.
    Hinten zahlt die Landwirtschaft.
    Toben sie auch fieberhaft:
    Sind doch schlechte deutsche Barden,
    bunte Unternehmergarden!
    Bleiben gestern, morgen, heute
    kleine Leute! kleine Leute!

[1930]

KLABUND

1890–1928

Einmal noch den Abend halten

Einmal noch den Abend halten
Im versinkenden Gefühl!
Der Gestalten, der Gewalten
Sind zu viel.

Sie umbrausen den verwegnen Leuchter,
Der die Nacht erhellt.
Fiebriger und feuchter
Glänzt das Angesicht der Welt.

Erste Sterne, erste Tropfen regnen,
Immer süßer singt das Blatt am Baum.
Und die brüderlichen Blitze segnen
Blau wie Veilchen den erwachten Traum.

Ich baumle mit de Beene

Meine Mutter liegt im Bette,
Denn sie kriegt das dritte Kind;
Meine Schwester geht zur Mette,
Weil wir so katholisch sind.
Manchmal troppt mir eine Träne
Und im Herzen pupperts schwer;
Und ich baumle mit de Beene,
Mit de Beene vor mich her.

Neulich kommt ein Herr gegangen
Mit 'nem violetten Schal,
Und er hat sich eingehangen,
Und es ging nach Jeschkenthal!
Sonntag war's. Er grinste: »Kleene,
Wa, dein Port'menée is leer?«
Und ich baumle mit de Beene,
Mit de Beene vor mich her.

Vater sitzt zum 'zigsten Male,
Wegen »Hm« in Plötzensee,
Und sein Schatz, der schimpft sich Male,
Und der Mutter tut's so weh!
Ja, so gut wie der hat's keener,
Fressen kriegt er und noch mehr,
Und er baumelt mit de Beene,
Mit de Beene vor sich her.

Manchmal in den Vollmondnächten
Is mir gar so wunderlich:
Ob sie meinen Emil brächten,
Weil er auf dem Striche strich!
Früh um dreie krähten Hähne,
Und ein Galgen ragt, und er ...
Und er baumelt mit de Beene,
Mit de Beene vor sich her.

Ironische Landschaft

Gleich einem Zuge grau zerlumpter Strolche
Bedrohlich schwankend wie betrunkne Särge
Gehn Abendwolken über jene Berge,
In ihren Lumpen blitzen rote Sonnendolche.

Da wächst, ein schwarzer Bauch, aus dem Gelände
Der Landgendarm, daß er der Ordnung sich beflisse,
Und scheucht mit einem bösen Schütteln seiner Hände
Die Abendwolkenstrolche fort ins Ungewisse.

ERICH KÄSTNER

1899–1974

Kennst Du das Land, wo die Kanonen blühn?

Kennst Du das Land, wo die Kanonen blühn?
Du kennst es nicht? Du wirst es kennenlernen!
Dort stehn die Prokuristen stolz und kühn
in den Büros, als wären es Kasernen.

Dort wachsen unterm Schlips Gefreitenknöpfe.
Und unsichtbare Helme trägt man dort.
Gesichter hat man dort, doch keine Köpfe.
Und wer zu Bett geht, pflanzt sich auch schon fort!

Wenn dort ein Vorgesetzter etwas will
– und es ist sein Beruf etwas zu wollen –
steht der Verstand erst stramm und zweitens still.
Die Augen rechts! Und mit dem Rückgrat rollen!

Die Kinder kommen dort mit kleinen Sporen
und mit gezognem Scheitel auf die Welt.
Dort wird man nicht als Zivilist geboren.
Dort wird befördert, wer die Schnauze hält.

Kennst Du das Land? Es könnte glücklich sein.
Es könnte glücklich sein und glücklich machen!
Dort gibt es Äcker, Kohle, Stahl und Stein
und Fleiß und Kraft und andre schöne Sachen.

Selbst Geist und Güte gibt's dort dann und wann!
Und wahres Heldentum. Doch nicht bei vielen.
Dort steckt ein Kind in jedem zweiten Mann.
Das will mit Bleisoldaten spielen.

Dort reift die Freiheit nicht. Dort bleibt sie grün.
Was man auch baut – es werden stets Kasernen.
Kennst Du das Land, wo die Kanonen blühn?
Du kennst es nicht? Du wirst es kennenlernen!

[1928]

Sachliche Romanze

Als sie einander acht Jahre kannten
(und man darf sagen: sie kannten sich gut),
kam ihre Liebe plötzlich abhanden.
Wie andern Leuten ein Stock oder Hut.

Sie waren traurig, betrugen sich heiter,
versuchten Küsse, als ob nichts sei,
und sahen sich an und wußten nicht weiter.
Da weinte sie schließlich. Und er stand dabei.

Vom Fenster aus konnte man Schiffen winken.
Er sagte, es wäre schon Viertel nach Vier
und Zeit, irgendwo Kaffee zu trinken.
Nebenan übte ein Mensch Klavier.

Sie gingen ins kleinste Café am Ort
und rührten in ihren Tassen.
Am Abend saßen sie immer noch dort.
Sie saßen allein, und sie sprachen kein Wort
und konnten es einfach nicht fassen.

Und wo bleibt das Positive, Herr Kästner?

Und immer wieder schickt ihr mir Briefe,
in denen ihr, dick unterstrichen, schreibt:
»Herr Kästner, wo bleibt das Positive?«
Ja, weiß der Teufel, wo das bleibt.

Noch immer räumt ihr dem Guten und Schönen
den leeren Platz überm Sofa ein.
Ihr wollt euch noch immer nicht dran gewöhnen,
gescheit und trotzdem tapfer zu sein.

Ihr braucht schon wieder mal Vaseline,
mit der ihr das trockene Brot beschmiert.
Ihr sagt schon wieder, mit gläubiger Miene:
»Der siebente Himmel wird frisch tapeziert!«

Ihr streut euch Zucker über die Schmerzen
und denkt, unter Zucker verschwänden sie.
Ihr baut schon wieder Balkons vor die Herzen
und nehmt die strampelnde Seele aufs Knie.

Die Spezies Mensch ging aus dem Leime
und mit ihr Haus und Staat und Welt.
Ihr wünscht, daß ich's hübsch zusammenreime,
und denkt, daß es dann zusammenhält?

Ich will nicht schwindeln. Ich werde nicht schwindeln.
Die Zeit ist schwarz, ich mach euch nichts weis.
Es gibt genug Lieferanten von Windeln.
Und manche liefern zum Selbstkostenpreis.

Habt Sonne in sämtlichen Körperteilen
und wickelt die Sorgen in Seidenpapier!
Doch tut es rasch. Ihr müßt euch beeilen.
Sonst werden die Sorgen größer als ihr.

Die Zeit liegt im Sterben. Bald wird sie begraben.
Im Osten zimmern sie schon den Sarg.
Ihr möchtet gern euren Spaß dran haben ...?
Ein Friedhof ist kein Lunapark.

[1930]

Der Handstand auf der Loreley

(Nach einer wahren Begebenheit)

Die Loreley, bekannt als Fee und Felsen,
ist jener Fleck am Rhein, nicht weit von Bingen,
wo früher Schiffer mit verdrehten Hälsen,
von blonden Haaren schwärmend, untergingen.

Wir wandeln uns. Die Schiffe inbegriffen.
Der Rhein ist reguliert und eingedämmt.
Die Zeit vergeht. Man stirbt nicht mehr beim Schiffen,
bloß weil ein blondes Weib sich dauernd kämmt.

Nichtsdestotrotz geschieht auch heutzutage
noch manches, was der Steinzeit ähnlich sieht.
So alt ist keine deutsche Heldensage,
daß sie nicht doch noch Helden nach sich zieht.

Erst neulich machte auf der Loreley
hoch überm Rhein ein Turner einen Handstand!
Von allen Dampfern tönte Angstgeschrei,
als er kopfüber oben auf der Wand stand.

Er stand, als ob er auf dem Barren stünde.
Mit hohlem Kreuz. Und lustbetonten Zügen.
Man fragte nicht: Was hatte er für Gründe?
Er war ein Held. Das dürfte wohl genügen.

Er stand, verkehrt, im Abendsonnenscheine.
Da trübte Wehmut seinen Turnerblick.
Er dachte an die Loreley von Heine.
Und stürzte ab. Und brach sich das Genick.

Er starb als Held. Man muß ihn nicht beweinen.
Sein Handstand war vom Schicksal überstrahlt.
Ein Augenblick mit zwei gehobnen Beinen
ist nicht zu teuer mit dem Tod bezahlt!

P. S. Eins wäre allerdings noch nachzutragen:
Der Turner hinterließ uns Frau und Kind.
Hinwiederum, man soll sie nicht beklagen.
Weil im Bezirk der Helden und der Sagen
die Überlebenden nicht wichtig sind.

[1932]

Die Entwicklung der Menschheit

Einst haben die Kerls auf den Bäumen gehockt,
behaart und mit böser Visage.
Dann hat man sie aus dem Urwald gelockt
und die Welt asphaltiert und aufgestockt,
bis zur dreißigsten Etage.

Da saßen sie nun, den Flöhen entflohn,
in zentralgeheizten Räumen.
Da sitzen sie nun am Telefon.
Und es herrscht noch genau derselbe Ton
wie seinerzeit auf den Bäumen.

Sie hören weit. Sie sehen fern.
Sie sind mit dem Weltall in Fühlung.
Sie putzen die Zähne. Sie atmen modern.
Die Erde ist ein gebildeter Stern
mit sehr viel Wasserspülung.

Sie schießen die Briefschaften durch ein Rohr.
Sie jagen und züchten Mikroben.
Sie versehn die Natur mit allem Komfort.
Sie fliegen steil in den Himmel empor
und bleiben zwei Wochen oben.

Was ihre Verdauung übrigläßt,
das verarbeiten sie zu Watte.
Sie spalten Atome. Sie heilen Inzest.
Und sie stellen durch Stiluntersuchungen fest,
daß Cäsar Plattfüße hatte.

So haben sie mit dem Kopf und dem Mund
den Fortschritt der Menschheit geschaffen.
Doch davon mal abgesehen und
bei Lichte betrachtet sind sie im Grund
noch immer die alten Affen.

[1932]

MASCHA KALÉKO

1907–1975

Kinder reicher Leute

Sie wissen nichts von Schmutz und Wohnungsnot,
Von Stempelngehn und Armeleuteküchen.
Sie ahnen nichts von Hinterhausgerüchen,
Von Hungerlöhnen und von Trockenbrot.

Sie wohnen meist im herrschaftlichen Haus,
Zuweilen auch in eleganten Villen.
Sie kommen nie in Kneipen und Destillen,
Und gehen stets nur mit dem Fräulein aus.

Sie rechnen sich schon jetzt zur Hautevolée
Und zählen Armut zu den größten Sünden.
– Nicht mal ein Auto ...? Nein, wie sie das finden!
Ihr Hochmut wächst mit Pappis Portemonnaie.

Sie kommen meist mit Abitur zur Welt,
– Zumindest aber schon mit Referenzen –
Und ziehn daraus die letzten Konsequenzen:
Wir sind die Herren, denn unser ist das Geld.

Mit vierzehn finden sie, der Armen Los
Sei zwar nicht gut. Doch werde übertrieben – –.
Mit vierzehn schon! – Wenn sie noch vierzehn blieben.
Jedoch die Kinder werden einmal groß ...

[1933]

Katzenjammer-Monolog

Zuweilen möchte man aus sich heraus
Und kann die Tür ins Freie doch nicht finden.
Dann schnüffelt man vielleicht mal nach den Gründen
Und kriecht noch tiefer in sein Schneckenhaus.

Man müßte vieles tun. Und manches lassen.
Und kann das eine wie das andre nicht.
Man denkt an manche unerfüllte Pflicht,
Bis sich die Dinge dann mit *uns* befassen.

So vieles tut man rasch in Acht und Bann
Mit Augen, die geschlossen schon erblinden.
Doch auch das Schicksal hat so dann und wann
Auf unserm Konto Unterlassungssünden.

Mitunter scheints, man sei nun endlich da,
– Am Ziel, von dem man schüchtern nur geträumt hat –
Da plötzlich merkt man, daß man was versäumt hat,
Ein dummes Etwas nur. Beinah ... beinah.

Wenn man ein zweites Mal geboren würde,
Dann finge man das Leben anders an.
– Vielleicht, daß dann so manches anders würde ...
(Vorausgesetzt, daß man vergessen kann –)

Daß man vergessen kann, was man erfahren.
Man horcht sehr oft zu viel in sich herum.
Am besten wär es, klug zu sein und stumm.
Man ist zuweilen alt mit zwanzig Jahren.

Emigranten-Monolog

Ich hatte einst ein schönes Vaterland,
So sang schon der Flüchtling Heine.
Das seine stand am Rheine,
Das meine auf märkischem Sand.

Wir alle hatten einst ein (siehe oben!)
Das fraß die Pest, das ist im Sturm zerstoben.
O, Röslein auf der Heide,
Dich brach die Kraftdurchfreude.

Die Nachtigallen wurden stumm,
Sahn sich nach sicherm Wohnsitz um,
Und nur die Geier schreien
Hoch über Gräberreihen.

Das wird nie wieder wie es war,
Wenn es auch anders wird.
Auch wenn das liebe Glöcklein tönt,
Auch wenn kein Schwert mehr klirrt.

Mir ist zuweilen so, als ob
Das Herz in mir zerbrach.
Ich habe manchmal Heimweh.
Ich weiß nur nicht, wonach …

[*Kraftdurchfreude:* 1933 gegründete nationalsozialistische Freizeitorganisation »Kraft durch Freude« (KdF).]

RUDOLF G. BINDING

1867–1938

Spruch für eine Sonnenuhr

Auf dem Hochzeitsturm in Darmstadt

Der Tag geht über mein Gesicht.
Die Nacht sie tastet leis vorbei.
Und Tag und Nacht ein gleich Gewicht
und Nacht und Tag ein Einerlei.

Es schreibt die dunkle Schrift der Tag
und dunkler noch schreibt sie die Nacht.
Und keiner lebt der deuten mag
was beider Schatten ihm gebracht.

Und ewig kreist die Schattenschrift.
Leblang stehst du im dunklen Spiel.
Bis einmal dich die Deutung trifft:
Die Zeit ist um. Du bist am Ziel.

Liebe

Nun stehn die Hirsche still auf dunklen Schneisen,
die Löwen stehen still im Felsentor;
nun schweigen Nachtigallen ihrer Weisen
und Sterne, Sterne hören auf zu kreisen
und aus den Sonnen tritt kein Tag hervor.

In gleiche Nacht sind wir nun eingetaucht,
in gleichen Tag und wieder Tag und Nacht,
ein gleiches Sterben hat uns angehaucht,
zwei Leben sind im Augenblick verraucht
und gleiches Wissen hat uns stumm gemacht.

Es ist als ob die Welt sanft von uns wich –.
Die Löwen stehen still im Felsentor
und Sterne, Sterne – Mond und Stern verblich
und alles starb, als du und ich
und ich und du sich Herz in Herz verlor.

[1926/35]

KARL BRÖGER

1886–1944

Kohle, schwarze Kohle, graben wir.
Höllendunkel decken das Revier.

Hinten hallt der Fäustel hart Gepoch.
Nur das schwache Lämpchen schimmert noch.

Und wir ringen stumm mit Stein und Erz,
brechen wir der Erde an das Herz.

Unten schließt uns Qual und Grauen ein.
Droben glänzt die Stadt in hohem Schein.

Karrt der Korb uns wieder an den Tag,
sinken andre ab zu Plag und Schlag.

Doch wir wissen auch: Was oben flammt,
ist ein Glanz, der aus der Tiefe stammt.

[1923]

HEINRICH LERSCH

1889–1936

Wir Werkleute all

Wir Werkleute all, wir alte und junge, wir Männer und Fraun,
die wir nur Flammen, Gluten, Massen und Kräfte schaun,
wir, die wir die Flammen, Gluten und Kräfte bezwingen:
hört unsere Fäuste das Lied der Arbeit singen.

Wir Werkleute all tragen unter dem blauen Tuch
wie ihr eine Seele, die weint und jubelt unter Segen und Fluch,
und neben dem lauten Leben ein Menschsein mit allen Gefühlen,
in Liebe und Frühling, in Armut und Not, Erde und Himmel wühlen.

Wir Werkleute all sind allen Werks Fundament!
Auf unseren Leibern stehn die Maschinen, auf unseren Leibern der Hochofen brennt;
auch unsere Seelen zwingen wir in Hebel und Walzen, Räder und Achsen,
darum kann sie nicht mit steilen Bäumen in Gottes Himmel wachsen.

Wir Werkleute all hüten Gottes Erde und machten sie untertan,
darum ist Gott uns gnädig, wenn wir im Tod uns ihm nahn –,
– und zerbräch diese Erde, loderten aus den Spalten des Erdkerns Flammen –
wir Werkleute all, wir schmiedeten sie wieder mit stählernen Ringen aus Trägern und Schienen zusammen.

[1917]

RUDOLF ALEXANDER SCHRÖDER

1878–1962

Reisesegen

Setz leicht den Fuß, begehre kein Verweilen,
  Am Rand der Straße schneide dir den Stab;
Bleib, der du bist, und durch bestaubte Meilen
  Getröste dich der Pilgerschaft ans Grab.

Dir zugeteilt, gemeine Gift mit allen,
  Brot, Früchte, Wasser, sollst du nicht verschmähn.
Den bunten Raub, mit dem sie sich gefallen,
  Laß hinter dir: er hindert dich am Gehn.

Brich nicht das Herz, wo du das Brot gebrochen,
  Das deine nicht und das der andern nicht;
Ein freundlich Wort, zur rechten Zeit gesprochen,
  Ein Händedruck, der nicht zuviel verspricht:

Und dennoch Treue, die sich schickt zu dienen,
  Und Glaube, der nicht fordert und nicht schilt;
So wird die Welt, die Wüste dir geschienen,
  Zu deinem Werk und deinem Bild.

(1931)

Für Otto von Taube

Rührt mich nicht an; – ich bin's nicht mehr.
– Blickt lieber wie von ungefähr
  Ins bunte Vielerlei.
Ich brach das Brot, ich saß zum Herd,
Ich hielt euch alle hold und wert:
  Das, dünkt mich, ist vorbei.

Ein jedes Haus hat Stuhl und Bett,
Hat Tisch und Schrank und Hausgerät,
  Hat Tür und Tor, das Haus.
Man geht durch Kammer, Flur und Saal,
Schläft über Nacht und hält das Mahl;
  Dann heißt es: Geh hinaus.

Der Schwellen hat die Welt genung,
Hat jede ihren Fug und Sprung;
  Die sind mir all bekannt.
So hab ich denn mich aufgemacht
Und wandre lieber Tag und Nacht,
  Als wär's durch fremdes Land.

Was ihr euch habt, was ihr euch könnt,
Ist keinem, weil er's hat, gegönnt:
  Und war ich bei dem Fest,
Ich bin's nicht mehr. – Rührt mich nicht an;
Ich bin der Fremde, bin der Mann,
  Den jeder ziehen läßt.

Rührt mich nicht an, der weitergeht,
Unsteter Mann und dennoch stet,
  Weil er die Straße fährt
Ans Tor, das einläßt jedermann,
Und das doch keiner brechen kann,
  Des Fuß zurückbegehrt.

Aus: *Die Ballade vom Wandersmann*

(1935)

HANS CAROSSA

1878–1956

Unzugänglich schien der Gipfel;
Nun begehn wir ihn so leicht.
Fern verdämmern erste Wege,
Neue Himmel sind erreicht.

Urgebirg und offne Länder
Schweben weit, in Eins verspielt.
Städte, die wir nachts durchzogen,
Sind ein einfach-lichtes Bild.

Helle Wolke streift herüber;
Uns umweht ihr Schattenlauf.
Große blaue Falter schlagen
Sich wie Bücher vor uns auf.

[1920]

Der alte Brunnen

Lösch aus dein Licht und schlaf! Das immer wache
Geplätscher nur vom alten Brunnen tönt.
Wer aber Gast war unter meinem Dache,
Hat sich stets bald an diesen Ton gewöhnt.

Zwar kann es einmal sein, wenn du schon mitten
Im Traume bist, daß Unruh geht ums Haus,
Der Kies beim Brunnen knirscht von harten Tritten,
Das helle Plätschern setzt auf einmal aus,

Und du erwachst, – dann mußt du nicht erschrecken!
Die Sterne stehn vollzählig überm Land,
Und nur ein Wandrer trat ans Marmorbecken,
Der schöpft vom Brunnen mit der hohlen Hand.

Er geht gleich weiter, und es rauscht wie immer.
O freue dich, du bleibst nicht einsam hier.
Viel Wandrer gehen fern im Sternenschimmer,
Und mancher noch ist auf dem Weg zu dir.

[1924]

Stern über der Lichtung

Die Knechte fällen Baum um Baum im Wald.
Wie Vogelnest, vom Herbste preisgegeben,
So sichtbar ist nun unser Aufenthalt,
Und alle schaun in unser Werktagsleben.

Das leise, schaurige Gebraus ist stumm,
Das unsre Mühen trug auf heiliger Schwinge –
Wir müssen feiern. Unsre Zeit ist um.
Wir gehn hinaus und zählen Jahresringe,

Halb trunken von des Harzes herbem Hauch.
Doch während wir die Silberzweige brechen
Vom Fichtenwipfel zwischen Stein und Strauch,
Scheint uns der Himmel heimlich zuzusprechen.

Aus tiefem Abend glänzt ein heller Stern,
Den wir vor lauter Wald sonst nie gesehen.
Er mahnt zur Heimkehr, und wir folgen gern.
Wir müssen vor dem klaren Licht bestehen.

[1946]

RICARDA HUCH

1864–1947

Uralter Worte kundig kommt die Nacht;
Sie löst den Dingen Rüstung ab und Bande,
Sie wechselt die Gestalten und Gewande
Und hüllt den Streit in gleiche braune Tracht.

Da rührt das steinerne Gebirg sich sacht
Und schwillt wie Meer hinüber in die Lande.
Der Abgrund kriecht verlangend bis zum Rande
Und trinkt der Sterne hingebeugte Pracht.

Ich halte dich und bin von dir umschlossen,
Erschöpfte Wandrer wiederum zu Haus;
So fühl ich dich in Fleisch und Blut gegossen,

Von deinem Leib und Leben meins umkleidet.
Die Seele ruht von langer Sehnsucht aus,
Die eins vom andern nicht mehr unterscheidet.

[1912]

Frieden

Von dem Turme im Dorfe klingt
Ein süßes Geläute;
Man sinnt, was es deute,
Daß die Glocke im Sturme nicht schwingt.
Mich dünkt, so hört' ich's als Kind;
Dann kamen die Jahre der Schande;
Nun trägt's in die Weite der Wind,
Daß Frieden im Lande.

Wo mein Vaterhaus fest einst stand,
Wächst wuchernde Heide;
Ich pflück', eh ich scheide,
Einen Zweig mir mit zitternder Hand.
Das ist von der Väter Gut
Mein einziges Erbe;
Nichts bleibt, wo mein Haupt sich ruht,
Bis einsam ich sterbe.

Meine Kinder verwehte der Krieg;
Wer bringt sie mir wieder?
Beim Klange der Lieder
Feiern Fürsten und Herren den Sieg.
Sie freun sich beim Friedensschmaus,
Die müß'gen Soldaten fluchen –
Ich ziehe am Stabe hinaus,
Mein Vaterland suchen.

Aus: *Aus dem 30jährigen Kriege*

[1917]

LULU VON STRAUSS UND TORNEY

1873–1956

Einst

Und wenn ich selber längst gestorben bin,
Wird meine Erde wieder blühend stehen,
Und Saat und Sichel, Schnee und Sommerpracht
Und weißer Tag und blaue Mitternacht
Wird über die geliebte Scholle gehen.

Und werden Tage ganz wie heute sein:
Die Gärten voll vom Dufte der Syringen,
Und weiße Wolken, die im Blauen ziehn,
Und junger Felder seidnes Ährengrün,
Und drüberhin ein endlos Lerchensingen!

Und werden Kinder lachen vor dem Tor
Und an den Hecken grüne Zweige brechen,
Und werden Mädchen wandern Arm in Arm
Und durch den Sommerabend still und warm
Mit leisen Lippen von der Liebe sprechen!

Und wird wie heut der junge Erdentag
Von keinem Gestern wissen mehr noch sagen,
Und wird wie heut doch jeder Sommerwind
Aus tausend Tagen, die vergessen sind,
Geheime Süße auf den Flügeln tragen!

[1926]

BÖRRIES VON MÜNCHHAUSEN

1874–1945

Bauernaufstand

Die Glocken stürmten vom Bernwardsturm,
Der Regen durchrauschte die Straßen,
Und durch die Glocken und durch den Sturm
Gellte des Urhorns Blasen.

Das Büffelhorn, das lange geruht,
Veit Stoßperg nahms aus der Lade,
Das alte Horn, es brüllte nach Blut
Und wimmerte: »Gott genade!«

Ja, gnade dir Gott, du Ritterschaft!
Der Bauer stund auf im Lande,
Und tausendjährige Bauernkraft
Macht Schild und Schärpe zu Schande!

Die Klingsburg hoch am Berge lag,
Sie zogen hinauf in Waffen,
Auframmte der Schmied mit einem Schlag
Das Tor, das er fronend geschaffen.

Dem Ritter fuhr ein Schlag ins Gesicht,
Und ein Spaten zwischen die Rippen, –
Er brachte das Schwert aus der Scheide nicht,
Und nicht den Fluch von den Lippen.

Aufrauschte die Flamme mit aller Kraft,
Brach Balken, Bogen und Bande, –
Ja, gnade dir Gott, du Ritterschaft:
Der Bauer stund auf im Lande!

[1899]

Jenseits

Jenseits des Tales standen ihre Zelte,
Vorm roten Abendhimmel quoll der Rauch,
Und war ein Singen in dem ganzen Heere,
Und ihre Reiterbuben sangen auch.

Sie putzten klirrend am Geschirr der Pferde,
Hertänzelte die Marketenderin,
Und unterm Singen sprach der Knaben einer:
»Mädchen, du weißts, wo ging der König hin?« –

Diesseits des Tales stand der junge König
Und griff die feuchte Erde aus dem Grund,
Sie kühlte nicht die Glut der armen Stirne,
Sie machte nicht sein krankes Herz gesund.

Ihn heilten nur zwei knabenfrische Wangen,
Und nur ein Mund, den er sich selbst verbot,
– Noch fester schloß der König seine Lippen
Und sah hinüber in das Abendrot.

Jenseits des Tales standen ihre Zelte,
Vorm roten Abendhimmel quoll der Rauch,
Und war ein Lachen in dem ganzen Heere,
Und jener Reiterbube lachte auch.

[1900]

INA SEIDEL

1885–1974

Trost

Unsterblich duften die Linden –
Was bangst du nur?
Du wirst vergehn, und deiner Füße Spur
Wird bald kein Auge mehr im Staube finden.
Doch blau und leuchtend wird der Sommer stehn
Und wird mit seinem süßen Atemwehn
Gelind die arme Menschenbrust entbinden.
Wo kommst du her? Wie lang bist du noch hier?
Was liegt an dir?
Unsterblich duften die Linden –

Die Zuflucht

Ricarda Huch
zum 18. Juli 1944

Was bleibt uns in den Trümmern unsrer Welt
Für Zuflucht aus dem Labyrinth der Trauer?
Was ist noch da, woran der Mensch sich hält,
Als der Gestirne unberührte Dauer,
An deren Starrheit doch das Herz zerschellt –

Auch ist das Meer und der Gebirge Wall
Ganz unverändert, brausend und gelassen.
Wir aber irren taumelnd durch das All
Und können diesen strengen Trost nicht fassen –
Verloren sind wir ohne Widerhall.

Du unterm Kreuz, du Menschheit unterm Joch,
Dem Schweigen der Gestirne preisgegeben,
Dir blieb ein Trost, *ein* Balsam blieb dir doch,
Ein Heiltrank, eingedampft aus Blut und Leben,
Aus deinen eignen Tränen blieb dir noch!

Den königlichen Seelen zugewandt,
Die unter uns in der Zerstreuung wohnen,
Ob ungekrönt, ob ohne Thron und Land,
Doch machtumstrahlt im Abglanz von Äonen:
So halten wir den Finsternissen stand!

So nähren wir das Herz mit reinem Licht
Aus durchgeglühter Seelen harten Siegen,
Aus tieferprobter Seelen Zuversicht,
Die in sich selbst in altem Wissen wiegen
Tagaus, tagein die Welt ins Gleichgewicht.

Da ist nicht Dauer, nicht Vergänglichkeit,
Nicht End', nicht Anfang, Mündung nicht noch Quelle.
Der Geist schwebt überm dunklen Meer der Zeit,
Und ihm verwehrt der Engel keine Schwelle.
Nie stürzt er aus der Heimat: Ewigkeit.

GERTRUD VON LE FORT

1876–1971

Ich bin in das Gesetz deines Glaubens gefallen wie in ein nackendes Schwert!
Mitten durch meinen Verstand ging seine Schärfe, mitten durch die Leuchte meiner Erkenntnis!
Nie wieder werde ich wandeln unter dem Stern meiner Augen und am Stabe meiner Kraft!
Du hast meine Ufer weggerissen und hast Gewalt angetan der Erde zu meinen Füßen!
Meine Schiffe treiben im Meer: alle meine Anker hast du gelichtet!
Die Ketten meiner Gedanken sind zerbrochen, sie hängen wie Wildnis im Abgrund.
Ich irre wie ein Vogel um meines Vaters Haus, ob ein Spalt ist, der dein fremdes Licht einläßt,
Aber es ist keiner auf Erden, außer der Wunde in meinem Geist –
Ich bin in das Gesetz deines Glaubens gefallen wie in ein nackendes Schwert!

[1924]

Aus: *Hymnen an die Kirche*

Die Heimatlosen

Wir sind von einem edlen Stamm genommen,
Der Schuld vermählt,
Wir sind auf dunkeln Wegen hergekommen
Wund und gequält.

Wir hielten einst ein Vaterland umfangen –
Gott riß uns los –
Wir sind durch Feuer und durch Blut gegangen
Verfolgt und bloß.

Des Abgrunds Engel hat uns überflogen –
Wer bannt sein Heer?
Wir sind am Rand der Hölle hingezogen –
Uns graust nicht mehr.

Durch jede Schmach sind wir hindurchgebrochen
Bis ins Gericht:
Wir hörten Worte, die ihr nie gesprochen –
O redet nicht!

Uns winkt hier niemals Heimat mehr wie andern,
Uns hält kein Band,
Gott riß uns los, wir müssen wandern, wandern –
Wüst liegt das Land,

Wüst liegt die Stadt, wüst liegen Hof und Hallen,
Die Hand ward leer,
Wir sahen eine Welt in Trümmer fallen –
Uns trifft nichts mehr,

Ziel eines Hasses oder Spottes,
Was liegt daran?
Wir sind die Heimatlosen unsres Gottes –
Er nimmt uns an.

Die Schuld ist ausgeweint, wir sind entronnen
Ins letzte Weh:
Die ewge Gnade öffnet ihre Bronnen –
Blut wird zu Schnee.

[1950]

KONRAD WEISS

1880–1940

Eines Morgens Schnee

Was man gelebt, was immer mehr geblieben,
stets mehr gelesen, um so dunkler nur,
was man im Lichte schon wie aufgeschrieben
vorfand und ging auf unstörbarer Spur,
was man mit Sinn erreicht, was man mit Lieben
doch nie vollbringen konnte, – deine Flur
wird dir, du Mensch von Ernte niemals satt,
mit eines Morgens Schnee ein reinstes Blatt.

Es ist kein Trost; und nun der Sonne Scheinen
teilt alles nur noch weiter vor dir aus,
so spurlos steht die Zeit, du willst sie einen
gleich einer Träne dort am letzten Strauß,
du horchst auf einen Laut, nun hörst du keinen,
der Schnee macht nur ein regungsloses Haus, –
geh fort, und wie es dir im Busen klopft,
fühlst du den Schnee, der kalt vom Baume tropft.

Du fühlst nicht Nähe mehr, nur noch dies Pochen,
das dir die kalte Wange seltsam näßt,
das Land scheint dir so weit und ganz zerbrochen,
die weißen Berge gleich dem schweren Rest
von einem Himmel, den du nie besprochen,
und der, je mehr du sprichst, dich werden läßt
gleich einer Spur, die sich aus ihm verlor,
und die du kennst, wenn dir im Herzen fror.

So geh nun fort, und was umsonst bestritten
du Tag und Nacht, was schon im Licht verdorrt,
was du gelebt, was du dir selbst inmitten
gelöst, du Mensch, im stets zerbrochnen Wort,
auf dunkler Spur mit unhörbaren Schritten
gewinnt die Zeit ihr Licht, geh mit ihr fort,
noch blüht zur stillen Nacht die Spur so frisch
wie alle Ernte auf dem Ladentisch.

[E: 1939; D: 1949]

Die eine Rose

für Veit Roßkopf

Während wir uns schlugen auf den Wegen,
Wort um Worte rührten,
was die Worte wollten, tiefer spürten,
während wir dem Sinn entgegen
uns durch wache Wildnis trugen,
um ein schlafend Bild umsonst doch Worte
wacher schickend nur sein Schlafen schürten,
und von Ort zu Orte
horchten und die Zungen in uns schlugen,

fiel auf eine Rose vieler Regen.

[1939]

KARL KRAUS

1874–1936

Nächtliche Stunde

Nächtliche Stunde, die mir vergeht,
da ich's ersinne, bedenke und wende,
und diese Nacht geht schon zu Ende.
Draußen ein Vogel sagt: es ist Tag.

Nächtliche Stunde, die mir vergeht,
da ich's ersinne, bedenke und wende,
und dieser Winter geht schon zu Ende.
Draußen ein Vogel sagt: es ist Frühling.

Nächtliche Stunde, die mir vergeht,
da ich's ersinne, bedenke und wende,
und dieses Leben geht schon zu Ende.
Draußen ein Vogel sagt: es ist Tod.

[1923]

HERMANN HESSE

1877–1962

Im Nebel

Seltsam, im Nebel zu wandern!
Einsam ist jeder Busch und Stein,
Kein Baum sieht den andern,
Jeder ist allein.

Voll von Freunden war mir die Welt,
Als noch mein Leben licht war;
Nun, da der Nebel fällt,
Ist keiner mehr sichtbar.

Wahrlich, keiner ist weise,
Der nicht das Dunkel kennt,
Das unentrinnbar und leise
Von allen ihn trennt.

Seltsam, im Nebel zu wandern!
Leben ist Einsamsein.
Kein Mensch kennt den andern,
Jeder ist allein.

[1906]

Stufen

Wie jede Blüte welkt und jede Jugend
Dem Alter weicht, blüht jede Lebensstufe,
Blüht jede Weisheit auch und jede Tugend
Zu ihrer Zeit und darf nicht ewig dauern.
Es muß das Herz bei jedem Lebensrufe
Bereit zum Abschied sein und Neubeginne,
Um sich in Tapferkeit und ohne Trauern
In andre, neue Bindungen zu geben.
Und jedem Anfang wohnt ein Zauber inne,
Der uns beschützt und der uns hilft, zu leben.

Wir sollen heiter Raum um Raum durchschreiten,
An keinem wie an einer Heimat hängen,
Der Weltgeist will nicht fesseln uns und engen,
Er will uns Stuf' um Stufe heben, weiten.
Kaum sind wir heimisch einem Lebenskreise
Und traulich eingewohnt, so droht Erschlaffen;
Nur wer bereit zu Aufbruch ist und Reise,
Mag lähmender Gewöhnung sich entraffen.

Es wird vielleicht auch noch die Todesstunde
Uns neuen Räumen jung entgegen senden,
Des Lebens Ruf an uns wird niemals enden...
Wohlan denn, Herz, nimm Abschied und gesunde!

[1942]

In Sand geschrieben

1947

Daß das Schöne und Berückende
Nur ein Hauch und Schauer sei,
Daß das Köstliche, Entzückende,
Holde ohne Dauer sei:
Wolke, Blume, Seifenblase,
Feuerwerk und Kinderlachen,
Frauenblick im Spiegelglase
Und viel andre wunderbare Sachen,
Daß sie, kaum entdeckt, vergehen,
Nur von Augenblickes Dauer,
Nur ein Duft und Windeswehen,
Ach, wir wissen es mit Trauer,
Und das Dauerhafte, Starre
Ist uns nicht so innig teuer:
Edelstein mit kühlem Feuer,
Glänzendschwere Goldesbarre;
Selbst die Sterne, nicht zu zählen,
Bleiben fern und fremd, sie gleichen
Uns Vergänglichen nicht, erreichen
Nicht das Innerste der Seelen.
Nein, es scheint das innigst Schöne,
Liebenswerte dem Verderben
Zugeneigt, stets nah am Sterben,
Und das Köstlichste: die Töne
Der Musik, die im Entstehen
Schon enteilen, schon vergehen,
Sind nur Wehen, Strömen, Jagen
Und umweht von leiser Trauer,
Denn auch nicht auf Herzschlags Dauer
Lassen sie sich halten, bannen;
Ton um Ton, kaum angeschlagen,
Schwindet schon und rinnt von dannen.

So ist unser Herz dem Flüchtigen,
Ist dem Fließenden, dem Leben
Treu und brüderlich ergeben,
Nicht dem Festen, Dauertüchtigen.
Bald ermüdet uns das Bleibende,
Fels und Sternwelt und Juwelen,
Uns in ewigem Wandel treibende
Wind- und Seifenblasenseelen,
Zeitvermählte, Dauerlose,
Denen Tau am Blatt der Rose,
Denen eines Vogels Werben,
Eines Wolkenspieles Sterben,
Schneegeflimmer, Regenbogen,
Falter, schon hinweg geflogen,
Denen eines Lachens Läuten,
Das uns im Vorübergehen
Kaum gestreift, ein Fest bedeuten
Oder wehtun kann. Wir lieben,
Was uns gleich ist und verstehen,
Was der Wind in Sand geschrieben.

OSKAR LOERKE

1884–1941

Pansmusik

Ein Floß schwimmt aus dem fernen Himmelsrande,
Drauf tönt es dünn und blaß
Wie eine alte süße Sarabande.
Das Auge wird mir naß.

Es ist, wie wenn den weiten Horizonten
Die Seele übergeht,
Der Himmel auf den Ebnen, den besonnten,
Aufhorcht wie ein Prophet

Und eine arme Weise in die Ohren
Der höhern Himmel spricht:
Das Spielen wankt, im Spielen unverloren,
Das Licht wankt durch das Licht.

Heut fährt der Gott der Welt auf einem Floße,
Er sitzt auf Schilf und Rohr,
Und spielt die sanfte, abendliche, große,
Und spielt die Welt sich vor.

Er spielt das große Licht der Welt zur Neige,
Tief aus sich her den Strom
Durch Ebnen mit der Schwermut langer Steige
Und Ewigkeitsarom.

Er baut die Ebenen und ihre Städte
Mit weichen Mundes Ton
Und alles Werden bis in dieses späte
Verspieltsein und Verlohn:

Doch alles wie zu stillendem Genusse
Den Augen bloß, dem Ohr.
So fährt er selig auf dem großen Flusse
Und spielt die Welt sich vor.

So fährt sein Licht und ist bald bei den größern,
Orion, Schwan und Bär:
Sie alle scheinen Flöße schon mit Flößern
Der Welt ins leere Meer.

Bald wird die Grundharmonika verhallen,
Die Seele schläft mir ein,
Bald wird der Wind aus seiner Höhe fallen,
Die Tiefe nicht mehr sein.

[1916]

Die Laubwolke

Beständig ist das leicht Verletzliche.

Lange hing die grüne Wolke über der Erde,
Wohin ging sie?

Im neuen Frühling schwebt sie wieder an
Und erfüllt ihren Ort
Zwischen Grund und Höhe.
Vom Winde gesteuert,
Vom Regen gedrängt,
Vom Licht gehoben,
Kehrt sie immer zurück
Und bleibt so viele Jahre.

Jedesmal in den herbstlichen Lichtern
Klagts aus ihr: ich sinke, warum ich?
Und lauter mit dem Sinn von Dichtern:
Es stürzt mich, ja, warum nicht mich?

Wird es dann Winter –
Im Himmel kriecht gekrümmtes Gestäbe,
Den einmal gewachsenen Abstand nicht ändernd,
Eins des andern vielleicht nicht gewahr,
Doch beisammen in gleicher Spreizung.

Zwischen Grund und Höhe,
Von der Säge des Gärtners unzerrissen,
Von der Axt des Fällers nicht getroffen,
Bleibt das Gesetz:
Beständig ist das leicht Verletzliche.

[1934]

Leitspruch

November 1940

Jedwedes blutgefügte Reich
Sinkt ein, dem Maulwurfshügel gleich.
Jedwedes lichtgeborne Wort
Wirkt durch das Dunkel fort und fort.

[1958]

WILHELM LEHMANN

1882–1968

Oberon

Durch den warmen Lehm geschnitten
Zieht der Weg. Inmitten
Wachsen Lolch und Bibernell.
Oberon ist ihn geritten,
Heuschreckschnell.

Oberon ist längst die Sagenzeit hinabgeglitten.
Nur ein Klirren
Wie von goldnen Reitgeschirren
Bleibt,
Wenn der Wind die Haferkörner reibt.

Aus: *Der Sommeraufenthalt*

[1934]

Ahnung im Januar

Münchhausens Horn ist aufgetaut,
Zerbrochene Gefangenschaft!
Erstarrter Ton wird leise laut,
In Holz und Stengel treibt der Saft.

Dem Anruf als ein Widerhall,
Aus Lehmesklumpen, eisig, kahl,
Steigt Ammernleib, ein Federball,
Schon viele Male, erstes Mal.

Ob Juniluft den Stier umblaut,
Den Winterstall ein Wald durchlaubt?
Ist es Europa, die ihn kraut?
Leicht richtet er das schwere Haupt.

So warmen Fußes, Sommergeist,
Daß unter dir das Eis zerreißt –
Verheißung, und schon brenne ich,
Erfüllung, wie ertrag ich dich?

[1943]

Auf sommerlichem Friedhof (1944)

In memoriam Oskar Loerke

Der Fliegenschnäpper steinauf, steinab.
Der Rosenduft begräbt dein Grab.
Es könnte nirgend stiller sein.
Der darin liegt, erschein, erschein!

Der Eisenhut blitzt blaues Licht.
Komm, wisch den Schweiß mir vom Gesicht.
Der Tag ist süß und ladet ein,
Noch einmal säßen wir zu zwein.

Sirene heult, Geschützmaul bellt.
Sie morden sich: es ist die Welt.
Komm nicht! Komm nicht! Laß mich allein,
Der Erdentag lädt nicht mehr ein.
Ins Qualenlose flohest du,
O Grab, halt deine Tür fest zu!

Deutsche Zeit 1947

Blechdose rostet, Baumstumpf schreit.
Der Wind greint. Jammert ihn die Zeit?
Spitz das Gesicht, der Magen leer,
Den Krähen selbst kein Abfall mehr.

Verlangt nach Lust der dürre Leib,
Für Brot verkauft sich Mann und Weib.
Ich lache nicht, ich weine nicht,
Zu Ende geht das Weltgedicht.

Da seine Strophe sich verlor,
Die letzte, dem ertaubten Ohr,
Hat sich die Erde aufgemacht,
Aus Winterohnmacht spät erwacht.

Zwar schlug das Beil die Hügel kahl,
Versuch, versuch es noch einmal.
Sie mischt und siebt mit weiser Hand:
In Wangenglut entbrennt der Hang,
Zu Anemone wird der Sand.

Sie eilen, grämlichen Gesichts.
Es blüht vorbei. Es ist ein Nichts.
Mißglückter Zauber? Er gelang.
Ich bin genährt. Ich hör Gesang.

MAX HERRMANN-NEISSE

1886–1941

Heimatlos

Wir ohne Heimat irren so verloren
und sinnlos durch der Fremde Labyrinth.
Die Eingebornen plaudern vor den Toren
vertraut im abendlichen Sommerwind.
Er macht den Fenstervorhang flüchtig wehen
und läßt uns in die lang entbehrte Ruh
des sichren Friedens einer Stube sehen
und schließt sie vor uns grausam wieder zu.
Die herrenlosen Katzen in den Gassen,
die Bettler, nächtigend im nassen Gras,
sind nicht so ausgestoßen und verlassen
wie jeder, der ein Heimatglück besaß
und hat es ohne seine Schuld verloren
und irrt jetzt durch der Fremde Labyrinth.
Die Eingebornen träumen vor den Toren
und wissen nicht, daß wir ihr Schatten sind.

(23. 6. 1936)

Ewige Heimat

Bekanntmachung
Auf Grund des Paragraphen 2 etc. etc. ... erkläre ich im Einvernehmen mit dem Herrn Reichsminister des Auswärtigen folgende Personen der deutschen Staatsangehörigkeit für verlustig:
Herrmann, Max
geb. am 23. Mai 1886 in Neisse
Der Reichs- und Preußische Minister des Inneren.

Wer mich zu entehren glaubte,
wenn mit frevelndem Befehle
er das Heimatrecht mir raubte,
ahnt die ewig lenzbelaubte
Heimat nicht in meiner Seele.

Da besteht in altem Glanze
heimatliches Bild und Wesen:
wieder auf besonnter Schanze
werden wir zum Frühlingskranze
uns die ersten Veilchen lesen.

Wieder vor der Bergeskette,
die das Wiesental umwindet,
ist des Städtchens Silhouette,
und auf unserm Fensterbrette
Spatzenvolk sein Futter findet.

Mit gewohntem Wohlgefühle
wandle ich bekannte Pfade
bei der alten Pulvermühle
in des Wäldchens Schattenkühle
zum belebten Wellenbade.

Große Orte und geringe,
Ströme, Höhen, Äcker, Auen,
ernsthafte und heitre Dinge,
wenn ihr Wirkliches verginge,
könnte noch mein Wachtraum schauen.

Schöner, als sie jemals schienen,
blieben sie mir im Gedenken,
machen mir verliebte Mienen,
und ich werde mich mit ihnen
immer wieder schön beschenken.

Was jetzt Gutes muß verderben
dem geknechteten Geschlechte,
wird noch lang nach unserm Sterben
laut mit meinen Worten werben
für die ewigen Heimatrechte.

Wer uns glaubte zu entehren,
wenn er heimatlos uns nannte,
sieht: die Heimat wird sich mehren
und die Seele nichts entbehren
derer, die sein Haß verbannte.

Ewig lenzbelaubt beglücken
wird der Traum uns scheinbar Tote:
lächelnd sehn wir von den Brücken
auf den Tanz der Wassermücken
und die Fahrt der Liebesboote.

Was man liebt, kann nie vergehen:
heimatlich vertraute Töne
überall uns treu umwehen;
denn die Heimat bleibt bestehen
in dem Lied verstoßner Söhne

(6. 4. 1938)

GEORG KAISER

1878–1945

Oradour

Sie bäumten sich: daß sie gezwungen sengten
und in den aufgebrachten Feuerbrand
die Läufe schießend unaufhörlich lenkten,
bis sich im Schutt nichts Lebendes befand.

Sie sperrten sich mit heiligem Verwahren:
daß sie nur taten, was die Weisung hieß –
weh' dem, der in erschüttertem Gebaren
die Waffe wanken oder sinken ließ.

Sie mühten sich mit immer neuem Schildern:
daß die ein Urteil treffe und sie keins –
nicht kann es ihnen sich vor jenen mildern
und Weiser und Gewiesene sind eins.

[E: 1944/45; D: 1959]

GOTTFRIED BENN

1886–1956

Kleine Aster

Ein ersoffener Bierfahrer wurde auf den Tisch gestemmt.
Irgendeiner hatte ihm eine dunkelhellila Aster
zwischen die Zähne geklemmt.
Als ich von der Brust aus
unter der Haut
mit einem langen Messer
Zunge und Gaumen herausschnitt,
muß ich sie angestoßen haben, denn sie glitt
in das nebenliegende Gehirn.
Ich packte sie ihm in die Brusthöhle
zwischen die Holzwolle,
als man zunähte.
Trinke dich satt in deiner Vase!
Ruhe sanft,
kleine Aster!

[1912]

Sieh die Sterne, die Fänge

Sieh die Sterne, die Fänge
Lichts und Himmel und Meer,
welche Hirtengesänge,
dämmernde, treiben sie her,
du auch, die Stimmen gerufen
und deinen Kreis durchdacht,
folge die schweigenden Stufen
abwärts dem Boten der Nacht.

Wenn du die Mythen und Worte
entleert hast, sollst du gehn,
eine neue Götterkohorte
wirst du nicht mehr sehn,
nicht ihre Euphratthrone,
nicht ihre Schrift und Wand –
gieße, Myrmidone,
den dunklen Wein ins Land.

Wie dann die Stunden auch hießen,
Qual und Tränen des Seins,
alles blüht im Verfließen
dieses nächtigen Weins,
schweigend strömt die Aeone,
kaum noch von Ufern ein Stück –
gib nun dem Boten die Krone,
Traum und Götter zurück.

[*Myrmidonen:* Gefolgsleute des Achill.]

[1927]

Tag, der den Sommer endet

Tag, der den Sommer endet,
Herz, dem das Zeichen fiel:
die Flammen sind versendet,
die Fluten und das Spiel.

Die Bilder werden blasser,
entrücken sich der Zeit,
wohl spiegelt sie noch ein Wasser,
doch auch dies Wasser ist weit.

Du hast eine Schlacht erfahren,
trägst noch ihr Stürmen, ihr Fliehn,
indessen die Schwärme, die Scharen,
die Heere weiterziehn.

Rosen und Waffenspanner,
Pfeile und Flammen weit –:
die Zeichen sinken, die Banner –:
Unwiederbringlichkeit.

[1936]

Wer allein ist –

Wer allein ist, ist auch im Geheimnis,
immer steht er in der Bilder Flut,
ihrer Zeugung, ihrer Keimnis,
selbst die Schatten tragen ihre Glut.

Trächtig ist er jeder Schichtung
denkerisch erfüllt und aufgespart,
mächtig ist er der Vernichtung
allem Menschlichen, das nährt und paart.

Ohne Rührung sieht er, wie die Erde
eine andere ward, als ihm begann,
nicht mehr Stirb und nicht mehr Werde:
formstill sieht ihn die Vollendung an.

[1936]

Einsamer nie –

Einsamer nie als im August:
Erfüllungsstunde – im Gelände
die roten und die goldenen Brände,
doch wo ist deiner Gärten Lust?

Die Seen hell, die Himmel weich,
die Äcker rein und glänzen leise,
doch wo sind Sieg und Siegsbeweise
aus dem von dir vertretenen Reich?

Wo alles sich durch Glück beweist
und tauscht den Blick und tauscht die Ringe
im Weingeruch, im Rausch der Dinge –:
dienst du dem Gegenglück, dem Geist.

[1936]

Ein Wort

Ein Wort, ein Satz –: aus Chiffren steigen
erkanntes Leben, jäher Sinn,
die Sonne steht, die Sphären schweigen
und alles ballt sich zu ihm hin.

Ein Wort – ein Glanz, ein Flug, ein Feuer,
ein Flammenwurf, ein Sternenstrich –
und wieder Dunkel, ungeheuer,
im leeren Raum um Welt und Ich.

[1943, Privatdruck]

Reisen

Meinen Sie Zürich zum Beispiel
sei eine tiefere Stadt,
wo man Wunder und Weihen
immer als Inhalt hat?

Meinen Sie, aus Habana,
weiß und hibiskusrot,
bräche ein ewiges Manna
für Ihre Wüstennot?

Bahnhofstraßen und Rueen,
Boulevards, Lidos, Laan –
selbst auf den Fifth Avenueen
fällt Sie die Leere an –

ach, vergeblich das Fahren!
Spät erst erfahren Sie sich:
bleiben und stille bewahren
das sich umgrenzende Ich.

[1950]

Was schlimm ist

Wenn man kein Englisch kann,
von einem guten englischen Kriminalroman zu hören,
der nicht ins Deutsche übersetzt ist.

Bei Hitze ein Bier sehn,
das man nicht bezahlen kann.

Einen neuen Gedanken haben,
den man nicht in einen Hölderlinvers einwickeln kann,
wie es die Professoren tun.

Nachts auf Reisen Wellen schlagen hören
und sich sagen, daß sie das immer tun.

Sehr schlimm: eingeladen sein,
wenn zu Hause die Räume stiller,

der Café besser
und keine Unterhaltung nötig ist.

Am schlimmsten:
nicht im Sommer sterben,
wenn alles hell ist
und die Erde für Spaten leicht.

[1953]

Eingeengt

Eingeengt in Fühlen und Gedanken
deiner Stunde, der du anbestimmt,
wo so viele Glücke Trauer tranken,
einer Stunde, welche Abschied nimmt,

Trauer nur – die Sturm- und Siegeswogen,
Niederlagen, Gräber, Kuß und Kranz,
Trauer nur – die Heere abgezogen,
sammeln sie sich wo – wer weiß es ganz?

Denke dann der Herzen wechselnd Träumen,
andere Götter, anderes Bemühn,
denk der Reiche, die Pagoden säumen,
wo die feuerroten Segel blühn,

denke andres: wie vom Himmel erben
Nord und Süd durch Funken und durch Flut,
denke an das große Mammutsterben
in den Tundren zwischen Eis und Glut,

eingeengt von Fühlen und Gedanken
bleibt in dich ein großer Strom gelegt,
seine Melodie ist ohne Schranken,
trauerlos und leicht und selbstbewegt.

[1953]

JOHANNES R. BECHER

1891–1958

Eingang

Der Dichter meidet strahlende Akkorde.
Er stößt durch Tuben, peitscht die Trommel schrill.
Er reißt das Volk auf mit gehackten Sätzen.

*

Ich lerne. Ich bereite vor. Ich übe mich.
Wie arbeite ich – hah leidenschaftlich! –
Gegen mein noch unplastisches Gesicht –:
Falten spanne ich.
Die Neue Welt
(– eine solche: die alte, die mystische, die Welt der Qual austilgend –)
Zeichne ich, möglichst korrekt, darin ein.
Eine besonnte, eine äußerst gegliederte, eine *geschliffene* Landschaft schwebt mir vor,
Eine Insel glückseliger Menschheit.
Dazu bedarf es viel. (Das weiß er auch längst sehr wohl.)

O Trinität des Werks: Erlebnis, Formulierung, Tat.

Ich lerne. Bereite vor. Ich übe mich.

... bald werden sich die Sturzwellen meiner Sätze zu einer unerhörten Figur verfügen.
Reden. Manifeste. Parlament. Der Experimentalroman.
Gesänge von Tribünen herab vorzutragen.

Der neue, der heilige Staat
Sei gepredigt, dem Blut der Völker, Blut von ihrem Blut, eingeimpft.
Restlos sei er gestaltet.
Paradies setzt ein.
– Laßt uns die Schlagwetter-Atmosphäre verbreiten! –
Lernt! Vorbereitet! Übt euch!

[1916]

Tübingen oder *Die Harmonie*

Könnt ich so dichten, wie hier alles klug
Verteilt ist, jedes steht an seiner Stelle.
Des Dunklen nicht zuviel, genügend Helle,
Die Burg, die Brücke, und der Straße Zug

Zur Burg hinauf: verborgen nicht zuviel
Und sichtbar doch nicht alles. Auch die Wellen
Des Neckars halten Maß: in ihrem Spiel
Erscheint das Meer schon, und zugleich der Quellen

Ursprung ist spürbar. So geordnet ist
Dies alles, einfach, und doch reich gegliedert.
Wie ewiges Gespräch. Darin vermißt

Man keine Stimme. Alles wird erwidert.
Zur Brücke spricht die Burg. Die Brücke spricht
Hinab zum Fluß. Ins Dunkel spricht das Licht.

[1938]

Deutschland, meine Trauer

Heimat, meine Trauer,
Land im Dämmerschein –
Himmel, du mein blauer,
Du, mein Fröhlichsein.

Einmal wird es heißen:
Als du warst verkannt,
Wurde, dich zu preisen,
Dir ein Lied gesandt.

War, um dich zu einen,
Dir ein Lied geweiht,
Und mit dir zu weinen
In der Dunkelheit . . .

Himmel schien, ein blauer,
Friede kehrte ein –
Deutschland, meine Trauer,
Du, mein Fröhlichsein.

[1949]

Nationalhymne der Deutschen Demokratischen Republik

Auferstanden aus Ruinen
Und der Zukunft zugewandt,
Laß uns dir zum Guten dienen,
Deutschland, einig Vaterland.
Alte Not gilt es zu zwingen,
Und wir zwingen sie vereint,
Denn es muß uns doch gelingen,
Daß die Sonne schön wie nie
Über Deutschland scheint.

Glück und Friede sei beschieden
Deutschland, unsrem Vaterland!
Alle Welt sehnt sich nach Frieden!
Reicht den Völkern eure Hand.
Wenn wir brüderlich uns einen,
Schlagen wir des Volkes Feind.
Laßt das Licht des Friedens scheinen,
Daß nie eine Mutter mehr
Ihren Sohn beweint!

Laßt uns pflügen, laßt uns bauen,
Lernt und schafft wie nie zuvor,
Und der eignen Kraft vertrauend,
Steigt ein frei Geschlecht empor.
Deutsche Jugend, bestes Streben
Unsres Volks in dir vereint,
Wirst du Deutschlands neues Leben,
Und die Sonne schön wie nie
Über Deutschland scheint.

[1949]

[Weil der Text den Gedanken der Einigung Deutschlands bewahrt, wurde er in der DDR seit Anfang der siebziger Jahre bei offiziellen Anlässen nicht mehr verwendet. Nur die zugehörige Musik Hanns Eislers wurde noch als Hymne gespielt.]

BERTOLT BRECHT

1898–1956

Aus: *Bertolt Brechts Hauspostille*

[E: 1918–1927; D: 1927]

Vom Schwimmen in Seen und Flüssen

1

Im bleichen Sommer, wenn die Winde oben
Nur in dem Laub der großen Bäume sausen
Muß man in Flüssen liegen oder Teichen
Wie die Gewächse, worin Hechte hausen.
Der Leib wird leicht im Wasser. Wenn der Arm
Leicht aus dem Wasser in den Himmel fällt
Wiegt ihn der kleine Wind vergessen
Weil er ihn wohl für braunes Astwerk hält.

2

Der Himmel bietet mittags große Stille.
Man macht die Augen zu, wenn Schwalben kommen.
Der Schlamm ist warm. Wenn kühle Blasen quellen
Weiß man: ein Fisch ist jetzt durch uns geschwommen.
Mein Leib, die Schenkel und der stille Arm
Wir liegen still im Wasser, ganz geeint
Nur wenn die kühlen Fische durch uns schwimmen
Fühl ich, daß Sonne überm Tümpel scheint.

3

Wenn man am Abend von dem langen Liegen
Sehr faul wird, so, daß alle Glieder beißen
Muß man das alles, ohne Rücksicht, klatschend
In blaue Flüsse schmeißen, die sehr reißen.
Am besten ist's, man hält's bis Abend aus.
Weil dann der bleiche Haifischhimmel kommt
Bös und gefräßig über Fluß und Sträuchern
Und alle Dinge sind, wie's ihnen frommt.

4

Natürlich muß man auf dem Rücken liegen
So wie gewöhnlich. Und sich treiben lassen.
Man muß nicht schwimmen, nein, nur so tun, als
Gehöre man einfach zu Schottermassen.
Man soll den Himmel anschaun und so tun
Als ob einen ein Weib trägt, und es stimmt.
Ganz ohne großen Umtrieb, wie der liebe Gott tut
Wenn er am Abend noch in seinen Flüssen schwimmt.

Erinnerung an die Marie A.

1

An jenem Tag im blauen Mond September
Still unter einem jungen Pflaumenbaum
Da hielt ich sie, die stille bleiche Liebe
In meinem Arm wie einen holden Traum.
Und über uns im schönen Sommerhimmel
War eine Wolke, die ich lange sah
Sie war sehr weiß und ungeheuer oben
Und als ich aufsah, war sie nimmer da.

2

Seit jenem Tag sind viele, viele Monde
Geschwommen still hinunter und vorbei.
Die Pflaumenbäume sind wohl abgehauen
Und fragst du mich, was mit der Liebe sei?
So sag ich dir: ich kann mich nicht erinnern
Und doch, gewiß, ich weiß schon, was du meinst.
Doch ihr Gesicht, das weiß ich wirklich nimmer
Ich weiß nur mehr: ich küßte es dereinst.

3

Und auch den Kuß, ich hätt ihn längst vergessen
Wenn nicht die Wolke dagewesen wär
Die weiß ich noch und werd ich immer wissen
Sie war sehr weiß und kam von oben her.
Die Pflaumenbäume blühn vielleicht noch immer
Und jene Frau hat jetzt vielleicht das siebte Kind
Doch jene Wolke blühte nur Minuten
Und als ich aufsah, schwand sie schon im Wind.

Vom armen B. B.

1

Ich, Bertolt Brecht, bin aus den schwarzen Wäldern.
Meine Mutter trug mich in die Städte hinein
Als ich in ihrem Leibe lag. Und die Kälte der Wälder
Wird in mir bis zu meinem Absterben sein.

2

In der Asphaltstadt bin ich daheim. Von allem Anfang
Versehen mit jedem Sterbsakrament:
Mit Zeitungen. Und Tabak. Und Branntwein.
Mißtrauisch und faul und zufrieden am End.

3

Ich bin zu den Leuten freundlich. Ich setze
Einen steifen Hut auf nach ihrem Brauch.
Ich sage: Es sind ganz besonders riechende Tiere
Und ich sage: Es macht nichts, ich bin es auch.

4

In meine leeren Schaukelstühle vormittags
Setze ich mir mitunter ein paar Frauen
Und ich betrachte sie sorglos und sage ihnen:
In mir habt ihr einen, auf den könnt ihr nicht bauen.

5

Gegen Abend versammle ich um mich Männer
Wir reden uns da mit »Gentlemen« an.
Sie haben ihre Füße auf meinen Tischen
Und sagen: Es wird besser mit uns. Und ich frage nicht: Wann?

6

Gegen Morgen in der grauen Frühe pissen die Tannen
Und ihr Ungeziefer, die Vögel, fängt an zu schrein.
Um die Stunde trink ich mein Glas in der Stadt aus und schmeiße
Den Tabakstummel weg und schlafe beunruhigt ein.

7

Wir sind gesessen, ein leichtes Geschlechte
In Häusern, die für unzerstörbare galten
(So haben wir gebaut die langen Gehäuse des Eilands Manhattan
Und die dünnen Antennen, die das Atlantische Meer unterhalten).

8

Von diesen Städten wird bleiben: der durch sie hindurchging, der Wind!
Fröhlich machet das Haus den Esser: er leert es.
Wir wissen, daß wir Vorläufige sind
Und nach uns wird kommen: nichts Nennenswertes.

9

Bei den Erdbeben, die kommen werden, werde ich hoffentlich
Meine Virginia nicht ausgehen lassen durch Bitterkeit
Ich, Bertolt Brecht, in die Asphaltstädte verschlagen
Aus den schwarzen Wäldern in meiner Mutter in früher Zeit.

[E: 1922]

Fragen eines lesenden Arbeiters

Wer baute das siebentorige Theben?
In den Büchern stehen die Namen von Königen.
Haben die Könige die Felsbrocken herbeigeschleppt?
Und das mehrmals zerstörte Babylon –
Wer baute es so viele Male auf? In welchen Häusern
Des goldstrahlenden Lima wohnten die Bauleute?
Wohin gingen an dem Abend, wo die Chinesische Mauer fertig war
Die Maurer? Das große Rom
Ist voll von Triumphbögen. Wer errichtete sie? Über wen
Triumphierten die Cäsaren? Hatte das vielbesungene Byzanz
Nur Paläste für seine Bewohner? Selbst in dem sagenhaften Atlantis
Brüllten in der Nacht, wo das Meer es verschlang
Die Ersaufenden nach ihren Sklaven.

Der junge Alexander eroberte Indien.
Er allein?
Cäsar schlug die Gallier.
Hatte er nicht wenigstens einen Koch bei sich?
Philipp von Spanien weinte, als seine Flotte
Untergegangen war. Weinte sonst niemand?
Friedrich der Zweite siegte im Siebenjährigen Krieg. Wer
Siegte außer ihm?

Jede Seite ein Sieg.
Wer kochte den Siegesschmaus?
Alle zehn Jahre ein großer Mann.
Wer bezahlte die Spesen?

So viele Berichte.
So viele Fragen.

(1935)

Legende von der Entstehung des Buches Taoteking auf dem Weg des Laotse in die Emigration

1

Als er Siebzig war und war gebrechlich
Drängte es den Lehrer doch nach Ruh
Denn die Güte war im Lande wieder einmal schwächlich
Und die Bosheit nahm an Kräften wieder einmal zu.
Und er gürtete den Schuh.

2

Und er packte ein, was er so brauchte:
Wenig. Doch es wurde dies und das.
So die Pfeife, die er immer abends rauchte
Und das Büchlein, das er immer las.
Weißbrot nach dem Augenmaß.

3

Freute sich des Tals noch einmal und vergaß es
Als er ins Gebirg den Weg einschlug.
Und sein Ochse freute sich des frischen Grases
Kauend, während er den Alten trug.
Denn dem ging es schnell genug.

4

Doch am vierten Tag im Felsgesteine
Hat ein Zöllner ihm den Weg verwehrt:
»Kostbarkeiten zu verzollen?« – »Keine.«
Und der Knabe, der den Ochsen führte, sprach: »Er hat gelehrt.«
Und so war auch das erklärt.

5

Doch der Mann in einer heitren Regung
Fragte noch: »Hat er was rausgekriegt?«
Sprach der Knabe: »Daß das weiche Wasser in Bewegung
Mit der Zeit den mächtigen Stein besiegt.
Du verstehst, das Harte unterliegt.«

6

Daß er nicht das letzte Tageslicht verlöre
Trieb der Knabe nun den Ochsen an
Und die drei verschwanden schon um eine schwarze Föhre
Da kam plötzlich Fahrt in unsern Mann
Und er schrie: »He, du! Halt an!

7

Was ist das mit diesem Wasser, Alter?«
Hielt der Alte: »Intressiert es dich?«
Sprach der Mann: »Ich bin nur Zollverwalter
Doch wer wen besiegt, das intressiert auch mich.
Wenn du's weißt, dann sprich!

8

Schreib mir's auf! Diktier es diesem Kinde!
So was nimmt man doch nicht mit sich fort.
Da gibt's doch Papier bei uns und Tinte
Und ein Nachtmahl gibt es auch: ich wohne dort.
Nun, ist das ein Wort?«

9

Über seine Schulter sah der Alte
Auf den Mann: Flickjoppe. Keine Schuh.
Und die Stirne eine einzige Falte.
Ach, kein Sieger trat da auf ihn zu.
Und er murmelte: »Auch du?«

10

Eine höfliche Bitte abzuschlagen
War der Alte, wie es schien, zu alt.
Denn er sagte laut: »Die etwas fragen
Die verdienen Antwort.« Sprach der Knabe: »Es wird auch schon kalt.«
»Gut, ein kleiner Aufenthalt.«

11

Und von seinem Ochsen stieg der Weise
Sieben Tage schrieben sie zu zweit.
Und der Zöllner brachte Essen (und er fluchte nur noch leise
Mit den Schmugglern in der ganzen Zeit).
Und dann war's soweit.

12

Und dem Zöllner händigte der Knabe
Eines Morgens einundachtzig Sprüche ein.
Und mit Dank für eine kleine Reisegabe
Bogen sie um jene Föhre ins Gestein.
Sagt jetzt: kann man höflicher sein?

13

Aber rühmen wir nicht nur den Weisen
Dessen Name auf dem Buche prangt!
Denn man muß dem Weisen seine Weisheit erst entreißen.
Darum sei der Zöllner auch bedankt:
Er hat sie ihm abverlangt.

[E: 1937/38; D: 1939]

An die Nachgeborenen

I

Wirklich, ich lebe in finsteren Zeiten!
Das arglose Wort ist töricht. Eine glatte Stirn
Deutet auf Unempfindlichkeit hin. Der Lachende
Hat die furchtbare Nachricht
Nur noch nicht empfangen.

Was sind das für Zeiten, wo
Ein Gespräch über Bäume fast ein Verbrechen ist
Weil es ein Schweigen über so viele Untaten einschließt!
Der dort ruhig über die Straße geht
Ist wohl nicht mehr erreichbar für seine Freunde
Die in Not sind?

Es ist wahr: ich verdiene noch meinen Unterhalt
Aber glaubt mir: das ist nur ein Zufall. Nichts
Von dem, was ich tue, berechtigt mich dazu, mich sattzuessen.
Zufällig bin ich verschont. (Wenn mein Glück aussetzt, bin ich verloren.)

Man sagt mir: Iß und trink du! Sei froh, daß du hast!
Aber wie kann ich essen und trinken, wenn
Ich dem Hungernden entreiße, was ich esse, und
Mein Glas Wasser einem Verdurstenden fehlt?
Und doch esse und trinke ich.

Ich wäre gerne auch weise.
In den alten Büchern steht, was weise ist:
Sich aus dem Streit der Welt halten und die kurze Zeit
Ohne Furcht verbringen
Auch ohne Gewalt auskommen
Böses mit Gutem vergelten
Seine Wünsche nicht erfüllen, sondern vergessen

Gilt für weise.
Alles das kann ich nicht:
Wirklich, ich lebe in finsteren Zeiten!

II

In die Städte kam ich zur Zeit der Unordnung
Als da Hunger herrschte.
Unter die Menschen kam ich zu der Zeit des Aufruhrs
Und ich empörte mich mit ihnen.
So verging meine Zeit
Die auf Erden mir gegeben war.

Mein Essen aß ich zwischen den Schlachten
Schlafen legte ich mich unter die Mörder
Der Liebe pflegte ich achtlos
Und die Natur sah ich ohne Geduld.
So verging meine Zeit
Die auf Erden mir gegeben war.

Die Straßen führten in den Sumpf zu meiner Zeit.
Die Sprache verriet mich dem Schlächter.
Ich vermochte nur wenig. Aber die Herrschenden
Saßen ohne mich sicherer, das hoffte ich.
So verging meine Zeit
Die auf Erden mir gegeben war.

Die Kräfte waren gering. Das Ziel
Lag in großer Ferne
Es war deutlich sichtbar, wenn auch für mich
Kaum zu erreichen.
So verging meine Zeit
Die auf Erden mir gegeben war.

III

Ihr, die ihr auftauchen werdet aus der Flut
In der wir untergegangen sind
Gedenkt
Wenn ihr von unseren Schwächen sprecht
Auch der finsteren Zeit
Der ihr entronnen seid.

Gingen wir doch, öfter als die Schuhe die Länder wechselnd
Durch die Kriege der Klassen, verzweifelt
Wenn da nur Unrecht war und keine Empörung.

Dabei wissen wir doch:
Auch der Haß gegen die Niedrigkeit
Verzerrt die Züge.
Auch der Zorn über das Unrecht
Macht die Stimme heiser. Ach, wir
Die wir den Boden bereiten wollten für Freundlichkeit
Konnten selber nicht freundlich sein.

Ihr aber, wenn es so weit sein wird
Daß der Mensch dem Menschen ein Helfer ist
Gedenkt unsrer
Mit Nachsicht.

[1939]

Kinderhymne

Anmut sparet nicht noch Mühe
Leidenschaft nicht noch Verstand
Daß ein gutes Deutschland blühe
Wie ein andres gutes Land.

Daß die Völker nicht erbleichen
Wie vor einer Räuberin
Sondern ihre Hände reichen
Uns wie andern Völkern hin.

Und nicht über und nicht unter
Andern Völkern wolln wir sein
Von der See bis zu den Alpen
Von der Oder bis zum Rhein.

Und weil wir dies Land verbessern
Lieben und beschirmen wir's
Und das liebste mag's uns scheinen
So wie andern Völkern ihrs.

Aus: *Kinderlieder 1950*

Aus: *Buckower Elegien* (1953)

[Brecht und Helene Weigel mieteten im Februar 1952 in der Märkischen Schweiz in Buckow (östlich von Berlin) ein Landhaus an einem kleinen See.]

Die Lösung

Nach dem Aufstand des 17. Juni
Ließ der Sekretär des Schriftstellerverbands
In der Stalinallee Flugblätter verteilen
Auf denen zu lesen war, daß das Volk
Das Vertrauen der Regierung verscherzt habe
Und es nur durch verdoppelte Arbeit
Zurückerobern könne. Wäre es da
Nicht doch einfacher, die Regierung
Löste das Volk auf und
Wählte ein anderes?

[*Aufstand:* am 17. 6. 1953 in Berlin (Ost) und in der DDR.]

Böser Morgen

Die Silberpappel, eine ortsbekannte Schönheit
Heut eine alte Vettel. Der See
Eine Lache Abwaschwasser, nicht rühren!
Die Fuchsien unter dem Löwenmaul billig und eitel.
Warum?

Heute nacht im Traum sah ich Finger, auf mich deutend
Wie auf einen Aussätzigen. Sie waren zerarbeitet und
Sie waren gebrochen.

Unwissende! schrie ich
Schuldbewußt.

Der Rauch

Das kleine Haus unter Bäumen am See.
Vom Dach steigt Rauch.
Fehlte er
Wie trostlos dann wären
Haus, Bäume und See.

WALTER MEHRING

1896–1981

Die Sage vom Großen Krebs

Es geht um – es geht um eine böse Mär
Vom Krebs im Mohriner See ...
Ihn ketten zwei Jahrtausende schwer –
Und wär er frei
Ging alles rückwärts und verquer,
rückwärts und verquer.
Läutet die Glocken bim bam bom
Hosiannah!
Gott geb's
Daß nimmermehr loskomm
Der Große Krebs!

Denn kröche der Krebs aus dem Morast,
Marschierte ein ganzes Heer,
Das würgt und mordet, hetzt und haßt
Ihm hinterher.
Im Krebsgang rückwärts und verquer,
rückwärts und verquer ...
Marschierte das ganze Rückwärtser-Heer.
Hosiannah!
Gott geb's
Daß loskomm nimmermehr
Der Große Krebs!

Dann kreiste zurück die Jahrhundertuhr
Zur ewigen Mitternacht ...
Und wenn die berauschte Kreatur
Vom Traum erwacht,
Geht alles rückwärts und verquer,
rückwärts und verquer.
Zu Hexenbränden und Judenpogrom ...
Hosiannah!
Gott geb's
Daß nimmermehr loskomm
Der Große Krebs!

Wohin er kröche, folgte seiner Spur
Die Pest vom Mohriner See,
Und es regierte die Krebs-Diktatur
Und kommandiert:
Das Ganze rückwärts und verquer,
rückwärts und verquer!
Nieder mit euch! Kadaverfromm!
Hosiannah!
Gott geb's
Daß nimmermehr loskomm
Der Große Krebs!

Ach, hör mich, Volk – welch du hier lebst
Und zwischen Berg und See
Um täglich Brot und Freiheit krebst:
Laß ihn nicht frei –
Sonst geht es rückwärts und verquer,
rückwärts und verquer ...
Wir alle, alle hinterher –
Und euer Wille geb's,
Daß loskomm nimmermehr
nimmermehr
Der Große Krebs
Der Große Krebs!

[28. 2. 1933 im vorletzten Heft der »Weltbühne«]

[Vgl. das Gedicht von August Kopisch.]

Der Emigrantenchoral

Werft
    eure Herzen über alle Grenzen,
Und wo ein Blick grüßt, werft die Anker aus!
Zählt auf der Wandrung nicht nach Monden, Wintern, Lenzen –
Starb eine Welt – ihr sollt sie nicht bekränzen!

Schärft
das euch ein und sagt: Wir sind zu Haus!
    Baut euch ein Nest!
    Vergeßt – vergeßt
Was man euch aberkannt und euch gestohln!
Kommt ihr von Isar, Spree und Waterkant:
Was gibt's da heut zu holn?
    Die ganze Heimat
        Und das bißchen Vaterland
    Die trägt der Emigrant
    Von Mensch zu Mensch – von Ort zu Ort
    An seinen Sohl'n, in seinem Sacktuch mit sich fort.

Tarnt
    euch mit Scheuklappen – mit Mönchskapuzen:
Ihr werdt euch doch die Schädel drunter beuln!
Ihr seid gewarnt: das Schicksal läßt sich da nicht uzen –
    Wir wolln uns lieber mit Hyänen duzen
    Als drüben mit den Volksgenossen heuln!
    Wo ihr auch seid:
        Das gleiche Leid
    Auf 'ner Wildwestfarm – einem Nest in Poln
    Die Stadt, der Strand, von denen ihr verbannt:
    Was gibt's da noch zu holn?
    Die ganze Heimat und
        das bißchen Vaterland
    Die trägt der Emigrant
    Von Mensch zu Mensch – von Ort zu Ort
    An seinen Sohl'n, in seinem Sacktuch mit sich fort.

Werft
    eure Hoffnung über neue Grenzen –
Reißt euch die alte aus wie'n hohlen Zahn!
Es ist nicht alles Gold, wo Uniformen glänzen!
Solln sie verleumden – sich vor Wut besprenzen –
Sie spucken Haß in einen Ozean!
    Laßt sie allein
    Beim Rachespein

Bis sie erbrechen, was sie euch gestohln
Das Haus, den Acker – Berg und Waterkant.
Der Teufel mag sie holn!
  Die ganze Heimat und
  das bißchen Vaterland
Die trägt der Emigrant
Von Mensch zu Mensch – landauf
  landab
Und wenn sein Lebensvisum abläuft
  mit ins Grab.

[1934]

JOSEF WEINHEBER

1892–1945

Das reine Gedicht

Du gabst im Schlafe, Gott, mir das Gedicht.
Ich werde es im Wachen nie begreifen.
Nachbildend Zug um Zug das Traumgesicht,
nur sehnen kann ich mich und Worte häufen.

Da es ein Klang war, sollt ich es nicht hören?
Da es ein Bild war, sollt ich es nicht sehn?
Nun wird die Oberfläche mich betören,
im Tonfall wird der Klang zuschanden gehn.

Wie war es doch? Es war in seligem Traume.
Nur noch in solchem Wachsein lebe ich.
Die Augen schließend, raubt es mich dem Raume.
Traum schlägt den Blick auf, und ich schaue dich.

Im Grase

Glocken und Zyanen,
Thymian und Mohn.
Ach, ein fernes Ahnen
hat das Herz davon.

Und im sanften Nachen
trägt es so dahin.
Zwischen Traum und Wachen
frag ich, wo ich bin.

Seh die Schiffe ziehen,
fühl den Wellenschlag,
weiße Wolken fliehen
durch den späten Tag –

Glocken und Zyanen,
Mohn und Thymian.
Himmlisch wehn die Fahnen
über grünem Plan:

Löwenzahn und Raden,
Klee und Rosmarin.
Lenk es, Gott, in Gnaden
nach der Heimat hin.

Das ist deine Stille.
Ja, ich hör dich schon.
Salbei und Kamille,
Thymian und Mohn,

und schon halb im Schlafen
– Mohn und Thymian –
landet sacht im Hafen
nun der Nachen an.

[1936]

Hymnus auf die deutsche Sprache

O wie raunt, lebt, atmet in deinem Laut
der tiefe Gott, dein Herr; unsre Seel,
die da ist das Schicksal der Welt.
Du des Erhabenen
starres Antlitz,
mildes Auge des Traumes,
eherne Schwertfaust!

Eine helle Mutter, eine dunkle Geliebte,
stärker, fruchtbarer, süßer als all deine Schwestern;
bittern Kampfes, jeglichen Opfers wert:
Du gibst dem Herrn die Kraft des Befehls und Demut dem Sklaven.
Du gibst dem Dunklen Dunkles
und dem Lichte das Licht.
Du nennst die Erde und den Himmel: deutsch!

Du unverbraucht wie dein Volk!
Du tief wie dein Volk!
Du schwer und spröd wie dein Volk!
Du wie dein Volk niemals beendet!

Im fernen Land
furchtbar allein,
das Dach nicht über dem Haupte
und unter den Füßen die Erde nicht:
Du einzig seine Heimat,
süße Heimat dem Sohn des Volks.

Du Zuflucht in das Herz hinab,
du über Gräbern Siegel des Kommenden, teures Gefäß
ewigen Leides!
Vaterland uns Einsamen, die es nicht kennt,
unzerstörbar Scholle dem Schollenlosen,
unsrer Nacktheit ein weiches Kleid,
unserem Blut eine letzte Lust,
unserer Angst eine tiefe Ruhe:

Sprache unser!
Die wir dich sprechen in Gnaden, dunkle Geliebte!
Die wir dich schweigen in Ehrfurcht, heilige Mutter!

[1934]

ALBRECHT HAUSHOFER

1903–1945

Schuld

Ich trage leicht an dem, was das Gericht
mir Schuld benennen wird: an Plan und Sorgen.
Verbrecher wär' ich, hätt' ich für das Morgen
des Volkes nicht geplant aus eigner Pflicht.

Doch schuldig bin ich anders als ihr denkt,
ich mußte früher meine Pflicht erkennen,
ich mußte schärfer Unheil Unheil nennen –
mein Urteil hab ich viel zu lang gelenkt ...

Ich klage mich in meinem Herzen an:
Ich habe mein Gewissen lang betrogen,
ich hab mich selbst und andere belogen –

ich kannte früh des Jammers ganze Bahn –
ich hab gewarnt – nicht hart genug und klar!
Und heute weiß ich, was ich schuldig war ...

[*Gericht:* der 1934 in Berlin als Sondergericht für Hoch- und Landesverratssachen eingerichtete ›Volksgerichtshof‹.]

REINHOLD SCHNEIDER

1903–1958

Allein den Betern kann es noch gelingen,
Das Schwert ob unsern Häuptern aufzuhalten
Und diese Welt den richtenden Gewalten
Durch ein geheiligt Leben abzuringen.

Denn Täter werden nie den Himmel zwingen:
Was sie vereinen, wird sich wieder spalten,
Was sie erneuern, über Nacht veralten,
Und was sie stiften, Not und Unheil bringen.

Jetzt ist die Zeit, da sich das Heil verbirgt,
Und Menschenhochmut auf dem Markte feiert,
Indes im Dom die Beter sich verhüllen,

Bis Gott aus unsern Opfern Segen wirkt
Und in den Tiefen, die kein Aug entschleiert,
Die trocknen Brunnen sich mit Leben füllen.

[E: 1936; D: 1941, Privatdruck]

WERNER BERGENGRUEN

1892–1964

Wer will die Reinen von den Schuldigen scheiden?

Wer will die Reinen von den Schuldigen scheiden?
Und welcher Reine hat sich nicht befleckt?
Es wird die Sichel Kraut und Unkraut schneiden,
wenn sie des Erntetages Spruch vollstreckt.

In jedem Torweg steht geheim ein Rächer.
Uns allen ist der Bittertrunk gemein.
Schlagt mich ans Kreuz! Es soll der Schächer
mit Ihm im Paradiese sein.

Aus: *Dies irae*

[E: 1944; D: 1945]

[*Dies irae:* Tag des Zorns, des Weltgerichts.]

Die heile Welt

Wisse, wenn in Schmerzensstunden
dir das Blut vom Herzen spritzt:
Niemand kann die Welt verwunden,
nur die Schale wird geritzt.

Tief im innersten der Ringe
ruht ihr Kern getrost und heil.
Und mit jedem Schöpfungsdinge
hast du immer an ihm teil.

Ewig eine strenge Güte
wirket unverbrüchlich fort.
Ewig wechselt Frucht und Blüte,
Vogelzug nach Süd und Nord.

Felsen wachsen, Ströme gleiten,
und der Tau fällt unverletzt.
Und dir ist von Ewigkeiten
Rast und Wanderbahn gesetzt.

Neue Wolken glühn im Fernen,
neue Gipfel stehn gehäuft,
bis von nie erblickten Sternen
dir die süße Labung träuft.

[1950]

Leben eines Mannes

Gestern fuhr ich Fische fangen,
Heut bin ich zum Wein gegangen,
– Morgen bin ich tot –
Grüne, goldgeschuppte Fische,
Rote Pfützen auf dem Tische,
Rings um weißes Brot.

Gestern ist es Mai gewesen,
Heute wolln wir Verse lesen,
Morgen wolln wir Schweine stechen,
Würste machen, Äpfel brechen,
Pfundweis alle Bettler stopfen

Und auf pralle Bäuche klopfen,
– Morgen bin ich tot –
Rosen setzen, Ulmen pflanzen,
Schlittenfahren, fastnachtstanzen,
Netze flicken, Lauten rühren,
Häuser bauen, Kriege führen,
Frauen nehmen, Kinder zeugen,
Übermorgen Kniee beugen,
Übermorgen Knechte löhnen,
Übermorgen Gott versöhnen –
Morgen bin ich tot.

GERTRUD KOLMAR

1894–1943

Die Jüdin

Ich bin fremd.

Weil sich die Menschen nicht zu mir wagen,
Will ich mit Türmen gegürtet sein,
Die steile, steingraue Mützen tragen
In Wolken hinein.

Ihr findet den erzenen Schlüssel nicht
Der dumpfen Treppe. Sie rollt sich nach oben,
Wie platten, schuppigen Kopf erhoben
Eine Otter ins Licht.

Ach, diese Mauer morscht schon wie Felsen,
Den tausendjähriger Strom bespült;
Die Vögel mit rohen, faltigen Hälsen
Hocken, in Höhlen verwühlt.

In den Gewölben rieselnder Sand,
Kauernde Echsen mit sprenkligen Brüsten –
Ich möcht' eine Forscherreise rüsten
In mein eigenes uraltes Land.

Ich kann das begrabene Ur der Chaldäer
Vielleicht entdecken noch irgendwo,
Den Götzen Dagon, das Zelt der Hebräer,
Die Posaune von Jericho.

Die jene höhnischen Wände zerblies,
Schwärzt sich in Tiefen, verwüstet, verbogen;
Einst hab' ich dennoch den Atem gesogen,
Der ihre Töne stieß.

Und in Truhen, verschüttet vom Staube,
Liegen die edlen Gewänder tot,
Sterbender Glanz aus dem Flügel der Taube
Und das Stumpfe des Behemoth.

Ich kleide mich staunend. Wohl bin ich klein,
Fern ihren prunkvoll mächtigen Zeiten,
Doch um mich starren die schimmernden Breiten
Wie Schutz, und ich wachse ein.

Nun seh' ich mich seltsam und kann mich nicht kennen,
Da ich vor Rom, vor Karthago schon war,
Da jäh in mir die Altäre entbrennen
Der Richterin und ihrer Schar.

Von dem verborgenen Goldgefäß
Läuft durch mein Blut ein schmerzliches Gleißen,
Und ein Lied will mit Namen mich heißen,
Die mir wieder gemäß.

Himmel rufen aus farbigen Zeichen.
Zugeschlossen ist euer Gesicht:
Die mit dem Wüstenfuchs scheu mich umstreichen,
Schauen es nicht.

Riesig zerstürzende Windsäulen wehn,
Grün wie Nephrit, rot wie Korallen,
Über die Türme. Gott läßt sie verfallen
Und noch Jahrtausende stehn.

Die Müde

Dies Müde, Flügellose ruht auf mir
So wie ein großes, sanftes, goldnes Tier.

Uns trägt, was schwillt: ein Trank, der überlief.
Es blickt mich an. Sein Blick ist gut und tief.

Es lastet schwerer und mein Atem hebt
Es nicht mehr auf. Sein Drachenmantel webt

Ins Düster sich. Ein Zackenkrallen spinnt,
Drum schale Milch aus einem Mohnkopf rinnt.

Nun darf ich nur noch eigne Lider sehn,
Die blau und grüne Pfauenräder drehn.

Ich habe kein Gesicht mehr. Hauch wird Stein.
Bedächtig kehrt mein Schauen in mich ein.

Es steigt hinab, hinab, es fällt, wird dicht.
Der Schwarzschlund sackt es ein: es wehrt sich nicht.

Es sinkt geballt in tauben Mauernkern.
Es ist in sich. Nur seltsam klar und fern

Scheint auch dies Müde, Flügellose hier,
So wie ein kleines, silbern sanftes Tier.

Verwandlungen

Ich will die Nacht um mich ziehn als ein warmes Tuch
Mit ihrem weißen Stern, mit ihrem grauen Fluch,
Mit ihrem wehenden Zipfel, der die Tagkrähen scheucht,
Mit ihren Nebelfransen, von einsamen Teichen feucht.

Ich hing im Gebälke starr als eine Fledermaus,
Ich lasse mich fallen in Luft und fahre nun aus.
Mann, ich träumte dein Blut, ich beiße dich wund,
Kralle mich in dein Haar und sauge an deinem Mund.

Über den stumpfen Türmen sind Himmelswipfel schwarz.
Aus ihren kahlen Stämmen sickert gläsernes Harz
Zu unsichtbaren Kelchen wie Oportowein.
In meinen braunen Augen bleibt der Widerschein.

Mit meinen goldbraunen Augen will ich fangen gehn,
Fangen den Fisch in Gräben, die zwischen Häusern stehn,
Fangen den Fisch der Meere: und Meer ist ein weiter Platz
Mit zerknickten Masten, versunkenem Silberschatz.

Die schweren Schiffsglocken läuten aus dem Algenwald.
Unter den Schiffsfiguren starrt eine Kindergestalt,
In Händen die Limone und an der Stirn ein Licht.
Zwischen uns fahren die Wasser; ich behalte dich nicht.

Hinter erfrorener Scheibe glühn Lampen bunt und heiß,
Tauchen blanke Löffel in Schalen, buntes Eis;
Ich locke mit roten Früchten, draus meine Lippen gemacht,
Und bin eine kleine Speise in einem Becher von Nacht.

[1949]

CARL ZUCKMAYER

1896–1977

Elegie von Abschied und Wiederkehr

Ich weiß, ich werde alles wiedersehn.
Und es wird alles ganz verwandelt sein,
Ich werde durch erloschne Städte gehn,
Darin kein Stein mehr auf dem andern Stein –
Und selbst wo noch die alten Steine stehen,
Sind es nicht mehr die altvertrauten Gassen –
Ich weiß, ich werde alles wiedersehen
Und nichts mehr finden, was ich einst verlassen.

Der breite Strom wird noch zum Abend gleiten.
Auch wird der Wind noch durch die Weiden gehn,
Die unberührt in sinkenden Gezeiten
Die stumme Totenwacht am Ufer stehn.
Ein Schatten wird an unsrer Seite schreiten
Und tiefste Nacht um unsre Schläfen wehn –
Dann mag erschauernd in den Morgen reiten,
Wer lebend schon sein eignes Grab gesehn.

Ich weiß, ich werde zögernd wiederkehren,
Wenn kein Verlangen mehr die Schritte treibt.
Entseelt ist unsres Herzens Heimbegehren,
Und was wir brennend suchten, liegt entleibt.
Leid wird zu Flammen, die sich selbst verzehren,
Und nur ein kühler Flug von Asche bleibt –
Bis die Erinnrung über dunklen Meeren
Ihr ewig Zeichen in den Himmel schreibt.

(Geschrieben in Amerika, Herbst 1939)

[1948]

THEODOR KRAMER

1897–1958

Die Orgel aus Staub

Grell flutet das Licht und die Lehne ist heiß,
sacht fällt von den Kieseln der Sand;
der Wind schuppt den Rasen und stiehlt sich mir leis
durchs Hohle der hängenden Hand.
Das ist so der Sonntag für den, der nichts hat,
die Wege sind sommerlich leer;
gedämpft dringt der Lärm der verlassenen Stadt
durchs Dornsieb des Parkgitters her.

Weiß segeln die Wolken den Hügeln zu, grün
verdorrt vor den Bänken das Laub;
der Blust der Akazien, die gläsern verblühn,
tropft hin und schleift dürr durch den Staub.
Das dreht sich zutaub wie ein Drehorgellied
und läßt meinen Gaumen schier Wein
und Lebkuchen schmecken und schwillt und bezieht
Gewölbe und Gras in sich ein.

Unsichtbare Orgel aus Staub: daß es nicht
mir abdrückt das Herz, laß aufstehn
mich Nichtigen und mit verhängtem Gesicht
dir stockend die Kurbel andrehn.
Ins Seegras des Sofas, daß allen es klingt,
greift schütternd dein schartiger Zahn;
spröd federt die alte Matratze . . . es singt,
gesprungen noch, was ich getan.

Reich sind bis ans Ende die Tage . . . ein Griff,
ein Werkeln, solang ich noch steh:
da schwebt übers Koksfeld der Uferbahnpfiff,
da rauscht hinterm Bau die Allee.
Da fällt aus den Fugen des Fensters der Kitt,
der Firnis springt brüchig vom Schild,
springt mitten ins Lied und der Span dreht sich mit
und singt, daß die Träne mir quillt.

(21. 6. 1935)

Requiem für einen Faschisten

Du warst in allem einer ihrer Besten,
erschrocken fühl ich heut mich dir verwandt;
du schwelgtest gerne bei den gleichen Festen
und zogst wie ich oft wochenlang durchs Land.
Es füllte dich wie mich der gleiche Ekel
vor dem Geklügel ohne innern Drang,
vor jedem Wortgekletzel und Gehäkel;
nichts galt dir als der schöne Überschwang.

So zog es dich zu ihnen, die marschierten;
wer weiß da, wann du auf dem Marsch ins Nichts
gewahr der Zeichen wurdest, die sie zierten?
Du liegst gefällt am Tage des Gerichts.
Ich hätte dich mit eigner Hand erschlagen;
doch unser keiner hatte die Geduld,
in deiner Sprache dir den Weg zu sagen:
dein Tod ist unsre, ist auch meine Schuld.

Ich setz für dich zu Abend diese Zeilen,
da schrill die Grille ihre Beine reibt,
wie du es liebtest, und der Seim im geilen
Faulbaum im Kreis die schwarzen Käfer treibt.
Daß wir des Tods und Ursprungs nicht vergessen;
wann jeder Brot hat und zum Brot auch Wein,
vom Überschwang zu singen wie besessen,
soll um dich, Bruder, meine Klage sein.

(23. 5. 1945)

FRIEDRICH SCHNACK

1888–1977

Vogelwolke

Ich sehe eine Vogelwolke reisen,
Vom Nordlandkap, wo Meere tot vereisen.
Ich höre eine Vogelwolke sausen,
Da dürre Winde in den Wäldern brausen.

Hoch über meinem Haus
Weht eine Vogelfahne welthinaus,
Die winkt und raucht nach südlichen Gestaden,
Wo Morgengötter in den Fluten baden.

Der Nebel dampft empor, Herbstfeuer kochen,
Die letzten Früchte sind gebrochen.
Das Land ist leer,
Kein Wandrer schweift im Grunde mehr.

Ich sehe eine Vogelwolke wogen,
Ein Vogelbogen kommt vom Nord gezogen.
Ein geisterschwarzer Seelenriesenflügel
Schwimmt ungeheuer über Wald und Trauerhügel
Und rauscht im späten Tage
Hinab in eine große Wandersage.

GEORG VON DER VRING

1889–1968

Passionsblume

Am Geländer der Terrasse
Wächst sie mondelang heran.
Regen taucht ihr Blatt ins Nasse.
Alle schaun und denken dran.

Eines Morgens ist ihr Orden
Aufgestellt und offenbar,
Blaue Strahlen, weiße Borden,
Wo nur grün die Knospe war.

Eine Blüte sonder Regel,
Die uns ängstigt und gefällt:
Helle Hämmer, dunkle Nägel
Überm Leidenskreis der Welt.

[1934]

Die letzte Rose

Wer hat dieser letzten Rose
Ihren letzten Duft verliehn?
Tritt hinaus ins Sonnenlose,
Atme ihn und spüre ihn,

Wie er rot im Offenbaren
Und verschwebender wie Wein
Wesen kündet, die nie waren
Und die hier nie werden sein.

[1939]

Sieh den Mond

Sieh den Mond, wie hingeriffelt
Auf ein zart getöntes Blatt,
Spät noch kreuzen Kinderschiffe
Ihren Teich an Meeres Statt.

Und der Abendwind, er legt sie,
Und die Segel sind genäßt,
Und die Dämmerung bewegt sie,
Wie die Knabenhand sie läßt.

Doch der Mond gewinnt sein Silber,
Und die Kinder gehn nach Haus.
Sieh mich an, die schönen Bilder
Mir im Auge löschen aus.

[1979]

GEORG BRITTING

1891–1964

Unruhiger Tag

Da: ein kalter Atemstoß
Wind fährt in die lauen Räume,
Durch die Bäume knospenlos.

Und die grünen Wiesensäume,
Schmale Bänder, Wald zu Wald,
Grün, das in der Sonne raucht,
Plötzlich eisig überhaucht
Frösteln kalt.

Wie gekommen, so verschwunden!
Wärme wallt zum Himmel auf.
Gierig stehn der Bäume Schrunden
So wie durstige Mäuler auf.

[E: 1928; D: 1934]

Raubritter

Zwischen Kraut und grünen Stangen
Jungen Schilfes steht der Hecht,
Mit Unholdsaugen im Kopf, dem langen,
Der Herr der Fische und Wasserschlangen,
Mit Kiefern, gewaltig wie Eisenzangen,
Gestachelt die Flossen: Raubtiergeschlecht.

Unbeweglich, uralt, aus Metall,
Grünspanig von tausend Jahren.
Ein Steinwurf! Wasserspritzen und Schwall:
Er ist blitzend davongefahren.

Butterblume, Sumpfdotterblume, feurig, gelblich rot,
Schaukelt auf den Wasserringen wie ein Seeräuberboot.

[E: 1930; D: 1935]

Was hat, Achill . . .

Unbehelmt,
Voran der Hundemeute,
Über das kahle Vorgebirge her
Auf ihrem Rappen eine,
Den Köcher an der bleichen Mädchenhüfte.

Ein Falke kreist im blauen, großen,
Unermeßlich blauen,
Großen Himmel.

Er wird niederstoßen,
Die harten Krallen und den krummen Schnabel
Im Blut zu tränken, dem purpurnen Saft,
An dem das Falkenvolk sich wild berauscht.

Die nackte Brust der Reiterin.
Ihr glühend Aug.
Die Tigerhunde.
Der Rappe, goldgezügelt.
Sie hält ihn an.

Mit allem Licht
Tritt aus den Wäldern vor
Der Mann der Männer.
Die Tonnenbrust.
Auf starkem Hals das apfelkleine Haupt.

Er sieht die Reiterin.
Und sie sieht ihn.
So stehn sich zwei Gewitter still
Am Morgen- und am Abendhimmel gegenüber.

Der Falke schwankt betrunken auf der Beute.
Was hat, Achill,
Dein Herz?
Was auch sein Schlag bedeute:
Heb auf den Schild aus Erz!

[D: 1940/1951]

[*Reiterin:* Penthesilea. – *Der Mann der Männer:* Achill.]

PETER GAN

1894–1974

Auf eine Oktoberrose

Herbstzeitlose, Wintervorverkündende,
Fieberflamme im entlaubten Strauch,
Brand im Nebelrauch,
wie in dir das reif sich ründende

Jahr, wie das sich sanft ins Strenge findende
still verträumt im blassen Überall,
wenn der Flockenfall
leis, der Eis und Schnee verkündende,

anhebt, wie das sinkend und verschwindende
untergeht in weißer Helligkeit,
und es schneit und schneit.
Du, wie einst Homer, erblindende

Rose! unser Jahr,
das in deinem Kelch sich ründende, –
alles wurde wahr!
Und du bist die dies Verkündende.

[1935]

Die Toten

Immer fremder werden wir den Erben,
schon die Enkel kennen uns nicht mehr.
Dieses nochmal nach dem Tode sterben
fällt uns Armen fast nochmal so schwer.

Immer noch in unsern morschen Tüchern
geistern wir umher und schwören stumm
auf die Wahrheit in den alten Büchern.
Keiner kehrt sich um.

[1961]

Mythische Landschaft

Es kräht kein Hahn, und wonach soll er krähn?
Die Seelen sind aus Süßholz und Zement,
nicht eine Schwalbe läßt im All sich sehn,
nicht eine Lerche lobt das Firmament.

Kein Hase hoppelt durch den jungen Klee,
der Bach verschwindet unterm Seifenschaum,
ein Drahtgehege schützt das letzte Reh,
ein letzter Mensch verlobt sich einem Baum.

[1970]

ALBIN ZOLLINGER

1895–1941

Die Wühlmäuse

Was ist groß? Wir sind größer! Denn wir sind viel.
Euer Erhabnes ist Fraß und nur Spiel.
Wir in der Finsternis untrer Region
Wimmeln und wühlen, wir sind Legion,
Unteres Volk der verkümmerten Gnome,
Raschelnde, raspelnde Nachtphantome.
Himmlischer Heerschar schauernder Schatten,
Wandern wir unter der Erde, begatten
Wir uns so viel und so wohl als sie oben
In Verzückung den Höchsten loben.
Baut ihr das Korn, wir holen es munter
Ungesehen und jenseits herunter.
Türmt Kathedralen, wir nagen, wir nagen.
Habt ihr Gehirn, so haben wir Magen.
Schlagt eure Schlachten um Ideale,
Wir fällen die letzten Heldenmale.
Hegt eurer Wahrheit zerbrechliche Schale:
Was ist wahr? Wir sind wahrer! Wir sind das Reale.

[14. 5. 1939]

ELISABETH LANGGÄSSER

1899–1950

Frühling 1946

Holde Anemone,
bist du wieder da
und erscheinst mit heller Krone
mir Geschundenem zum Lohne
wie Nausikaa?

Windbewegtes Bücken,
Woge, Schaum und Licht!
Ach, welch sphärisches Entzücken
nahm dem staubgebeugten Rücken
endlich sein Gewicht?

Aus dem Reich der Kröte
steige ich empor,
unterm Lid nach Plutons Röte
und des Totenführers Flöte
gräßlich noch im Ohr.

Sah in Gorgos Auge
eisenharten Glanz,
ausgesprühte Lügenlauge
hört' ich flüstern, daß sie tauge
mich zu töten ganz.

Anemone! Küssen
laß mich dein Gesicht:
Ungespiegelt von den Flüssen
Styx und Lethe, ohne Wissen
um das Nein und Nicht.

Ohne zu verführen,
lebst und bist du da,
still mein Herz zu rühren,
ohne es zu schüren –
Kind Nausikaa!

Gleichzeitig

Mohn an der römischen Mauer,
Träume von Ewigkeit her!
Bachbett voll glitzernder Trauer,
Gruß aus dem Marmarameer.
Rostiges Eisen. Kanister.
Fliegenumwimmeltes Aas.
Troja und Friedhof Geschwister
Tief unter Nesseln und Gras.

Ausdrusch, und Welle um Welle,
wenn die Maschine sich wirft,
Abgesang. Mündung wird Quelle,
welche sich auftrinkt und schlürft.
Spelz, der den Abend verdunkelt.
Plump an dem Ufer der Schwan,
später von Sternen umfunkelt,
pfälzischer Leda Galan.

Endlich die Wagen, die Säcke,
platzend von Körnern wie eh.
Wieder der Pflug und die Egge,
Kalk auf den Feldern wie Schnee.
Frieden und nächtliche Kühle.
Uralte Steine, gesellt,
drehn ruhig sich in der Mühle.
Brot zur Erlösung der Welt.

[1951]

NELLY SACHS

1891–1970

Ihr Zuschauenden

Unter deren Blicken getötet wurde.
Wie man auch einen Blick im Rücken fühlt,
So fühlt ihr an euerm Leibe
Die Blicke der Toten.

Wieviel brechende Augen werden euch ansehn
Wenn ihr aus den Verstecken ein Veilchen pflückt?
Wieviel flehend erhobene Hände
In dem märtyrerhaft geschlungenen Gezweige
Der alten Eichen?
Wieviel Erinnerung wächst im Blute
Der Abendsonne?

O die ungesungenen Wiegenlieder
In der Turteltaube Nachtruf –
Manch einer hätte Sterne herunterholen können,
Nun muß es der alte Brunnen für ihn tun!

Ihr Zuschauenden,
Die ihr keine Mörderhand erhobt,
Aber die ihr den Staub nicht von eurer Sehnsucht
Schütteltet,
Die ihr stehenbliebt, dort, wo er zu Licht
Verwandelt wird.

[1946]

Chor der Geretteten

Wir Geretteten,
Aus deren hohlem Gebein der Tod schon seine Flöten schnitt,
An deren Sehnen der Tod schon seinen Bogen strich –
Unsere Leiber klagen noch nach
Mit ihrer verstümmelten Musik.
Wir Geretteten,
Immer noch hängen die Schlingen für unsere Hälse gedreht
Vor uns in der blauen Luft –
Immer noch füllen sich die Stundenuhren mit unserem tropfenden Blut.
Wir Geretteten,

Immer noch essen an uns die Würmer der Angst.
Unser Gestirn ist vergraben im Staub.
Wir Geretteten
Bitten euch:
Zeigt uns langsam eure Sonne.
Führt uns von Stern zu Stern im Schritt.
Laßt uns das Leben leise wieder lernen.
Es könnte sonst eines Vogels Lied,
Das Füllen des Eimers am Brunnen
Unseren schlecht versiegelten Schmerz aufbrechen lassen
Und uns wegschäumen –
Wir bitten euch:
Zeigt uns noch nicht einen beißenden Hund –
Es könnte sein, es könnte sein
Daß wir zu Staub zerfallen –
Vor euren Augen zerfallen in Staub.
Was hält denn unsere Webe zusammen?
Wir odemlos gewordene,
Deren Seele zu Ihm floh aus der Mitternacht
Lange bevor man unseren Leib rettete
In die Arche des Augenblicks.
Wir Geretteten,
Wir drücken eure Hand,
Wir erkennen euer Auge –
Aber zusammen hält uns nur noch der Abschied,
Der Abschied im Staub
Hält uns mit euch zusammen.

[1946]

BERTHOLD VIERTEL

1885–1953

Auswanderer

Nun müssen wir von allem scheiden,
Was Kindheit uns und Wachstum war.
Wir sollen selbst die Sprache meiden,
Die unserer Herzen Wort gebar.

Die Landschaft werden wir verlassen,
Die uns auf ihren Armen trug.
Wir sollen diese Wälder hassen
Und hatten ihrer nie genug.

Wie je uns wieder anvertrauen
Dem Friedenshauche einer Flur,
Wenn Abendlicht und Morgengrauen
Befleckt sind mit der blutigen Spur?

Wenn in der Bäume gutem Raunen
Aufrauscht der Haß, der uns vertreibt!
Es lernten unsere Kinder staunen,
Warum man nicht zuhause bleibt?

Wir sind, mein Kind, nie mehr zuhause.
Vergiß das Wort, vergiß das Land
Und mach im Herzen eine Pause –
Dann gehn wir. Wohin? Unbekannt.

MARTHA SAALFELD

1898–1976

Schwarz ist die Heide, es knistert das Kraut
Wie heimliches Feuer. Die Straße zerrinnt
Im wandernden Sand, im rieselnden Wind,
Es warnen die Möwen laut.

Dem Moorsee entblüht ein weißes Gesicht,
Die Schwanenblume entsteigt dem Glast,
Libelle von tödlichen Fängen erfaßt
Verzappelt im Licht.

Es künden die großen Vögel Gefahr,
Die schillernde Haut der Erde zerplatzt.
Es gluckst in der Mulde, es schnalzt und schmatzt
Im Schilf weht flächsernes Haar.

(1938)

PAULA LUDWIG

1900–1974

Mit der Ackerwinde
Trieb ich eine Ranke in den Raum

Mit dem Sommerwinde
Rauschte ich hochauf im Baum

Mit der Wolke schwand ich aus der Erde Schau
Mit den Gräsern trank ich bittrer Frühe Tau

Mit der Grille sang ich in der Sonnennacht
Mit den Totenfeuern hielt ich treue Wacht

Mit der Quelle stürzte ich in dunkle Schlucht
Mit der Schattenbeere trug ich süße Frucht

Mit dem Sumpfe lag ich unterm Himmel bloß
Mit dem Himmel war ich selig groß

Mit der Mücke tanzte ich in Staubeslust
Mit der goldnen Ähre sank ich Schnittern an die Brust –

Mit dem Blitze schlug ich in die Pappel ein
Mit der Flamme litt ich hellste Pein

Mit den Flüssen suchte ich das tiefe Meer
Schwankte mit den Brücken hin und her

Mit dem Kiesel lag ich ganz gering am Grund
Mit dem Monde war ich schmal und rund

Mit dem Herbstlaub färbte ich mich fahl
Schmeckte mit dem Rest im Glase schal

Mit der Hirschkuh brach ich ein in Schnee
Deckte mit der Flocke fremdes Weh

Mit der Träne höhlte ich den harten Stein
Mit der Raupe spann ich mich in gelben Ginster ein –

War ich mehr als dies und nicht so viel
War es Wachen Träumen schweres Spiel?

Ruhvoll wird es in den Sternen klar
Daß dies alles nur ein Leben war

(1939)

RUTH SCHAUMANN

1899–1975

Leerer Abend

Mein Gott, was soll ich tun? Der Abend bricht herein.
Ich habe nichts vollbracht von allen meinen Werken.
Betrachte Hag und Herz, Du wirst die Säumnis merken
In Deinem hellen Schein.

Das Unkraut steht im Flor, die Ähren ohne Last,
Der blinde Spaten liegt auf den verwachsnen Pfaden.
Ich habe keinen Wein, Dich scheu hereinzuladen,
O meiner Seele Gast.

Verwandle denn mein Herz zu einem kleinen Brot,
Es wird ein schwarzes sein mit bitteren Gewürzen.
Nur laß mich Deinem Mund das trübe Lächeln kürzen,
Und sei es durch den Tod.

ODA SCHAEFER

1900–1988

Veränderung

Ich kann die Wolke nicht mehr Wolke nennen,
Den Himmel nicht mehr strahlender Azur,
Was wir so kannten, müssen neu wir kennen,
Auch von der Morgenröte schwand die sanfte Spur.

Die Sommerhimmel waren lächelnd blauer,
Die Wetterhäupter ruhten still im Süden aus,
Welch schlimme Fracht trägt nun der Regenschauer,
Und welcher Sturm bricht aus des Nordens Haus?

Ich seh den Mond gedoppelt schweben
Auf einem Flor, auf einer Nebelbank –
Gibt uns die Sonne noch das alte Leben,
Blutendes Auge Gottes abends, schwer und krank?

EMIL BARTH

1900–1958

Sternbild

Immer noch fliegen im Schwarm
   Die Tauben über den Himmel, die goldnen
Plejaden, ründet durch Tod und Geburt
   Mal um Mal sich der Mond,

Steht das Sternbild eines Gedichts
　Wie damals auf Lesbos
Hoch entrückt über dem Herzen
　Einer Liebenden, die alleinliegt.

Mögen die Künftigen den Mond befahren,
　Den silbernen Spiegelstern
Mit Füßen treten, die Mythenlandschaft
　Träumender Seele entgöttern:

Immer noch wird am Himmel
　Mit tönenden Kielen der Schwan
Den Äther teilen, wird der große
　Orion jagen im Sternendickicht

Und eine Liebende sein in der Welt
　Auf der alten Erde drunten
Und ruhlos liegen vor Jugend
　Allein unter den Sternen Gottes.

[1956]

Schwarze Muse

Einflüstrerin, Stimme, – was neigst du
So tonlose Lippen dem Ohr?
Was für Nachtschattenstrophen schweigst du
Dem immer dir hörigen vor?

Es spielt zwischen Saiten aus Eisen
Eine Hand auf Strängen des Nichts.
Stumm schauern die irren Weisen
Unfaßlichen Verzichts.

FRIEDRICH BISCHOFF

1896–1976

Schlesisches Rondell

Der Himmel war so groß – und größer
Als rings das Land, uns kindlich zugetan.
Doch auf dem Flusse zogen Flößer
Und schauten fremd und blickten uns nicht an.
Ganz ferne, weit, und groß und größer,
Da rührten Berge blau hinan,
Und fuhren in dem Himmel wie die Flößer
Und wurden groß und immer größer –
O Himmel meiner Heimat! Schau mich an!

Das Lied der Mägde, fernhin weint es –
Vom Apfelgarten scholl es her.
Ich hör es noch – hör's nimmermehr,
Mein Herz singt nur, mein Blut, so scheint es.
Vom Heimweh dumpf gemacht und schwer,
Trägt es das alte Lied mit her,
Ein weh zersungnes und verweintes ...

Der Schatten eines Falters an der Wand,
Der nach der Lampe stößt mit wildem Schwunge.
Im Flur traumzwitschern Schwalbenjunge,
Der Sandmann winkt und nimmt mich bei der Hand –
Wie ist das nah, und doch mir längst entwandt,
Die Zeit nur dreht sich fort im alten Schwunge:
Der Schatten eines Falters an der Wand.

Die Roggenschober fern am Himmelsrande,
Wo abends scheu die Mädchen gingen –
Vom Himmel fiel ein goldnes Klingen,
Ein Lerchenlied, zum Unterpfande.
Der rote Mohn, durch den sie gingen,
Wie eine Liebesspur im Feuerbrande,
So glomm es hin am fernen Himmelsrande.

Zu zwein und drein, gekniet ins Abendrot,
Vor dem die Nebel feucht gerinnen,
Die Schar Kartoffelleserinnen,
Und in der Luft ein Duft von Rauch und Brot.
Ein Mühlenflügel fährt ins Abendrot

Und wischt es fort und fahl von hinnen,
Und mahlt das Brot aus Schweiß und Fleiß und Not
Für die Kartoffelleserinnen.

Vom Waldlicht übergrünt, kommt breit der Fluß gezogen,
Noch knarrt das Wehr, stampft schwer sein Wassergang.
Ich hör ihm zu, wo einst den Weg entlang
Die Treidlerknechte sind gezogen –
Im Strom versunken funkelt ihr Gesang,
Und rauscht mir nach, ein Leben lang,
So wie der Fluß vorbeigezogen.

MANFRED HAUSMANN

1898–1986

Liebe

Wenn wir uns nicht mehr haben und uns sehnen,
dann ist's, als hätten wir uns endlich ganz.
Doch wenn wir nahe sind und uns geborgen wähnen,
verdunkelt sich die Lust, verblaßt der Glanz.

Die Ferne ist es nicht und nicht die Nähe.
Ach, immer lebt das Innigste allein.
Laß uns, wie gut es auch, wie schlimm es um uns stehe,
laß uns barmherzig zueinander sein!

FRIEDRICH GEORG JÜNGER

1898–1977

Fischer in Moselkern

Die Fischer in Moselkern
Warfen ihr Netz aus
Und zogen es triefend, leer
Aus der Mosel herauf.

Im Grase lag ich und sah,
Wie das Netz stieg und fiel.
Stangenstich, Ruderschlag,
Uraltes Spiel.

Jeder Griff, jeder Schlag
Alt wie die Fischerzunft.
Jeder Zug mit dem Netz
Wiederkunft, Wiederkunft.

[1952]

Aprikose erinnert

In einem Kindermund zergangen,
Kehrt ihr Vergehen wieder,
Doch gemehrt an Duft,
Und geht zurück in sich
Und rötet, rundet
Unter dem Flaum die neue Frucht.

Ein Nichtvorhandenes, bewahrt
In seines Innern
Vergessner Süße, unberührbar
Durch Raum und Zeit,
Dreht sie sich leise, ihr Erinnern
Bewegt kein Leid.

Zu solcher Speise
– Sie sättigt nichts –
Reifst, Aprikose,
Du des Gedichts.

Suchst du ein Ganzes noch,
Lies diese Zeile,
Und frag vergebens nicht:
Wo ist das Heile?

Frag nicht: wozu
Gibt es noch Dichtung?
Sie ist des Gegenstands
Vernichtung.

[1968]

HERMANN KESTEN

1900–1996

Ein Jahr New York

Für Gina

Zuhause hatte ich eine Truhe
Für meine Träume und einen Schrank,
Und meine Träume hatten Schuhe,
Um auf Bäume zu steigen und auf Berge.
Sie waren Riesen und sind Zwerge –
Im Exil werden Träume krank.
Dort saß ich zu Pferd, hier auf der Bank
Zwischen Menschen aus Stein. Ach, in der Fremde
Fühlt man sich fremd im eignen Hemde.

Wohin mit Schmerzen und Träumen?
Ich renne, als würde ich was versäumen.
Schon hab' ich verloren ein ganzes Jahr.
Ich bin nicht, der ich drüben war.
Das widrige Gift, das Heimatlos
Macht die Qual der leeren Tage groß.
Die nackten Schmerzen wie Möwen schrein
Mit krummen Schnäbeln, wild und gemein.
Wohin mit den Träumen? Sie waren mein Fehler.
Gibt es für kranke Träume Spitäler?
Ich gehe vom Broadway zur Riverside.
In New York hat nur der Tote Zeit.
Meine Träume sprechen schon Slang. Ihr Duft
Ward schweflig gelb wie Manhattans Luft.
Im Central Park spucken Schwarze und Weiße.
Ob ich noch morgen Kesten heiße?
Man wechselt den Namen, vertauscht sein Gesicht.
Man liebt nicht die andern, sich selber nicht.
How do you spell your name? Do you like
Apple pie? God? America? Lucky strike?
Träume gehn hier in einen Fingerhut.
Meine Träume sind tot. Ich fasse neuen Mut.

[1941]

RUDOLF HAGELSTANGE

1912–1984

Denn was geschieht, ist maßlos. Und Entsetzen
wölkt wie Gewitter über jedem Nacken.
Es jagt der Tod mit flammenden Schabracken
durch Tag und Nacht, und seine Hufe fetzen,

was Werk und Leben heißt, zu tausend Stücken.
Sein Geißelhieb weiß jeden Leib zu finden.
Sein Atem läßt die Sehenden erblinden,
und Baum und Strauch verfällt vor seinen Blicken.

Bis in die Träume flackert sein Gelächter,
und in die Zukunft reiht er die Gebeine,
ein Mordbesessner und an Blut Bezechter.

Wer baut, wenn noch bei letzten Brandes Scheine
ein Gott dem Würger in die Zügel fällt,
aus diesem Chaos eine neue Welt?

Aus: *Venezianisches Credo*

[1945]

[*Venezianisches Credo:* Die meisten Gedichte dieser Folge von Sonetten entstanden im Juni/Juli 1944 in Venedig.]

Memento

An den Wassern Babylons
haben wir nicht gesessen.
Aber keines Klagetons
Schwingung sei uns vergessen.

Vor den Mauern Jerichos
haben wir nicht geblasen.
Aber der stürzenden Mauern Stoß
schreckt uns noch unterm Rasen.

In den Tempeln Jerusalems
haben wir nicht gebetet.
Doch mit dem Blute Seths und Sems
ist unser tägliches Brot geknetet.

[1953]

JESSE THOOR

1905–1952

Rede von der Anschauung

Und es kommen die Vögel von den Bergen und aus jeder Richtung.
Und es kommen die Fische mit den hellen Kreuzen auf ihren Rücken.
Und die Sterne mit den verzweigten Augen und mit den weisen Händen.
Und die Monde mit den silbernen Geräten und mit den höchsten Reden.

Und du bleibst immer bei mir, und du verläßt mich nicht.
Und du wendest mühelos meinen Leib, und du begleitest mich.
Und du läuterst meine Wünsche, und du änderst meine Gedanken.
Und du richtest mich wieder auf, und du beendest meine Not.

Und ich erwäge den Lauf des Regens und den Rat der Sonne.
Und ich rufe deinen Namen laut und vor allen Leuten.
Und ich esse dein Brot, und ich trinke deinen Wein.

Und es kommen deine Wochentage zu mir mit großer Verheißung.
Und es kommen deine vier Boten mitsamt den sieben heiligen Zeichen.
Und dein Wille geschieht zur Zeit … und geschieht in Ewigkeit.

JAKOB HARINGER

1898–1948

Sommerlied

Freu dich, daß die Blumen duften
Süß bei Bauernbrot und Speck –
Laß die Schurken und die Schuften,
Laß den ganzen, ganzen Dreck!
Und die Sonne schimmert golden,
Und das Bier ist gut und frisch,
Schmetterling und Lindendolden
Flattern auf den Gartentisch.
Was gekommen, was gegangen –
Allem trink ich lustig zu!

Keine Wünsche, kein Verlangen
Stört die liebe Sommerruh.
Und im Herz blühn Mohn und Lerchen,
Und du lachst so wunderbar,
Kind! mit deinen alten Märchen
Täusche nicht mein graues Haar!
Denn ich lernt mich längst bescheiden,
Unnütz war, was all geschah ...
Blaue Nacht! du nahst so seiden,
Und die Sterne sind schon da – – –

ALBERT EHRISMANN

1908–1998

Schiffern und Kapitänen

I

Schiffern und Kapitänen,
die im Eismeer treiben,
sollt ihr im Frühling
erregende Briefe schreiben.

Von Äckern berichten
und Anemonen.
Weil in den Äckern
die Träume der Schiffer wohnen.

Von Mägden und Frauen
und winzigen Wiegen,
in denen die jungen
Eroberer liegen.

Denn die Schiffer,
treibend in eisigen Meeren,
wollen von euch
von der Erde hören.

II

Die Schiffe sind heute
in den Hafen gekommen
und haben von allen Herzen
wie hungrige Pferde Besitz genommen.

Viele Mägde und auch
von den Höfen die Frauen
ließen Knechte die Äcker
der Schiffer bebauen.

Denn die Schiffe brachten
in Tüchern und Ketten
Düfte von Bärten
und hungrigen Betten.

Und über den Düften
von Weibern und Teer
feierten Erde
und Schiffer und Meer.

ALBRECHT GOES

1908–2000

Die Schritte

Klein ist, mein Kind, dein erster Schritt,
Klein wird dein letzter sein.
Den ersten gehn Vater und Mutter mit,
Den letzten gehst du allein.

Seis um ein Jahr, dann gehst du, Kind,
Viel Schritte unbewacht,
Wer weiß, was das dann für Schritte sind
Im Licht und in der Nacht?

Geh kühnen Schritt, tu tapfren Tritt,
Groß ist die Welt und dein.
Wir werden, mein Kind, nach dem letzten Schritt
Wieder beisammen sein.

(1935)

Motette

»denn in ihrem Frieden wird euch Frieden sein.«
Jeremia 29,7 übersetzt von Martin Buber

Liegen ungebunden auf der Erde
Fremde, Feindschaft und der schwarze Streit.
Mächte suchen Macht, und Macht will Beute,
Und wer mag, wird unrecht Gut gewinnen.
Du nicht, du. Es sollen diese Siege
Dir nicht Siege sein.

Such ihn nicht, den Schlaf des Ganz-Vergessens,
Träum ihn nicht, den fahlen Traum Vorbei.
Wohl, die Tür ist offen – und es winken
Die Befreiten dir, die Frühentfernten.
Steh! Kehr um! Es sollen ihre Schatten
Dir nicht Schatten sein.

Wags, zu wachen! Sprich den Unerlösten
Deinen Gruß nur zu, nur dies: ich weiß.
Liebe findet. Und die alten Zeichen

– Himmelswolke, Herzschlag des Vertrauens,
Blaues Waldgebirg und Kinderlachen –
Dein sind sie – und sieh: in ihrem Frieden
Wird dein Frieden sein.

(1979)

HANS SAHL

1902–1993

Wiedersehen mit Berlin

War ich je hier? Ich war es immer
und sah Berlin in vielen Träumen brennen.
(Das Nahe ist nie nah, nur das Entfernte.)
Ich gehe durch die Stadt, die ich verlernte,
ich werde wieder Straße, Nacht und Regen
und gehe mit den Toten in der Menge.
Die Kinderschrift, in der ich deinen Namen malte,
ist ausgelöscht und viele Narben bluten.
Du liebe Zeit, man kann sie kaum noch zählen.
Du liebe Stadt, wen hat es mehr getroffen,
dich oder mich? Du mußt mir viel erzählen,
wenn wir bei Tagesanbruch uns besehen.

Requiem

Hier ruht einer, der es nicht
lassen konnte, schlafende Hunde
zu wecken, sein eigenes Nest
zu beschmutzen, den Ast, auf dem er
saß, abzusägen, alle Brücken
hinter sich zu verbrennen, den Teufel
mit dem Beelzebub auszutreiben,
den Wagen vor das Pferd zu spannen
und das Kind mit dem Bade auszuschütten.

Wie die Kuh vor dem neuen Tor
holte er die Kastanien für andere
aus dem Feuer, verbrannte sich den Mund,

warf die Flinte ins Korn, machte
aus jeder Mücke einen Elephanten,
was ihn jedoch nicht hinderte,
den Stier bei den Hörnern zu packen
und mit der Kirche ums Dorf zu fahren.

Da er sich nie ein Blatt vor den Mund nahm,
fiel er mit der Tür ins Haus,
rannte mit dem Kopf gegen die Wand,
hörte die Engel im Himmel singen,
winkte noch einmal mit dem Zaunpfahl
und verschwand, wo der Zimmermann
das Loch gelassen hatte.

PETER PAUL ALTHAUS

1892–1965

In der Traumstadt ist ein Lächeln stehn geblieben;
niemand weiß, wem es gehört.
Und ein Polizist hat es schon dreimal aufgeschrieben,
weil es den Verkehr, dort wo es stehn geblieben, stört.

Und das Lächeln weiß auch nicht, wem es gegolten;
immer müder lächelnd steht es da,
kaum beachtet, und gescholten
und geschubst und weggedrängt, wenn ja.

Langsam schleicht es sich von hinnen;
doch auf einmal wird es licht verklärt;
und dann geht es ganz nach innen –
und du weißt, wem es gegolten und gehört.

Für A. N.

[1951]

PETER HUCHEL

1903–1981

Die Hirtenstrophe

Wir gingen nachts gen Bethlehem
und suchten über Feld
den schiefen Stall aus Stroh und Lehm,
von Hunden fern umbellt.

Und drängten auf die morsche Schwell
und sahen an das Kind.
Der Schnee trieb durch die Luke hell
und draußen Eis und Wind.

Ein Ochs nur blies die Krippe warm,
der nah der Mutter stand.
Wie war ihr Kleid, ihr Kopftuch arm,
wie mager ihre Hand.

Ein Esel hielt sein Maul ins Heu,
fraß Dorn und Distel sacht.
Er rupfte weich die Krippenstreu,
o bitterkalte Nacht.

Wir hatten nichts als unsern Stock,
kein Schaf, kein eigen Land,
geflickt und fasrig war der Rock,
nachts keine warme Wand.

Wir standen scheu und stummen Munds:
Die Hirten, Kind, sind hier.
Und beteten und wünschten uns
Gerät und Pflug und Stier.

Und standen lang und schluckten Zorn,
weil uns das Kind nicht sah.
Griff nicht das Kind dem Ochs ans Horn
und lag dem Esel nah?

Es brannte ab der Span aus Kien.
Das Kind schrie und schlief ein.
Wir rührten uns, feldein zu ziehn.
Wie waren wir allein!

Daß diese Welt nun besser wird,
so sprach der Mann der Frau,
für Zimmermann und Knecht und Hirt,
das wisse er genau.

Ungläubig hörten wirs – doch gern.
Viel Jammer trug die Welt.
Es schneite stark. Und ohne Stern
ging es durch Busch und Feld.

Gras, Vogel, Lamm und Netz und Hecht,
Gott gab es uns zu Lehn.
Die Erde aufgeteilt gerecht,
wir hättens gern gesehn.

[E: vor 1932; D: 1948]

An taube Ohren der Geschlechter

Es war ein Land mit hundert Brunnen.
Nehmt für zwei Wochen Wasser mit.
Der Weg ist leer, der Baum verbrannt.
Die Öde saugt den Atem aus.
Die Stimme wird zu Sand
Und wirbelt hoch und stützt den Himmel
Mit einer Säule, die zerstäubt.

Nach Meilen noch ein toter Fluß.
Die Tage schweifen durch das Röhricht
Und reißen Wolle aus den schwarzen Kerzen.
Und eine Haut aus Grünspan schließt
Das Wasserloch,
Als faule Kupfer dort im Schlamm.

Denk an die Lampe
Im golddurchwirkten Zelt des jungen Afrikanus:
Er ließ ihr Öl nicht länger brennen,
Denn Feuer wütete genug,
Die siebzehn Nächte zu erhellen.

*

Polybios berichtet von den Tränen,
Die Scipio verbarg im Rauch der Stadt.
Dann schnitt der Pflug

Durch Asche, Bein und Schutt.
Und der es aufschrieb, gab die Klage
An taube Ohren der Geschlechter.

[1962]

Der Garten des Theophrast

Meinem Sohn

Wenn mittags das weiße Feuer
Der Verse über den Urnen tanzt,
Gedenke, mein Sohn. Gedenke derer,
Die einst Gespräche wie Bäume gepflanzt.
Tot ist der Garten, mein Atem wird schwerer,
Bewahre die Stunde, hier ging Theophrast,
Mit Eichenlohe zu düngen den Boden,
Die wunde Rinde zu binden mit Bast.
Ein Ölbaum spaltet das mürbe Gemäuer
Und ist noch Stimme im heißen Staub.
Sie gaben Befehl, die Wurzel zu roden.
Es sinkt dein Licht, schutzloses Laub.

[1962]

Psalm

Daß aus dem Samen des Menschen
Kein Mensch
Und aus dem Samen des Ölbaums
Kein Ölbaum
Werde,
Es ist zu messen
Mit der Elle des Todes.

Die da wohnen
Unter der Erde
In einer Kugel aus Zement,
Ihre Stärke gleicht
Dem Halm
Im peitschenden Schnee.

Die Öde wird Geschichte.
Termiten schreiben sie
Mit ihren Zangen
In den Sand.

Und nicht erforscht wird werden
Ein Geschlecht,
Eifrig bemüht,
Sich zu vernichten.

[1963]

Unter der blanken Hacke des Monds
werde ich sterben,
ohne das Alphabet der Blitze
gelernt zu haben.

Im Wasserzeichen der Nacht
die Kindheit der Mythen,
nicht zu entziffern.

Unwissend
stürz' ich hinab,
zu den Knochen der Füchse geworfen.

[1972]

GÜNTER EICH

1907–1972

Aurora

Aurora, Morgenröte,
du lebst, oh Göttin, noch!
Der Schall der Weidenflöte
tönt aus dem Haldenloch.

Wenn sich das Herz entzündet,
belebt sich Klang und Schein,
Ruhr oder Wupper mündet
in die Ägäis ein.

Uns braust ins Ohr die Welle
vom ewigen Mittelmeer.
Wir selber sind die Stelle
von aller Wiederkehr.

In Kürbis und in Rüben
wächst Rom und Attika.
Gruß dir, du Gruß von drüben,
wo einst die Welt geschah!

[1946]

Latrine

Über stinkendem Graben,
Papier voll Blut und Urin,
umschwirrt von funkelnden Fliegen,
hocke ich in den Knien,

den Blick auf bewaldete Ufer,
Gärten, gestrandetes Boot.
In den Schlamm der Verwesung
klatscht der versteinte Kot.

Irr mir im Ohre schallen
Verse von Hölderlin.
In schneeiger Reinheit spiegeln
Wolken sich im Urin.

»Geh aber nun und grüße
die schöne Garonne –«
Unter den schwankenden Füßen
schwimmen die Wolken davon.

[1946]

[*Latrine:* offene Grube als Abort im Gefangenenlager unter freiem Himmel bei Remagen/Rhein 1945. – *»Geh aber nun«:* Zitat aus Hölderlins Gedicht »Andenken«.]

Inventur

Dies ist meine Mütze,
dies ist mein Mantel,
hier mein Rasierzeug
im Beutel aus Leinen.

Konservenbüchse:
Mein Teller, mein Becher,
ich hab in das Weißblech
den Namen geritzt.

Geritzt hier mit diesem
kostbaren Nagel,
den vor begehrlichen
Augen ich berge.

Im Brotbeutel sind
ein Paar wollene Socken
und einiges, was ich
niemand verrate,

so dient es als Kissen
nachts meinem Kopf.
Die Pappe hier liegt
zwischen mir und der Erde.

Die Bleistiftmine
lieb ich am meisten:
Tags schreibt sie mir Verse,
die nachts ich erdacht.

Dies ist mein Notizbuch,
dies meine Zeltbahn,
dies ist mein Handtuch,
dies ist mein Zwirn.

[1947]

Fußnote zu Rom

Ich werfe keine Münzen in den Brunnen,
ich will nicht wiederkommen.

Zuviel Abendland,
verdächtig.

Zuviel Welt ausgespart.
Keine Möglichkeit
für Steingärten.

[23.4.1963]

Optik

Wenn das Auge schlechter wird,
geht man näher heran,
um die Freunde zu erkennen.

Setzt eine Brille auf,
benutzt Kontaktgläser
und bemerkt

ganz nahe
das Schwarze
unterm Fingernagel des Feindes.

MARIE LUISE KASCHNITZ

1901–1974

Auferstehung

Manchmal stehen wir auf
Stehen wir zur Auferstehung auf
Mitten am Tage
Mit unserem lebendigen Haar
Mit unserer atmenden Haut.

Nur das Gewohnte ist um uns.
Keine Fata Morgana von Palmen
Mit weidenden Löwen
Und sanften Wölfen.

Die Weckuhren hören nicht auf zu ticken
Ihre Leuchtzeiger löschen nicht aus.

Und dennoch leicht
Und dennoch unverwundbar
Geordnet in geheimnisvolle Ordnung
Vorweggenommen in ein Haus aus Licht.

[1962]

Nicht gesagt

Nicht gesagt
Was von der Sonne zu sagen gewesen wäre
Und vom Blitz nicht das einzig Richtige
Geschweige denn von der Liebe.

Versuche. Gesuche. Mißlungen
Ungenaue Beschreibung

Weggelassen das Morgenrot
Nicht gesprochen vom Sämann
Und nur am Rande vermerkt
Den Hahnenfuß und das Veilchen.

Euch nicht den Rücken gestärkt
Mit ewiger Seligkeit
Den Verfall nicht geleugnet
Und nicht die Verzweiflung

Den Teufel nicht an die Wand
Weil ich nicht an ihn glaube
Gott nicht gelobt
Aber wer bin ich daß

[1965]

Jeder

Jeder muß einmal
Sein Vaterland besingen
Sein Nest beschmutzen
Auch ich
Die Heimat dieses kleine Stück Europa
Wo Mädchen Soldaten nicht mehr lieben
Wo Soldaten sich selbst nicht mehr lieben
Wie befremdlich

Was fällt mir ein wenn ich Deutschland sage?
Mein Weg zur Arbeit
Durch den Park von Weimar
Das grüne Herz
Flieder im Belvedere
Tiefurt stampfender Tanz
Der Bauhausschüler
Triadisches Ballett

Was noch fällt mir ein?
Die Tiefebene sommerlich
Und hinter den breiten Hügeln
Auftauchend Türme
Die Weichsel bei Hochwasser
Rasch hintreibende Dächer
Bäume entwurzelte
Auch der Niederrhein
Xanten der angetriebene Leichnam
Der große Himmel

Meine Heimat vor allem
Nußbäume Linden unterm Gewitterhimmel
Weinfässer zum Schwefeln vor die Häuser gestellt
Doppeladler im Wappen, Oleander

Was außerdem?
Hakenkreuzfahnen
Dröhnende Stiefelschritte
Geflüstertes Grauen
Züge entlang dem Lahnfluß voll
Nicht singender Soldaten
Judenzüge
Detonationen Christbäume sogenannte
Asche zu Asche

Dann alles wieder neu
Aus dem Boden gezogen
Hochhäuser Hochöfen Hochstädte Autobahnen
Ferien im Ausland. Alte Kameraden
Weihestimmung im Bachverein

Und doch mein Jahrhundert vorüber
Wird mit Stacheldrahtzäunen
Niemand mehr Geld verdienen
Diesseits und jenseits der Grenzen
Bedeuten Worte dasselbe

Vaterländer und die alten
Schuldgefühle haben ausgespielt.

[1971]

[*Mein Weg:* Marie Luise Kaschnitz erlernte 1922/1924 in Weimar und München den Buchhändlerberuf. – *Belvedere:* Schloß und Park bei Weimar. – *Tiefurt:* Dorf mit Schlößchen und Park bei Weimar. – *Bauhausschüler:* Anfang der zwanziger Jahre wurde in Weimar das Bauhaus gegründet, ein neuartiger Schultyp für Kunst und Kunstgewerbe; seit 1925 in Dessau als »Hochschule für Gestaltung«. – *Christbäume:* Bezeichnung von pyramidenförmig angeordneten, langsam niederschwebenden Leuchtkugeln, die von Flugzeugen zur Vorbereitung von Luftangriffen abgeworfen wurden. – *Alte Kameraden:* auch Titel eines viel gespielten Militärmarsches von Carl Teike (1864–1922).]

WOLFGANG WEYRAUCH

1904–1980

Oh, when the Saints go marching in

Oh, when the Saints go marching in,
besuchen sie das ärmste Kind
mit Puppen und mit Broten,
und wenn sie damit fertig sind,
ziehn sie zum Bürgermeister hin,
entsprechend den Geboten,

und nehmen dem, der alles hat,
und geben es der Sünderin
voll Flüchen und voll Zoten.
Es findet eine Teilung statt,
denn Fisch und Tuch und Holz und Gin,
die Äpfel und die Schoten

erhält der Bettelmann, der Dieb,
so daß der Mörder sich besinnt
und betet für die Toten,
und was am Ende übrig blieb,
wirft man dem Staube hin, dem Wind,
für Hufe und für Pfoten.

Oh, when the Saints go marching out,
dann ist die Stadt aus Hauch gebaut,
als seis im Paradiese,
doch gleich darauf ist alles stumm
und blind und taub, das Eigentum
der Wächter und Verliese.

Lidice und Oradour

Mein Kind, frag Deinen Vater, wo
er war, als Lidice und Oradour
im Brand sich krümmten, lichterloh.
Frag nach dem falschen Schlag der Uhr

bei Dir zuhaus und anderswo.
Den Lehrer frag: die Angelschnur
schlägt nach ihm aus. Der Wolf im Zoo
erschrickt vor Lidice und Oradour.

Dein Nachbar, der Geranien froh,
vergaß Euch, Lidice und Oradour,
das Feuerkind im Feuerstroh,
das Messer bei der Menschenschur.

Vom Hut aus Filz, vom Korb aus Stroh
kein Pflaster schluckt die rote Spur.
Mein Kind, mach es nicht ebenso,
geh, lies von Lidice und Oradour.

ERICH ARENDT

1903–1984

Der Albatros

Sonnen sanken um mein Schiff und stiegen:
Wochen stiller großer Wiederkehr!
Wolkenwände sah ich ferne liegen,
und sie sanken lautlos in das Meer.
Immer aber hört ich's oben fliegen:
　　Über mir, der weiten Fahrt Genoss',
　　seine Schwingen schlug ein Albatros.

Lag im weißen Glanz der Meeresspiegel
um mein Schiff, so senkte sich sein Flug.
Seine schmalen weitgespannten Flügel
glitten wassernah um Heck und Bug,
segelleicht, als ob das Licht ihn trug.
　　Wenn die tiefe Stille ihn verdroß,
　　flog mit Zornesschrei der Albatros.

Mittags schwand in leeren Himmelshellen
er empor, steil, über grüner See.
Plötzlich löste sich ein Stein im schnellen
Schlag und streifte dicht das Schiff in Lee,
und ein Schnabelhieb drang in die Wellen.
　　Während Wasser ihm vom Leib noch floß,
　　floh mit blutgem Fang der Albatros.

Erst im Sturmwind, der mit weißem Biß
in die Tiefen fuhr, daß Nacht und Meer aufschäumten,
kam er wieder, als mein Segel riß,
Blitze lachten, schwarz die Wogen bäumten,
als die Meergruft auf mein Schiff sich schmiß.
  Dunkler Pfeil, der durch den Himmel schoß,
  schwang durch Sturm und Licht der Albatros.

Und sein Schrei brach aus dem Herz des Sturmes
hell und heiß, unfaßbar und inständig,
von Empörung heiß, von Zorn lebendig:
Wilde Kraft des auferstandenen Sturmes.
  Meiner Seele tapferster Genoss',
  rief er ihren Zorn, der Albatros.

In den Abenden der heißen Meere,
wenn der Purpurhimmel jäh verging
und des Dunkels schwarze Tropenschwere
undurchdringbar vor den Augen hing,
flog sein Schatten hörbar überm Meere.
  Wenn die Nacht die Sternensicht verschloß,
  trug die Nacht doch stets den Albatros.

Eines Mittags um die Mittagswende
stieg aus ständgem Glanz das harte Riff.
Palmen wuchsen aus dem Lichtgelände,
und die Bai umrauschten grüne Wände,
in die Bucht lief einsam ein mein Schiff.
  Fern am Horizont, der nackt und groß,
  flog für immer fort der Albatros.

Nur in Träumen noch am Strand nach Jahren
zog er wie ums Schiff im stillen Flug.
Und – da Not und Knechtschaft unerträglich waren,
daß das Herz den Haß nicht mehr ertrug,
stieß sein Schrei, dem großen Zorn entfahren:
  Wilder Ruf, der durch den Himmel schoß,
  über mir, wie einst – mein Albatros!

(1941)

Orphische Bucht

Für Peter Huchel

Meergerandet, groß
um den Felsen, stet
und stet, das weiße Auge
blickt. Die fühlbare Ferne.
Die Haut. – Möglich
alles: Im
Schnittpunkt, weither, der
Sekunde
eine Welle von Eisen.
Knirscht.

Wurzelstumm
dein Tag, rede, Berg,
Eulenflucht aus der Zeit
an deiner Stirn.
                Die sah
im Neigen der Felsen
meergetrieben
das Haupt.
Singen.

Berg, seit
der Zerrissene schrie,
du zähltest
die Todesenge,
                Furcht.

Auch dein Schritt, ins
Leere gemalt, Freund,
versinkt,
        und das Licht
steht, ein Dorn,
unter dem Lid mir. –
        Sprach einer
den Morgenröten, fallenden
Rinden, hier? – Es
schweigt nur, Helle
durchschweigt
das Meergehöhlte.

So wirf
        dein Netz,
blutrot, durchs Licht, das
der Schrei grauen Salzes
speist: Auf Welle
und Stein offen die
Maske des Worts:
                morgen die
schreckende Stille.

(1963)

GEORG MAURER

1907–1971

Der Mensch

Durchlässigste der Kreaturen ist der Mensch,
Wohnung für alle Fragen. Weist er eine ab,
verödet er. Die Lüge tritt
wie Schimmel vor.
Meint einer, ein Geheimnis zu verbergen,
so ist ein Schlüssel da.
So viele Schlüssel sind wie Poren

in seiner Haut. Da ist kein Schutz.
Schutzlosigkeit hat ihn
von Anfang groß gemacht, zum sichern Schützen,
der heut die unsichtbaren Kerne trifft,
daraus die Welt besteht.
Wie wollte er sich selbst verschließen?
Ihm hilft nicht Hornhaut, Panzer nicht und kein Verbrechen,
dies Tuch, das sich mit Blut vollsaugt. Die Kinder sehen's
und wenden es. So wenden wir die Welt um,
und ginge sie in abermillionen Falten.
Die Toga wendeten wir um, die härene Kapuze,
den Mond selbst. Den noch, der sich dreht und wendet.
So viel verschlossen ist, wir öffnen es:
Lachender Mund! da fährt die Wahrheit ein und aus.
Offenes Aug! Platz für die größte Weltversammlung.
Offenes Herz! drin wird der krummste Weg noch grade.
So hat die Menschheit sich erkannt:
Solang sie fragt, ist Menschheit,
so oft sie antwortet, ist Glück.

[E: 1947; D: 1965]

STEPHAN HERMLIN

1915–1997

Ballade von unserer Zeit mit einem Aufruf an die Städte der Welt

Hört: unter uns hat sich eine seltsame Stimme erhoben.
Aus den verzweifelten Wäldern des Zwielichts, der Einsamkeit,
Aus den verpesteten Wüsten, die freudlose Stürme durchtoben,
Sagt eine ruhige Stimme beständig: Es ist an der Zeit!
Hört: unter uns hat sich eine seltsame Stimme erhoben!

Denn wir sind von jenem verfluchten Geschlecht, das durchquerte
Unerschrocken auf Brücken von Leichen im Dschungel den Fluß,
Das mit Blicken voller Gleichgültigkeit die durchspeerte
Brust einer jungen Mutter betrachtet und dessen Fuß
Niemals wankte, als auf Kadavern er Flüsse durchquerte.

Und unser Herz schlug weiter in den vergasten Städten.
Als von gespenstischen Dachgärten die Saxophone geweint,
Lächelten wir mit weißen Zähnen. Aus Lazaretten

Hörten wir die zermalmten Tiere: Freund oder Feind,
Und unser Herz schlug weiter in den vergasten Städten.

Hört den beleidigten Schwachen, ihr irdischen Richter, Städte!
Wäre euere Stimme gleich einer Säule erwacht,
Als es Zeit war, in unserer Mitte, jählings – sie hätte
Uns den Vernichtern entrissen und ihrer tierischen Nacht.
Hört den beleidigten Schwachen, ihr irdischen Richter, Städte!

Denn alle Türen stehn offen und hinter jeder der Mord
Mit spinnwebenen Händen und schwarzen Lippen, bereit,
Unsere Säuglinge zu zerschmettern am Pfosten, das Wort
Uns, den Schrei in die Gurgel zurückzustoßen – und weit
Stehn alle Türen offen und hinter jeder der Mord.

Seht, unserer Frauen silberne Leiber sind überliefert
Wehrlos der Schande, die sie mit gelben Nägeln zerstückt,
Und unser holdestes Erbe von Geieraugen beziffert
Wird uns aus unseren furchtgeschlagenen Händen gerückt.
Schande ist unserer Frauen silberner Leib überliefert.

Und man lacht unserer Herzen hinter geöffneten Rippen
Mittags auf offenem Markt, wenn die schwarze Sonne versteint
Unser finsteres Blut auf zuckenden staubigen Lippen,
Auf denen nicht das leiseste Schluchzen mehr weint,
Und man lacht unsrer Herzen hinter geöffneten Rippen.

Wie der Staub verweht würden wir sein und unsere Taten
Ganz vergeblich und um vergessen zu werden getan,
Wenn ihr nicht werdet, um was schon so lang wir euch nahten,
Ungeheure! zu Städten, die Sturz und Auferstehn sahn.
Wie der Staub verweht würden wir sein und unsere Taten ...

Hier aus den rattenerfüllten Kellern, gräßlichen Stollen
Brüll ich euch sterbend zu: Errettet uns aus der Haft!
Rettet uns aus dem sanften spitzfingrigen Griffe der tollen
Folterer und vor des Wahnsinns süßem mohnfarbnen Saft,
Hier in den rattenerfüllten Kellern und gräßlichen Stollen!

Macht eure Plätze leer und erwartend und stellt das Entsetzen
Riesig am Horizont auf und laßt einen lautlosen Sturm
Auf euern Schultern liegen – von rauschenden Bannern verletzen,
Imaginären, schreienden, laßt euern mächtigsten Turm!
Macht eure Plätze leer und umstellt euch mit stummem Entsetzen!

Denn seht dort eure Schwestern: der Feind peitscht ihre Fassaden,
Doch die geöffneten Flanken spein Haß. So stehen sie nackt.
Aus einem Wald von Fahnen wehen der Abschüsse Schwaden,
Halten die fleischlosen Kiefer den Feind an der Kehle gepackt –
So sind euere Schwestern: und peitscht auch der Feind die Fassaden!

Darum erwarten wir euch: die Schatten vom Städtegeschlechte.
So sind verschworen wir euerer Zukunft oder dem Fall
In die staubigen Gräber der Nacht. Doch unsere Rechte
Krönt euch mit Zuversicht. Und unsrer Stimme ersterbender Hall
Sagt euch von der Erwartung der Schatten vom Städtegeschlechte.

(1942)

Sonett

Inmitten der schwierigen Strategie
Der Dichtung, wie ich auch die Worte siebe:
Da war kein Wort, das mir nicht Liebe lieh.
Durch Frost und Flammen trug mich diese Liebe.

Im Ungewissen, unterm scharfen Hiebe
Ungünstiger Winde, wußte ich, daß nie,
Wie immer auch der Schnee der Schmerzen stiebe,
Im Stich mich läßt der Zukunft Prosodie.

Nie reimt sich Liebe auf Beflissenheit,
Und liebend gibt sich Liebe keine Blöße.
Sie scheitert, doch sie meint Gemeinsamkeit.

Geschwisterlich auftretend im Getöse
Der Klassenschlacht erscheint zukünftige Zeit
Mit Bruder Irrtum und mit Schwester Größe ...

(1956)

Die Vögel und der Test

Zeitungen melden, daß unter dem Einfluß der Wasserstoffbombenversuche die Zugvögel über der Südsee ihre herkömmlichen Routen ändern.

Von den Savannen übers Tropenmeer
Trieb sie des Leibes Notdurft mit den Winden,
Wie taub und blind, von weit- und altersher,
Um Nahrung und um ein Geäst zu finden.

Nicht Donner hielt sie auf, Taifun nicht, auch
Kein Netz, wenn sie was rief zu großen Flügen,
Strebend nach gleichem Ziel, ein schreiender Rauch,
Auf gleicher Bahn und stets in gleichen Zügen.

Die nicht vor Wasser zagten noch Gewittern
Sahn eines Tags im hohen Mittagslicht
Ein höhres Licht. Das schreckliche Gesicht

Zwang sie von nun an ihren Flug zu ändern.
Da suchten sie nach neuen sanfteren Ländern.
Laßt diese Änderung euer Herz erschüttern . . .

(1957)

ERNST MEISTER

1911–1979

Fermate

Zwinkernd mit Dornengebüsch:
Augen
hin über Hagebutten und
atmendes Meer.
In den Äther speit Gold
ein raubender Fisch.

Fermate: Braue,
aufgerichteter Horizont.
Sonne als Perle am Grund
und die Wracks
der untersten Tiefe besonnt.
Früheste Zeit und die fernste
gleichen sich sehr.

Komm, was sich Tod heißt,
über den funkelnden Strand!
Komm, hagebuttenrot,
komm, dornenbraun,
zeige dich, komm!
Scherzend mit dir,
bin ich den ältesten
Engeln verwandt.

[1957]

Ich sage Ankunft

I

Ja, das Licht
aufrecht
über dem Abgrund.

Wer spielt
seine Weisheit,
wer weiß
die Fülle seiner Torheit?

Ich sage
Ankunft
hier bei des Lichtes
wirklichem Schilf.

II

Von der Spitze
des Dorns
die Formel geerntet.

Die leicht war,
wird schwer auf der Hand,
entfällt ihr.

Und sie schlägt Wurzel,
wird Rose
an dieser Stelle.

[1960]

Sage vom Ganzen
den Satz, den Bruch,
das geteilte Geschrei, den
trägen Ton, der Tage
Licht.

Mühsam
im gestimmten Raum
die Zeit in den Körpern,
leidiges Geheimnis, langsam.
Tod immer.

(Und ich wollt doch
das Auge nicht missen
entlang den Geschlechtern nach uns.)

Sage: DIES ist kein anderes.
Sage: So fiel, in gemeiner Verwirrung,
der Fall. Sage auch immer:
Die Erfindung war groß.

Du darfst nur nicht
Liebe verraten.

[1972]

FRITZ GRASSHOFF

1913–1997

Halunkenlied

Mein Gaul ist alt und will nicht mehr,
ich geb ihn für drei Pesos her
und ein paar alte Socken.
Die Pesos, die versaufe ich,
die Socken, die zerlaufe ich.
Vertrunken und gehunken –
ich geh zu den Halunken.

Ich lasse mich vom Winde wehn,
mein Topf, der soll am Feuer stehn,
am Feuer der Ganoven.
Da hol ich mir den letzten Schliff,
studier den Pfiff, den Killergriff,
die Zinken und die Riten.
Ich geh zu den Banditen.

Ich such mir eine Unterkunft
bei Damen von der flotten Zunft,
die achten mein Gewerbe.
Durch dunkle Gassen strolche ich,
den Speckbauch, den erdolche ich
und fülle mir mein Bündel.
Ich geh zu dem Gesindel.

Doch habe ich mein Geld im Sack,
dann pfeif ich auf das Lumpenpack
und fliege in die Fremde.
Muß auf der langen Schiene sein,
bevor mich sperrt der Grüne ein.
Vor dem hab ich Manschetten.
Der Hund legt mich in Ketten.

KARL KROLOW

1915–1999

Verlassene Küste

Wenn man es recht besieht,
so ist überall Schiffbruch.
Petronius

Segelschiffe und Gelächter,
Das wie Gold im Barte steht,
Sind vergangen wie ein schlechter
Atem, der vom Munde weht,

Wie ein Schatten auf der Mauer,
Der den Kalk zu Staub zerfrißt.
Unauflöslich bleibt die Trauer,
Die aus schwarzem Honig ist,

Duftend in das Licht gehangen,
Feucht wie frischer Vogelkot
Und den heißen Ziegelwangen
Auferlegt als leichter Tod.

Kartenschlagende Matrosen
Sind in ihrem Fleisch allein.
Tabak rieselt durch die losen
Augenlider in sie ein.

Ihre Messer, die sie warfen
Nach dem blauen Vorhang Nacht,
Wurden schartig in dem scharfen
Wind der Ewigkeit, der wacht.

(1948)

Robinson

I

Immer wieder strecke ich meine Hand
Nach einem Schiff aus.
Mit der bloßen Faust versuche ich,
Nach seinem Segel zu greifen.
Anfangs fing ich
Verschiedene Fahrzeuge, die sich
Am Horizont zeigten.
Ich fange Forellen so.

Doch der Monsun sah mir
Auf die Finger
Und ließ sie entweichen.
Oder Ruder und Kompaß
Brachen. Man muß
Mit Schiffen zart umgehen.
Darum rief ich ihnen Namen nach.
Sie lauteten immer
Wie meiner.

Jetzt lebe ich nur noch
In Gesellschaft mit dem Ungehorsam
Einiger Worte.

II

Ich habe zu rechnen aufgehört,
Wenn ich auch noch Finger habe,
Die ich nacheinander ins salzige Wasser
Tauchen kann.
Insekten und Tabakblätter
Kennen die Zeit nicht,
Die ich früher vergeudete.

Mein letzter Nachbar,
Der das Waldhorn blies
(Er hatte es einst einem Volkslied
Listig entwendet),
Kam auf See um.

Zuweilen fällt ein bißchen Sonne
Auf den Tisch, unter den ich die Füße
Strecke.
Ich brauche keine Sehnsucht mehr
Zu haben.

III

Diese Gewohnheit, irgendwo sehr lange
Auf einem Stuhl zu sitzen
Und zu horchen, ob es
In einem regnet
Oder in der Leber
Der Skorpion sich noch rührt!

Gezählt sind alle Blitze,
Alle Streichhölzer, die übrig blieben.

Bis man es leid ist
Und den letzten Wimpel
Im Meer versenkt.

(1958)

Neues Wesen

Blau kommt auf
wie Mörikes leiser Harfenton.
Immer wieder
wird das so sein.
Die Leute streichen
ihre Häuser an.
Auf die verschiedenen Wände
scheint Sonne.
Jeder erwartet das.
Frühling, ja, du bist's!
Man kann das nachlesen.
Die grüne Hecke ist ein Zitat
aus einem unbekannten Dichter.

Die Leute streichen auch
ihre Familien an, die Autos,
die Boote.
Ihr neues Wesen
gefällt allgemein.

Die Worte sind nicht schamlos

Die Worte sind nicht schamlos, wenn du sie
im Munde führst. Und wer sie ruhig spricht
wie du, der überhört sie nicht
in ihrer Freiheit und in ihrer Melodie.

Nicht diese oder jene Worte. Nie
standen sie dir besser zu Gesicht,
wenn du sie sagtest und ihr Wortgewicht
verlor sich, wurde leicht, und wie

du von der Liebe und vom Fortgehn denkst,
von Wiederkehr und wie du wieder drängst
und einfach fortgehst: das ist schön.

Die Scham weiß nichts von sich und schamlos ist
nur Sanftmut, die mit List und Hinterlist
das Wort verführt in schwindelhafte Höh'n.

Von einem Land und vom andern

Man glaubt's nicht, besieht seine Hände,
im Spiegel sein Gesicht:
Deutschland am anderen Ende
und hier – denn man glaubt es nicht –
ÜBER ALLES, hieß es. Man fände
den Reim heute ohne Gewicht.
Es reimt sich doch alles nicht!

Von einem Land und vom andern
weiß man zu wenig, zu viel.
Mit bloßem Wissen und Wandern
verfehlt ein jeder das Ziel.
Und wenn er es schließlich fände: –
Deutschland am anderen Ende
hat anderes Gewicht.
Über alles ringt man die Hände
bloß. Reimen sollte man nicht:
es sei denn, man verschwände
in einem andern Gedicht,
das ruhig von beiden spricht –
vom anderen und dem einen
und fürchtete sich vor keinem.

PETER JOKOSTRA

1912 – 2007

Ich treibe südwärts

Ich schwimm auf meinem Tod.
Die Schatten schmerzen mich nicht mehr.
Das Holz der Planken ist von hellstem Grün.
Der Smyrnateppich, die Zigeunerfracht.
Kaschemmenlaut, der aus der Tiefe dringt,
Gelächter, öder Halden Schutt,
berühren kaum die fremde Stirn.

Ich schwimm auf meinem Tod.
Der Wind geht achtsam um das Haus.
Gedankenschwere narrt mich nicht.
Mein Nachtkahn wird ins Licht gedreht
von einer Hand, die fischig glänzt.
Ich frag nicht, wem die Hand gehört.
Das Holz der Planken ist von hellstem Grün.

Ich schwimm auf meinem Tod.
Die Lippen, die kein Durst mehr quält.
Die Augen, die kein Fieber brennt.
Die kleinen Lügen folgen mir:
Zigeunermund, Zigeunerrot, Zigeunerwind,
der Smyrnateppich und von unten Lärm.
Ins Gegenlicht gedreht das Boot,
so treib ich südwärts, flossenüberglänzt.

CHRISTINE LAVANT

1915–1973

Es riecht nach Weltenuntergang
viel stärker als nach Obst und Korn,
der Vogel, der am Mittag sang,
dreht jetzt sein Opfer auf den Dorn,
ergreifend flach und ohne Schein
schiebt sich der Mond herein.

Hochsommernacht und so voll Frost!
Das Windrad geht verzweifelt um,
die Sterne scheinen nicht bei Trost,
denn jeder dreht sich wild herum,
bevor er zuckend untergeht
wie eben mein Gebet.

War das der zwölfte Stundenschlag
und mittendrin ein Hahnenschrei?
Es klang so nach dem Jüngsten Tag –
mein Herz tanzt jetzt als hohles Ei
vor meinem eigenen Gesicht,
und das ist das Gericht.

Ich bin sehr reich und kann nicht mehr verarmen,
dies Eigentum zerstören keine Kriege,
und wenn ich auch der Schenksucht unterliege
und der Verschwendung oder dem Erbarmen,
von diesen Gütern werd ich keines los.
Oft, abends, breite ich sie auf dem Schoß
wie Steine aus, wie Spitzen, Samt und Seide,
und meine Hände haben alle beide
genug zu tun, um alles zu umfassen.

Da ist der Tag, an dem du mich verlassen –
sehr dunkler Stein und dennoch ein Kristall!
Und hier der seidenweiche Spitzenfall,
das Wiedersehen, immerfort durchbrochen
vom Sehnsuchtssammet langer Wartewochen
und irisblauer, schwerer Schwermutseide.
Ach Gott, die Stunden, die ich jetzt erleide,
ganz matte Perlen schon vom Tod beschlagen, –
die sind so schwer, – wer hilft mir die ertragen?

CHRISTINE BUSTA

1915–1987

Das Hündlein

(Zu Matthäus XV./26–28 und Markus VII./24–30)

Ich bin das Hündlein aus dem Neuen Testament.
Ein Hühnerbein, ein magrer Schwanz von Fischen,
ein Brocken Brot fällt immer von den Tischen
der Tafelnden, die man die Kinder Gottes nennt.

Ich bin das Hündlein, das ein jeder Köter kennt,
und das sie zausen, wenn sie es erwischen,
bin Freund den alten Bettlern in den Nischen
und wedle tröstlich, wo ein armes Kindlein flennt.

Wer selber nur verachtet durch die Straßen rennt,
fährt gern den stolzen Heuchlern einmal zwischen
die Beine, wenn sie hinter Sündern zischen,
die Leid und Scham geheim zu Aschenhäuflein brennt.

Ich bin das Hündlein aus dem Neuen Testament.
An allen Ecken sieht man frech mich pissen.
Doch in den Frommen regt sich das Gewissen,
wenn wo ein Weib in Nöten meinen Namen nennt.

[1951]

Aus einem Sommertagebuch

Für Ernst Schönwiese

Fernsehen auf dem Balkon
mit dem Rücken zum Bildschirm.

Hinter dir, uhrgenau auf die Minute,
täglich neu figurierte Greuel.

Vor dir und über dir –
nicht zu manipulieren –
täglich das alte Programm,
sternzeitverschoben, entrückt.

Bootes, der Bärenhüter
vor Herkules. Unaustauschbar
Adler, Leier und Schwan.

Es gibt keine Sendepause,
nur Zufälle meteorologischer Störung,
oder das Ungenügen des Auges.

Auch wer schläft, darf gewiß sein,
daß Perseus die Gorgo besiegt hat,
und aus dem Blut der Medusa
mit erdabgewandten Hufen
Pegasus durch die Nacht fliegt.

[1981]

[4. Strophe: Sternbilder.]

HILDE DOMIN

1909 – 2006

Nur eine Rose als Stütze

Ich richte mir ein Zimmer ein in der Luft
unter den Akrobaten und Vögeln:
mein Bett auf dem Trapez des Gefühls
wie ein Nest im Wind
auf der äußersten Spitze des Zweigs.

Ich kaufe mir eine Decke aus der zartesten Wolle
der sanftgescheitelten Schafe die
im Mondlicht
wie schimmernde Wolken
über die feste Erde ziehn.

Ich schließe die Augen und hülle mich ein
in das Vlies der verläßlichen Tiere.
Ich will den Sand unter den kleinen Hufen spüren
und das Klicken des Riegels hören,
der die Stalltür am Abend schließt.

Aber ich liege in Vogelfedern, hoch ins Leere gewiegt.
Mir schwindelt. Ich schlafe nicht ein.
Meine Hand
greift nach einem Halt und findet
nur eine Rose als Stütze.

Mit leichtem Gepäck

Gewöhn dich nicht.
Du darfst dich nicht gewöhnen.
Eine Rose ist eine Rose.
Aber ein Heim
ist kein Heim.

Sag dem Schoßhund Gegenstand ab
der dich anwedelt
aus den Schaufenstern.
Er irrt. Du
riechst nicht nach Bleiben.

Ein Löffel ist besser als zwei.
Häng ihn dir um den Hals,
du darfst einen haben,
denn mit der Hand
schöpft sich das Heiße zu schwer.

Es liefe der Zucker dir durch die Finger,
wie der Trost,
wie der Wunsch,
an dem Tag
da er dein wird.

Du darfst einen Löffel haben,
eine Rose,
vielleicht ein Herz
und, vielleicht,
ein Grab.

Abel steh auf

Abel steh auf
es muß neu gespielt werden
täglich muß es neu gespielt werden
täglich muß die Antwort noch vor uns sein
die Antwort muß ja sein können
wenn du nicht aufstehst Abel
wie soll die Antwort
diese einzig wichtige Antwort
sich je verändern
wir können alle Kirchen schließen
und alle Gesetzbücher abschaffen
in allen Sprachen der Erde
wenn du nur aufstehst
und es rückgängig machst
die erste falsche Antwort
auf die einzige Frage
auf die es ankommt
steh auf
damit Kain sagt
damit er es sagen kann
Ich bin dein Hüter
Bruder
wie sollte ich nicht dein Hüter sein
Täglich steh auf
damit wir es vor uns haben
dies Ja ich bin hier
ich
dein Bruder

Damit die Kinder Abels
sich nicht mehr fürchten
weil Kain nicht Kain wird
Ich schreibe dies
ich ein Kind Abels
und fürchte mich täglich
vor der Antwort
die Luft in meiner Lunge wird weniger
wie ich auf die Antwort warte

Abel steh auf
damit es anders anfängt
zwischen uns allen

Die Feuer die brennen
das Feuer das brennt auf der Erde
soll das Feuer von Abel sein

Und am Schwanz der Raketen
sollen die Feuer von Abel sein

MARGOT SCHARPENBERG

* 1924

Wenn die Bettler zählen

Als wir dann abends die Taschen leerten,
lauter Münzen fielen ins Licht.
Zahlen und Tage, die wiederkehrten,
vergriffen, vergessen, Gedicht.

Schneidende Ränder und stählerne Reifen,
so dreh dich, du Messer, du Rad.
Ein Abend als Mühlstein, ein Wasser zum Schleifen
und Sand auf den kreisenden Pfad.

Münze um Münze, gereicht schon zerrieben,
die Zahlen Roulette ohne Ziel.
Mit Schatten haben die Speichen geschrieben,
ein Rad und ein Reim und ein Spiel.

[1961]

Prognose

Es wölkt sich ein
ich rüste mich auf andre Zeiten
nichts ist vorhersehbar
ich kann dir jeden Satz bestreiten
die Wolken lockern sich und doch
beizeiten wird es schnein

es hellt sich auf
wir wollen neue Pläne schmieden
die alten taugen später
für den nächsten Frieden
fürs erste nehmen wir es
auch mit Kriegen auf

es regnet schon
wir sahen es ja kommen
trotz langer Dürre
blieb es jedem unbenommen
aufs Ernten sich zu rüsten und zu freun
die Keime sprießen schon

was haben wir gesät
was ging verloren
im Schlachtfeld wachsen Steine und
kein Brot
sogar die Siege werden totgeboren
ob Krieg jedoch ob Frieden offenbar
wird bloß:
es ist zu spät

[1995]

JOHANNES BOBROWSKI

1917–1965

Holunderblüte

Es kommt
Babel, Isaak.
Er sagt: Bei dem Pogrom,
als ich Kind war,
meiner Taube
riß man den Kopf ab.

Häuser in hölzerner Straße,
mit Zäunen, darüber Holunder.
Weiß gescheuert die Schwelle,
die kleine Treppe hinab –
Damals, weißt du,
die Blutspur.

Leute, ihr redet: Vergessen –
Es kommen die jungen Menschen,
ihr Lachen wie Büsche Holunders.
Leute, es möcht der Holunder
sterben
an eurer Vergeßlichkeit.

(15. 9. 1960)

Dorfmusik

Letztes Boot darin ich fahr
keinen Hut mehr auf dem Haar
in vier Eichenbrettern weiß
mit der Handvoll Rautenreis
meine Freunde gehn umher
  einer bläst auf der Trompete
  einer bläst auf der Posaune
Boot werd mir nicht überschwer
hör die andern reden laut:
dieser hat auf Sand gebaut

Ruft vom Brunnenbaum die Krähe
von dem ästelosen: wehe
von dem kahlen ohne Rinde:
nehmt ihm ab das Angebinde
nehmt ihm fort den Rautenast
  doch es schallet die Trompete
  doch es schallet die Posaune
keiner hat mich angefaßt
alle sagen: aus der Zeit
fährt er und er hats nicht weit

Also weiß ichs und ich fahr
keinen Hut mehr auf dem Haar
Mondenlicht um Brau und Bart
abgelebt zuendgenarrt
lausch auch einmal in die Höhe
  denn es tönet die Trompete
  denn es tönet die Posaune
und von weitem ruft die Krähe
ich bin wo ich bin: im Sand
mit der Raute in der Hand

(5. 12. 1960)

Hölderlin in Tübingen

Bäume irdisch, und Licht,
darin der Kahn steht, gerufen,
die Ruderstange gegen das Ufer, die schöne
Neigung, vor dieser Tür
ging der Schatten, der ist
gefallen auf einen Fluß
Neckar, der grün war, Neckar,
hinausgegangen
um Wiesen und Uferweiden.

Turm,
daß er bewohnbar
sei wie ein Tag, der Mauern
Schwere, die Schwere
gegen das Grün,
Bäume und Wasser, zu wiegen
beides in einer Hand:
es läutet die Glocke herab
über die Dächer, die Uhr
rührt sich zum Drehn
der eisernen Fahnen.

(30. 5. 1961)

[*Turm:* der ›Hölderlin-Turm‹ am Neckar in Tübingen, Anbau am Haus des Schreinermeisters Ernst Zimmer, bei dem Hölderlin seit 1807 untergebracht war und das Turmzimmer im 1. Stock bewohnte; von dort aus Blick auf den Neckar, ins Steinlachtal und auf die Schwäbische Alb. – *Fahnen:* Wetterfahnen.]

Immer zu benennen

Immer zu benennen:
den Baum, den Vogel im Flug,
den rötlichen Fels, wo der Strom
zieht, grün, und den Fisch
im weißen Rauch, wenn es dunkelt
über die Wälder herab.

Zeichen, Farben, es ist
ein Spiel, ich bin bedenklich,
es möchte nicht enden
gerecht.

Und wer lehrt mich,
was ich vergaß: der Steine
Schlaf, den Schlaf
der Vögel im Flug, der Bäume
Schlaf, im Dunkel
geht ihre Rede –?

Wär da ein Gott
und im Fleisch,
und könnte mich rufen, ich würd
umhergehn, ich würd
warten ein wenig.

(4. 2. 1961)

Schattenland

Die Raschelstimmen,
Blätter, Vögel, drei Wege
kam ich
vor einem großen Schnee.
Auf dem Ufer, Grannen und Kletten
im Ringelhaar, mit ihren Hunden
Ragana schrie nach dem Fährmann, im Wasser
stand er, mitten im Fluß.

Einmal,
folgend den Nebeln,
über die Senke mit goldenen Flügeln
zogen die Trappen, sie setzten
auf die Gräser den hornigen Fuß,
Licht flog, der Tag ihnen nach.

Kalt. Auf der Spitze des Grashalms
die Leere weiß
bis an den Himmel. Der Baum
aber alt, dort ist
ein Ufer, Nebel mit dünnen
Gelenken gehn auf dem Fluß.

Finsternis, wer hier lebt,
spricht mit des Vogels Stimme.
Ausgefahren sind
Windlichter über den Wäldern.
Kein Atem hat sie bewegt.

(30. I. 1962)

RAINER BRAMBACH

1917–1983

Niemand wird kommen

Niemand kam über das Feld,
nur Regengewölk, Wind.
Niemand wird kommen, der sagt:
Lehmgestalt, steig aus dem Graben,
ich habe deine Gedanken gehört.
Gehe! Die schöne Welt erwartet dich.

Niemand ruft: He, noch nicht
unterwegs?
Dein Freibrief ist gültig,
leicht lesbar die Schrift der Redlichkeit.

Ich sah als Kind auf dem Jahrmarkt
den Tanzbären sich drehen,
hielt mich später am Tage versteckt,
kenne einige Gefängnisse inwendig
und auswendig die Sprache der Henker.

Niemand. Regengewölk, Wind.

[1959]

Das blaue Band, wie Mörike es sah,
flatternd in den Lüften, wo?
Ich sehe einen Kondensstreifen
quer über den Himmel gezogen –
aber die Amsel ist abends immer da
auf dem First gegenüber singt sie ihr Lied
unsäglich –

[1983]

[*Das blaue Band:* vgl. Mörikes Gedicht »Er ist's«.]

WILLY BARTOCK

1915 – 1995

Die Wermutpensionäre

Die Bänke im Rosenrondell
stehen wie gähnend in kühler einsamer Leere
die Nacht hat auf ihren Sitzen
feuchte Schleier liegen gelassen
Kaum aber ist die Sonne zur Stell
und trocknet mit warmen Strahlenspitzen
die Bänke die nassen
dann kommen die Wermutpensionäre

Die mit den Steinstaublungen
die die ganze Nacht mit der Luftnot gerungen
die aus den Kostgängerstuben
die längst den letzten »Zuhause«-Gedanken begruben
die aus den Altersheimen
die satt sind von Morgensuppe und frommen Reimen

Die einsamen armen Schlucker mit den kleinen Renten
setzen sich nieder und halten in zitternden Händen
das billige Glück in Flaschen für eine Mark zehn
in jedem Lebensmittelgeschäft zu erstehn
Da sitzen sie alle zusammen die nutzlosen Alten
und haben nur noch sich und den Sonnenschein
und ein paar Stunden Zeit
und Angst vor der Einsamkeit
und den rosenroten Rausch vom Wermutwein

Langsam kommt seltsam fremdes Leben in die Gestalten
werden die Gesten fahrig und groß
und die Blicke so weit oder trunken verklärt
Sie sind für Stunden die Last der Einsamen los
sie schweigen und schwätzen und lachen und winken
und schimpfen und singen und trinken und trinken

Mancher Vorübergehende denkt empört
Natürlich – da sitzen und saufen sie wieder
die alten versoffenen Wermutbrüder
Mancher aber dem sie Wink und Zuruf schenken
mag der eigenen Zukunft gedenken
und verspürt ein minutenkurzes Erbarmen
Wer weiß wie oft sie noch sitzen und trinken
und uns aus ihrer Einsamkeit winken

Wie bald wird manchen der Tod umarmen

JOSEF BÜSCHER

1918–1983

Angstlied

Bestellt bin ich und werde dafür bezahlt,
der Apparatur zu dienen, die mir nicht gehört,
die wie ein Gott mein Menschenleben
bestimmt, beherrscht, verbraucht, verzehrt.

Lärm ist ihr Atem, Arbeitshetze
und Lichtreiz, der die Sinne plagt.
Sie brütet Gier und Unbehagen,
Verzehrrausch, der sich nichts versagt.

Ich habe Angst, zu ihr zu gehn.
Ich brauche sie, soll ich bestehn.

Ich habe Angst, ich komm zu spät.
Der andere pflückt, was ich gesät.

Ich habe Angst, ich komm zu kurz.
Versagen, das ist der Todessturz.

Ich habe Angst. Doch dreh ich mich.
Als Zahnradzacke kreise ich.
Lichtreiz und Lärm und Leistungswillen:
Wir winden uns und schrauben uns im Leerlauf,
Gier ist nicht zu stillen.

Ich habe Angst.
Ich drehe mich.
Im Leerlauf kreise ich.
O hintergründige, gemeine Angst.

MICHAEL GUTTENBRUNNER

1919 – 2004

Die Bodenständlinge

Die Sänger dieser Lande
sind des heimatlichen Speckes Sänger,
und sie vergleichen sich ein jeglicher
mit einem Baum;
ich hab es oft gehört und weiß es nun wohl,
daß ihre Wurzeln erdverbunden sind.
Wenn aber große Zeiten anbrechen,
die das dicke Ende in sich tragen,
dann feiern sie, um nicht vors Gewehr zu müssen,
die besoffenen Eintagsworte
der jeweiligen Tyrannen.
Wenn's aber vorbei ist,
dann singen sie wieder, als ob nichts gewesen wäre,
die Sau am Spieß
und Kraut und Rüben der Heimat.

Ihnen fehlt jedes Wort
für die Geschlagenen und Entrechteten,
von deren Blute Europas Henker trieften.
Ich allein singe heute vom Krieg.
Denn ungetilgter Schulden Samen ist wieder gereift,
und neue Drohung verdunkelt die Welt.
Als die Partisanen zum Kampfe aufbrachen
und die Freiheit ihre Morgensterne
im Dunkel der Wälder entzündete,
da rüsteten sich die Wüsten,
da griffen Wälder
mit grüner Kraft zu den Waffen.
Aber die Landsknechte und ihre Schreibknechte
sprachen nur von Banditen.
Von Ratten zerfressen
wurde des deutschen Schlachthauses
babylonischer Turm.
Aber höher von Jahr zu Jahr
hob die Menschheit ihr Haupt voll Blut und Wunden,
bestrahlt von Siegeshoffnung.
Nun aber blickt neue Gefahr
medusenhäuptig auf West und Ost.
Wen müßte man nicht alles
zum Teufel jagen?
Von den heimatlichen Sängern
werdet ihr's nie erfahren.

PAUL CELAN

1920–1970

Corona

Aus der Hand frißt der Herbst mir sein Blatt; wir sind Freunde.
Wir schälen die Zeit aus den Nüssen und lehren sie gehn:
die Zeit kehrt zurück in die Schale.

Im Spiegel ist Sonntag,
im Traum wird geschlafen,
der Mund redet wahr.

Mein Aug steigt hinab zum Geschlecht der Geliebten:
wir sehen uns an,
wir sagen uns Dunkles,
wir lieben einander wie Mohn und Gedächtnis,
wir schlafen wie Wein in den Muscheln,
wie das Meer im Blutstrahl des Mondes.

Wir stehen umschlungen im Fenster, sie sehen uns zu von der Straße:
es ist Zeit, daß man weiß!
Es ist Zeit, daß der Stein sich zu blühen bequemt,
daß der Unrast ein Herz schlägt.
Es ist Zeit, daß es Zeit wird.

Es ist Zeit.

Todesfuge

Schwarze Milch der Frühe wir trinken sie abends
wir trinken sie mittags und morgens wir trinken sie nachts
wir trinken und trinken
wir schaufeln ein Grab in den Lüften da liegt man nicht eng
Ein Mann wohnt im Haus der spielt mit den Schlangen der schreibt
der schreibt wenn es dunkelt nach Deutschland dein goldenes Haar Margarete
er schreibt es und tritt vor das Haus und es blitzen die Sterne er pfeift seine Rüden herbei
er pfeift seine Juden hervor läßt schaufeln ein Grab in der Erde
er befiehlt uns spielt auf nun zum Tanz

Schwarze Milch der Frühe wir trinken dich nachts
wir trinken dich morgens und mittags wir trinken dich abends

wir trinken und trinken
Ein Mann wohnt im Haus der spielt mit den Schlangen der schreibt
der schreibt wenn es dunkelt nach Deutschland dein goldenes Haar Margarete
Dein aschenes Haar Sulamith wir schaufeln ein Grab in den Lüften da liegt man nicht eng

Er ruft stecht tiefer ins Erdreich ihr einen ihr andern singet und spielt
er greift nach dem Eisen im Gurt er schwingts seine Augen sind blau
stecht tiefer die Spaten ihr einen ihr andern spielt weiter zum Tanz auf

Schwarze Milch der Frühe wir trinken dich nachts
wir trinken dich mittags und morgens wir trinken dich abends
wir trinken und trinken
ein Mann wohnt im Haus dein goldenes Haar Margarete
dein aschenes Haar Sulamith er spielt mit den Schlangen

Er ruft spielt süßer den Tod der Tod ist ein Meister aus Deutschland
er ruft streicht dunkler die Geigen dann steigt ihr als Rauch in die Luft
dann habt ihr ein Grab in den Wolken da liegt man nicht eng

Schwarze Milch der Frühe wir trinken dich nachts
wir trinken dich mittags der Tod ist ein Meister aus Deutschland
wir trinken dich abends und morgens wir trinken und trinken
der Tod ist ein Meister aus Deutschland sein Auge ist blau

er trifft dich mit bleierner Kugel er trifft dich genau
ein Mann wohnt im Haus dein goldenes Haar Margarete
er hetzt seine Rüden auf uns er schenkt uns ein Grab in der Luft
er spielt mit den Schlangen und träumet der Tod ist ein Meister aus Deutschland

dein goldenes Haar Margarete
dein aschenes Haar Sulamith

[E: 1945; D: 1948 in »Der Sand aus den Urnen«, hier nach D 1952: »Mohn und Gedächtnis«]

Sprich auch du

Sprich auch du,
sprich als letzter,
sag deinen Spruch.

Sprich –
Doch scheide das Nein nicht vom Ja.
Gib deinem Spruch auch den Sinn:
gib ihm den Schatten.

Gib ihm Schatten genug,
gib ihm so viel,
als du um dich verteilt weißt zwischen
Mittnacht und Mittag und Mittnacht.

Blicke umher:
sieh, wie's lebendig wird rings –
Beim Tode! Lebendig!
Wahr spricht, wer Schatten spricht.

Nun aber schrumpft der Ort, wo du
stehst:
Wohin jetzt, Schattenentblößter, wohin?
Steige. Taste empor.
Dünner wirst du, unkenntlicher, feiner!
Feiner: ein Faden,
an dem er herabwill, der Stern:
um unten zu schwimmen, unten,
wo er sich schimmern sieht: in der
Dünung
wandernder Worte.

Sprachgitter

Augenrund zwischen den Stäben.

Flimmertier Lid
rudert nach oben,
gibt einen Blick frei.

Iris, Schwimmerin, traumlos und trüb:
der Himmel, herzgrau, muß nah sein.

Schräg, in der eisernen Tülle,
der blakende Span.
Am Lichtsinn
errätst du die Seele.

(Wär ich wie du. Wärst du wie ich.
Standen wir nicht
unter *einem* Passat?
Wir sind Fremde.)

Die Fliesen. Darauf,
dicht beieinander, die beiden
herzgrauen Lachen:
zwei
Mundvoll Schweigen.

Tübingen, Jänner

Zur Blindheit über-
redete Augen.
Ihre – »ein
Rätsel ist Rein-
entsprungenes« –, ihre
Erinnerung an
schwimmende Hölderlintürme,
möwen-
umschwirrt.

Besuche ertrunkener Schreiner bei
diesen
tauchenden Worten:

Käme,
käme ein Mensch,
käme ein Mensch zur Welt, heute, mit
dem Lichtbart der
Patriarchen: er dürfte,
spräch er von dieser
Zeit, er
dürfte
nur lallen und lallen,
immer-, immer-
zuzu.

(»Pallaksch. Pallaksch.«)

[*»ein Rätsel...«:* Zitat aus Hölderlins Hymne »Der Rhein«. – *Hölderlintürme:* vgl. zu Bobrowskis »Hölderlin in Tübingen«. – *»Pallaksch...«:* Hölderlin soll während seiner Zeit im Tübinger Turm dieses Wort gern gebraucht haben, und zwar mal als »Ja«, mal als »Nein«.]

Fadensonnen
über der grauschwarzen Ödnis.
Ein baum-
hoher Gedanke
greift sich den Lichtton: es sind
noch Lieder zu singen jenseits
der Menschen.

[1967]

Ein Blatt, baumlos,
für Bertolt Brecht:

Was sind das für Zeiten,
wo ein Gespräch
beinah ein Verbrechen ist,
weil es soviel Gesagtes
mit einschließt?

[1971]

[*Bertolt Brecht:* vgl. sein Gedicht »An die Nachgeborenen«.]

ROSE AUSLÄNDER

1901–1988

Ein Tag im Exil

Ein Tag im Exil
Haus ohne Türen und Fenster

Auf weißer Tafel
mit Kohle verzeichnet
die Zeit

Im Kasten
die sterblichen Masken
Adam
Abraham
Ahasver

Wer kennt alle Namen

Ein Tag im Exil
wo die Stunden sich bücken
um aus dem Keller
ins Zimmer zu kommen

Schatten versammelt
um's Öllicht im ewigen
Lämpchen
erzählen ihre Geschichten
mit zehn finstern Fingern
die Wände entlang

Wann ziehn wir ein

Wann ziehn wir ein
ins besamte Wort
Löwenzahnhaus
feingesponnen
im luftfarbnen Licht

Kein Luftschloß
Wortall
jedes Wort
in der Kugel
ein Samen

Wann graben wir aus
den verschütteten Quell
werfen alle Münzen
in den Brunnen
schöpfen Wassersterne
für die Löwenzahnwiese

Wann ziehn wir ein
in den Löwenzahnstern
ins besamte Wort

[1967]

Noch bist du da

Wirf deine Angst
in die Luft

Bald
ist deine Zeit um
bald
wächst der Himmel
unter dem Gras
fallen deine Träume
ins Nirgends

Noch
duftet die Nelke
singt die Drossel
noch darfst du lieben
Worte verschenken
noch bist du da

Sei was du bist
Gib was du hast

[1977]

UNICA ZÜRN

1916–1970

Ich weiss nicht, wie man die Liebe macht

Wie ich weiss, ›macht‹ man die Liebe nicht.
Sie weint bei einem Wachslicht im Dach.
Ach, sie waechst im Lichten, im Winde bei
Nacht. Sie wacht im weichen Bilde, im Eis
des Niemals, im Bitten: wache, wie ich. Ich
weiss, wie ich macht man die Liebe nicht.

Ermenonville 1959

SILJA WALTER

* 1919

Tänzerin

Der Tanz ist aus. Mein Herz ist süß wie Nüsse,
Und was ich denke, blüht mir aus der Haut.
Wenn ich jetzt sacht mir in die Knöchel bisse,
Sie röchen süßer als der Sud Melisse,
Der rot und klingend in der Kachel braut.

Sprich nicht von Tanz und nicht von Mond und Baum
Und ja nicht von der Seele, sprich jetzt nicht.
Mein Kleid hat einen riesenbreiten Saum,
Damit bedeck ich Füße und Gesicht
Und alles, was in diesem Abend kauert,
Aus jedem Flur herankriecht und mich mißt
Mit grauem Blick, sich duckt und mich belauert,
Mich gellend anfällt und mein Antlitz küßt.

Sprich nicht von Tanz und nicht von Stern und Traum
Und ja nicht von der Seele, laß uns schweigen.
Mein Kleid hat einen riesenbreiten Saum,
Drin ruht verwahrt der Dinge Sinn und Reigen.

Ich wollte Schnee sein, mitten im August,
Und langsam von den Rändern her vergehn,
Langsam mich selbst vergessen, ich hätt Lust,
Dabei mir selber singend zuzusehn.

ILSE AICHINGER

* 1921

Gebirgsrand

Denn was täte ich,
wenn die Jäger nicht wären,
meine
Träume,
die am Morgen
auf der Rückseite der Gebirge
niedersteigen, im Schatten.

Die trüben Stunden nutzend

Laß das Gelichter
auf den Feldern rasten,
im Dunst, der aufsteigt,
denn nichts leuchtet dir.
Die Grottenbahnen auf den
Hügeln
sind jetzt geschlossen,
die Rüben lange aus der Erde,
die Kinder fort.
Die Blumenflechter sind die
letzten,
die noch blieben,
sie brennen Öl,
mit ihnen läßt sich reden.

Briefwechsel

Wenn die Post nachts käme
und der Mond
schöbe die Kränkungen
unter die Tür:
Sie erschienen wie Engel
in ihren weißen Gewändern
und stünden still im Flur.

ERIKA BURKART

* 1922

Die Wahrheit

Tritt ihr nicht nahe,
sie könnte dich blenden
mit einem Strahl, der im Nu
durchbrennt all
deine Sicherungen.

Erwarte kein Urteil von ihr.
Beiden Lagern steift sie die Fahne.
Bis zum Jüngsten Tag wird vertagt
der Prozeß, den sie dir anhängt.

Sie setzt sich aus Teilchen zusammen,
die zugedeckt werden von faßbaren Sachen,
Tatsachen, leicht zu beweisen.

Spurlos kommt sie, wie Luft –
erscheint und legt, einmal bewegt,
die Häuser nieder, in denen
wir ihre auswechselbaren
Abbilder horten.

Vorläufig auch
die tödliche Wahrheit.
Laut einer überlieferten Hoffnung
erweist sich, im Bunde mit ihr,
das Übel als Heilsplan.

Die Gnaden des Alltags

Aus einem Wintergehölz
eine Rauchsäule aufsteigen sehn,
als gäbe ein Geist
einem andern ein Zeichen.
Nicht zählen können die Möwen
auf dem umgebrochenen
Nebelacker,
den Weg des Wassers bedenken,
die Zeit der Steine –
Frost in den Wimpern
in eine geheizte Stube treten,
die Hände wärmen am Teekrug,
das Herz nicht überhören,
das außer sich ist
vor nichts als dem Leben,
dem kurzen, und einbringt
das Wissen, man habe,
bevor es zu spät war,
die Sterne gesehn,
Gemma, Capella,
wenn man fröstelte, nachts,
beim erkaltenden Ofen,
während der Wind
ans Fenster rührte
und den Bäumen
die Krone von Schnee
bis in den eisklaren
Himmel wuchs.

Dem Andenken Rainer Brambachs

HANNS CIBULKA

1920 – 2004

Wir Worte

I.

Wie oft
habt ihr das Wort
beim ersten Hahnenschrei
verraten,
in galvanische Bäder
habt ihr uns gelegt,
als Pegasus
vor den Karren
gespannt.

Mit Doggen
habt ihr uns gejagt,
seid angetreten
zur Exekution,
in Uniform,
in Kreuzesform
die Silben
in die Landschaft
gesetzt.

Wir Worte,
wir sind grau geworden
an der Klagemauer
der Sprache.

Es könnte sein,
daß ihr uns eines Tages
nicht mehr wiederfindet,
wortlos
kehrt euer Leib zurück
ins Tier.

II.

Am Sterbebett,
wenn alle Dinge
wie ein wolkenloser Himmel sind,
stehn wir als Spiegelbilder
vor euch auf.

Wir
sind euer letzter Besitz,
alles andere in euren Häusern
ist
Staub.

Ohne Titel

I.

Auf dem Platz des Himmlischen
Friedens
Genickschüsse.

Barmherziger als der Mensch
sind die Bäume,
die geben uns Schatten.

II.

Wie die Fürsten haben sie gelebt,
die Hüter der Arbeiterklasse,
voller Zorn sehe ich ihre
Weinkeller,
die mit Edelholz getäfelten Zimmer,
die Fußbodenheizung
in der Jagdhütte.

Ich sehe wie die Menschen
von einem Land ins andere gehen,
die Luft ist kalt geworden,
die Krähen kehren heim in Scharen,
wo ist der Ort
um niederzuschreiben was wahr ist?

[*Platz des Himmlischen Friedens:* Dort wurde in Peking am 4. Juni 1989 die Demokratiebewegung blutig niedergeschlagen, was die Führung der DDR guthieß.]

GÜNTHER DEICKE

1922 – 2006

Tübingen, Oktober

Herz:
gib dich auch hier zu erkennen,
hier in der Mitte des Marktes.
Ruf's, das Schibboleth, hinaus
in die Fremde der Heimat:
Februar. No pasaran.
(*Paul Celan, »Schibboleth«*)

Käme
käme ein Mensch,
käme ein Mensch zur Welt, heute, mit
dem Lichtbart der
Patriarchen: er dürfte,
spräch er von dieser
Zeit, er
dürfte
nur lallen und lallen,
immer-, immer-
zuzu.
(*Paul Celan, »Tübingen, Jänner«*)

War da ein Sommer, war da ein Herbst
uns gegönnt zu reifem Gesang?

Hier auf der Brücke über dem Neckar
inmitten der Menge, die das Singen
verlernt hat und das Lesen und
das Reden sogar über das Wichtigste,
die Zukunft,
inmitten der Menge, die rätsellos
lebt in den Tag und den Konsum,
inmitten der Menge, die nicht schlechter ist
als die den Dichter duldete
und vergaß
und, lenksam,
seines Wortes bedarf,
inmitten der Menge
fühl ich die Not der Dichter, die sich flüchten
ins Lallen, unartikuliert,
da ihr Schrei nicht gehört wird:
»Februar. No pasaran.«

Denn allgegenwärtig ist keiner von uns
und gegenwärtig nicht einmal auf den Märkten
von Memphis und Kapstadt oder Saigon.

Und doch
unser Wort
wird gebraucht.
Und gebraucht wird das Lied
und das Spiel auf der Bühne
und der ganze heitere, bittre Klamauk,
Kunst genannt,
wird gebraucht
und ist auf andere Art
Tätigsein.

Drum den Propheten des Lallens glaube nicht,
die dir glauben, Paul Celan,
und denen das Verstummen der Dichter nichts ist
als der neuste literarische Clou.

Sage dein Wort
und misch dich unter die Menge
auf allen Märkten und tu deinen Handgriff
und hilf, wo du helfen kannst, und misch dich in Politik
und werde Minister oder Bauarbeiter oder Lehrer für Ökonomie.

Aber:
Verändere die Welt.
Von Grund aus, wie der Dichter es sah.

Oktober. Reif steht der Wein an den Hügeln
über dem Neckar. In Nürtingen
werden die roten und gelben Äpfel geerntet.
Zwischen der Stille unterm Turm
und dem Getös in den Straßen
muß Raum sein
für das Wort
und die Tat.

Denn das Geheimnis
ist nicht der Wahnsinn,
sondern die Arbeit.

[Motti: aus Gedichten P. Celans. – *Sommer:* vgl. Hölderlins Gedicht »An die Parzen«. – *Von Grund aus:* Hölderlin verwendete die Formel »von Grund aus anders« in seinem »Hyperion«-Roman (z. B. I 2; II 1). – *Nürtingen:* Stadt in Württemberg. Dort heiratete Hölderlins Mutter in zweiter Ehe Johann Christoph Go(c)k, der in N. einen Weinhandel anfing, Landwirtschaft betrieb und 1776 Bürgermeister wurde. Hölderlins Mutter starb am 17. 2. 1828 in N.]

WALTER HÖLLERER

1922 – 2003

Der lag besonders mühelos am Rand

Der lag besonders mühelos am Rand
Des Weges. Seine Wimpern hingen
Schwer und zufrieden in die Augenschatten.
Man hätte meinen können, daß er schliefe.

Aber sein Rücken war (wir trugen ihn,
Den Schweren, etwas abseits, denn er störte sehr
Kolonnen, die sich drängten), dieser Rücken
War nur ein roter Lappen, weiter nichts.

Und seine Hand (wir konnten dann den Witz
Nicht oft erzählen, beide haben wir
Ihn schnell vergessen) hatte, wie ein Schwert,
Den hartgefrorenen Pferdemist gefaßt,

Den Apfel, gelb und starr,
Als wär es Erde oder auch ein Arm
Oder ein Kreuz, ein Gott: ich weiß nicht was.
Wir trugen ihn da weg und in den Schnee.

[1952]

O sieh den roten Mohn, erschrick

Daß du es hast und doch nicht hast
Und daß du weitergehst und suchst:
Das kam, das ging, das war zu Gast

Und kam woher? und endet wo?
Und ging wohin? und spricht nun weit
Vom Berg verdeckt die Worte so,

Als wär'n sie alt. Und sind doch nie
Mehr voll gesagt –
Und wußte es die Priesterin, die

Im Nebel stand, im Qualm der Nacht?
Und der in Ketten vor dem Tod?
Achill vielleicht in seiner Schlacht?

Und du, in feuchten Klee gepreßt,
Wenn neben dir die Garbe schrie,
Hieltst du es fest?

Hieltst du ihm stand, den Frauen nah?
Und wenn es war in dem Gesicht
Des Sterbenden, als dies geschah

Am letzten Tag des letzten Kriegs?
Und warst nur immer froh des Siegs,
Wenn es vorbei, vorüber war,

Und änderte dich nie und nie
Und streifte hin und ließ dich so
Wie vorher sein und ließ dich wie

Ein Tier am Weg mit stumpfem Blick?
Und schwankst und tölpelst
schattenwärts:
O sieh den roten Mohn, erschrick,

Daß du es hältst, daß du es hast
Und daß dus seist,
Und nicht als Fremder weiterreist –

Du warst nur selten dir zu Gast.

[1952]

KAY HOFF

* 1924

Notiz 8/72

Freitag, der 11. August.
Ein schmaler Sichelmond
in den Abend getuscht
mit altmodischem Pinsel:
verblühendes Rot, Rost,
aufgespart für die Nacht.
Unbegreiflich die Rollen
vergangener Jahre,
hinter geschlossenen Lidern
geträumt. Pünktlich um 8
die Bildschirmwunder,
beschlossen, vergessen.
Freitag. Nichts Neues.
Der Mond ist begehbar.
Rost läßt sich entfernen.
Die Steuern werden erhöht.

Altersheim

Verfallende Namen, verschollene Strophen,
das tote Rauschen, kein Wellengang:
die Nachmittage verloren ihr Echo.
Herbstbraun verdunkelt die Wege. Der Docht
verbrannte sich selbst. Hinter doppeltem Glas
breitet verordneter Friede sich aus.
Wer weiß noch, verdrossen, wann morgen war?
Zum Schlafen ist es zu spät, zum Wachen.

(1970–1979)

WOLFGANG BÄCHLER

1925 – 2007

Die Erde bebt noch

Die Erde bebt noch von den Stiefeltritten
Die Wiesen grünen wieder Jahr für Jahr.
Die Qualen bleiben, die wir einst erlitten,
ins Antlitz, in das Wesen eingeschnitten.
In unseren Träumen lebt noch oft, was war.

Das Blut versickerte, das wir vergossen.
Die Narben brennen noch und sind noch rot.
Die Tränen trockneten, die um uns flossen.
In Lust und Fluch und Lächeln eingeschlossen
begleitet uns, vertraut für immer, nun der Tod.

Die Städte bröckeln noch in grauen Nächten.
Der Wind weht Asche in den Blütenstaub
und das Geröchel der Erstickten aus den Schächten.
Doch auf den Märkten stehn die Selbstgerechten
und schreien, schreien ihre Ohren taub.

Die Sonne leuchtet wieder wie in Kindertagen.
Die Schatten fallen tief in uns hinein.
Sie überdunkeln unser helles Fragen.
Und auf den Hügeln, wo die Kreuze ragen,
wächst säfteschwer ein herber neuer Wein.

[1947]

Nachtleben

Wenn es mir gut geht,
gibt es auch Vormittage, Morgenlicht,
Spaziergänge, Begegnungen,
Tagesarbeit, Anrufe, Lektüre.
Wenn es mir schlecht geht,
verschlafe ich sie,
vertrödle ich die Nachmittage,
nehm ich den Hörer nicht ab
und beantworte keine Briefe.

Erst die Nacht söhnt mich aus mit dem Tag
und den Qualen der Selbstzerfleischung.
Erst das Abendlicht weckt mich
aus meiner Apathie und Entfremdung,
und kurz vor Ladenschluß kauf ich noch ein.

Nachts gärt die Zeit in mir,
kämpfen Partisanen in Gebirgen,
Dschungeln und Straßenschluchten,
marschieren Demonstranten durch meinen Körper,
flankiert von bewaffneten Polizisten,
wehen rote und grüne Fahnen über den Köpfen
und die schwarzen der Anarchisten
und weiße Bänder mit Slogans in vielen Sprachen,
die ich plötzlich verstehe.

HEINZ PIONTEK

1925 – 2003

Herbst – vom Bodensee aus

Flachgeschrägtes Traubenufer,
scharf erscheint's im See,
hör die Ochsenkehle brummen
her zum Segelschnee.

Trügt der schnelle Herbst das Auge,
wenn die Beere platzt?
Wenn er mich mit Lust durchschauert
und im Traum beschwatzt?

Auf dem Lack des Wasserspiegels
glimmert Fock und Bord.
Das geöffnete Vertrauen
trägt mich mit sich fort.

Kananäische Geschichte
fällt am Heck mir ein:
Speisemeister prüft die Krüge –
Wasser ward zu Wein.

[1953]

[*Kananäische Geschichte:* Hochzeit zu Kana, Joh. 2.1–10.]

An die Schüler Heisenbergs

Spanisch
mag euch meine Arbeit
vorkommen:

mit dem Gänsekiel.

Von den Ergebnissen eurer
unbegreiflichen Apparaturen
denke ich:

Überholbar.

Nichts wissend,
zeigen wir uns gegenseitig
die kalte Schulter.

Getrennt
nähern wir uns dem
übereinstimmenden Grund.

[1966]

Etwas ausrichten

Dieses Jahrhundert
und meine Versuche,

etwas auszurichten.

Dieser Ballen Papier
mit seinem anwachsenden Gewicht.

Unter der Jacke verbarg ich
den krassen Herzschlag.

Zeitweise hielten mich
Einsilber aufrecht.

Aber die Panik
über das letzte Stück Weg

auf Krücken, auf Knien?

Das letzte Stück
wird man uns tragen.

INGEBORG BACHMANN

1926–1973

Die große Fracht

Die große Fracht des Sommers ist verladen,
das Sonnenschiff im Hafen liegt bereit,
wenn hinter dir die Möwe stürzt und schreit.
Die große Fracht des Sommers ist verladen.

Das Sonnenschiff im Hafen liegt bereit,
und auf die Lippen der Galionsfiguren
tritt unverhüllt das Lächeln der Lemuren.
Das Sonnenschiff im Hafen liegt bereit.

Wenn hinter dir die Möwe stürzt und schreit,
kommt aus dem Westen der Befehl zu sinken;
doch offnen Augs wirst du im Licht ertrinken,
wenn hinter dir die Möwe stürzt und schreit.

[1953]

Die gestundete Zeit

Es kommen härtere Tage.
Die auf Widerruf gestundete Zeit
wird sichtbar am Horizont.
Bald mußt du den Schuh schnüren
und die Hunde zurückjagen in die Marschhöfe.
Denn die Eingeweide der Fische
sind kalt geworden im Wind.
Ärmlich brennt das Licht der Lupinen.
Dein Blick spurt im Nebel:
die auf Widerruf gestundete Zeit
wird sichtbar am Horizont.

Drüben versinkt dir die Geliebte im Sand,
er steigt um ihr wehendes Haar,
er fällt ihr ins Wort,
er befiehlt ihr zu schweigen,
er findet sie sterblich
und willig dem Abschied
nach jeder Umarmung.

Sieh dich nicht um.
Schnür deinen Schuh.
Jag die Hunde zurück.
Wirf die Fische ins Meer.
Lösch die Lupinen!

Es kommen härtere Tage.

Alle Tage

Der Krieg wird nicht mehr erklärt,
sondern fortgesetzt. Das Unerhörte
ist alltäglich geworden. Der Held
bleibt den Kämpfen fern. Der Schwache
ist in die Feuerzonen gerückt.
Die Uniform des Tages ist die Geduld,
die Auszeichnung der armselige Stern
der Hoffnung über dem Herzen.

Er wird verliehen,
wenn nichts mehr geschieht,
wenn das Trommelfeuer verstummt,
wenn der Feind unsichtbar geworden ist
und der Schatten ewiger Rüstung
den Himmel bedeckt.

Er wird verliehen
für die Flucht von den Fahnen,
für die Tapferkeit vor dem Freund,
für den Verrat unwürdiger Geheimnisse
und die Nichtachtung
jeglichen Befehls.

[1953]

Nebelland

Im Winter ist meine Geliebte
unter den Tieren des Waldes.
Daß ich vor Morgen zurückmuß,
weiß die Füchsin und lacht.
Wie die Wolken erzittern! Und mir
auf den Schneekragen fällt
eine Lage von brüchigem Eis.

Im Winter ist meine Geliebte
ein Baum unter Bäumen und lädt
die glückverlassenen Krähen
ein in ihr schönes Geäst. Sie weiß,
daß der Wind, wenn es dämmert,
ihr starres, mit Reif besetztes
Abendkleid hebt und mich heimjagt.

Im Winter ist meine Geliebte
unter den Fischen und stumm.
Hörig den Wassern, die der Strich
ihrer Flossen von innen bewegt,
steh ich am Ufer und seh,
bis mich Schollen vertreiben,
wie sie taucht und sich wendet.

Und wieder vom Jagdruf des Vogels
getroffen, der seine Schwingen
über mir steift, stürz ich
auf offenem Feld: sie entfiedert
die Hühner und wirft mir ein weißes
Schlüsselbein zu. Ich nehm's um den Hals
und geh fort durch den bitteren Flaum.

Treulos ist meine Geliebte,
ich weiß, sie schwebt manchmal
auf hohen Schuh'n nach der Stadt,
sie küßt in den Bars mit dem Strohhalm
die Gläser tief auf den Mund,
und es kommen ihr Worte für alle.
Doch diese Sprache verstehe ich nicht.

Nebelland hab ich gesehen,
Nebelherz hab ich gegessen.

[1954]

HERTHA KRÄFTNER

1928–1951

Abends

Er schlug nach ihr. Da wurde ihr Gesicht
sehr schmal und farblos wie erstarrter Brei.
Er hätte gern ihr Hirn gesehn. – Das Licht
blieb grell. Ein Hund lief draußen laut vorbei.

Sie dachte nicht an Schuld und Schmerz und nicht
an die Verzeihung. Sie dachte keine Klage.
Sie fühlte nur den Schlag vom nächsten Tage
voraus. Und sie begriff auch diesen nicht.

Dorfabend

Beim weißen Oleander
begruben sie das Kind
und horchten miteinander,
ob nicht der falsche Wind
den Nachbarn schon erzähle,
daß es ein wenig schrie,
eh seine ungetaufte Seele,

im Halstuch der Marie
erwürgt, zum Himmel floh.
Es roch nach Oleander,
nach Erde und nach Stroh;
sie horchten miteinander,
ob nicht der Wind verriete,
daß sie dem toten Knaben

noch eine weiße Margerite
ans blaue Hälschen gaben ...
Sie hörten aber nur
das Rad des Dorfgendarmen,
der pfeifend heimwärts fuhr.
Dann seufzte im Vorübergehn
am Zaun die alte Magdalen:
»Gott hab mit uns Erbarmen.«

DAGMAR NICK

* 1926

Nachtwache

Ich will nicht deine Träume stören.
Die stummen Nächte bleiben dein.
Ich will nur deine Atemzüge hören
und bei dir sein.

Und wachen, weil des Mondes Schimmer
dein Antlitz ganz veränderte,
weil kaltes Licht das fremdgewordne Zimmer
umränderte.

Und warten, bis ein Stern zersplittert
und hinter deine Stirne fällt.
Erwache nicht: es ist mein Herz, das zittert,
weil es dich hält.

(1959)

Geh über Nacht

Schlage die Tür zu
und vergrabe den Schlüssel
in keiner Erinnerung.
Nimm keinen Abschied.
Du hast deine Hoffnung
getränkt mit Galle:
jetzt steht der Schierling
mannshoch.

Schlage den Weg ein,
den du vergessen wirst.
Geh über Nacht.
Nimm Aufenthalt,
wo du nicht bleiben wirst,
decke dich zu
mit dem Schatten der Sterne.
Gib keine Antwort.

(1969)

CHRISTA REINIG

* 1926

Verwandlung

ich wandle unter meinen händen
den tisch den teller und das brot
bis sie sich mir entgegenwenden
und sich verwandeln in den tod

ich danke allen starken dingen
mein herz ging strahlend in sie ein
es ging als wucht sie zu bezwingen
und kam als weisheit sie zu sein

schnee fällt in meinen mantelkragen
und steigt aus meinem atemhauch
kommt wie ein kleid von stein zu tragen
und geht ins dunkel wie ein rauch

[1960]

Die Ballade vom blutigen Bomme

hochverehrtes publikum
werft uns nicht die bude um
wenn wir albernes berichten
denn die albernsten geschichten
macht der liebe gott persönlich
ich verbleibe ganz gewöhnlich
wenn ich auf den tod von Bomme
meinem freund zu sprechen komme

möge Ihnen nie geschehn
was Sie hier in bildern sehn

zur beweisaufnahme hatte
man die blutige krawatte
keine spur mehr von der beute
auf dem flur sogar die leute
horchen was nach außen dringt
denn der angeklagte bringt
das gericht zum männchenmachen
und das publikum zum lachen

seht die herren vom gericht
schätzt man offensichtlich nicht

eisentür und eisenbett
dicht daneben das klosett
und der wärter freut sich sehr
kennt den mann von früher her
Bomme fühlt sich gleich zuhaus
ruht von seiner arbeit aus
auch ein reicher mann hat ruh
hält den sarg von innen zu

jetzt geht Bomme dieser mann
und sein reichtum nichts mehr an

sagt der wärter: grüß dich mann
laß dirs gut gehn – denk daran
wärter sieht auch mal vorbei
mach mir keine schererei
essen kriegst du nicht zu knapp
Bomme denn dein kopf muß ab
Bomme ist schon sehr gespannt
und malt männchen an die wand

nein hier hilft kein daumenfalten
Bomme muß den kopf hinhalten

Bomme ist noch nicht bereit
für abendmahl und ewigkeit
kommt der pastor und erzählt
wie sich ein verdammter quält
wie er große tränen weint
und sich wälzet – Bomme meint
das ist alles intressant
und mir irgendwie bekannt

denn was weiß ein frommer christ
wie dem mann zumute ist

auf dem hof wird holz gehauen
Bomme hilft das fallbeil bauen
und er läßt sich dabei zeit
schließlich ist es doch soweit
daß es hoch und heilig ragt
Bomme sieht es an und sagt:
das ist schärfer als faschismus
und probiert den mechanismus

wenn die schwere klinge fällt
spürt er daß sie recht behält

aufstehn kurz vor morgengrauen
das schlägt Bomme ins verdauen
und da friert er – reibt die hände
konzentriert sich auf das ende
möchte gar nicht so sehr beten
lieber schnell aufs klo austreten
doch dann denkt er: einerlei
das geht sowieso vorbei

von zwei peinlichen verfahren
kann er eins am andern sparen

wäre mutter noch am leben
würde es auch tränen geben
aber so bleibt alles sachlich
Bomme wird ganz amtlich-fachlich
ausgestrichen aus der liste
und gelegt in eine kiste
nur ein sträfling seufzt dazwischen
denn er muß das blut aufwischen

bitte herrschaften verzeiht
solche unanständigkeit

doch wer meint das stück war gut
legt ein groschen in den hut

[1960]

ELISABETH BORCHERS

* 1926

eia wasser regnet schlaf

I

eia wasser regnet schlaf
eia abend schwimmt ins gras
wer zum wasser geht wird schlaf
wer zum abend kommt wird gras
weißes wasser grüner schlaf
großer abend kleines gras
es kommt es kommt
ein fremder

II

was sollen wir mit dem ertrunkenen matrosen tun?
wir ziehen ihm die stiefel aus
wir ziehen ihm die weste aus
und legen ihn ins gras

mein kind im fluß ist's dunkel
mein kind im fluß ist's naß

was sollen wir mit dem ertrunkenen matrosen tun?
wir ziehen ihm das wasser an
wir ziehen ihm den abend an
und tragen ihn zurück

mein kind du mußt nicht weinen
mein kind das ist nur schlaf

was sollen wir mit dem ertrunkenen matrosen tun?
wir singen ihm das wasserlied
wir sprechen ihm das grasgebet
dann will er gern zurück

III

es geht es geht
ein fremder
ins große gras den kleinen abend
im weißen schlaf das grüne naß
und geht zum gras und wird ein abend
und kommt zum schlaf und wird ein naß
eia schwimmt ins gras der abend
eia regnet's wasserschlaf

[1960]

[*mit dem ertrunkenen matrosen:* Im engl. Seemannslied heißt es „What shall we do with the drunken sailor?"]

Was alles braucht's zum Paradies

Ein Warten ein Garten
eine Mauer darum
ein Tor mit viel Schloß und Riegel
ein Schwert eine Schneide aus Morgenlicht
ein Rauschen aus Blättern und Bächen
ein Flöten ein Harfen ein Zirpen

ein Schnauben (von lieblicher Art)
Arzneien aus Balsam und Düften
viel Immergrün und Nimmerschwarz
kein Plagen Klagen Hoffen
kein Ja kein Nein kein Widerspruch
ein Freudenlaut
ein allerlei Wiegen und Wogen
das Spielzeug eine Acht aus Gold
ein Heute und kein Morgen
der Zeitvertreib das Wunder
das Testament aus warmem Schnee
wer kommt wer ginge wieder
Wir werden es erfragen.

MARGARETE HANNSMANN

1921 – 2007

Griechische Gastarbeiter

Überall auf Novemberbahnhöfen
ihre Gesichter
Blick neben Blicklosem
als gäb es ein Ende
Gebrechlichkeit
der allerdünnsten Verästelungen
Trost auf die Haut.

Grau gewordenes
Braun ihrer tausendjährigen
Sonne
in den Augen
Handbewegungen
nur entlarvte Täuschung
Ersatz
Bierfarbenkomboloi
Auswurf
Vergilbtes
aufblitzendes Warenhausglück

Aber wer Hellas verließ
den Zustand
unter dem nichts als wolkenlosen
Himmel für seine Familie zu ändern
ihm pumpt das ferne
Herz über ununterbrochene
Schienenstränge Blut
in die Bahnhofslungen.

[*Komboloi:* bernsteinfarbene Perlenkette.]

Brot und Wein 1983

In Arkadien
abseits
der Allerweltsstraßen
fanden wir
ein paar Bäume zur Rast

Wir hatten Wasser
im kühlhaltenden Styroporkanister
Oliven und Käse

Kein Dorf ringsum
das Haus versteckt
im Dickicht nahmen wir nicht wahr

Als wir lagerten
trat die Frau durch die Hecken
nicht jung nicht alt
im einen Arm
den Laib Brot
im anderen die Flasche Wein

Legte die Hand aufs Herz
und war verschwunden
bevor wir begriffen
es ist ihr Boden

Ich drückte das heiße
Brot an die Wange

Wir kauten wortlos
füllten den Becher

OLLY KOMENDA-SOENTGERATH

1923 – 2003

Gegenwart

Ich hab soviel verlernt.

Damals konnt ichs noch,
als ich mit Schuppen
und mit Kiemen
durch das Meer
von Augenblicken glitt
in jedem Flossenschlag
das Jetzt.

Ich konnte es,
als pfotenleise
ich im Geruch der Nacht
die Liebe suchte
und jeden neuen Herzschlag
mir gegenwärtig
neu eratmete.

Jetzt geh ich aufrecht,
und mit mir geht
das Vorgestern und Gestern
und klopft mir
unter meinem Hut
Empfehlungen zu
fürs Morgen und fürs Übermorgen.

Ich habe
alle Augen voll zu tun.
Ich muß mich rückwärts wenden,
um vorwärts
richtig gehn zu können.
Nur,
wo ich gerade steh,
hab ich vergessen.

HANS CARL ARTMANN

1921–2000

soldaten ach soldaten ja
die müssen früh aufstehn
um auf der lauer zu liegen
oder auch schildwach stehn;
und kommt der herr hauptmann
spätnächtlich noch vorbei
so denkt er sich granaten mord
blitz pulver potz und blei –
soldaten ach soldaten ja
sind vogelfrank und frei . .

wenn man dann hie und manchmal
die schlacht nicht übersteht –
soldaten ach soldaten ja
die wissen wie das geht –
da schwirrt der todesengel
trägt uns beim schnurrbart fort . .

der hauptmann schreibt
trostbrieflein heim –
setzt artig wort um wort
bringt hübsch den tod
in vers und reim . .
schreibt alles vom granatenmord
von blitz potz pulver blei –
soldaten ach soldaten ja
die stürben oft dabei . .

(7.9.55)

---

mit einem jahr ein kind,
mit zweien jahr ein jüngling,
mit dreien jahr ein mann,
mit vier jahr wohlgetan.
mit fünfen geht es auch noch an,
mit sechsen rückt das alter an.
mit sieben jahr ein greis,
mit acht jahr schneeweiß,
mit neun jahr leucht das morgenrot,
mit zehen jahr, ja grüß dich gott!

[1967]

---

seht, die flinke fledermaus,
wie sie durch die wolken saust,
wie sie drin im mondlicht schwebt,
s mäulchen ganz von blut verklebt.
fängt sie euch an eurem haar,
ists geschehen ganz und gar
gleich um euch, sie trägt euch fort,
durch die luft nach fremdem ort,
wo ein schlößlein ist ihr hort.

drinnen wohnt sie ganz allein,
hat ein rotes kämmerlein,
lebt vom blut der äderlein,
schon seit vielen hundert jahr,
bringt sie kinder in gefahr,
und in transsylvania,
wo sie schon so mancher sah,
heißt sie fräulein drakula.

---

wär ich ein kesselflicker,
ich flickte mir das herz
mit blanken kupfergroschen,
zu stillen meinen schmerz.

durch zauberei und sünde
empfing es loch um loch,
ich geh durch wiesengründe,
und lach ich, wein ich doch.

mein trank ist von dem rebstock,
ihn trink ich, wo ich kann,
oh, wär ich gleich ein rehbock
in efeufinstrem tann.

will ich den leib ausruhen,
so fliehet mich der traum,
in ausgedienten schuhen
wach ich am waldessaum.

mit schlummerlosen augen
vergeht mir so die nacht,
sie will zu gar nichts taugen,
die ganze flimmerpracht.

was nützts mir, wenn am himmel
der blanke mond sich zeigt,
wenn er im sterngewimmel
bloß trauerländler geigt.

die andren haben wiesen,
viel äcker, manches rind;
die berge stehn wie riesen,
mein hemd durchpfeift der wind.

der hauswirt sitzt am herde,
genießt die vesper frei,
ich wünscht, ich säß zu pferde
und ritt in die türkei.

HELMUT HEISSENBÜTTEL

1921–1996

einfache Sätze
während ich stehe fällt der Schatten hin
Morgensonne entwirft die erste Zeichnung
Blühn ist ein tödliches Geschäft
ich habe mich einverstanden erklärt
ich lebe

[E: 1953; D: 1960]

---

das Sagbare sagen
das Erfahrbare erfahren
das Entscheidbare entscheiden
das Erreichbare erreichen
das Wiederholbare wiederholen
das Beendbare beenden

das nicht Sagbare
das nicht Erfahrbare
das nicht Entscheidbare
das nicht Erreichbare
das nicht Wiederholbare
das nicht Beendbare

das nicht Beendbare nicht beenden

Oktober mit Eduard Mörike

Oktoberrauch
betrifft mich auch

die Farben kommen spät
Altersidentität

der Schleier welcher fällt
herbstkräftigt diese Welt

schuldhaben gegen Schuldversprechen
so kann ich mich an allen rächen

daß Dr. Bataille in Köln wohnt
Aachenerstraße was sich aber auch nicht lohnt

Geschichte die Maurizio Kagel erzählt hat
die vergessen zu haben mich gequält hat

plötzlich an Lilo erinnert Nieselregen vorm Bahnhof Mainz
Nicolas Borns Pizzeria abends innen weints

Monaden geklumpt im Froschteich der Soziologie
ich möchte so gern Schlagermelodie

multifokaler Blick
dreht kreiselnd mein Genick

schreit des Vergeßnen Mund
die Wälder werden bunt

aufplatzt den ich versuche
der Vers aufglüht die Buche

Verlust und nicht Verlust
sind mir und nicht bewußt

Einst und jetzt im Wechsel fliegender Blitz der Gedanken
macht mich stumm hoch wallt meines Herzens Schwanken

EUGEN GOMRINGER

* 1925

schweigen schweigen schweigen
schweigen schweigen schweigen
schweigen   schweigen
schweigen schweigen schweigen
schweigen schweigen schweigen

[1960]

---

worte sind schatten
schatten werden worte

worte sind spiele
spiele werden worte

sind schatten worte
werden worte spiele

sind spiele worte
werden worte schatten

sind worte schatten
werden spiele worte

sind worte spiele
werden schatten worte

[1960]

rund
beginnt rund

ründet sich groß
ründet sich auswärts
ründet sich einwarts
ründet sich aus

wendet sich

ründet sich neu
ründet sich auswärts
ründet sich einwärts
ründet sich voll

vollendet sich
rund

KARL RIHA

* 1935

programm-sonett II

ich bin ein wilder sonettist
ein wortverdreher / casuist
ein flotter reime cavallerist
laut-signalist und -alarmist

ich bin ein strenger sonetteur
ein wort- und sinn-compositeur
nach coeur und flair ein voyageur
ein laut- und silbenparfumeur

ich bin ein stiller sonnetast
in mich gekehrt / ein sprachphantast
der alles dies in strophen faßt

ich bin zum schluß ein sonnetant
ein laut– und wortemusikant
der verse zählt und reime spannt

so zier so starr . . .

so weit so gut so zart so nett
so viel so kurz so stein so brett
so voll so leer so schwarz so breit
so still so klar so fluß so zeit

so rat so tat so weiß so heiß
so hart so spitz so preis so fleiß
so spiel so ball so ziel so grell
so kopf so zahl so sinn so hell

so fort so dann so bald so schall
so hieb so stich so spalt so prall
so zier so starr so form so streng

so blut so blitz so ritz so knall
so halt so bild so fuß so fall
so reim so leim so kunst so eng

gomringers schweigen (komplett)

version a

schweigen schweigen schweigen
schweigen schweigen schweigen
schweigen gomringer schweigen
schweigen schweigen schweigen
schweigen schweigen schweigen

version b

gomringer gomringer gomringer
gomringer gomringer gomringer
gomringer schweigen gomringer
gomringer gomringer gomringer
gomringer gomringer gomringer

ERNST JANDL

1925–2000

sommerlied

wir sind die menschen auf den wiesen
bald sind wir menschen unter den wiesen
und werden wiesen, und werden wald
das wird ein heiterer landaufenthalt

(14. 6. 1954)

ottos mops

ottos mops trotzt
otto: fort mops fort
ottos mops hopst fort
otto: soso

otto holt koks
otto holt obst
otto horcht
otto: mops mops
otto hofft

ottos mops klopft
otto: komm mops
komm
ottos mops kommt
ottos mops kotzt
otto: ogottogott

(1963)

lichtung

manche meinen
lechts und rinks
kann man nicht
velwechsern.
werch ein illtum!

wien : heldenplatz

der glanze heldenplatz zirka
versaggerte in maschenhaftem männchenmeere
drunter auch frauen die ans maskelknie
zu heften heftig sich versuchten, hoffensdick.
und brüllzten wesentlich.

verwogener stirnscheitelunterschwang
nach nöten nördlich, kechelte
mit zu⸝nummernder aufs bluten feilzer stimme
hinsensend sämmertliche eigenwäscher.

pirsch!
döppelte der gottelbock von Sa⸍Atz zu Sa⸍Atz
mit hünig sprenkem stimmstummel.
balzerig würmelte es im männechensee
und den weibern ward so pfingstig ums heil
zumahn: wenn ein knie⸍ender sie hirschelte.

(4.6.1962)

[Am 15.3.1938 feierte Hitler auf dem Wiener Heldenplatz in Anwesenheit jubelnder Massen den ›Anschluss‹ Österreichs an das Deutsche Reich.]

---

vater komm erzähl vom krieg
vater komm erzähl wiest eingrückt bist
vater komm erzähl wiest gschossen hast
vater komm erzähl wiest verwundt wordn bist
vater komm erzähl wiest gfallen bist
vater komm erzähl vom krieg

(30. 10. 66)

wettrennen

er
ers
erst
erste
erster
erst er
erste ers
erster erst
erst er erste
erste ers erster
erster erst erst er
erst er erste erste ers
erste ers erster erster erst
erster erst erst er erst er erste
erst er erste erste ers erste ers erster
erste ers erster erster erst erster erst erst er
erster erst erst er erst er erste erst er erste erste ers
erst er erste erste ers erste ers erster erste ers erster erster erst
erste ers erster erster erst erster erst erst er erster erst erst er erst er erste
erster erst erst er erst er erste erst er erste erste ers erst er erste erste ers erste ers erster

(1964)

leises gedicht

du, beim essen spricht man nicht.
nicht mit vollem munde sprechen.
jetzt sprechen die großen, die kleinen nicht.
halt deinen mund, du wicht.

wenn du ein gedicht bist, dann ein leises.
klein wie du, bist du vielleicht ein weises.
oder du bist blöd, dann noch am besten lautlos.
blick auf, wie schön über dir, du aas,
der himmel blau ist.

[E: nach 1992]

FRIEDERIKE MAYRÖCKER

* 1924

Ode an einen Ort

Heimstätte meiner Träume: Hütte Thron Türme Gebälk
    Glocken Taubenschwarm vielflügelig verbrieft
    geschnäbelt ins graue Licht
    ätzend den Trauerhimmel
    mit Botschaft von dir zu mir:

Schleife Ungeduld neu aufgebunden und mit Augengewichten
    beschwert
    tränengeblendet
    während feuer-trinkende Kannen

auf in den versengten Julihimmel (durchbrochen
    Windungen / rastende Gefühle
    weit verstreut Blumen –
    setz deinen Fusz auf mein Haupt
    Herr!)

quellende Sträusze Ginster / Kamillen (wie Staub . .)
der Wald –

    . . und zu den Teichen!

(1966)

falsche Bewegung

gestern
beim Auseinander-
gehen haben wir uns
beide Hände
gegeben –
aber nicht die Lippen
zum Kusz –
: eine plötzlich erstarrte
Umarmung?
frage ich mich
ruhelos
und in Tränen/
du blickst
ohne Lächeln
über die Schulter zurück

(7. 5. 1981)

was brauchst du

was brauchst du? einen Baum ein Haus zu
ermessen wie groß wie klein das Leben als Mensch
wie groß wie klein wenn du aufblickst zur Krone
dich verlierst in grüner üppiger Schönheit
wie groß wie klein bedenkst du wie kurz
dein Leben vergleichst du es mit dem Leben der Bäume
du brauchst einen Baum du brauchst ein Haus
keines für dich allein nur einen Winkel ein Dach
zu sitzen zu denken zu schlafen zu träumen
zu schreiben zu schweigen zu sehen den Freund
die Gestirne das Gras die Blume den Himmel

für Heinz Lunzer

GERHARD RÜHM

* 1930

sonett

erste strophe erste zeile
erste strophe zweite zeile
erste strophe dritte zeile
erste strophe vierte zeile

zweite strophe erste zeile
zweite strophe zweite zeile
zweite strophe dritte zeile
zweite strophe vierte zeile

dritte strophe erste zeile
dritte strophe zweite zeile
dritte strophe dritte zeile

vierte strophe erste zeile
vierte strophe zweite zeile
vierte strophe dritte zeile

hasen-ode

hasen in hosen
lasen in losen
assen aus dosen
sassen in sossen

grasen im grossen
rasen in rosen
blasen mit blossen
nasen in moosen

aasen in posen
gasen und tosen
vergassen zu kosen
die hasen in hosen

(1978)

wegwerfgesellschaft

vom auto ein paar schritte träg
im mund die zigarette schräg
walkman-popgedresch im ohr
aus dem rock bleckt BILD hervor

zuhaus vorm fernsehkasten stier
griffbereit die dose bier
ohne antwort ohne frage
spiesserdasein heutzutage

(1987)

FRANZ MON
* 1926

in den schwanz gebissen

wer zuerst lacht lacht zuerst noch
wer zuzweit lacht lacht zweimal
wer gleich lacht lacht doppelt
wer zuerst kommt mahlt am besten
wer zuzweit kommt sieht doppelt
wer nicht kommt lacht am schluß noch
wer zuletzt kommt beißt die hunde

(1967)

---

man muß was tun
muß man was tun
was muß man tun
tun muß man was

man hätte was getan
hätte man was getan
was hätte man getan
hätte man was getan

tun was man muß
was man tun muß
tun muß man was
was muß man tun

(1972)

fallen.
viele fallen.
viele fühlen: fallen.
viele fühlen fallende fallen.
viele fühlen wie sie fallen.
viele fühlen fallend die fallen.
viele fielen und füllten die fallen.
viele gefallene füllen die fallen.
vielen gefallen die vollen fallen.

(1981)

GÜNTER GRASS

* 1927

Die Vorzüge der Windhühner

Weil sie kaum Platz einnehmen
auf ihrer Stange aus Zugluft
und nicht nach meinen zahmen Stühlen picken.
Weil sie die harten Traumrinden nicht verschmähen,
nicht den Buchstaben nachlaufen,
die der Briefträger jeden Morgen vor meiner Tür verliert.
Weil sie stehen bleiben,
von der Brust bis zur Fahne
eine duldsame Fläche, ganz klein beschrieben,
keine Feder vergessen, kein Apostroph ...
Weil sie die Tür offen lassen,
der Schlüssel die Allegorie bleibt,
die dann und wann kräht.
Weil ihre Eier so leicht sind
und bekömmlich, durchsichtig.
Wer sah diesen Augenblick schon,
da das Gelb genug hat, die Ohren anlegt und verstummt.
Weil diese Stille so weich ist,
das Fleisch am Kinn einer Venus,
nähre ich sie. –
Oft bei Ostwind,
wenn die Zwischenwände umblättern,
ein neues Kapitel sich auftut,
lehne ich glücklich am Zaun,
ohne die Hühner zählen zu müssen –
weil sie zahllos sind und sich ständig vermehren.

[1956]

Kinderlied

Wer lacht hier, hat gelacht?
Hier hat sich's ausgelacht.
Wer hier lacht, macht Verdacht,
daß er aus Gründen lacht.

Wer weint hier, hat geweint?
Hier wird nicht mehr geweint.
Wer hier weint, der auch meint,
daß er aus Gründen weint.

Wer spricht hier, spricht und schweigt?
Wer schweigt, wird angezeigt.
Wer hier spricht, hat verschwiegen,
wo seine Gründe liegen.

Wer spielt hier, spielt im Sand?
Wer spielt, muß an die Wand,
hat sich beim Spiel die Hand
gründlich verspielt, verbrannt.

Wer stirbt hier, ist gestorben?
Wer stirbt, ist abgeworben.
Wer hier stirbt, unverdorben,
ist ohne Grund verstorben.

[1960]

Mannomann

Hör schon auf.
Machen Punkt.
Du bist doch fertig, Mann, und nur noch läufig.

Sag nochmal: Wird gemacht.
Drück nochmal Knöpfchen und laß sie tanzen die Puppen.
Zeig nochmal deinen Willen und seine Brüche.
Hau nochmal auf den Tisch, sag: Das ist meiner.
Zähl nochmal auf, wie oft du und wessen.
Sei nochmal hart, damit es sich einprägt.
Beweise dir noch einmal deine große, bewiesene,
deine allumfassende Fürundfürsorge.

Mannomann.
Da stehst du nun da und im Anzug da.
Männer weinen nicht, Mann.
Deine Träume, die typisch männlich waren, sind alle gefilmt,
Deine Siege datiert und in Reihe gebracht.
Dein Fortschritt eingeholt und vermessen.
Deine Trauer und ihre Darsteller ermüden den Spielplan.
Zu oft variiert deine Witze; Sender Eriwan schweigt.
Leistungsstark (immer noch) hebt deine Macht sich auf.

Mannomann.
Sag nochmal ich.
Denk nochmal scharf.
Blick nochmal durch.
Hab nochmal recht.
Schweig nochmal tief.
Steh oder fall noch ein einziges Mal.

Du mußt nicht aufräumen, Mann; laß alles liegen.
Du bist nach deinen Gesetzen verbraucht,
entlassen aus deiner Geschichte.
Und nur das Streichelkind in dir
darf noch ein Weilchen mit Bauklötzen spielen. –
Was, Mannomann, wird deine Frau dazu sagen?

[1983]

KURT MARTI

* 1921

als sie mit zwanzig
ein kind erwartete
wurde ihr heirat
befohlen

als sie geheiratet hatte
wurde ihr verzicht
auf alle studienpläne
befohlen

als sie mit dreißig
noch unternehmungslust zeigte
wurde ihr dienst im hause
befohlen

als sie mit vierzig
noch einmal zu leben versuchte
wurde ihr anstand und tugend
befohlen

als sie mit fünfzig
verbraucht und enttäuscht war
zog ihr mann
zu einer jüngeren frau

liebe gemeinde
wir befehlen zu viel
wir gehorchen zu viel
wir leben zu wenig

[1969]

wie gemsen wie fische

wunsch
den jedermann teilt
gebet von gebetslosen auch:
daß der tod uns einst treffe
plötzlich und sanft
von einer sekunde zur andern

leichter behender
wie gemsen im fels
wie fische im meer
ließe sich leben
wüßten wir diesen
wunsch uns gewährt

[1975]

ERICH FRIED

1921–1988

Beim Nachdenken über Vorbilder

Die uns
vorleben wollen

wie leicht
das Sterben ist

Wenn sie uns
vorsterben wollen

wie leicht
wäre das Leben

[1966]

Lyrischer Winter

Auch hier im nassen Gras
zwischen den besseren Häusern
wo das weißliche Grau vielleicht schon Rauhreif ist
oder noch Nebel
und Pilzgeruch die Pilze überdauert
im Moder unter den Farnen
auch hier ist Natur und daher auch
Nahrung für Dichter
die wächst bei den Pilzen nach denen sie riecht und ist
genießbar oder doch
je nach dem Kochrezept
nicht giftiger als ihr's gewohnt seid
Drum kommt und grast hier

Kommt und äset im Grünen
im Wintergras
ach ihr Edlern
die ihr euch fernehieltet den mittelgroßen Gefühlen
gegen eure Kriege
die billig zu haben sind

Seid weise ihr Klugen
Selbst den goldenen Mittelweg
dem ihr die Treue bewahrt habt
und der euch von seinem Gold gibt
verlaßt nun (er läuft euch nicht fort)
Kommt: das Gras sei euch teuer

Hier könnt ihr eure Natur haben! Hier genießt ihr
die Vorzüge aller Nachzügler die da glauben
sie selber sinds die sich zügeln
Kommt: Es ist höchste Zeit! Hier gewinnt ihr wieder
die alte Kraft: Hier seht ihr die Blätter fallen
nicht den Verdacht. Hier erwacht ihr
aus der Betäubung vor der selbst die angeblich freie
Wahl der Taubheit euch Meister des Überwinterns
nur ungenügend geschützt hat

Hier könnt ihr das Gras wachsen hören
oder es welken sehen und könnt den Wind treten
oder betreten in den spröden Leib der Natur
windige Eier legen

Was bleibt geht stiften [1972]

[Schlußzeile von Hölderlins Gedicht »Andenken«: »Was bleibet aber, stiften die Dichter.«]

Nacht in London

Die Hände
vor das Gesicht halten
und die Augen
nicht mehr aufmachen
nur eine Landschaft sehen
Berge und Bach
und auf der Wiese zwei Tiere
braun am hellgrünen Hang
hinauf zum dunkleren Wald

Und das gemähte Gras
zu riechen beginnen
und oben über den Fichten
in langsamen Kreisen ein Vogel
klein und schwarz
gegen das Himmelblau

Und alles
ganz still
und so schön
daß man weiß
das Leben lohnt sich
weil man glauben kann
daß es das wirklich gibt

[1983]

Herrschaftsfreiheit

Zu sagen
»Hier
herrscht Freiheit«
ist immer
ein Irrtum
oder auch
eine Lüge:

Freiheit
herrscht nicht

[1984]

LUDWIG GREVE

1924–1991

Mein Vater

Spät komme ich zu dir.
Wenn Staub mich riefe – aber ich höre nur
im Spiel der feuchten, meiner Lippen,
diese gehorsame Stimme rufen.

Wo niemand wartet, Vater, im Schweigen, wo
in Salz und Asche kenne ich deinen Mund,
der nach den Kindern ruft und ächzend
bittet um Gnade die Menschensöhne.

Die ehmals gute Jacke verriet den Herrn.
Du ohne Mantel, war auch kein Tier dabei
noch Gott: wie sorgsam führtest du in
zwiefacher Kälte dein Kind zur Grube.

Dein Aug, die Stirne, Tafel vom Sinai,
der Nase starker Bogen – ich sehe nichts
und halte Nase, Stirn und deine
Bitternis doch in den hohlen Händen.

Ja, diese Hand, die unschlüssig Wort auf Wort
hier fügt, sie ahmte lange die Bögen nach
von deinem Namen, übte heimlich
Strenge und Mut des gerechten Mannes,

dem ich nie sagen konnte: ich bin dein Sohn.
Man hieß uns Freunde. Unsere Sprache war
ein Blick, ein Händetausch, und später
Auflehnung, bleiche Gewalt des Zornes.

Genügt die Trauer? Atem, Begeisterung,
die Liebesnächte danke ich deinem Grab
und auch die Kinder: unerschöpflich
höre sie lachen ... Ich komme, Vater.

(1966)

Marbach, am Bahndamm

Für Dorothea Kuhn

Der Weg hier unten, beiläufig, wie er ist,
erweist mir Freundlichkeiten, wie anders soll
ich's nennen, daß beim Gang zur Arbeit
Kühle mich streift, ein Geruch von Moder,

will ich auch bloß den Straßenverkehr umgehn,
der ohne Zorn und Jammer (es klingt nur so)
die kleine Stadt erschüttert. Oben
gleitet die S-Bahn vorbei halbstündlich,

sonst ist es ruhig. Zwischen der Böschung, wo
Holunder wächst und Brennesseln zärtlich tun,
und Schrebergärten lädt der Durchgang
wenige ein, die paar hundert Schritte

auf Teerbelag der Laune zu folgen – mal
ein Buckel, eine Höhlung, wie's kommt. Wohin
er führt, ist einerlei, solange
Weißdorn und Phlox mir Gesellschaft leisten,

dann Zinnien, Kohl, Tomaten; als gelte hier
die Zeitung nicht, die Pendlern die Fahrt verkürzt
mit Bildern wüsten Lebens. Drei, vier
Häuser mit Dutzendgesichtern warten

beim Loch der Unterführung auf irgendwas,
ein Häuflein Trauergäste vielleicht (man sah
den Kirchturm kaum vor Blättern) oder
nur das Gewöhnliche, daß die Nachbarn

zur Arbeit fahren; aber da bin ich schon
durch einen Garten voller Erfinderlust
gegangen, mag er abgeräumt auch
kleiner jetzt aussehen als im Sommer.

(1984)

[*Marbach:* Seit 1957 war L. Greve am Deutschen Literaturarchiv in Marbach/Neckar tätig.]

WALTER NEUMANN

* 1926

Im vergessensten Winkel Europas

Ein Land liegt,
handtellergroß,
im vergessensten Winkel
Europas. Dort
bin ich geboren.

Blut
schwärzt den Boden.
Die Wälder düngt Knochenfett.
Und das grölende Meer,
rauschend voll Muscheln,
salzt der Gequälten Fleisch

seit Menschengedenken.

Die Mächtigen aber hoffen, still
sei ihrer Taten
Geschrei und verdampft
mit dem Blutrauch
ihr Name

Mörder des Landes.
Aus allen Poren
dringt euer Geruch.

Ich zähle euch ab.
Ich zähle euch auf.
Mein Haar wird weiß darüber.

Das Gras in den Steppen

Komm, laß uns gehen
unter dem Himmel, der blau ist wie
in ältester Zeit.
Noch immer wiegt
die Äste der Wind
und das Gras in den Steppen.

Also umarmen wir
unsere schönere Welt,
unser Haus,
das ständig vom Stiefel
des Todes zertreten wird.

Also erneuern wir unermüdlich
die alten Bilder, den
Phönix aus Asche, das
fetter grünende Laub.

CHRISTIAN SAALBERG

1926 – 2006

Dafür wurden wir geschaffen:

Mit Fingern, die in der Erde wühlen, damit der Tod
leben, damit das Leben sterben kann.

Mit einer Zunge, von der sich die Lüge schneiden läßt,
eine Lüge nach Maß, die sich für die Wahrheit hält.

Mit einem Herzen, über das sich der Marmor ergießt, bis
es sich an nichts erinnern kann, obwohl soviel
Nachdenklichkeit über die Steine rinnt.

Mit einer Handvoll Buchstaben hinter der Stirn, mit
denen sich ein Bau errichten läßt, der gleich wieder
Zusammenstürzt.

Mit Augen, auf denen wir durch das Leben balancieren,
obwohl wir nicht einmal uns selber sehen können.

Mit einem gepackten Koffer in der Hand, um nirgendwohin
zu reisen.

Schnell, gebt mir eine Leiter, schnell die Leiter.

CARL GUESMER

* 1929

Die Grenze ist nur noch spürbar:
der Zug fällt in rumpelnde
Langeweile zurück: zu lange
waren die Gleise gut aufgehoben
im Rost gegen auszehrende
Geschwindigkeit. Da denke ich
an Radfahrten meiner Kindheit,
an Dörfer, mühelos
auf gepflasterten Straßen
erreicht, von denen dann
nur ein Weg weiterführte,
der langsam in losen Sand,
gegen das Fahrgleichgewicht,
auseinanderfiel.

Aus: *Bilder aus Mecklenburg 1991*

Rückblick

Großstädte in den siebziger
Jahren. Kaum eine
Universität, die ohne
Graffiti dastand: eine
wuchernde Dornenhecke,
hinter der Utopia,
eine Märchenwelt,
halb noch im Tiefschlaf
sich regte. Erweckungs-
bewegung, auch mit
Plakaten, die Faust
zu feiern.

Die Hauptstraßen atmeten
Demonstrationen aus:
die einzelnen Fußgänger
hielten sich an
die Hauseingänge.

Ein Motorrad-Polizist
riet mir zu
einem Umweg.

HANS MAGNUS ENZENSBERGER

* 1929

Gedicht für die Gedichte nicht lesen

Wer ruft mit abgerissenem Mund
aus der Nebelkammer? Wer schwimmt,
einen Gummiring um den Hals,
durch diese kochende Lache
aus Bockbier und Blut?
Er ist es,
für den ich dies in den Staub ritze,
er, der es nicht entziffert.

Wer ist ganz begraben von Zeitungen
und von Mist? Wer hat Uran im Urin?
Wer ist in den zähen Geifer
der Gremien eingenäht? Wer
ist beschissen von Blei?
Siehe,
er ists, im Genick die Antenne,
der sprachlose Fresser mit dem räudigen Hirn.

Was sind das für unbegreifliche Ohren,
von wüstem Zuckerguß triefend,
die sich in Kurszettel wickeln
und in den Registraturen stapeln
zu tauben mürrischen Bündeln?
Geneigte,
Ohren verstörter Verräter, zu denen
rede ich kalt wie die Nacht und beharrlich.

Und das Geheul, das meine Worte
verschlingt? Es sind die amtlichen
schmierigen Adler, die orgeln
durch den entgeisterten Himmel,
um uns zu behüten.
Von Lebern,
meiner und deiner, zehren sie,
Leser, der du nicht liest.

[1960]

Ins Lesebuch für die Oberstufe

Lies keine Oden, mein Sohn, lies die Fahrpläne:
sie sind genauer. Roll die Seekarten auf,
eh es zu spät ist. Sei wachsam, sing nicht.
Der Tag kommt, wo sie wieder Listen ans Tor
schlagen und malen den Neinsagern auf die Brust
Zinken. Lern unerkannt gehn, lern mehr als ich:
das Viertel wechseln, den Paß, das Gesicht.
Versteh dich auf den kleinen Verrat,
die tägliche schmutzige Rettung. Nützlich
sind die Enzykliken zum Feueranzünden,
die Manifeste: Butter einzuwickeln und Salz
für die Wehrlosen. Wut und Geduld sind nötig,
in die Lungen der Macht zu blasen
den feinen tödlichen Staub, gemahlen
von denen, die viel gelernt haben,
die genau sind, von dir.

[1957]

Bildzeitung

Du wirst reich sein
Markenstecher Uhrenkleber:
wenn der Mittelstürmer will
wird um eine Mark geköpft
ein ganzes Heer beschmutzter Prinzen
Turandots Mitgift unfehlbarer Tip
Tischlein deck dich:
du wirst reich sein.

Manitypistin Stenoküre
du wirst schön sein:
wenn der Produzent will
wird dich Druckerschwärze salben
zwischen Schenkeln grober Raster
mißgewählter Wechselbalg
Eselin streck dich:
du wirst schön sein.

Sozialvieh Stimmenpartner
du wirst stark sein:
wenn der Präsident will
Boxhandschuh am Innenlenker
Blitzlicht auf das Henkerlächeln
gib doch Zunder gib doch Gas
Knüppel aus dem Sack:
du wirst stark sein.

Auch du auch du auch du
wirst langsam eingehn
an Lohnstreifen und Lügen
reich, stark erniedrigt
durch Musterungen und Malz-
kaffee, schön besudelt mit Straf-
zetteln, Schweiß,
atomarem Dreck:

deine Lungen ein gelbes Riff
aus Nikotin und Verleumdung
möge die Erde dir leicht sein
wie das Leichentuch
aus Rotation und Betrug
das du dir täglich kaufst
in das du dich täglich wickelst.

[1957]

Altes Medium

Was Sie vor Augen haben,
meine Damen und Herren,
dieses Gewimmel,
das sind Buchstaben.
Entschuldigen Sie.
Entschuldigen Sie.
Schwer zu entziffern,
ich weiß, ich weiß.
Eine Zumutung.
Sie hätten es lieber audiovisuell,
digital und in Farbe.

Aber wem es wirklich ernst ist
mit *virtual reality*,
sagen wir mal:
Füllest wieder Busch und Tal,
oder: Einsamer nie
als im August, oder auch:
Die Nacht schwingt ihre Fahn,
der kommt mit wenig aus.

Sechsundzwanzig
dieser schwarz-weißen Tänzer,
ganz ohne Graphik-Display
und CD-ROM,
als Hardware ein Bleistiftstummel –
das ist alles.

Entschuldigen Sie.
Entschuldigen Sie bitte.
Ich wollte Ihnen nicht zu nahe treten.
Aber Sie wissen ja, wie das ist:
Manche verlernen es nie.

[*Füllest wieder . . .:* Goethe »An den Mond«. –
Einsamer nie . . .: Benn, »Einsamer nie«. –
Die Nacht schwingt ihre Fahn: Gryphius, »Abend«.]

Leichter als Luft

Besonders schwer
wiegen Gedichte nicht.
Solange der Tennisball steigt,
ist er, glaube ich,
leichter als Luft.

Das Helium sowieso,
die Eingebung, dieses Kribbeln
in unserm Gehirn,
auch das Elmsfeuer
und die natürlichen Zahlen.

Sie wiegen so gut wie nichts,
von den transzendenten,
ihren vornehmen Vettern,
obwohl sie zahllos sind,
gar nicht zu reden.

Soviel ich weiß, gilt das auch
für den Strahlenkranz des Magneten,
den wir nicht sehen,
für die meisten Heiligenscheine
und für ausnahmslos alle
Walzerklänge.

Leichter als Luft,
wie der vergessene Kummer
und der bläuliche Rauch
der endgültig letzten Zigarette,
ist natürlich das Ich,

und, soviel ich weiß,
steigt der Geruch des Brandopfers,
der den Göttern so wohlgefällig ist,
immer gen Himmel.
Der Zeppelin auch.

Vieles bleibt ohnehin
in der Schwebe.
Am leichtesten wiegt vielleicht,
was von uns übrigbleibt,
wenn wir unter der Erde sind.

PETER RÜHMKORF

* 1929

Grimm- und Grützlied

Über meiner Schiebermütze
setzt der Tag den goldenen Stander;
hab ich Grimm und hab ich Grütze,
da ist Gutes beieinander.

Rasch verblasener Gefühle
heute Hoffen, morgen Tief:
Das ist Mai auf meine Mühle,
Lunte an den Bürgerbrief.

Zög uns nicht der Wanst zurück,
glaubt nur, was wir steigen könnten!
schön, mit fliegenden Talenten
in das ungestalte Glück!

Der sich so zur Lust erkeckt,
hat sich bald für Wind verschwendet;
wenn der Herbst die Sträucher pfändet,
wird das Bettuch abgeleckt.

Einer zahlt in barem Spaß:
Haare lassen, Federn raffen –
Ach, mein Fell und keine Waffen!
Ach, dein Rock und kein Verlaß!

Siebenschöne, Tausendteure,
weich und aller Lügen wert,
wo ich noch mein Herz befeure,
wird das Licht schon umgekehrt.

Lirum-larum-Löffelsteiß,
wie erschlichen, so zerfahren –
daß ich diesen Witz bewahre,
mach ich mir im Dunkeln weiß.

[1962]

Auf eine Weise des Joseph Freiherrn von Eichendorff

In meinem Knochenkopfe
da geht ein Kollergang,
der mahlet meine Gedanken
ganz außer Zusammenhang.

Mein Kopf ist voller Romantik,
meine Liebste nicht treu –
Ich treib in den Himmelsatlantik
und lasse Stirnenspreu.

Ach, wär ich der stolze Effendi,
der Gei– und Tiger hetzt,
wenn der Mond, in statu nascendi,
seine Klinge am Himmel wetzt! –

Ein Jahoo, möcht ich lallen
lieber als intro-vertiert
mit meinen Sütterlin–Krallen
im Kopf herumgerührt.

Ich möcht am liebsten sterben
im Schimmelmonat August –
Was klirren so muntere Scherben
in meiner Bessemer–Brust?!

[1962]

[*in statu nascendi:* im Zustand des Geborenwerdens; im Aufgehen.]

Hochseil

Wir turnen in höchsten Höhen herum,
selbstredend und selbstreimend,
von einem Individuum
aus nichts als Worten träumend.

Was uns bewegt – warum? wozu? –
den Teppich zu verlassen?
Ein nie erforschtes Who-is-who
im Sturzflug zu erfassen.

Wer von so hoch zu Boden blickt,
der sieht nur Verarmtes/Verirrtes.
Ich sage: wer Lyrik schreibt, ist verrückt,
wer sie für wahr nimmt, wird es.

Ich spiel mit meinem Astralleib Klavier,
vierfüßig – vierzigzehig –
Ganz unten am Boden gelten wir
für nicht mehr ganz zurechnungsfähig.

Die Loreley entblößt ihr Haar
am umgekippten Rheine ...
Ich schwebe graziös in Lebensgefahr
grad zwischen Freund Hein und
Freund Heine.

[1975]

Auf was nur einmal ist

Für Heinrich Maria Ledig-Rowohlt

Manchmal fragt man sich: ist das das Leben?
Manchmal weiß man nicht: ist dies das Wesen?
Wenn du aufwachst, ist die Klappe zu.
Nichts eratmet, alles angelesen,
siehe, das bist du.

Und du denkst vielleicht: ich gehe unter,
bodenlos und fürchterlich –:
Einer aus dem großen Graupelhaufen,
nur um einen kleinen Flicken bunter,
siehe, das bin ich.

Aber dann, aufeinmalso, beim Schlendern,
lockert sich die Dichtung, bricht die Schale,
fliegen Funken zwischen Hut und Schuh:
Dieser ganz bestimmte Schlenker aus der Richtung,
dieser Stich ins Unnormale,
was nur einmal ist und auch nicht umzuändern:
siehe, das bist du.

[1979]

Diese vorüberrauschende blaue . . .

Einmal noch wendet sich Junges und Altes,
tauscht seine Namen, wechselt die Schuh –
Du während deines Erdaufenthaltes
höre mir zu.

Vielerleilieb in die Ohren geflüstert,
Unwiederrufliches, wie es begann –
Eh sich die Welt zur Nachwelt verdüstert,
sieh sie dir an!

Sieh sie dir an, aus wieviel Kriställchen
sich im Jahrtausend ein Gletscher erbaut:
Mythos zu bilden, frage nicht welchen
während er taut.

Anbrandend Licht auf enteilenden Schiffen
– Ori- und Okzident kuckt wie geklont –
Alles schon im Entschwinden begriffen:
Frage nicht, ob deine Träne sich lohnt.

Frage nicht frag und ergib und besinn dich,
ahnungsvoll gegen die Sterne gekehrt;
solang der Atem noch aus dir und in dich
schwerelos fährt . . .

Was sich erkennt, unterhält sich in Flammen,
flüchtig gefaßt – auseinandergetanzt:
Zuspruch und Zauberspruch rinnen zusammen,
halt mal das Ohr an die Brust, wenn du kannst!

Hör auf dein Herz und an! – ihm vertraue
Unwiederrufliches, eh es entfällt:
Diese vorüberrauschende blaue
einzige Welt!

[1989]

HORST BIENEK

1930–1990

Was dich verwandelt

Was dich verwandelt,
Vielleicht ist es dies:
Wind, Gras, Meer oder Sand,
Oder das Paradies,
Geritzt in die Felsenwand,
Aus dem dich verwies
Eine gekreuzigte Hand?
Ob dich verwandelt
Thessalisches Land,
Das dir ein Traum verhieß
Oder das Goldene Vlies,
Das sich dein Auge erfand?
Oder verwandelt
Dich, todumspannt,
Der dich trommelnd pries
Oder der unerkannt
Das Messer ins Herz dir stieß?
Oder verwandelt
Sich erst dein Leib,
Da dich der Atem verließ?

Die Zeit danach

I

Es gibt eine Zeit
                und die Zeit danach
von welcher Zeit wollen wir reden?

II

Als das Reh neben dem Löwen weidete
als der Apfel reifte für den der den Apfelbaum düngte
als wer den Fisch fing ihn auch essen durfte
das war eine Zeit
                paradiesische Zeit
                                von der wir gern
predigen hörten.

Als wir zusammengedrängt lagen auf hölzernen Pritschen
als die Dunkelheit unsere schwitzenden Leiber einsperrte
als uns der Hunger den Schlaf und den Traum zerspellte
das war eine Zeit
                finstere Zeit
                                die wir unseren Feinden
nicht wünschten

Als der Schrei des Wachmanns uns auf den Appellplatz jagte
als wir mit stumpfen Geräten die Kohle aus der Erde gruben
als wir in den schwarzen Versteinerungen eine Antwort suchten
warum diese Zeit
                    so war
                                von der wir lieber
in den Lesebüchern gelesen hätten

Als wir heimkehrten in die Städte ohne Erinnerung
als – unerkannt – wir uns unter ihre Bewohner mischten
als wir einbrachen in ihre Häuser und den Argwohn zurückließen
das war eine Zeit
                    schmerzliche Zeit
                                        die wir mit unserer Trauer
zuschütteten

III

Wir sind auf dem Weg von der einen Zeit
in die andere
                    doch wohin wir auch gehen
                    wir kommen nicht an
                    manchmal brechen wir in die Knie
                    und der Regen näßt unsre Gesichter
wir singen
          man hört uns nicht
          (denn die Müdigkeit
          schweißt uns die Lippen zusammen)
unsere Gesten sind zaghaft
          man begreift sie nicht
          (denn die Verzweiflung
          schlägt uns die Arme vom Rumpf)
wir gehen weiter
auf dem Weg von der einen Zeit
                      in die Zeit danach

IV

Mitleidig wirft man uns Wörter in den Schoß

HUGO ERNST KÄUFER

* 1927

Ausgewogen

Die Rechten
atmen gelassener, sind beruhigt
daß nichts mehr passiert
daß alles so seinen Lauf nimmt
sie freuen sich bescheiden
daß die Aktien
ihren Wert vermehren

Die Linken
sind aufs Land gezogen
machen Keramik und Gedichte
überdenken ihre gemischten
Gefühle
einige schaffen ganz oben
und gucken dann und wann
auf ihre fetten Bäuche

Weithin glänzt das Land
in ausgewogener Ordnung
die paar Arbeitslose
die paar Pleiten
die paar Suchttote
die paar Friedenshetzer
na und?

[1980]

Altern

Die Flecken auf der Haut
werden auffälliger
das Herz setzt Spuren
die Füße suchen andere Wege
bei den noch verbliebenen Freunden
melden sich Anrufbeantworter
die Lesarten der vielen Bücher
gerinnen zu wenigen Silben
zum Beispiel
Sela! Psalmenende

Die Bilder der Kindheit
rücken näher
wollen ans andere Ufer
die Gräber der Gefährten
von gestern
verlieren ihren Abstand
mehr und mehr

[1989]

KURT KÜTHER

* 1929

Artisten

Bei uns in der Fabrik
da gibt es einen
der steht ganz oben

Bei uns in der Fabrik
da gibt es einige
die stehen in der Mitte

Bei uns in der Fabrik
da gibt es viele
die stehen ganz unten

Der Obere
steht auf den Köpfen
der Mittleren

Die Mittleren
stemmen sich auf die Schultern
der Unteren

Die Unteren
müssen
auf ihren eigenen Füßen stehn

Wer will ihnen wehren
zu bestimmen
wer auf ihren Schultern
zu stehen hat

(1968)

JOSEF REDING

* 1929

krippenrede eines karriere-vaters

also, werd nicht so
wie dieser da
in unklaren familien-
verhältnissen
unterwegs geboren
na ja dafür kann
er nichts
ist keine schande
doch auch nichts
rühmliches
aber dann
als er dreissig war
hatte er
keine ausbildung
kein auskommen
keine rücklagen
keine wohnung
kein reittier
oder fahrzeug
und auch für die ehe
war er offenbar
untauglich
was blieb ihm da
übrig als über
land zu ziehen
langhaarig
schmuddelig
barfüßig
eine klicke
von fans bei sich
die ihre familien
und berufe im stich
gelassen hatten
und dann wiegelte

er das volk auf
mit doppeldeutigen
reden und
gefährlichen
geschichten
in denen die
staatslenker
und die hohen geistlichen
die heerführer
und überhaupt alle
die was hatten
schlecht wegkamen
drei jahre hat
man den edelgammler
aus dem
zufallsgeburtsort
bethlehem so
gewähren lassen bis
er überschnappte
und handgreiflich
wurde gegen die
börsianer und
devisenwechsler
die seit jeher
ihren angestammten
platz im tempel
hatten da war
zapfenstreich
sense
ex
hinterlassen hat er
ein paar handbreiten
verschwitztes leinen
da war er
dreiunddreißig
im gleichen alter
wie dein vater der
damals schon die
prokura in
henschels drahtzieherei
kriegte jetzt weißt
du bescheid und mir
soll keiner nachsagen
daß ich mich nicht
traue die wahrheit
zu sagen
auch
über diesen da.

[1975]

GÜNTER BRUNO FUCHS

1928–1977

Der Irre ist gestorben

Im Wartesaal, wenn die Züge
Verspätung hatten,
erzählte er Märchen aus Tausend-
undeiner Nacht.

Er verstand es nie,
richtig zu grüßen. Auf guten Tag
sagte er immer: Vielleicht.

Man weiß: er zog seinen Hut
vor den Hunden.
Seine Königskrone aus Zeitungspapier
trugen die Kinder nach Hause.

Der Fünfzeiler im Ortsteil der Zeitung
schloß mit den Worten : Es war
seine letzte Nacht,
als er im Park auf den Baum stieg.

Gerüchte gehen, er habe vergessen
sich festzuhalten,
als er den Friedensappell
an die Welt sprach.

[E: 1957]

OSKAR PASTIOR

1927 – 2006

Heißer Abend im alten Tulcea

Das Ringelspiel im Hafen schlenkert in den Ketten,
die Obeliskensäule mit den Nymphen dreht sich nicht.
An einem Draht hängt weiß im Strahlenkreis ein Licht,
und Schatten gehn vorbei, als ob sie Stelzen hätten.

Das Grammophon ramonat ratlos wieder und zerbricht.
Der ganze Hafen sitzt beim Gartenbier wie Kletten.
Die Gäste drehn im Bahnhotel sich in den Betten;
das Ringelspiel am Kai dreht sich am Abend nicht.

Auf Steinen hocken Paare, und im Schatten
sieht man Matrosenbeine neben Hüften gehn,
und ab und zu wird groß durch Blätter ein Gesicht

und steht am Zaun und äugt durch grüne Latten,
wie sich beim Bier die Rauchrosetten drehn.
Das Ringelspiel am Kai dreht sich am Abend nicht.

(1964)

Ballade vom defekten Kabel

Adafactas
Cowlbl
Ed rumplnz kataraktasch-lych
Uotrfawls
aachabrawnkts Brambl
aachr dohts . . .

Schlochtehz ihm
schlochtehz ihm
ehs klaren Zohn

Ihn Uotrfawls

Humrem hä?
Do humrem
Nodo humrem
kaineschfawls

Ehs ischtolt ain däfäktäs
rumpltsch
traktaz
ä nedderschtilchz
Rompl–Grompt

Cowlbl o Cowlbl wottä
Cowlbl-gotz!

Gehbät uns ain
adakuats Ch–bell
ntmr hiechffn
s-trumpltsch Bvchuelltr
aasm
Naawbl

Abendlied

Der Tag legt sein Verhalten an den Flauschhund.
Ein Kleeblatt bringt den Stadtverkehr zum Schäu-
men. Kein Schlußkapitel fällt vom Baum der Ener-

gie. Fast langsam wird die Schleife sanft magne-
tisch – die Induktion schließt Daten ein, nicht
aus. Verhalten knickt der Nachbar ins Papierbett.

Kein Lüftchen legt sich an, es geht mit Dingen
zu. Leicht unhygienisch liegt ein Arm im Schließ-
fach. Auch das Paniermehl schlingert aktenkun-

dig: Sachzwänge bringen etliches zum Tragen, ach
wann? Die Gurkenblüte schließt ihr Machtverhält-
nis aus. Es kehrt das heiße Fett sich nicht an

Kind und Kragen – den Phänomenen wächst die Spu-
le an den Kern. Postalisch wird ein schlankes
Haar gebogen: auf kleinem Fuße köchelt die Ver-

bene. Schon naht, was sich ins Stil–Empfinden
schickt, auf leisen Katalogen. Am Kühlturm geht
Dianas Schwester außen in die Knie. Verhalten

steigt die Induktion in Scheuerleisten – kein Irr-
tum legt den Mund ans Ohr. Der Tag schließt seine
Gurken an den Drehstrom. Steinzeit – gute Nacht.

---

weiß das lauwant noch
wem die rübe schmeckt
hat entrissenheit
sich im stau verlaufen

soll der tag den hund
pelzen vor dem märz
kannst du allenfalls
sägen hinterm mond

einem dieser drei
strecken wir den zeh
ausgelenkt vom kegel

strecken wir den zeh
einem dieser drei
sägen hinterm mond
kannst du allenfalls

pelzen vor dem märz
soll der tag den hund
sich im stau verlaufen

hat entrissenheit
wem die rübe schmeckt
weiß das lauwant noch

(Wörtergruppenpalindromtext)

JOHANNES POETHEN

1928 – 2001

Ich bin nur in wörtern

ich habe kein anderes alibi
so entwerfe ich mir den atemraum

wer spräche mich frei
wer erlöste mich aus dieser annahme

ich wasche buchstaben
ich kratze silben rein
ich tauche sätze unter

ich nehme sätze an
mich nehmen sätze an

ich entwerfe atemraum
ich bin in wörtern.

an meinen sohn willibald

ja was soll ich dir noch sagen mein junge
ich geh schon so lange am stock
wer weiß was die stunde geschlagen hat
viele tragen den kopf zu hoch heutzutage
da mußt du dein bißchen grips zusammen nehmen
vielleicht haben sie die letzte runde eingeläutet
das meiste kannst du sowieso vergessen
wir sind auf grund gelaufen mein lieber
und denen fällt nichts mehr ein
na ich will dir nicht den mut nehmen
aber ich hab den braten schon immer gerochen
so viel ist jedenfalls sicher
halt dich sauber draus
mach die luken dicht und sieh zu
daß du was im schuppen hast
laß dir das alles mal durch den kopf gehn
und tu mir den einen gefallen junge
stell dich dumm bis zuletzt
ich hab mir jedenfalls nie was
   zuschulden kommen lassen
ich hab die stellung gehalten
ich hab nicht im trüben gefischt wie so mancher
die können sich plustern laß dich nicht anheuern
und geh ab und zu ruhig mal zum gottesdienst
das kann wirklich nicht schaden.

(1979)

GERHARD NEUMANN

1928 – 2002

Die Bucht

Die Strömung verhält.
Gesichter entfärben
sich. Muscheln sind Scherben.
Die Takelung fällt.

Zerfasertes Tau.
Ich wate im Seichten.
Dein Lachen: die leichten
Vokale im Grau.

(1956)

Johannisfest

Über einen vogelstichigen Himmel gestrichene
Handlinien.

Aus weissen Sommerstunden die schattenledigen
Nächte.

Von dem Beliebten als dürstendem Insekt gesogener
Fliedermund.

Unter geworfener Zapfenfeuer Wendesegel brockenhin
Schrate.

WALTER HELMUT FRITZ

* 1929

Also fragen wir beständig

Also fragen wir beständig
Bis man uns mit einer Handvoll
Erde endlich stopft die Mäuler –
Aber ist das eine Antwort?

Als Heinrich Heine das schrieb

als er mit letzten Amüsements
dem Verhängnis zuvorzukommen suchte

bei Gesprächen
das gelähmte Augenlid mit dem Finger hob

mit dem Opernglas
die Menschen auf der Straße beobachtete

da schleppte er sich
hinter sich selbst her

erfuhr er Last und Überlast

hatte er verstanden,
daß man immer zu spät sieht,
wann etwas aufzuhören beginnt

stellte er sich die Frage
ob alles unabänderlich sei

ach diese Vogelscheuche Vergänglichkeit.

[Motto: Schlußstrophe von Heines Gedicht »Laß die heilgen Parabolen« im Zyklus »Zum Lazarus«.]

Atlantis

Ein Land,
das es nie gab.

Aber es fällt
den Gedanken schwer,
es zu verlassen.

Helle Wege sind entstanden,
die zum Horizont führen.

Keine Müdigkeit.

Man muß die Dinge
nicht nur so sehen,
als seien sie schon gewesen.

Im Hafen
liegen die Schiffe,
die bei jeder Ausfahrt
das Meer hervorbringen.

EDWIN WOLFRAM DAHL

* 1928

Beethoven zum Beispiel

Daß er taub war
zuletzt
Daß er heute
verjazzt ist
verrockt ist
Leonore drei
auf Stimulans
Daß Recht vor Gnade
ihn heute noch spielt
und Platten und Millionen
um Ohren um untaube schlägt
Marcia funebre
wenn trauert das Volk
Und singt ihn noch immer
(Nicht diese Töne)

Daß er geboren wurde
bestimmt
in Deutschland zu Bonn
Wo sie ihn abspulen
vor aller Welt
abbrennen bei Eroica
Und kennen keine Parteien mehr
Daß er taub war
zuletzt
und wieder müßte ertauben
käme er heute
zur Welt

[*Leonore drei:* op. 72 A, eine der Ouvertüren zur Oper »Fidelio«. – *Marcia funebre:* der 2. Satz der 3. Sinfonie; oft bei offiziellen Trauerfeierlichkeiten gespielt. – *Nicht diese Töne:* Ausruf aus dem Schlußchor der 9. Sinfonie. – *Eroica:* »Sinfonia eroica« betitelte Beethoven seine 3. Sinfonie. – *keine Parteien mehr:* Kaiser Wilhelm II. am 2. 8. 1914 (Kriegsausbruch): »Ich kenne keine Parteien mehr. Ich kenne nur Deutsche.«]

KARL ALFRED WOLKEN

* 1929

Wir lachen wohl

Wir lachen wohl im Deutschland dieser Tage:
den halben Ländern, dem zerrissnen Land –
doch gibt es etwas andres, das heißt: Klage,
und Klage heißt: Wir sind im Mark verbrannt.

Verbrannt im Mark im Deutschland dieser Tage,
und lachen wir, so ist ein Ton dabei,
ein hoher Wehlaut, wenn ich »lachen« sage
und lache selbst und träum von einem Schrei,

den keiner schreit, auch ich nicht, denn ich lache:
Zerrissener in dem zerrissnen Land.
Lach wie ein Narr um eine liebe Sache,
die mir zerbrach – und klaub sie aus dem Sand.

Und heb sie hoch und denke: ach, vorzeiten,
wie war's denn da? Und frage: wie wird's sein?
Und frag nicht weiter, laß die Sache gleiten –
und lach so leise wie ein mürber Stein.

Und roll wie er und reiß mich wund an Drähten,
frag zögernd wieder – und hör wieder nichts.
Und wo ich hinkomm, muß ich mich verspäten –
und steh doch immer vor den Schranken des Gerichts.

Man herrscht mich an? Ach, Alptraum aller Sünder:
ich herrsch mich an, weil ich mich blutig fand –
und geh durchs Land und kraule seine Kinder,
die Unschuld, und bleib doch im Mark verbrannt.

Und darf ich endlich weg von diesen Schranken
und dürfte klagen – ach, dann darf ich's nicht!
Spricht man mich frei, so kommen die Gedanken,
und ich bin Töter, Toter und Gericht.

CYRUS ATABAY

1929–1996

Willst du dir Worte aufheben
zum Aufrechtgehen an buckligen Tagen,
so hülle sie ein
in schillernde Schleier
aus Zweifel und Zweideutigkeit,
damit kein Alltagsgebet sie erreicht,
oder laß sie ruhen
in Truhen aus Wacholderholz,
weit weg in einer verlassenen Heimat,
wo die Wacholderbüsche nicht zu entwurzeln sind
aus dem herben, steinernen Boden.

(1977)

Stilleben

Diese unerreichte Einfachheit
auf einem Holztisch:
die blasse Rose am Rande des Zinntellers,
sie bewahrt noch in ihrem Duft
unsere verzweifelte Liebe,
ein Becher Wein,
dann der fein geflochtene Korb
mit Apfelsinen aus Sevilla,
ein Apfelsinenzweig, der Blüten trägt
für die Früchte des nächsten Jahres.
In diesen Gegenständen
ist ein Widerhall des Lebens,
der das Leid schlichtet –
die wunderbare Heilung
durch die Lauterkeit der Dinge.

(1983)

PETER HÄRTLING

* 1933

fundevogel

fundevogel, lieber reim:
siebenschlaf und honigseim –
plötzlich wacht der segen auf,
zögern ist sein lebenslauf.

dort wo andre länger wachen,
wacht er mit und schlitzt das lachen.
dort wo andre länger träumen,
hilft er, reisen zu versäumen.

find den vogel, lieber reim:
letzter schlaf und fliegenleim –
keiner spielt mehr, keiner lacht,
jeder hat sein nichts gedacht.

auf dem reim nach haus geritten –
fundevogel, kleines glück.
niemand wird den vogel bitten:
laß dich finden, komm zurück!

[1963]

olmütz 1942–1945

vom bischofsberg die haube –
verwest denn hier kein stein?
das kind spielt in der laube
– ein wappenbild mit taube –
das kind spielt: ich bin klein.

die mutter springt ins feuer
die gasse stülpt sich um –
ein bischof im gemäuer
speist säulenungeheuer –
das kind spielt: ich bin dumm.

der vater bannt das wasser.
der sprungreif bricht entzwei –
ein schwarzer aderlasser
versammelt tausend hasser –
das kind denkt zweierlei:

es denkt: die wassergasse
der fluß erstarrt zu stein
und eine winterblasse
prinzessin taucht hinein.

es denkt: die flüchterflüche
nun wandert auch das haus.
der zaubrer in der küche
spült jedes lächeln aus.

vom bischofsberg der segen –
kein bild wird jetzt gemalt.
wir wollen die puppen in gräber legen
und unsern knochenmann freundlich pflegen –
das kind spielt: ich bin alt.

[1962]

Der Anfang einer Gewißheit

Von woher ich auch lebe,
welches Gestirn
ich auch wähle,
um meine Ankunft zu bestimmen,
welchen Schatten
von welchem Baum,
welche Ebene ich auch
entdecke,
so zu atmen,
wie ich es lernte,
welchen Hügel,
um in seiner Neige
zu schlafen,
welche Stadt ich auch erfinde
mit wohnlichen Straßen –
allmählich komme ich,
Wort für Wort,
zurück, erfahre
die Regeln meiner Wiederkehr
und sei es
eine unerprobte Art von Liebe.

[1983]

HANS-JÜRGEN HEISE

* 1930

Vorboten

Gestern haben wir
die letzten Wölfe geschossen
Jetzt
ist die Wildnis für immer besiegt:
Apfelbäume Rasen
die Welt wird zum Garten

Denken wir

Unterm Haus
nisten sich Feldmäuse ein
Vorboten
einer neuen Steppe

(1959/62)

Sie folgten

Sie folgten im Schlaf
der Raupe
fanden
die Seide

Im Wald wird der Küstenwind grün

Die andern – die Ballenträger
Das Land – seine Male

Der lange
staubige
Weg

Das Joch im Museum
sieht harmlos aus

(1965/67)

Bei Büsum

Bei Büsum wo ein Fisch
im Maul der Katze schlief
Ich eignete dir
den Mond zu Der Kellner
gab uns Falschgeld heraus
Wir gingen durchs Watt
(Deine Augen lagen
am Boden bei den übrigen
Muschelschalen)

(1971)

In der Kieler Bahnhofshalle

In der Kieler Bahnhofshalle
stehen abends und am Wochenende
immer ein paar Männer / einzeln
oder in kleinen Gruppen
starren sie die Gleise entlang

Sie sprechen türkisch
sie schweigen türkisch
Sie trinken deutsches Bier

Die Hände tief
in den Hosentaschen
einzeln
oder in kleinen Gruppen

Das äußerste Bahnsteigende
in Kiel ist der erste
Bahnsteigvorsprung
des Bahnhofs von Istanbul

(1987)

DIETER P. MEIER-LENZ

* 1930

fin de siècle

die gute alte zeit
reißt sich die goldene maske
vom gesicht
die vergangenheit
kippt als kulisse vom thron
die geschichte stürzt sich
in ihr schwert

revolutionen steigen
als wolken auf
revolten haben schaum
vor dem mund
die letzten aufstände
sind nur ein hauch

die vorfahren entfernen sich
und wenden uns den rücken zu

die umrisse der feldherren
verschimmeln in den
geschichtsbüchern
stalin und hitler schlafen
scheintot im selben Sarg

das neue jahrtausend
ermordet
die letzten zeugen

PETER HACKS

1928–2003

Vernunftreiche Gartenentzückung

Die Kartoffel auch ist eine Blume.
Und mit gelben Federn blüht der Mais.
Und gereicht es nicht dem Dill zum Ruhme,
Wie er zierlich Frucht zu tragen weiß?
Ihr in eurem Prunk und Wohlgeruche,
Stolze Rosen, bleiche Lilien,
Ließet nagen uns am Hungertuche.
Nur was nützet, ist vollkommen schön.

Jetztzeit

Seit der großen Schreckenswende
Sieht des Dichters ernstes Haupt
Sich durch neue Zeitumstände
Aller Hoffnung jäh beraubt.
Und er harrt in Wartestellung
Auf des Horizonts Erhellung.
Und er denkt in seinem Sinn:
Wo nichts drin ist, ist nichts drin.

Zwar beim Nichtbeteiligtbleiben
Am gesitteten Verkehr
Muß er sich die Zeit vertreiben,
Und er tut, wie wenn nichts wär.
Feilt sich wöchentlich die Nägel,
Nicht aus Lust, doch nach der Regel,
Küßt bisweilen Chloës Brust,
Nach der Regel, nicht aus Lust.

Früh beim Kaffee, kaum bekümmert,
Liest er, wie das Kapital
Negerstaaten niedertrümmert,
Mordend ohne Zahl und Wahl,
Greise, Kinder, Frauen, Männer,
Und er nickt befriedigt, wenn er
Feststellt, daß der Zeitungsmann
Keinen deutschen Satz mehr kann.

Auf der höchsten finanziellen
Ebene unangepaßt,
Nähert er sich wohl den Quellen
Der Natur als Feriengast.
Liebt den Sommer, haßt den Winter,
Tieferes steckt nicht dahinter.
Hin und wieder ein Gedicht
Schreibt er noch aus Dichterpflicht.

[E: nach 1989/90]

GÜNTER KUNERT

* 1929

Meine Sprache

1

Ich spreche im Slang aller Tage derer
Noch nicht Abend ist
In der verachteten und verbissenen der
Sprache die jedermann entspricht.

2

Diese
Von Erstellern entstellte die von Betreuern
Veruntreute von Durchführern früh schon
Verführte die
Mehr zur Lüge taugt denn zur Wahrheit
Ach welche
Unter der erstarrten Syntax sich regt
Wie unter Abfall wie unter Schutt wie
Unter Tonnen von Schlacke.

3

Sprache
Die mehr scheinen will als sein
Aufgebläht
Von sang- und klanglosen tingelnden
Dinglosen Dingwörtern;
Schwabbelnde Gallerte
Quillt sie aus den öffentlichen Mündern
Und Mündungen tropft von
Den Lippen der Liebenden
Trieft aus Radios
Triumphiert.

4

Nichtssagend und blutleer und kraftlos
Ein Kind des Landes finde ich sie
Darniederliegend.

5

Und hebe sie auf
Und nehme sie an mich: Die beste mir
Der nichts besseres hat
Und ein Vermögen dem der durch nichts sonst
Zu leben vermag
Als durch sie.

[1966]

So soll es sein

Zwecklos und sinnvoll
soll es sein
zwecklos und sinnvoll
soll es auftauchen aus dem Schlamm
daraus die Ziegel der großen Paläste
entstehen um wieder zu Schlamm zu zerfallen
eines sehr schönen Tages

zwecklos und sinnvoll
soll es sein
was für ein unziemliches Werk
wäre das
zur Unterdrückung nicht brauchbar
von Unterdrückung nicht widerlegbar
zwecklos also
sinnvoll also

wie das Gedicht.

[1974]

Achtzeiler

Auf toten Flüssen treiben wir dahin,
vom Leben und dergleichen Wahn besessen.
Was wir erfahren, zeigt sich ohne Sinn,
weil wir uns selber längst vergessen.
Vom Augenblick beherrscht und eingefangen,
zerfällt der Tag, der Monat und das Jahr.
Und jede Scherbe schafft Verlangen
nach Ganzheit: Wie sie niemals war.

[1990]

Mein Golem

An manchen Tagen
höre ich deutlich
seinen Schritt. Überflüssig
der Blick aus dem Fenster
der Blick in die Zeitung.
Es sind solche Tage
daß die Gedanken stocken
als wären sie Atem.
Es ist der Atem.
Tage die ihren Namen
verloren.
Anonyme Tage.
Ausdauerndes Ausschreiten.
Verstecke dich selber
in Träume in Bücher in Gläser.
Der Verfolger
ist ein Koloß
seine Ferse rostiger Schorf
sein Gesicht abwesend
sein Gang unaufhaltsam
besonders an manchen Tagen.

[1996]

ADOLF ENDLER

* 1930

Ballade vom Zionskirchplatz

Vier Freunde waren wir, wir waren Freunde, vier,
Am Zionskirchplatz im Gesträuch im Nieselregen,
Daß keiner, was auch kommt, den andern je verlier,
Acht Hände, die sich aufeinanderlegen –

Der Platz ein Rosenbeet! Zwei Freunde sind dahin.
Heinz, wie verschwand er durch die Stacheldrahtverhaue?
Die gut geseifte Schlinge unterm Doppelkinn
Starb Herbert, und er schien uns stets der Laue.

Vier Freunde waren wir, wir waren Freunde, vier,
Und immer grübelnd wir und lärmende Gemeinde!
Steif sitzen zwei Genossen nah der Kneipentür,
Stumm, steif, nervös – zwei Freunde oder Feinde?

(1968)

HEINZ KAHLAU

* 1931

Ballade von der bewältigten Vergangenheit

I

Ihr Vater fraß als deutscher Wolf
die halbe Erde leer.
Dann kam er als ein Schaf nach Haus,
das Schlucken fiel ihm schwer.

Nun sitzt er in der Deutschen Bank
und hütet fremdes Geld.
Am Abend spielt er seinen Skat
und will nichts von der Welt.

Nur manchmal singt er laut im Bad
ein deutsches Kinderlied
und weint, wenn es ihn wieder schmerzt,
daß man ihn übersieht.

Dann kocht die Frau ihm einen Tee
und streicht ihm übers Haar
und träumt davon, wie schön und stark
er doch als Sieger war.

II

Sein Vater hing am Ghettobaum.
Die Mutter trug der Wind
als Staub und Rauch aus Dachau fort.
Er ist ein Judenkind.

Von seiner Mutter weiß er noch,
sie war sehr blond und schön.
Sehr langsam lernte er die Welt
ertragen und verstehn.

III

Als er ein Mann war, lang danach,
kam er nach Nessebar
zum Sonnenstrand, wo er das Meer
zum ersten Male sah.

Am Morgen, vor die Sonne kam,
war alles still und leer.
Drum schwamm er jeden Morgen dort
allein im Schwarzen Meer.

IV

Ihr Haar war blond, ihr Blick war blau,
wie Zimt war ihre Haut.
Ihr Leib war so, als hätt ein Gott
ihn für sich selbst erbaut.

Der junge Jude stand vor ihr
erschüttert, bloß und blaß.
Ihr Lächeln hielt ihn, wie er war:
Stumm, meereskühl und naß.

Er fiel ihr zu, sie nahm ihn auf.
Ihr Kuß war schwer und still.
Gewaltig treibt die Liebe an,
was sie vereinen will.

Dann kam die Sonne. Mit dem Licht
kam auch die Menschlichkeit.
Sie tauchten auseinander auf.
Nun lagen sie zu zweit.

Und hatten Namen, Sprache, Land
und fragten sich danach.
Sie hörte, daß er Pole war,
und deutsch klang, was sie sprach.

Sie hört noch immer, wie er schrie,
als er ins Wasser sprang.
Man fand sie bald. Sie lag am Meer
wie angespülter Tang.

Er kam nie wieder. Sie genas
nach langer Dunkelheit.
Sie fürchtet sich vor jedem Meer
und hört nur, wie er schreit.

Sie weiß nicht, wer ihr Liebster war,
sie sieht nur sein Gesicht
und sieht, wie er im Meer versank.
Fragt nicht. Sie hört euch nicht.

(1973)

Tag der Einheit

Am Tag der deutschen Einheit
saß ich zwischen dem, was war.
Ich war ummüllt von Werbung und von Briefen,
die Geld von mir verlangten,
und war ganz und gar
mit dem beschäftigt,
was das nächste Jahr
von mir verlangen könnte. In den Tiefen
der Seele kochte das,
was da seit je gefangen:
die kalte Wut
auf jede Art von Staat.
Der dritte will mich in sein Muster zwängen.

Ich feierte den Tag mit Zorngesängen.

(1991)

INGE MÜLLER

1925–1966

33 war ich ein gläubiges Kind
Meine Eltern warn gut und fleißig
Erwachsen wurde ich 39
Als der Krieg anfing.

Gehört hatte ich jenes und dieses
Gegen Hitler und dann für Stalin
Sah: der tat was und der ließ es
Als es ging auf ihn.

Meine erste Liebe war als der Krieg anfing
Und da ging er in den Krieg
Ich weinte und war ein dummes Ding
Im Verhältnis zur Nation sehr gering.

Bevor er fiel kam er zu mir
Ganz zerrissen vom Morden
Ich wußt nichts beßres als: bleib doch hier
Glücklich sind wir nicht geworden.

45 war jeder ein Greis
Ich wollte nicht leben und nicht sterben
Ich sah das Erbe ohne Erben
Und der Einsatz war der Preis.

Weil ich gehen mußte ging ich
Suchte Grund
Und ich dachte an die Bäume im Park
Und an seinen zärtlichen Mund.

Bomben und Kanonen
Lehrten mich Geduld
Und die Blutenden schonen
Und nachdenken: was ist Schuld.

EVA STRITTMATTER

* 1930

Vor einem Winter

Ich mach ein Lied aus Stille
Und aus Septemberlicht.
Das Schweigen einer Grille
Geht ein in mein Gedicht.

Der See und die Libelle.
Das Vogelbeerenrot.
Die Arbeit einer Quelle.
Der Herbstgeruch von Brot.

Der Bäume Tod und Träne.
Der schwarze Rabenschrei.
Der Orgelflug der Schwäne.
Was es auch immer sei,

Das über uns die Räume
Aufreißt und riesig macht
Und fällt in unsre Träume
In einer finstern Nacht.

Ich mach ein Lied aus Stille.
Ich mach ein Lied aus Licht.
So geh ich in den Winter.
Und so vergeh ich nicht.

Utopia

Wer wird mir folgen, wenn ich gehe
Ins abseits ungelobte Land.
Freunde, die ich mir früh erfand
Und die ich noch von ferne sehe,

Werden mich ohne Liebe lassen.
Sie urteilen schon über mich.
Als Eichmaß setzen sie nun sich.
Und ich will ihrem Maß nicht passen.

Sie nehmen Welt, so wie sie ist,
Und suchen sie sich auszuschmücken.
Sie helfen sich mit kleinen Glücken.
Ich aber will *Landdasnichtist*

Utopia der Traum als Leben.
Und Liebe, Währung, die man *gibt.*
Ohne zu fragen, wen man liebt.
Denn liebend wird man ihn erheben.

RAINER KIRSCH

* 1934

Schwimmen bei Pizunda

Grün ist das Meer bei Pizunda, manchmal
Blau, von Schiffen schwarz, in dieses schwimm
Weit wies dich trägt und dreh dich auf den Rücken: So
Siehst du den Kaukasus mit weißen Gipfeln
Und ruhst im Meer, und das ist Ruhe. Wiegend
Kaum, und durchs Durchsichtige
Das um dich treibt, grenzt dich deutlich die Haut;
Vorne am Steinstrand rutschen die Gesichter
Ab von den Chefs, die blinzeln, um sich bezahlt
Natur, zum Bauch plätschernd im Wasser:
Sie könnens nicht. Groß ist der Kaukasus. Mit kleiner Kraft
Liege im Gleichgewicht löse die Arme und
Spür dich oder Meer, wie sonst Mädchen vorm Aufgehn
(Dann kommt, die ineinanderstürzt, die Glut)
Hier aber ist die Mitte. Zwischen Meer, Fels, Schnee, Himmel
Schwarzgrün Wälder. Dies
War der Augenblick, nun gleit, treib, leicht
In überm Meer – hier
Ist der Triumph des Körpers: Ich, ungemordet
In diesem Jahrhundert! schwimm
Nicht schnell, nicht langsam durch was um mich fließt
An ein besteintes Ufer bei Pizunda.
Ich hab noch vierzig Jahre, oder mehr.

[*Pizunda:* Badeort an georgischer Schwarzmeerküste]

(1971)

Im Ton Mandelstams

Noch fahr ich. Und wohin? Die große Landschaft
Von Pinien und Zypressen streckt sich grün
Kühl sind die Abende. Die Unverwandtschaft
Ist leicht der Dinge, wenn Limonen blühn

Und die Zikaden schrein. Der Thymianstauden
Blaugrüner Duft kriecht leise überm Gras
Die Krüppeleichen stehn, und seltsam lauten
Die Wegschilder nach Norden. »Jedes Glas

Vom trocknen Rotwein, schmeckst dus, ist ein Sieg
Über den Caesar, jedes würzige Fleisch
Das du am Gaumen spürst, gegen das Weltall

Ein Aber-Leben« – und wenn alles fällt, fall
Ich langsamer als das zu schwere Reich
Der Ordner, dich im Arm, Kind. Krieg ist Krieg.

(Oktober 1980)

[*Mandelstam:* Ossip, 1891 – 1938, russ. Dichter.]

WULF KIRSTEN

* 1934

väterlicherseits, mütterlicherseits

meine vorväter zum beispiel haben
pferde beschlagen und reifen
auf die speichenkränze von wagenrädern
gezogen. großvater mütterlicherseits
ging in die sägemühle, balken und bretter
schneiden. nach der arbeit saß er
flunkernd im kretscham bei fuseldunst.
zu hause acht kinder. großvater
väterlicherseits fügte die hölzer
zu schränken, tischen, kommoden
um einen hungerlohn. sonntags jagte er
schmetterlinge zu seinem vergnügen
und spießte sie weidgerecht auf.
erfror novembernachts im walde,
vom schlaf übermannt. die lebensspur
des seefahrers Johann Gottlieb Wancke
aus Gruben verlor sich auf einer fahrt
nach Ostindien. weiß der himmel, wie es
ihn dorthin verschlagen. ein gewisser
Tannenberg, Friedrich Wilhelm, nahm
sein schicksal nicht an, als fröner
in den sielen zu sterben. er schnürte
sein bündel, enthob sich aller
untertanenpflichten klammheimlich
bei nacht zum verdruß einer
zanksüchtigen frau. als vogelfreier
josef, der sich selber zum bettler

mit unsichtbarer krone bestimmte,
zog er vagabundierend im lande umher.
ein anderer, lange vor mir auf der welt,
ging auf den garnhandel als ehrsamer
landgänger mit pfennigkram, auch ihn
trieb es unruhvoll um auf den straßen,
als ob ein weberschiffchen tschickte
und tschackte in seiner brust.
am webstuhl saßen sie in stickiger,
niedriger stube, bleichgesichtige
hungerleider sie alle auf lebenszeit,
denen der brotkorb immer eine etage
zu hoch hing, die von fettlebe träumten,
von einem schubfach, gefüllt mit blanken,
klimpernden talern und gulden. armut blieb
ihr teil, solange sie schürgten und würgten.
viertelhüfner, achtelhüfner, die auf
das ackerwerk setzten und ihre feldstreifen
bestellten, gesträngt in den pflichtenkreis,
wie ihn herkommen und brotzirkel gezogen.
aus der eignen mitte leben konnte nur heißen
ewig und drei tage im göpel gehn
mit scheuklappen wie der spatlahme gaul.
eh noch die alte schuld getilgt, drückte
schon wieder eines neuen krieges kontribution
auf schulter und scheune. keine großen
kirchenlichter, keine heldentaten
vollbracht. ein geschlecht von handwerkern
und kleinbauern, nie aus dem dunkel
getreten seiner und meiner leibeigenen
geschichte, überliefert auf den wurmfressigen
seiten einer bibel, von deren buchenholzdeckeln
das schweinsleder in fetzen hängt.

über die sprossen der himmelsleiter
purzeln kopfunter kälberbeine
und birnhaken. darauf
mach ich mir einen vers.

(1981)

[*kretscham:* Dorfkneipe. – *schürgen:* schieben, stoßen, treiben; hier: sich quälen. – *Hüfner:* Besitzer einer Hufe (früheres Durchschnittsmaß bäuerlichen Grundbesitzes). – *Göpel:* alte Drehvorrichtung zum Antrieb von Arbeitsmaschinen. – *spatlahm:* ›Spat‹ ist eine Pferdekrankheit, bei der sich an den Hinterbeinen Knoten bilden.]

Erdlebenbilder

geboren zu Klipphausen, zwei morgen wind
hinterm haus, das war an die hügellehne
gesetzt, aus lehm und stroh die gefache,
zwei käfterchen oben, zwei unten,
von fliegenwolken geschwärzt stube
und stall, am schleifstein geschärft
und blank gerieben die requisiten
der handarbeit, in den lebensfluten
unverdrossen gestochert mit der mistgabel,
ach, was für ein schund bei den bauern,
einschüriger lebensdrang, die feldzeichen
unabänderlich gesetzt, vorm tor stand schützend
der prellstein, drauf saß ich und sah
staunend die welt vor meinen füßen,
am schloß drüben bauchte sich noch immer
der kapphahn, zum einsitzen am eisen gebaut,
hold und gewärtig auf gedeih und verderb,
in den staubfanz geschleift so viele
der deinen vor dir, die ganze zerfrömmelte
gevatterschaft, das ist kein umgang für dich,
ach du mein kotzbrocken, warum so ochsig?
ach, du mein krachscheit, warum so häuslich
bedacht auf zank und streit? laß endlich
gut sein, am ende haben wir noch immer
das kürzere hölzchen gezogen, aber
den einfachen wahrheiten, die nur
aus nackten tatsachen bestanden, zuversichtlich
ins auge geblickt, der aberglaube regierte
als unumschränkter souverän, faß an,
kiesling der marken, brennesselwinkel
in die schönheit der zukunft getaucht,
da sah ich, wie sich die brandadern
zogen durchs distelland, windverblasen
wollige büschel, zunge zur erde
gestreckt um einen schlurf ohne bedenken,
sage nur noch einmal hedel für krauthaupt
und versprich nicht immer das blaue
vom himmel, das nicht stich hält, mir reicht
schon das land des goldnen gezinges,
den weizen, der uns geblüht hat, hab ich
abraffeln müssen, gläserne ackerfrucht,
herzbruders tischgespräche, wer wollte
dir glauben schenken, wenn du schon wieder
eins deiner lügenmärchen als blanke wahrheit

in die welt gesetzt hast, wers glaubt,
wird selig, von wegen brauereitreppe
heruntergeritten, einen sack angezogen
zur not, das ja, aber sie trieben gespött
mit uns allen, erdlebenbilder, abgewuchtet,
abgeweidet, mondgefleckter abend, wie er
schöner nie wieder sein kann, die nachtvögel
riefen sich zu, daß dir bang wurde, lieber
das klatschen des taubenschwarms gehört,
wenn er sich elegant in die kurve legte
über der scheibe, wo schäfer, wo schweine-
meister, durchlauchts treueste diener, wohnten
und werkten, wer bloß gab mir auf den weg,
gott hätte die teufel gesalbt und allerlei
fürstlichkeiten über die vornehmlich
deutsche erde gesetzt? lehmgestalt,
steh auf und wandle, geh deiner wege,
warum sollte der himmel ein einsehen haben
ausgerechnet mit dir, geboren zu Klipphausen?

[*einschürig:* (von Wiesen u. Schafen) nur für einen einmaligen Schnitt, eine einmalige Schur im Jahr geeignet. – *kapphahn:* Kapaun; so hieß der Gefängnisturm am Schloss zu Klipphausen. – *staubfanz:* Fanz ist Bezeichnung für Landstreicher, Schelm. – *kiesling:* Kiesel, Feldstein. – *gezinge:* Flur- u. Straßenname; etwas Eingegrenztes, Eingezingeltes. – *abraffeln:* das mit der Sense gemähte Getreide zu Garben raffen.]

KARL MICKEL

1935–2000

Die Friedensfeier

Zeitgenössische Phantasie auf einen noch zu erkämpfenden Tag

Zuerst werden wir uns blütenweiße Hemden kaufen
Dann lassen wir uns drei Tage lang voll laufen

Wenn wir wieder nüchtern und kalt abgeduscht sind
Machen wir unseren Frauen jeder ein Kind

Dann starrn wir rauchend den sternvollen Himmel an.
Morgens dann, viertel nach vier, geht der run

Auf Schneidbrenner los, die begehrten Artikel
Einer davon ist ganz sicher für Mickel.

Dann verteilen wir uns über Luft, Land und Meer
Und machen uns über das Kriegsgerät her

Und alles hackt und schneidet, zerrt, reißt, schweißt
Spuckt an, pißt dran, sitzt oben drauf und schweißt

Und schmeißt mit Steinen, sprengt mit Sprengstoff weg:
Das ist des Sprengstoffs *höchsterrungner* Zweck!

In Geschützrohre bohren wir kleine Löcher hinein
Dort ziehen dann Spechte und Stare ein

Wers kann, kann auf ausgeblasnen Raketen
Wie auf Taminos Zauberflöte flöten

Mit U-Booten fangen wir Haie und andere Fische
Die Frauen decken die Generalstabstische

An Schlagbäumen werden Ochsen und Hammel gebraten
Von nackten Männern, die waren Soldaten

Und besser als es Uniformen können
Wärmt sie das Feuer, drin die Uniformen brennen.

Rot glühn die Martinöfen auf, in ihren Bäuchen
Vergehn, entstehen Welten! Wie wir keuchen

Vor Wollust, wenn wir sehen: hart wird weich
Und wenn sichs wieder härtet, wird zugleich

Das Krumme grad. Wir waren krumm und dumm!
Wir schleppen Schrott, wir schmieden, pflügen um:

Wenn wir dann die müd-müden Rücken recken
Durchstoßen die Köpfe die Zimmerdecken

Nur in den Nächten jahrein, jahraus
Wir träumen uns ins Mauseloch als Maus.

(1962)

HEINZ CZECHOWSKI

* 1935

Was mich betrifft

Erziehungsberechtigt,
Und doch
Ständig bedroht von meinen Erziehern;

Mit gelockerter Zunge
Mündig geworden,
Und doch
Ständig angehalten, den Mund zu halten,

Geh ich –
Ich sagt' es schon einmal –
Noch immer im Kreis.

Auf mich also verwiesen
Im Guten und Schlechten,
Teile ich mit:

Was mich betrifft,
So bin ich ich.

Die Zunge der Schlange ist
Geschickter als meine,
Die Haut des Chamäleons
Paßt sich vortrefflicher noch als die
meine
Den jeweils herrschenden Umständen
an.

Meine Vorzüge, ich gebe es zu,
Sind vergleichsweise gering: aber

Daß ich nicht kriechen kann
Und meine Farbe nicht wechseln

Je nach Belieben,
Ist auch eine Gnade, für die ich

Niemand zu danken habe,
Außer mir selbst.

In Deutschland (1986)

Von Kaisborstel nach Tielenhemme
Fährt mich K. mit seinem
Turbogetriebenen Superautomobil
Übern Nordostseekanal, auf dem
Ein Eisbrecher das Wasser öffnet,
Aber das Eis sich hinter ihm
Gleich wieder schließt.
Alles ist metaphorisch, sagt K., und ich
Widerspreche ihm nicht.
Nach einer stummen Umarmung
Sitzt S. mir am Tisch gegenüber,
Jeden Blickkontakt meidend. Doch unser Gespräch
Setzen wir fort, als hätten wirs erst gestern
Abend in Halle beendet.
Später, allein mit dem Hund,

Gehen wir zwischen den beiden
Meeren unter der Starkstromleitung,
Die, glaube ich, immer noch
Deutschland mit Deutschland verbindet.
Mehrere Horizonte
Lassen uns Städte ahnen, Atom-
Meiler, Wieder-
Aufbereitungsanlagen, Panzer, Soldaten.
Der Himmel darüber
Verkündet ein großes Verhängnis,
Das kommen wird, während ein Bauer
Seinen Mercedes am Eiderdeich parkt,
Um sich nach dem Preis
Von S. schwarzem neufundländischem Hund
Zu erkundigen. So
Vergehen die Tage, bis ich über Heide und Hamburg
Nach Hause zurückkehr,
Wo alles noch so ist,
Als wäre ich niemals im anderen Deutschland gewesen.
Abends gehe ich ins Theater,
Um mir noch einmal mein Stück anzusehen. Ach, welche Langmut
Kennt die Geschichte: seit fünfzig Jahren
Keine Veränderung, transparent
Schimmert die Hoffnung aus den Kulissen und
Kaum erreichbar.

[*Kaisborstel, Tielenhemme:* in Schleswig-Holstein; Wohnorte von Günter Kunert und Sarah Kirsch, die früher in der DDR lebten.]

REINER KUNZE

* 1933

Düsseldorfer impromptu

Der himmel zieht die erde an
wie geld geld

Bäume aus
glas und stahl, morgens
voll glühender früchte

Der mensch
ist dem menschen
ein ellenbogen

(1964)

Kurzer lehrgang

Dialektik

Unwissende damit ihr
unwissend bleibt

werden wir euch
schulen

Aesthetik

Bis zur entmachtung des
imperialismus ist
als verbündet zu betrachten

Picasso

Ethik

Im mittelpunkt steht
der mensch

Nicht
der einzelne

(1966/68/59)

die mauer

Zum 3. oktober 1990

Als wir sie schleiften, ahnten wir nicht,
wie hoch sie ist
in uns

Wir hatten uns gewöhnt
an ihren horizont

Und an die windstille

In ihrem schatten warfen
alle keinen schatten

Nun stehen wir entblößt
jeder entschuldigung

[*die mauer:* von der DDR seit August 1961 errichtete Grenzmauer, die Berlin teilte und die DDR und die BRD trennte; seit November 1989 abgebaut. – 3. oktober 1990: Tag des Beitritts der DDR zur Bundesrepublik Deutschland.]

mit dieser fahne schon

Für Heinrich Oberreuter

Manche hätten ihr den wind
am liebsten ausgeredet

Wir aber hatten gesetzt auf ihn

Wir hatten gehofft
auf das eine land
mit der einen fahne

Auf das land,
das nicht leugnet,
mit der fahne,
die in frieden läßt

FRANZ JOSEF DEGENHARDT

* 1931

Deutscher Sonntag

Sonntags in der kleinen Stadt,
wenn die Spinne Langeweile
Fäden spinnt und ohne Eile
giftig-grau die Wand hochkriecht,
wenn's blank und frisch gebadet riecht,
dann bringt mich keiner auf die Straße,
und aus Angst und Ärger lasse
ich mein rotes Barthaar stehn,
lass' den Tag vorübergehn,
hock am Fenster, lese meine
Zeitung, decke Bein mit Beine,
seh, hör und rieche nebenbei
das ganze Sonntagseinerlei.

Da treten sie zum Kirchgang an,
Familienleittiere voran,
Hütchen, Schühchen, Täschchen passend,
ihre Männer unterfassend,
die sie heimlich vorwärts schieben,
weil die gern zu Hause blieben.
Und dann kommen sie zurück
mit dem gleichen bösen Blick,
Hütchen, Schühchen, Täschchen passend,
ihre Männer unterfassend,
die sie heimlich heimwärts ziehn,
daß sie nicht in Kneipen fliehn.

Wenn die Bratendüfte wehen,
Jungfraun den Kaplan umstehen,
der so nette Witzchen macht.
Und wenn es dann so harmlos lacht,
wenn auf allen Fensterbänken
Pudding dampft, und aus den Schenken
schallt das Lied vom Wiesengrund
und daß am Bach ein Birklein stund,
alle Glocken läuten mit,
die ganze Stadt kriegt Appetit:
Das ist dann genau die Zeit,
da frier ich vor Gemütlichkeit.

Da hockt die ganze Stadt und mampft,
daß Bratenschweiß aus Fenstern dampft.
Durch die fette Stille dringen
Gaumenschnalzen, Schüsselklingen,
Messer, die auf Knochen stoßen,
und das Blubbern dicker Soßen.
Hat nicht irgendwas geschrien?
Jetzt nicht aus dem Fenster sehn,
wo auf Hausvorgärtenmauern
ausgefranste Krähen lauern.
Was nur da geschrien hat?
Ich werd so entsetzlich satt.

Wenn Zigarrenwolken schweben,
aufgeblähte Nüstern beben,
aus Musiktruhn Donauwellen
plätschern, über Mägen quellen,
hat die Luft sich angestaut,
die ganze Stadt hockt und verdaut.
Woher kam der laute Knall?
Brach ein Flugzeug durch den Schall?
Oder ob mit 'm Mal die Stadt
ihr Bäuerchen gelassen hat?
Die Luft riecht süß und säuerlich.
Ich glaube, ich erbreche mich.

Dann geht's zu den Schlachtfeldstätten,
um im Geiste mitzutreten,
mitzuschießen, mitzustechen,
sich für wochentags zu rächen,
um im Chor Worte zu röhren,
die beim Gottesdienst nur stören.
Schinkenspeckgesichter lachen
treuherzig, weil Knochen krachen
werden. Ich verstopf die Ohren
meiner Kinder. Traumverloren
hocken auf den Stadtparkbänken
Greise, die an Sedan denken.

Dann ist die Spaziergangstunde,
durch die Stadt, zweimal die Runde.
Hüte ziehen, spärlich nicken,
wenn ein Chef kommt, tiefer bücken.
Achtung, daß die Sahneballen
dann nicht in den Rinnstein rollen.
Kinder baumeln, ziehen Hände,

man hat ihnen bunte, fremde
Fliegen – Beine ausgefetzt –
sorgsam an den Hals gesetzt,
daß sie die Kinder beißen solln,
wenn sie zum Bahndamm fliehen wolln.

Wenn zur Ruh die Glocken läuten,
Kneipen nur ihr Licht vergeuden,
wird's in Couchecken beschaulich.
Das ist dann die Zeit, da trau ich
mich hinaus, um nachzusehen,
ob die Sterne richtig stehen.
Abendstille überall. Bloß
manchmal Lachen wie ein Windstoß
über ein Mattscheibenspäßchen.
Jeder schlürft noch rasch ein Gläschen
und stöhnt über seinen Bauch
und unsern kranken Nachbarn auch.

Sonntags in der kleinen Stadt,
sonntags in der deutschen Stadt.

(1965)

[*Sedan:* 1. 9. 1870 Schlacht bei Sedan;
Gefangennahme Napoleons III.
Später ständige ›Sedanfeiern‹ im Deutschen Reich.]

Die alten Lieder

Wo sind eure Lieder,
eure alten Lieder?
fragen die aus andren Ländern,
wenn man um Kamine sitzt,
mattgetanzt und leergesprochen
und das high–life–Spiel
ausschwitzt.

Ja, wo sind die Lieder,
unsre alten Lieder?
Nicht für'n Heller oder Batzen
mag Feinsliebchen barfuß ziehn,
und kein schriller Schrei nach Norden
will aus einer Kehle fliehn.

Tot sind unsre Lieder,
unsre alten Lieder.
Lehrer haben sie zerbissen,
Kurzbehoste sie verklampft,
braune Horden totgeschrien,
Stiefel in den Dreck gestampft.

(1966)

DIETER SÜVERKRÜP

* 1934

Wünsche des Publikums an den Sänger

Sing' uns ein Lied von sieben kleinen Irren,
ein schwarzes Lied mit niedlichem Refrain.
Sing' uns so traulich, daß die Scheiben klirren,
bring uns auf mythologisches Terrain.

Sprich alles aus, doch sag' es schon vergoren.
Übe Kritik, jedoch im Konjunktiv.
Und sei modern und mach' uns weltverloren.
Und schmück' uns mit der andern Leute Mief.

Und sag' uns, wo die wahren Spießer sitzen,
damit wir uns alle einig sind.
Derweil sie in den Wurstfabriken schwitzen,
weht doch auf unserm Berg ein andrer Wind.
Falderah!

Ein Lied wo's hinter Hinterhöfen gruselt,
sing uns. Vielleicht auch was Chirurgisches.
Sing' niemals, von Gedankens Kraft umfuselt,
Blasphemisches sowie Liturgisches!

Vertritt des Menschen Recht! Doch nicht fanatisch!
Mach' es ironisch und mit Zartgefühl.
Sing' uns von Irren, aber sing' sympathisch.
Wir frieren, denn der Mai ist naß und kühl.

Klag' an das Leid, doch bleib' dabei poetisch,
damit du uns nicht aus der Stimmung bringst.
Und mach' es bitte nicht so theoretisch
wie dieses Lied, das du gerade singst.
Falderah!

HANNS DIETER HÜSCH

1925 – 2005

Ich sing für die Verrückten
Die seitlich Umgeknickten
Die eines Tags nach vorne fallen
Und unbemerkt von allen

An ihrem Tisch in Küchen sitzen
Und keiner Weltanschauung nützen
Die tagelang durch Städte streifen
Und die Geschichte nicht begreifen

Die sich vom Kirchturm stürzen
Die Welt noch mit Gelächter würzen
Und für den Tod beizeiten
Sich selbst die Glocken läuten

Die an den Imbißtheken hängen
Sich weder vor- noch rückwärtsdrängen
Und still die Tagessuppe essen
Dann alles wieder schnell vergessen

Die mit den Zügen sich beeilen
Um nirgendwo zu lang zu weilen
Die jeden Abschied aus der Nähe kennen
Weil sie das Leben Abschied nennen

Die auf den Schiffen sich verdingen
Und mit den Kindern Lieder singen
Die suchen und die niemals finden
Und nachts vom Erdboden verschwinden

Die Wärter stehen schon bereit mit Jacken
Um werkgerecht die Irrenden zu packen
Die freundlich auf den Dächern springen
Für diese Leute will ich singen

Die in den großen Wüsten sterben
Den Schädel schon in tausend Scherben
Der Sand verwischt bald alle Spuren
Das Nichts läuft schon auf vollen Touren

Die sich durchs rohe Dickicht schieben
Vom Wahnsinn wund und krank gerieben
Die durch den Urwald aller Seelen blicken
Den ganzen Schwindel auf dem Rücken

Ich sing für die Verrückten
Die seitlich Umgeknickten
Die eines Tags nach vorne fallen
Und unbemerkt von allen

Sich aus der Schöpfung schleichen
Weil Trost und Kraft nicht reichen
Und einfach die Geschichte überspringen
Für diese Leute will ich singen.

(1969)

WOLF BIERMANN

* 1936

Ermutigung

Peter Huchel gewidmet

Du, laß dich nicht verhärten
In dieser harten Zeit
Die all zu hart sind, brechen
Die all zu spitz sind, stechen
und brechen ab sogleich

Du, laß dich nicht verbittern
In dieser bittren Zeit
Die Herrschenden erzittern
– sitzt du erst hinter Gittern –
Doch nicht vor deinem Leid

Du, laß dich nicht erschrecken
In dieser Schreckenszeit
Das wolln sie doch bezwecken
Daß wir die Waffen strecken
Schon vor dem großen Streit

Du, laß dich nicht verbrauchen
Gebrauche deine Zeit
Du kannst nicht untertauchen
Du brauchst uns, und wir brauchen
Grad deine Heiterkeit

Wir wolln es nicht verschweigen
In dieser Schweigezeit
Das Grün bricht aus den Zweigen
Wir wolln das allen zeigen
Dann wissen sie Bescheid

(1966)

Ballade vom preußischen Ikarus

1

Da, wo die Friedrichstraße sacht
Den Schritt über das Wasser macht
   da hängt über der Spree
Die Weidendammerbrücke. Schön
Kannst du da Preußens Adler sehn
   wenn ich am Geländer steh

   dann steht da der preußische Ikarus
   mit grauen Flügeln aus Eisenguß
      dem tun seine Arme so weh
   er fliegt nicht weg – er stürzt nicht ab
   macht keinen Wind – und macht nicht schlapp
      am Geländer über der Spree

2

Der Stacheldraht wächst langsam ein
Tief in die Haut, in Brust und Bein
   ins Hirn, in graue Zelln
Umgürtet mit dem Drahtverband
Ist unser Land ein Inselland
   umbrandet von bleiernen Welln

   da steht der preußische Ikarus
   mit grauen Flügeln aus Eisenguß
      dem tun seine Arme so weh

er fliegt nicht hoch – und er stürzt nicht ab
macht keinen Wind – und macht nicht schlapp
am Geländer über der Spree

3

Und wenn du wegwillst, mußt du gehn
Ich hab schon viele abhaun sehn
aus unserm halben Land
Ich halt mich fest hier, bis mich kalt
Dieser verhaßte Vogel krallt
und zerrt mich übern Rand
dann bin ich der preußische Ikarus
mit grauen Flügeln aus Eisenguß
dann tun mir die Arme so weh
dann flieg ich hoch – dann stürz ich ab
mach bißchen Wind – dann mach ich schlapp
am Geländer über der Spree

(1976)

Und als wir ans Ufer kamen

Und als wir ans Ufer kamen
Und saßen noch lang im Kahn
Da war es, daß wir den Himmel
Am schönsten im Wasser sahn
Und durch den Birnbaum flogen
Paar Fischlein. Das Flugzeug schwamm
Quer durch den See und zerschellte
Sachte am Weidenstamm
– am Weidenstamm

Was wird bloß aus unsern Träumen
In diesem zerrissnen Land
Die Wunden wollen nicht zugehn
Unter dem Dreckverband
Und was wird mit unsern Freunden
Und was noch aus dir, aus mir –
Ich möchte am liebsten weg sein
Und bleibe am liebsten hier
– am liebsten hier

(1976)

Meleken an der Elbe bei Brokdorf

Wir standen am Ufer der Elbe
Und sahn wie der Sonnenball fällt
Sie schwieg mir was über sich selber
Ich schwieg ihr was über die Welt

Und quer durch die sumpfigen Wiesen
Glitt lautlos ein bunter Koloß
Container rotgraugrünblaugelbe
PACIFIC-LINE »ALBATROS«

Die Schafherde graste den Deich lang
Es glänzte im letzten Licht
Die goldene Kuppel von Brokdorf
Da küßte sie mein Gesicht

»Warum, meine Liebe, was soll das?«
Sie lachte: »Weil's mir so gefällt:
Ich schweig dir was über uns beide
Und du schweigst mal wieder die Welt.«

[1993]

[*Brokdorf:* Ort an der Elbe nordwestl. von Hamburg, Kernkraftwerk.]

KONSTANTIN WECKER

* 1947

Sage nein!

Wenn sie jetzt, ganz unverhohlen,
wieder Nazi-Lieder johlen,
über Juden Witze machen,
über Menschenrechte lachen,
wenn sie dann in lauten Tönen
saufend ihrer Dummheit frönen,
denn am Deutschen, hinterm Tresen,
muß nun mal die Welt genesen,
dann steh auf und misch dich ein:
Sage nein!

Meistens rückt dann ein Herr Wichtig
die Geschichte wieder richtig,
faselt von der Auschwitzlüge
– leider kennt man's zur Genüge –
mach dich stark und bring dich ein,
zeig es diesem dummen Schwein:
Sage nein!

Ob als Penner oder Sänger,
Bänker oder Müßiggänger,
ob als Priester oder Lehrer,
Hausfrau oder Straßenkehrer,
ob du sechs bist oder hundert –
sei nicht nur erschreckt, verwundert,
tobe, zürne, bring dich ein:
Sage nein!

Und wenn aufgeblasne Herren
dir galant den Weg versperren,
ihre Blicke unter Lallen
nur in deinen Ausschnitt fallen,
wenn sie prahlen von der Alten,
die sie sich zu Hause halten,
denn das Weib ist nur was wert
wie dereinst – an Heim und Herd,
tritt nicht ein in den Verein:
Sage nein!

Und wenn sie in deiner Schule
plötzlich lästern über Schwule,
schwarze Kinder spüren lassen
wie sie andre Rassen hassen,

Lehrer, anstatt auszusterben,
Deutschland wieder braun verfärben,
hab dann keine Angst zu schrein:
Sage nein!

Ob als Penner oder Sänger,
Bänker oder Müßiggänger,
ob als Schüler oder Lehrer,
Hausfrau oder Straßenkehrer,
ob du sechs bist oder hundert –
sei nicht nur erschreckt, verwundert,
tobe, zürne, bring dich ein:
Sage nein!

(1992)

PAUL WÜHR

* 1927

Hinter den blauen Bergen das kleine
Haus meine Heimat mit Sternen ich weine
o Fluß Wald Fluß Wiese mein Weh
dahinter mein Platz als der einzige eine
Platz meine Sonne am Mond mein See
der auch und dahinter also mein Haus
im Sommer so ewig wie herznah im Schnee
bin ich da zwar aber einmal noch gehe ich

aus

nämlich am Bache am stürmenden Meer
auch am strandenden Ufer dort wo ich stehe
ist alles so los und schlimmer noch quer
was ich sehe und dieses immer ich drehe
die Streifen die hängen das wird dann verklebt
der schönste Film läuft sich aber davon
und die eine die meine die mein Herze erhebt
sich selber aufhob das hab ich immer da –

von

vorne am Bauch und sehr unten da vorne
das große das größte Weh ich meine
von allen Stichen am blutenden Dorne
an diesem besonders ich immer mehr weine
die eine die meine wie steif ich sie suche
o Wanderung Müller wo steigst du wo fällst du
sie schlägt sich am Ende im Elend zu Buche
o lieber Geselle dort schlägst du sie

zu

[1976]

Wie

sehr ich staune über alle
die dieses anständige

Dasein ausgeschlagen haben
das wir anderen von

Anfang an hinleben bis
es sich immer mehr

herstirbt zu unserem
Ende

[1997]

RUDOLF LANGER

1923–2007

Seestück zum Schluß

Zum Schluß nur noch Gedichte lesen
den Spuren nachgehen verfallener Schönheit
Zwischen den Ruinen der Epoche
die Mühsal der Gutwilligen abschätzen
Brandstifter und Mörder erkennen
Mit ein paar Handgriffen Illusionen
zerstören: Hand in Hand mit der Geliebten
an einsamer Küste zu wandern
Mit einem Scherzo
im leichtfüßigen Tanz der Verben
zuletzt in den Sand einsinken
für immer ausruhen ungefähr
ohne ihren Schrei noch zu hören
bei der Brandung der Lust der Möwen
der Ankunft des Schiffes

RICHARD ANDERS

* 1928

Damals

für Wolfgang Koeppen

Damals, als ich am Fenster stand,
ins Dunkel blickte, spät oder
in eisiger Frühe, im Kegel des Hoflichts
Flocken wirbelten, der Hund
in strohverschalter Hütte schlief,
der Pfiff der Lokomotive, der helle
Schlag der Räder fern außerhalb der Stadt,
halbverweht vom Ostwind zu hören war,
sah ich mich: ein Schattenriß, von dem ich
die Eisblumen kratzte, und gleich war er niemand.

(1985)

HORST BINGEL

* 1933

Feinsliebchen

Wenn wir drei, du, das Bärchen und ich
mit dem Zeppelin bald verreisen
und du Deutschland von oben siehst,
so ganz klein, gedrängt, etwas ängstlich,
so ohne Blasmusik, ohne Bier und Trara,
wenn wir drei, du, das Bärchen und ich
dreitausend Jahre später landen,
werden sie strammstehen, stolz sein,
und all die kleinen Eselchen, grau,
zwei Ohren, ein Häubchen auf,
sie drehen nicht das Wasserrad,
denn mit dem Zipfel, dem Häubchen
kann man fliegen, manchmal fliegen auch,
der Zeppelin, der Zeppelin,
er rührt sich nicht, er dreht sich nicht,
wir werden landen, ein Kleiner und so weiter,

wir bringen uns 'ne Pauke mit,
und die jungen Mädchen denken: Soldaten,
sie drehen aus den Zipfeln
und drehen, knüpfen, schütteln:
Über allen Gipfeln ist Ruh,
aussteigen, zu Hause.

Für Marie Luise Kaschnitz

GÜNTER HERBURGER

* 1932

Ehegedicht

Geliebt haben wir uns,
daß das Gras um uns sich entzündete,
doch die Glut schadete uns nicht,
so selbstvergessen waren wir.

Verfolgt haben wir uns,
daß wir uns bis ins Mark trafen,
doch die Wunden schlossen sich wieder,
da kein Blut aus ihnen kam.

Seitdem wir uns aber geeinigt haben,
zusammen alt zu werden,
verwandelt sich die Liebe in
Behutsamkeit,

und das Blut, das mitunter
nun aus Rissen quillt, schmerzt
Tropfen um Tropfen wie heißes Wachs.

Vergnügen

An Drachen hängen
und über Schneefelder fliegen.
An Drachen hängen
und aufwärts mit den Beinen
das Wasser am Strand meiden.
An Drachen hängen
und sich selbst lieben
hoch in der Luft,
ich habe es schon versucht.

Schöner aber ist jene Arbeit,
die es noch nicht gibt,
wenn wir Arm in Arm Autos bauen
wie Schlösser aus erstarrtem
Schneckenschleim,
die sich in die Erde bohren
im Rückwärtsgang,
wir gehen nicht mehr heim,
wir schuften im Akkord
und erfinden in einem fort.

Oder aber wenn wir Nachtigallen züchten,
die sich durch Düngemittelberge fressen,
das Gift, das Äcker rein halten soll,
in ihre Schnäbel pressen
und dann lassen sie es hinten
als Glücksklee wieder auf die Erde fallen.
Klar schäumen Flüsse,
es rinnen Küsse vom Tau zu den Pflanzen,
zu den Tieren und uns,
wer sich zusammentut und richtig wählt,
den erwartet Gunst.

Fleiß soll kein Schimpfwort mehr sein,
wenn Religion oder Hohn aus Mangel
sich gegenseitig schlachten wollen.
Der Preis stellt sich von selber ein,
sobald wir die vollen Fabriken und Schienen
in Besitz nehmen, nicht mehr erschöpft,
sondern aus Freude die Güter,
die phantastisch aussehen und nützlich bleiben,
auf die Rampen rollen,
wo Waschmaschinen sich vor Schmutz verneigen
und Stifte sich in unserem Wissen baden,
da jeder Handschlag vorwärtsbringt.

So einfach könnte es sein,
wie ein Reim,
wie ein müheloser Kuß,
Voraussetzung ist,
daß man Arbeit und Werte
neu verteilen muß.

HARALD HARTUNG

* 1932

Möglicher Sommer

I

Ich erkläre dir die Berge
als erstarrte Wellen

und du erklärst mir das Meer
als bewegtes Gebirge

Wirklich wir sind zwischen Steinen
und helles Wasser fällt

in ein Becken: du tauchst ein und
folgst dem abfließenden

Wasser in Richtung auf eine
warme salzige Flut

II

Siehst du wie die gelbe
Kabine die Schneise
    aufwärts entschwebt

dem Tragmast zu und wie
die andere sichtbar
    wird gelb immer

größer wird und beide
einander begegnen
    in der Mitte

bei der Gitterstütze
So auch wir, möchte ich
    sagen aber

ich sags nicht (sag dus) es
war wie auf der Mitte
    der Punkt: dein Blick

III

Wie Brandungsgeräusche (sagst du)
Jedenfalls klatschen die Wellen
gegen das Wiesenufer. Das
macht der Malojawind (sag ich)
der am Paß die Wolken auspreßt

den Himmel »hier im heiligen
Sils« blankfegt wie Nietzsche ihn sah
Du mit deinem Nietzsche deinem
Adorno: die Kuh im Boot das
ist als Bild ganz schön doch den Stier

der Europa hätte er sich
besser gespart und wer schifft schon
triumphal übern Acheron?
Aber es ist schön schön und un-
beschreiblich wie der See in die

Wiesen übergeht wie greifbar
als weiße Kuben die Häuser
stehn in dem harten Licht und wie
bei den Scheunen das Heu riecht (wie
Tabak tatsächlich wie Tabak)

Doch was erklären wir hin und
her: wir vergessen (sagst du) daß
wir uns nicht kennen den Tag lang
und schiffbrüchig treiben (sag ich)
nachts im verworrenen Geräusch

IV

Der mögliche Sommer
wirklich geworden ist auch nur

eine Möglichkeit: die
doppelte Buchführung unsrer

Gefühle sagt: das Kind
im Gras das da Gras rupft es ist

unser Kind und wir sind
beide nicht abgetrieben nicht

wiedergekommen nie
wirklich fortgewesen und so

haben unsre trägen
Bewegungen alle ihr Ziel

(1973)

[*Sils:* Sils-Maria, Ortschaft im Engadin;
1881–1888 Sommeraufenthalt Friedrich Nietzsches.]

In der Nähe der Glienicker Brücke

Selbst an dieser Stelle im Wald hatte die Mauer
Löcher, größere Lücken. Wir sahen die beiden
Männer. Der eine, mit Hammer und Meißel, mühte
sich ab ein größeres Stück herauszuschlagen. Wie
hart der Beton war zeigte sein Gesicht. Der andre
hatte die Videokamera im Anschlag. Wir
gingen vorüber. Wir werden das Filmchen nicht sehn
doch stelln es uns vor. Das Wertstück samt Zertifikat

(1990)

[*Glienicker Brücke:* zur Zeit der DDR bekannter Übergang
zwischen Berlin (West) und der DDR, Richtung Potsdam.]

JÜRGEN BECKER

* 1932

Gedicht, sehr früh

In der Frühe um fünf weckt mich
das Geräusch eines einzelnen, kreisenden Flugzeugs;
ich kämpfe noch, an den Rändern
des Schlafs, um den Rest eines Traums;
kreischend die Vögel, ehe zu dröhnen
beginnt mein vollbeschäftigtes Land;
fürchterlich wird der Sommer, glücklich die Nachbarn
auf Grundstücken in der Nähe der Autobahn;
resigniert haben einige, vorbei sei
die schönste Zeit, und das zählt nicht;
gestern abend hörte ich sprechen Leute
in Gärten, Geräusche des Alterns;
vor vielen Jahren erfand ich nach jeder Täuschung
die nächste, dann wußte ich mehr;
so fängt der Tag an, die Volkswagen schnarren,
Wirkliches mit der Zeitung, anderswo noch Schnee.

Das Fenster am Ende des Korridors

Der Himmel, die Landschaft, der Fluß:
das Bild am Ende des Korridors.
Links und rechts die Appartements;
die Feuerlösch-Anlage. Das Summen des Aufzugs.
Die Zeit nach Büroschluß. Abweisende Gesichter,
kein Wort und keine Zärtlichkeit.
Jemand wird den Anfang machen
und an seiner Tür vorbeigehen
und weitergehen durch das Bild
hinaus in den Raum zum Fliegen.

Wiedersehen nach längerer Zeit

In diesem Dorf, diesem Vorort geht es
gut weiter. Die zweite Anbindung an die Autobahn
hat die Hauptstraße entlastet; Platz für
die Mofas der Kinder. Der letzte Bauer
verkauft nacheinander seine Parzellen;
über den Quadratmeterpreis wird nur gemunkelt;
auf der Bachaue jetzt ein Sportpark
mit Kegelbahn, Tennishalle und Discothek.
Der Pfarrer kämpft gegen den Unternehmer,
der sein Mietshaus genau auf die Grenze
zum Kirchgarten gesetzt hat; wie es passieren
konnte, versteht keiner, der nicht
die Beziehungen des Unternehmers kennt.
Einige leerstehende Häuschen, vorgesehen
zum Abbruch, mit den verwilderten Gärten
drumherum das Gelände für den dritten
Selbstbedienungsmarkt. In der Luft immer
das Geräusch der Autobahn; mit ihrer
haushohen Trasse umgibt sie den Ort
wie ein Wall, wie ein Damm
gegen Feinde und Katastrophen.
Immer noch, von morgens bis abends, sitzen
hinter der großen Frontscheibe des Altenheims
alte Frauen. Einige schlafen; eine schüttelt
den Kopf; einige warten auf Sonntag und Besuch;
eine winkt, auch wenn niemand vorbeikommt.

... Beerdigungen im Sommer. Jetzt hört es
nicht mehr auf. Man trifft Bekannte, und
das Wiedererkennen, nach wenigstens zehn Jahren,
beginnt mit Verwechslungen; immerhin, man kennt sich
noch aus zwischen Eingang und Ausgang. Mit 19
die Weltbeste stöhnt: ich spüre mein Alter, und
Seerosen kamen vor in einem verramschten Gedicht.
Besser, man kommt nicht zurück in
diese und jene Gegend; dein Dorf ist
schöner geworden, das Pfarrhaus verkabelt, und
der Typ aus der Frittenbude hat
fortgemacht nach Lanzarote. Doch, langsam wieder
Plätze frei auf dem alten Friedhof;
der Leichenschmaus, gleich nebenan, beim Italiener ...

Reiseland

Westfälische Hügel, der Breisgau, dann Dresden ... keine Woche
für Ansichtskarten und ausgeruhte Residenzen; Blätterfall, tief
hängender Himmel zwischen Elbe und Rhein.

Termingeschiebe, kein Abschied für länger; was suchst du
im Süden? Ich dachte im Speisewagen an meinen Vater
und wie er reiste in den Dreißiger Jahren ... Excelsior,
Majestic. Der Junge am Fenster versteht nicht, was
die Erwachsenen sagen: Marienborn, damals die Zone –

Zwischen Zaunresten leeres Gelände; zwei Krähen flattern
um einen stehengebliebenen Turm. Die Hand
in der Herzgegend, der Griff nach dem Paß; es gibt
Gewohnheiten, die der Zug mitbefördert. Sorglose
Reisende lassen die Zeitungen liegen.

Schau hinaus. Die Nähe der Landschaft, die du
wiedergewinnen kannst. Eine Chance, die im Stundentakt
sich wiederholt. Hongkong geht langsam verloren.

ALFRED KOLLERITSCH

* 1931

»Ewige Erzählung«

Draußen suchst du dich hinter dem Draußen,
das Bild, das dir dein Bild gibt, sucht dich,
wir, beide getrennt in ihm, Leib gegen Leib,
suchen und wechseln, wandern und bleiben nicht.
Die Trümmer sind wir allein, ohne Welt,
die Trümmer der Welt verbergen sich, ohne uns.

Der Wind dreht die Gräser, eines und alle zugleich,
das Wiesenland, ausgebreitet, ohne Spuren unendlich.
Gleichmäßig fällt die Sonne darauf, das Zusammenspiel.
Glück ist es, wenn ich den Glanz übersetze,
ein Halm reicht, daß die Erzählung beginnt,
die Geschichte, die das Leblose auftreibt ins Leben.

Ich weiß, daß du sein kannst, die Bewegung genügt,
dich in die Mitte zu nehmen, von allen Seiten
kommen die Namen für dich, sie zeigen,

berühren und erfassen dich, und vom Mitgenannten
wirst du aus dem Alleinsein getragen, kein Opfer mehr,
versöhnt mit der Herkunft, mitgelebte Natur.

Das Ende der Wahrheit: ein letztesmal freigegeben
suchen die Dinge ein andres Erscheinen, der Ort,
der sie aufnimmt: *Die Ahnung*, daß es das Licht gab.
Ein Rest, die Vergleiche, erinnert daran, die Begegnung
im Wiesenland ist deine Lust zu erscheinen,
auf nichts gesetzt entsteht Nähe, Zeit für uns, keine Dauer.

Die Bäume geben dir Schutz, du schützt dich im Schatten,
Wege und Blumen zählen die Schritte zusammen, du gehst,
du holst den Abend zurück, allein kommt der Abend nicht,
die erhobenen Arme, der Waldrand, zeigen dir eine Grenze,
weiter als du reicht das Blühen nicht. Was zu finden war,
ist nichts Gefundenes, es wird einmal sein, hat es geheißen.
Du zählst zu diesen Namen. *Nichts ist es selbst.*

MANFRED PETER HEIN

* 1931

Jenseits nördlich

Jenseits nördlich dies mein Schlagschatten sag ich
und sah was nicht wiederkehrt
im plötzlichen Licht
mich selber

Dickicht randlos dem ich das Mal errichte
aus Wörtern Steinen
                    Flagge sah ich sie
zeigen Rauch steil über den Himmel
gespalten der Blick

Noch findet Gehör der Strom ein Echo
der Stern Totes sein Grab
Sehnsucht nach Schnee
die reine Fläche

Diesseits was abtaucht mein wüstes Verlangen
Zyklon der sich sammelt
                    Sprecher der Toten
kopflos lidlos ins Bild
hängt der Blick (7. 2. 1993)

RICHARD EXNER

* 1929

Heimat

1

Wer verfügt,
man solle seine Asche
übers Meer streuen,
hat wenig Recht
auf das Thema.

2

Weiden,
deren Zweige bis ins Wasser
hängen
und rote Dächer
gibt es in mehreren
Ländern.

Und wo die Tränen fließen,
vermerkt kein Paß.

3

Luftwurzeln also.
Man meint,
sie seien besser
als nichts.

Aber ein Windstoß
zerstört sie bereits.
In erhitzter Luft
glaubt man
sie blühten.

Ihre Frucht ist
unfaßbar.

4

Deshalb
wundern mich Gräber und
Krypten,
dieser ganze lächerliche Frieden
aus Stein und Mörtel:
ein Père Lachaise
am andern.

So,
hofft man,
wird endlich ruhen
und liegenbleiben,
was flüchtig war.

5

Heimat,
das sind die Reisen
unserer Seele,
als Vogel
eingegraben
in den Stein.

WERNER DÜRRSON

* 1932

Losigkeit 1, 2, & 3

1

Als aber das Vögelchen Utopie
dran mein Flatterblick hing tot
vom blattlosen Baum der stürzte
fiel
da war auch mir
wie die sich freuten
alles eins.

2

Wort hatt ich lange keins
erbrach nichts grub nichts aus
noch ein
zu suchen nichts ging für mich
hin der Sinn mit jedem Tritt die
Losigkeit mir blühte

selbst meinen Schatten
ließ ich dort.

3

Und blüht so fort
allhier

gefreut wie die sich hatten.

(1990/91)

(HANS) ARNFRID ASTEL

* 1933

Hölderlin

Ich habe Leute
über Hölderlin
reden hören, die
mit ihm nicht
geredet hätten.
Mit denen will
ich nicht reden.

Drunter und drüber
auf dem Schlachtfeld.
Aber in Reih und Glied
auf dem Heldenfriedhof.

Kunstvorbehalt

Was ist ein Bankraub
gegen das Betreiben einer Bank?
Diesen Satz dürfte ich nicht aussprechen
(nicht weil er falsch wäre,
sondern weil er strafbar wäre)
wenn er nicht von Brecht wäre.

VOLKER VON TÖRNE

1934–1980

Auf dem Boden des Grundgesetzes

1.

Mein Vater ist vor Leningrad erfroren.
Als er im Schneesturm lag, hats ihn entsetzt.
Ich schütz vorm Ostwind meine Ohren.
Ich bin es nicht, der hier zum Aufruhr hetzt.

2.

Ich bin in diese Zeit verschlagen,
noch nicht verkauft, doch schon geschätzt.
Ich tue, was die Herrn mir sagen.
Ich bin es nicht, der hier zum Aufruhr hetzt.

3.

Man sagt mir. Leben oder Leben lassen!
Wenn man den Fuß auf meinen Nacken setzt,
geb ich mir Müh, mich anzupassen.
Ich bin es nicht, der hier zum Aufruhr hetzt.

4.

Ich habe Kalk geschleppt und Kies gefahren,
ich habe Stein auf Stein gesetzt.
Ich hab kein Haus: ich konnt mir keins ersparen.
Ich bin es nicht, der hier zum Aufruhr hetzt.

5.

Am Abend füllt uns meine Frau den Teller:
zuerst den Kindern und sich selbst zuletzt.
Ich les die Zeitung, und ich esse schneller.
Ich bin es nicht, der hier zum Aufruhr hetzt.

6.

Durch meine Träume rasselt nachts der Schinderkarren.
Den Henker seh ich, der sein Fallbeil wetzt.
Die Krähen hör ich an den Himmeln schnarren.
Ich bin es nicht, der hier zum Aufruhr hetzt.

7.

Ich frag mich oft, warum ich hier noch bleibe.
Noch ist kein Preis auf meinen Kopf gesetzt.
Noch halt ich mir die Polizei vom Leibe.
Ich bin es nicht, der hier zum Aufruhr hetzt.

[1968]

[*Boden des Grundgesetzes:* ›Das Grundgesetz für die Bundesrepublik Deutschland‹ gilt seit Mai 1949. Es kodifiziert in einer Folge von Artikeln die ›Grundrechte‹ und regelt die grundsätzlichen Verfahrensweisen im föderativen, parlamentarischen Bundesstaat mit Repräsentativvertretung und Gewaltenteilung.]

YAAK KARSUNKE

* 1934

schorf 1 bis 3

1 – anekdote aus dem letzten preußischen kriege

im konzentrationslager auschwitz
fragte ein ss-bewacher
einen häftling nach dessen beruf

die antwort war: germanist

der wütende deutsche
erschlug den polnischen
juden sofort

2 – woran man kommunisten erkennt

bevor sie umgebracht werden
rufen sie nocheinmal laut:
es lebe die freiheit

ihre genossen
die noch in den zellen
auf die eigene hinrichtung warten
singen: die internationale

so in den lagern
der nationalsozialisten
so in den gefängnishöfen stalins

sie verlieren ihr leben
aber nicht ihren glauben
an den kommunismus
& nennen sich: tote auf urlaub

3 – tod & verklärung

wer umkippte blieb einfach liegen
die erschossenen sackten zusammen
in den gaskammern starben sie stehend

:heute läuft
im lagermuseum
ein tonband:

›unsterbliche opfer / ihr sanket dahin‹

[*anekdote:* Heinrich von Kleist (1777–1811) hat 1810 eine »Anekdote aus dem letzten preußischen Kriege« in den ›Berliner Abendblättern‹ veröffentlicht. – *die internationale:* Kampflied der internationalen sozialistischen Arbeiterbewegung (»Völker, hört die Signale«); franz. Text von E. Pottier (1871). – *tod & verklärung:* Eine ›Tondichtung für großes Orchester‹ von Richard Strauss (1864–1949) trägt diesen Titel (op. 24).]

ziemlich frei. nach Brecht

als das haus einstürzte vor dessen
baufälligkeit sie gewarnt worden waren
seit langem & mehrfach & immer vergeblich

klammerten sich einige von ihnen
noch im fallen an einzelne balken
& lobten die pläne der architekten

rühmten auch das fundament in dessen
sich rasch verbreiternden rissen
sie am ende verschwanden

& priesen noch aus der tiefe
das schützende dach dessen trümmer
sie schließlich erschlugen

PETER-PAUL ZAHL

* 1944

februarsonne

die pritsche schräg
vors fenster stellen

auf ihr liegen
das gesicht in der sonne

den kopf
gleichmäßig drehen

sonst machen die gitter
muster im gesicht

manchmal streicht wind
über die geschlossenen augen

ich stelle mir vor
es wären deine finger

sacht streicht der wind
und sacht

denke ich mir
deine finger

denn stärker
könnte ich das

nicht ertragen

CHRISTOPH MECKEL

* 1935

Lied zur Pauke

Laut verlacht verlaust verloren
Blut geschluckt und Kopf geschoren
abgetan und ausverkauft und
quergelegt und Haar gerauft und

angepfahlt und abgeschlacht und
alle Knochen klein gemacht und
übern Kopf die Haut gezogen und
mit Eisen aufgewogen

krummgepeitscht und gradgestaucht und
angespuckt und Herz verhaucht und
Hundeschnauzen festgebissen
und die Arme abgerissen

ausgedörrt und kleingezwängt und
Steine um den Hals gehängt und
Riemen um den Bauch geschlungen
und mit Knüppeln umgesprungen

Pflock ins Fleisch und Tritt in Bauch und
aufgehängt in Schnee und Rauch und
Zahn und Zähne ausgeschlagen
und das Gold nach Haus getragen.

Soweit wär er hergestellt nun
abgeschoben in die Welt nun
daß er seine Beine hebe!
Daß er weiterlauf und lebe!

Rede vom Gedicht

Das Gedicht ist nicht der Ort, wo die Schönheit gepflegt wird.

Hier ist die Rede vom Salz, das brennt in den Wunden.
Hier ist die Rede vom Tod, von vergifteten Sprachen.
Von Vaterländern, die eisernen Schuhen gleichen.
Das Gedicht ist nicht der Ort, wo die Wahrheit verziert wird.

Hier ist die Rede vom Blut, das fließt aus den Wunden.
Vom Elend, vom Elend, vom Elend des Traums.
Von Verwüstung und Auswurf, von klapprigen Utopien.
Das Gedicht ist nicht der Ort, wo der Schmerz verheilt wird.

Hier ist die Rede von Zorn und Täuschung und Hunger
(die Stadien der Sättigung werden hier nicht besungen).
Hier ist die Rede von Fressen, Gefressenwerden
von Mühsal und Zweifel, hier ist die Chronik der Leiden.
Das Gedicht ist nicht der Ort, wo das Sterben begütigt
wo der Hunger gestillt, wo die Hoffnung verklärt wird.

Das Gedicht ist der Ort der zu Tode verwundeten Wahrheit.
Flügel! Flügel! Der Engel stürzt, die Federn
fliegen einzeln und blutig im Sturm der Geschichte!

Das Gedicht ist nicht der Ort, wo der Engel geschont wird.

[*Flügel! Flügel!:* Anspielung auf den »Engel der Geschichte« in Walter Benjamins (1892–1940) »Geschichtsphilosophischen Thesen« (9. These).]

ROLF DIETER BRINKMANN

1940–1975

Selbstbildnis im Supermarkt

für Dieter Wellershoff

In einer
großen
Fensterscheibe des Super-

markts komme ich mir selbst
entgegen, wie ich bin.

Der Schlag, der trifft, ist
nicht der erwartete Schlag
aber der Schlag trifft mich

trotzdem. Und ich geh weiter

bis ich vor einer kahlen
Wand steh und nicht weiter
weiß.

Dort holt mich später dann
sicher jemand

ab.

[1968]

Einen jener klassischen

schwarzen Tangos in Köln, Ende des
Monats August, da der Sommer schon

ganz verstaubt ist, kurz nach Laden
Schluß aus der offenen Tür einer

dunklen Wirtschaft, die einem
Griechen gehört, hören, ist beinahe

ein Wunder: für einen Moment eine
Überraschung, für einen Moment

Aufatmen, für einen Moment
eine Pause in dieser Straße,

die niemand liebt und atemlos
macht, beim Hindurchgehen. Ich

schrieb das schnell auf, bevor
der Moment in der verfluchten

dunstigen Abgestorbenheit Kölns
wieder erlosch.

[1975]

Oh, friedlicher Mittag

mitten in der Stadt, mit den verschiedenen
Mittagessengerüchen im Treppenhaus. Die Fahrräder
stehen im Hausflur, abgeschlossen, neben
dem Kinderwagen, kein Laut ist zu hören.

Die Prospekte sind aus den Briefkästen
genommen und weggeworfen worden. Die Briefkästen
sind leer. Sogar das Fernsehen hat die türkische
Familie abgestellt, deren Küchenfenster

zum Lichtschacht hin aufgeht. Ich höre
Porzellan, Teller und Bestecke, dahinter
liegen Gärten, klar und kühl, in einem blassen
Frühlingslicht. Es sind überall die seltsamen

Erzählungen von einem gewöhnlichen Leben ohne
Schrecken am Mittwoch, genau wie heute. Der Tag
ist regenhell, verwehte Laute: oh friedlicher
Mittwoch mit Zwiebeln, auf dem Tisch,

mit Tomaten und Salat.
Die Vorhaben und Schindereien sind
zerfallen, und man denkt, wie friedlich
der Mittwoch ist

Wolken über dem Dach, blau, und
Stille in den Zimmern, friedlich und still und
genauso offen wie Porree, wie Petersilie grün ist
und die Erbsen heiß sind.

DIETER HOFFMANN

* 1934

Gottfried August Bürger

Welch ein Name: Bürger
in einer feudalistischen Zeit.
Wie gebrandmarkt, wie stolz!

Er scheiterte immer.
An der Arbeit, der Liebe.
Dorette und Molly
starben kurz nacheinander,
von seiner dritten Frau
ließ er sich scheiden.

Als Barde im Wolfsfell
war er gefürchtet,
im Göttinger Hain, von den
Bauern.
Gutspächter schließlich,
der Schreibtisch
inmitten der Stimmen von Tieren
ekelte ihn.
Gedichte behielt er im Kopf.

Als er selber gestorben war,
schaute Lichtenberg zu
beim Begräbnis
durch das Fernrohr von weitem,
voll Trauer,
Distanz, Neugierde, Wissensdurst.

[*Barde:* eigentlich ›kelt. Hofdichter‹. Als Barden bezeichneten sich um 1770 Dichter, deren Motive und Formen vorgeblich alten germanischen Ursprungs waren. – *Göttinger Hain:* Zusammenschluß von Schriftstellern in den 70er Jahren des 18. Jahrhunderts; Vorbild: F. G. Klopstock. – *Lichtenberg:* Georg Christoph, 1742 – 1799.]

JOHANNES KÜHN

* 1934

Die Dorfmusik

Mit Blasgetön,
das an die Wände prallt mit vollen Backen,
daß Zittern in die Häuser kommt
und fast der Kalk
abbröckelt, ziehn die Männer, schwarz,
und wie von Weizenfeldern gelb,
so hängen die Tuben
in starken Armen, wohl gewiegt wie Kinder.

Die Schritte setzen aus,
vorab die Schwalben,
tief zischend durch die Straßen
mit ihren Stimmen.

Haarschöpfe blühn den Buben auf,
nachlaufenden,
begeisterten im Sonntag.

Aus dunklen Hosentaschen fahren lang die Arme
und geistern schwingend durch die Luft
wie Zweige.

Verwundern würde es mich nicht,
wenn aus Kaminen
statt schwarzem Rauch
nun sieghaft rote Fahnen schwängen.

Neujahr

Über Land kam
leis ein weißes Weinen,
nun liegt Schnee.
Die Zecher lärmen in den Häusern,
leergetrunkne Flaschen
fliegen aus den Fenstern
in die Kälte,
und auf manchem Flaschenmundstück
pfeift der Wind ein Rattenlied.

Angefangen hat das neue Jahr,
und mit Schüssen
boten sie ihm Gruß
an der Nacht so ferne
Sternenstirn.

Aber ich blas nur
meine Fäuste voll,
aber ich zähl nur
meine Finger ab,
soviel Stunden Glück
wären schon genug.

Geselligkeit

Hier schreibt die Bruderschaft
den roten Satz der Freude
vom Wiedersehn.
Wir trinken eine Flasche Wein
und setzen einen Punkt.

Erinnerungen werden
herbeigeschwenkt als blaue Tücher
und wehen Lebensluft.
Die Hände schlagen auf alte Schultern,
als prägten sie jetzt erst
den Freund zum Freund.

Der Nachmittag hat schnellere Füße
als sonst,
steigt ab die Stundenleiter
in seinen Abend. Unser Tisch brennt
mit seinem Fest. Blumen, Sonne!

So spritzt unser Lachen
wie beim Schlag kopfgroßen Steines
in einen See.

RICHARD LEISING

1934–1997

Auch ich

Auch ich trug es stolzgeschwellt, das Hitlermesser
Ein ganzes Jahr und wenig mehr
Das mit der Blutrinne in der Klinge, ich trug es
Ehe ich es vergrub in die Erde bei Floßmühle
Als da die Russen kamen mit Liedern
Die ich mitgrölte, auch ich

Ich war unter euch, die wir Steine warfen
Die ersten nicht, aber Steine, und auf die anderen
Auch ich tanzte Liebe Laurentia mein
Unter dem Bäumlein, sechsundvierzig, am Ersten Mai
Ein guter Mitwerfer gut mitlaufend, Mitbesitzer
Der einzig wissenschaftl. Weltanschauung, auch ich

Später mein Schweigen, ich kleidete es
In edle Wendungen, ich trug, bau auf, bau auf
Meinen Stein herbei zur Mauer, auch ich
Mitpächter war ich eines Meters Todesstreifen
Bin ich wahr, wenn ich in der Vergangenheit rede?
Von vielem bin ich frei, in nichts von Schuld

Und es ist wohl nichts als Glück,
Dass ich keinen verriet.

(1990)

[*Hitlermesser:* Das ›Fahrtenmesser‹ der ›Pimpfe‹, das sie nach der ›Pimpfenprobe‹ als 10jährige bei der Aufnahme in das »Deutsche Jungvolk« der »Hitler-Jugend« erhielten. – *wissenschaftl. Weltanschauung:* Marxismus-Leninismus. – *Mauer, Todesstreifen:* die seit 1961 von der DDR errichteten Grenzbefestigungen gegenüber Berlin (West) und der BRD.]

BRUNO HILLEBRAND

* 1935

Reisefieber

Völlig unverständlich
diese Erwartungen
dabei weißt du
die Tage schieben sich
ineinander
wie Eisenbahnwaggons
wie das werden wird
was fragst du
die Astronomen
haben ihr schwarzes Loch
das genügt doch oder
ein Löwenmäulchen
verblüht oder
weh dem
der Wüsten birgt
vom Gebirge herab
gesprochen ich weiß
aber nicht
wohin das geht
im Koffer Ungenähtes
Bahnsteig 3b
das zumindest
die Wünsche alle
gottbefohlen
und ab

[*»weh dem/der Wüsten birgt«:*
F. Nietzsche, aus: »Also sprach Zarathustra«.]

NICOLAS BORN

1937–1979

Vaterhaus

Da steht nicht nur keine Linde
aber wer hinkommt
findet's schön grün
es wächst eine ganze Menge
von früher herüber

So große Söhne kommen
an Weihnachten
in ihren Autos die Frauen
winken schon und schnallen sich ab

Der Fernzug von gestern
ist heute noch nicht vorbei
und unbegreiflich
im Radio noch immer
ein Wolgalied

Auf dem Tisch die Obstschale
auch auf dem Bild
an der Wand die gefüllte
Obstschale

Für Nichtraucher gibt es Aschenbecher
im Keller Werkzeug für alle Fälle
im Duft der Blumen
werden Alte alt

Das Dach ist undicht
die Wanduhr tut es noch
auf der Fensterbank liegen Zeitungen
der letzten drei Tage

[1970]

Horror, Dienstag

Die ruhenden
flüchtig überteerten Straßenbahnschienen –
wieder ein Warten auf alte Zeiten
wie Rückkehr zum Handschriftlichen

Plötzlicher Regen, es ist Nachmittag
nur wenig Licht gesammelt in Gesichtern
nieselnde Gräue, die Felder nah
dunkle Wassergräben, Bäume stehen tief

Nasser Kragen nasse Lippen
Kind mit nassen Zöpfen führt alten Mann

Zementsilos neben dem Abstellgleis
Vogelschwärme Banner sinken
Verkäuferin winkt durch die Glaswand ab

Neuer Stadtrand flackert auf um sechs
ich denke an fern ausgesetzte »Insel des Gehirns«

Baukräne, zementhelle Öde
Blick in die aufsteigende Welt
die nun doch nicht überlebt hat

[1978]

HELGA M. NOVAK

* 1935

Lernjahre sind keine Herrnjahre

mein Vaterland hat mich gelehrt:
achtjährig
eine Panzerfaust zu handhaben
zehnjährig
alle Gewehrpatronen bei Namen zu nennen
fünfzehnjährig
im Stechschritt durch knietiefen Schnee
zu marschieren
siebzehnjährig
in eiskalter Mitternacht Ehrenwache
zu Stalins Tod zu stehen
zwanzigjährig
mit der Maschinenpistole gut zu treffen
dreiundzwanzigjährig
meine Mitmenschen zu denunzieren
sechsundzwanzigjährig
das Lied vom guten und schlechten
Deutschen zu singen

wer hat mich gelehrt
Nein zu sagen
und ein schlechter Deutscher zu sein?

(1962)

bin beschadet

bin beschadet und verbissen worden
gekappt und angebrochen und entwurzelt
die Schonung ist zu Ende
Wollmäuse am Himmel
Atlanten über mir
Mappen Karten aus Luft
ein rauschendes Fliehen
Gewölle tropft auf mich
bin beschadet meine Triebe
verbissen worden gekappt
angebrochen und entwurzelt

entnadelt und entlaubt
ganz zugeneigt der Erde
bin ich kahl und entwirrt
kopfunten lese ich keine
Atlanten mehr kein Stern
durchdringt das Gewölle
biete dem Heckenjäger keinen
Schutz mehr Leibstrafen
haben mich jüngst ereilt
eine Treibjagd mit Feuer
käme mir entgegen heute

SARAH KIRSCH

* 1935

Dann werden wir kein Feuer brauchen

Dann werden wir kein Feuer brauchen
es wird die Erde voll Wärme sein
der Wald muß dampfen, die Meere
springen – Wolken die milchigen Tiere
drängen sich: ein mächtiger Wolkenbaum

Die Sonne ist blaß in all dem Glänzen
greifbar die Luft ich halte sie fest
ein hochtönender Wind
treibts in die Augen da weine ich nicht

Wir gehn bloßen Leibs
durch Wohnungen türenlos schattenlos
sind wir allein weil keiner uns folgt niemand
das Lager versagt: stumm
sind die Hunde sie wehren nicht
den Schritt mir zur Seite: ihre Zungen
aufgebläht ohne Ton sind taub

Nur Himmel umgibt uns und schaumiger Regen Kälte
wird nie mehr sein, die Steine
die ledernen Blumen unsere Körper wie Seide dazwischen

strahln Wärme aus Helligkeit
ist in uns wir sind silbernen Leibs

Morgen wirst du im Paradies mit mir sein

[1967]

Der Droste würde ich gern Wasser reichen

für Helga

Der Droste würde ich gern Wasser reichen
In alte Spiegel mit ihr sehen, Vögel
Nennen, wir richten unsre Brillen
Auf Felder und Holunderbüsche, gehn
Glucksend übers Moor, der Kiebitz balzt
Ach, würd ich sagen, Ihr Lewin –
Schnaubt nicht schon ein Pferd?

Die Locke etwas leichter – und wir laufen
Den Kiesweg, ich die Spätgeborne
Hätte mit Skandalen aufgewartet – am Spinett
Das kostbar in der Halle steht
Spielen wir vierhändig Reiterlieder oder
Das Verbotne von Villon
Der Mond geht auf – wir sind allein

Der Gärtner zeigt uns Angelwerfen
Bis Lewin in seiner Kutsche ankommt
Schenkt uns Zeitungsfahnen, Schnäpse
Gießen wir in unsre Kehlen, lesen
Beide lieben wir den Kühnen, seine Augen
Sind wie grüne Schattenteiche, wir verstehen
Uns jetzt gründlich auf das Handwerk Fischen

[*Lewin:* Levin Schücking (1814–1883), Schriftsteller; mit ihm verbrachte Annette von Droste-Hülshoff nach eigenem Bekunden im Winter 1841/42 auf der Meersburg am Bodensee die schönsten Tage ihres Lebens.]

Erdrauch

Und zu verschiedenen Zeiten geschieht es
Daß wir sehr glücklich über
Irgend ein Ding eine Nachricht
Den neuen Geliebten das Kind

Umhergehen können da freut uns
Die eintönigste Arbeit da kochen wir
Wunderbare Gerichte putzen die Fenster
Und singen dabei küssen
Die eben aufgesprungene Blüte
Am Strauch vor der Tür reden
Zu Unbekannten über die Straße
Und beachten die Sonne nicht
Den leichten tanzenden Schnee
Es ist alles bekannt und vertraut
So wird es immer sein glauben wir
Und noch die furchtbaren Bilder
In den Fernsehgeräten bestärken uns
Wenigstens hier wird es so bleiben wir stapeln
Die Zeitungen die uns ruhig schlafen lassen
Sorgfältig auf bis sie abgeholt werden
Wir sind ganz lebendig hüpfen und springen
In den möblierten Wohnungen des Todes.

Eremitage

Keiner weiß viel und weise
Ist niemand unter den Menschen
Jung war ich vor langer Zeit
Eine Abtrünnige lebe ich
Zwischen den Meeren schlafe
Auf Birkenblättern während der
Eisvogel beharrlich nach
Beute taucht vor ihm der Frost
Den Schnabel versiegelt niemand
Kennt mein Haus meinen Viehstall.

Die Tür umschlingt das Geißblatt
Vom Giebel singt die Freundin
Im drosselfarbenen Kleid.
Drei gewaltige Linden stützen
Anscheinend den Himmel für mich
Apfelbäume striegeln den Sturm.
Noch lagern Schafe und trächtige
Ziegen vor meiner Schwelle
Zahme Schwäne befahren das Wasser
Worüber die Falter schweben.

Gott hat eigenen Honig süße
Äpfel und Schlehenschnaps
Klappernde Nüsse. Gutwachsende
Binsen wilder Rosen anmutige
Mähnen wenn die leuchtende
Sommerzeit den grünen Mantel
Hervorholt und die Musik
Breitmäuliger Herren die
Vielen Rufe des Kuckucks
Den Sinn mir erfreun.

Bis der Sommer dahin ist
Nächtelang das Nebelhorn dröhnt.
Mein Zaunkönig teilt den
Winter mit mir fremde Gäste
Lassen sich nieder blitzen
Aus den reifigen Büschen.
Die Tintenzüge aus meiner Feder
Mit ihren Füßchen und Krönchen
Fallen her übers weiße Papier
Krächzen wie Raben.

ELKE ERB

* 1938

Widerspiegelung

Ich seh mich wieder groß an meinen Grenzen
Aufgetaucht, ich hatte mich vergessen.
Vogel, flugs die Grenzen zu verwunden,
Frohlocke ich, die Spiegelscherben glänzen.
Ich hungerte, jetzt will ich wieder essen:
Dies Manna der Verletzungen, die munden.

Über den Winter

Was Du schreibst, ist ein neues Land, sage ich.
Weil es überall ist, mich umgibt, wie ein Land, meine ich.
Der Vergleich drängt sich auf. Warum schweige ich nicht?
Geht es so zu wie beim Echo?

Und es ruft, scheint mir noch, daß es Winter sei.
Daß ein neues Land, ruft es, Winter sei.
Kalt? Ich stutze, halte, bedenke mich,
und so leuchtet mir ein, es muß heißen

nicht: »Ein neues Land ist Winter« natürlich,
sondern: »Winter ist ein neues Land.«
(Schnee und Eis – das ist Winter natürlich.)
(Winter ist Schnee und Eis.)

Winter ist ein neues Land auf dem Land.
Wo man nichts mehr kennt von dem Vorigen.
. . . , – und wie auf Schienen gesetzt
jetzt neu. Von nah und fern. Wo es so ist,

nunmehr, daß auch im Sommer nunmehr . . .
es ein Kleines nur noch, und schon . . .
gleich daneben, grenzenlos unbekannt, sitzt . . . (wie es saß)
unter die Schiene gekauert . . .

Ein noch unbekannteres Land gleich daneben.
Ein noch neueres Land gleich daneben.
Verkappt irgendwo. In die Furche der Hase geduckt.
Und wie auf Schienen gesetzt . . .

Dann ist es ein Klacks nur noch, daß im Sommer auch ...
Stößeltritt, hart umschließender Schuh.
Verkappt und verkantet. Beklommen. Neu.
Winter ist Schnee und Eis.

(22. 8./14. 9. 91)

GABRIELE WOHMANN

* 1932

Manchmal glaube ich nicht an den Fortschritt

Manchmal glaube ich nicht
An den Fortschritt.
Mein Lieblingsbild ist gemalt
Die schönsten Gedichte
Habe ich um mich versammelt
Mehr Musik brauche ich nicht.
Das beste Gewitter
Ist schon erfunden
Der schönste Schnee fällt in meinem Kopf
Ich habe die wichtigsten Gipfel gesehen
Und das tiefste Tal ist besichtigt
Das Meer ist immer als eine Vorstellung
Am bemerkenswertesten.
Wären denn abrufbare Fahrtgeschwindigkeiten
Noch zu übertreffen
Die Niederschläge und Psalmen
Und einfach Gegenden, einfach Sätze
Einfaches Auskommen?
Manchmal meine ich
Ich hätte von allem genug.
Da hat mich, mitten in seiner verriegelten Strenge
Das bis jetzt unauffällige Kind
Vorsichtig angelacht
Und ich bekam Lust
Zu einer Kutschfahrt durch den Englischen Garten!

ANNEMARIE ZORNACK

* 1932

lauter augenblicke

lauter augenblicke flüchtig
wie laufkundschaft
aus der offenen ofentür
durchflackerts
großmutters geschichten
als die bombe fiel verschwand
die katze ein huhn
wurde vergewaltigt marie
ach marie
leg die wachstuchdecke auf
wir bleiben in der küche
die gute stube
wird weihnachten beheizt
schneeflöckchen
weißröckchen die engel
sticken eisblumen
ans fenster seltsame
ranken die unterm
atemhauch vergehn marie
mariechen sing was
vom schönen polenmädchen
das sich ertränkt hat
kläglich
piepsen die küken
im kohlenkasten
und auf uns
fällt der feuerschein

(1985)

FRITZ DEPPERT

* 1932

Reale Utopie

Baum blattlos,
Vogel federlos,
Menschen mundlos
und
Stein zum Rollen,
Haut zum Markt.
Wo leben wir noch?
Wo wir wollen und
nicht Anderswo?
Was wuchert in Städte?
Nicht der rostfreie Wald,
das Ozon nicht aus
Fichtenwegen und
Einsichten, Aussichten.
Welche Utopien gehen unter
und welche wie
errötete Sonnen wieder auf?
Manchmal auch Mißklänge,
doch wir spielen
auf schwarzen und weißen Tasten
Pentatonisches und Daseinsakkorde.
Wo man uns Hände bindet,
singen wir sie
wo man uns Zungen stummacht,
trommeln wir sie mit den Füßen.
Lied lautlos,
Vogel federlos, Baum blattlos,
Traumflüge und Bilder
in Blindsein verborgen,
Vokale zwischen Lunge und Herz
vor Fallenstellern versteckt.
Was wir sein wollen,
sind wir dort.

ROLF HAUFS

* 1935

Häuserverlassen

Oft sieht man jetzt erwachsene Männer
Ihre Häuser verlassen, die sie doch
Selber gebaut haben für eine
Krisensichere Zukunft.
Solide Fundamente.
Gehälter. Auch teure Möbel
Die Kinder auf gutem Weg.
Was ist nur in sie gefahren?
Die Nachbarn haben zu reden.
Auch das stört sie nicht.
Nur nachts haben sie Träume, in denen
Gärten sind blühende Wiesen
Manchmal Gesichter ihre
Eigenen, die ihnen
Zusehen.

Das Land hat sich gemacht

Helden vermarkten ihre Hochzeitsnacht
TV dabei die Braut spielt mit
Sponsoren. Von den Tribünen Applaus
Die Fotos meistgeboten nach Amerika.

Auf jedem Knopf eine Firma. Das Kalb
Tanzt blöd herum. Alle rennen hin
Das Festzelt überfüllt. Sie sind geladen
Zum Mordsgeschäft.

Die ganze Welt versaut. Produkte. Produkte
Wer nicht spurt dem hilft ne Sekte
Abgefackelte Wälder. Brandneue Musik
Das Wort den Propheten.

Ewiges Leben? Ewige Sucht?
Schnarchen auf der Beletage?
Nach uns die Flut. Wir stechen in See
Ahoi! Es ist alles Staffage.

ALBERT VON SCHIRNDING

* 1935

Ästhetik des Vorscheins

Was kommt zum Vorschein
wenn der Schnee schmilzt
Die Wahrheit
Die Wahrheit
Nichts als die Wahrheit
Die Wahrheit als nichts
Die Wahrheit
Nichts
kommt zum Vorschein
wenn der Schnee schmilzt

An meinen Beobachter

Den Verdacht würde ich gern
auf mir sitzen lassen
Endlich auffällig geworden
auf Schritt und Tritt
überwacht

Hinter mir bückt man sich
nach verworfnen Gedanken
Gnade der Beschattung
zuzuwinken dem unsichtbaren
Auge das mitgeht

Wahrscheinlich liegt
eine Verwechslung vor
oder ich kann mein
Glück noch nicht fassen

DIETER MUCKE

* 1936

Wendepunkt

An solchen Tagen kippt der Sommer in den Herbst.
Die Bäume stehn, ohn daß ein Blatt sich regt.
Ein Amselzwitschern stört die Ruhe und verstummt.
Lau ist die Luft und völlig unbewegt.

An solchen Tagen kippt der Sommer in den Herbst
So lautlos wie der Fisch den Ring im Wasser schlägt.
Wir trinken schweigend eine Flasche Wermut aus.
Wer füllt dem Freund ein Glas, der nicht mehr lebt?

An solchen Tagen kippt der Sommer in den Herbst.
Wenn unser Tabakrauch schon in die Nacht verfliegt
Spürn wir den bitteren Geschmack sehr deutlich
Der, nicht mehr wegzuspüln, uns auf der Zunge liegt.

PETER HORST NEUMANN

* 1936

Ich lese Traueranzeigen

Freunde sind nicht dabei.
Wir haben vereinbart,
unvermeldet zu sterben.
Bevor es die Buschtrommeln
wissen, sind wir schon
auferstanden, kommen
den Hauptweg herunter,
gesprächig, die Lippen
von Meinung feucht,
die Schaufeln geschultert,
an denen die Erde klebt,
in wallenden makellos
weißen Gewändern.

PETER HAMM

* 1937

Nachruf auf einen Unbekannten

Viehdoktor, fremder, ich kenne dich
irgendwoher! – Ja, du bist mein Vater.
Der das Pferd dem VW vorzog,
doch auch die Reitpeitsche.
Vielleicht hätte ich als Kalb
auf die Welt kommen sollen, von Kühen
verstandest du etwas oder von Schweinen.
Nein, *Nazi* warst du nicht, hast dich
nur *sauwohl* gefühlt in Rußland und
in der *gutsitzenden* Uniform.
Du warst *ein Herr*, gewiß,
ein herrenloser Herr, streunend
unter Söhnen, sorgenden Knechtseelen,
und unter den Rittmeistern
deiner königstreuen Kindheit.

Viehdoktor, fremder, dem früh
die Frau wegkam, die meine Mutter war:
nie hätte ich dich nach ihr gefragt
oder nach sonst etwas außer
Taschengeld und Uhrzeiten.
Wo warst du ein Leben lang,
das nicht das deine war, *Hausfreund*
in einer Wohnung, die nicht deine war,
ganz ohne Bücher, Porzellan und Gott
– oder ohne Ersatz dafür!?

Einmal im Jahr schrieb ich dir
eine Ansichtskarte, teilte dir Fremdem
die Temperaturen fremder Länder mit;
die letzte, die mit den portugiesischen
Pferden, erreichte dich nicht mehr.
Ich weiß, ich werde dir immer nur
Unrecht tun, doch es ist das einzige,
was ich für dich tun kann.

Speisewagen

Noch grün die dürftige
Heimat, Deutschland
im Herbst, säuberlich
aufgeräumt wie immer.

Das Ebenbild Gottes,
der Landsmann, frißt
blutige Schlagzeilen.

Von weitem erkennen
einander Emigranten.

Was ich gerne noch läse,
fragt einer. Das Buch
des Lebens, lieber Herr,
aber gerade dies bleibt
bis zuletzt verschlossen.

Drinnen schwappt über
der dürftige Überfluß.
Draußen schwimmt sie weg,
die dürftige Heimat.
Die Kühe schauen nicht auf
vom Fressen.

KLAUS M. RARISCH

* 1936

Mauerlos

Kennst du das Land, wo alle Biblio-
thekare von der Bücherleiter fallen?
Wo Rufe „Feuer her!" wie Donner hallen
(es brüllt die Feuerwehr unìsono),

wo ausgeländert wird der letzte Zoo,
um Blondes nur beamticht zu bestallen,
wo's schicklich, zu Silvester nur zu knallen
(Raketen detonieren anderswo).

Kennst du das Land, das mauerlos geteilte?
Wo Langeweile niemals lange weilte,
weil ständig allseits neuer Aufschwung droht?

Kennst du das Land, das trauerlos gestylte?
Wo man das Recht zu Haben nur ergeilte?
Du ahnst: Das ist der Nibelungen Not.

LUDWIG HARIG

* 1927

Das schreibende Subjekt

Ergreift der Mensch den Stift, schon wird er kategorisch.
Das schreibende Subjekt bedient sich der Poetik,
schmäht nicht das Regelwerk berechneter Ästhetik:
das Werk aus hohlem Bauch bleibt meistens illusorisch.

Gelehrtenverse sind gebildet und rhetorisch,
die auditive Kunst berauscht sich in Phonetik,
konkrete Poesie gefriert in Arithmetik,
das lyrische Gedicht ist meistens metaphorisch.

Ein ganzer Kanon steht dem Schreiber zur Verfügung,
dem schieren Leidensdruck, der köstlichen Vergnügung:
es ist die ganze Welt auf einmal kreativ.

Den einen quält das All, den andern plagt die Enge,
es wechselt freies Spiel in arge Ausdruckszwänge:
der eine ist erwacht, dieweil der andre schlief.

ROR WOLF

* 1932

mein famili

mein schwester strickt am grünen strumpf
so heiß und groß so dick und weich
so seltsam übers knie gebeugt
mein schwester mit dem roten rumpf

mein oma liebe oma so
so faltig pergament so dünn
so vogel hals so fistel stimm
so mürrisch mittags abends froh

mein famili im zimmer lung
wo um den schwarzen tisch und rund
mit topf und fisch und zwiebelbrüh
mit hand mit mund mit großem hung

mein vater mit der nickelbrill
mein mutter auf dem küchenstuhl
mein starker bruder mit dem bart
mein kleine schwester blaß und still

mein famili mein ganze fam
ili mein ganze zwei drei und
mein vier und fünf und zwei und ein
mein famili wie wundersam

wie wundersam wie wir am tisch
am runden tisch von rundem holz
wie faust und gabel hier und hier
faust gabel hier mund da und fisch

mund da und fisch und fisch und kloß
am runden tisch der vater spricht
und ißt den kloß und ißt den fisch
vom tisch und spricht und zwiebelsoß

und zwiebelsoß rinnt ab vom mund
wischt ab ach wischt und wischt und spricht
die schwester hörts an ihrem strumpf
die mutter hörts der bruder und

großvater dort auf dem abort
der hund der hund bunt hinterm schirm
die laus in seinem pelz und ich
ich hörs ich hab im ohr die wort

wie altes brot die wort wie brot
wie schwarzes brot die mutter nimmts
vom küchenbord und lächelt wild
denn trocken brot macht wangen rot

wie glotzt aus seinem leib das brot
wie rollt es rollt es durch die tür
die base sitzt vor dem klavier
und spielt ohn brot ist große not

die schürz der mutter weht herum
die uhr platzt an der wand und da
grinst unterm bottich grinst die schab
der vater spricht seht euch nicht um

(E: 1959; D: 1968)

Aus dem Norden

1988

Gestern, mit der Eisenbahn,
gestern oder heute,
kam ein Mann, ich weiß nicht wann,
und der Schnee bestreute

seinen Kopf und sein Gesicht,
Schuhe, Hut und Hände.
Ach, der Schnee fiel dick und dicht
über das Gelände.

Ach, der Schnee fiel auf ihn hin
und bedeckte bald
Fuß und Knie und Hals und Kinn,
weiß und weich und kalt.

Ach, er fiel, der Schnee, er fällt
immer noch, der Schnee;
er bedeckt die ganze Welt,
die ich nicht mehr seh.

Gestern sah ich von dem Mann
schwarz gewölbt den Hut,
hart wie Glas wie Porzellan.
Heute, kurz und gut,

heute liegt der Schnee so schwer;
alles ist verborgen.
Nein, ich sehe gar nichts mehr,
heute oder morgen.

ROBERT GERNHARDT

1937 – 2006

Roma aeterna

Das Rom der Foren, Rom der Tempel
Das Rom der Kirchen, Rom der Villen
Das laute Rom und das der stillen
Entlegnen Plätze, wo der Stempel

Verblichner Macht noch an Palästen
Von altem Prunk erzählt und Schrecken
Indes aus moosbegrünten Becken
Des Wassers Spiegel allem Festen

Den Wandel vorhält. So viel Städte
In einer einzigen. Als hätte
Ein Gott sonst sehr verstreuten Glanz

Hierhergelenkt, um alles Scheinen
Zu steingewordnem Sein zu einen:
Rom hat viel alte Bausubstanz.

Materialien zu einer Kritik der bekanntesten Gedichtform italienischen Ursprungs

Sonette find ich sowas von beschissen,
so eng, rigide, irgendwie nicht gut;
es macht mich ehrlich richtig krank zu wissen,
daß wer Sonette schreibt. Daß wer den Mut

hat, heute noch so'n dumpfen Scheiß zu bauen;
allein der Fakt, daß so ein Typ das tut,
kann mir in echt den ganzen Tag versauen.
Ich hab da eine Sperre. Und die Wut

darüber, daß so'n abgefuckter Kacker
mich mittels seiner Wichserein blockiert,
schafft in mir Aggressionen auf den Macker.

Ich tick nicht, was das Arschloch motiviert.
Ich tick es echt nicht. Und wills echt nicht wissen:
Ich find Sonette unheimlich beschissen.

Nachdem er durch Metzingen gegangen war

Dich will ich loben: Häßliches,
du hast so was Verläßliches.

Das Schöne schwindet, scheidet, flieht –
fast tut es weh, wenn man es sieht.

Wer Schönes anschaut, spürt die Zeit,
und Zeit meint stets: Bald ist's soweit.

Das Schöne gibt uns Grund zur Trauer.
Das Häßliche erfreut durch Dauer.

Knastbrüder

Der geistliche Bach ist gewaltig.
Und der weltliche steht ihm nicht nach.
Da ist keine Note beliebig,
aber jede klingt nach Bach.

Thomas Mann gelang das Wunder
sich ein Leben lang treu zu bleiben
und abertausend Seiten
im Thomas-Mann-Stil zu schreiben.

Picasso gilt als Proteus.
Man wähnte ihn ständig verwandelt.
Doch werden all diese Volten
durchweg als Picassos gehandelt.

Von Brecht gibt es viele Gedichte.
Manche gut und manche nicht
schlecht.
Und manche ziemlich daneben.
Aber alle sind von Brecht.

Ein Künstler ist ein Gefangner
im selbstgemauerten Kerker.
Die Steine, das sind seine Werke.
Und der Knast nennt sich nach dem
Werker.

F. W. BERNSTEIN

* 1938

Sonett-Sonett

Man nehme schöne Wörter, etwa Balustrade,
verrühre sie mit Reimen, lasse das Gedicht
nun in vier Strophen stehen, bis der Sinn aufbricht.
Dann kann es vorgetragen werden. Ach wie schade,

daß es so wüste Namen gibt von schönen Dingen;
ich denk an »Schnitzel«, »Kümmelstange« und die »Schweiz«;
gewaltig ist der Klang von »Ohrwurm« andrerseits,
doch hat der wenig Reiz. Soll das Sonett gelingen,

dann braucht es beides, Form und Inhalt, Sinn und Klang,
wie Rom, Granada, Ulm, Luang Prabang
und andre Städtenamen – doch nicht »Drispenstedt«.

Auch klingen ganz vorzüglich schön Obst und Gemüse,
die Aprikose, Kraut und Rüben voller Süße;
jetzt noch ein tiefrer Sinn, dann wird es ein Sonett.

KURT BARTSCH

* 1937

Sozialistischer Biedermeier

Zwischen Wand- und Widersprüchen
Machen sie es sich bequem.
Links ein Sofa, rechts ein Sofa
In der Mitte ein Emblem.

Auf der Lippe ein paar Thesen
Teppiche auch auf dem Klo.
Früher häufig Marx gelesen.
Aber jetzt auch so schon froh.

Denn das ›Kapital‹ trägt Zinsen:
Eignes Auto. Außen rot.
Einmal in der Woche Linsen.
Dafür Sekt zum Abendbrot.

Und sich noch betroffen fühlen
Von Kritik und Ironie.
Immer eine Schippe ziehen
Doch zur Schippe greifen nie.

Immer glauben, nur nicht denken
Und das Mäntelchen im Wind.
Wozu noch den Kopf verrenken
Wenn wir für den Frieden sind?

Brüder, seht die rote Fahne
Hängt bei uns zur Küche raus.
Außen Sonne, innen Sahne.
Nun sieht Marx wie Moritz aus.

[*›Kapital‹:* »Das Kapital«, ein Hauptwerk von Karl Marx (1818–1883), erschien: Bd. 1, 1867; Bd. 2 u. 3 hg. v. Friedrich Engels (1820–1895) 1885–1894.]

Adolf Hitler ganz allein

Adolf Hitler, ganz allein
Baute er die Autobahn.
Keiner trug ihm einen Stein,
Keiner rührte Mörtel an.

Keiner half ihm, als den Krieg
Er vom Zaun gebrochen.
Dennoch dauerte der Krieg
Fast dreihundert Wochen.

Adolf Hitler ganz allein
Hackte Holz, trug Kohlen,
Heizte dann die Öfen ein
In Auschwitz, fern in Polen.

Keiner hat es kommen sehn,
Jeder hielt sich ferne.
Alle ließen es geschehn,
Aber, ach, nicht gerne.

Adolf Hitler ganz allein
Mußte sich erschießen.
Außer ihm hatte kein Schwein
Einen Grund, zu büßen.

HANNELIES TASCHAU

* 1937

Klarträumer

Lebensgefährliches
über dem Abgrund übt man besser im Traum

Wer klarträumt kann ekstatisch fliegen oder
schlafen mit wem er will das Hinsehen
das Wegsehen trainieren mit dem Snowboard
Salti fliegen spazieren durch die
Gedächtnisspeicher
seiner Kindheit den Tiger in seinen Träumen
fragen Wer bist du wirklich und was will
ich von dir

Träume finden im Kopf statt und in den
Kopf kann man hineinsehen
Wir fallen auch im Wachen immer wieder
für Momente in traumartige Bewußtseins
zustände
Wir träumen weil es biologisch nicht
sinnvoll wäre jede Nacht das Großhirn
abzuschalten
weil der Strom der Bilder nie abreißt:
Tags Fantasie Nachts Traum

Großer offener Disput

JIŘÍ GRUŠA

* 1938

Manchmal schaut Wasser

Manchmal
schaut wasser dir zu
wenn fahrende kähne
die Elbe schleifen

hier wird keine
flaschenpost
verschifft

kürzere sprachen
hätte man
erfinden müssen

um das geschehene
doch noch
zu retten

unter der nächsten
brücke

BERND JENTZSCH

* 1940

Sommer

Hier in den Mulden, in den schäumenden Wiesen,
Im Regen, der uns segnet und sonderbar singt,
Auf dem offenen Feld, im Hafer, der uns jetzt sticht,
Im Tollkraut, im Tollkraut, dunkel und licht,
Liebste, hier wolln wir machen, was den Tod
Zu Tode erschrickt, hier, im singenden Regen,
Damit es aufgehe in deinem Leib wie ein Brot,
Auf dem roten Acker, mein ein und mein alles,
Im Regen, Liebste, und nicht unterm Dach,
Hier, wo wir singen, in den schäumenden Wiesen.

(1978)

Selbstporträt im Wasser

Die Hand am Fuß in der gefluteten Badewanne,
Wenn er die Nägel schneidet.
Nackte haben den Wunsch, die Kleider zu wechseln:
24 Hemden täglich, Joggingschuhe, 1 Hose,
Die der Liebe günstig ist.
Das nichts-farbne Wasser,
Welches er für den Ozean hält
Seiner läßlichen Verfehlungen,
Steht ihm bis zum Hals.
Der ist nicht zu retten! für gute Worte.
Die Dritte hat die Schere.
Der Badende ruht eine Weile
Und erkaltet im Zeitvergehn. Aber
Schön ists, die Seele
Zu entfalten und das würdige
Verletzte Leben.

(12. 1.–9. 2. 1992)

BEAT BRECHBÜHL

* 1939

Wie tropfende Mutterkühe stehen die Wolken stumm in der Landschaft

Immer noch mild
liegen die paar Hügel
zwischen den Suchfingern der Bäche.

Immer noch lau
und begehrenswert wild
reißen die Sommernächte
an meiner unbestimmten Sehnsucht.

Immer noch pumpt mir mein Herz
das Blut durch den Körper, und immer noch
helfen die Sonne mit und der Nebel
und all deine Gerüche.

Immer noch bin ich in dieser Ecke Welt
so frei, daß ich mir die Arbeit (zum Teil)
und den täglichen Wahnsinn (zum Teil)
selber einbrocken kann; und ich wählte
die Arbeit und den Wahnsinn.

Und immer noch begegne ich jeden Tag
den wunderschönen Kindern meiner Generation –
schön und sauber und selbstbewußt
haben sie nie kämpfen gelernt,

weder für sich noch für andere;
sie tragen ihr Ich herum wie eine Gladiole,
der der Himmel die Farben gibt
und der Regen das Leben nimmt.

Sie haben nicht kämpfen gelernt; für sie
ist die Zeit der Krieger vorbei
und die Zeit der Priester ist da.
Aber die Zeit der Krieger ist nie vorbei;
unter den Röcken der Priester warten
sie auf ihre Zeit.

Staunend betrachten sie die stummen
Mutterkühe, die über der Landschaft hängen,

unsere schönen, sanften Kinder.

ARNO REINFRANK

1934 – 2001

Winterquartier des Krill

In memoriam Alfred Wegener (1880–1930)

Der Krill, der in Myriaden durch die Meere zieht
und dort von Plankton lebt, die Fische leben dann von ihm,
ist winzig klein. Doch kann er leuchten.

Er kann mit Leuchtenzymen Licht erzeugen
auf seiner Wanderschaft durch fischbauchdunkle Tiefen.
Im Winter nimmt die Dichte seiner Schwärme ab.

Kälte, so dachte man, würde den Krill vernichten.
Bis man unter dem Eis der Arktik Algenwiesen fand,
die werden von dem Massenvolk der Krebschen abgeweidet.

Wer hätte in der Packeiszone eine Bodenfauna
von diesem Tropenreichtum je vermutet,
in deren Schutz der Winter überwindbar ist?

So schnell sterben Ideen nicht noch Krill,
die beide Mensch und Meer erleuchten
in starker Zahl und unberührt davon –

was flache Denker über sie verbreiten.

LUDWIG VERBEEK

* 1938

Frühling 1990

Die Grenze leuchtet
in besondrem Grün
die Schmerznaht der Systeme
der Kräftefelder Saum
Blutstatt und Todesraum

Schrapnell-
bestückter Femetraum
Tabu und Meuchelort
Thrombose-Arm der Nacht

Doch in dem Sumpf
von Bann und Tränen
ist Leben
vogel-
frei erblüht

Dies Stück Natur
im Stau der Macht
sei Storch und Kröte
dargebracht

MICHAEL BUSELMEIER

* 1938

Schriesheim im Mai 1914

Kein Gewächshaus weit und breit kein Supermarkt
nicht einmal eine richtige Straße im Rücken nur
helle Wege auf einem gelbstichigen Feld

Der Blick über die Ebene frei bis zum Rhein bis
ins Franzosenland Obstbäume und pockennarbiger
Grund ... Was magst du gedacht Großvater geplant
haben an jenem Maitag mit Hut und Schnurrbart
auf den Knotenstock gestützt die Wanderstiefel
im weißen Kies neben deinem Schatten

Der schäumende Mai das wilde Jahrhundert-
Sportfest lag dir frisch gescheitelt zu den Füßen
vierzig lachende Knaben mit Rucksäcken
voller Wünsche wie Windhunde um die Fahnenstange
gedrängt Gräben Granaten Stacheldraht morsches
Getürm ... Rosa Wolken von Westen und Bäche
wirklichen Bluts

Ich hab die helle Kiesstelle gefunden in Schriesheim
die Brombeerhecke am Steilhang den Holunderstrauch
wiederentdeckt unterm Wetter der Strahlenburg
wo du aufrecht standst Hauptlehrer Chorleiter
Gefreiter ein gestiefeltes Wanderlied auf den Lippen
viel jünger als ich jetzt mit dem Rücken
zum Bergfried stehe ohne Stecken und Schatten
kinderlos abgekehrt vom verdorbenen Land

[*Schriesheim:* Ort nördl. von Heidelberg an der Bergstraße.]

PETER M. STEPHAN

* 1939

FLÜCHTLINGE Fremde
sind stets unterwegs
zuhauf durchqueren sie
alle Gegenden alle
einer fremd gewordenen
Erde quer und kreuz und
überzwerch zum Überdruß

Manche ziehen
ihr Haus auf Karren
andere nur Kisten
Fässer oder gar
Hüte aus importiertem
Stoff bestem englischen

Andere mühsam schieben
Puppenwagen voll
Butterstollen und Tee
Flaschen Gläser für
späte nächtige Feste

Meist greinen ihre Kinder
Ihre Puppen sind
zurückgelassen
verloren verbrannt

Ganze Gegenden sind überbevölkert
Ganze Gegenden sind menschenleer

ADEL KARASHOLI

* 1936

Im Gepäck

Ich habe mitgenommen
An den Schuhsohlen
Der Kindheit enge Gassen
Die sich festklammern an des Berges
Grauen Zöpfen

In den Augen
Die kleine Minze am Bach
Vor dem Olivenbaum

Und im Haar
Den zärtlichen Windhauch
Damaszener Abende

Ich habe mitgenommen
Auf dem nackten Arm
Der Sonnenkarawane Spuren
Beladen mit der Sehnsucht meiner
Urahnen
Nach den kühlenden Schatten
Friedlicher Oasen

In der Seele
Die Reinheit der Propheten
Wie sie im Buche steht
Und die Wildheit kahler Berge

Ich habe mitgenommen
Auf meinen Lippen von Mutter
Die Melancholie
Und den Durst vom Vater
Nach dem Quellfeuer aller Fraun

[*Damaszener:* nach der syrischen Hauptstadt Damaskus.]

Du fragst warum ich dich Minze nenne

Ach
Diese kleine Minze am Bach
Die da plötzlich stand
Vor meinem Gesicht
Ein wenig gebeugt
Fast wollte sie berühren
Zärtlich
Meine Wimpern
Als ich aufwachte im Schatten des
Olivenbaums
Müde noch vom rastlosen Reiten
Auf Felsen und rissigen Äckern
Gejagt von Schlangen und
Vom Verfolger
Sonne

CHRISTOPH DERSCHAU

1938–1995

Apfelwein süß gespritzt

könnte ein Thema sein für ein Gedicht
denn ich mag sowas an heissen Tagen
und heisse Tage mag ich
weil ich da am liebsten nichts tue
und Nichtstun ist gut
wie Gedichteschreiben
zum Beispiel über süssgespritzten Apfelwein
und das dazu gehörige Wochenende
ausserhalb des Büros wo ich nur Kaffee trinke
bis sich mein Magen verkrampft
damit ich sie überhaupt durchstehe
diese alltäglichen acht Stunden
vollklimatisiert und den Kreislauf
meines Körpers ablehnend
oder höchstens mal ein Bier
wenn ich Spätdienst habe
zusätzlich zu den acht Stunden
den ich nur leicht angesoffen
überstehen kann indem ich mich versetze
in eine Wochenendstimmung sonnig
oder so eine Schreibwut
vielleicht auf den Regenbogen der Zufälle
oder meinen Hochseilakt
bei dem ich hin– und herstolpere
auf der Schwelle zwischen Ehre und Laster
bis ich abstürze und rücklings falle
in meine zerknautschte Wirklichkeit
wo ich immer wieder versuche
das Unmögliche zu verlangen
das einzige Feld auf dem die Zufälligkeit
vollständig getilgt werden kann
und bei dem ich jeden Versuch von Anfang an
scheitern sehe und deshalb von Zeit zu Zeit
plane den Löffel vorzeitig aus der Hand
zu legen was ich dann nicht tue
weil es doch immer wieder weiter geht
mit süssgespritztem Apfelwein und dem einen oder anderen
guten Gedicht.

(1982)

RAINER MALKOWSKI

1939 – 2003

Schöne seltene Weide

Manchmal, nach einem Herbststurm,
wenn die Luft still und gefegt ist,
gehe ich im Garten umher und zähle
die abgeschlagenen Äste.
Nur die Weide zeigt keine Veränderung.
Ich bewundere sie lange:
nicht immer sieht es so schön aus,
wenn die Biegsamkeit überlebt.

Eine Stunde oder zwei

Der Tisch mit der fleckigen
weißen Decke,
die billigen Plastikstühle –

es ist gut,
wie es ist.

Gut ist der trübe,
kalt
behauchte Mond
über den abbruchreifen Häusern
der anderen Straßenseite

der wilde Wein,
unter dem im dunklen
Hintergrund des Gartens
leise
die Soldaten singen

Einen besseren Platz
werden wir nicht finden
als diesen,
an dem wir nicht festhalten wollen
– und wo das Benannte
widerspruchslos
in die Benennungen zurückkehrt

für eine Stunde unverstörter
Anschauung.

Es ist gut,
wie es ist.

Gut ist das feste,
matt schimmernde Fleisch
der Zahnbrasse auf dem Teller,
die magere Katze
zwischen meinen Füßen
und noch das geringste
Wort, das wir sprechen
in die Salzluft,
den meerkühlen
Abend.

HANS DIETER SCHÄFER

* 1939

Kaufhaus-Interieur

Neben der Imbisshalle reisst uns die Rolltreppe ans Licht;
ein Ventilator, der hinter
                    zugefrorenen Fenstern saust
wie der Traum in unseren Körpern; leichter, du denkst
nicht daran; man sieht die Kehrmaschine
                                        in sich versunken
die Stufen kehren und am Plattentisch einen Mann
                                        im Selbstgespräch;
es ist die Stille des Winters; überall in weissen Kitteln
die Verkäufer, längst Gestorbenes in die Regale schichtend
und nun am Ausgang eine Wolke von Pelzen.
                                            Raketen,
die über die Dächer ziehn –
                        aus einer Kabine, wirklich,
                        stürzt eine Frau mit fliegendem Haar!

GREGOR LASCHEN

* 1941

Großer Zufall mit Lisa

Du kamst aus der Mordasche Libanons, das ist lange
her und geht hin wie Kinderkrankheit, wir
liegend in unsere Häute geschnürt und jeder für sich
im Sand vor Domburg, Schauspielerin, kamst
in meinen kleinen heißgelaufenen Herbst, schnell
umzudrehn das Bild vom fertigen Leben, das
ich seit aller Zeit
gewissenhaft vor mir hertrug, Kino
auf Zeit, dem ich
gewissenhaft zusah, landflüchtig wie du
ins Bild des Frühlings, den
keiner von uns
hingedreht hat auf Dauer, aber noch
Lust auf endlose Sätze und Abschweifungen in

Sätzen, Schädel auf Schädel gesetzt als
sei das Schreiben das Ausschreiben
weniger Hauptwörter, mit denen
wir auskommen wollen wie mit den Schweißflecken
auf unserer Haut, lebenslange Übung paar Tage lang
Figur unseres Sprechens sein:
aber doch schöne Schwere
wie Welt, Handvoll Erinnerung Zukunft
wie Kunstschnee auf unseren Körpern, ein endloser
Versprecher wie dies Gedicht Zufall
Wirklichkeit ohne Vorhang ist.

[*Domburg:* holländ. Badeort.]

Vor dem Judenfriedhof in Lodz, 1989

„draußen, am Rand der Stadt –"

– über ziemlich offenes und verwirrtes Abfall-
Gelände, schon früh unter der Hitze, im Staub, in dem
das Wärterhaus allein steht, unbewacht, an
dessen Tür in aller Frühe der große Schlüssel
zum Eisentor in den Steinwald
am Rand des Geländes ausgehändigt
wird nach kurzer Erklärung und
einem Zögern, das in erstauntes Schweigen
umschlägt, Gleichgültigkeit zuletzt. Und
über dem Gelände, immer wieder
abtreibend über den Wald und die
Steine darunter, hinter dem Tor, der alte
Gezänke-Ton der Raben in der Luft, der
Gezänke-Ton wie blind und blind, in
allen Ecken Europas wieder
zu hören. Und die körpergroßen
Einrisse links und rechts
vom verschlossenen Tor in der Mauer
um den Wald. Vom Wärterhaus hinten
die Stimme, die den Hund zurecht-
weist. Aber immer, von Name
zu Name geht
ein Ton unablässig
uns entgegen, vorweg und hinterher,
die genauere Erinnerung, kleine und
große Stücke vom Leben.
Das Wortkarge, das Würgen, das

beim Gehen, das ein Lesen ist, eine
Schrift, die sich erinnert, aufsteigt in Worte,
im Weg dahin, in tonlose
Wortschwärme, die stumpf und bitter
auseinanderstieben. Nur
das lautlose Reden der Steine
unter dem Gewicht ihrer Namen, geschlagenes
Alphabet, knochen-
weißes Buch für soviele Schatten, erzählt
dir, Europa, vom Licht und
seiner Zerschlagenheit. Immer zu früh, wie
immer zu spät.

WOLFGANG BITTNER

* 1941

Kollektivschuld

Wir haben es nicht gewußt,
Keiner hat es gewußt,
Keiner hat es wissen wollen,
Keiner wollte es wissen.
Selbst wer es hätte wissen können,
Hat es nicht wissen wollen,
Selbst wer es wissen konnte,
Wollte es nicht wissen.

So ist das gewesen,
Was hätten wir denn tun können,
Wenn wir nichts wußten,
Wir haben uns nichts vorzuwerfen,
Wir brauchen uns nichts vorwerfen lassen,
Wir lassen uns auch nichts vorwerfen!
Einmal muß Schluß sein damit!
Damit haben wir nichts zu tun gehabt.
Damit haben wir nichts zu tun.

Wir haben es nicht getan,
Andere haben es getan,
Aber keiner hat es gewußt.
Nur die es getan haben,
Wußten etwas davon,

Aber sie wußten nicht was sie taten,
Sie taten es,
Sie taten es auf Befehl,
Was einem befohlen wird muß getan werden.

Wir sind unschuldig,
Uns kann keiner in den Schmutz ziehen.
Wir haben es nicht getan,
Und wir hätten es auch nicht getan,
Wir haben es nicht einmal gewußt,
Niemand kann sagen wir hätten es gewußt,
Wir haben es selbstverständlich auch nicht gewollt,
Niemand kann sagen wir hätten es gewollt.

Keiner hat es gewollt,
Und keiner hat es gewußt,
Manche haben es zwar geahnt,
Aber gewußt hat es in Wirklichkeit keiner,
Alle haben es nicht gewußt,
Alle haben es nicht gewollt,
Wer etwas hätte wissen können,
Hätte es auch nicht gewollt,
Wenn er etwas gewußt hätte,
Uns kann keiner etwas wollen.

VOLKER BRAUN

* 1939

Im Ilmtal

Den Himmel verwildert der Sturm
Voll Wolken grau, das Feld
Ist dunkel am Tag, mein Sinn.

In der gebauten Natur
Geh ich allein, und den Wald schüttelt er
Wie meine Fäuste möchten die steife Welt!

Einmal lebte ich so, freudig
Mit den Genossen. Gebraucht
Zu ändern Flüsse und Städte allmählich
Und die ich brauchte.

Auf die Wiese schwärzer tritt, *lieber Fluß*
Schlage, wie einst einem andern hier
Die Worte aus meiner Brust!

Und ich kannte sie lange, die Tage
Füllte Arbeit zum Rand
In die Nacht ging das laute Gespräch.

Aufwälze, Fluß, den dunklen Grund;
Ich kann nicht leben ohne die Freunde
Und lebe und lebe hin!

Und nicht langt mir, nicht ruhig
Macht nun der eine mich;
Nicht glücklich kann ich verschließen
Mich mit ihm vor der Welt.

Bäume dich, in den befestigten
Ufern, reiß dich los
Flüßchen, gib so, gib den Gefühlen deinen Raum!

Zu den verstreuten, tätigen
Gefährten, wer es auch sei, muß ich kommen, und nie
Verlassen den großen Kreis

Und was ich beginne, mit ihnen
Bin ich erst ich
Und kann leben, und fühle wieder
Mich selber in meiner Brust.

(1970)

(*Lieber Fluß:* aus Goethes Gedicht *An den Mond*,
2. Fassung, vielleicht 1788.)

Das Lehen

Ich bleib im Lande und nähre mich im Osten.
Mit meinen Sprüchen, die mich den Kragen kosten
In anderer Zeit: noch bin ich auf dem Posten.
In Wohnungen, geliehn vom Magistrat
Und eß mich satt, wie ihr, an der Silage.
Und werde nicht froh in meiner Chefetage
Die Bleibe, die ich suche, ist kein Staat.
Mit zehn Geboten und mit Eisendraht:
Sähe ich Brüder und keine Lemuren.

Wie komm ich durch den Winter der Strukturen.
Partei mein Fürst: *sie hat uns alles gegeben*
Und alles ist noch nicht das Leben.
Das Lehen, das ich brauch, wird nicht vergeben.

Das Eigentum

Da bin ich noch: mein Land geht in den Westen.
KRIEG DEN HÜTTEN FRIEDE DEN PALÄSTEN.
Ich selber habe ihm den Tritt versetzt.
Es wirft sich weg und seine magre Zierde.
Dem Winter folgt der Sommer der Begierde.
Und ich kann *bleiben wo der Pfeffer wächst.*
Und unverständlich wird mein ganzer Text.
Was ich niemals besaß, wird mir entrissen.
Was ich nicht lebte, werd ich ewig missen.
Die Hoffnung lag im Weg wie eine Falle.
Mein Eigentum, jetzt habt ihrs auf der Kralle.
Wann sag ich wieder *mein* und meine alle.

(1990)

(Das Gedicht antwortet dem alten Text *Das Lehen* (1980), in dem die Frage war: »Wie komm ich durch den Winter der Strukturen.« *Und ich kann bleiben wo der Pfeffer wächst:* »Die toten Seelen des Realsozialismus sollen bleiben, wo der Pfeffer wächst«, schrieb Ulrich Greiner in der ZEIT vom 22. Juni 1990.)

[»Friede den Hütten! Krieg den Palästen!« lautete das Motto über Georg Büchners (1813–1837) Flugschrift »Der Hessische Landbote« (1834).]

Der Totenhügel

Cäsar sah fern vom Tumulus
Der Seeschlacht zu *Barbarenschiffe* Angstschweiß
Eines Großen der Geschichte macht *Es kam dann*
Auf die Tapferkeit an und Sichelstangen
Die die Rahen herunterrissen samt den Ledersegeln
BELLUM GALLICUM der gewohnte Golfkrieg
Vor den Augen des Landheers im Küstenkino
Und die Windstille
So entstehen Weltreiche / Ich sah sie fallen
Auf seinen Knochen stehnd dem Führerbunker
Grotewohlstraße im anderen Deutschland

Der überraschende Landwind in den Korridoren
Ein Lidschlag der Geschichte gegen die Verblendung
Taumelzaudernd DER TANZ AUF DER MAUER
Die Mauerspechte mit den kleinen Hämmern
Die Volksarmee sah zu das Heer der Arbeitslosen
Eine Minute in Meiner Zeit

(Der *Tumulus* de Tumiac, am Golf von Morbihan, Bretagne. Er beherbergt die Gebeine eines (vor ca. 5000 Jahren) Hochgestellten. *Der überraschende Landwind:* aus dem Gedicht *Die Wende*, 1988.)

[*Mauerspechte:* Bezeichnung derer, die Stücke aus der ›Mauer‹ (zwischen der DDR und West-Berlin) herauszuschlagen suchten.]

HEINER MÜLLER

1929–1995

Klage des Geschichtsschreibers

Im vierten Buch der ANNALEN beklagt sich Tacitus
Über die Dauer der Friedenszeit, kaum unterbrochen
Von läppischen Grenzkriegen, mit deren Beschreibung er
Auskommen muß, voll Neid
Auf die Geschichtsschreiber vor ihm
Denen Mammutkriege zur Verfügung standen
Geführt von Kaisern, denen Rom nicht groß genug war
Unterworfene Völker, gefangene Könige
Aufstände und Staatskrisen: guter Stoff.
Und Tacitus entschuldigt sich bei seinen Lesern.
Ich meinerseits, zweitausend Jahre nach ihm
Brauche mich nicht zu entschuldigen und kann mich
Nicht beklagen über Mangel an gutem Stoff.

(16. 8. 1992)

PETER GOSSE

* 1938

Wunschzettel

Nach Brecht

Von Malaisen die leichten,
von den Zielen die erreichten.

Von dem Mangel höchstens ein bißchen,
lieber hie und da ein Überflüßchen.

Von der Furcht die nichtpanische,
von den Fliegen die spanische.

Von den Pflanzen die Mistel
Und die Pflanze fürs Hanfgehüstel.

Von den Sünden nicht die erblichen,
von höhern Wesen, die verblichen.

Von den Mühen, die eben hinter uns sind.
Das klönende ungeklonte Kind.

Von den Lynchern die gelynchten,
von den Kinderchen die erwünschten.

Von Vulkanen die nicht mehr vulkanischen,
von den Fundis schon gar nicht der vatikanische.

Von den Freunden die unverrücklichen,
von den Freundinnen die verzücklichen.

Von Ergüssen der leibliche,
zwar stillt er den schreiblichen.

Von den Farben die schwierigen,
von Beilagern die langwierigen.

Von den Süchten die schößlichen,
von Bewußtlosigkeiten die unvergeßlichen.

Zeit, wo sie wegfällt,
Raum, wann er innehält.

Von den Gräsern die Wiese,
von den denkbaren Welten diese.

Ist und Iste statt Wäre,
das nach uns kommende Nennenswerte.

Von den Hautfarben die vermischten,
von den Deutschen die kosmopolitischen.

Von den Gegensätzen die verschwisterten,
von den Ausrufen die gewisperten.

Apoll auf Marsyas gestimmt,
Tod selbstbestimmt.

Von den Speisen die gern aufgetischten,
von den Dichtern die unerpichten.

Von den Grünen nicht die Beinenen,
von uns Roten nicht die Weinenden.

Von den Braunen John Walker,
von den Braunen Volker.

Von den Kirschbäumen Blüte wie Kirsche,
von den Brechten der wirsche.

Brecht der Rat Suchende, Räte Suchende,
Brecht der Sanftmut Verbuchende.

HARALD GERLACH

1940 – 2001

Utopia

Um die Gipfel kreisen
die Adler. Und mein Traum wies
im Lande ein Feld: Republik
der Gelehrten. Dort, Diotima,
laß uns sein. Sinclair, mein
Präsident! Gehüllt in den Mantel
der Poesie schreitet

dein Hohepriester. Auf eilig
verhökertem Boden. Vorbei. Vorüber.

Nebel. Das Reich der Gedanken
bleibt landlos.

DRINK
COCA COLA LIGHT! So kam ich
unter die Deutschen. Handwerker
fand ich . . . Allianzversichert.
Shake hands, Scardanelli.

[*Republik, Diotima, Sinclair:* Anspielungen auf Hölderlin, der in seinem Roman Hyperion an Bellarmin schreiben ließ (»Hyperion« II 2): »So kam ich unter die Deutschen. Ich forderte nicht viel und war gefaßt, noch weniger zu finden. [. . .] Es ist ein hartes Wort und dennoch sag ich's, weil es Wahrheit ist: ich kann kein Volk mir denken, das zerrissner wäre wie die Deutschen. Handwerker siehst du, aber keine Menschen, Denker, aber keine Menschen, Priester, aber keine Menschen, Herrn und Knechte, Jungen und gesetzte Leute, aber keine Menschen –.« – *Scardanelli:* Hölderlin unterzeichnete manche seiner späten Texte mit »Scardanelli«.]

Orte

Die Ansichten ändern sich. Stündlich.
Es hat nichts zu sagen. Nur, daß sie
käuflich sind. Im Ungefähren bleibt
gültig die Schlehenhecke, nicht zu versetzen
wie nächtlich die Grenzsteine, die mein
Erinnern umzirkelt. Blauschwarz, mehlig
betaut, wartet sie entgegen, ein herbes
Versprechen, dem ersten Frost.

Vergeblich such ich nach einem Gesicht,
einer Stimme im Damals – es blieb das
verfallende Haus im Heckengeviert, ein von
fremder Hand zusammengeschobenes Damasttuch
auf dem Tisch mit kreuzweis verbundenen
Säulenbeinen, das sich blütenweiß eingrub
in die Phantasie. In einem niederen Raum,
in dem Worte gewechselt wurden, die ich
vergaß.

Was geschieht, geht ohne mich
vonstatten. Wo ich war, da werd ich
mir kenntlich.

WOLFGANG BAUER

1941 – 2005

New York

Edelsteinern ragst du „in the sky“
guter Geschmack: Einerlei!
In den Straßen kauert Hitze
Neger reißen Hurenwitze.

Manchmal sind wir aufgewacht
wurd’ geschossen in der Nacht
aufgesprungen aus den Betten
sind wir mitten in Manhattan!

Ja, New York ist „very well“!
Wunderschön, doch kriminell!

Am Morgen sieht man Jogger laufen
durch den Riesen-Steinerhaufen.

Abends geht die Sonne unter
und Reklamen werden bunter
Lämpchen blitzen immer mehr
locken geil zum Times-Square.

Wenn die Jumbo-Jet abfliegt
und New York unter uns liegt
sitz ich froh in meinem Sessel
Endlich entronnen dem Hexenkessel!!

WOLFGANG HILBIG

1941 – 2007

vorgegebenes lied

mir war es gegeben zu gehn aus den häusern
durch deren fenster ich rückwärts sah –
doch blieb die trübe nässe ihrer wände
mir auch im taufluß fernerer gelände
und vor den himmeln andrer städte nah.

und durft ich mich in selbstgefühlen äußern
zerbrach mir doch das glück im mund
das ich durch dunst und ahnung fortgetragen
bis vor den schlund von fahlen tagen
auf meinem rückweg in den frühern grund.

die schimmelfeuchten ungelesnen bände
weise orakel unter spinnweblagen
rieten mir umsonst die fenster aufzureißen –
in meinen häusern
                                        daß ich niemals wiederfände
der kindheit totes gleißen . . .
ihr geisterhaftes singen sinnlos fremder weisen.

JOHANNES SCHENK

1941 – 2006

Garderobenständer und Sterne

Wo auf dem schiefgewickelten Globus noch leben,
an welchen Garderobenständer den Hut hängen,
wohin den Postboten zu Tisch bitten,
der mir gerade den Brief gebracht hat,
daß die Miete eine halbe Etage höher steige,
bis zu den Regenrinnen.
Woraus mir die Putzbrocken auf den Kopf flattern.
Was tun, auf einem wackeligen Fußboden,
der mir Kündigungen beschert,
die ich jeden Tag neu erwarte.
Und all die untröstlichen Hoffnungen in der Stadt.
In der ich nicht der erste bin,
nicht der letzte sein werde, dem das Dach überm Hut
und das Bett unterm Rücken weggezogen wird.
Sichtbar in all seiner Schönheit
der blanke Himmel darüber mit geputzten Sternen.

(1990)

GUNTRAM VESPER

* 1941

Landmeer

Wir dürfen unser
Leben
nicht beschreiben, wie wir es
gelebt haben
sondern müssen es
so leben
wie wir es erzählen werden:
Mitleid
Trauer und Empörung.

Das fremde Kind

Jetzt erlebe ich die langen Abende der Kinderzeit
in den überfüllten Häusern von Frohburg wieder
wenn die Kälte gegen die
knackenden Scheiben drückte.

Man saß zu Hause
oder bei der Familie eines Freundes
um die Petroleumlampe in der Küche
still, sagte jemand, und
alle lauschten
lang anhaltende Rufe waren zu hören.

Es ertrinkt wieder einer im Fluß.

Dann wurde von Leuten erzählt, die
auf schreckliche Art
gestorben waren
durch scheuende Pferde, giftige Ofengase.

Manchmal fragte ich weiter.
Wieso, wurde gesagt
ist denn
noch mehr geschehen.

UWE GRÜNING

* 1942

Ein Spruch des Fünfundzwanzigjährigen

Ein Leben wie die Sanddornbeere
zerdrückt im Munde: bitter, weich,
und wie die ausgespelzte Ähre:
nutzlos, jedoch in Wahrheit reich.

Von Lehm ein Klumpen an den Füßen,
der Schöpfung ungewollten Rest,
auch fehlt die Rippe, um zu büßen,
was sich gemeinsam büßen läßt.

Von Adel weder Spur noch Fährte,
nicht Stock noch Pranger noch Gericht.
Der Holzklotz, der den Fuß beschwerte,
zertrümmert keinem das Gesicht.

Nicht ohne Spott dem zuzuschauen –
ein Quell, der aufbricht und verrinnt.
Erwachsen heiß ich. Im Vertrauen:
Ich bleib für Jahre noch ein Kind,

das Halme zupft, wo andre jäten,
das Unmut treibt und Eifersucht.
Die Jahre kommen unerbeten,
sie kommen, und sie tragen Frucht.

ARNOLD LEIFERT

* 1940

Herbst

Straßen die
an ihrem Ende
zusammenführen

Gesichter
in der Maserung
des Holzes

in der Welkheit
der Blätter

in den Trittspuren
der Pferde
von gestern

und dennoch
hier

im Sommer hier

hier
können Kinder
Wiesenschaumkraut
pflücken

DIETER LEISEGANG

1942–1973

Elegie

Komm, Liebste, wir machen alles neu
Die Welt, und was wir so brauchen
Etwas zu essen, ein Feld und Heu
In dem wir liegen und rauchen

Vögel, die zwitschern und Himmelblau
(Manchmal auch einige Wolken)
Paar Wiesen, Wälder, einen Berg, eine Au
Und Wasser drumrum mit Balken

Dazu erfinden wir »unser« Haus
Das werden wir schön möblieren
Von Zeit zu Zeit gehn wir auch aus
In Bars, die wir vorher kreieren

Aus Vorsicht hamstern wir viel Geduld
Die müssen wir mit uns haben
Wenn trotzdem wer fortläuft – seine Schuld
Doch wir werden ja sehr tief graben

(29. August 1972)

KARIN KIWUS

* 1942

Selberlebensverjährung

Die Podeste der doppelten Wendeltreppe Zeit.
Sich kreuzende Briefe. Augenpaare,
blank, starr, himmelverhangen.
Es ist später.
Über Kopfhörer auf Band
die wiederkehrenden
Klagen der Vierteltelefone.
Was stellen wir nicht an,
um hinlänglich unglücklich zu sein.

Einmal im August der Türklingel nicht gefolgt
und eine Sturzflut von Katastrophen.
Die verpflichteten Freunde, retten
sie nicht? Oder allein?
Ein Rindfleisch kochen bei herabgelassenen
Jalousien. Der Wein. Die Orchestersuiten.
Zwei drei harte Möhren zuletzt
richtungweisend auf dem Tellerrand.

Die alten Verstecke. Der Süden,
die grünen, gelben und grauen Hügel.
Ein Feuerwehrball, unter den Röcken
nackt, im Sog anderer Körper.
Trostproben, zitternd vor Gier.
Und die Arbeit, der seßhafte Stundenplan.
Und das Klettergerüst Philosophie...
kein Sprungtuch in Sicht, nur eine kleine
Schürze da unten, die das Schluchzen auffängt.

Die Einbildungskraft aber. Und der Triumph,
den wir erzwingen, unser sind die Anfänge,
unser die unbedingte, die gedeutete Welt.
Ob wir uns wahr gemacht haben, ist nicht
die Frage. Es gibt keine Beweise.
Auch gehandelt haben wir nie.
Entwürfe natürlich, jederzeit. Allein die anderen
sind es, die sich roh und spurlos zu Ende leben.

Wir müssen nicht älter werden mit uns.
Wie zur Anschauung ist man jünger geworden
in unserer Nähe. Schüler haben sich gesammelt,
Leidenlernende, die den Erfindungen
ergeben sind und uns folgen.

FELIX PHILIPP INGOLD

* 1942

Wetterkarte

Unser Hoch verlagert sich
nach Ostern.
Die Ewigkeit (man sieht sie links
im Bild als schwarzes Loch) nimmt langsam
ab und wird Geschichte.
Die Nullgradgrenze liegt auf halber
Höhe zwischen Knie
und Kinn. Das heißt sie hält
so ungefähr die Mitte.
Was. Dein Land hat jetzt genau
die Größe und
die Nacktheit meiner Hand.
Und. Übermorgen
ist bereits gewesen. Gestern auch. Doch
gestern gab's die Zukunft noch. Das
Nichts. Und heute nichts
als diese süße Kälte.
Aus unsern
Namen emigrieren die Vokale
in die menschenleere
Umgangssprache.

UWE DICK

* 1942

Der Überläufer

Komme aus den Nekropolen,
aus den CocaColaStädten,
wo Unform regiert,
wo die Blume eine Lüge
und der Baum des Todes ist,
weil sein zeitweiser Blattfall
die Öffentlichkeit gefährdet.

Komme aus den Gräbergängen
himmelschreiender Öde,
geleckter Auslagen – genormtes
Gequäke, Träume aus Bakelit,
preisgünstigste Freizeitgedanken –,
aus Kanälen geschleckten Gewörts,
glattester Gesichter.
Die Sterne sind dort näher

als ein Lächeln.
Von dorther komme ich.
Und also fern
vom Luxus einer Stimmung.

He, Ihr, Schreitvögel,
so unendlich gelassen
im Tosen der hohlen See:
Nehmt mich auf,
Eure Würde zu lernen,
Eure stoische Ruhe!

Habt Ihr in Euren lichten Reihen
nicht Platz für einen Überläufer
ins Lager der Kreatur?

Verflucht,
jetzt werfen Buben vom Kap
Steine nach ihnen.

Aber, das ist der Wahrheit großer
Augenblick, ist die Sekunde aller Form:
Ohne Hast,
der johlenden Meute nicht achtend,
gemächlich,
einer nach dem anderen,
heben die Vögel ab,
zeitlos
fernhin zu schwingen.

Mit ihnen
meine Träume
von einem öffentlichen Leben
der Schönheit.

(1976)

FRIEDRICH CHRISTIAN DELIUS

* 1943

Das Schweigen von Köln

Was würden Sie tun, wenn Sie unter
der milden Sonne des Herbstes vom Bahnhofsvorplatz
in eine dieser schweigenden Städte kommen wie Köln?

Wenn Sie unterm Getöse der Büromaschinen, Ladenkassen,
Blechpressen, Glocken und Sendemasten nichts hören
und keinen dieser abgeschalteten Menschen reden sehn?

Wenn Sie nur manchmal eine verstörte Gestalt
flüstern hören: die Preise, die Preise! und
einen Meinungsforscher daneben stehn sehn, der das

Als Sprache des Volkes sofort verkauft an einen
Meinungsmacher, denken Sie dann an Demokratie?
Wenn Sie 10 Abhöranlagen, Wanzen, Detektoren anbringen könnten

In Wohnstuben, Chefetagen, Verfassungsschutzämtern,
Gewerkschaftshäusern, Funkhäusern Ihrer Wahl und
auf einen Schlag und zehnfach erfahren, was hinter

Dem Schweigen steckt? Meinen Sie, Sie erfahren da was?
Und wenn, was würden Sie damit anfangen? Kämen Sie
sich wie ein Agent vor oder ein andrer Verfassungsfeind?

Würden Sie, wenn es sonst niemand tut, das Steigen
der Preise erklären? Haben Sie die Chose mit dem Euro-Dollar
richtig begriffen? Was tun Sie, wenn Sie gebeten werden:

Bitte verständlicher? Was tun Sie, wenn Sie gefragt werden:
Was tun? Wissen Sie, wer Ihnen bei solchen Antworten
helfen kann? Wissen Sie, was sich abspielt

Vor den Windschutzscheiben, Theken und Röhren?
Wie lange können Sie zuhörn, als hätten Sie niemals
gehört das betäubende Schweigen von Köln?

Selbstporträt mit Luftbrücke

Zu neunundneunzig Prozent ein Schimpanse
streif ich durchs Gelände des restlichen Prozents,
durchs Gehölz der Gene vorwärts wohin und
immer den Schritt weiter, der dann zu weit geht: Abstand!
suche die Hautfelder, die zeitweise frei sind,
den Herztakt eins zwei, eins zwei, eins zwei,
bis es heißt: Abstand! und keine Zeit ist vertan.
Meine, deine, alle Zellen sind nicht einfach Zellen,
sondern wie kurze Bindfäden gebaut, winzige
Neuronenfäden, melden die Wissenschaftler.
Ich hab das längst geahnt, *zarte Lebensfäden*,
die sich Gewißheiten entziehen: alles ein Tasten,
Schaukeln, Näherrücken, Abstand feiern. Ich
entferne mich

Und bin da, Treppen, Rolltreppen, Rollfelder,
wo die Kinder mit Händen nach Flugzeugen griffen,
aus denen Kohlen, Rosinen, Schweinehälften fielen.
1948, mein erster Versuch abzuheben,
am Boden geblieben, im Boden versunken
neben dem Kirchplatz, weil der Motor stotterte
und ich immer im falschen Moment die Luft ausstieß.

Selten gelang mir, was die fliegenden Menschen
touch down nennen, in der richtigen Sekunde
am richtigen Ort mit angemessener Geschwindigkeit
landen.

Ach, frag mich nicht, wohin die Reise geht,
wenn so viele Maschinen in alle Windrichtungen starten
und Ankunft und Abfahrt eine Sekunde oder ein Jahrzehnt
auseinanderliegen: gewohnt, dem *Stand der Dinge*
möglichst weit hinterher zu sein oder voraus,
beobachte ich die Fäden der Verlassenheit,
wie sie vibrieren, zerreißen, verbinden,
bis in die Schuhspitzen, die Fingerkuppen –
und was eben noch zu greifen war, verschwindet
in einem hellen Bildpunkt, hinter Zahlenschlössern,
Stirnwänden.

Im Septemberlicht klare, durchsichtige Stimmen,
die keinen Verstärker brauchen –
ungeschickt steh ich vor diesem Denkmal,
mit dem faltigen Gesicht eines Schimpansen,
warte, bis die Fotografen mit der Arbeit fertig sind,
und fahnde nach dem Lächeln, das die Fundamente bricht –

Ein Sprung, ein Echo, Augenblitz:
neben einem Wasser leben,
das nicht steigt, an einer Brücke, die
durch das Dickicht der Luft führt auf eine überraschende
Bahn: und dann –

[1993]

[*Luftbrücke:* Nach Einführung der Währungsreform auch in den Westsektoren Berlins verhängte die sowjet. Militärverwaltung am 24. 6. 1948 eine totale Blockade Westberlins. Die Westalliierten begannen am 26. 6. 1948 mit der Versorgung der Westsektoren aus der Luft über die sog. Luftbrücke, bis zum 30. 9. 1948. – *Stand der Dinge:* »Der Stand der Dinge« hieß 1982 ein Film von Wim Wenders.]

DORIS RUNGE

* 1943

einladung zum tee

sie nippen aus dünnen tassen
halten hündisch geduckte
schatten schön bei fuß
lieben kette und ring
rahm und schmalz
gebäck zum tee und
trockenblumen werden
nie müde vom blühen

MATHIAS SCHREIBER

* 1943

Tradition

Der letzte Graf
sitzt allein im Kaminzimmer
der Drei-Flügel-Anlage.
Die Unbewohnheit von dreißig Sälen
hat sein edles, trauriges Gemüt
in eine Küchenschabe verwandelt,
die er genüßlich
mit der linken Fußspitze zerdrückt.
Er kann nichts mehr essen.
Spinnen schmücken mit Seidenfäden
seine hohe Stirn.
Jetzt ziehen unbelastete Jungbürger
ins Schloß.
Sie wollen das Denkmal retten.
Sie tragen den Grafen
so wie er ist
auf den Dachboden
und restaurieren
seine Alpträume.

ROMAN RITTER

* 1943

Einen Fremden im Postamt umarmen

Wir fahren zurück.
Auf eine oder zwei Stunden kommt es nicht an.
Wir haben einen Kaffee getrunken in der Raststätte
und ausgelassen Bierfilze vom Tischrand hochgeschlagen
und in der Luft gefangen.
Nachher werden wir uns am Steuer ablösen.

Es ist Nacht, und es regnet leicht,
aber im Auto ist es warm.
Das Zischen des Fahrtwinds,
das beständige Orgeln der Reifen,
das Wiegen der Stoßdämpfer
macht müde, aber nicht schläfrig.

Ich fühle mich wie ein Tier in seinem Fell,
ein Tier in einer runden Höhle, in einem Fell,
durch das keine Nässe dringt und keine Angst.
An meiner Schulter lehnt ein Mädchen,
bewegungslos, in den Kurven
wird es leichter oder schwerer.
Für diese Zärtlichkeit
muß sich keine Hand rühren.

Die schnell vorbeifliegenden weißen Lichter
und die langsam vorbeiziehenden roten Leuchten,
das sind die anderen. Sie gehören dazu,
mit dem üblichen Risikofaktor,
aber überschaubar und auf Distanz.
Es gibt nichts Verläßlicheres
als die weißen Streifen am Fahrbahnrand.
Was die Scheinwerfer einen Augenblick lang erfassen,
ist vergessen, bevor es hinter uns liegt.
Durch meine offenen Augen schaut einer,
der mir ähnlich ist, mit einem weiten und unzerstörbaren Blick.
Der Mond bescheint die Wolken von hinten.
Ein stiller Schleier, hinter dem sich nichts verbirgt.

Ein Gefühl macht sich breit
wie die Wärme des Mädchens an meiner Seite,
schwebend, unbeirrbar, tonlos:

Ich möchte einmal in meinem Leben
mit einem Ballon still über Wälder und Wasserfälle fliegen.
Ich möchte einmal einen Fremden im Postamt umarmen.
Ich möchte einmal ohne Angst an jeden Tag denken.

In zwei Stunden kommen wir an.
Im Zimmer wird der dumpfe Geruch hängen.
Haare mit Staubflocken werden am Boden liegen.
Aber noch sind wir unterwegs. Das Mädchen wird wieder spürbar.
Der Mond scheint von vorn. Der Fahrtwind rauscht.

JÖRG FAUSER

1944–1987

Liebesgedicht

Als wir uns liebten,
liebten wir uns selbst nicht.

Als wir uns den Krieg erklärten,
gaben wir uns schon verloren.

Als wir geschlagen waren,
bemühten wir die Geschichte.

Als wir allein waren,
übertönten wir sie mit Musik.

Als wir uns trennten,
blieben wir am gleichen Ort.

So lagen wir uns bald wieder in den Armen
und nannten es ein Liebesgedicht,

aber kein Liebesgedicht erklärt uns
die Angst vor der Liebe,

und warum der Himmel so blau war
als wir uns trafen,

und warum er immer noch blau sein wird
wenn wir sterben werden,

du für dich,
ich für mich.

(22. 11. 1978)

Berlin, Paris, New York

Ich habe große Städte gesehen
und habe die großen Städte immer geliebt,
ihre Frauen, ihre Bars, ihre
Dämmerungen vor dem Gebrüll
der Maschinen und dem Sturm
auf die Bastille,

Berlin, Paris, New York,
eine Straßenecke in Schöneberg
erregt mich tiefer
als der Schnee
auf dem Mont Blanc
oder die Wälder
im Untertaunus,

ich habe die Schönheit gesehen
von großen Städten, den Glanz
ihrer Avenuen, das Elend
der Massen und die Vernichtung
von Einzelnen,
ich habe die großen Städte geliebt
und ich liebe sie auch
in ihrem Verfall,

es sind nicht die großen Städte,
die die Menschen zerstören,
sondern die Gesetze,
die das Menschliche nicht formen,
sondern ersticken,

ich wurde von den großen Städten geformt,
was ich sah, was ich litt, was ich wurde
verdanke ich einer Mutter aus Stein,
der großen Stadt,
und morgen, wenn meine Zeit vorbei ist,
wird es die große Stadt sein
die mich begräbt.

(9. 11. 1978)

JÜRGEN THEOBALDY

* 1944

Schnee im Büro

Eine gewisse Sehnsucht nach Palmen. Hier
ist es kalt, aber nicht nur. Deine Küsse
am Morgen sind wenig, später sitze ich
acht Stunden hier im Büro. Auch du
bist eingesperrt, und wir dürfen nicht
miteinander telefonieren. Den Hörer abnehmen
und lauschen? Telefon, warum schlägt
dein Puls nur für andere? Jemand fragt:
»Wie gehts?«, wartet die Antwort nicht ab
und ist aus dem Zimmer.

Was kann Liebe bewegen? Ich berechne
Preise und werde berechnet. All die Ersatzteile,
die Kesselglieder, Ölbrenner, sie gehen
durch meinen Kopf als Zahlen, weiter nichts.
Und ich gehe durch jemand hindurch
als Zahl. Aber am Abend komme ich zu dir
mit allem, was ich bin. Lese von
Wissenschaftlern: auch die Liebe ist
ein Produktionsverhältnis. Und wo sind
die Palmen? Die Palmen zeigen sich am Strand
einer Ansichtskarte, wir liegen auf dem Rücken
und betrachten sie. Am Morgen kehren wir
ins Büro zurück, jeder an seinen Platz.
Er hat eine Nummer, wie das Telefon.

Unter der Krempe hervor

Vor Jahren schrieb ich eine Karte
an einen sterbenden Freund,
die nun nie mehr ankommen wird.
Es gab einen Ausguck,
und von dort oben war ich nichts
als der Beweger meines Huts.
Da seid ihr wieder bei mir,
Stimmen derer, die ich verließ.
Einpacken, auspacken, einpacken.
Und mein krummer Rücken schließt sich
zu einem krummen Kreis.
Ein Hauch von Benzin zieht
über den Strand, und ich scheine
unter meinem Hut davonzukriechen.
Eines Tages werde ich
an jeden Fels geklopft haben
und keiner wird sich aufgetan haben.
Kleiner blutender Knöchel,
es tut mir wohl zu sagen: Ausgeträumt.
Und weiterzumachen!
Möwe, stille Flügel über der Krempe.
Ich habe mir nie den Nacken
eines Stiers gewünscht
und ihn gottlob auch nicht bekommen,
ich habe mir den Sand gewünscht,
der zwischen den Zehen reibt,
und ich habe diesen Wunsch
mit Tausenden geteilt.
Gern finde ich mich wieder
in einer Geschichte der Wellen
und der Schiffsmotoren,
wie damals, als ich auf den Knien schrieb,
einen Dichter in mir,
der auch auf den Knien schrieb,
einen Dichter in ihm,
der auf winzigen, blutenden Knien schrieb.
Ich nahm mein Bündel auf
und ging von Deck.
Steine sind übriggeblieben,
bis zuletzt werden es Steine sein.
Schaum, der ohne einen Hauch
auf dem Sand zerfällt.
Wie oft stand ich unter der Tür,
unter der man sich auf immer entfernt.

Nicht so oft, ich weiß,
und doch weiß ich, wovon ich rede,
Gefährten meiner Furcht,
die ihr mir den Rücken kehrt
und eure Mäntel nicht ablegen wollt.
Beim letzten Mal sah ich euch liegen.
Ich ziehe die Schublade auf,
und die Karte rutscht mir entgegen.

MICHAEL KRÜGER

* 1943

Auf den ersten Blick

Eigentlich hat sich nichts verändert:
die Kastanie vor dem Haus, vom Efeu gemartert,
die Pflaumenbäume auf ihrem blauen Teppich,
der süße Geruch der Kindheit und des Verfalls.
Vom Tal herauf dröhnen die Laster,
und der Schatten läuft eilig ums Haus,
gegen die Zeiger der Uhr, und prüft den Kummer.
Sogar der Brunnen steht noch wie ein Gedicht.
Als ich hineinsah, grüßte von unten, vom Grund,
ein Gesicht, von Fröschen in Falten gelegt.
Sein Mund stand weit offen, als wollte er schreien.
Nur die Wege ums Dorf haben sich vermehrt,
und einer führt geradenwegs durch mein Herz.
Aber sonst hat sich nichts verändert.

Wettervorhersage

Irgendwann wird der Schnee
sich auflösen in der Schmelze
und zum Gießbach werden,
der die dunklen Flüsse aufhellt
auf ihrem bewachten Weg
zum Meer. Irgendwann
werden die Wolken hochgehen
und die Bühne freigeben
für die bittenden Augen.

Irgendwann werden wir wieder
im Freien sitzen
an den frisch gebeizten Tischen
und die Bücher lesen,
die im Winterschlaf lagen.
Also komm bitte bald,
denn so wie es aussieht,
wird es irgendwann wieder
schneien.

JÜRGEN RENNERT

* 1943

Mein Land ist mir zerfallen

Mein Land ist mir zerfallen.
Sein' Macht ist abgetan.
Ich hebe, gegen allen
Verstand, zu klagen an.

Mein Land ist mir gewesen,
Was ich trotz seiner bin:
Ein welterfahrnes Wesen,
Mit einem Spalt darin.

Mein Land hat mich verzogen,
Und gehe doch nicht krumm.
Und hat mich was belogen,
Und bin doch gar nicht dumm.

Mein Land hat mich mit Wider-
Willn an die Brust gepreßt.
Und kam am Ende nieder
Mit mir, der es nicht läßt.

Mein Land trägt meine Züge,
Die Züge tragen mich.
Ich bin die große Lüge
Des Landes. (Wir meint: ich.)

(14. Januar 1990)

HUGO DITTBERNER

* 1944

Fast schämt man sich

Zu wissen
Das Große Wichtige
ist
mit zwei Fingern
zu tippen
über den kleinen improvisierten
noch wichtigeren
Frühstückstisch
auf dem Großmutter-Tablett
hinweg

Der runde Mond war da
Die Bauern gossen ihre Gülle
in die Nacht
Ein Fußgänger trug die Hitze weg
Das war schon Mittwoch
Etwas für Hochsommer

Wie schön dann ist
eine kühle Stimme
aus der Nachbarschaft
eine Frau die klingt
nach Heute ist heute
und es gibt keinen Lottogewinn
keinen neuen Teppich keinen Neuen Mann
nicht einmal Herrliches
Nur die Natur
kommt
nach einer Weile
wieder näher.

ROBERT SCHINDEL

* 1944

Nullsucht 2

Vom Speisewagen des Intercityzugs Prinz Eugen
Seh ich auf die Fabriken Schrebergärten Fußballplätze
Unterm gemarterten Himmel. Neben mir
Spielen viere Tarock, neben mir
Weintrinkend kommt Abend. Schön

Ist das alles es geht vorbei
Ruhig bin ich da ich schreibe und dasitz
Im Prinz Eugen der Fahrtrichtung gegenüber

Jetzt da es dämmert ist die Stadt Wels fort
Bald wird Linz fort sein und Sankt Pölten auch

Woher immer ich auch komm
Wohin immer ich fahr
Da bin ich.

Vineta 1

Ich bin ein Jud aus Wien, das ist die Stadt
Die heiße Herzen, meines auch, in ihrem Blinddarm hat
Die schönste Stadt der Welt direkt am Lethefluß
Ich leb in ihr, in der ich so viel lachen muß

Einst Welthauptstadt des Antisemitismus ist sie heute
Vergessenshauptstadt worden. In ihr lachen Leute
Die für das nackte Leben grad gnug Tränen haben
Sitzen in der Dunkelküche, eine halbe Welt geladen

Dies Wien liegt dennoch nicht im Österreiche
Und wer noch glaubt, daß diese Stadt, die herzensbleiche
Dem Land der Hauptsitz ist vom schroffen Alpenbunker
Der soll vom Transalpinen kommen da herunter
Möge uns geben den Devisenklunker
Und in der Hofburg riechen Östreichs beste Leiche

Ach diese Stadt ist nicht fürs Alpenglühen da
Sondern sie lebt, wie ich, längst in Diaspora

RALF THENIOR

* 1945

Einfache Dinge

Jeden Tag geschehen einfache Dinge
um mich herum; geflüstertes Türkisch
im Hausflur, vorbeischwankende Schirme,
ein Knopf wird angenäht,
ein Essen schmeckt, Gedichte,
langsam werde ich fetter.

Preis für den Anblick der einfachen Dinge
ist eine große Mühe oder ein Schnaps
oder eine Tablette oder ein Joint.
Und dann sitzen wir da und
sehen die einfachen Dinge.

Warum versucht die Hauswartsfrau,
ihren Machtbereich auszudehnen?
Warum spreche ich so oft defensiv,
um die anderen nicht heranzulassen?

Gran Canaria

Nein ganz herrlich ganz
wunderbar also jeden Tag
Sonne und baden natürlich
auch jeden Tag schon also
fast jeden Tag und ganz
sauber alles die Leute sind
ja so arm da sie machen
sich keinen Begriff in dem
Dorf gibts kein fließend
Wasser keine Elektrizität
nichts und die Frauen waschen
noch am Bach aufm Stein aber
sehr sauber alles und zehn
Kilometer weiter fangen die
Bungalows und die Hotel-
hochhäuser an aber wenn sie
fahren auf jeden Fall drei
Wochen zwei Wochen lohnt sich
nicht eine Woche braucht man
um sich einzugewöhnen die
erste Woche da wollten wir
am liebsten wieder nach Haus

REINHARD PRIESSNITZ

1945–1985

in stanzen

des innren lebens wunderliches pflanzen,
des äussren lebens widerliches tönen,
es öffnet schliesslich sich dem schleissig ganzen
als saure sterne am vermeintlich schönen,
mit essig und mit öl garniert zu stanzen,
beginnt es wirklich nerven zu durchföhnen,
wenn es, unwissentlich, aus seinen chören
das weitre immer wörtlich meint zu hören:

nämlich das wissen, dass, mit dichten stiften,
was dichter stiften, stifter dichten: nervung;
das windig wirkliche in allen schriften,
gestanzt von den instanzen der verwerfung
(es droht, ins tanzen fallend, abzudriften
und glaubt, ins fallen tanzend, als verschärfung
des äussren wissenskurses fortzusteuern
und somit wieder innres zu durchsäuern),

so äussert es das äussre, fehlberaten,
von wieder wunderlichen nerven, bildern
in widerlichen wundern, sternen, saaten,
um alles weitre wissentliche zu vermildern
und zwar in immer gleichen schriftsalaten,
um so sich selbst da draussen hinzuschildern
und wirkliches von wörtlichem zu lösen,
als das vermeintlich innre am nervösen.

THOMAS BRASCH

1945 – 2001

Zum Beispiel Galilei

Die Erde ist nicht Mittelpunkt der Welt,
sie ist ein Stein, der um die Sonne fällt,
sagt Galileo Galilei aus Padua,
der mit dem Fernrohr in den Himmel sah.

Kaum ist das Wort heraus, schon würgt der Hals.
Der Schweiß läuft über seinen Blick, als
er das Flüstern hört, den Schatten sieht,
der vor dem Fenster seine Kreise zieht:

Halt deine Zunge fest, die Augen zu:
Ich sehe einen Blinden. Wen siehst du.
Ich sehe einen Stummen hinterm Fenster stehn
in einem Haus, um das die Wächter gehn.

Die Mönche schleppen ihn nach Rom vors Papstgericht,
sie zeigen ihre Instrumente vor im Kellerlicht:
Sag, Physiker, wie deine Wahrheit heißt,
wenn einer dir das Herz aus deinem Körper reißt.

Und Galilei sagt: Unsre Erde ist kein armer Stein,
der um die Sonne fällt. Sie steht im großen Schein.
Auf ihr stehn wir im Mittelpunkt der Dinge fest
und über uns steht Gott, der seine Sonne kreisen läßt.

Dann wird der Mann, der eine Wahrheit weiß,
doch abgezählt hat an zehn Fingern ihren Preis,
durchs Klostertor gestoßen in den Straßendreck.
Er läuft zurück nach Padua in sein Versteck.

Vier Jahre später ist er blind und tappt durchs Zimmer:
Bleibt mir vom Hals mit Schwerkraft, Wahrheit, Wissenschaft für immer.
Alles ist schwarz. Sie hatten recht. Und nichts, das sich bewegt.
Nur Galileo Galilei, der sich zum Sterben in sein Fenster legt.

ULLA HAHN

* 1945

Winterlied

Als ich heute von dir ging
fiel der erste Schnee
und es machte sich mein Kopf
einen Reim auf Weh.

Denn es war die Kälte nicht
die die Tränen mir
in die Augen trieb es war
vielmehr Ungereimtes.

Ach da warst du schon zu weit
als ich nach dir rief
und dich fragte wer die Nacht
in deinen Reimen schlief.

Ars poetica

Danke ich brauch keine neuen
Formen ich stehe auf
festen Versesfüßen und alten
Normen Reimen zu Hauf

zu Papier und zu euren
Ohren bring ich was klingen soll
klingt mir das Lied aus den
Poren rinnen die Zeilen voll

und über und drüber und drunter
und drauf und dran und wohlan
und das hat mit ihrem Singen
die Loreley getan.

[*Ars poetica:* Dichtkunst.]

Älterwerden

Zögern mitten im Satz

Nachfragen wenn man glaubt
es verstanden zu haben

Es nicht mehr eilig haben
mit dem Wissenwollen

Einen Stein ein Glas eine Hand
länger festhalten als nötig

Den Ärmel des Gegenüber beim Reden berühren
zu spüren man ist noch da

Ein Buch einen Blick eine Haut verlieren
und nicht mehr finden wollen

Erinnern statt sehnen

Den Gedanken: Das alles ist nach mir noch da
trainieren wie einen Muskel

Gefühl als wäre jemand im Zimmer

LUDWIG FELS

* 1946

Wenn dunkelblau der Abend niederschmettert

Arbeitslos in den Straßen
in denen die Nächte teuer sind
ziehst du vor den Sternen die Mütze
sammelst Groschen im Hut.
Und feine Damen drohen dir mit ihrem Schirm
der gegen Sonne schützt, der gegen Regen hilft
auf deiner Armut einen Schatten hinterläßt.
Wenn dich die Autos jagen
Schuhe nach dir stoßen
bist du schon hinter den Letzten zurück.
Wenn blau der Abend niederschmettert
und Würfel über Karten rollen
schreien deine Kinder die Gasse zusammen.
Und deine Frau klappert
das Pflaster vor den Kneipen ab
sucht dich, lockt dich, verkauft sich
für dich. Der Schlaf flieht
wenn du deinesgleichen triffst
zornig vom Betteln und fertig wie nach hundert
Überstunden. Arbeitslos in den Straßen
vor den prächtigen Lichtern
kaust du deinen nassen Bart.
Wenn dunkelblau der Abend niederschmettert
den Tag nicht löscht, dann ist der Morgen
die Erinnerung an einen verlornen Traum.

Fluchtweg

Einen Sommer lang gehn
durch Heide und über Gebirg
sich vom Wegrand ernähren
segeln durch wogendes Getreide
immer den Vögeln nach und den Sonnen
bevor sie ausgerottet sind.
Man muß erfahren haben
welche Welt vergeht.

WALTER GRÖNER

* 1950

Café am Mehringdamm

Schmuddelplüsch, Spanisch Vanill,
Westkreuzberg-Julidunstmorgen:

Noch eine geraume Weile will ich im kräftig
Durchtobten Gelände gurken,
Etwa das Haupt erhoben und keinen Ring
Untern Augen.
Man sieht keine Ringe, wenn Hochstand
Der Sonne Herz Haut,
Haut, Hirn und Herz verbrennt.

Alles wird enden. Laß nur die paar Moleküle rasen.
Götter schlugen sich wund; fetze desgleichen.

Grüß dich, Klabunde. Sah dich soeben bleichschädlig
Über die Dächer reiten.

(1985)

[*Klabunde:* Klabund]

RICHARD PIETRASS

* 1946

An den Vater

Vater, deine großen Hände
was haben sie dir erspart?
Mit ihnen hast du Säcke gehuckt
und in die Mühle gekarrt.
Bist fröstelnd an die Fronten gelaufen
hast keine Kugel verloren.
Ach, wie bist du wiedergekehrt
geblendet, scheitelhoch geschoren.
Hast dich deiner Hände erinnert
die waren dir beide geblieben.
Morgens fuhrst du in die Grube
am Abend warst du zerrieben.
Morgens fandst du deine Partei
am Abend wolltest du raus.

Wie immer du geschuftet hast
du wohnst im hinteren Haus.
Schlepptest Uran, dann Schnittholz
Kisten, bald wollene Ballen.
Das Alter stieg eilig die Beine empor
nicht lange, mußtest du fallen.
Nun wachst du am Tor zum Krankenhaus
und regelst den Himmelsverkehr.
Vater, dein Wunsch: einmal fliegen
was sind dir die Hände so schwer?

(1972/73)

Stiegenlied

Lutsch die Euphratfeige.
Trink vom Born der Norm.
Spiel die erste Geige
Noch ehe du geborn.

Steig auf Perserstufen.
Sei kein Schmerzensmann.
Kratze mit den Hufen.
Bück dir nen Buckel an.

Hechle mit den Schlechten.
Kreuz den Weltenlauf.
Schlaf den Schlaf der Rechten.

Wach im Himmel auf.

[1982]

GÜNTER ULLMANN

* 1946

Alles spricht
der mensch das tier
die pflanze
selbst der stein lächelt
wenn du ihn sanft berührst

alles spricht
der himmel die erde
das wasser das feuer
nur wir sind blind und
taub
und verstehen uns
nicht

Nehmt uns nicht die Hoffnung

diese ungewißheit
die noch halt gibt

legt uns nicht den
horizont

um den hals

JOCHEN KELTER

* 1946

Heimat

Zwischen
gestern und heute
zwischen Heute und Morgen
zwischen Wörterrücken
und Wörterbüchern
zwischen kleinen Tagen
und großen Bedeutungen
zwischen Aids-Kampagnen
und den entlaubten Herzen
bricht über den Bankauszug
bis zur Steuerrechnung
die Sonne allemal
durch die Wolken
wir kranken zum Tod
geschönt von Fluren
und Fachwerk

Kinderlied

Einer hat hinter sein Leben geschaut
einer ist gegangen
ein Dritter hat das Glück gespürt
ein Vierter ist befangen

Lebt sich kein Leben mehr
wir sind mitgefangen
das Glück kämmt sich die Haare aus
bleibt keiner hangen

Die halbe Welt umarmt
heißt: man wird uns belangen
die ganze Welt bereist
bedeutet: nochmals gefangen

Werden noch Wörter draus
kommen Geschichten gegangen
stellen wir uns auf die Straße breit
und spielen Fangen

Die Nacht sitzt über dem Tag
alle Geschichten begeben sich
und schrumpfen tausendgroß
in ihnen werden wir bangen

PETER MAIWALD

* 1946

Die Frau des Arbeitslosen

Mein Mann ging mir verloren.
Mein Mann ging zur Fabrik.
Er ist sehr früh gegangen
und kam sehr spät zurück.

Und der zurückkam war nicht
der Mann, den ich gekannt.
Die Hand, die mich berührte,
das war nicht seine Hand.

Der Mund, der meinen küßte,
der schmeckte kalt nach Rauch.
Und was der Mann mir sagte,
das sagen andre auch.

Die Augen, die ich liebte,
die sahen mich nicht an.
Und der mich trug vor Tagen
war jetzt ein schwacher Mann.

Die Wohnung für uns beide
die war nun riesengroß.
Die Dinge, die wir hatten,
waren die Dinge bloß.

Mein Mann ging mir verloren.
Mein Mann kam mir ganz fremd.
Wir liegen nachts in Betten
als lägen wir im Hemd.

(1977)

Besuch

Da ist ein Berg bei Majdanek
getürmt aus lauter Schuhen.
Bei Nacht hat sich der Berg bewegt,
weil nicht die Toten ruhen.

Und ist gekommen an mein Haus
und kam zu meiner Türe,
die trat mir ein ein Kinderschuh
und zeigte mir die Schnüre.

Die Bergmannsstiefel binden grob.
Der Frauenschuh mit Knoten.
Das Kind, das einen Turnschuh hob.
Ich tat euch nichts, ihr Toten.

Und Nacht um Nacht wird mir mein Seil
mit Schuh um Schuh noch länger.
Ich schreie: Hab doch keinen Teil.
Die Kehle immer enger.

(1986)

JOHANN P. TAMMEN

* 1944

An manchen Tagen

I

An manchen Tagen
träum ich
vom Wetter in Hochgebirgslagen
und imitiere
den Flügelschlag des Königs
der Lüfte
kopfüber
stürzt der aus Scherben
geborene Riesenvogel
ins Meer
Brandwunden
mit schmutzigen Topflappen
verbunden

verwegen
halt ich ein Zündholz
an den bröckelnden Gletscher
löse die Eisschmelze aus
donnernd
bricht das Wasser
zu Tal

hochbeinige Pferde
vor der Kandare geflohen
umrunden die Kirchturmspitzen
die Mähnen umflutet

in den Ballsälen
fault die Festtagsgarderobe
Trödel und Tand
künden von vermeintlich
besseren Zeiten

grau ist der Himmel
unter dem Regenbogen
und am Ende
fehlt uns doch mehr
als das Salz
in der Suppe.

II

Lustig gehts zu
lacht mein Nachbar
der blinde Hauslehrer
im Dorf
das werden die Kinder
mir niemals
glauben

aber ich schreib es
schnell auf.

JOACHIM SARTORIUS

* 1946

Am Arno bei Arezzo

Im Abstieg des Augs,
soweit es abblickt im grauen Geäst,
Fetzen von Plastiktüten, blauen,
grauen: tausende,
an schwarze Zweige geheftet
wie Gebetsfedern,
die Weiden mit Stoffstreifen
verknotete Talisbäume,

und zwischen
Girlanden, dem ganzen Zerriß
im dunklen Bett

der nicht erwärmende Fluß.
Fließt mit Tüten, Federn, Fetzen,
Kanistern starr
nach Florenz.

Das ist das Spiel: Zukunft
unter Vergangenes zu spülen,
oder das Vergangene so in die
Zukunft
zu reißen, daß dort
die Toten auf uns warten,

freundlich, bewimpelt, nah.

Neigen hin zu

an Luigi Nono

Mit der Nachricht
kam das späte Gewitter
und der Modergeruch aus dem Asphalt

der deutliche Fall der Tropfen
in die Linden der Uhlandstraße
verklingend

ging er hier oft
zu den Rändern, groß

dichtete den Raum aus
mit Stille
erfüllt von Brüchen

verklingend: mit leiser Stimme
ins Freie

still: hingeneigt ins Noch-nicht
Nicht-mehr
(grausames Thema)

ein Meister des Suchens
ohne Sehnsucht ohne Trost
voll
atmenden Klarseins

(Berlin, 10. 5. 1990)

(*Das atmende Klarsein* ist der Titel einer späten Komposition Luigi Nonos. Von 1986 bis 1988 lebte er in Berlin. Am 9. 5. 1990 starb er in seiner Geburtsstadt Venedig; sein Grab ist im Recinto IV des Friedhofs San Michele.)

GINO CHIELLINO

* 1946

mit dem Ruf der Kraniche
sind keine Nischen zu hauen in die Luft

das Wasser holt stets den Vorsprung
der Salme ein und verwischt ihre Sprache

die Wühler dürfen sich behaupten in der Erde
vorausgesetzt sie verlassen die Labyrinthe nicht

mit ihnen sind wir vertraut und das Feuer
verschont kein Lebewesen
sich die Fremde nehmen und nicht
sich einschmelzen lassen

SAID

* 1947

Als der Tyrann starb,
wurde die Trauer ausgerufen.
Und es kamen viele
zum Begräbnis:
Der Dichter pries seine Sanftmut.
Der Priester lobte seine Güte.
Der Richter sprach von seiner Milde.
Der General rühmte seine Klugheit.
Der Denker unterstrich seine Notwendigkeit.
Der Büttel würdigte seine Geduld.
Nur der Henker war verhindert.
Er mußte auch an diesem Tag
sein Brot verdienen.

[E: zwischen 1975 u. 1980]

PETER SALOMON

* 1947

Nächtliches Bild aus einem abgelegenen Hafenwinkel

Es war eine kühle und ziemlich helle Nacht.
Seinem Hemd, über dem Bauch, war ein Knopf abgekracht.
Da klaffte es etwas auf, paar Haare kamen draus vor.
Ein Stück getrocknetes Ohrenschmalz fiel ihm aus dem Ohr.

Er hatte es gerade aufgegeben, seinen Hund zu rufen.
Faltig sah er aus und schlaff vom vielen Suchen.
Auf der Kaimauer saß er, durchblätterte ein Donald-Duck-
Heft, rauchte, trank aus seinem Flachmann 'nen Schluck.

Die Kaimauer war noch ganz warm vom Tag.
Viele Hände lagen drauf, schwitzig und flach.
Wenn einer eine Hand wegnahm, war da ein feuchter Fleck.
Aber nicht lange, die leichte Brise blies ihn weg.

Es war so eine Nacht für Bilanzen und Reminiszenzen.
Einer begann mit seinem letzten Capri-Urlaub rumzustenzen.
Ich hatte das Gefühl, wieder mal mehr und genauer zu sehn
Als sonst. Ich blieb und sah uns an der Kaimauer stehn.

[1983]

URSULA KRECHEL

* 1947

Die Taschenfrauen

Nicht nur heut am Mittwoch
bei Regen und Schneeglöckchen
gehen sie am Vorgarten entlang
vermummt in Schals und Mützen
kommen mit ihren Taschen so gegen elf
eilig vom Kaufmann an der Ecke
bei dem nur ein Scherz für sie abfällt
schleppen Blumenkohl und Möhren
Roggenbrot und Kräuterquark
in ihren tiefen Taschen
laufen den Kindern über den Weg
die schleppen aus der Schule
Ranzen, Turnschuhe, kneifen sich
raufen, hüpfen noch ein bißchen
dann in der Küche, wenn
die Taschenfrauen ihre tiefen Taschen
auspacken, alles in den Kühlschrank
möcht ich dabei sein, möcht sie
küssen und umarmen, wenn sie einmal
auf dem Grund der tiefen Taschen
suchen nach ihrem eigenen Leben.

Todestag

Was bleibt von einer sehr gestorbenen Frau
(sie starb kurz nach dem Muttertag
und wär auch auf Bitten nicht geblieben) zu was
im Mai die Winde wehen, die Luft ist rauh

vor dreizehn Jahren lebte sie ihr Sterben
Monat um Monat, Tag um Tag geballter Leib
und eines Morgens dann nicht mehr zu was
Maiglöckchenstrauß, ein Mann, zwei Kinder, Erben

zu was, die Frau, die hier jetzt schreibt
gleich alt wie jene sehr gestorbene Frau, als jene
diese Frau gebar, seufzend, rauh röchelnd dann
und schweigend über Töpfen, die andere schreibt

geboren von der sehr gestorbenen Frau
die dieses sagte (Kind) und jenes tat
(Löcher stopfen, Nägel schneiden, in die Augen sehen)
und ließ und ließ, die gottverlassene fromme Frau

verlassen ist ein großes Wort, wer blieb, wer ging
Besteckschubladen, Kreuzstichkissen, Vasen, Leinen
wer klagt, wer fragt, es bleiben sterbliche Fragen
bis sie an keinem Faden, nichts mehr hing.

DIANA KEMPFF

1945 – 2005

Sommers
wärmten wir uns
mit dem Verlangen nach Frost
Eiswünsche hastig geschluckt
bedächtig bereitet

Nirgends
wollten wir ausruhen
länger als einen Tag
die Oliven nicht pressen
den Wein nicht mehr reifen sehn
aber schmecken den Schnee
der vom Scheitel Orions
tropft

In diesen von Rot besetzten Feldern
Mohn vornehmlich dazwischen Gelb
verbrannter Weizen
flirrende Luft über dem staubig gewundenen Weg
keiner kommt mehr vorbei oder noch nicht
jetzt am Mittag geht der mit der Sense
das Kind weiß nicht wohin

es ist das Läuten das die Zeit zerschneidet
sie fortjagt von der Stelle die sie menschenlos
nennt später wenn der Schnitter die Arbeit
getan haben wird und auf den Stoppeln
zerquetschtes Rot sich zeigt
Fetzen von Blau

wenn Feuer brennen
die Frauen den Tag zerbücken
mit Alltagsfingern
am selben Punkt wo sie den Weg entlangsah
in der Trauer des Sommers wird sich
unter der aufkommenden Staubwolke
der schwarze Wagen nähern
dem sie nachwinkt mit einem Büschel aus Stroh

FRIEDERIKE ROTH

* 1948

Herbstlied

Die Bäume
einsam und schlank, an der Erde
immer röter und gelber die Blätter
verwitternd in Nässe und Glut.

Zum Schlafen legen sich
die Tiere in die Erde
dunkel und dicht
still wird das Leben langer Tage.

Voll Unruhe
was das für ein Schlaf sei
freun wir uns auf die Feste im Warmen.
Die Tage wachsen nach wie Gras
und unsre Augen glühn.

Wir beide

Draußen bei den stillen, den schönen
Lippenblütlern, ach dieses Wort
(weißt du noch die alte Mühle?)
hab ich von dir, Lippenblütler
sagen gelernt. Du hast

was weiß ich
erzählt von blassen von ins Traurigzart
getauchten Farben.

Ich hab nicht zugehört.
Bloß deine Lippen mir
die weichen angesehen
so dünnhäutig damals so zart
ach, wie denn
verschwindet warum
so eine Lippenkleinigkeit?

Geh nicht fort.
Ich find dir den Ort.

Geschichten hast du erzählt
von Wolken vom herabgefallenen Mond
vom alleinigen Wind
und von der Kraft der Wörter der
Töne der Farben.

Dann waren
wie denn verschwinden warum
eingezogen die Lippen ein Schnitt.

Hier steh ich. Hier
neben dir
erloschenem Bündel aus Narben.

Beide lachen wir
lange schon nicht mehr über die Kraft
der Farben.

BRIGITTE STRUZYK

* 1946

Weltliches über die Nacht

Nun zieht die Nacht ihr Laken
schwarz auf die Wolkenbetten
Es glühn der Sterne Zigaretten
Der All-Tag hängt den Hut nun an den Haken
und macht sich lang
und drückt ein Auge zu.

Läßt du nun einen Fensterflügel offen
dann nimmt ein kleiner Teufel deine Hand
Schwarzhandel blüht schön auf am Straßenrand
Der Teufel möchte mit dir unter einer Decke hoffen
daß mit der Lust auch Liebe wächst.

Der Sterne Zigaretten werden Kippen
Der Morgen wäscht das Laken nebelgrau
Im Spiegel grüßt dich eine schöne Frau
die schminkt sich mit dem Teufelsrot die Lippen
und stiefelt mit Verspätung
auf den Bau.

ANNE DUDEN

* 1942

Gallgesang

Wechselkoller abends
unter den Zwangsnachbarn.
In die Balkonzeile sich drängende
Brüstungsschwadron
zwischen Kontoständen
und Zinssätzen
wühlender Unterbrustquell
spuckt Sand
auf die Alters- und Leberflecken
und fügt sich nur den Oberrandsalven.

Sie
mit und dagegen Schwundgebeugte
zwittrig zersiebt
in den Laibungsstürzen.
Ruheloser Notknochen
weiblicher Herkunft
doch jetzt noch
von Schönheit gezeichnet
nach den paar
hastigen Atemzügen
vom Planeten
den zwei drei Sekundenmahlzeiten
im Straßengraben.
Lichtnelkengelehnt
mit dem Pannenbesteck
zum Aufgabeln
des nur noch auswärts Erheischten
und sommers.

Im Zartbruch
fallsüchtig erregt
Äonen durchgestanden
von Wahn und Anprall
skelettloser Kinderwald
geschachtelt gehalmt
auf Schotter und Kiesel
hingrünend
Bodenatmung
blicksame Feinflur
verwaschener Tuschhalden.

Auf –
in den Mutterschlag
die ausgebellt nachheisernde Umkümmerung
Blusendürre
Krümmermitleid
einmal –
von der Buschzone her
nachtgellender Aufruf
einer Erdsängerin
hoheitsgebietendes Schrillgedicht
fürs Bewüten und Bewildern
der Trommelfelle
das die Mit- und Abfühligkeit
streckt und verreißt
zerstieben läßt
im gelaufenen Tag.

Minutenlang
brandet es ans schmalzig Vertopfte
im Zähl- und Aufrechnungsgeviert
bestürmt das abgeprügelte Erdreich
bis unter die Keller.
Vorkau
galliger Lockruf ins lange schon Tote
wechselt den Tonfall unerhört
flötet einwärts
zum Aufsaugen der angeschlagenen Süße
verschluchzt sich
kurz nur
speist sich bricht ab.
Ein gelassener Flügelschlag
richtungsweisend aus dem unverfrorenen Preßgebiet
weg vom eingepelzten Etagengreinen
Rührgift und Zickern.

(1995)

Kammerherz

Herzaufgänge
als stünde die Welt
nur einmal im Laub
pro Leben.
Dunstvergötterte
Silberschrift
englisch
über alle Anzeichen
hinweggeschmiegt
grasige Weite.
Mitten im Totschlag
betritt Geißblatt das Haus
säugt die Zimmer
flurwärts
Schädel und Nebenhöhlen
ankert in der Schwebe
ausrißbereit.

Mundgewölbe und Ohrmuschel
geborsten
zerschallt
von Pennergebissen.
Hinter Vorhängen
jetzt noch das Kammerherz.
Genickfänger
fest im Griff.

Auf der Suche nach Schmauchspuren
und immer fündig
säumen
Faustpfandleiher
Lager und Betten
überwachen die Praktiken
schneiden
klar umrissen
das Wort ab
jedem
der nicht
außerdem
zusticht und köpft
oder genauso gut
erdrosselt und abwürgt.

Es hütet noch gerade
das Haus
Verstummung
am Rand.

AXEL KUTSCH

* 1945

Deutschland – ein Winterbild

Langsamer knirschender Abend
Im Schnee brennen die Ge-
danken Feuerschlucker ohne
Gefolge folglich ohne
Applaus Jemand fängt die
Kälte mit den Händen
wirft Luftschlösser
in die Nacht Keiner
ist hier wirklich alleine
steht uns doch Deutsch-
land zur Seite Die
Türen auf die Fenster
und Fahnen rausge-
hängt daß sie
klirren im Wind

Feier des Wortes

Bevor Sie dieses Gedicht betreten,
ziehen Sie sich bitte die Schuhe aus.
Sie werden vom Autor darum gebeten.
Sparen Sie am Ende nicht mit Applaus.

Haben Sie sich schon die Hände gewaschen?
Nein? Dann wird es aber höchste Zeit.
Begegnen Sie Dichtung nicht mit der laschen
Einstellung Ihrer Alltäglichkeit.

Was glauben Sie denn, wo Sie gerade weilen?
Hier findet eine Feier des Wortes statt.
Spüren Sie nicht den Wohlklang der Zeilen,
die der Autor für Sie geschrieben hat?

Da darf er ein bißchen Respekt verlangen.
Nehmen Sie gefälligst Haltung an.
Gerade sitzen! Nicht so durchgehangen
wie ein versoffener Liederjan.

Die Zähne sollten Sie sich auch noch putzen.
Ein Gedicht verträgt keinen Mundgeruch.
Oder geht es Ihnen darum, zu beschmutzen,
was Sie mehr fordert als ein Kalenderspruch.

Lesen Sie langsam. Nehmen Sie sich Zeit.
Sorgen Sie noch für gedämpftes Licht.
Sind Sie jetzt endlich soweit?
Dann genießen Sie dieses Gedicht.

HANS GEORG BULLA

* 1949

Gedicht für meinen Vater

Mit einem großen Garten unser Haus,
der war seine dauernde Zuflucht.

Dienst auf den Zügen, weite Strecken,
lange Tage in der Uniform zwischen
Dienstabteil und Bahnsteigkante.

Unbewegt von uns lag der Garten,
er brachte sich zum Blühen darin.

Unterwegs in der Republik, nach oben,
nach unten, mit blaukariertem Bettzeug
und einem abgestoßnen Henkelmann.

Gärtnerlehrling im Schlesischen damals,
dann Bahner im Magdeburgischen drüben.

Er roch mir immer nach den Zügen,
nach dem Mistbeet, grub sich
langsam in die Gartenerde.

Von meinen Büchern sah ich auf,
sah auf seinen dunklen Rücken.

Leben erzählen

Bleibt mir kein Platz
kein Sand kein Flecken
Erde Himmel wohin ich
kann zurück für einen
Anfang von Geschichten
die Geschichten erzählen
erzählen von einer Hand-
voll Leben Handvoll Jahr-
zehnte anfangen verlaufen
leben ins Ende offen.

THOMAS ROSENLÖCHER

* 1947

Die Verlängerung

Ich lag in meinem Garten in Kleinzschachwitz
in einem Grün von niegesehnem Ausmaß
und sah, nachdenkend über die Belange
der unerhörten Rose und des Staats,
hoch über mir den großen Tröster Himmel,
als ich, kam das vom heftigen Nachdenken,
ein sanftes Ziehn in meinen Beinen spürte.
Ich wachse noch, sprach ich und freute mich.
Jedoch die Füße lagen schon am Zaun,
vor dem sie einen Augenblick verharrten,
eh sie losfuhrn. O rasende Zellteilung
an Häusern aufwärts, abwärts, über Dächer.
Wo sie hinkamen, stockte der Verkehr,
die Reichsbahn tobte, Menschen stauten sich,
bestaunten dieses langgestreckte Wunder
und übten sich daran im Balancieren.
Doch längst war es, die Sparte frohe Zukunft
durchfurchend, aus der Stadt hinausgeglitten,
schlief sanft in Wäldern, rauschte durch Kornfelder
ins Läuten stiller Mittagsdörfer ein,
und frohen Mutes fuhr ein Vögelein
auf einer Zehe mit, tandaradei,
doch hinterher, einsam, die Polizei
mit ernstem Blick quer durch den Staub der Äcker
in eines Sees noch unerforschte Tiefen,
wo sie verschwand. Der Staat war in Gefahr.
Denn meines Leibes Doppelröhre nahm,
kaum, daß sie aufgetaucht war aus den Fluten,
Kurs auf die Hauptstadt. Die Regierung tagte,
kein Wort kommt in die Zeitung, Helikopter
erhoben sich, der Lage Herr zu werden,
die Straßen füllten sich mit Dynamit.
Doch eh man meine weitgereisten Füße
absprengte, knapp vorm Brandenburger Tor,
geschahs, daß sie von selber stillestanden,
da ich in meinem Garten in Kleinzschachwitz,
in jenem Grün von niegesehnem Ausmaß,
wo ich nachdachte über die Belange
der unerhörten Rose und des Staats,
in Anbetracht des großen Trösters Himmel

den Finger an die Nasenspitze legte
und bei mir sprach: Man muß bescheiden sein.

(1982)

WILHELM BARTSCH

* 1950

Drittes Nachtstück

Aus mancher Nacht, die mich erreichte,
Stieg auf ein alter Duft, ein Bild:
Die runden Brennholzmieten waren
Mit Kienäpfeln und Grus gefüllt.

Der Sommer und der Winter gingen
Als Mittag und als Nacht dahin:
Schwarzweiß blieb mir das Märkische
Wie, überscharf, Fotografien.

Brandrot, dann preußischblau der Abend,
Schien er geborgt für dieses Land,
Weil Kiefern, atmend, drin verstummten
In Worten, die uns unbekannt,

Die dunkel waren, ehe Nacht kam
Mit Findlingen und Karinhall
Und andren Lasten: Anflugschneisen
Und Bunker, Bronze, Sand aus Eisen
Versunkner Taten überall.

Die Sander wurden hell zur Nacht
Und etwas stieg vom Bodenlosen
Und ging um uns und kühl voran
Und streute eisenschwarze Rosen . . .

Die Fahrradrahmen aber klirrten,
Wenn wir aus diesem Schweigen fuhren
Durchs Sonnengrab der Schonungsnächte
Davon auf harten Panzerspuren.

(*Karinhall:* Vom Erdboden getilgte Luxusvilla Hermann Görings in der Schorfheide.)

FRANK-WOLF MATTHIES

* 1951

Mitläuferlied

1 komm, hänge mir den wolfspelz um
ich mische mich ins rudel
im harten tritt der masse, marschier ich
mit & mach mich flach, den nacken
krumm: ich drehe mit im strudel

2 komm, wir werfen uns den wolfspelz um
& schleifen uns die zähne
wir reißen uns dann nebenan die frau
den mann, die lämmer. greif die mpi
das messer, drum: wir haben große pläne

3 kommt, werft euch den wolfspelz um
jagt alle aus dem schlafe
flieht aus den städten in den wald
die wölfe brauchen hilfe. fragt nie
warum: wir sind halt gute schafe

(1974)

FWM.

ich bin der glücksgott
dachte ich & schrieb
ich bin der glücksgott
ab aus maître brechts gedicht

glück jedoch ist schwer
in diesem satten land
: glücklich mümmeln jugendliche
greise, mit dem braten in der hand

was bleibt noch? außer schnee
& träumen: die paar geliebten
freunde, schnaps im tee
& einsamkeit

glück ist weit, glück jedoch
ist auch bewegung, doch
preußischer schnee liegt
schwer auf den träumen: noch

liegen wir in den fernsehsesseln
hungern bauchspeck ab
& reden von der deutschen revolution
so – als hätten wir sie schon

ach, was bleibt noch: im herz
ein loch, im hirn ein brand
fünf finger an jeder hand –

(1976/92)

ULI BECKER

* 1953

Die im Schatten

Wer in der Stadt lebt und zum Grübeln neigt,
wird Augenblicke kennen, wo er (die Nase
plattgedrückt am Fensterglas) die Zugvögel
beneidet als Leute, die's wirklich *machen*,
wo er in jeder Hauskatze den zukurzgekommenen
Tiger sieht und in jedem Pudel den potentiell
streunenden Wolf, der den fahlen Mond anheult,
zu stolz, die Nähe der Menschen zu suchen und
das, was bei Tisch abfällt –

Und so einer
spürt auch jäh, wie verschenkt das Leiden
dieser alten Frau ist, die einmal im Leben
groß in die Zeitung kommt, auf der Lokalseite
Foto von ihr im Krankenbett und drei Zeilen
Text darunter: Wär zwar die Papageienkrankheit,
aber von wegen Exotik, das könnte man sich
schon beim Taubenfüttern holen im Hof, wie
bei ihr der Fall, Afrika kein Gedanke dran.

Happy Hour

Er wollte einfach raus aus einer Sorte
Leben, in dem hinterm Wohnzimmerschrank
nicht tapeziert war und jeder Pfennig
umgedreht werden mußte, um sicherzugehen,
ob's nicht womöglich ein Zweier war,

wollte grünen Rasen jenseits der Gleise,
den Sound satt schließender Autotüren,
Plastikgeld und Glanz ohne Abtrocknen,
und er hat's gekriegt: Muß doch jeder
wissen, ob er mit den Wölfen heulen

oder mit den Lämmern flennen möchte;
dieses unser sei für ihn das Gelobte
Land, und gelobt sei, was hart macht.
Der Häßliche Deutsche auf Samuraitrip,
ein Kinn energisch wie ein Klappspaten,

Mt.-Rushmore-Mimik, vom Erfolg gezeichnet:
Bestätigt meine Theorie, daß Charakter
und Karikatur doch enger zusammenhängen,
als der Etymologieduden wahrhaben will.
George Grosz ist tot. Die machen weiter.

[*Mt.-Rushmore:* Mount Rushmore National Memorial in South Dakota USA; Berg, in den die Skulpturen von Köpfen amerikanischer Präsidenten eingemeißelt sind (George Washington, Thomas Jefferson, Abraham Lincoln, Theodore Roosevelt). – *George Grosz:* Maler und Graphiker; G. G. (1893–1959) schuf bissige Satiren auf Spießer, Militaristen und ähnliche Figuren. 1921 z. B. Sammlung von Zeichnungen unter dem Titel »Das Gesicht der herrschenden Klasse«.]

GERHARD FALKNER

* 1951

mich tragen unterwegs die Stimmen

sieh mal, der Wind schwenkt die Dörfer
 er wildert die Stimmen im Wirtshaus
und ballert auf sie mit dem Lachen
 besoffener Sachsen, er stopft uns das Maul
mit dem Schnapstuch aus Frankfurt
 und traktiert diese herrlichen hessischen Dörfer
mit den gotischen Lanzen der Tannen, er treibt
 die Schweine auf die wir ja stolz sind durch
den Windkanal und erzeugt in ihren Schnauzen
 die Flüche, von denen uns keiner entbindet
nicht mal der Wirt von Amorbach, der Wind
 der zieht hier durchs Dorf und hält Hof
die Bauern quietschen verpönt in den Angeln
 aber wir, die verwilderten Fremden aus
Frankfurt, von wo wir ja nicht einmal her sind
 wir stehen mit unseren Blicken bei Fuß
wir sehn wie der Wind ein Dorf nach dem andern
 ausrupft und schwenkt wie ein altes Hemd
und einem Mistkerl ans Bein schmiert
 wir hören das Blöken der Scheunen um Schonung
unsretwegen johlen diese Stimmen und
 verschlingen uns in ihren Ritzen
aber Frankfurt mit den aufbrausenden Tobsuchtsdomen
 aus Glas, Frankfurt zu Mainnachten, Investmentflittchen
 Landesbrechstadt, Frankfurt, du leuchtest

ULRICH SCHACHT

* 1951

Versuch über das Paradies

Das haben sie
uns erzählt: Herrscher
sei dort allein –
der Friede. Das tägliche
Grauen: eine Legende. Der Tiger
zahnlos. Das Lamm neben
dem Wolf. Der Mensch
dem Menschen ein
Mensch.

Aber
der Weg dorthin sei
lang. Kurvenreich. Hart.
Nicht zuträglich dem
Ziel, wenn man es ständig
verlange. Daran zu glauben
reiche. Den Namen
zu kennen. Das führende
Gesicht.

Gegend –
der wir entkommen sind.
Gegend –
der wir entgegengehn:
Über Leichen.

Land, nach dem gefragt wird

von wem oder: Nur von
mir? Bluten die Wälder noch
wenn das Jahr die Tage erstickt
in Nebelschlingen? Könnte ich
wiedererkennen geschlossenen
Augs die Pfade Chausseen Gassen
durcheilen und bergende
Mauern ertasten putzlos noch
immer aber noch immer zum
Anlehnen aufrecht? Herbst
Land im Frühjahr Sommer und
Winter feldweites Weiß
Roggenschlagsirren und dieses
grüne Licht im April: Heim
zwischen Himmel und Meer wo
unser Auge und Wort sich
sättigte ein für allemal aber
wessen Wort wirklich: Dein Wort
Land nach dem gefragt wird von
mir oder: Nur von dem oder
dem? Oder trifft mich lediglich
eines der blutigen Spiele: Mit
gehangen mitgefangen sangen auch
wir doch täglich und gerade in
diesem: Land, nach dem gefragt wird.

MICHAEL WÜSTEFELD

* 1951

Such die Sprache meines Landes
finde keinen Mund
Stehe an dem Rand des Randes
sinke auf den Grund

Komm ich aus dem einen Traum
nehm den andren mir
Wechsle Kleider und den Raum
Wörter bleiben hier

Hoffe auf den wachen Ruf
Rufe selbst mich an
Trete Pferden auf den Huf
Schreie kommen an

Such die Sprache meines Landes
finde meinen Mund
Strick am Muster eines Bandes
Dreh ein Viereck rund

(1983)

RÓŽA DOMAŠCYNA

* 1951

Delany

für W. Kirsten

land unter mir nabel
der kindheit ganze welt
milchnaß und eben ein schoß
sollte mir bleiben ich hielt
die uhr an den atem besah mich
ein vergilbtes foto der großmutter im glas
erkannten meine augen die eigenen
baum und anwesen die kuh
angeschirrt am eggebalken mit nägeln
den gekreuzigten dahinter
des gestundeten lebens ausgefahrenen rain
einen rahmen ein gitterstück
das mich im bilde hielt
angenabelt sah mich
mit den augen
von fremden

(*Delany:* Landstrich, nordöstlich von Kamenz
[in der Lausitz]).

MATTHIAS BUTH

* 1951

Intercity

Der Tolle Bomberg
Über die Schienen fliegend
Drückt mich sanft ins Polster

Häuser wischen übers Fenster
Nur die Felder können mithalten
Ein paar Atemzüge
In den Kurven schlagen
Die Bremsen an
Bis die Lok den Rädern
Wieder freien Auslauf läßt

Dann stürzt der Gegenzug
Ins Abteil
Schlitzt alle Wagen auf
Blitzt ins Auge und
Wirft unsere gepolsterte Angst
Eine Zuglänge zusammen

Zwischenbilanz

Wer hat die Mauer überrannt
Zerbröselt geschleift
Wo ist Berlins weißer Schal
Der uns die Teilung warm hielt
Das Links und Rechts Gut und Böse

Wer hat die Errungenschaften ausradiert
Die Unabänderlichkeiten die Nähe gaben
Wohin ist die Trauer geflogen
Über die Brüder und Schwestern
Beruhigend unerreichbar

Wer hat uns gefragt als es ans Teilen ging
Ans Abschiednehmen von der gespaltenen Zunge
Wohin soll ich mich wenden
Umstellt von Freiheit und Einheit
Beitritt Eintritt Austritt

Deutschland
Ein Wort aus dem Ausland

[1993]

[*Brüder und Schwestern:* westdt. Polit-Floskel
zur Bezeichnung der Deutschen in der DDR.]

JOCHEN ARLT

* 1948

Cap Horn

Dick und rot sind die Äpfel
goldgelb ist der Wein
dort oben in anderer Landschaft
jeder Engel ist ein kleines Kind
ein Dreckspatz und ein Bengel
dort oben in anderer Landschaft

Und nun weine nicht
rasch ist die Nacht vorüber
mit ihren Sternen Perlen und Streifen
auf dem Grunde des Himmels
jetzt lächle mir bitte zu
denn bald ist sie vorbei die Nacht

Das Radio spielt immer nur
dieses eine Seemannslied
dort oben in anderer Landschaft
da wird nicht gestritten
da wird gelacht und gesungen
dort oben in anderer Landschaft

Und nun weine bitte nicht
rasch ist die Nacht vorüber
mit ihren Sternen Perlen und Streifen
auf dem Grunde des Himmels
und jetzt lächle mir zu
denn bald ist sie vorbei die Nacht

Dick und rot sind die Äpfel
goldgelb ist der Wein
dort oben in anderer Landschaft
da gibt es Brot zu essen
Brot von dem man träumen kann
dort oben in anderer Landschaft

Bitte nun weine nicht
rasch ist die Nacht vorüber
mit ihren Sternen Perlen und Streifen
auf dem Grunde des Himmels
jetzt lächle mir zu bitte
denn bald ist sie vorbei die Nacht

GERALD ZSCHORSCH

* 1951

Ver, werden

Kinder werden verschickt
Einbrüche verbrochen
Mutmaßungen werden verklickt
Ängste verkrochen

Strafen werden verbüßt
Chancen vertan
Träume werden versüßt
Dinge verfahrn

Existenzen werden verkracht
Absichten verbraten
Regierungen werden verlacht
Fluchtgepäck verladen.

Selbst

Denken im Rohzustand.
Problem gestundeter Zeit.
Über Strecken hinweg
Alleingang. Und nicht bereit.

Plan einer offenen Kammer.
Wir leben eben gedacht.
Und ein Ruf blitzt. Es schien gleich so,
als hätte das Ich gelacht.

JAN FAKTOR

* 1951

wir brauchen eine neue lyrik
wir brauchen lyrik nicht nur zum schieben und schmieren
wir brauchen lyrik nicht nur zum aufstehen
wir brauchen lyrik zum durchgreifen

lyrik die ohne schamhaare auskommt
lyrik die bis nach mitternacht ihre elastizität behält
lyrik von vorn und hinten
lyrik zum lecken und befruchten
lyrik mit poren und plattfüßen
lyrik die schluckt und gurgelt
lyrik die auch im schlaf auf der lauer ist
lyrik die die impulsivität der feststoffe in grenzen hält
lyrik die sich selbst umbricht
lyrik die umweltkarten ganz unschuldig in kartentelefone schiebt
lyrik die auch in kellern über allen wasserspiegeln steht
lyrik die als erste mitbekommt wo die schnellhefter gebunkert werden
lyrik die gehacktes nicht nur im angelsächsischen raum als etwas anderes betrachtet als es ist
lyrik die sich selbst salbt und notfalls selbst zum friedhof läuft
lyrik die weiß daß auch ein säurebad nicht die letzte reinheit bringt
lyrik die scharfschützen nicht von hinten belächelt
lyrik die drucktöpfe nicht nur bedienen sondern auch gezielt außer betrieb setzen kann

wir brauchen zur zeit einfach wesentlich mehr lyrik als wir haben
wir brauchen lyrik als schrittmacher für ganze seilschaften
wir brauchen lyrik ohne wasserbeine
wir brauchen lyrik von gesundem starrsinn
lyrik die auch in undichten kühlschränken salzige eiswürfel lagert
lyrik die sich gutgläubig auf ungewaschene teller stützt

lyrik die mit würde holzkekse kauen kann
lyrik die sich nicht selbstlos an raumteilern reibt
lyrik die beim trinken nicht vergißt linoleummuster zu studieren
lyrik die nicht nur eine kindheit ruinieren kann
lyrik die nicht rot vor wut wird wenn man's von ihr behauptet
lyrik die flächendeckend obst zum schimmeln bringen kann
lyrik die mißerfolge in nicht vorhandene zwischenräume zwängt
lyrik die mit entsicherten ventilatoren archivare besucht
lyrik die träume unter umständen von dritten verwerten läßt
lyrik die kostendeckend verlustgeschäfte aller art finanzieren kann
lyrik die logarithmische kurven mit fußnoten verunstaltet
lyrik die nicht nur von ihren managern geschrieben sondern diesen auch
in ihre gesichter tätowiert wird
lyrik die mit einigen löchern im schädel viel klarer reden kann als sonst
lyrik die reifungsvorgänge nie rechtzeitig einschätzt
lyrik die ihre abnehmer unter druck setzt erst wenn's zu spät ist
lyrik die auch ihre gröbsten navigationsfehler erst monate später erkennt

diese lyriken brauchen wir wie salz
diese lyriken brauchen wir unbedingt
ohne diese art von lyrik wird bald gar nichts mehr laufen [...]

Aus: *wir brauchen eine neue lyrik.*

LUTZ RATHENOW

* 1952

Buckow, am See

Der Laut zweier Enten, ein Hund
in der Ferne. Wind, der die Blätter
am Ast reibt. Selten treibt
eine Stimme über den See. Vereinzelt
Besucher vom Brechthaus, ihre Rufe:
Wie schön

Nicht die Stille beim Berühren eines sterbenden Menschen
Nicht die Ruhe nach einer Frage in dem Verhör

Hier kann man sitzen
die Wolken betrachten. Zwei Stunden
oder drei, ohne Angst
auf der mit Raketen bepflanzten Erde.

[*Brechthaus:* vgl. Brecht, Buckower Elegien.]

Ein Märchen

Spitzel kriegen grüne Ohren
Der General hat die Armee verloren
Zwei Minister haben glatt ihr Amt vergessen
Der dritte überlebte nicht das Festtagsessen
Der Rest hat sich im Auslande verlaufen
Die Dichterherde ertrank beim Saufen
Gefängniswärter verschließen die Zellen nicht mehr
Nachrichtensprecher husten sehr
Verbrechen sterben langsam aus im Land
Die Philosophen kommen zu Verstand
Polizisten müssen ihre Langeweile ertragen:
Zum Zeitvertreib tun sie sich lustlos erschlagen
(Und weil sie sonst tot sind, sich wieder vertragen)
Selbst Beamte zweifeln an Gesetz und Recht
Der Landeshöchste findet sein Regieren schlecht

Deutschland im ICE

Der Regen tröpfelt den Zug entlang.
Die Suppen schaukeln, was essen wir
uns auch durch die Rhone. Ich trinke
schnell. Unruhige Landschaft. Kaffee
will aus seiner Tasse. Gewusel in Grün
hinterm Fenster. Gegriesel. Bin ich näher
an Koblenz oder Konstanz. Köln Komik
Kitsch ... Fast eingeschlafen, die Suppe
doch schon im Bauch. Es wird schneller,
drei Minuten Verspätung aufholen. Zügig
voran im Zug, der voll ist an diesem
Nachmittag. Keiner verläßt seinen Tisch,
durchtrinken bis zum Ziel. Ein Blitz.
Blitzschnell Sonne. Deutschland im ICE.
Eine Sorte Bier ging schon aus, das Eis
wärmt die Zunge. Die Servierer eilen,
Bewegung ist alles. Verdunkelte Scheiben
lackieren eine flachere Landschaft.
Zu viert sitzen wir und verstehen uns
wortlos. Lesen in derselben Wochenzeitung
den gleichen Artikel. Zwei lächeln nicht.

ROLF BOSSERT

1952–1986

Lied

Wohin mich mein Weg heute führt:
Ich weiß es am Morgen noch nicht.
Am Abend dann, peinlich berührt:
Auf der Milchstraße wieder kein Licht!

Verbotsschilder sprechen für sich.
Und dennoch: Ich pfeif aufs Verbot!
Im Sternenwald füttere ich
Den Großen Bären mit Brot.

So treib ichs seit einiger Zeit.
Dem Herrgott begegne ich kaum,
Ein paarmal nur seh ich ihn weit
Verloren im krummen Raum.

Langsam kommt dann die Müdigkeit auf:
Ich habe das Trampen verlernt.
Ich schlage mein Himmelszelt auf,
Einen Steinwurf vom Weltall entfernt.

[1984]

FRANZ HODJAK

* 1944

lied

dies nebeneinandergleiten
die tage sind wie eine graue wand
komm, mädchen, du baust so gerne auf sand
und ich haß ebenso
endgültigkeiten

wir brauchen weder visum noch stempel noch karten
wir fahren um die ecke ins ungefähr
es fällt uns so leicht, so schwer
ein wenig wollen wir warten

es klirren leise die sterne im wind
wir entfachen ein feuer, von dem wir uns betrinken
wir schweben auf rauchwolken, steigen und sinken
wir frösteln und spüren, daß wir sind

und was uns reizt, ist allenfalls dies:
eine höllenfahrt durchs paradies
wir brauchen kein geld und kein dach und kein ziel
bloß einige takte unsterblichkeit

auch schwüre brauchen wir keine

mädchen, du weißt schon, was ich meine

Rumänischer Sonntag

es gibt tage, die beginnen
ohne verbote, und man

geht auf den flohmarkt, sucht
ein feuerroß, das

einen über die grenze fliegt. so weit
der horizont reicht, bloß wörterbücher

der flüche. und der eindruck
kommt auf, die dinge sind

nur da, um heimlich abdrücke zu nehmen
von der absicht, die man hegt. schließlich

tauscht man eine alte wasserpfeife
gegen eine ikone, wer weiß,

wer weiß, und verstrickt
sich in netzen

von schnürsenkeln, aus denen
pfiffige
zigeunerinnen die zukunft

lesen: jeder, der kein land hat, kann
sich eins kaufen, hier, bei mir.

DIETER SCHLESAK

* 1934

Transsilvanisches Bruchstück

Es ist nichts, es tut nicht weh.
Es ist ein Loch, nur Mut,
In meiner Haut.

Es rinnt in mir jetzt
Aus das Auge
Die Sicht verschleiert. Es rinnt
Als wär ein Loch im Kopf
Da wächst kein Gras
Da lebt
jetzt keiner mehr.

Es rinnt in mir jetzt
Aus das Auge
Die Sicht verschleiert. Es rinnt
Als wär ein Loch im Kopf
Und auch im Herzen
Und dreht sich stumm
Ein Schwindel wie noch nie.

Ich sah bisher den Turm
Es schlug die Stundturmuhr
Es gab noch wie ein
Rückkehrwunder
Das alte grüne KinderHaus
Der erste Baum das erste Gras
Der erste Mensch den ich gesehn
Sie blieben alle dort und warten
Vielleicht käm ich
Doch einmal noch nach Haus.

Wenn alles schiefgeht hier
Im fremden Land/ käm ich
Zu jenem ersten Blick auf dieser Welt
Mit meinem letzten wieder an.
Jetzt aber ists ein Schwindel
Ist ein leerer Ort, ein Totenhaus die Blendung
Scheint sehr stark zu sein, fast wie Hypnose
Es sind die Augen, denke ich, und man wird älter
Und seh nichts mehr, nur schwarz
Vielleicht ist es ein Traum, vielleicht
Bin ich verrückt, find einen guten Arzt,
Der mich noch heilt, vielleicht bin ich
Nicht ganz aus einem bösen Traum erwacht …

[*Transsilvanisches:* Transsilvanien, ›Land hinter den Wäldern‹, Bezeichnung für Siebenbürgen in Rumänien.]

WERNER SÖLLNER

* 1951

Siebenbürgisches Dorf

Abends vorm Hoftor
die dunklen Gestalten der Männer
rauhe Wörter im Hals.

Kein Kraut ist gewachsen
gegen die Nacht, das Vieh
bringt sie heim von der Weide und
geht zu den salzigen Steinen
am Trog.

Die verrückte Zoor kommt aus dem Stall
und sagt, wenn die Büffel trauern, weil sie
so schwarz sind, weinen sie Milch.

Beim Gevatter im Garten
trifft sich der Herr Parteisekretär
heimlich mit dem Herrn Pfarrer
und bittet um himmlischen Beistand,
nämlich
es ziehen Donner und Blitz heran
aus der Stadt.

So viel Lärm in der Welt, sagt
er, nur sich selber verschweigt man.
Und er verbrennt sich die Finger
am Zeitungspapier, in welches er
Tabak gewickelt.

RICHARD WAGNER

* 1952

Bandoneon. Ein Tango

Die Mörder gehn da ein und aus Wir
haben Wörter und kein Haus Die
Mörder gehn da ein und aus Wir
haben Wörter kein Zuhaus Wir

haben Wörter kein Zuhaus Die
bleichen Schreibtischtäter Die
Mörder gehn da ein und aus Nach
Dienstschluß sinds Familienväter

Bandoneon! Es fließt kein Blut Die
Herren führen bloß die Feder Uns
bleibt der Liebe wirre Glut Unter
den Wörtern schrein die Räder

KLAUS HENSEL

* 1954

Kronstädter Herbst

Auf Ansichtskarten kauf ich den
Himmel über der Zinne blauer als
Es ihm zusteht. Der Turm der Schwarzen
Kirche, ein hilflos erhobener Stumpf
Heimatliebe, zerfällt im Zeitlupentempo
Meiner Erinnerung.

Die neue Stadt aus dem Zugfenster –
Eine Stadt aus dem Zugfenster.

[*Schwarze Kirche:* Mittelpunkt von Kronstadt, der Hauptstadt des Kreises K. in Rumänien (Siebenbürgen); spätgotisch, 1477 vollendet.]

FRANZ JOSEF CZERNIN

* 1952

firmament

während all die wälder dort verebben,
auch zu einem kahlen wipfel uns verdonnern hier,
überflutet dies gebirge welchen eignen kamm,
sich über so im schwange tragend stets,
dauernd auch an meiner sohle zu erstarren,
dass mit dem schaum vor jedem mund,
dem aufgeschaukelt, aber an sich haltend,
wände gegen wände reden oder gehn
einander hoch und durch, in rauch und wolken fliehend;
auf die spitzen und umher das treibt sich
überstürzt und dann versunken wieder klingend,
immer im begriff, gründlich durch uns zu brechen,
und sich steinern macht die miene gut dazu,
ob jene wanderung, oder dieser grat,
durchwegs lange sich und weit entfaltend:
denn in jeder letzten linie es dazu hat
auch meine stirn so glatt und eisern,
stets dennoch in dem heissen tropfen auszuhöhlen.

wie schüttet es uns dann auf und herzlich aus,
mitten im gerinnen solcher welle,
scheitelnd pünktlich jetzt
in dem schwall von wächten oder andern worten!
auf dem weiten, breiten tisch
aus diesem einen guss und strahl
wird immer alles auszubaden,
aufgedeckt so kalt und klar,
sagend in das gesicht, auch ganz verloren,
und aus allen enden, allen ecken himmelnd an:
zu sein in welchem bilde nicht auch tief,
und durch welche lücke dennoch, läufst du
über ganz mein auge sehend, jeder sache,
dass sich, rollend durch sich selbst allein,
an aller stelle ganz zu blauen, unsres
doch auch plötzlich so zu heften bleibt.

CHRISTOPH WILHELM AIGNER

* 1954

Nach dem Winter

Nichts hat sich ereignet
Hab Holz gehackt und das Holz
redete von Glut
zweiundzwanzig Briefe
geschrieben zwei erhalten
dem Regen zugesehn
wie er vom Wind auf Händen
getragen wurde und doch fiel
Ein anderer bin ich jetzt

Einsicht

Ich sammle Reste von Verstand
aus Wien, Berlin und Feuerland
Dazu vom Licht ein kleines Quant
Ein Elektron vom Kölner Dom
Ein Stückchen Schwarz aus deiner Nacht
und etwas Pulver daß es kracht
Ein Fingerhut Verwegenheit

HANS-ULRICH TREICHEL

* 1952

Am Brandenburger Tor

Alles eins nur ich gespalten
Dies mein Herz und das mein Hirn
Deutschland Deutschland unter
anderem
Bröckelt deine Denkerstirn

Alles glühte nur ich rußte
Still zerbiß ich mir die Lippen
Herr im Himmel hilf den Schwachen
Flick mir die zerdrückten Rippen

Alles schrie die Raben krächzten
Deutschland einig Vaterland
Hab dann meinen Vers geflüstert
So daß niemand ihn verstand

Morgenandacht

Sanft gerötet der Himmel
überm Dachfirst, die Stelle
unterm Auge, in der Zeitung
Falzgesichter, in der Wohnung
ich, schwach diffus, leicht
multipel, meine Schultern
beispielsweise fallen heute
eher schemenhaft aus,
gar nicht zu reden vom Gewirr
der Gedanken, dem Gangliengesumm,
wer weiß schon, wie es wirklich
um das Abendland steht.

SASCHA ANDERSON

* 1953

Von I. nach J.

Kein Mitleid einerseits, nur kalter Leib
und wenn ich es von innen her betrachte
eiskalt, den Blick auf die Natur gelegt
erwärmt es lediglich, was ich mir dachte
das seinerzeit voraus und frei zu sein
von jener Hülle, die auch ich verachte
von außen hin ein Erz, ein Herz das steht
und stand, bedeutet – dem Himmel gleich, der Maske
des Südens und des Lorbeers – Endlichkeit
war nicht der Zweck der Nachricht, der sie brachte
der Unaussprechliche ist, überdreht
gesprochen, unfaßbar, der Sache Sinn
kein Mitleid, wie gesagt, es ist in ihm, ein Bild
entblößt von jener Farbe, die ihn schwerer machte.

STEFAN DÖRING

* 1954

wortfege

weinsinnig im daseinsfrack
feilt an windungen seiner selbst
wahrlässig er allzu windig

im gewühl fühlt er herum
und windet sich nochmal heraus
fund, kaum geborgen, bloss wort

wasser, lauernd, von wall zu wall
die spiegel mit fellen überzogen
wetter, uns umschlagend, dunst

die gewährten fegt es hinüber
die bleibenden gefahren erneut
der sich herausfand währt dahin

THOMAS BÖHME

* 1955

heisses holz

im grunde genommen waren dir beide ufer gleich gültig
ein gründlicher sommertag war dir schon süden genug
an das mit ziegeln behaftete grün dachtest du auch
erst als die hölzerne glocke zum angelus schlug

von den brücken wähltest du immer nur solche
die dich an niedergestreckte kräne gemahnten
in ihren frakturen verfing sich ein körniges element:
die leibhaftige hitze, die mit fäulnis verzahnte

der fluß freilich bildete hier eine tangente
zum sturzkreis des mauerseglers den du der einfachheit halber
für einen mäusebussard für eine kornweihe hieltest
aus der entfernung wirkten ja selbst die krähen wie greife

die luft aber mengte sich mit der schwindelerregenden süße
der beize wie sie die eisenbahnschwellen verströmten
was du dachtest mußte noch nicht einmal falsch sein
gleichwohl nanntest du es ein aromatisches denken

da fügte sich auch der fluß in die geometrie des stillstands
du lasest von seinem spiegel die zweige die blätter die adern
der blätter; und in der erstorbenen mitte des stromes verharrte
ein glutweißes boot wie ein nach innen gewendetes auge

BERT PAPENFUSS (-GOREK)

* 1956

die lichtscheuen scheiche versunkener reiche

wilhelm, walter, erich, egon
& wie sie nicht noch alle hießen
die abgehalfterten ellerkongen
beispielloser sozialer großexperimente
blockwarte, oberaufseher & generalsekretäre
die über uns wachten in unserer ohnmacht
getrübt von abschottungsmaßnahmen
im vorfelde ökonomischer zerklüftung
erfreute sich viel volks der lebenslust
& insonderer sinnenfreude, inneren querelen
sowohl als auch der grausamkeit verschiedener
nunmehr versiegter übergeschnappter
ist es, wenn man so will, zu danken
daß ihr übertriebener gesellschaftsentwurf
versangundklangloste; despotenpech
jetzt herrschen sie, wie ich wiederholt
von vorläufern & wiedergängern gehört
im abgrunde unter den hohnlochländern
& ihre alter egos, diese scheuchen
verantwortung-rücksicht-partnerschaft-
freiheit-wohlstand-sicherheit-gemäß
unverdrossen stockenbalkenbiegungsmäßig
über ihre ehemaligen wirtschaftsgebiete
im subkultmund: untertanentraufen
die noch schnell aufblühen, bevor sie

unentschieden flattern die fittiche
der unentschlossenheit, verglühen
: menschenschicksal, ihr unternietzschen

[*wilhelm, walter, erich, egon:* Wilhelm Pieck; Walter Ulbricht; Erich Honecker; Erich Mielke; Egon Krenz. – *unternietzschen:* vgl. Friedrich Nietzsche.]

KURT DRAWERT

* 1956

Im Klartext

Bei gleichen Lichtverhältnissen,
gleicher schwieriger Luft, gleicher
flacher Atmung, bei einer Kleidung,
die keinen Windzug mehr aushält

und schon mürbe im Schaufenster hing
solcher Tage, die namenlos
und verwunschen vom Frühjahr sinnleer
und staubig vergingen,

bei gleicher Verfügung der Sprache
über die Wörter wie der eines Vaters
über sein Kind, das mit schmutzigen Händen
nach Haus kommt,

bei aller Wiederholung und wiederholten
Wiederholung der Ignoranz,
die man zu ignorieren geübt ist,
bei allen Geschichten eines planmäßig sterbenden

Sommers in verhunzter, verdorbener Landschaft
von Häusern, dessen Wände die Zeichen
der Liebenden leugnen,
und bei aller Geschichte,

die sich schnell überrundet
und abholzt und wegschmeißt,
ist einiges tatsächlich anders geworden.
Mich beispielsweise, lieber Czechowski,

interessiert tatsächlich nur noch
das Privateigentum an Empfindung,
der Zustand des Herzens, wenn die schwarze Stunde
am Horizont steht, die Würde der Scham

und das Ende des Hochmuts. Wer will,
mag die fehlenden Tassen im Schrank
meiner Herkunft beklagen, ich
hab den Fahrplan gelesen, die Koffer gepackt

für die Reise ins eigene
innere Land. Und vielleicht
ist auch das schon
nur noch im Traum von Bedeutung.

[*Czechowski:* Heinz C., *1935 in Dresden, Schriftsteller.]

So gehen die Unsterblichkeiten

Auch du reißt keine Lücke ins Spielfeld,
wenn du verschwindest. Noch hält er
sein Gesicht im Schatten, dein Ersatz,
doch sagt der Duft, der fremd herüberweht:
ich warte schon. – Dein toter Nachbar

war auch unentbehrlich. Mann einer Frau,
die ihm die Treue hielt wie die Hand,
bis sie kalt war, Vater schlechter,
abgewandter Kinder. Der Stuhl,
auf dem ein Leben lang sein Körper saß,

gleich ist er frisch gestrichen und verkauft.
Sieh hin, wenn du Mut hast: sie spielen Karten
auf dem Schrein, der in die Grube paßt,
darüber noch die Krähen ihre Kreise ziehn
um seine eben erblindeten Augen.

Nur denke nicht, es wäre zynisches Gesetz
der letzten Stunde: es sind die Zeichen
der Natur, die uns rettend die Bilanzen zerreißen –
wo die Wege abgründig falsch sind, ist gut,
daß der menschliche Schritt bricht.

Auch ewige Reiche verschwanden,
und leicht geht ein Wind über wuchernde Felder.
Alles nur haltbar wie trocknes Papier

am gezündeten Streichholz. Zu leicht
krümmt sich ein Finger am Abzug,

gehen die schützenden Hunde ins Gras.
Was liebten wir gestern für immer?
Die weiße Schrift, mit schneller Hand
vom schwarzen Grund gewischt,
der weiche Kreidestaub im feuchten Tuch,

so gehen die Unsterblichkeiten.
Betrachte das Moos auf den Steinen
der Toten, und wie es die Gräber begräbt.
Auf den Listen der Herrlichkeit verlöschen
die schönen, ausgesuchten Namen.

Und du hast gedacht, du wärest der Welt,
die dich verlor, ein klaffender Riß im Gewebe?,
ein fehlendes Wort? Nimm ihn mit,
den blauen Lack, der vom Himmel brach,
so scheiden sie alle.

Und beklage dich nicht, wenn dein Ersatz
schon in der Ecke steht und mit den Fingern
auf die Platte trommelt. Auch du warst dem andern
zu früh in der Tür, einzigartig wie er,
und jedem ein Fremder.

RAINER SCHEDLINSKI

* 1956

es beginnt fast immer mit einem gedicht
das die worte langsam dehnt, damit
sich die volumen zwischen den menschen vergrößern
in denen wir wohnen, in der mitte des abends
drehen wir plötzlich das leere glas um
und sehen ohne gesehen zu werden
während wir die nachkommen zählen
haben wir unsre ahnen geheiligt
wir haben den tod mit bildern durchlöchert, um uns
dahinter wiederzusehen, wir haben die unlust uns
vom mund abgespart und nun sind wir beinahe verhungert
an den namen der tiere, die durch unsre wahrheit
fabeln, *ich brauche dich*, aber
es sind die selben worte mit denen wir lügen

STEFFEN MENSCHING

* 1958

Letzte Naht am Ende des Mantels der Geschichte

Grüßgott, Fukuyama. How are you? Ach,
Man swatcht sich so durch. Kraft

Durch Freude, Freude durch Kaufkraft
Dadadatam. Schöner Götterfunken. Chorisch

Fiepende Einkaufskassen. Paris, Tokio,
New York. Shopping, die große Selbstbegegnung

Telegenmanipulierter trauriger Tiere,
Auf der Suche nach einem Bedürfnis. Demnächst

In Tula: Freedom, die Slipeinlage
Für alle Tage, für alle Democracy,

Eine Angelegenheit der Notare. Erfolg
Macht sexy. Das warst du. Das da. Das Wesen

Mit dem Rabattgesicht, bei den Boxershorts.
Systeme, Subsysteme, Subsub, undsoweiter,

Jählings, undsofort, abstürzend
In die Wiederaufarbeitungsanlage.

Auf den Deponien Utopien. Vorwärts
Zu neuen Erfolgen. Gestrichen. Ufern.

Gestrichen. Technologien. Ach was,
Nichts mehr zu wollen, ein Gefühl,

An das man sich gewöhnen wird. Kurz
Spieltest du mit dem Gedanken,

Mit der Kreditkarte die Pulsader
Zu öffnen, aber dann sahst du

Das Playmate des Jahres in drei Meter Größe
Für eine Süßspeise werben und dachtest,

Geh hin und teste die Ware, morgen
Ist auch noch ein Tag.

[*Fukuyama:* Francis F. schrieb das Buch »Das Ende der Geschichte. Wo stehen wir?«, München 1992, und behauptete, das Ende der Geschichte sei mit dem Sieg der Demokratie über den Kommunismus erreicht. – *Kraft durch Freude:* Organisation des NS-Regimes für kulturelles u. touristisches Freizeitprogramm. – *Schöner Götterfunken:* aus Schillers »An die Freude«; Chor im Schlußsatz von L. v. Beethovens 9. Sinfonie.]

LUISE SCHMIDT

* 1955

Jetzt: am Ufer der gewaschenen Harmonie

Jetzt muß es weitergehen und
wenn es noch so eng wird
muß der Versuch aus dem
Innenleben auf die goldene Straße –
über den Horizont von dem sich
niemand durch seine zarten Farben
täuschen lassen darf ein Schnitt
ist ein Schnitt ein Mord
ist ein Mord und eine Geburt ist
die einzige Hoffnung auf der
Kante eines Brillanten
Klar wird nichts auf geht nichts
auf geht nichts aber unser
einseitiges Geschrei verfolgt uns
jeden Tag sobald wir Zwei sind
gibt es nur noch IchSätze bis der
Ekel kommt und
wiederkommt und
uns erst auseinander
treibt wenn uns schon die dunkelbraune
Spucke ins Gehirn gelaufen ist – wer
mit dem Zug verreist sieht
hinter den bunten zerbrochenen Fenstern des
Kölner Doms aufrecht tanzende Schlangenhäute
und Kinder in Alufolie
und ein paar Schatten tanzen unter dem Namen
Unsterblichkeit bis sie sich vor Lachen

nicht mehr auf den Füßen halten
können –
Sonne, Liebling, was die Leute reden
ist phantastisch Ketten aus
Worten mißbrauchen sie an
ihren Körpern (Alle.)
ihre abgewichsten Gefühle beschlagen
die Fenster der Seele mit Dreck –
das sind die Augen –
trübe und beinahe blind –
mit jetzt und damals hat das nichts zu tun –
weil immer schon Angst und Feigheit –
die Freiheit umgebracht haben.

Nach dem Kreischen kommt der Knall

Ich denke mir das muß gut gehen aber
der weiße Augenblick hat sich schon
so lange gedehnt daß die Hoffnung

auf den Schatz der jetzt
Leben heißt sich zerdehnt hat

alles ist privat auch wenn du
schreist ist das privat

und dann kommt der Knall mit
Rotwein gurgeln, mein Schatz heißt
Leben und nicht anders. Wie? Wo?

Irgendsoein Biest hat mich gestochen
Leben Leben ist jetzt wieder
selbstverständlich. Irgendsoein Biß /
Winter Wasserrohrbruch
alles unter Wasser Hilfe /
irgendsoein Draht ist losgegangen
eine Person hat es erwischt, die
anderen machen weiter und verhalten
sich ruhig. Ruhig ist natürlich nicht
bewegungslos. Der Himmel kippt auf
rot.

EVELYN SCHLAG

* 1952

Wirklichkeit

Nah ist mir das trockene Holz unter
der Hand Brückengeländer das
meine Kindheit mit der Stadt verband
nah ist mir wie der Wind die
Schwalbe in den Augenwinkel küßt

sie auf Händen trägt durch alle Luft
nah ganz nah sind mir Arm Schulter die
Wange des Geliebten den ich nie sehe
zuinnerst alles was ich entbehre

Meine Träume stehen Rücken zur Wand
zählen mit wie die Welle steigt
da sagt mir gestern ein Freund:
Ich weiß nicht wann der Augenblick des
Glücks kommen wird aber ich erwarte ihn

UWE KOLBE

* 1957

Hineingeboren

Hohes weites grünes Land,
zaundurchsetzte Ebene.
Roter
Sonnenbaum am Horizont.
Der Wind ist mein
und mein die Vögel.

Kleines grünes Land enges,
Stacheldrahtlandschaft.
Schwarzer
Baum neben mir.
Harter Wind.
Fremde Vögel.

Zitat vom Gott der Stadt

Er reckt sich zum Himmel, sein Nabel
erbricht, ragt auf, das Gewölbe
des Bauches schliert wie ein Fettfilm,
an Dächern aufgespannt, den Kronen
noch zuckender Bäume, der starren
frühmorgens drei Uhr.

Gerad heil ist der Taumler geblieben,
verläßt er den dreifachen Frieden
der Sprache, wo Wahnsinn stimmhaft beginnt,
die Endzeit gelöstes Problem,
das Fehlen von Trost den Sehnsuchtsmotor
betreibt. Gewaltig zitiert sich der Gott.

Und stößt das warme trockne Männlein
vom feuchten Schlund sich hoch,
eröffnet eigner Hand die Elendsschleuse,
wächst doch nichts im beweglich
und fruchtbar schimmernden Schlamme, nichts
im Schein der heiligen Visage,

die schweigt, versucht durch Anwesenheit.
Den ficht keine Lüge mehr an,
dess Glieder aus Vorzeitbeton
lähmt keine Erwartung. Es quillt
die Sonne, Schwamm noch, aber doch
zu diesem Horizont herauf.
Der Weisheit frei zur Nacht gewordne Blume
befehlen keine deutschen Tage fort.

(1982)

[*Gott der Stadt:* vgl. Georg Heyms Gedicht »Der Gott der Stadt«.]

Wir leben

Wir leben in den Räumen
zwischen den Klopfzeichen der Toten,
zwischen ihren Chiffren
in unseren Worten
und ihren ehernen Namen,
unter ihren Signalen auf Halbmast.
Wir leben, gekrümmte Lettern,
Schlangen und Salamander.
Die Toten wohnen tiefer
und, schlagen wir sie heraus,
aufrecht noch im Pflasterstein.
Unser schiefer, fragender Gang
auf ihrem Chorsatz.

BRIGITTE OLESCHINSKI

* 1955

Wie Spülwasser rinnt

heute die Schwüle über die Dächer, ein Gossengeruch, in dem
noch die Kirmesnacht nachschwappt, grell von kandierten

Lichtern und Schluckauf. Um die Kamine ballt sich
der Vormittag, er atmet und schwitzt

ohne Widerspiel. Nur im Gedächtnis schiebt weiter
das Gedränge umher, der Dunst frischen Biers, die Hitze

aus fremden Muskeln. Einmal jäh um den Hals
eine Hand, der Wegzoll im Taumel

tätowierter Haut. Ersehnt

und vergessen, bis Jahre danach über die Dächer diese
Schwüle spült, ganz beklommen vom Duft

nach Jungsein und Kitsch

MATTHIAS POLITYCKI

* 1955

Ein gewisser Eichendorff bläst den Blues von der prästabilierten Harmonie

Nehmt ihn hin, den Duft des Morgens
eurer fast verschlafnen Tage,
nehmt den halbzerbrochnen Spiegel
einer Marmorwelt. Die Klage

längstverträumter Zeiten dämmert
euch im Dunst des Morgentaus,
schimmert aus der nie geschauten
Ferne, will mit Kraft heraus

aus dem Netz der Straßen, Gassen,
durch die Tore, über Treppen,
will den Himmel selber sehen. –
Doch ihr könnt euch wenden, drehen:

seid gefangen, selbst im Rausch,
sehnet euch nach Brunnenrand
mit noch unverlöschtem Spiegel
und darin dem Himmelsband.

Tankwart, das Lied vom Volltanken singend

Ist doch
ziemlich egal, ob du einer von denen bist –
einer der lausigen Lichthupenfürsten,
die (mit 'ner Beifahrerloge in Blond)
hier ihren Unterarm raushängen müssen ...

Ist doch
wirklich egal, ob du einer von denen bist,
die (mit 'ner schönen Bescherung zur Rechten
und auch drei schreienden Schrazen im Fond)
vollauf beschäftigt sind, Chips ranzuschaffen ...

Ist doch
völlig egal, ob du hier deine Mühle mal
volltanken läßt, denn schon morgen, da hab ich
wieder komplett den Tag frei und da steig ich, ihr
windigen Manta- und Mazda-Rummurkser, ihr
hochwürd'gen Audi- und Volvo-Schnarchsäcke, steig
in meinen Turbo-Metallic und dann: nix wie
weg! Mann, die Kurven gekratzt ...

bis zu
dieser, oh ja: *dieser* Tankstelle, und wenn das
Fenster ich dann kaum 'nen Spalt runterkurble und
keinen Mucks leiser gar dreh die Musik und auch
keinen Deut rauf in die Stirn etwa schiebe die
Brille mit blickdichtem Sonnenglas und wenn ich
beiläufig dann nur so nicke und – na? Ist doch
absolut! schnurzpiepegal ...

PETER WATERHOUSE

* 1956

Die Erweiterung der Geschichte

Die Sprache heißt heute: Keiner. Das Zögern weitet sich aus.
Weit ist die Welt. Das enge Obst heißt in unserem Schweigen:
Glücklicher Obstgarten. Manche Formen der Stille
schmecken im Sommer sauer. Der Name des Sauren: Zu früh
gepflückt. Das Jahr wird erst süß mit unserem Zögern

(könnte süß werden, könnte süß werden
heißt der Gang der Geschichte). O, wie schön ist es
sprachlos den Sommer in den Herbst
zu schieben. Wie schieben wir weiter?
Wer schiebt uns?

Einer sagt: Uns schiebt die Nacht in den Tag. Leider
schieben die Tage auch. Die Bewegung heißt bald Herbst
es kommen senkrecht die süßen Zeichen herab: Wir
beißen hinein. In diesem Augenblick macht
die süße Geschichte einen sprachlosen Schritt. Der Schritt heißt:
Kein Schritt. Wir einigen uns auf den Zusammenhang und
nennen ihn zögernd: Obstgarten. Wir schweigen draußen.
Das Innere heißt: Stiller Wurm
in der Nacht eines Apfels.

Wir warten. Wir warten den Wurm ab. Danach lautet der Garten
Feld, Wald, Tal, Welt. In den Zentren
bleiben die Würmer zurück. Der Wartende denkt:
Es könnte werden die Erweiterung der Geschichte.

THOMAS KLING

1957 – 2005

Busladungen

puttengrün;
geharkter kies, »DER RHEIN IN
FLAMEN!«; das moost so schön,
das west!
betongestützte ritter-
burg, die schlößchen schweinchen-
rosa; bengalisch abends: pavian-
hinterteil;
filzlatschen kellerfarben
(muffige assemblage); der stolze
kastellan! (»den westflügel ham wir
NEU renoviert«; »gesandstrahlt hunger-
türmchen«);
ein hochberühmter schreibtisch
(FOTOGRAFIERVERBOT); intarsien im
knebelbart, ein ahnengähnen; dauerhafter
ludwignippes, die bibliothek im krieg

ein bißchen abgebrannt;
so angefressnes
blattkapitell, KAPITÄLCHEN WERDEN
INSTALLIERT, erfrischungstüchlein rum-
gereicht; die hand (»cleveland/ohio,
osaka zuhauf«), die hände ins wind-,
ins wasserspiel getaucht ACHTUNG!,
die busladung vom niederrhein! da gibts
noch einschußlöcher;
sind alle da? jetzt
wird der wein geprobt, lecker möselchen
mit doppeltem perkeo, silverlöffelchen,
geprägtes duodez DAS BUNTE RÜDESHEIMER
WAPPM; den »Alten Elephantenfriedhof«
schnell noch inspiziert ... NICHT AUF DEM
RASN SPUCKN! PFAUEN-KNEBELN UNTERSAGT!

[*DER RHEIN IN FLAMEN:* »Der Rhein in Flammen« bezeichnet ein jährlich stattfindendes großes Feuerwerk am Mittelrhein; Attraktion für Massentourismus. – *perkeo:* Anspielung auf die Figur des Perkeo neben dem Großen Fass im Heidelberger Schloss.]

Geschrebertes Idyll, für Mike Feser

seit acht gekokelt (»lüftchn wi
ausm ei gepellt«); zur erdbeerbowle
kommen kellergeister, brigitte-
leckerbissn reingezogn, pfundweise
fleischsalat und ersma bratnsaft
auf die krawatte;
schon unerbittlich
urlaubsdias durchgejagt AUF EINZEL-
BILDER MUSS VERZICHTET WERN; auffer
terrasse volle pulle, allseiz gesichz-
entfachung angesagt, mallorcamild der mond
im quittenbaum (»den schein ma wieder
losgewordn«; »sollja n mongölchn sein«),
pappteller läppern sich im rettich-
schattn, nachundnach: rührseligkeitn!,
männertreu! mein lieber herr gesanxverein!
der rettunxsanitäter skatgesicht, die
ärmel hoch die fahnen später
& nebnschau
platz aufgemacht: -glas an kompottglas
nahbei kartoffelmuff, danebn vaters hobby

keller pralineposter an der wand DA ZÜKKTERS!
BOHREGGWIPPMENT!!, mit kettschuppfingern mit
karacho in irgendeinen feuchtn neilon-
slip (. .)
da draußn weiter horrorvideo; g
gröhltes faßbier undundund, wildschwäne-rausch
aus allermund, dem schwulenwitzchen folgn
(glas ex) kräcker WER HAT DEN SCHÄRFSTEN
GARTNGRILL? WER HAT DIE SCHÖNSTEN SCHÄFCHN?
WER
HAT DAS GHETTO BOMBADIERT?, vor schluß die
stachelbeeren vollgereihert; (»irgenzwie
nach haus geeiert . .«)

[*geschrebert:* Anspielung auf Schrebergarten. – *gekokelt:* kokeln, mit Feuer spielen; hier auch: grillen. – *kellergeister:* preiswerter Schaumwein. – *mongölchen:* Ausdruck für mongoloiden, geistig behinderten Menschen. – *pralineposter:* Blätter aus der Zeitschrift „Praline“. – *BOHREGGWIPPMENT:* Equipment, Ausrüstung. – *vollgereihert:* reihern, sich heftig übergeben.]

Leipzig im Schummer (11. 3. 1990)

koks-installazionen, die abbruch-
reife, bergeberge; heizkörper ap-
geschaltet: mützn auf!, die stadt
ist reif:
koksinstallationen berge
berge, weltn dazwischn. bei scher-
bnbeknirschtm bodn; was ich sonst
gehört?: wasserrohrbruch, tosende
heraustosende wasser in fensterlo-
sem miezhauskeller; da brachs raus
graugelb gardinenschlappe wo keiner
sich noch mehr gekümmert hat. ja schei-
bnlos ja wasserbruch. die wessiband
hat alkohol hat ›müngersdorfer stadion‹
gegebn, drei-stücke-repertoir wovon
herr zeltinger aus köln mir wohlbekannt.
da hat in connewitz und überall die
straßenbahn so menschlich aufgeheult;
so menschlich (auch hier connewitz), so
enschlich-menschlich hat am nebentisch
ex-stasi zugehorcht – und suhrkamp, tja,
wir wärn fast rausgeflo. + alkohol +
alkohol + alkohol + + +

[*connewitz:* Stadtteil von Leipzig.]

ULRICH JOHANNES BEIL

* 1957

Abstraktion

Wie der Dezember den Laubentisch,
auf dem die Meinungen des Sommers klebten,
mit leinwandfarbnen Tupfen übermalt,
wie er, ein umgekehrter Bildner,
Tupfen um Tupfen an die Umrisse sich schmiegt,
sie so weiß und so mimetisch streichelt,
bis die Flocken, hügelhoch getürmt,
die Kanten mit Katzenpfoten betrügen;
wie er den Tisch in die Fläche einzusenken sucht,
tiefer als jede Ursache, jede Idee,
wie er ihn mit der Zeit
in ein pelziges Iglu verwandelt,
etwas, das sich schwer aussprechen läßt –
und keine Skizze erinnert an das, was da war,
nur eine Art Gletscherspalte vorne,
als könne dort wer Unterschlupf finden,
maulförmig, und doch kein Maul,
Stunden später schon ein Schlitz, umspannt von Dünen,
nein, kein Schlitz, nicht mal eine Mulde,
nur Geduld, gleich wissen wir mehr,
eine Senkung – eben noch, jedenfalls,
oder doch bloß eine Unebenheit,
ein kaum merkliches Nach-Unten,
ein Zögern im einzigen Aufschwung der Plane –
und im nächsten Augenblick scheint,
als wüßten wir endlich, was er ist,
das Vergessen des Gegenstands vollkommen.

HANSJÖRG SCHERTENLEIB

* 1957

Totentanz

November ach November,
Blasmusik grad eben noch
und Pappgesichter tanzend.
Mit steifen Armen rund
herum herum im Kreis, die
Häuser Schutt und Asche.
Egal egal, schlag bloß
das Kreuz, dann drück
ich dir die Augen zu.
November ach November.

Protokoll

Hab keine Angst, wir werden es schaffen.
Zwanzig Stufen sind es nur, ich habe
sie gezählt habe
sie gezählt habe
ich sie, wieder und wieder: Zwanzig. Siehst du
erst das offene Feld mit den Masten
gibt es nur einen Weg
gibt es mir einen Weg.
Und glaub ihnen nicht, wenn sie sagen
die Sonne ist
die Sonne ist
die Sonne, denn sie wollen nur, daß du redest.
Und glaub ihnen nicht, wenn sie sagen
das ist er
das ist er
das bin ich, auf diesem Bild vor dir, denn
das bin ich nicht
das bin ich nicht.
Wir werden es schaffen, hab keine Angst.
Zwanzig Stufen sind es nur, und solltest
du mich nie mehr sehen, denk daran:
das bin ich
das bin ich
das bin

JÜRGEN NENDZA

* 1957

Zum Beispiel

Der Sommer schaltet einen Gang
höher und sieht sich jetzt ähnlich.
In Freibädern schwappt Jauchzen über
wäscht Kleingedrucktes aus

Gesichtern. Werden so verträglich. Zeigen
die Sonnenseite dem der nach Uhrzeit fragt
und was wir vergessen spielen Transistoren
uns evergreen vor. Durch Straßen

ziehen sich luftige Schritte aufgeheitert
zusammen. Vereinzelt treten Nachbarn
hervor behalten alles im Auge. Uns
treffen Freunde die sind für jeden Lauf

der Dinge gut versichert. Haben Koffer
schon vorausgeschickt wissen wie
von Sinnen zu berichten: daß mancherorts
die Vögel tatsächlich noch gefiedert seien.

BARBARA MARIA KLOOS

* 1958

Femme atlantique

Clipper, blitzender Säbel, der
dem Himmel das Fell abzieht.
In welchem Hafen werd ich landen, die
von einem Ort zum nächsten flieht?

Wie Glühbirnen baumeln die Sterne
über den Dächern von Rom und New York.
Im Ozean möchte ich ankern, als
lebende Insel, leicht wie Kork.

Mein meerblaues Herz würfe Netze,
die schönsten Matrosen finge es ein.
Und das Eis begänne zu schmelzen, und
Stromstöße zuckten durchs nasse Gebein.

Clipper, blitzender Säbel, der
durch die Kehle des Himmels fährt.
Ich vagabundiere von Herz zu Herz
und mache auf dem Treppenabsatz kehrt.

HOLGER TESCHKE

* 1958

Rondeau für Birgit als ich vierundzwanzig wurde

Als ich nach vierundzwanzig Jahren
Verrat und Lüge sattsam hatt erfahren
Und weiter Hoffnung haben sollte anstatt Wissen
War ich mir plötzlich ohne Bitterkeit im klaren
Daß wir auf dieser Welt nicht glücklich werden müssen
Entgegen allen amtlichen Beschlüssen
Denn da ist nur ein Grund für Glück:
   Daß wir es brauchen.

Ob uns die Nächsten also treten oder küssen
Ob in dem Dreck wir bleiben, wo wir immer waren
Liegt jetzt bei uns. Und alle Lust, die wir vermissen
Kann sein, wenn wir statt glauben endlich wissen
Da ist ein Grund für Glück nur:
   Daß wirs brauchen.

(1982)

BARBARA KÖHLER

* 1959

Endstelle

für Fritz

Die Mauern stehn. Ich stehe an der Mauer
des Abrißhauses an der Haltestelle;
erinnre Lebens-Läufe, Todes-Fälle,
vergessen, wem ich trau in meiner Trauer.

Sprachlos und kalt: mein Herz schlägt gegen vieles
– nicht nur die Gitterstäbe in der Brust –
und überschlägt sich für ein bißchen Lust
und schlägt sich durch zum Ende dieses Spieles.

Im Winde klirren Wörter, Hoffnungsfetzen,
Nach-Ruf für die, die ausgestiegen sind
vor mir. Warum noch schrein. Es reißt der Wind

Die Fahnen ab. Was soll mich noch verletzen;
Verlust liegt hinter mir, vor mir die Schlacht-
Felder im Halblicht, zwischen Tat und Nacht.

[*Die Mauern stehn:* vgl. Hölderlin, »Hälfte des Lebens«.]

DIETER M. GRÄF

* 1960

Kippendes Jahr

kam, als wäre ein Schalter
umgelegt, die Kehrseite
des Jahres, der Vorfreuden
taumel;
                geborgen in einer
zunehmenden Schwärze.
                                        Der
nun blaß werdende Körper,
der kaum noch berührt wird,
sein stapfender Schritt,
zu den Krähenbäumen hin.
Die im nächsten Stadium
eingeparkte Welt;
                        Zeit
der Zimtwörter wie *diese*
*Gedankenschaufel**,
                        und
das sich Wärmen am Winter
tee –

* *Gedankenschau*
fel, hinter der keiner
steht: einfach eine un
unterbrochen schaufelnde
Schaufel in einem schärf
er werdenden Bild; dessen
verschwimmender Hinter
grund (»ich?«); die ehe
dem auf die Schaufel
draufgelegten Erdteile,
die zum Glück (sind un
erschöpflich) nachwachs-

JEAN-FÉLIX BELINGA BELINGA

* 1956

An der Kreuzung der Zeit

Hier stehe ich
und suche
die verlorene Wurzel.
Hier kriechen meine Sinne
im Staub des
Unaufhaltsamen.
Ich will fliehen.
Ich will entkommen
der Drohung meiner Zeit.
Wohin?

Es treibt mich
die Vergangenheit.
Es saugt mich
die Zukunft.
Zerquetscht
zwischen dem Wollen
und dem Müssen.
Meine Sinne keuchen
zwischen den Zwängen
entflohener Hoffnungen.
Und die Zeit verbietet mir,
vergangen zu sein.
Denn die Zukunft saugt
und läßt keinen entkommen.

Gewiß,
wir wollen irgendwohin.
Die Verwirrung aber
wird uns zum Zwang.
Das ist ein Irrtum.
Doch wer bringt Rettung?

ZAFER ŞENOCAK

* 1961

einst suchte ich eine staatenlose Stadt
um darin unterzugehen
keiner sollte meine Spur sehen
und je meinen Namen verstehen
einst suchte ich eine Bleibe für eine Nacht
das Bett sollte unterm Fenster stehen
und das Fenster zum Himmel gehen
damit ich ungesehen verschwände

ZEHRA ÇIRAK

* 1961

Istanbul

Von Istanbul bis Istanbul
ist weit
ist weit geworden
mein Weg wohin nach Istanbul
ist schmal ist breit wie Istanbul
und Bosporus fließt in mir
in meinen Adern nur Blut
salzig und ohne ein Blau wie das Meer
die Windmühlen drehen sich nicht mehr
in Istanbul ist
Windstille
in mir ist weit geworden
Istanbul
wie Sonnenblumenfelder
sich der Sonne zuwenden
drehe ich mich im Kreise
und suche Istanbul

JOSÉ F. A. OLIVER

* 1961

neunter november

wie die nebel nachtmahlen
in der morgendämmerung schon

wie herbstblätter farben mahnen
die erde erinnerungen kaut

wie die gräber versteinern
die wortlappen der trauernden

wie selbst die leisetreter stocken
wenn die toten offenliegen

wie ich diesen versen mißtraue
über fragen wünschelruten

wie ich sieche antworten belehne
sie zwischen bücher kehre

wie die leben ehrfürchten
die augensklaven bleichen

wie der wind doch nicht fasten will
gedichte in die landschaft kritzelt

zehnter november

ich weilte durch die stadt

meine jahre nahmen mich
unter ihre fittiche

buntes erfahrungsgefieder
zugvogelbehausung

in meinem gemach aus werten
rupfe ich worte heute

die poesie kratzt bilder frei
wie scheuerlappen ruchlos sauberkeit

JAN KONEFFKE

* 1960

Gelbes Dienstrad wie es hoch durch die Luft schoß
hinüber herüber Briefträger stiegen auf Dächern
geschwinder als oben die Wolken die Stadt überquerten
holla sagte ich mir heute tragen sie sicher
die schwindelerregenden leichten die frohen Botschaften aus
wartete ungeduldig, ihr könnt es euch denken
unterm Himmel aus lauter segelnden Briefen
Rauchzeichen bliesen Kamine Tauben kamen
mit Telegrammen geflogen ach weiß bedeckt
war bald die Gegend und der Kohlenkeller zugeschüttet
mir jedoch war nichts ins Haus geflattert
keine kleinste Nachricht Fäßchen Trauer
trank ich und beschwor dies Liebchen Untreu:
meine Hoffnung, mich nicht zu verlassen

KERSTIN HENSEL

* 1961

Hochmoorsommernachtstraumreise

Wir lassen schnell zurück die weißen Betten
Und unsre Schritte schmatzen durch die Nacht.
Ein gelbgereifter Bovist raucht und kracht.
Nach unsren Knöcheln gieren die Mofetten.
Und etwas pfeift mit rotgespitzter Zunge
Und leckt uns girrend über Hals und Rücken.
Wir gehen und vergehen im Entzücken –
Ein Puck springt ab, ein zartgewachsner Junge!

Die späten hohen Blumen wanken leise
Und röten manches schon verblaßte Tier,
Und die betagten Farne stehen grau Spalier.
Wir sind am Ende unserer Reise
Hier wo der Augenblick gerinnt zum Glück
Und wo das Glück vergeht im Augenblick.

Der neue Ton

Und nun – groß durchatmen
Im abgefuckten Jahrhundert, die Hände
Tief in den Hosentaschen, vom Nichts
Dichten, wie vordem im Großenundganzen
Vom Nichts. Versschmieden klippern
Fern her
Jauchzt das Strickliesel in Millionen
Auflagen.

Ich könnte auch eine Betonmischmaschine bedienen
Wenn's der Staat von mir fordert. Aber was
Seh ich: die geilen Neunziger, Hände tief
In den Hosentaschen. Der Kaderschmieden Köpfe:
Beton Beton und keinen Ton.
Die Aufklärer abgeklärt, die dunnemals wilden
Gelage, was traute ich denen und trauer
Denen nicht nach.
So müde ist's hier, daß man vergißt, das Gas
Aufzudrehen. Unter den spitzen Häubchen der Sechziger:

Vergnügen in Gott irrdich und haschmich, ich bin
Der Frühling Haschisch. Hier dröhnt alles
Vierzig Jahre später so richtig die Klöppel zu, endlich
Vor jedem Trampelpfad das Stoppschild

HOFFNUNG

Das mit dem Ausweg ein linkes Ding –
Weggeatmet – und nun: das Nichts
Klippern, ja! und fern her, Ja!
Seid umschlungen!

ANTON G. LEITNER

* 1961

DER TOD reißt
Uns dann und
Wann aus
Dem Schlaf. Mit
Offenen Augen
Leben wir weiter.

Manchmal aber
Macht es Freude,
Die Luft vor
Die Türe zu setzen
Oder eine Liebe
In den Kamin
Zu schreiben.

Man freundet sich an
Mit dem Nichts –
In blinder
Erwartung

(Weßling. Frühjahr / Sommer 1986)

Kleine Welt Runde
mit F.

Alles, was ich brauche
Um mich: Du, will sagen
Bist der Halt, aber drehst dich
Mit mir im Kreis.
Wir beschreiben uns selbst
Im Drehen erst richtig:
Mann und Frau
Bis das Karussell still steht
Halten wir stand

(Freudenstadt, 14. 9. 1993)

DURS GRÜNBEIN

* 1962

O Heimat, zynischer Euphon

Soviele Flickerbilder in den Künstlerhirnen,
Gewalt, durch Spiegelscherben exorziert, –
Uns nackte Welpen, Erben hoher Stirnen,
Hat man schon früh mit Nervennelken tätowiert.

Der kranken Väter Brut sind wir, der Mauern
Sturzgeburt. ›Tief, tief im Deutsch . . .‹, ertränkt.
Enkel von Städtebauern, Fleischbeschauern:
Jedem die fremde Wirklichkeit. (›Geschenkt.‹)

›Noch Bombensplitter?!‹ Gut für Stachelgaumen,
In violetten Babyschädeln installiert.
Sag, welche Schwester drückte ihren Daumen
Ins zarte Fontanell uns ungerührt?

Geröntgt, geimpft, dem deutschen Doppel-Klon,
Gebrochnen Auges, das nach Weitblick giert,
böse verfallen sind wir, pränatal dressiert.
›Deutschland?‹ . . O Heimat, zynischer Euphon.

(Für Thomas Kling)

20/3/89

[*Euphon:* Wohlklang.]

Alba

Endlich sind all die Wanderer tot
Und zur Ruhe gekommen die Lieder
Der Verstörten, der Landschaftskranken
In ihren langen Schatten, am Horizont.

Kleine Koseworte und Grausamkeiten
Treiben gelöst in der Luft. Wie immer
Sind die Sonnenbänke besetzt, lächeln
Kinder und Alte aneinander vorbei.

In den Zweigen hängen Erinnerungen,
Genaue Szenen aus einem künftigen Tag.
Überall Atem und Sprünge rückwärts
Durchs Dunkel von Urne zu Uterus.

Und das Neue, gefährlich und über Nacht
Ist es Welt geworden. So komm heraus
Aus zerwühlten Laken, sieh sie dir an,
Himmel, noch unbehelligt, und unten
Aus dem Hinterhalt aufgebrochen,
Giftige Gräser und Elstern im Staub,
Mit bösem Flügelschlag, Diebe
In der Mitte des Lebensweges wie du.

[*Alba:* altfranz. Ausdruck für das »Tagelied« der Troubadoure; Alba bezeichnet auch die Morgendämmerung.]

Kosmopolit

Von meiner weitesten Reise zurück, anderntags
Wird mir klar, ich verstehe vom Reisen nichts.
Im Flugzeug eingesperrt, stundenlang unbeweglich,
Unter mir Wolken, die aussehn wie Wüsten,
Wüsten, die aussehn wie Meere, und Meere,
Den Schneewehen gleich, durch die man streift
Beim Erwachen aus der Narkose, sehe ich ein,
Was es heißt, über die Längengrade zu irren.

Dem Körper ist Zeit gestohlen, den Augen Ruhe.
Das genaue Wort verliert seinen Ort. Der Schwindel
Fliegt auf mit dem Tausch von Jenseits und Hier
In verschiedenen Religionen, mehreren Sprachen.
Überall sind die Rollfelder gleich grau und gleich
Hell die Krankenzimmer. Dort im Transitraum,
Wo Leerzeit umsonst bei Bewußtsein hält,
Wird ein Sprichwort wahr aus den Bars von Atlantis.

Reisen ist ein Vorgeschmack auf die Hölle.

NORBERT HUMMELT

* 1962

strandschrift

was für verweise. welche signaturen
hier sind die muscheln, hier
ist was geritzt, hier was unleserlich
mit einem stock geschrieben. hier
hat ein wattwurm deutlich
seine spuren. an diese bootswand
wurde frisch gepißt. dies
ist der rostige besagte schuh. hier
ist ein zeichen das ich nicht
begreife. hier sind die kiesel
hier ist sand u. tang, anbei ein hund
von dem ich gern erführe, wonach
er scharrt, was er erblicken kann
im windgebeutelten gekrümmten mann
in dessen jacke die zitronenseife.

ich habe windgewelltes gras gesehn
dort zwischen steinen, moos vielleicht
u. farn
mein steifer gang, mein schauen
mein ertapptes horchen: dort
sitzt der vogel, dort im
rhododendronbusch
u. ruft u. widerruft
seit wann, wie lange
sein jeder ruf bemißt mir noch ein jahr
ich habe mitgezählt
u. mir wird bange

bukolisches sonett

ich stand der tür im rahmen als ich dachte
wie immer ich es wende und betrachte
wohin ich auch mein hab und gut verfrachte
ich weiß nicht wo ich morgen übernachte

der mond ging auf und ab als ob er schmachte
als ich bei meinen schafen nächtlich wachte
am horizont das weideland verflachte
ich weiß nicht was der schäferhund da machte

worauf ich sonst normalerweise achte
auf einmal fiel ein schuß wobei es krachte
ich sagte zu den schafen sachte sachte

ich sah das schwarze schaf das heimlich lachte
ich sagte sieh dich vor daß ich nicht schlachte
es ist vielleicht dein fell wonach ich trachte

LUDWIG STEINHERR

* 1962

Abstammung

Von meinem Urgroßvater
weiß ich wenig – nur
daß er Bauer war
stets einen Hut trug
meist lächelte
und trotz seiner dreizehn Kinder
die Feldarbeit oft
verweigerte –

Dann schloß er sich
stundenlang ein um
Schakespeere zu lesen:
das eine der zwei
Bücher die er besaß –

Keinem meiner Vorfahren
wäre ich lieber begegnet
als ihm
doch mit ihm
über Kunst zu sprechen
hätte ich vermutlich
nicht gewagt

Man kann nicht

Man kann nicht
an das Licht denken
und gleichzeitig an den Tod
an die dampfende Teetasse
und an die Struktur der Trinität
an die Zahnarztrechnung
und an den ersten Kuß
an den Tumor
und an die Windungen der Loire –

Man kann nicht am Denken
verzweifeln
und gleichzeitig
denken

ANDREAS ALTMANN

* 1963

gast haus wald es ruh

ein weizen kristall sage ich wir
haben nur wodka gorbatschow erwidert
der wirt seine lippen strichdünn mit
gerissen von lautlos verschlungenen
sätzen das röntgenlicht an der decke
streichelt die haut grünlich fahl
stühle werden mit fleisch behaftet

das ändert sich nicht von dienenden
augen das maul angehalten in atmende
trichter zu flüstern jeder gang
zur toilette neben der küchentür
ein ereignis spaltbreite blicke über
sehen den koch der würste frisiert
unermüdlich klebt die tapete trotz
der andauernden wechsel geleimter
hörer die münzen rutschen ins telefon
ohne ein zeichen ein spiel steht
unter der uhr daran drehen wir aus
gefallenes licht zerhackt den weg nach
vorsichtigen stufen seh ich die hand
vor augen nicht

MARCEL BEYER

* 1965

Hilflos getönt

Manchmal sitzen Menschen in
geparkten Wagen, aufrecht, nachts,
doch im Vorbeigehen ist keine
Lippenregung zu erkennen, sie
nicht er nicht, sie starren
nur geradeaus ins Dunkel
Halbdunkel der schräg vom Licht
durchschnittenen Kühlerhaube, doch ich
im Vorbeigehen, niemand rührt
sich und außerdem: bei diesen
Scheiben nachts, doch ich, hilflos
getönt, ich weiß, da ist niemand,
das geht vorbei, zwei aufrechte, oder
zurückgeklappte Vordersitze, in meiner
Gegend: manchmal, nachts, niemand,
im umgekehrten Fall wären die
Knöpfe runter, wie ich, im
umgekehrten Fall, die Knöpfe
oben ließe, aber auf diesen Scheiben,
nie, hilflos getönt, glitzert ein Fleck
kristallisierten Atems, wie auch ich
atme nachts, deutlich und laut
bei den geparkten Wagen.

Jihad Klänge der Heimat

Jihad Klänge der Heimat spielen sie
unten im Hof, im Dunkeln, wie jeden
Abend, der Nachthimmel hält dich wach.

Sie spielen Kairocassetten, die hat
der Cousin mitgebracht, du bist bei den
Schatten, beim Gestern, beim Schweigen

von letzter Nacht, du denkst an bestimmte
Kekse, an Sofas, du weißt nicht warum,
denkst an ungemachte Betten, und siehst,

wie sich Wolken verlagern, du denkst
an Blaufilm-Attrappen, du bist bei den
schattigen Bildern, bei Seifeflocken und

Schnee, während unten die Klänge
verwildern, da der Cousin mit rauher
Stimme im Hof, vor der Garage, den

nächsten Durchgang mitsingt, was bis
in die vierte Etage, bis in die Schlafstatt
dringt. Dem Jüngsten steckt es im Rachen,

er beherrscht solche Laute nicht mehr. Was
sollen die Eltern machen, das Flüstern fällt
ihnen schwer. Ich weiß nichts von ihren

Gesprächen, nur von diesem kehligen
Klang. Der Jüngste hat keine Schwestern,
ihm wird die Nacht zu lang. Das Rauhe, das

Kehlige: Gestern war stundenlang Blickangst
und ein taubes Gefühl im Arm. Seitdem ist
die Taubheit geblieben, oder der Halbschlaf

bricht an. Sie spielen bis gegen Sieben, zwischen
den Häusern dämmert es schon, das Kind wird
bald weinend erwachen, es kennt keinen anderen

Ton. Sie spielen bis gegen Sieben, dann hörst
du nichts mehr vom Hof. Auf der Straße die
ersten Wagen, du fällst in leichten Schlaf.

KAREN DUVE

* 1961

Sonntag

Kleine Vögel prallen gegen Panoramascheiben
Hausfrauen wischen lächelnd das Blut
In Lungen fettet Bratendunst
Es ist zu spät für Lotto, Toto, Selbstverstümmelung.

Du sagst: Lieber tot und tot als lebendig und tot
Und ich sage:
Keines Menschen Schmerz ist größer als der
Comer See.

Wir könnten ins Aquarium
Die Lurche heißen Blauer Pfeilgiftfrosch und
Niedlicher Grauer Schleimbolzen und nebenan
Der Komodowaran
Bewegt sich nur, wenn Du nicht hinschaust.

Du sagst: Lieber tot und tot als lebendig und tot
Und ich sage:
Keines Menschen Schmerz ist größer als der
Comer See

ENNO STAHL

* 1962

Wassermusikken

Rhein=Fahrt/Lied

so oft der
weg: der weg-
weg
den fluß lang m.
spezial-magie: nicht
nur lore
leilei nicht
nur hügels'
eros' wog'n: nein
mein sein
spült mit
darin: mein her-
(kunft)sein
  (»wo'ch von wech bin!«)
mein so-
sein mein rhein-
(land)sein
(=verort-
ung d. ortlosn/ sich
zug'hörign + beig'
selln): zaubr-
isch also wallts ü-
berm (lakritzn)strom: zaubr-
isch nicht myth-
isch.

Ohrgasmisch + (ver)lustig

all die tex-
te (der nacht) + die lie-
der: peter kam vor
bei: + tex-
tete -tete -tete bert strun-
z(o)te 'brick' wie 'n bri-
kett 'n so-
nett – mattis ver-
schwand + ich ver-
lor die kam-
era gar: kurz:
der tag 1 schaum die
nacht erst recht: kurz:
alles schäum-
te ...
aufm boot rumge-
schlingert + doch nich durchnäßt
aufm boot rumge-
fingert + doch nich gekotzt! den
fährmann über
(diesen) strom (der dinge)
freuts: mich
reuts denn nach der
nacht er-
wacht anders man(n!).

CAROLINE HARTGE

* 1966

ich bin das selbige haus
und die flammen die es niederbrennen bin ich
& ich bin
was man nicht verliert
weil man es mit sich führt
meine füße sind meine einzige last
ich bin ein stein der in der erde liegt

ich bin die heiserschreie der elster
und ihr schwanken im höchsten zweig bin ich
& ich bin
ein könig: der blickt zu niemandem auf
und sieht auf keinen herab
alle sind könige
ich bin ein stein der in der erde liegt

ich bin die neigung der u-bahn in der letzten kurve
und das sprühende kreischen der räder bin ich
& ich bin
der einzige ruhende halt
ohne verschlossene türen zu leugnen
ich rüttle nicht an gittern & gattern
ich bin ein stein der in der erde liegt

ich bin zwei junge graue tigerkatzen
und der ball aus silberfolie bin ich den ihre tatzen treiben
& ich bin
das geräusch von einem silberfolienball auf rotem ziegelboden
leiser als atemzüge und schneller vorbei
ich bin ein stein der in der erde liegt

FRANZOBEL

* 1967

Finlale

Still. Kein Wort mehr, keine Nennung
ausgezählt das Lager, ab jetzt
die Stufen hinab und weg
kein daß mehr und kein wie
ein letztes also noch, aber dann
ist also Schluß, ausgezogen/schnurstracks
meinetwegen mit Lineal
der letzte Strich so
gerade eben noch ins Aus
in den lauten Schluß:
hat nicht viel gebracht
alles

Laufen

Der Schritt nimmt seinen Hut,
und wie geschmiert den Lauf,
ferner liefen Gänsehaut,
dahinter vor die Füße
wie der Hase, Staffel, Sturm,
den Burschen fortbewegen,
zu und über Hindernisse,
Horn, larifari aus Gewehren,
lassen, oder gegen etwas Sturm,
gleich heißt es Amok,
Schritte nur, laszives Rennen,
wie am Schnürchen aber,
von Pontius mit Laune,
mit Suada zu Pilatus,
anzutanzen um gestanden,
auf dem laufenden zu sein.

Aus: *Turngedichte*

STEFFEN JACOBS

* 1968

Leipziger Impression 1991

Stellwerk und Stahlrohr,
die Schnellrestaurants, der
Abwasch von ranzigen Tagen,
der freudig verdorbene Magen.

Ganz großer Bahnhof
für brüchige Zeiten.

So oder sozusagen, es ist
nicht zu ertragen, schon
jetzt gleicht die Uhr
einem Schußziel.

Wie braut sich das alles zusammen,
wie sagt sich das leichthin daher,
im Dampfbad von Ankunft und Abfahrt,
in Rausch oder Bausch oder Bogen.

Woher bloß der Mensch, so ein
Schlußlicht, die ewige
Heldenstadtstimmung nimmt.

Festtagsgedicht

Tage gab es,
da setzte ich mich aus den morgens
herumliegenden Einzelteilen
zusammen.

Als Bausteine galten
wohlgesonnene Wolken,
der rostige Pfosten vor meinem Fenster,

ein besonderer Wind in
besonders geformten Ästen.
Das Gewöhnliche gab mächtig an.

Mittags stand ich dann vollendet,
ein loser Bau von Tages Gnaden,
der Verkehrslärm brach sich in mir.

Oft hing ich mit der Sonne herum.
Abends saßen wir unter Bäumen
oder warfen Glanz über die Cafétische.

Dann war ich allein. Am nächsten Morgen
zog ein neuer Herrscher auf.
Wochen gab es, da war es so.

Gutleutviertel, Ffm

Die Arbeitslosen
schauen aus den Fenstern
auf ihre schmutzigen Kinder,
die auf der Straße Sieger spielen.

Die Leiche vor Nummer zehn
wurde weggeschafft, klaffend,
auf einer Bahre.
Das war 1979. Seitdem

ist hier nicht viel passiert.
Die Türken zogen in eine bessere
schlechte Gegend. Jugoslawen
gibt es längst nicht mehr.

Die Hinterbliebenen warten
auf den Rest ihres Lebens,
der mit jedem Tag tiefer ins Glas sinkt.

Nur ihre Kinder
kommen ihnen manchmal
irgendwie vertraut vor.
Sie, die Sieger.

[*Ffm:* Frankfurt am Main.]

TANJA DÜCKERS

* 1968

Networks

An T-Träger gelehnte
Touristen filmen
Dreckslöcher und das Händeln
mit Banknoten auf flimmernden
Baustellen rote weiße Warnung:
Wir sind noch nicht
Ganz gewappnet

In den Höfen den Straßen
Regenpfützen Penner Punker
Löschpapier
an Bordsteinkanten
Ameisen über Visitenkarten
über U-Bahnschächten
ein Kribbeln
something's going on

Auf Karopapier
in Glasplatten
in Beton
Passionen oder nur Initialen
Abdrücke in Rigips
Lippenstift an Sektgläsern
Verbunden sein
in and out and in

Alleine durch die Friedrichstraße
krebsen der Himmel hellblau
gekachelt das Quietschen der vielen Schuhsohlen
unaufhörlich das eigene Gesicht
in den quadratischen Spiegelfassaden gegenüber
als wäre man mit dabei

BASTIAN BÖTTCHER

* 1974

Kleine Einladung

Ich wank an deina Bungalow Wand lang und sing nen
Sting Song. Klingel ›dingdong‹ an deim Eingang.
Wag ein Alleingang und senke die Klinke.
Es is zu. – Zu dumm! – Ich denke: Bingo!

Denn krumme Langfingrer Dinger drehn war eh noch nie mein Ding.
Ich schwing wie King Kong ausm BungalowWindfang.
Gefang von deim Look guck ich untern Vorhang,
schau voll Verlang dein Teng und Tanga an.

Belager dein Teräng mit m Manga inna Hand und
bring ausm Lameng n paa Poeme.
Häng an deim Gelända, mach ein auf King alla Lända und
trag unsan Tag ein in mein Kalenda.

Denn wenn dein Twingo vorm Bungalow einbiegt,
dann liegt ein feines Buket Gladiolen im Gang.
Es schmiegt sich an deine Wange zu Empfang.
Und da baumelt ein Band mit na Einladung dran.

Ich werd ihr eine kleine,
eine kleine Einladung schenken.
Ich hoff sie kann dann an kein andern Mann mehr denken.

Ich bin nun Gangleader und singe Slanglieder
und häng nie wieder innaTangobar mit Kangol Käppi.
Bin im Bad bei kleiner Packung Fango mehr happy.
Sag ›Game Over‹ zu meim Jing-Jang-Logo-Pullover.

Fahr nun Rover und bagga wie n doofer.
Stell mein Minnegesang nun wegen Mangel an Anklang ein.
Hab aber ein klein Singsang allemal im Petto.
Bin gegen die Kollegen im Ghetto unterlegen,

aber unter deim Beton-Balkon,
da gelingt mir glatt der Big Gig.
Bislang mißlang mir mein Mandolinenlick von vornherein.
Nun winkst du meine kleine Wenigkeit hinein.

Ich lang zu lang zu. Beim Schangdong Moet.
Bin ein Mann ohne Manko, aber voll loll und lall.
Ein Poet will dein sein. Sag nicht nein und
schenk dir ein Einschenken von reinem Wein, in den ich rein wein.

Ich werd ihr eine kleine,
eine kleine Einladung schenken.
Ich hoff sie kann dann an kein andern Mann mehr denken.

BJÖRN KUHLIGK

* 1975

Oskar

Die U-Bahnhöfe
sterile Zonen
da steht ein Kind
mit zwei Leichenraumaugen
und wartet auf irgendwas
ohne irgendwen zu denken
und du läufst weiter
und auf die Gleise hat einer
Ich liebe dich
geschrieben
und danach hat er sich
auf seine Worte gestellt
und gelächelt
wie eine Schaufensterpuppe bei Karstadt
und sie gehen rein
diese Bilder
gehen rein
in die Kopfschleuder
in der jeder Zweibeiner
einen Platz hat
in der großen Anthologie von Gesichtern
wo jedes Augenpaar ein Lichtpunkt ist
und du mußt das Leben nehmen
wie es ist
mit dem letzten toten Nerv
schlägst du die Kußtrommel

für Christian

RAOUL SCHROTT

* 1964

hotel gran caruso,
ravello, 3. 9. 93

Unten am parkplatz standen die autos mit den nummern aus Mailand, Verona oder Bayreuth, die Garbo hatte in diesem hotel übernachtet, in einem dieser riesig großen betten, in denen man im schlaf die orientierung verlor. Die lobby dieses hotels war vollgeräumt mit griechischen statuen und einem Parzival, der dazwischen an der wand hing, ein raum, der statt den spiegelbildern die ikonen eines bürgertums wiedergab.

der vorhang bläht sich weiß vor der offenen terrassentür
und legt sich weiter unten um die falten des vorgebirges
eine küste wie hinter glas gesetzt an deren ausufernder willkür
die wolken hängen wie der abdruck einer gegen das fenster
gepreßten hand · welch wagnerianische kulisse!
vom orchestergraben des meeres führen die stufen von ginster
und wein zum proszenium des palazzo rufolo wo der chor
der palmen die dithyramben des windes reglos kommentiert
und jeden tag dasselbe stück · der garten des klingsor
dieses überschaubare labyrinth von nischen und narzissen
die beete des roten coleus um den brunnen wie ein geschwür
darin süßlich und fleischig · die ruine der villa verbirgt es
nicht sie stellt zur schau was die zeit auf das maß
der geschichte verkürzt das ihr in den augen der kurgäste
zukommt – die pittoreske architektur des ruins von moos
überwucherte mauern im schatten der paläste
von bischöfen und päpsten – als ob die scharten der geschichte
zum inventar dieses parks gehörten wie die beschrifteten
tafeln vor den fresken und hecken · man restauriert die ränge
dieses theaters mit dem einheitspreis eines zahlenden publikums
für das die anlage um 7 uhr schließt · es bewundert die gesänge
und steht vor den verglasten arkaden eines atriums
in das es auch jetzt nicht vorgelassen wird · aber wenn der ober
abends das essen serviert und wie eine lanze der schaft
der sonne noch für einen augenblick über den köpfen schwebt
gibt man großzügig trinkgeld auch für das eigene heldentum
die landschaft rechtfertigt ja zumindest von hier oben
die rechnung und sogar der köter der irgendwo ins szenario kläfft
gehört dazu · so hat man weit in die nacht hinein sich sattgelebt

DIRK VON PETERSDORFF

* 1966

Die Zukunft beginnt

wie auf Raffaels *Madonna:*
Am unteren Bildrand lehnen
die Engel – nächste Generation.
Die müssen fast gähnen,

der Zauber ist alt,
ein Lächeln wächst
auf den Lippen, und bald –
was wissen die Engel?

Den Kopf in der Hand,
schon nicht mehr ganz da
am unteren Rand
ein trostreiches Paar.

Lübeck 1942

Manchmal, sagst du, für einen Moment
ist es da, es ist der Geruch, nur ein Hauch –
in den Gärten verbrennt
einer Müll, da ist Rauch

in der Luft: Aus Fenstern jagen
Flammen, du bist das Kind
vor den Mauern, zerschlagen.
Auf Steinen flackert der Wind.

ALBERT OSTERMAIER

* 1967

die zeche

wofür ich will das leben hassen &
in wüsten fliehen du meine
mördergrube hab dich
stillgelegt schicht für schicht
die kohlen aus der hütte die ich
nicht gebaut gestohlen bis das licht
ausging am krisenherd um
den ihr mich beneidet diesen
intellektuellennickel der mir
wie scheuklappen den blick
bündelte für das liebesspiel der
tauben die sich auf dem förderband
die herzen anheizen unter den
kapuzen kochen vor der lust mit
ihren köpfen die brandmelder
einzuschlagen sich im scherben
nest das blut von den schnäbeln
zu küssen & die leber zu mästen
dem adler für das genie ich kenn
nichts ärmeres unter der sonne

[Vgl. Goethe, »Prometheus«.]

zwischenstop

sie wollte die ganze nacht
durchfahren warte auf
mich er stand vor dem
kino die hände in den
taschen den fuss noch
immer auf der zigarette
spätvorstellung er war
bis zur letzten zeile des
abspanns sitzen geblieben
die beine über dem roten
polster liess er die leere
bierflasche durch die
reihen rollen & hoffte
dass ihn jemand bemerkte
ein böser blick ein wenn
auch flüchtiges lächeln
vielleicht die standphotos
waren besser als der
film warte auf mich ich
komme mach keinen
fehler er hielt den nächsten
passanten um feuer an
laue nacht heute keine
antwort er hätte sich
rasieren sollen das
mädchen an der kasse
sperrte ab sie nahm den
hinteren ausgang ein
taxi fuhr im schrittempo
an ihm vorbei kein bedarf
sicher steht sie im stau in
der kneipe gegenüber fiel
ein stuhl vom tisch sie
fanden sich am ende
es begann zu regnen er
hatte seinen mantel zu hause
gelassen ein happy end
zum heulen er blickte sich
um niemand zu sehen riss
das plakat von der wand &
verschwand mit ihr in den
hinterhof & schlief völlig
durchnässt die augen auf
ihren lippen ein bis ihn die
müllmänner am nächsten
morgen weckten warum
hast du nicht gewartet auf
mich sie fuhr einfach
weiter

kanon

wenn die sirenen schweigen
singt der fels bis in der
brandung seine stimme
bricht & die kiesel
auf dem meeresboden
weiterklingen die wellen
sie ans nächste ufer
tragen wo ein kind sie
in einer muschel sammelt
die es ans ohr drückt bis
seine lippen zu schwingen
beginnen & die augen ein
schiff vor den klippen finden

LUTZ SEILER

* 1963

mein jahrgang, dreiundsechzig, jene

endlose folge von kindern, geschraubt
in das echo gewölbe der flure, verkrochen
beim gehen gebeugt in die tasche

eines anderen, fremden mantels, sieben
voll wachs mit einer aus dielen
geatmeten schwere, acht

mit einer aus piss-
becken zu kopf gestiegenen schwere, wir hatten
gagarin, aber gagarin

hatte auch uns, morgens das gleiche, der schrift
folgende scharren der ärmel
über den bänken & mittags
das schlagwerk der löffel, wir hatten

den tischdienst, den milchdienst, den druck
einer leerkraft in den augen gelee
in den ohren bis
sie verstummte
die schwerkraft verstummte
in unseren mützen
das waren die schmerzen

beim urinieren, im schutzwald
beim sprechen, wir hatten
zitate: dass wir den schattenseiten des planeten
wenigstens *eine lichte entgegenhielten*
erst alle gemeinsam & dann
jeder noch einmal
still für sich, wir hatten

kein glück, also zerfallen die häuser
werden wir endlich
wieder klein &
reiten zurück in die dörfer aus holz, aus
stroh, aus denen wir kamen, rissig & dünn
mit einem am wind

geschliffenen echo: wir grüssen gagarin, wir
hatten kein glück, abfahrt, zurück
in unsere dörfer
                & ausfahrt der dörfer
über die äcker bei nacht …

gegen den, der es ausspricht

… die ersten tiere, innerlich
salzig wie das meer, die ersten vögel
hielten noch die füsse still im dunkel. ein

misstrauen stak in den blüten, wenn
sie gerade noch geschlossen waren, rot
wie kindsköpfe, kurz vor dem wort. von

draussen übertrugen sich
stösse im erdreich, bis
        in die augen. aber

von tür zu tür geht der blütenverkäufer:
man gibt ihm die hand & er
hält seinen kopf in den strauss; wir sagten:
    so schöpfte er mut
für die verborgenheit alles übrigen, für
etwas, das kehrt sich
gegen den, der es ausspricht

ULRIKE DRAESNER

* 1962

jemand gab mir feuer
das ich gar nicht wollte
was sollte ich damit
(mitten in der nacht)
und ich rannte herum
in den autos saßen menschen
ihr atem beschlug die scheiben
die autos standen am straßenrand
und ich rannte um es
wieder auszublasen das feuer

bis ich einen schwarzen lichtschalter fand
in einem hotel am bahnhof
eine lampe schwankte um ihren arm
ein vogel pfiff (nacht) und das feuer
knisterte hinten (oder war es nah)
im umspannwerk ich hatte es doch
gelöscht im takt zzzt zttt zzzt knisterte
mein limbisches hirn
eine entwicklerwanne das dumme ding
und der vogel schrie sein zzzt zttt zzzt in die nacht
wo das feuer manchmal sich
kleine vögel briet es
roch überall die anderen
sagten dass das der frühling sei
das feuer spielte blitz
und war ein baum
dabei wurde es lose (mein hirn) und
ein hotel mit schwarzem lichtschalter
als ich
darauf drückte machte es pscht und tscht und
dann immer heller zzzt zzzt zzzt
sprang vom hirn in den bauch
der kleine vogel briet
jetzt roch ich auch
dass es (doch) der frühling war.

leipzig, märz 2000

formation fontanelle

der härteste winter
jetzt sei er vorbei
und ob
wir noch einmal zusammen
v-flug der gänse am grausilbernen
himmel der härteste winter
kommt noch oder wohin
(und die stadt unter
ihrem auge eigleich?)
in wechselnder stets
wachsender sagtest du
formation
                    (der winter war hart)
ein halber tulpenkelch
so jetzt die gänse dort

ein v ein z ein w
das späte alphabet
(ob wir noch mal
zusammen kommen)
tropft aus der kelch
tropft ins fontanellenloch (wo
wir aus bildern sind)

ein strahlen
das verwechselt
sich hüpft auf der erde fort
ein schwarzer hund recht klein
durch schnee auf beinen drei
hüpft wie ein känguruh wie
unruh see und himmelsformation
die pfote links ganz rotbe
sockt ein halber tulpenkelch
der härteste winter wohl
er sei sagtest du ein
spätes alphabet das uns
gemeint gemient

weil unvorstellbar nun
der felder grün das leichte
kleid der regen der kastanien
blüten hier im mai – weil
sagtest du wir altern
blind die vögel aber sind ein strauß
aus tulpen lilien deine kelche
und trinken noch und trinken wir
als herde auch schwenkt dann
ein langer körper später sich mit
uns um eine kurve unser schwarm
die ungesehene kurve eines schwarzen
hundes humpelnd (fontanellen
wo wir bildern) und liebes tauscht
die erde aus dem himmel

fort

ULF STOLTERFOHT

* 1963

häufig höre ich sätze ohne genau zu verstehen
was sie bedeuten. eher was läuten wie: wespen
erleichtern die wahrnehmung, kissen federn sie

ab / könnten sie polstern. die empirische liege.
sich einrichten darauf. matrizengruft. ich habe
mich aus gutem grund: nie über gebühr vom verlags-

haus entfernt. man denke nur an windelband. an
diesbezüglich wundt. kaum habe ich blut ge-
hustet oder gespuckt – schon kommen mir gerüche.

mein wasser lassen liegt im schnitt. fasse tritt-
geschwind schritt. fühle mich stark angezogen von:
personen eines geschlechts. meines bezirks. prädikat

niedlich. schreibe dies schiedlich. bei gutem verstand.
mir widerfuhren ungewöhnliche ereignisse. genannt
sei »onkel rudi«. er findet hiermit sprachlich statt.

berkeley ist dem bücherschrank näher als mir oder
ich. schiere freude/roter kreis – das mögen andere
erleben. ich nämlich weiß bereits: dies etwas ist mein

einer fuß. widerstehe der versuchung zu erklären
was das heißt. was heißen heißt, ich wage jedoch
den hinweis daß genannt werden auf heißen zielt.

OSWALD EGGER

* 1963

Ein stiller, heller Abend (sinkt herab) – so wird uns der Raum
noch heimlicher (vielleicht). Auf dem Tisch brennt die Lampe,
und durchs geöffnete Fenster sprüht feinstes, fast stiebendes
Geriesel übers Glas und (weiter unten) alles Gras; das
murmeln unablässigere Knistern (wiegender Hängäste und
Regenschnüre) (sattsam), wie die Schräge-Rofen ächzen jetzt
durchs Pfettengebälk herüber, raschel-wach – zwischen
Strauchholunder und Böschungsschraffem Baumdamm.

Später, wenn es dunkel dann, schwer und noch und noch dichter sein wird, und das Plätschern nesseln unter Balken und Balkon (und Blendlaterne) gluckst (und aufhört), das blak'te Waten am Grübland: wie farbig flammendere Träume schreckten diese hier, kalbendsten selbander, als Vögel im Fieberschlaf erstarrt, und floureszieren etwas (wie nichts) auf Granit, die wie Porphyrpflasterplatten der Zufluß-Gneise schiefernder Wege, alles Firmament verbleite lichtgrau und betrübt sich richtig – (richtig)? Mit Inseln, die verschwimmen darin, mit Feuchtdämpfen formloser Ozeane ist mir so knochenkalt, so Erde-scharrend fast zumute. Diese Rollfarne und Quetschbinsen (mit Kätzchen), das Schneidtelreisig im Laub, jeder Halm krallt seine Schrubbzier (nicht als Kratzlast) hängenden Zweige (umkost von Glimmlaub moder'nem Glanz). Und doch – zwischen fahlen Halmbüscheln des Vorjahrs sehe ich aber diese Hakenklammerfüßchen der Laufkäfer blank gelackt zu schimmernden Tropf-Spitzen, in den Kuhlen der Wegufer, und zu Kreben ungefischtes Rotschilf (und wie ein Spiegelbild gaukelt im Wipptgras) Augenloser Flußalgen auf Gießennetz' Kressen der Kanäle.

Ich schuf drei Welten
mit großer Leichtigkeit
und schlief im Sport
meines Glücks.

Die Hölzer sind
verkohlt, das Schür-Scheit
raucht, alle Hände und
Häfchen sind am Herd.

Ich habe alles, ohne
Grund und Mond,
vor die Sonne geschoben
aufs Jahr.

Ich weiß nicht,
wo ich leben
werde mit
meinem Glück.

Ich bin Zimbeln und
die Trommel, Atem
sind Farb-Lungen
der Fellmaus.

Der Himmel ist
in stiller, heller Blüte,
und es wimmelt
Biene und Hummel.

Ich gehe in die Berge,
und werde Rhabarber
holen am Bach, und
den Wiesenkerbel.

Schälwaben
füllen das Vorsims
wie Spinnen-
Netze und Wespen.

Ich rudere
Kanu, mein
wildfließend
geplündertes Hangland.

Ich weiß
keinen Unterschied
zwischen meinem Leben
und meinem Tod.

CHRISTIAN LEHNERT

* 1969

(Zwinger)

Das abgegriffne Mauerwerk ist kalt
wie ein Gehirn, von Menschen abgewandt.
Wir schauen aufgeregt durch einen Spalt
auf nackte Nymphen: Haut in Fels gebannt,

ergraut im Frost, die Brauen abgeplatzt.
Die Schritte hallen wider in dem Bauer,
wie eine Nadel auf der Platte kratzt,
zurückspringt, weiterkratzt … Was hätte Dauer?

Ein schwereloser Kopf? Das Karussell
des Landes dreht sich, du steigst aus und ein
am selben Fleck – ein helles Echo, schnell
vergessen, plappern Lippen im Gestein.

Das Kronentor steht golden vor dem Nichts.
Ein Fisch starrt aus dem Eis, bis es sich löst.
Nur Atlas wehrt sich, brüchig, des Gewichts
der Kugel, die er endlos von sich stößt.

Aus: *Postkarten aus Dresden*

ALEX DREPPEC

* 1968

Großstadt-Gesang

Großstadt-Gesang, Großstadt-Gelichter,
Geschminkte, geschmirgelte Geldschein-Gesichter,
Getaumeltes Gehen geträumter Gestalten –
Gestolpert, gestrauchelt, gefangen, gehalten.
Gedämpften Größenwahns Gegenstände,
Gnadenfristen gütiger Geisterhände,
Gleichförmiger Gleichmut, groteskes Geschwür,
Gebüsch-Gefährtinnen gegen Gebühr.

Großstadt-Gesang, Großstadt-Gerüche,
Galeerensträflinge geräucherter Gassen,
Gedecke geflügelter Gerüchteküchen,
Geschwärzt, geschwefelt, gekentert, gelassen.
Gekreuzigter Gaukler Gewohnheitsrechte,
Großzügig glitzernde Großbuchstaben,
Geltungsdrang gespaltener Gegenmächte,
Gezählter Gezeiten gepriesene Gaben.

Großstadt-Gewebe, Großstadt-Gesänge,
Gärende, gerissene Gedankengänge,
Getürmter Giganten gerades Geisterreich,
Gekühlter Gedanken grauer Grenzbereich –
Ghostwriter-Glanzlicht gerahmter Gezeiten,
Gebogener Gleise gelenktes Geleiten.
Gegenläufigkeit gezähmter Gegenwehr
Gegen glatter Geisterbahnen Gegenverkehr.

HELMUT KRAUSSER

* 1964

pensione privata sirmione

schwarzer schrank mit messingklinken.
hochzeitsbett, massiv und düster.
teppiche, zum drin versinken.
madonnenbild. kristallner lüster.

ein teller roter trauben steht
auf dem runden kirschholztisch.
und durch die julischwüle weht
abendwind, gemächlich, mischt

staubpartikel, letztes licht,
vitrinendünste zu fragilen
ahnungsnetzen, ohne absicht
ausgeworfen, wirr, die vielen

knoten dieses zimmers jagen
mich, glühn auf, verdämmern blaß.
als wollten sie mir etwas sagen –
und hätten längst vergessen, was.

man muß nicht jedem gleichnis glauben.
dieses bleibt verführerisch.
der stumpfe, abgenutzte tisch.
darauf: ein teller roter trauben.

dreizehn weiße schafe und ein schwarzes.
august. olivenbäume vor urbino.
wir aßen brot und mozzarella, tranken
wasser, tränkten auch das land, mit uns,
summten leise monteverdis schönstes
madrigal, und hügelabwärts grasten
dreizehn weiße schafe und ein schwarzes.

ARMIN SENSER

* 1964

Adventslied

Würdest du ertrinken, ich ginge übers Wasser, fischte
dich heraus und würde heißen Tee machen.
Wärst du ein Fisch, du hättest nichts zu lachen,
müßtest in einer Träne schwimmen, die dem Auge entwischte.

Wärst du blind, ich versetzte Berge, Straßen und ein Haus,
und ich schwör's, auf deinem Weg gäb's keine Staus.
Wär ich Polizist, ich zöge dich aus dem Verkehr, auch als hohes Tier,
wegen Tempoüberschreitung in einem Nadelöhr und Villenquartier.

Wäre ich dein Nachbar, ich würde durch Wände
gehen, um zu hören, was dir auf der Zunge brennt.
Wischte Staub, gösse die Blumen, verschwände
wieder und, wär's bitter, ich schriebe ein neues Testament.

Und wäre ich etwas jünger, ich wünschte, ich wäre Simeon
oder wenigstens so unbeugsam und stur wie Zenon.
Und wärst du Tourist, ich wüßte, du kämst zurück,
denn der Grund dafür wäre sicher nicht das Glück.

MIRKO BONNÉ

* 1965

Schwalben

in den Brombeerbüschen, Schwalben
in halben Kutten mit wohl weißlichen
Bäuchen, die wahren, die fliegenden
Mönche jäten über dem Wendekreis
einer Münze halsbrecherisch Unkraut
in den Gärten der unsichtbaren Abtei.

Manfred von Bayeux

Oder Marne. Zwei-Jahre-jünger-
Bruder, fröhlicher Massengrab-
Manfred, Wehrdienstverweigerer-
motiv gefallener Großonkel u. v. a.
Elementarteil der Familienerzählung.
Schwarzer Engel der Westfront,
der schussartig in seine Schwester fuhr.
Käti, du redest wie Manni, Käti,
du bist aber leider nicht Manni.

Manni von Bayeux oder Marne.
Entre les lignes des tombeaux,
Käte auf Kriegsgräberfahrt.
Mon frère. Zwei Jahre jünger.
Im Setrabus mit Raketenschnauze
ein Klima, wie ich mir vorstellen kann,
viel Ewiggestrige, Gottchen,
die ganzen jungen Leute ansehen,
Totenfotos vom Blitzkriech.

(Bei Bayeux in der Normandie liegt der Soldatenfriedhof La Cambe.)

THOMAS KUNST

* 1965

Ich sah die Dämmerungen sinken, Gry,
Im Norden, an den Fähren, laß uns trinken
Gehen, vielleicht in Briefen, aber wie
Soll ich dir einen weiten Tanz gewähren.

Allein, im Stehen, ist nichts zu begreifen,
Selbst wenn Musik an einen Hafen drängt,
Weil doch das Meer die Müdigkeiten lenkt,
Ist wohl im Liegen nie mehr was zu streichen.

Wie lange reicht die See noch an die Steine.
Bemühungen erkennt man am Geräusch.
Mein Mund muß nicht der Anfang deiner Hände

Sein, die Augen sind im Herbst das eine.
Ich weiß nicht, wie man eine Liebe täuscht,
Wohl nur mit Schönheit, Lässigkeit und Ende.

(Die Gedichte *Ich sah die Dämmerungen sinken* und *Nydahls Malerin* habe ich geschrieben, weil ein norwegischer Freund diese beiden Frauennamen nicht für sich behalten konnte: *Vibeke* und *Gry.*)

In deinen Augen trieben mal Delphine
Von Weiß nach Grau, darüber lag die See.
Wenn sich die Flugzeuge in einer Linie
Am Horizont nicht weitertrauen, geh.

In deinen Augen blieben mal Delphine
Für einen umgedrehten Tag zurück.
Wenn sich die Haare wie auf einer Schiene
Bedrängt über dem Meer bewegen, drück

Mir deinen Zeigefinger an mein Kinn,
Damit die Zunge austritt und die Nässe
Britannien selbst bei Nebel an sich bindet.

Delphine wollen nie wer weiß wohin.
Sie brauchen trotzdem ständig neue Pässe.
Ich will auf Dauer, daß sie jemand findet.

(für Dana)

RAPHAEL URWEIDER

* 1974

Milde tage.
Milde tage im frühjahr.
Milde tage ohne namen,
tage mit namen april, mit namen mai.
Milde tage mit gängen.
Gänge in zu leichter kleidung
an tagen warmen lichts,
das die dinge warm erscheinen lässt, die tage,
trügerisch warmes licht, das die dinge alt, ehrwürdig,
beinahe edel erscheinen lässt, die tage,
austauschbare dinge, wie fahrräder,
wie masten von straßenlampen,
fahrscheinautomaten, reflektieren solches licht
ernstlich, abgeklärt, reproduzierbares scheint
trügerisch wertvoll gealtert,
trügerisch abgelebt, herbstlich hinfällig
an solchen nachmittagen in diesem frühjahr.
Wie auch die gebäude:
jährlich gereinigte fassaden
von hallenbädern und spitälern scheinen ältlich edel,
gebäude einer schnelllebigen hausse des baugewerbes,
schnell hochgeschüttetes betongemisch,
trügerische höhe, in diesem licht:
barocker marmor, brecciös, wie durchscheinend,
scharfe, schartige schatten als stuckaturen,
friese durch baumkronen, trügerisch edel, alles katzengold.
Steine, ungeschliffene, nicht polierte,
zeigen ihre farben erst durch wasser.
Unter zurückweichender flut, bei regen, durch speichel,
ausscheidungen, dauerhafter durch öl.
Mit einem tropfen werden aus graustufen töne.
Töne, die sonst nur blätter von pflanzen im herbst
nahe dicht befahrener autostraßen oder
in verstaubten landschaften bei wolkenbrüchen zeigen.
Das wasser umgekehrt erhält durch zerriebene steine
seine stumpfe farbe, durch sand, schlamm, löß, lehm,
wird grünlich steinfarben in aus gletschern gespeisten,
künstlich angestauten seen.

Trügerische tage.
Tage wie in öl gehalten.
Trügerisch helle morgen
mit flach einfallendem licht.
Trügerisch warmes licht,
die dinge wie eingeölt, balsamiert,
wie hinter glas, ein glänzen.
Geistesabwesend tragen einen die trägen beine,
zwingen einen müde beine zu gängen außer haus.
Trügerisch glänzende tage, museal,
mit längeren gängen allein für wein und zigaretten,
erledigungen in trägem, von willen gelöstem,
geistesabwesendem körper, der sich wiegt
in trügerischer wärme, riechbarer wärme, schwefelwärme,
tage verlängernd, in trügerischem glanz,
glanz wie alles katzengold, wie schwefelkies, pyrit.
Tage mit gängen auf geweichtem boden,
warmem asphalt, ein flimmern über speckigem teer,
tage, die schweflig riechen,
längere gänge einzig einmal täglich,
vorbei an brunnen aus ernstem granit,
häusern aus regnerischem sandstein,
grünlich mattglänzendes gletscherwasser.
Abgedämpfte tage.
Gänge auf weich erscheinenden, seidenmatten gehsteigen
in richtung spital oder vom spital zurück.
Tage fast ohne verpflichtung,
ohne weitere auflagen der ärzte,
keine ratsamen einschränkungen des tagesablaufs,
keine gravierenden einschnitte, oder aufforderungen,
nicht einmal das rauchen einstellen müssen,
keine ausnahme, nur ein kurzer,
fast vernachlässigbarer gang zum spital,
allnachmittäglich, ein abstecher sozusagen, vorbei
an großflächigen fenstern verschiedener therapiestationen,
an wasserbädern hinter glas vorbei,
vorbei an abschreckenden vogelsilhouetten,
die sich als schatten riesenhafter greifvögel ausnehmen,
als schatten neben sprossenwänden, farbigen bällen,
schatten auf schiefergrauen wandtafeln aus stahlemaille,
falschem schiefer, dies im augenwinkel, allnachmittäglich.

SILKE SCHEUERMANN

* 1973

Flüsternde Dörfer

Obwohl unsere Städte ständig versuchen
uns den Himmel vertrauter zu machen
indem sie Aussichtspunkte
Balkone Terrassen bereitstellen
Obwohl sie behaupten man sehe von oben
den womöglich zärtlichsten
Punkt im All
eine übergroße Murmel mit blauem Zentrum
und sie uns Treppen und Aufzüge hochlocken
uns die Sicherheiten zeigen
Geländer und Netze
die Schönheit
der Leuchtreklamen
Laster so klein daß wir uns selber
riesig vorkommen
Obwohl wir vom Lärm da unten
fast schon betört sind
hören wir manchmal das Flüstern der Dörfer
und manchmal glauben wir etwas davon
und springen
wie Supermann

STEFFEN POPP

* 1978

Elegie für K.

Müd ist mein Auge, müd müd
wie Alpen. Eine verwunschene Strecke
aus Jahren ist mein Gesicht
Felder, in denen ich schlief –

gelbe Lampions, ein verrätseltes Kinderfest
alles ist außer mir, ein Stausee
in dem geflutete Dörfer nachts leuchten.

Die Erde gibt Farben
die Haut gibt Einheit
in den Plantagen rüsten die Obstbäume kühn
gegen das Weltall –

ringsum die Wiesen
                    reiben sich an meinen Füßen
der Fluss
an meiner Seite, unmerklich zieht ihn
ein fernes Meer.

JAN WAGNER

* 1971

guerickes sperling

» … köstlicher als Gold, bar jeden
Werdens und Vergehens … «
– Otto von Guericke –

was ist das, unsichtbar und doch so mächtig,
daß keine kraft ihm widersteht? der kreis
von bürgern rund um meister guericke
und seine konstruktion: die vakuumpumpe,
die auf drei beinen in das zimmer ragt,
vollendet und mit der obszönen grazie
der *mantis religiosa.* messingglanz,
die kugel glas als rezipient: hier sitzt
der sperling, der wie eine weingeistflamme
zu flackern angefangen hat – die luft,
die immer enger wird. vorm fenster reifen
die mirabellen, summt die wärme, wächst
das gras auf den ruinen. an der wand
ein kupferstich vom alten magdeburg.
die unbeirrbarkeit der pendeluhr,
diopter, pedometer, astrolabium;
der globus auf dem tisch, wo eben erst
neuseelands rückenflosse den pazifik
durchschnitten hat, und wie aus weiter ferne
das zähe trotten eines pferdefuhrwerks.
»dieser tote sperling«, flüstert einer,
»wird noch durch einen leeren himmel fliegen.«

[*mantis religiosa:* Gottesanbeterin, ein Insekt.]

ULJANA WOLF

* 1979

aufwachraum I

ach wär ich nur im aufwachraum geblieben
traumverloren tropfgebunden unter weißen

laken neben andern die sich auch nicht fanden
eine herde schafe nah am schlaf noch nah an

gott und trost da waren große schwesterntiere
unsre hirten die sich samten beugten über uns –

und stellten wir einander vor das zahlenrätsel
mensch: von eins bis zehn auf einer skala sag

wie groß ist dein schmerz? – und wäre keine
grenze da in sicht die uns erschließen könnte

aus der tiefe wieder aus dem postnarkotischen
geschniefe – blieben wir ganz nah bei diesem

ich von andern schafen kaum zu unterscheiden
die hier weiden neben sich im aufwachraum

aufwachraum II

ach war ich nie im aufwachraum gewesen
taub gestrandet schwankend in der weißen

barke neben andern barken angebunden –
ja das ist der letzte hafen ist der klamme

schlafkanal mit schwarzen schwestern die
als strafgericht am ufer stehn und dir mit

strengen fingerspritzen drohen: tropf und
teufel meine liebe können sie mich hören

und hören kannst du nichts nur diese stille
in den schleusen sanitäres fegewasser das

dich tropfenweise aus dem schlauch ernährt –
als unter deinem bett das meer mit raschen

schlägen dich zurückraubt in den traum von
stern und knebel fern vom aufwachraum

RON WINKLER

* 1973

Geweiharchiv

meine Eltern schlugen häufig das Buch
der leisen Streite auf. meist ging ich
in einem solchen Fall mit einem
der drei Hunde meiner Kindheit spazieren.
sie jaulten ganze Idyllen zusammen.
die Schwester spielte Großmutter und hörte
schlecht. die Großmutter selbst hörte gut,
galt aber praktisch als ständig verreist in die Welt
der Walzer. Großvater war bereits
sein eigenes stilles Buch. man las es
aus Fotoalben zusammen, das waren Nachmittage
schwer und verraucht wie die Brokatvorhänge
der *guten Stube* grünkohlgrün mit goldener Borte:
jeder Gast lobte die Wahl, dann den Likör.
Besuche waren *Friedensfahrten*, man übte
Philanthropie und Freiheit: hier spielten Geweihe
die Rolle der Großen Vorsitzenden an der Wand.
nach der Schule begann das Bewusstsein
als Testbild *(zweites Programm)*, es beruhigte,
wenn die Schwester einen ihrer Pickeltode starb
oder Großmutter den Plattenspieler
auf Tango beschleunigte, ich erntete Kleingeld
von ihr, für meine Geduld, und Pralinen.
erst verabscheute ich sie, später waren sie mir
die süßen Zweigstellen des Stammbaums.
sie ließen die Zunge fliehen.

NORA BOSSONG

* 1982

Besuch

Die alte Frau sitzt tagelang am Fenster
und hält ein Taschentuch, zu träg,
hinaus in eine Welt zu winken,
die sie nicht mehr betritt. Das Draußen
ist ein Fernsehbild. Wie es mir glückt,
von dort ihr Zimmer zu betreten,
bleibt ihr ein Rätsel,
sie fragt mich nicht danach,
sagt nur: *Es gibt so vieles*
das ich nicht versteh,
ach Mädchen, weißt,
die Klügste bin ich eben nicht.
Und hinter ihrem Schatten klafft
die Wohnung,
die zu große Schale einer Muschel, vergraben
in dem Zeitschlick, der nicht mehr zur Stadt gehört.
Es begann damit, dass sie verzwergte
Jahr um Jahr, nicht mehr zu finden
ihr mondäner Gang, ihr Blinzeln,
als brenne ihr verrauchte Luft
eines Kasinos in den Augen.
Vielleicht, sagt sie und *irgendwann*
und will nicht weg von ihrem Fenster,
sie ist so dünn geworden,
dass sie keinen Tag mehr spürt.
Ach Mädchen, sagt sie,
weißt, wir ham ja Zeit.

ANN COTTEN

* 1982

Begriff

Darf ich den Sommertag mit dir vergleichen?
Er geht zu Ende während mein Sonett beginnt.
Sonett beginnend während Tag verrinnt,
darf ich den Sommertag mit dir vergleichen?

Die Angst, es könnte gilben und verbleichen
das Blatt, auf dem das Gold zu Blau gerinnt,
vergeht, wenn dein Profil Kontur gewinnt,
dir Wörter ähneln, Ebenbilder gleichen.

Zum Ersten ist jetzt vorerst Mai,
so ungetrübt gefiltert deine Strahlkraft
wie eine Sonne, der man noch nicht müde ist.

Zum Zweiten ist dein Haar wie Flachs, und ist
dein Mund wie Wolken, durch die Sonne kraft-
und friedestrotzend bricht, als ob es Sommer sei.

Und strahlend da wie Mittag ist dein Leib,
quadratisch wie ingeniös vermessen,
gestochen wie aus Gotteslästerung dein Auge.

Wahr und präsent, solange ich hier bleib,
und breit und warm, wie ich dabei gesessen,
schreib ich dich, während ich auf Wolken schaue.

Solange ich vertraue, sind die Tage hier,
Verlangen ich implementier, verbaue Schweigen.
An Orten fehlts dir nicht, mir nicht an Wegen,
die Stellen deiner Haut zu stillen auf Papier.

Und solltest du ver- oder auch nur gehen,
dank dieser Eselsbrücke weiß ich, wie du bist.
Künftige Generationen werden dich in etwa sehen
und ich werd immer wissen, wie ein Sommertag ist.

ALPHABETISCHES VERZEICHNIS DER GEDICHTÜBERSCHRIFTEN UND GEDICHTANFÄNGE

(Die Überschriften und Anfänge sind oft stark gekürzt.)

ALPHABETISCHES VERZEICHNIS DER AUTOREN/INNEN